中国证券监督管理委员会会计部
组织编写

上市公司
执行企业会计准则
案例解析
（2017）

中国财经出版传媒集团
中国财政经济出版社

图书在版编目（CIP）数据

上市公司执行企业会计准则案例解析．2017／中国证券监督管理委员会会计部组织编写．—北京：中国财政经济出版社，2017.9

ISBN 978－7－5095－7741－7

Ⅰ．①上…　Ⅱ．①中…　Ⅲ．①上市公司－会计制度－案例－中国
Ⅳ．①F279.246

中国版本图书馆CIP数据核字（2017）第223334号

责任编辑：郭爱春　　责任校对：张　凡
封面设计：陈宇琰

中国财政经济出版社 出版

URL：http：//ckfz.cfeph.cn

E－mail：ckfz＠cfeph.cn

社址：北京市海淀区阜成路甲28号　邮政编码：100142

发行处电话：010－88190406　财经书店电话：010－64033436

北京富生印刷厂印刷　各地新华书店经销

787×1092毫米　16开　34.5印张　581 000字

2017年12月第1版　2017年12月北京第1次印刷

定价：100.00元

ISBN 978－7－5095－7741－7

（图书出现印装问题，本社负责调换）

本社质量投诉电话：010－88190744

打击盗版举报热线：010－88190414　QQ：447268889

再版说明

中国证监会会计部组织专门力量对资本市场会计监管中积累形成的案例，整理汇编并公开出版了《上市公司执行企业会计准则案例解析（2012年版）》和《上市公司执行企业会计准则案例解析（2016年版）》。案例解析的出版受到了资本市场各类主体的广泛赞赏与好评，为提高上市公司财务信息质量发挥了积极的作用。

针对上市公司近年来执行会计准则出现的新问题，尤其是2017年财政部对金融工具、收入、政府补助等会计准则进行了修订，我们以前版案例解析的框架内容为基础，完善了案例的体例，对部分案例增加了按新准则规定的解析，同时基于新出现的问题，对长期股权投资、企业合并、合并财务报表、收入和费用、金融工具、政府补助等有关章节补充编写了40多个案例，删除了因准则变化而不适用的案例。修订后的案例解析内容涉及股权投资与企业合并、金融工具、股份支付、政府补助、收入确认等会计准则重点、难点问题。

希望本书的再版能够对资本市场各类主体及时掌握和正确执行企业会计准则和国际财务报告准则的相关规定，提供帮助和参考。

2017年11月

序

中国证监会副主席 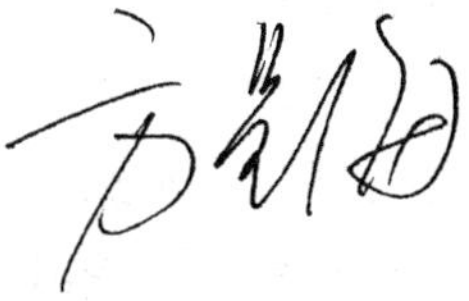

信息披露是资本市场的基础性制度安排。上市公司披露的信息尤其是财务信息是投资者决策的最重要依据，其质量的高低直接关系到投资者切身利益和市场配置资源的效率。如何提高财务信息披露质量，维护“公开、公平、公正”的证券法治原则，一直是国内外证券市场监管部门和交易场所最重视的问题。美国大萧条时期的最高法院大法官路易斯·布兰代斯在其著作《他人的金钱》中提到:“阳光是最好的防腐剂，灯光是最好的警察”。以此为基础理念，美国资本市场逐步建立了以信息披露为核心的监管体系，为美国资本市场的繁荣发展奠定了坚实的基础。

我国资本市场自建立以来，中国证监会一直致力于结合我国证券期货市场发展实际，以信息披露为核心，通过多种途径，提高证券期货市场财务信息披露质量：一是推动完善公司治理结构，健全内部控制体系，不断提高上市公司与财务报告相关的控制设计和运行质量；二是在企业会计准则的基础上，充分考虑资本市场投资者需求，制定完备的财务信息披露规则，并加强对上市公司的执行监管；三是建立健全证券资格会计师事务所与资产评估机构监管的制度安排，通过日常监管和现场检查相结合，督促会计师事务所与资产评估机构完善治理结构与质量控制体系，提高执业质量，发挥资本市场财务信息质量“看门人”作用；四是注重加强会计监管体制与能力建设，大力培养会计监管人才，完善监管方式方法，切实提高监管质量；五是推动会计监管合作，构建平等互利的监管合作机制。

在持续提升财务信息披露质量的过程中，中国证监会非常关注上市公司执行企业会计准则情况。我国企业会计准则与国际财务报告准则的持续趋同，既为我国资本市场融入全球经济创造了积极有利条件，同时也给上市主体结合实际情况予以贯彻执行带来了挑战。一方面，执行中大量的专业判断、公允价值的广泛采用等均对企业的交易运作、内部管理和会计人员素质提出了越来越高的要求；另一方面，我国经济发展步入新时代，上市公司新的盈利模式、新的交易运作方式不断涌现，会计准则规定滞后于实务发展的矛盾日益突出，如何在准则的原则性规定基础上有效解决我国资本市场现实问题，成为影响我国资本市场财务信息披露质量的重要因素。为推动上市公司有效执行企业会计准则、提高上市公司财务信息的可比性，中国证监会会计部围绕年报会计问题，主要开展了以下工作：

一是定期审核年报，密切关注会计问题。定期审阅分析上市公司年报，并在日常工作中随时收集各派出机构、证券交易所在监管执法以及会计师事务所在执业过程中遇到的会计问题，在全面了解问题背景的基础上，及时与各方沟通协调，明确会计处理标准；对于现行会计准则没有明确的新的交易或事项，及时进行研究跟进，并明确相关规范要求。

二是强化监管协调，统一会计监管标准。对于市场上出现的共性、典型问题，中国证监会会计部通过发布会计监管工作通讯、监管问答等方式明确会计处理方法和监管原则，多维度、高时效地传递给监管系统内各单位和市场主体，提高监管政策的透明度，促进市场主体理解有关标准的内涵，帮助和引导企业高质量、高效率地进行信息披露，尽可能地保持不同公司对同类交易生成信息的可比性，从源头提升了资本市场的财务信息质量。

三是编写发布案例，正确引导会计实务。对监管过程中发现的特殊、新型交易，以及包含复杂业务条款、运作方式的事项，形成针对性的案例，引导市场各参与方从实质重于形式的角度正确认识其经济性质，并进行合理的专业判断。

本书汇集的案例是近年来中国证监会会计监管实践中对资本市场实务案例的积累和总结。希望本书的出版发行，能够进一步帮助市场各参与方正确理解和掌握我国企业会计准则和国际财务报告准则的相关规定，并在此基础上形成合理、有效的专业判断。我们也真诚希望资本市场的各参与方以本书为切入口，不断加强对我国上市公司会计处理问题的研究，共同促进资本市场财务信息披露质量的提升。

2017年11月

前　言

中国证监会首席会计师兼会计部主任　贾文勤

充分、透明的信息披露是资本市场健康发展的生命线，真实、准确、及时、完整的财务信息披露，是监管部门和投资者对上市公司的基础性要求。加强对上市主体财务信息披露的监管，增强不同上市主体间财务信息披露的可比性，促进市场范围内整体财务信息披露质量的提升一直是中国证监会的工作重点，其中，推进企业会计准则在资本市场的有效实施是重中之重。与国际财务报告准则趋同的企业会计准则自2007年在资本市场实施以来，为推动我国资本市场国际化发挥了积极的作用，但在执行与实施层面也遇到了前所未有的挑战，一些突出的矛盾和问题也日益显现，主要表现为：

一是部分会计准则的规定过于宽泛，导致执行过程中选择或判断的空间过大。以原则为导向的会计准则体系在执行中有赖于专业判断。现行准则体系中部分规定的原则化程度较高，约束的范围过于宽泛，同时市场上新的交易或事项与创新型业务模式不断涌现，会计准则及其解释无法及时跟进，相关规范要求不够明确具体，导致实务中利用会计政策、会计估计的选择判断空间进行盈余管理和计量金额确定中随意性过大等问题时有发生。

二是国际趋同的会计原则适用于我国特有交易事项时的理解和判断不当。与成熟的资本市场相比，我国的市场环境在一定程度上具有自身的特点，上市主体的股东结构、股价的形成方式、交易的目的、方式和决策程序等与成熟市场均存在区别。同时，我国的资本市场虽属于新兴市场，但在发展过程中，很多国外已有的典型交易在引入我国上市公司实践时进行了大量创新。相对于国外同类交易，相关交易条款的设计、运作方式的选择等更为复杂。如何基于我国特定的环境，从实质重于形式的角度，正确认识交易或事项的经济性质与目的，合理运用专业判断，将国际趋同的原则与实务有机结合，是实务中普遍感到较为困难的准则执行问题。

三是市场参与方职业判断意识与能力差异导致公司间信息缺乏可比性。以原则为导向的会计准则规定的处理方法是针对多数企业共性的交易实质进行的总结概括，在企业的具体实务操作中会产生如何理解和运用的问题，这一问题对长期依赖具体规则指导的资本市场而言，显得尤为突出。新企业会计准则体系实施以后，不论是常规性交易的处理，还是特殊交易的政策选择，均涉及大量的职业判断。如何合理确定判断的范围和尺度，引导市场参与方提升职业判断意识与能力，尽可能地保持不同公司对同类交易产生信息的可比性，是在执行以原则为基础的会计准则体系过程中的监管难题。

为逐步解决上述问题，引导上市公司在执行企业会计准则过程中，正确分析交易或事项的经济实质，合理运用会计职业判断，中国证监会会计部组织专门力量将资本市场会计监管中积累形成的案例，整理汇编成《上市公司执行企业会计准则案例解析》。这些案例涉及股权投资与企业合并、金融工具、股份支付、政府补助、收入确认等会计准则重点、难点问题，针对每一个案例，我们立足企业会计准则或国际财务报告准则的规定，并在必要时参考其他资本市场实务，对相关案例的会计处理提出了分析性意见。

本书对于资本市场各类主体贯彻执行企业会计准则和提高财务信息披露质量具有重要的现实指导意义。

2017 年 11 月

目　录

第一章
长期股权投资

案例 1－01
复杂交易中处置日的判断

股权处置往往会对当期损益产生重大影响，对“处置日”的判断直接影响到这部分损益计入哪个会计期间，因此非常重要。

企业会计准则中并没有对“处置日”的判断作出明确规定，实务中，有的上市公司仍在参考财政部2002年发布的《〈企业会计制度〉和相关会计准则有关问题解答》（财会［2002］18号）中“企业应何时确认股权转让收益”的指引；也有的上市公司在参考企业会计准则中关于“购买日”的判断原则。

此外，在面临一些复杂的交易时，例如涉及多次处置行为的时候，如何判断“处置日”就变得更为复杂，需要结合“处置日”的判断原则和“一揽子交易”的判断原则进行综合判断。

一、案例背景

A公司为上市公司，B公司为其子公司。A公司持有B公司51%的股权，B公司注册资本为2,000万元。A公司于2×13年12月向C公司（注册地为中国香港）转让其持有的B公司39%股权（以下简称“第一次转让交易”），转让价款约为人民币1.3亿元。

A公司于2×13年12月与B公司的另一股东D公司签订补充协议，协议约定：在上述股权转让发生二年内，A公司应当将其保留的B公司的12%股权转让给D公司（或其指定的受让人），A公司有权要求D公司受让全部保留股权，各方均不得拒绝，全部保留股权价款 =4,000×（1+年数×10%）万元，上述股权受让价格为固定价格，不因B公司盈利或亏损或资本金及股权变动而变动。

上述两项交易签署后，C公司和D公司共同对B公司进行增资，其中C公司出资12,000万元，D公司出资7,800万元。增资结束后，B公司性质变更为中外合资企业，注册资本为21,800万元，其中：A公司占股权比例为1.1%，C公司占股权比例为60.3%，D公司占股权比例为38.6%。

A公司于2×14年12月与D公司指定的受让人C公司签订股权转让合同，合同约定A公司将持有B公司0.7%的股权转让给C公司（以下简称“第二次转让交易”），转让价款约为2,700万元，转让价款的支付方式为：

1. 自合同签署之日起45日内，C公司向A公司支付股权转让款的10%，即270万元。

2. 自合同获得相关商务部门核准备案之日起7个工作日内，C公司向A公司支付股权转让款的40%，即1,080万元。

3. C公司最迟应于2×15年12月31日支付股权转让款的另外50%，即1,350万元。

2×15年1月，C公司向A公司支付了股权转让款的10%，即270万元。

相关商务部门于2×15年4月批复同意A公司将持有的B公司0.7%的股权转让给C公司。

A公司称：至A公司2×14年年报对外报出日，第二次转让交易已获得相关商务部门的批复，A公司已收到股权转让款超过股权转让款总额的50%；第二次转让交易为第一次转让交易的延续，与股权转让相关的风险和报酬实质已经发生转移，与股权转让相关的经济利益的流入额能够可靠计量并很可能流入企业，全额确认股权转让收益符合企业会计准则的相关要求。

基于以上考虑，A公司在2×14年年度财务报告中对上述股权转让交易确认处置收益2,700万元，实现净利润约2,000万元。

问题：A公司的上述会计处理是否恰当？

二、会计准则及相关规定

《企业会计准则第20号——企业合并》应用指南规定：“同时满足下列

条件的，通常可认为实现了控制权的转移：

（一）企业合并合同或协议已获股东大会等通过。

（二）企业合并事项需要经过国家有关主管部门审批的，已获得批准。

（三）参与合并各方已办理了必要的财产权转移手续。

（四）合并方或购买方已支付了合并价款的大部分（一般应超过50%），并且有能力、有计划支付剩余款项。

（五）合并方或购买方实际上已经控制了被合并方或被购买方的财务和经营政策，并享有相应的利益、承担相应的风险。”

《企业会计准则第33号——合并财务报表》第五十一条规定：“……处置对子公司股权投资的各项交易的条款、条件以及经济影响符合下列一种或多种情况，通常表明应将多次交易事项作为一揽子交易进行会计处理：

（一）这些交易是同时或者在考虑了彼此影响的情况下订立的。

（二）这些交易整体才能达成一项完整的商业结果。

（三）一项交易的发生取决于其他至少一项交易的发生。

（四）一项交易单独考虑时是不经济的，但是和其他交易一并考虑时是经济的。”

《国际财务报告准则第10号——合并财务报表》应用指南第97段规定：“通过两项或者更多项安排（交易），母公司可能丧失对子公司的控制权。然而，有些情况下，多项安排应该作为一项交易进行会计处理。在确定是否将这些安排作为一项交易进行会计处理时，母公司要考虑这些安排的条款、条件以及这些安排的经济影响。以下一种或多种情况可能表明，母公司应将多项安排作为单项交易进行会计处理：

1. 这些安排同时进行或者彼此影响。

2. 这些安排将形成一项单独的交易以产生整体商业影响。

3. 一项安排的发生取决于其他至少一项安排的发生。

4. 一项安排如果单独考虑时是不经济的，但是和其他安排放在一起考虑时是经济的。”

三、案例解析

企业会计准则应用指南对企业合并中控制权的转移提供了若干判断标准，我们认为这些标准在很多方面同样适用于股权处置日的判断。

在分步处置股权涉及一揽子交易的情况下，股权处置日的判断会变得更复杂。某些情况下，在每一步交易完成的时候分别确认处置损益可能是合理的，例如整个交易的完成没有实质性障碍、每一步交易的定价都是公平合理的且每一步交易均不可逆转等。但是在某些情况下，在每一步交易完成的时点分别确认处置损益可能并不合理，例如：

1. 一揽子交易的特点的第 3 项指出，一项交易的发生取决于其他至少一项交易的发生。例如，交易双方可能约定，如果后面的交易步骤无法完成，则取消之前的交易步骤。在这种情况下，在整体交易完成之前，不应该对已经完成的交易步骤进行会计处理。

2. 一揽子交易的特点的第 4 项指出，一项交易单独看是不经济的，但是和其他交易一并考虑时是经济的。例如，第 1 项交易可能是低价出售，而第 2 项交易则是高价出售。在这种情况下，如果在每一次处置时确认该次交易的损益，可能并不符合交易的经济实质。

在实务操作中，应当结合具体情况按照实质重于形式的原则进行判断。

对于本案例，我们首先需要分析第一次转让交易和第二次转让交易之间是否属于一揽子交易。《企业会计准则第 33 号——合并财务报表》第五十一条和《国际财务报告准则第 10 号——合并财务报表》应用指南第 97 段对于如何判断两个交易是否相互关联给出了相关指引。

2×13 年 12 月，A 公司与 C 公司签订股权转让合同，向 C 公司转让 B 公司 39% 的股权。与 B 公司的另一股东 D 公司签订股权转让合同，约定在 A 公司向 C 公司转让 39% 股权的两年内，A 公司将其保留的 B 公司的 12% 的股权转让给 D 公司（或其指定受让人）。A 公司与 D 公司签订股权转让合同时，并未约定 C 公司为该交易的指定受让人，因此我们不能简单地因为一年后 D 公司指定 C 公司为受让人而认为这两项交易是一项整体安排。

A 公司向 C 公司转让 B 公司 39% 的股权，转让对价为 1.3 亿元；向 D 公司转让 B 公司 12% 的股权，转让对价为 4,000 万元（1.3 亿/39% ×12% =4,000 万元），另考虑 10% 的时间价值。比较两项交易的价格，并无不合理之处。

A 公司与 D 公司约定，在 A 公司向 C 公司转让 39% 股权的两年内，A 公司应当将其保留的 B 公司 12% 的股权转让给 D 公司（或其指定受让人），A 公司有权要求 D 公司受让全部保留股权，各方均不得拒绝。因此，双方都无权中止合同。从时间上看，D 公司的交易虽然约定在 C 公司的交易完成之后的两年内进行，但是这只是时间上的安排，D 公司的交易结果并不影响与 C 公司的交易。由此判断，A 公司与 C 公司的交易以及与 D 公司的交易都是不可逆的，且不取决于其他交易的发生。

在整个交易的完成没有实质性障碍、每一步交易的定价都是公平合理且每一步交易均不可逆转的情况下，我们认为，第一次转让交易和第二次转让交易之间并不是一揽子交易。因此，我们需要单独判断第二次转让交易的处置日。

经查阅 A 公司提供的相关资料，发现与第二次转让交易的相关情况不满足股权转让的要求：

1. C 公司向 A 公司支付第二次转让交易的股权转让款的交易行为均发生于 2×15 年 1 月 1 日之后。

2. 相关商务部门于 2×15 年 4 月批复同意 A 公司将持有 B 公司 0.7% 的股权转让给 C 公司。

同时，虽然上述转让款以及商务部门的相关批复是发生在财务报表批准报出日之前，但是上述事件并不是在资产负债表日已存在的事项，根据《企业会计准则第 29 号——资产负债表日后事项》，“资产负债表日后调整事项，是指对资产负债表日已经存在的情况提供了新的或进一步证据的事项”。因此，该处置不是资产负债表日后调整事项，第二次转让中股权的处置日不应当在 2×14 年，而应当为 2×15 年。

综上所述，A 公司在 2×14 年年度财务报告中将第二次转让交易收益予以确认不符合《企业会计准则》及其应用指南的有关规定。

我们认为，对于第二次转让交易，A 公司在已获商务部门核准批复、C 公司付款比例超过 50% 并且预计剩余款项能够取得等条件均得到满足的情况下，才能确认该项经济交易的股权转让收益。

案例 1－02
股权转让时点的判断：工商变更登记尚未完成时是否应确认长期股权投资

在股权购买过程中，往往伴随着监管机构要求的法定程序、工商变更、财产权变更等。当合同约定的股权交付日与工商变更登记日或涉及的主要资产的权属变更日不一致时，需要对长期股权投资的购买和转让时点进行判断。

一、案例背景

A公司为上市公司，以房地产开发、销售为主业。2×13年，A公司与B公司签订合同，购买B公司持有的C公司的30%股权。B公司、C公司均是非上市公司，且从事房地产开发业务。该股权转让合同已经过C公司股东大会过半数通过且由其他股东放弃优先购买权，已经A公司的股东大会通过，并取得了中国证监会的批准。截至2×13年12月31日，A公司已支付给B公司股权转让全款4,000万元，并向C公司的董事会派有一名代表；C公司已提交了办理有关股权转让工商变更登记所需的文件、材料，但工商变更登记尚未完成。

问题：2×13年12月31日，C公司的股东变更登记尚未完成，A公司是否应确认对C公司30%的长期股权投资？

二、会计准则及相关规定

《企业会计准则第37号——金融工具列报》（2014年修订）第九条规定："权益工具，是指能证明拥有某个企业在扣除所有负债后的资产中的剩余权益的合同……"。

《企业会计准则第2号——长期股权投资》应用指南（2014年修订）指出："投资方对被投资单位具有重大影响的权益性投资，即对联营企业投资"。

《企业会计准则第20号——企业合并》第十条规定："购买日，是指购买方实际取得对被购买方控制权的日期"。

《企业会计准则第20号——企业合并》应用指南进一步规定："同时满足下列条件的，通常可认为实现了控制权的转移：（1）企业合并合同或协议已获股东大会等通过。（2）企业合并事项需要经过国家有关主管部门审批的，已获得批准。（3）参与合并各方已办理了必要的财产权转移手续。（4）合并方或购买方已支付了合并价款的大部分（一般应超过50%），并且有能力、有计划支付剩余款项。（5）合并方或购买方实际上已经控制了被合并方或被购买方的财务和经营政策，并享有相应的利益、承担相应的风险”。

《中华人民共和国公司登记管理条例》（2014 年修订）第三十四条规定：“有限责任公司变更股东的，应当自变更之日起 30 日内申请变更登记，并应当提交新股东的主体资格证明或者自然人身份证明”。

《公司法》（2013 年修订）第七十三条规定：“依照本法第七十一条、第七十二条转让股权后，公司应当注销原股东的出资证明书，向新股东签发出资证明书，并相应修改公司章程和股东名册中有关股东及其出资额的记载。对公司章程的该项修改不需再由股东会表决”。

《外商投资企业投资者股权变更的若干规定》第三条规定：“企业投资者股权变更应遵守中国有关法律、法规，并按照本规定经审批机关批准和登记机关变更登记。未经审批机关批准的股权变更无效”。

三、案例解析

由于本案例中涉及的是一项权益投资（对联营企业的投资）的初始确认，对联营企业的长期股权投资属于一项权益工具投资，且能够对被投资单位实施重大影响，因此，要确认该长期股权投资，需要同时考虑是否已经拥有这项权益投资以及是否能够对其实施重大影响。根据会计准则的相关规定，权益工具是指能证明拥有某个企业在扣除所有负债后的资产中的剩余权益的合同，所以需要分析是否已经拥有与被投资单位剩余权益份额相关的风险与收益。企业会计准则中并没有对取得重大影响的判断时点作出明确规定，但是给出了明确的关于企业合并中“购买日”的判断条件，购买日是购买方实际取得对被购买方控制权的日期。假设合同生效的前置条款已经满足的情况下，在判断购买一项联营投资的购买日时，也可以参考准则对于企业合并“购买日”的判断条件，并结合联营投资的特点具体分析如下：

1. 企业合并合同或协议已获股东大会等通过。该条件主要是为了判断这项交易是否经过了相关参与企业的内部审批流程，是否合法有效，尤其是股权交易涉及各方股东之间的关系，相比于一般交易行为而言需要的流程相对更多也更为重要。具体来说，首先要考虑被购买方企业相关股东的同意，根据《公司法》（2013 年修订）第七十一条的规定，若公司章程没有另外规定，股东向股东以外的人转让股权，应当经其他股东过半数同意。经股东同意转让的股权，在同等条件下，其他股东有优先购买权。因此，如果C公司还存在B公司以外的其他股东，且没有公司章程的特别约定，则其股权转让需要经过C公司股东大会过半数通过且由其他股东放弃优先购买权。然后，需考虑A公司与B公司各自作为购买方和出售方是否分别需要各自的股东大会通过，这取决于交易的性质、规模以及A、B公司各自的公司章程及内部管理制度等等。例如，根据《公司法》（2013年修订）的相关规定，公司转让、受让重大资产或者对外提供担保等事项必须经股东大会作出决议的，董事会应当及时召集股东大会会议，由股东大会就上述事项进行表决。上述考虑因素通常并不由于是转让控股股权还是非控股股权而有所不同，因此，在判断是否取得联营投资的时候也同样重要。

本案例中，该股权转让合同已经过C公司股东大会过半数通过且由其他股东放弃优先购买权，并已经A公司的股东大会通过，假定不需要经过B公司的股东大会审批，则此项条件已满足。

2. 企业合并事项需要经过国家有关主管部门审批的，已获得批准。该条件要求判断收购交易是否需要经过国家有关主管部门审批，如果需要，是否已经获得批准。股权交易由于涉及被投资单位的股东变更，需要考虑公司登记管理条例的相关要求是否得到满足，如涉及某些特殊行业、外资、国有企业、上市公司等情形之下，还需要考虑相关行业监管部门、商务部、国资委、证监会、交易所等的审批情况。例如，《外商投资企业投资者股权变更的若干规定》明确指出，"企业投资者股权变更应遵守中国有关法律、法规，并按照本规定经审批机关批准和登记机关变更登记。未经审批机关批准的股权变更无效"。

本案例中，应了解该交易所需获得的批准文件是否已经取得。

实务中常常见到这样的情形，所有的批准文件都已经获得，但尚未完成营业执照变更，工商变更登记尚未完成。那么，工商变更登记是否属于国家有关主管部门的审批程序呢？根据《中华人民共和国公司登记管理条例》（2014年修订）第八章"登记程序"规定，公司登记机关决定是否受理主要审查的是递交的申请文件、材料是否齐全，是否符合法定形式。因此，工商变更登记更多的是在企业股权转让后政府行政管理的一种形式审查，是使得购买方在法律上拥有这些股份，并以此对抗第三人。通常情况下不同于其他实质性的审批程序，除非另有规定，否则工商变更登记一般并不影响股权转让的生效，也可能并不影响购买方对被购买企业实施重大影响（某些情况下，购买方可能在工商变更登记完成前即有实质性权力参与被投资方的经营决策，详见下文第 5 项判断标准的分析）。但是，根据《中华人民共和国公司登记管理条例》（2014 年修订）的相关规定，从提交申请到换发营业执照最长不超过 75 日。股权交易中，应可以合理预计其是否能够取得工商变更登记的审批，如果提交申请后在正常期间内未收到相关部门的反馈，则需要了解其原因，并评估该原因是否会对判断构成实质性障碍。

3. 参与合并各方已办理了必要的财产权转移手续。该条件要求判断参与购买各方是否办理了必要的财产权转移手续。作为购买方，其通过购买取得对被购买方的股权，能够形成与取得股权或净资产相关的风险和报酬的转移，在控制权转移的判断中，通常还会考虑购买方是否已经实质上接管了被购买方的财产。在购买联营企业的交易中，财产权转移手续可能更多地体现为购买方在被收购企业的股东身份。一般而言，被收购公司对公司章程和股东名册进行变更后，收购公司即能在法律上行使对被收购公司的股东权力，一般可视之为办理了财产权转让手续。

4. 合并方或购买方已支付了合并价款的大部分（一般应超过 50%），并且有能力、有计划支付剩余款项。该条件主要也是从风险和报酬的角度来进行分析，一般而言，在非关联方交易的情况下，交易双方的风险报酬转移常常会与价款支付同步进行，因此，价款的支付情况常常能够体现风险报酬的转移情况。

本案例中，截至 2×13 年 12 月 31 日，A 公司已支付给 B 公司股权转让全款 4,000 万元，满足此项条件。

5. 合并方或购买方实际上已经控制了被合并方或被购买方的财务和经营政策，并享有相应的利益、承担相应的风险。该条件要求判断购买方对被购买方财务和经营政策的控制权，这是购买日判断的核心原则，即控制权转移。在联营企业的购买中，该条件可以转换为是否已经具备对被购买方的重大影响，判断购买方实际上是否能参与被购买方的财务和经营政策，并享有相应的利益、承担相应的风险。A 公司通常可以通过以下一种或几种情形来判断是否对 C 公司具有重大影响：（1）在被投资单位的董事会或类似权力机构中派有代表。这种情况下，由于在被投资单位的董事会或类似权力机构中派有代表，并享有相应的实质性的参与决策权，投资方可以通过该代表参与被投资单位经营政策的制定，达到对被投资单位施加重大影响。（2）参与被投资单位的财务和经营政策制定过程。这种情况下，在制定政策过程中可以为其自身利益提出建议和意见，从而可以对被投资单位施加重大影响。（3）与被投资单位之间发生重要交易。有关的交易因对被投资单位的日常经营具有重要性，进而一定程度上可以影响到被投资单位的生产经营决策。（4）向被投资单位派出管理人员。这种情况下，管理人员有权力主导被投资单位的相关活动，从而能够对被投资单位施加重大影响。（5）向被投资单位提供关键技术资料。因被投资单位的生产经营需要依赖投资方的技术或技术资料，表明投资方对被投资单位具有重大影响。

本案例中，2×13 年 12 月 31 日，A 公司已经向 C 公司的董事会派出一名代表，能对 C 公司产生重大影响，满足此项条件。值得注意的是，在有些情况下，A 公司可能尚未派出董事，但如果已经拥有派出董事的权力，也应该认为 A 公司已经具有重大影响。

综上分析，结合权益工具的定义并参考购买日的判断条件，除非合同有特别规定，工商变更登记是否完成并不实质影响股权购买日的判断。需要强调的是，A 公司还应考虑主管机关尚未审批其工商变更的原因，并判断该原因是否对以上五个判断条件构成实质性障碍。

案例 1-03
同一控制下企业合并，被合并方净资产为负数时合并方长期股权投资的确认问题

一、案例背景

A 公司和 B 公司均为 P 集团的控股子公司，C 公司为 B 公司设立的全资子公司。2×13 年 5 月 1 日，A 公司以 1,000 万元的对价取得 B 公司持有的 C 公司 100% 股权。合并日 C 公司的账面净资产为 -2,000 万元，其中实收资本 4,000 万元，未弥补亏损 6,000 万元。合并日 C 公司净资产的评估价值为 1,000 万元。

问题：A 公司在其个别财务报表中应该如何确认对 C 公司的长期股权投资？

二、会计准则及相关规定

《企业会计准则第20号——企业合并》第五条规定："参与合并的企业在合并前后均受同一方或相同的多方最终控制且该控制并非暂时性的，为同一控制下的企业合并"。

《企业会计准则第2号——长期股权投资》（2014年修订）第五条规定："企业合并形成的长期股权投资，应当按照下列规定确定其初始投资成本。

同一控制下的企业合并，合并方以支付现金、转让非现金资产或承担债务方式作为合并对价的，应当在合并日按照取得被合并方所有者权益账面价值的份额作为长期股权投资的初始投资成本。长期股权投资初始投资成本与支付的现金、转让的非现金资产以及所承担债务账面价值之间的差额，应当调整资本公积；资本公积不足冲减的，调整留存收益。

合并方以发行权益性证券作为合并对价的，应当在合并日按照取得被合并方所有者权益账面价值的份额作为长期股权投资的初始投资成本。按照发行股份的面值总额作为股本，长期股权投资初始投资成本与所发行股份面值总额之间的差额，应当调整资本公积；资本公积不足冲减的，调整留存收益"。

《企业会计准则第2号——长期股权投资》（2014年修订）第十二条规定："投资方确认被投资单位发生的净亏损，应当以长期股权投资的账面价值以及其他实质上构成对被投资单位净投资的长期权益减记至零为限，投资方负有承担额外损失义务的除外"。

《企业会计准则第37号——金融工具列报》（2014年修订）第九条规定："权益工具，是指能证明拥有某个企业在扣除所有负债后的资产中的剩余权益的合同……"。

《公司法》第三条规定："公司是企业法人，有独立的法人财产，享有法人财产权。公司以其全部财产对公司的债务承担责任。有限责任公司的股东以其认缴的出资额为限对公司承担责任；股份有限公司的股东以其认购的股份为限对公司承担责任"。

《公司法》第一百八十八条规定："清算组在清理公司财产、编制资产负债表和财产清单后，发现公司财产不足清偿债务的，应当依法向人民法院申请宣告破产"。

《破产法》第三十条规定："破产申请受理时属于债务人的全部财产，以及破产申请受理后至破产程序终结前债务人取得的财产，为债务人财产"。

《破产法》第三十五条规定："人民法院受理破产申请后，债务人的出资人尚未完全履行出资义务的，管理人应当要求该出资人缴纳所认缴的出资，而不受出资期限的限制"。

三、案例解析

从案例背景可知，A 公司和 C 公司在合并前后均受同一控制方 P 集团的最终控制且该控制并非暂时性的，因此 A 公司取得 C 公司 100% 股权的交易属于同一控制下的企业合并。根据《企业会计准则第 2 号——长期股权投资》（2014 年修订）第五条的规定，A 公司个别报表的长期股权投资成本应在合并日按照取得被合并方，即 C 公司的所有者权益账面价值份额进行计量。但是在本案例中 C 公司的所有者权益账面价值为负数，是否应在 A 公司的个别报表上确认长期股权投资为负数呢？我们认为不应当确认负数，理由是：

1. 个别财务报表为公司的法定报表，作为反映一个企业作为独立法人主体财务状况情况的报表，其会计理念与合并财务报表的理念是不同的。个别财务报表中，对子公司的长期股权投资是一个单项资产，用来反映企业持有的对另一个法人主体的权益，在会计上属于一项权益工具投资。

权益工具，是指拥有某个企业在扣除所有负债后的资产中的剩余权益。一家企业的资产扣除所有负债后的剩余权益（净资产）有可能由于累计未弥补亏损等原因呈现为负数。那是否意味着该项权益投资也为负数？这需要结合该被投资单位的法律形式来判断。如果被投资单位为有限责任公司，根据《公司法》及《破产法》的相关规定，有限责任公司的股东以其认缴的出资额为限对公司承担责任，如果公司清算，公司财产不足清偿债务的，应当申请宣告破产。在破产程序中，用于清偿破产债权的破产资产为债务人的全部财产。因此，股东无须就不足清偿部分予以补足。但是，如果股东未完全履行其出资义务的，会被要求缴纳其认缴的出资。因此，投资企业在履行完毕对被投资单位的出资义务之后，仅以其认缴的出资额为限承担责任，在没有其他协议约定的情况下，无须对被投资单位的超额亏损承担进一步义务。因此，持有一家有限责任公司的股权投资，其余额通常不会出现负数。

2. 参考《企业会计准则第 2 号——长期股权投资》（2014 年修订）第十二条，当采用权益法核算时，对于被投资单位亏损的记录也是以长期股权投资以及其他实质上构成对被投资单位净投资的长期权益减记至零为限。这也说明，企业会计准则中在考虑一项股权投资的账面价值时，考虑了上文中分析的投资者对该项投资在法律上所享有的权利和承担的义务。

因此，对于同一控制下的企业合并交易，当被合并方的账面净资产为负数时，除合并方负有承担额外损失的义务外，合并方个别报表对被合并方的长期股权投资应减记至零为限，通常不应当出现负数。相应地，合并方付出的对价与长期股权投资账面价值之间的差额应调整资本公积；资本公积不足冲减的，调整留存收益。

案例 1-04
重大影响的判断

根据企业会计准则的相关规定，对被投资单位有重大影响的长期股权投资应采用权益法进行核算。实务中，如何判断对被投资单位是否具有重大影响，需要结合实际情况具体分析和判断。

一、案例背景

A 公司于 2×13 年 1 月以自有资金 1,000 万元参股 B 公司，持有 B 公司 20% 的股权。B 公司的另一股东为 C 公司，持有 B 公司 80% 的股权。A 公司与 C 公司之间不存在关联方关系。

根据 B 公司的章程以及合资协议的规定，B 公司的净利润根据有关法律法规的规定提取法定公积金后，A 公司、C 公司根据董事会决议通过的分配金额，按持股比例进行分配。B 公司进行清算时的剩余财产，A 公司、C 公司按持股比例进行分配。B 公司按照月、季、年编制财务报表。月度及季度的财务报表在该期间结束后的 20 个工作日之内提交股东，年度财务报表委托中国注册会计师进行审计，并在每个会计年度结束后第 4 个月的第 5 个工作日之前，向股东提交该年度的审计报告。

B公司董事会共有5名董事，其中A公司委派1名董事，其余4名董事由C公司委派，C公司委派的董事任董事长。董事会会议由董事长召集并主持，董事长在董事会会议召开前10日，将记载开会日期、地点及会议目的、议题等事项的书面召集通知发送给各董事。董事会决议由出席会议的董事2/3以上表决通过。由于A公司股东和管理层对B公司所属行业不具备足够的专业管理知识和经验，A公司自投资之日起委派董事对B公司的经营管理主动参与程度较少，出席的董事会决议均未作出与C公司委派董事相左的表决，在已收取会议通知的情况下也缺席过若干次董事会会议。

问题：A公司对B公司是否具有重大影响？

二、会计准则及相关规定

《企业会计准则第2号——长期股权投资》（2014年修订）第二条规定："……重大影响，是指投资方对被投资单位的财务和经营政策有参与决策的权力，但并不能够控制或者与其他方一起共同控制这些政策的制定。在确定能否对被投资单位施加重大影响时，应当考虑投资方和其他方持有的被投资单位当期可转换公司债券、当期可执行认股权证等潜在表决权因素。投资方能够对被投资单位施加重大影响的，被投资单位为其联营企业"。

《企业会计准则第2号——长期股权投资》应用指南（2014年修订）指出："……实务中，较为常见的重大影响体现为在被投资单位的董事会或类似权力机构中派有代表，通过在被投资单位财务和经营决策制定过程中的发言权实施重大影响。投资企业直接或通过子公司间接拥有被投资单位20%以上但低于50%的表决权时，一般认为对被投资单位具有重大影响，除非有明确的证据表明该种情况下不能参与被投资单位的生产经营决策，不形成重大影响。在确定能否对被投资单位施加重大影响时，一方面应考虑投资企业直接或间接持有被投资单位的表决权股份，同时要考虑投资方及其他方持有的当期可执行潜在表决权在假定转换为对被投资单位的股权后产生的影响，如被投资单位发行的当期可转换的认股权证、股份期权及可转换公司债券等的影响。

企业通常可以通过以下一种或几种情形来判断是否对被投资单位具有重大影响：（1）在被投资单位的董事会或类似权力机构中派有代表。这种情况下，由于在被投资单位的董事会或类似权力机构中派有代表，并相应享有实质性的参与决策权，投资方可以通过该代表参与被投资单位财务和经营政策的制定，达到对被投资单位施加重大影响。（2）参与被投资单位的财务和经营政策制定过程。这种情况下，在制定政策过程中可以为其自身利益提出建议和意见，从而可以对被投资单位施加重大影响。（3）与被投资单位之间发生重要交易。有关的交易因对被投资单位的日常经营具有重要性，进而一定程度上可以影响到被投资单位的生产经营决策。（4）向被投资单位派出管理人员。在这种情况下，管理人员有权力主导被投资单位的相关活动，从而能够对被投资单位施加重大影响。（5）向被投资单位提供关键技术资料。因被投资单位的生产经营需要依赖投资方的技术或技术资料，表明投资方对被投资单位具有重大影响”。

三、案例解析

按照企业会计准则的有关规定，重大影响是指对被投资单位的财务和经营政策有参与决策的权力，但并不能够控制或者与其他方一起共同控制这些政策的制定。投资方对被投资单位具有重大影响的长期股权投资，应当采用权益法核算。准则对于重大影响的判断与对控制的判断有所区别，对重大影响判断的核心是分析投资方是否有实质性的参与权而不是决定权。

本案例中，A 公司对 B 公司的持股比例为 20%。根据企业会计准则的有关规定，投资企业直接或通过子公司间接拥有被投资单位 20% 以上但低于 50% 的表决权股份时，一般认为对被投资单位具有重大影响，除非有明确的证据表明该种情况下不能参与被投资单位的生产经营决策。然而，在本案例中，B 公司按照月、季、年编制财务报表。月度及季度的财务报表在该期间结束后的 20 个工作日之内提交股东，年度经审计的财务报表也按时如期向股东提交，因此 A 公司作为 B 公司的股东，能够如期获取 B 公司的财务信息，从而参与 B 公司的生产经营决策。

此外，本案例中，B 公司董事会共有 5 名董事，其中 A 公司委派 1 名董事。根据我国《公司法》的有关规定，董事会在公司的治理结构中占据重要地位。董事会对股东会负责，行使决定公司的经营计划和投资方案、制定公司的年度财务预算方案、决算方案等重要职权。虽然根据 B 公司的章程，董事会的决议由出席会议的董事 2/3 以上表决通过，由于 C 公司可以委派 5 名董事中的 4 名董事，因此，当 A 公司委派的董事代表与 C 公司委派的董事代表存在异议时，A公司委派的董事代表虽然有权在董事会会议上充分阐述观点和论据，但并无权最终阻止董事会最终决议的通过。然而，准则对于重大影响的判断与对控制的判断有所区别，对重大影响判断的核心是分析投资方是否有实质性的参与权而不是决定权。即使A公司委派的董事无法最终阻止决议的通过，但由于A公司仍然可以通过委派的董事代表参与B公司财务和经营政策的制定，在制定政策过程中可以充分发表意见，从而对B公司施加重大影响。

值得注意的是，企业会计准则将重大影响定义为“对被投资单位的财务和经营政策有参与决策的权力”而并非“正在行使权力”，其判断的核心应当是投资方是否具备参与并施加重大影响的权力，而投资方是否正在实际行使该权力并不是判断的关键所在。

在实务中，投资方具有重大影响的最佳佐证之一固然是其正在施加此类影响的事实。然而，投资方可能具备向董事会提名董事代表的权力但暂不行使该项权力，也可能在被投资方的董事会中占有席位，却选择采取被动而不积极地参与会议或放弃表决。除非有证据表明，被投资单位存在积极反对投资方欲对其施加影响的意图和事实，且投资方欲取得董事会席位、参与董事会、及时从被投资单位处取得财务信息等尝试均无果，否则，投资方较为被动地参与决策的情况，并不改变或者削弱其对被投资单位具有重大影响的事实。

本案例中，B公司按时向各董事发送会议通知，A公司董事参与董事会议并不存在实质性障碍。A公司委派的董事对B公司的经营管理主动参与程度较少甚至缺席董事会的原因主要在于A公司股东和管理层对B公司所属行业缺乏足够的专业管理知识和经验。因此，A公司较为被动地参与决策的情况，并不改变或者削弱对B公司具有重大影响的权力，A公司应自投资日起即对B公司采用权益法进行核算。

【相关案例之一】

（一）案例背景

A公司于2×12年9月以自有资金15亿元参股B公司并占B公司增资后总股本的8%，为B公司并列第三大股东。B公司第一、第二大股东的持股比例分别为13%和10%。A公司与B公司的其他股东之间不存在关联方关系，B 公司的其他股东之间也不存在关联方关系。

根据 B 公司的章程以及合资协议的规定，B 公司董事会共有 9 名董事，A 公司自投资之日起即有权力向 B 公司委派 1 名董事（即随时有权要求委派）。由于投资恰逢年中，为保持经营的稳定性，且 A 公司根据投资前对 B 公司的尽职调查认为，B 公司现有董事管理经验丰富，具备决策独立性，可在法律许可的范围内参与 B 公司经营决策，维护包括 A 公司在内的股东的合法利益，因此 A 公司 2×12 年未实际向 B 公司委派董事，而是自 2×13 年 3 月起才开始正式向 B 公司委派了 1 名董事。

问题：A 公司对 B 公司是否具有重大影响？从何时开始具有重大影响？

（二）案例解析

按照企业会计准则的有关规定，重大影响是指对被投资单位的财务和经营政策有参与决策的权力，但并不能够控制或者与其他方一起共同控制这些政策的制定。投资方对被投资单位具有重大影响的长期股权投资，应当采用权益法核算。准则对于重大影响的判断与对控制的判断有所区别，对重大影响判断的核心是分析投资方是否有实质性的参与权而不是决定权。

根据我国《公司法》的有关规定，董事会对股东会负责，行使决定公司的经营计划和投资方案、制定公司的年度财务预算方案和决算方案等重要职权。由此可见，董事会在公司的治理结构中占据重要地位。本案例中，A 公司自投资之日起即具有向 B 公司委派董事的权力，有权力通过该董事代表参与 B 公司财务和经营政策的制定，在制定政策过程中可以提出或者否决建议和意见，从而对 B 公司施加重大影响。

此外，本案例中 A 公司对 B 公司的持股比例虽然低于 20%，但由于 B 公司的投资方相对分散，第一大股东的持股比例也低于 20%，仅为 13%。A 公司持股比例虽然为 8%，但已经是 B 公司的并列第三大股东。B 公司相对分散的股东持股结构也从侧面支撑了持股比例低于 20% 的股东对其治理具有实质性话语权的商业理由。

值得注意的是，企业会计准则将重大影响定义为“对被投资单位的财务和经营政策有参与决策的权力”而并非“正在行使权力”，其判断的核心应当是投资方是否具备参与并施加重大影响的权力，而投资方是否正在实际行使该权力并不是判断的关键所在。

在实务中，投资方具有重大影响的最佳佐证之一固然是其正在施加此类影响的事实。然而，投资方可能具备向董事会提名董事代表的权力但暂不行使该项权力，也可能在被投资方的董事会中占有席位，却选择采取被动而不积极地参与会议或放弃表决。除非有证据表明，被投资单位存在积极反对投资方欲对其施加重大影响的意图和事实，且投资方欲取得董事会席位、参与董事会、及时从被投资单位处取得满足权益法核算的必要财务信息等尝试均无果，否则，投资方较为被动地参与决策的情况，并不改变或者削弱其对被投资单位具有重大影响的事实。

本案例中，A公司并未在初始投资时而是直至2×13年3月才向B公司实际派出董事，是出于投资恰逢年中，保持经营的稳定性，且根据尽职调查认可了现有董事的胜任能力的考虑，并非受阻于机制上的实质性障碍，因此，A公司在2×13年3月前较为被动地参与决策的情况，并不改变或者削弱A公司对B公司具有重大影响的事实，A公司应自投资日起即对B公司采用权益法进行核算。

【相关案例之二】

（一）案例背景

2×15年，A上市公司及其控股子公司（“A集团”）陆续认购B公司股份，截至2×15年12月31日，合计持有B公司9.47%的股份。B公司股权分散，截至2×15年12月31日，前三大股东分别持有其12%、10%和9.47%的股份（以股东所在集团合计持股统计），其中第三大股东为A集团。根据B公司的公司章程，单独或合计持其有表决权股份总数3%以上的股东有权派出董事。于2×15年末，A集团尚未向B公司派驻董事。

问题：截至2×15年末，A集团对B公司是否具有重大影响？

（二）案例解析

按照企业会计准则的有关规定，重大影响是指对被投资单位的财务和经营政策有参与决策的权力，但并不能够控制或者与其他方一起共同控制这些政策的制定。准则对于重大影响的判断与对控制的判断有所区别，对重大影响判断的核心是分析投资方是否有实质性的参与权而不是决定权。同时值得注意的是，重大影响判断的核心应当是投资方是否具备参与决策并由此实施重大影响的权力，而是否正在实际行使该权力并不是判断的关键所在。

本案例中，截至2×15年末A公司及控股子公司合计持有B公司9.47%的股权，虽尚未派驻董事，但已具备派驻董事的权力，判断其是否对

B 公司具有重大影响，应综合分析其对被投资单位是否具备参与决策并由此实施重大影响的权利，从以下方面予以考虑：

第一，分析 A 公司是否可以通过股东大会参与 B 公司的经营及财务决策。根据背景信息，B 公司股权结构相对分散，且第一大股东的持股比例仅为 12%，在股东大会的表决权上并非占有绝对优势，A 公司作为第三大股东持股比例为 9.47%，仅分别比第一大股东和第二大股东表决权比例少 2.53% 和 0.53%，在被投资单位该股权结构下，除非有其他反向证据（如其他分散股东联合起来施加他们的影响等），有理由相信 A 公司有能力通过股东大会参与 B 公司的财务经营决策。

第二，分析 A 公司是否可通过向 B 公司董事会或类似治理机构中派有代表而施加重大影响。根据背景信息，虽然截至 2×15 年末 A 公司尚未向 B 公司派驻董事，但根据 B 公司章程，单独或合计持有表决权股份总数 3% 以上的股东有权派驻董事，表明 A 公司具备向 B 公司派驻董事的权力。

在实务中，投资方具有重大影响的最佳佐证之一固然是其正在施加此类影响的事实，但重大影响的关键是其是否拥有能够参与决策的权力，而一定是其正在实际实施该权力，如投资方在向被投资单位投资时已与被投资方及其他股东达成协议，投资成功后将有权向其派驻董事，但由于董事会成员换届时间等问题而暂时尚未派驻董事，或者投资方具备向董事会提名董事代表的权力且并无证据表明其派驻董事存在实质性障碍，但其暂不行使该项权力的情况下，投资方具备向董事会派驻董事代表的权力和能力但尚未正式派驻，并不妨碍或者削弱其对被投资单位具有重大影响。但如果有证据表明，投资方尝试取得被投资单位董事会或类似权力机构的席位失败、投资方无法及时并充分获取进行权益法核算所必要的财务信息、被投资单位或其他股东积极反对该投资方欲对其施加重大影响的意图等，则即使投资方具有派驻董事的权力，也应对其是否能对被投资单位施加重大影响进行质疑。

此外，部分行业存在特殊监管要求，对于董事任职资格存在特殊规定或需经过监管部门的审批，在该种情况下，如果投资已获监管机构批准，而提名董事已获得股东大会通过但尚需监管部门审批或监管部门审批未通过的情况下，如果投资方有权提名或继续提名符合监管标准的董事直至获得监管机构的批准，则尚需监管部门审批或监管部门暂未审批通过的事实并不必然妨碍投资方对被投资单位具有重大影响。但实务中应关注监管机构不予批准的原因，以判断是否构成其参与被投资单位重大财务或经营决策的实质性障碍等。

本案例中，截至2×15年末，A公司具有向B公司派驻董事的权利但尚未派驻的情况下，应分析其尚未派驻的原因，以判断A公司是否具备权力并有能力向B公司派驻董事，并通过该董事参与被投资单位重大财务或经营决策，从而对B公司具有了重大影响。

【相关案例之三】

委托或受托表决权时重大影响的判断

（一）案例背景

A公司持有B公司5%的股权，截至2×15年末，A公司未向B公司派驻董事且不存在重大影响。2×16年3月28日，A公司与B公司的另外三个股东（与A公司在同一集团旗下）共同签署《股东表决权委托协议》，根据协议，另外的三个股东委托A公司全权行使其所持B公司股份所对应的股东表决权。接受委托后，A公司合计享有的表决权股份占B公司总股本的21%。2×16年5月，A公司提名2人代表A公司及委托方担任B公司董事会董事职务，并经B公司股东大会审议通过。

问题：接受委托后，A公司对B公司是否具有重大影响？

（二）会计准则及相关规定

《企业会计准则第2号——长期股权投资》（2014年修订）第二条规定："……重大影响，是指投资方对被投资单位的财务和经营政策有参与决策的权力，但并不能够控制或者与其他方一起共同控制这些政策的制定。在确定能否对被投资单位施加重大影响时，应当考虑投资方和其他方持有的被投资单位当期可转换公司债券、当期可执行认股权证等潜在表决权因素。投资方能够对被投资单位施加重大影响的，被投资单位为其联营企业。"

《企业会计准则第2号——长期股权投资》应用指南（2014年修订）指出："企业通常可以通过以下一种或几种情形来判断是否对被投资单位具有重大影响：（1）在被投资单位的董事会或类似权力机构中派有代表。这种情况下，由于在被投资单位的董事会或类似权力机构中派有代表，并相应享有实质性的参与决策权，投资方可以通过该代表参与被投资单位财务和经营政策的制定，达到对被投资单位施加重大影响。（2）参与被投资单位的财务和经营政策制定过程。这种情况下，在制定政策过程中可以为其自身利益提出建议和意见，从而可以对被投资单位施加重大影响。（3）与被投资单位之间发生重要交易。有关的交易因对被投资单位的日常经营具有重要性，进而一定程度上可以影响到被投资单位的生产经营决策。（4）向被投资单位派出管理人员。在这种情况下，管理人员有权力主导被投资单位的相关活动，从而能够对被投资单位施加重大影响。（5）向被投资单位提供关键技术资料。因被投资单位的生产经营需要依赖投资方的技术或技术资料，表明投资方对被投资单位具有重大影响。”

（三）案例解析

根据企业会计准则，重大影响是指投资方对被投资单位的财务和经营政策有参与决策的权力，但并不能够控制或者与其他方一起共同控制这些政策的制定。在接受委托行使表决权或委托他人行使表决权情况下，投资单位是否对被投资单位具有重大影响，也应根据上述重大影响的定义，并结合考虑表决权委托的商业目的或背景、受托方是否能独立行使表决权而不存在任何限制、接受委托后派出董事等相关股东权力属委托方享有还是受托方享有等因素，判断其单独是否具有参与对被投资方财务经营决策的制定的权力。

在本案例中，A公司自身拥有B公司5%的股权表决权，接受其他股东的委托后合计可行使B公司21%股权的表决权，并派驻两名董事的情况下，判断A公司是否单独对B公司存在重大影响，应至少从以下方面予以考虑：

第一，应考虑接受表决权委托是否具有合理的商业目的或背景。本案例中，委托方与A公司在同一集团下，应关注该表决权委托的商业背景。如相较于委托方，A公司是否对B公司所在行业或领域更为了解；或者A公司投资于B公司相较于委托方是否具有其他战略目的或意图，如与B公司还存在经营领域的合作（如客户群体分享、信息技术的共享或其他协同效应等）等；或者根据委托协议，A公司享有其受托表决权对应的实际股东权益，如A公司代为行使表决权的同时还能获得表决权对应股权的分红权利，而仅需向委托方提供固定回报等。

第二，应判断受托方行使表决权时是否不存在任何限制。例如，A公司是否能独立地行使表决权而不需听从委托方指示；在自身利益与委托方利益发生冲突时，A公司是否有权完全根据自身意愿行使表决权；是否未经受托方同意委托方不能撤销该委托事项等。本案例中，在委托方与A公司同属同一集团下，更应关注A公司代为行使表决权时，是否代表其自身，行使表决权时是否需委托股东的同意或认可。如果并不能独立行使表决权，则在判断是否具有重大影响时，不应将受托代为行使的表决权比例考虑在内。

第三，应判断接受委托后派出董事等相关股东权力为委托方享有还是受托方享有。A公司接受其他股东委托后，成功地向B公司派驻两位董事，但应分析派出该两位董事的权力，到底为A公司单独享有，还是为其他股东享有；同时还应关注所派驻的董事人选，是否可以根据A公司自身利益参与B公司决策而不受到委托方的限制或影响等。如果虽然由A公司派出两名董事，但该两名董事人选由委托方决定或听从委托方指示后确定，或因为各方均处于同一集团的情况下由集团决定，则不能表明A公司通过该派出的董事能单独对B公司的财务和经营决策实施重大影响。此外，还应关注该委托的期限，如该委托可以由任意一方随意取消或委托期限可由委托方单方面决定，或者该委托的期限相当短等情况下，很难表明受托方对被投资方能够实施更大影响。

综上所述，A公司判断其对B公司是否具有重大影响，应判断其在接受表决权委托之后的权力是否发生实质性改变，是否能独立而不受限制地参与对B公司的财务和经营决策的制定，而并非作为委托方的代表行使权力。

若委托方为不存在关联关系的独立第三方时，由于其不太可能无条件让渡其权力，除根据上述因素进行判断外，还应关注委托的商业目的和背景，如在该委托协议之外是否还存在其他权利义务的约定和安排等。

【相关案例之四】

（一）案例背景

A上市公司原持有S上市公司股权比例为30.08%，并派驻2名董事，其采用权益法核算对S公司的投资。2×16年，由于S公司进行重大资产重组，A公司对S公司的持股比例下降至13.18%，派驻董事人数由2名降低为1名，董事占比下降为1/9。同时，A公司将所派出董事参与S公司事务的部分主要权力授权给S公司的实际控制人派出的董事行使，并且该授权不可撤销，适用于A公司派驻董事在B公司的整个任期。

问题：A公司持股比例下降且将董事权力委托给其他方后，是否还对B公司具有重大影响？

（二）案例解析

本案例中，A上市公司持有被投资单位的股权比例由30.08%下降至

13.18%股权，并派驻一名董事，但将派出董事的部分主要权利授权给实际控制人派出董事。判断A公司是否仍然对B公司具有重大影响，应综合分析A公司将其董事权利授权给实际控制人派出董事的商业目的或背景、受托方董事行使表决权的范围和权利是否受到其限制、A公司是否实质性放弃其表决权享有等因素，判断其是否仍能参与S公司的财务或经营决策的制定。

第一，应关注A公司将其董事权利授权给实际控制人派出董事的商业目的或背景。如A公司将其董事权利委托给最终控制方董事的内在商业逻辑及合理性，判断其是无偿的授权或是存在其他安排等，如果存在其他安排，则应综合考虑其具体内容和影响。此外，应关注该项委托是否是A公司参与S公司决策的一种方式。

第二，应关注将董事的部分主要权利授权给实际控制人董事是否构成该董事权利的实质性转移，受托方董事行使表决权的范围和权利是否受到A公司的限制。如A公司将"部分主要权利"授权给实际控制人派出的董事中的"部分"包括哪些方面，是否包括所有重大的财务或经营政策等；实际控制人的派出董事如何代为行使该"部分主要权利"，是仅代替A公司派出董事进行表决还是完全独立于A公司进行表决；在此情况下，A公司派出董事是否还有参加董事会或参与表决的权利等。此外，还应关注该委托期限的相关约定，如根据案例背景信息，该项委托适用于A公司派驻董事在B公司的整个任期，则应考虑该整个任期是指A公司派驻某特定董事的，还是也包括A公司继续派驻董事的任期，即是否适用于在A公司有权派驻董事的所有期间等相关因素。

综上所述，A公司对S公司是否具有重大影响应着重考虑A是否实质上丧失了参与S公司的财务经营决策的能力。

案例1-05
以取得自身权益工具为对价处置子公司股权的会计处理

一、案例背景

A上市公司于2×13年10月11日召开临时股东大会，决议通过《关于

A公司重大资产出售的议案》，本次重大资产重组是A公司和控股股东B公司为剥离上市公司亏损资产而达成的交易。根据双方签署附生效条件的《股权转让协议》，A公司向控股股东B公司出售其全资子公司C的100%股权。C公司经审计的账面净资产为6亿元，评估值为8亿元，双方以评估值8亿元作为交易价格（假设审计、评估基准日为2×13年6月30日）。控股股东B公司以其持有的A公司3亿股普通股作为对价取得上述C公司股权，对价股份价格依据A公司董事会决议公告日前20个交易日的公司股票交易均价确定，A公司取得作为对价的自身股份后将予以注销。2×13年11月该交易获中国证监会核准。截至2×13年11月30日，C公司股权已变更至B公司名下，资产处置日为2×13年11月30日。A公司于2×13年12月5日完成了与本次重大资产重组有关的股份注销手续，资产重组后控股股东仍为B公司（假设不考虑交易费用）。

上述交易A公司合并报表确认投资收益2亿元，同时A公司回购并按股票面值注销股份，减少股本3亿元，股本溢价部分冲减资本公积5亿元。

问题：A公司以获得自身股份为对价处置C公司股权确认投资收益是否违反会计准则的规定？

二、会计准则及相关规定

财政部《关于执行会计准则的上市公司和非上市企业做好2009年年报工作的通知》（财会［2009］16号）中规定："企业处置对子公司的投资，处置价款与处置投资对应的账面价值的差额，在母公司个别财务报表中应当确认为当期投资收益；处置价款与处置投资对应的享有该子公司净资产份额的差额，在合并财务报表中应当确认为当期投资收益，如果处置对子公司的投资未丧失控制权的，应当按照《关于不丧失控制权情况下处置部分对子公司投资会计处理的复函》（财会便［2009］14号）规定，将此项差额计入资本公积（资本溢价），资本溢价不足冲减的，应当调整留存收益。"上述规定均编入2014年修订后的《企业会计准则第2号——长期股权投资》、《企业会计准则第33号——合并财务报表》。

《企业会计准则第37号——金融工具列报》（2014年修订）第二十二条规定："金融工具或其组成部分属于权益工具的，其发行（含再融资）、回购、出售或注销时，发行方应当作为权益的变动处理。发行方不应当确认权益工具的公允价值变动。”

《企业会计准则第37号——金融工具列报》（2014年修订）第二十六条规定：“回购自身权益工具（库存股）支付的对价和交易费用，应当减少所有者权益，不得确认金融资产。”

财政部于2008年年底发布《关于做好执行会计准则企业2008年年报工作的通知》（财会函［2008］60号）中规定：“上市公司接受控股股东直接或间接的捐赠，从经济实质上判断属于控股股东对企业的资本性投入，应作为权益性交易，相关利得计入所有者权益”。

证监会于2009年在《上市公司执行企业会计准则监管问题解答》（2009年第2期）中对于“上市公司的控股股东、控股股东控制的其他关联方、上市公司的实际控制人对上市公司进行直接或间接的捐赠、债务豁免等单方面的利益输送行为”的会计处理作出明确的规定，“由于交易是基于双方的特殊身份才得以发生，且使得上市公司明显地、单方面地从中获益，监管中应认定为其经济实质具有资本性投入性质，形成的利得应计入所有者权益”。

三、案例解析

本案例是A上市公司和控股股东B公司为剥离A上市公司亏损资产而达成的重大资产重组交易，控股股东B公司以所持A上市公司股份作为支付收购资产的对价完成重大资产重组。根据交易实质，整个交易可理解为A公司处置股权投资及回购自身权益工具两个交易事项。首先，A公司将其持有全资子公司100%的股权按双方协议价格8亿元出售给控股股东B公司，该交易可视为A公司以8亿元为对价处置子公司投资；其次，B公司以其持有A公司的股份作为支付对价，A公司收回股份并注销，该交易可视为A公司以处置子公司取得8亿元对价回购自身权益工具。

根据以上交易，A公司在合并报表层面会计处理如下：

1. A公司处置股权投资的会计处理。如果A公司有确凿证据证明双方协议价格是公允的，根据财政部《关于执行会计准则的上市公司和非上市企业做好2009年年报工作的通知》（财会［2009］16号）的相关规定，A公司处置子公司100%股权，处置价款8亿元与处置投资对应的享有该子公司净资产份额6亿元的差额2亿元，在合并财务报表中确认为当期投资收益。

如果A公司无法提供确凿证据证明双方协议价格的公允性，交易的经济后果使A上市公司明显单方面从中获益，则根据财政部2008年年底发布的《关于做好执行会计准则企业2008年年报工作的通知》（财会函［2008］60号）及证监会2009年在《上市公司执行企业会计准则监管问题解答》（2009年第2期）的相关规定，协议价格中不公允的部分应界定为权益性交易，与权益性交易有关的利得或损失直接计入权益，不应确认投资收益。

2. A公司回购自身权益工具的会计处理。根据金融工具列报准则的相关规定，A公司按法定程序报经批准回购自身股票减资，应按注销的股票面值总额减少股本3亿元，购回股票支付的价款（含交易费用）与股本的差额5亿元调整所有者权益，应依次冲减资本公积（股本溢价）、盈余公积和未分配利润，不应当确认权益工具的公允价值变动。

综上所述，A公司确认股权处置投资收益的金额取决于双方协议价格的公允性，公允部分与处置股权相关净资产账面价值的差额计入当期损益；协议价格中不公允的部分应界定为权益性交易，形成的利得或损失应计入所有者权益，不影响当期损益。

案例1－06
拆除VIE架构的长期股权投资的会计处理

一、案例背景

2×14年6月，A上市公司通过在境外设立全资子公司甲（SPV），以现金方式吸收合并纽交所上市公司B公司100%的股权，A公司与B公司及其实际控制人均不相关。B公司存在VIE架构，B公司直接持有境内外商独资企业（以下简称“WFOE”）100%股权（假设B公司除了控制WFOE外无自身经营业务也无其他经营实体），WFOE通过与境内实体公司C公司签订一系列协议对C公司进行协议控制（假设WFOE除了协议控制C公司外无自身经营业务也无其他经营实体）。根据A公司与B公司签订的附条件生效的《合并协议》，本次收购价格为2.75美元/股，收购总价款约为

36,884.55 万美元［假定购买日 B 公司的可辨认净资产公允价值为 36,884.55 万美元（包含 C 公司可辨认净资产公允价值）］。按照 A 公司公告的预案签署日前一天的美元兑人民币汇率换算合计收购总价款约 230,000 万元人民币。同时，作为上述交易的先决条件，A 公司将在吸收合并 B 公司合并交割前，以双方事先约定的对价（支付名义价格，假定其为 1 万元人民币）完成对 WFOE 协议控制的中国境内经营实体 C 公司 100% 股权的收购，A 公司吸收合并 B 公司与 A 公司以名义价格合并 C 公司这两项交易互为前提。收购完成后，B 公司从纽交所退市并在海外注销，WFOE 和境外甲公司也最终清算，A 公司最终控制境内实体 C 公司。A 公司收购前后股权架构图如图 1－1 所示。

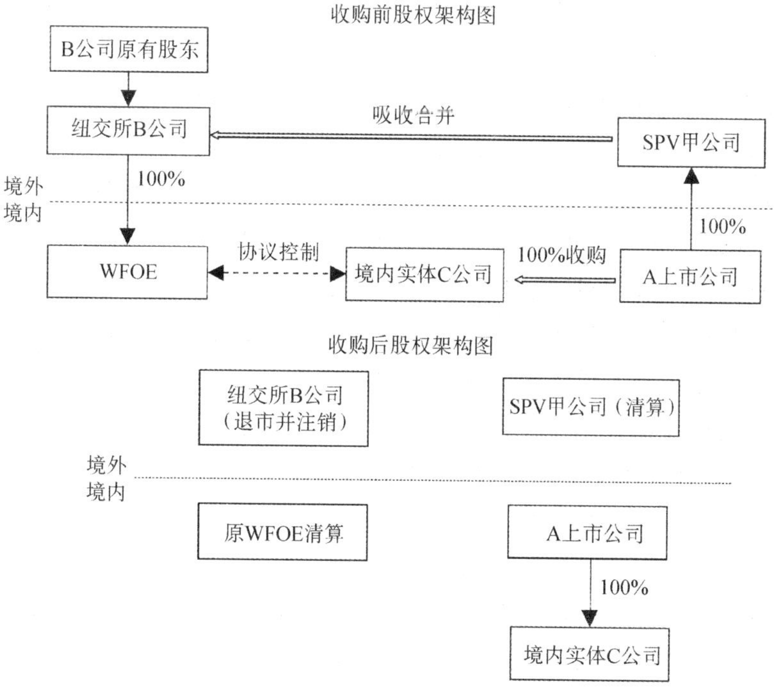

图 1－1 A 公司收购前后股权架构图

问题：当 WFOE 和 C 公司解除协议控制时，A 公司对甲公司和 C 公司的长期股权投资该如何进行会计处理？

二、会计准则及相关规定

《企业会计准则第 2 号——长期股权投资》（2014 年修订）第五条规定："企业合并形成的长期股权投资，应当按照下列规定确定其初始投资成本：……（二）非同一控制下的企业合并，购买方在购买日应当按照《企业会计准则第 20 号——企业合并》的有关规定确定的合并成本作为长期股权投资的初始投资成本。"

《企业会计准则讲解（2010）》第二十一章（企业合并）指出："非同一控制下的控股合并中，购买方在购买日应当按照确定的企业合并成本（不包括应自被投资单位收取的现金股利或利润），作为形成的对被购买方长期股权投资的初始投资成本……"

《企业会计准则讲解（2010）》第二十一章（企业合并）指出："非同一控制下的吸收合并，购买方在购买日应当将合并中取得的符合确认条件的各项可辨认资产、负债，按其公允价值确认为本企业的资产和负债……"

《企业会计准则第 2 号——长期股权投资》（2014 年修订）第六条规定："除企业合并形成的长期股权投资以外，其他方式取得的长期股权投资，应当按照下列规定确定其初始投资成本：（一）以支付现金取得的长期股权投资，应当按照实际支付的购买价款作为初始投资成本。初始投资成本包括与取得长期股权投资直接相关的费用、税金及其他必要支出……"。

《企业会计准则第 20 号——企业合并》第十三条规定："购买方在购买日应当对合并成本进行分配，按照本准则第十四条的规定确认所取得的被购买方各项可辨认资产、负债及或有负债。（一）购买方对合并成本大于合并中取得的被购买方可辨认净资产公允价值份额的差额，应当确认为商誉。初始确认后的商誉，应当以其成本扣除累计减值准备后的金额计量。商誉的减值应当按照《企业会计准则第 8 号——资产减值》处理"。

三、案例解析

A 公司设立境外 SPV 甲公司收购纽交所上市公司 B 公司，与 A 公司收购国内经营实体 C 公司为一揽子交易，A 公司的最终目标就是获得国内经营实体 C 公司，根据企业会计准则相关规定及实质重于形式的原则，A 公司合并报表层面具体会计处理如下（单位：人民币）：

1. A公司用23亿元人民币设立SPV甲公司。

借：长期股权投资——甲公司 23亿元

贷：银行存款 23亿元

2. 甲公司吸收合并纽交所上市公司B公司。

借：资产 （23+X）亿元

贷：负债 X亿元

银行存款 23亿元

3. A公司购买国内经营实体C公司。

借：长期股权投资——C公司 1万元

贷：银行存款 1万元

4. 同时解除WFOE公司和C公司的协议控制。

解除WFOE对C公司的协议控制时，B公司的合并范围不再包括C公司，使甲公司在吸收合并B公司时所取得的净资产公允价值已经扣除了C公司的净资产公允价值，这种收购的设计与安排，使甲公司成为A公司收购B公司的通道，A公司在形式上以实际价格23亿元收购B公司、以名义价格收购C公司，而实质上，A公司以付出实际价格23亿元为代价，获得了C公司的100%股权。当清算甲公司时，A公司将其对甲公司的投资转记为对C公司的投资。

因为对纽交所上市公司B公司的私有化成本就是买入国内经营实体C公司的成本，因而将A公司对甲公司的投资成本转作A公司对C公司的投资成本。这样，充分反映了经济业务的实质。

借：长期股权投资——C公司 23亿元

贷：长期股权投资——甲公司 23亿元

假设本案例中A公司的收购总价款大于购买日B公司可辨认净资产（包含C公司可辨认净资产的公允价值）的公允价值，从A公司合并报表层面看，由于A公司收购B公司和C公司属于一揽子交易，A公司应从整个交易角度来确认商誉，即A公司实际发生的交易合并总成本［境外支付23亿元加上境内支付1万元之和）与收购对象的可辨认净资产公允价值（B公司可辨认净资产（包含C公司可辨认净资产公允价值）］的差额确认为商誉，而不是将交易分割为甲公司收购B公司，A公司收购C公司来分别确认商誉。

值得注意的是，本案例中上述会计处理的前提是A公司收购B公司为非同一控制下的企业合并。假设A公司与B公司在合并前后均受同一最终方控制且该控制是非暂时性的，则A公司收购B公司属于同一控制下的企业合并，A公司对长期股权投资的核算应按照同一控制下的企业合并进行处理。

案例1－07

附有业绩补偿条款的股权投资业务的会计处理

通常私募基金公司通过私募形式对非上市企业进行权益性投资，投资后提供管理或服务实现增值，最终通过上市、并购等实现退出，其目的是获取比债权投资高出几倍甚至几十倍的投资回报。这类投资协议往往附有业绩和补偿条款，在被投资方业绩不达标的情况下投资方可以获得一定的保底收益，同时在不满足协议约定的条件下还可以要求被投资方的实际控制人回购其全部或部分投资。从持有人的角度，实务中对这类附有业绩补偿条款的投资业务性质的理解及相关会计处理存在分歧。

一、案例背景

甲方是私募基金公司，2×11年1月对乙方进行增资，增资金额为12,000万元，甲方增资后，对乙方投资比例为20%（假设甲方对乙方具有重大影响），丙方为乙方的实际控制人。投资协议约定，丙方承诺，乙方2×11年实现净利润4,000万元，2×12年和2×13年两年实现净利润之和达到12,000万元，并且2×12年和2×13年任一年实现的净利润不低于上一年度。如果任一年度业绩未达到承诺水平，甲方可要求丙方以自有资金对甲方予以现金补偿，具体补偿条款如下：

1. 如果乙方2×11年净利润不足4,000万元，则丙方应当按如下公式进行现金补偿：

业绩补偿金额＝投资款12,000万元×（4,000万元－2×11年实际净利润）/4,000万元

2. 如果乙方 2×12 年和 2×13 年净利润之和不足 12,000 万元，则按如下公式进行现金补偿：

业绩补偿金额 = 12,000 万元 - 2×12 年和 2×13 年实际净利润之和

3. 如果乙方 2×12 年和 2×13 年任一年实现的净利润低于上一年度，则按如下公式进行现金补偿：

业绩补偿金额 = 投资款 12,000 万元 ×（考核年度上一年度实现净利润 - 考核年度实际净利润）/考核年度上一年实现净利润

投资协议同时约定，如果乙方 2×13 年 12 月 31 日前未提交发行上市申报材料并获受理，或者乙方 2×14 年 12 月 31 日前没有完成挂牌上市，则甲方有权选择在上述任何一种情况出现后要求丙方受让甲方持有的全部或部分乙方投资，受让价格基于 10% 的投资回报计算，具体计算如下：

受让价款 = [12,000 万元 ×（1 + n × 10%）- 购买日前甲方已分得的现金红利 - 甲方已经获得业绩补偿款] × 甲方要求丙方受让的乙方股份数量/甲方通过本次增资取得的乙方股份数量（n = 3 或 4 年）。

问题：

（1）甲方对乙方的投资应如何进行会计处理？

（2）当乙方业绩未达标时，甲方收到丙方支付的补偿款如何进行会计处理？

二、会计准则及相关规定

《企业会计准则第 37 号——金融工具列报》（2014 年修订）第十条规定："金融负债与权益工具的区分：（一）如果企业不能无条件地避免以交付现金或其他金融资产来履行一项合同义务，则该合同义务符合金融负债的定义。有些金融工具虽然没有明确地包含交付现金或其他金融资产义务的条款和条件，但有可能通过其他条款和条件间接地形成合同义务。（二）如果一项金融工具须用或可用企业自身权益工具进行结算，需要考虑用于结算该工具的企业自身权益工具，是作为现金或其他金融资产的替代品，还是为了使该工具持有方享有在发行方扣除所有负债后的资产中的剩余权益。如果是前者，该工具是发行方的金融负债；如果是后者，该工具是发行方的权益工具。……"

《企业会计准则第 2 号——长期股权投资》（2014 年修订）第三条规定：

"……（二）风险投资机构、共同基金以及类似主体持有的、在初始确认时按照《企业会计准则第22号——金融工具确认和计量》的规定以公允价值计量且其变动计入当期损益的金融资产，投资性主体对不纳入合并财务报表的子公司的权益性投资，以及本准则未予规范的其他权益性投资，适用《企业会计准则第22号——金融工具确认和计量》。"

《企业会计准则第22号——金融工具确认和计量》第十条规定："除本准则第二十一条和第二十二条的规定外，只有符合下列条件之一的金融资产或金融负债，才可以在初始确认时指定为以公允价值计量且其变动计入当期损益的金融资产或金融负债：（一）……（二）企业风险管理或投资策略的正式书面文件已载明，该金融资产组合、该金融负债组合或该金融资产和金融负债组合，以公允价值为基础进行管理、评价并向关键管理人员报告……。"

《会计准则讲解（2010）》金融工具确认和计量的有关内容："企业的风险管理或投资策略的正式书面文件已载明，该金融资产组合、该金融负债组合或该金融资产和金融负债组合，以公允价值为基础进行管理、评价并向关键管理人员报告。此项条件着重企业日常管理和评价业绩的方式，而不是关注金融工具组合中各组成部分的性质。例如，风险投资机构、证券投资基金或类似会计主体，其经营活动的主要目的在于从投资工具的公允价值变动中获取回报，它们在风险管理或投资策略的正式书面文件中对此也有清楚的说明。在这种情况下，应将该组合进行指定。"

《企业会计准则第22号——金融工具确认和计量》第三条规定："衍生工具，是指本准则涉及的、具有下列特征的金融工具或其他合同：（一）其价值随着特定利率、金融工具价格、商品价格、汇率、价格指数、费率指数、信用等级、信用指数或其他类似变量的变动而变动，变量为非金融变量的，该变量与合同的任一方不存在特定关系；（二）不要求初始净投资，或与对市场情况变动有类似反应的其他类型合同相比，要求很少的初始净投资；（三）在未来某一日期结算"。

《企业会计准则第2号——长期股权投资》应用指南（2014年修订）关于或有对价的规定指出："（1）同一控制下企业合并形成的长期股权投资的或有对价。同一控制下企业合并方式形成的长期股权投资，初始投资时，应按照《企业会计准则第13号——或有事项》（以下简称"或有事项准则"）的规定，判断是否应就或有对价确认预计负债或者确认资产，以及应确认的金额；确认预计负债或资产的，该预计负债或资产金额与后续或有对价结算金额的差额不影响当期损益，而应当调整资本公积（资本溢价或股本溢价），资本公积（资本溢价或股本溢价）不足冲减的，调整留存收益。（2）非同一控制下企业合并形成的长期股权投资的或有对价，参照企业合并准则的有关规定进行会计处理”。

三、案例解析

本案例投资协议涉及甲方（持有方）、乙方（发行方）及丙方（实际控制人），根据投资协议条款，该协议可以理解为甲方与乙方之间的投资协议及甲方和丙方之间的业绩补偿及股份回购协议。具体分析如下：

1. 判断甲方与乙方之间的投资是债权投资还是股权投资。

根据《企业会计准则第37号——金融工具列报》（2014年修订）第十条的规定，对于金融负债和权益工具的区别，主要是从发行方的角度进行阐述的，并且一般认为发行方与持有方具有对应关系。本案例中甲方根据补偿条款在乙方业绩不达标时可以获得一定的现金补偿，并且在乙方不能在规定时间内完成上市的条件下可以要求丙方回购其全部或部分股份。值得注意的是，本案例中的现金补偿和股份回购合同是甲方和丙方双方之间的协议，承担现金支付和回购义务的是实际控制人丙方而不是发行方乙方，乙方作为发行方没有交付现金及其他金融资产的合同义务，因此从发行方角度可以视为权益工具。另外，从持有方角度来看，从表面来看前三年业绩不达标时需要现金补偿具有某些债权投资的特征，但是分析补偿具体条款和受让价格计算过程可以看出在业绩达标时甲方也可作为股东享受超额收益的分配，因此甲方对乙方的投资属于股权投资。

2. 股权投资及业绩补偿的会计处理。

（1）将股权投资直接指定为以公允价值计量且其变动计入当期损益的金融资产。根据《企业会计准则第2号——长期股权投资》（2014年修订）第三条及《企业会计准则讲解（2010）》金融工具确认和计量的相关规定，对于风险投资机构这类主体的股权投资依据投资的意图和管理的需要，对于其以增值退出为目的的投资可作为“直接指定为以公允价值计量且其变动计入当期损益的金融资产”。此时，甲方应收丙方的补偿款应作为衍生金融工具核算，并以公允价值计量且其变动计入当期损益。

（2）没有直接指定为以公允价值计量且其变动计入当期损益的金融资产。如果甲方没有将该类股权投资直接指定为以公允价值计量且其变动计入当期损益的金融资产，则甲方应根据《企业会计准则第2号——长期股权投资》（2014年修订）的相关规定进行会计处理。本案例中甲方对乙方具有重大影响，因此甲方对乙方的投资应作为对联营企业投资，按权益法核算。由于丙方对甲方的业绩补偿是源于甲方向乙方增资，涉及股权交易，可以参考《企业会计准则第2号——长期股权投资》应用指南（2014年修订）中关于非同一控制下企业合并形成的长期股权投资的或有对价的相关规定。此时，甲方应收丙方的业绩补偿款是现金补偿，且补偿金额随着乙方的净利润而波动，应作为一项衍生金融工具，并以公允价值计量且变动计入损益。

相应的，甲方应在资产负债表日按照《企业会计准则第8号——资产减值》的相关规定对长期股权投资进行减值测试，根据测试结果进行相关的会计处理。

3. 丙方对甲方的回购承诺的会计处理。

根据协议规定，在一定条件下甲方可按照约定的公式计算的价款向丙方出售相关股权，是一个典型的卖出期权（put option），应作为衍生金融工具，并以公允价值计量且变动计入损益。

综上所述，由于上述衍生工具和主合同（股权投资）不紧密相关，因此甲方可以选择根据长期股权投资准则核算对乙方的投资，同时对分拆出来的衍生工具作为以公允价值计量且变动计入当期损益的金融资产进行核算，甲方也可以选择将投资整体指定为以公允价值计量且变动计入损益的金融资产。

【相关案例】

以股权返还方式进行业绩补偿的会计处理

（一）案例背景

A公司为上市公司，于2×13年12月，A公司与独立第三方B公司签订股权购买协议，以发行股份及支付现金的方式，收购其所持有的C公司100%股权。该交易未造成A公司最终控制人变更，为非同一控制下的企业合并，购买日为2×13年12月31日。

针对上述股权购买交易，A 公司与 B 公司补充签订了《业绩承诺协议》，根据该协议，B 公司承诺 C 公司 2×14 年度、2×15 年度和 2×16 年度经审计的扣除非经常性损益后的净利润分别不低于人民币 9,000 万元、12,000 万元和 14,000 万元。如 C 公司截至当期期末累积实现净利润数额小于截至当期期末累积盈利预测数额，则 B 公司应将盈利预测数与实际净利润之间的差额部分以股份返还方式向 A 公司补偿。A 公司应在盈利承诺当年标的公司专项审核报告出具之日后 45 日内召开董事会、股东大会，审议当期回购方案，确定应回购股份数量，以 1 元价格回购并予以注销。当年应回购的股份数量 =（截至当期期末累积盈利预测数额 - 截至当期期末累积实现净利润数额）÷补偿期限内各年的预测净利润数总和 × 本次交易总对价 ÷ 本次发行价格 - 已补偿股份数。在各年计算的应补偿股份数少于或等于 0 时，按 0 取值，即已经补偿的股数不冲回。

根据 C 公司的 2×14 年、2×15 年和 2×16 年扣除非经常性损益后的净利润分别为 9,100 万元、10,000 万元和 12,000 万元，B 公司在 2×15 年度、2×16 年度应根据《业绩承诺协议》分别向 A 公司返还相应股份。

问题：针对上述交易中以股票返还方式进行业绩补偿的业绩承诺条款：

（1）购买日，A 公司应如何进行会计处理？

（2）后续期间，A 公司应如何进行会计处理？

（二）会计准则及相关规定

《企业会计准则讲解（2010）》第二十一章指出：“某些情况下，合并各方可能在合并协议中约定，根据未来一项或多项或有事项的发生，购买方通过发行额外证券、支付额外现金或其他资产等方式追加合并对价，或者要求返还之前已经支付的对价。购买方应当将合并协议约定的或有对价作为企业合并转移对价的一部分，按照其在购买日的公允价值计入企业合并成本。根据《企业会计准则第 37 号——金融工具列报》、《企业会计准则第 22 号——金融工具确认和计量》以及其他相关准则的规定，或有对价符合权益工具和金融负债定义的，购买方应当将支付或有对价的义务确认为一项权益或负债；符合资产定义并满足资产确认条件的，购买方应当将符合合并协议约定条件的、可收回的部分已支付合并对价的权利确认为一项资产。”

《企业会计准则第 37 号——金融工具列报》（2014 年修订）第九条规定：“权益工具，是指能证明拥有某个企业在扣除所有负债后的资产中的剩余权益的合同。在同时满足下列条件的情况下，企业应当将发行的金融工具分类为权益工具：

（一）该金融工具应当不包括交付现金或其他金融资产给其他方，或在潜在不利条件下与其他方交换金融资产或金融负债的合同义务；

（二）将来须用或可用企业自身权益工具结算该金融工具。如为非衍生工具，该金融工具应当不包括交付可变数量的自身权益工具进行结算的合同义务；如为衍生工具，企业只能通过以固定数量的自身权益工具交换固定金额的现金或其他金融资产结算该金融工具。企业自身权益工具不包括应按照本准则第三章分类为权益工具的金融工具，也不包括本身就要求在未来收取或交付企业自身权益工具的合同。”

《国际财务报告准则第3号——企业合并》第40段规定：“购买方应当根据《国际会计准则第32号——金融工具：列报》第11段关于权益性工具和金融负债的定义，将支付满足金融工具定义的或有对价的义务分类为一项金融负债或权益。如果满足特定条件，购买方应将归还之前所转移对价的权利分类为一项资产”。

《国际财务报告准则第3号——企业合并》结论基础第346段指出：“在制定《2005年征求意见稿》时，国际会计准则理事会和美国会计准则委员会都认为，在以前的准则中延迟确认企业合并的或有对价是不可接受的，因为这忽视了在企业合并交易中购买方支付或有对价的承诺是导致产生义务的事项。尽管购买方将支付的对价数量取决于未来事项，但如果特定的未来事项的发生是无条件的，义务是不会改变的。同样地，如果满足特定状况，购买方也有要求返回先前所支付对价的权利。在购买日没有确认这些权利和义务将不能真实反映在购买日所交换对价的经济实质。因此，双方都认为，与或有对价协议相关的权利和义务都应以其在购买日的公允价值确认和计量。”

《国际财务报告准则第3号——企业合并》结论基础第347段指出：“双方考虑了关于在购买日以公允价值计量或有对价可能很困难的争论。

双方承认，确认某些或有对价的公允价值存在困难，但是如果延迟确认或者忽略那些难以计量的权利和义务将导致财务报告不完整，并且会降低财务报告对经济决策的有用性。”

《国际财务报告准则第3号——企业合并》结论基础第348段指出：“此外，或有对价协议是购买方与被购买方通过谈判确定的经济对价的内在部分。购买方和被购买方通常采用这种协议就分享与未来结果不确定性相关的特定经济风险达成一致。购买方和被购买方关于这些不确定性的分歧，通常采用分担风险的方式进行协调，即有利的结果将导致向出售方支付额外的对价，而不利的结果将导致不支付或少支付对价。双方注意到，谈判中运用的信息有助于估计购买方承担的或有负债的公允价值。”

《国际财务报告准则第3号——企业合并》结论基础第349段指出：“双方注意到，大部分或有义务都是金融工具，并且许多都是衍生工具。报告主体广泛地运用这些工具，审计人员和估值专家也熟悉用估值技术来估计金融工具的公允价值。双方认为，对于能够充分可靠确认的或有支付义务，购买方应该能够运用估值技术估计或有支付义务的公允价值。双方也注意到，或有对价的公允价值为零的估计的有效性通常是不可靠的，这通常是在《国际财务报告准则第3号》和《财务会计准则公告第141号》下得出的结果。”

（三）案例解析

1. 购买日，A公司应如何进行会计处理？

根据会计准则相关指引，对于非同一控制下企业合并中，购买方应当将合并协议中约定的基于未来一项或多项或有事项的发生而产生的或有对价作为企业合并对价的一部分，按照其在购买日的公允价值计入企业合并成本。

在本案例中，A公司收购B公司持有的C公司全部股权为非同一控制下企业合并。B公司根据标的企业未来业绩实现情况返还A公司已经支付的购买对价，其本质为交易双方根据未来或有事项的发生调整企业合并的对价，属于或有对价安排。A公司应在购买日，根据购买日可获得的信息，评估或有对价于购买日的公允价值并计入合并成本。

根据本案例中的《业绩承诺协议》，如果C公司未达到业绩目标，B公司需返还其持有的A公司股份对A公司进行补偿，对A公司而言，上述安排属于以自身权益工具结算的合同。对于该类或有对价安排的会计处理，应关注如下问题：

第一，应关注该或有对价安排应确认为一项权益工具还是一项资产。

本案例中A公司将回购自身股份进行结算，首先需要判断以购买方自身股份结算的或有对价是否属于权益工具，如不符合则应确认为一项适用于《企业会计准则第22号——金融工具确认和计量》的金融资产。

根据《企业会计准则第37号——金融工具列报》第九条规定：“将来须用或可用企业自身权益工具结算该金融工具。如为非衍生工具，该金融工具应当不包括交付可变数量的自身权益工具进行结算的合同义务；如为衍生工具，企业只能通过以固定数量的自身权益工具交换固定金额的现金或其他金融资产结算该金融工具”。

本案例中，如果标的资产C公司截至当期期末累积实现净利润数额小于截至当期期末累积盈利预测数额，则原股东B公司应将盈利预测数与实际净利润之间的差额部分根据上述约定公式所计算出的A公司股份数量返还至购买方A公司，由于C公司截至当期期末累积实现净利润数额与截至当期期末累积盈利预测数额之差额将随着C公司的经营业绩情况而不同，以发行价折算的应返还的股份数量并非固定数量，并不能满足上述以固定数量的自身权益工具交换固定的现金或其他金融资产（即“固定换固定”）的原则，不符合权益工具的定义，且由于该或有对价为一项未来可能收取自身权益工具的权利，因此，应确认为一项金融资产。

此外，根据《国际财务报告准则第3号——企业合并》第40段，对于或有对价，“如果满足特定条件，购买方应将归还之前所转移对价的权利分类为一项资产”，也表明购买方对于以返还对价方式进行的或有对价安排应确认为一项资产。

第二，应关注或有对价确认为一项金融资产时，其初始确认时点的公允价值如何确定。

对于购买日或有对价公允价值的估计，为实务操作中一项较为复杂的事项，应根据《企业会计准则第39号——公允价值》，采用相应的估值模型（如概率加权平均法、期权定价模型等）等进行计量。

需要注意的是，对于业绩补偿承诺形成的或有对价在购买日的公允价值，实务中较为普遍的一种看法认为，业绩补偿承诺通常理解为一项保护性条款，即交易双方在为标的资产估值和谈判确定交易价格时，通常都是以“盈利预测很可能实现”为前提的（否则就表明所公告的盈利预测是不合理的），业绩补偿只是在万一盈利承诺不能实现的情况下对购买方的补偿手段，因而认为基于该盈利预测作出的补偿承诺在合并日或者购买日的公允价值通常为零。但是，根据《国际财务报告准则第3号——企业合并》结论基础第346~349段，或有对价的公允价值为零的估计通常是不可靠的。在购买日没有确认这些权利和义务将不能真实反映在购买日所交换对价的经济实质。或有对价协议是买卖双方关于与未来结果不确定性相关的经济风险的分享达成的一致，是双方博弈的结果。以公允价值计量或有对价，并非是对最可能结果的估计，而是基于各种可能结果的最佳估计。在一项被收购公司业绩不达标原股东需给予补偿的或有安排中，如果估计购买日或有对价的公允价值为零，也就意味着确定未来100%的可能性不需要对方补偿，而这是不太恰当的。

本案例中，在购买日（即2×13年12月31日），A公司应基于与C公司签订的业绩承诺协议，对C公司未来2×14年、2×15年和2×16年业绩目标达标情况进行合理预测，以对业绩承诺期间预期可能收到B公司返还股份发生概率及相应金额进行合理估计，同时考虑A公司股票的公允价值、相应时间价值以及对方信用风险等各项因素，采用适当估值技术对购买日或有对价进行充分合理估计，并计入合并成本。

2. 后续期间，A公司应如何进行会计处理？

或有对价初始确认为一项金融资产，但对于该金融资产如何分类以及后续计量在现行实务中存在不同观点。本案例中，由于A公司向B公司收取的金融资产不符合收取固定或者可确定合同现金流的特征，因而，不应当被分类为持有至到期投资或者应收款项。如果该项金融资产的金额将随着金融变量的变动而变动，或者随着非金融变量变动而变动且该非金融变量与购买方和出让方均无关，则该金融资产应当被分类为衍生金融资产，以公允价值计量且其变动计入损益。本案例中或有对价安排以C公司的净利润作为变量。实务中对于以标的企业的净利润作为变量的金融资产是否属于衍生金融工具，存在两种不同的观点：一种观点认为，净利润为非金融变量，且被购买方的净利润作为购买方合并财务报表的净利润的一个组成部分而与购买方存在特定关系，因此，不满足衍生金融工具的特征；另一种观点认为，净利润作为一项典型的财务指标，不应当被排除于金融变量的范围之外，因此相关的金融资产应分类以公允价值计量且其变动计入损益的衍生金融工具。

此外，国际财务报告准则理事会于2013年12月发布了国际财务报告准则年度改进项目（Annual improvements to IFRS 2010－2012 cycle）对《国际财务报告准则第3号——企业合并》做出了修订，修订后的《国际财务报告准则第3号——企业合并》第58段规定："……对于除计量期调整以外的或有对价的公允价值变动，（1）被分类为权益类的或有对价不应进行公允价值的重新计量，其后续结算的影响应计入权益；（2）除（1）以外的其他或有对价，根据IFRS 9的规定进行分类及后续会计处理"。上述改进规定适用于购买日在2014年7月1日之后的企业合并交易，并允许提前适用。根据该修订后的准则和IFRS 9，除满足金融工具列报准则界定的权益工具之外，或有对价在后续会计期间均以公允价值计量且其变动计入当期损益，具体如表

1－1 所示。

表 1－1

<table>
<tr><th>情形</th><th colspan="2">或有对价条款</th><th>分类</th><th>后续计量</th></tr>
<tr><td>①</td><td colspan="2">购买方要求返回之前已支付对价（如现金、已发行股份及其他资产）的权利</td><td>金融资产</td><td rowspan="3">后续期间以公允价值重新计量，变动计入当期损益</td></tr>
<tr><td>②</td><td colspan="2">购买方额外支付现金或其他资产追加合并对价的义务</td><td>金融负债</td></tr>
<tr><td>③</td><td rowspan="2">购买方发行额外股份追加合并对价的义务或收回已发行股份的调减合并对价的权利</td><td>发行/收回可变数量股份</td><td>金融负债/金融资产</td></tr>
<tr><td>④</td><td>发行/收回固定数量股份</td><td>权益工具</td><td>不重新计量</td></tr>
</table>

关于或有对价后续计量期间的公允价值估计，采用的估值方法及应考虑的因素，与上述初始确认日类似，但在后续计量期间，A 公司应根据资产负债表日的实际情况对相应的假设和参数进行适当调整，尤其关注对剩余业绩考核期实际业绩指标达成情况的影响。在本案例中，还需要关注的是，虽然 2×14 年度达到业绩目标，但并不意味着 2×14 年 12 月 31 日或有对价的公允价值一定为零，因为在每个资产负债表日都需要根据业绩目标实际情况进行相应调整，并重新评估或有对价公允价值，并根据金融资产的分类，进行后续会计处理。

本案例中，A 公司于 2×15 年 12 月 31 日除了应考虑对或有对价的后续计量外，由于标的企业的实际业绩情况与承诺业绩存在落差，应详细分析该落差产生的原因，如果预计合并取得的相关资产所能创造的净现金流量可能已远低于原预计金额，则属于资产减值的明显迹象，A 公司应当按照《企业会计准则第 8 号——资产减值》的规定，对购买的 C 公司取得的相关资产及商誉进行减值测试。

此外，应收业绩补偿所形成金融资产公允价值的计量、企业合并商誉及相关资产减值等都涉及专业判断和估计，公司应充分披露与此相关的重要会计估计和会计判断的依据、会计处理方法及其对报表的影响等信息。

在个别财务报表层面，根据《企业会计准则第 2 号——长期股权投资》应用指南（2014 年修订）的有关规定，对非同一控制下企业合并形成的长期股权投资的或有对价，应参照企业合并准则的有关规定进行会计处理。

案例 1－08
参与影视项目投资的会计处理

一、案例背景

A 公司为一家上市公司，与境外以电影制作、发行等为主营业务的 B 公司签署《多片投资协议》，依据该协议，A 公司以 200 万美元的价格认购 B 公司 25% 的无表决权股份，获得可对 B 公司每年度制作的影片选择几部进行投资的权利。A 公司根据约定分享和承担所参与投资影片的收益和风险，但 A 公司不参与 B 公司分红，也不具有 B 公司剩余财产分配权。A 公司选择终止与 B 公司合作时可以等额退出或转让。A 公司如果决定投资某部影片，则应按 25% 的投资比例负责投入该影片制作或购买净制作投资成本，影片制作或购买的决策权在 B 公司，当合作影片的素材、导演、主演等发生重大变化时，B 公司应通知 A 公司，A 公司有权免除出资义务并发出撤销合作通知，如果 A 公司行使该权利，则 B 公司应返回 A 公司已出资的款项。B 公司若放弃双方拟合作的影片，或者该制作完成后未满足双方约定的院线上映要求，则 B 公司应向 A 公司返回其已出资的款项。合作影片的版权和衍生作品权利完全归 B 公司所有，合作影片的发行权也由 B 公司控制。A 公司在按投资比例充分、及时履行出资义务后，则获得该部合作影片的利润分成权。合作影片的毛收入先行支付 B 公司发行代理费、第三方义务和其他发行费用，余额再按双方的投资比例进行分配。

问题：A 公司认购 B 公司无表决权股份时如何进行会计处理，A 公司和 B 公司后续合作影片的投资及分得的利润如何核算？

二、会计准则及相关规定

《企业会计准则第 22 号——金融工具确认和计量》第九条规定："金融资产或金融负债满足下列条件之一的，应当划分为交易性金融资产或金融负债：（一）取得该金融资产或承担该金融负债的目的，主要是为了近期内出售或回购。（二）属于进行集中管理的可辨认金融工具组合的一部分，且有客观证据表明企业近期采用短期获利方式对该组合进行管理。”

《企业会计准则第22号——金融工具确认和计量》第十一条规定：“持有至到期投资，是指到期日固定、回收金额固定或可确定，且企业有明确意图和能力持有至到期的非衍生金融资产。”

《企业会计准则第22号——金融工具确认和计量》第十七条规定：“贷款和应收款项，是指在活跃市场中没有报价、回收金额固定或可确定的非衍生金融资产。”

《企业会计准则第22号——金融工具确认和计量》第十八条规定：“可供出售金融资产，是指初始确认时即被指定为可供出售的非衍生金融资产，以及除下列各类资产以外的金融资产：

（一）贷款和应收款项。

（二）持有至到期投资。

（三）以公允价值计量且其变动计入当期损益的金融资产。”

《企业会计准则第22号——金融工具确认和计量》第十条规定：“除本准则第二十一条和第二十二条的规定外，只有符合下列条件之一的金融资产或金融负债，才可以在初始确认时指定为以公允价值计量且其变动计入当期损益的金融资产或金融负债：

（一）该指定可以消除或明显减少由于该金融资产或金融负债的计量基础不同所导致的相关利得或损失在确认或计量方面不一致的情况。

（二）企业风险管理或投资策略的正式书面文件已载明，该金融资产组合、该金融负债组合或该金融资产和金融负债组合，以公允价值为基础进行管理、评价并向关键管理人员报告。在活跃市场中没有报价、公允价值不能可靠计量的权益工具投资，不得指定为以公允价值计量且其变动计入当期损益的金融资产。

活跃市场，是指同时具有下列特征的市场：

（一）市场内交易的对象具有同质性；

（二）可随时找到自愿交易的买方和卖方；

（三）市场价格信息是公开的。”

《企业会计准则讲解（2010）》第二十三章第二节规定：“划分为贷款和应收款项类的金融资产，与划分为持有至到期投资的金融资产，其主要差别在于前者不是在活跃市场上有报价的金融资产。”

“对于公允价值能够可靠计量的金融资产，企业可以将其直接指定为可供出售金融资产。例如，在活跃市场上有报价的股票投资、债券投资等。如企业没有将其划分为其他三类金融资产，则应将其作为可供出售金融资产处理。相对于交易性金融资产而言，可供出售金融资产的持有意图不明确。”

《企业会计准则第 22 号——金融工具确认和计量》第二十一条规定："企业可以将混合工具指定为以公允价值计量且其变动计入当期损益的金融资产或金融负债。但是，下列情况除外：

（一）嵌入衍生工具对混合工具的现金流量没有重大改变。

（二）类似混合工具所嵌入的衍生工具，明显不应当从相关混合工具中分拆。”

《企业会计准则第 22 号——金融工具确认和计量》第二十二条规定："嵌入衍生工具相关的混合工具没有指定为以公允价值计量且其变动计入当期损益的金融资产或金融负债，且同时满足下列条件的，该嵌入衍生工具应当从混合工具中分拆，作为单独存在的衍生工具处理：

（一）与主合同在经济特征及风险方面不存在紧密关系；

（二）与嵌入衍生工具条件相同，单独存在的工具符合衍生工具定义。无法在取得时或后续的资产负债表日对其进行单独计量的，应当将混合工具整体指定为以公允价值计量且其变动计入当期损益的金融资产或金融负债。”

《企业会计准则第 22 号——金融工具确认和计量》第二十三条规定："嵌入衍生工具按照本准则规定从混合工具分拆后，主合同是金融工具的，应当按照本准则有关规定处理；主合同是非金融工具的，应当按照其他会计准则的规定处理。”

《企业会计准则第 22 号——金融工具确认和计量》第三十二条规定："企业应当按照公允价值对金融资产进行后续计量，且不扣除将来处置该金融资产时可能发生的交易费用。但是，下列情况除外：

（一）持有至到期投资以及贷款和应收款项，应当采用实际利率法，按摊余成本计量。

（二）在活跃市场中没有报价且其公允价值不能可靠计量的权益工具投资，以及与该权益工具挂钩并须通过交付该权益工具结算的衍生金融资产，应当按照成本计量。”

《企业会计准则第 37 号——金融工具列报》第十二条规定："对于附有

或有结算条款的金融工具，发行方不能无条件地避免交付现金、其他金融资产或以其他导致该工具成为金融负债的方式进行结算的，应当分类为金融负债。但是，满足下列条件之一的，发行方应当将其分类为权益工具：

（一）要求以现金、其他金融资产或以其他导致该工具成为金融负债的方式进行结算的或有结算条款几乎不具有可能性，即相关情形极端罕见、显著异常或几乎不可能发生。

（二）只有在发行方清算时，才需以现金、其他金融资产或以其他导致该工具成为金融负债的方式进行结算。

（三）按照本准则第三章分类为权益工具的可回售工具。

附有或有结算条款的金融工具，指是否通过交付现金或其他金融资产进行结算，或者是否以其他导致该金融工具成为金融负债的方式进行结算，需要由发行方和持有方均不能控制的未来不确定事项（如股价指数、消费价格指数变动，利率或税法变动，发行方未来收入、净收益或债务权益比率等）的发生或不发生（或发行方和持有方均不能控制的未来不确定事项的结果）来确定的金融工具。”

《企业会计准则第 37 号——金融工具列报》第九条规定：“权益工具，是指能证明拥有某个企业在扣除所有负债后的资产中的剩余权益的合同。在同时满足下列条件的情况下，企业应当将发行的金融工具分类为权益工具：

（一）该金融工具应当不包括交付现金或其他金融资产给其他方，或在潜在不利条件下与其他方交换金融资产或金融负债的合同义务；

（二）将来须用或可用企业自身权益工具结算该金融工具。如为非衍生工具，该金融工具应当不包括交付可变数量的自身权益工具进行结算的合同义务；如为衍生工具，企业只能通过以固定数量的自身权益工具交换固定金额的现金或其他金融资产结算该金融工具。企业自身权益工具不包括应按照本准则第三章分类为权益工具的金融工具，也不包括本身就要求在未来收取或交付企业自身权益工具的合同。”

《企业会计准则第 37 号——金融工具列报》第十条规定了金融负债与权益工具的区分：

“（一）如果企业不能无条件地避免以交付现金或其他金融资产来履行一项合同义务，则该合同义务符合金融负债的定义。有些金融工具虽然没有明确地包含交付现金或其他金融资产义务的条款和条件，但有可能通过其他条款和条件间接地形成合同义务。

（二）如果一项金融工具须用或可用企业自身权益工具进行结算，需要考虑用于结算该工具的企业自身权益工具，是作为现金或其他金融资产的替代品，还是为了使该工具持有方享有在发行方扣除所有负债后的资产中的剩余权益。如果是前者，该工具是发行方的金融负债；如果是后者，该工具是发行方的权益工具。在某些情况下，一项金融工具合同规定企业须用或可用自身权益工具结算该金融工具，其中合同权利或合同义务的金额等于可获取或需交付的自身权益工具的数量乘以其结算时的公允价值，则无论该合同权利或合同义务的金额是固定的，还是完全或部分地基于除企业自身权益工具的市场价格以外变量（例如利率、某种商品的价格或某项金融工具的价格）的变动而变动，该合同应当分类为金融负债。”

《企业会计准则第 6 号——无形资产》第三条规定：“无形资产，是指企业拥有或者控制的没有实物形态的可辨认非货币性资产。

资产满足下列条件之一的，符合无形资产定义中的可辨认性标准：

（一）能够从企业中分离或者划分出来，并能单独或者与相关合同、资产或负债一起，用于出售、转移、授予许可、租赁或者交换。

（二）源自合同性权利或其他法定权利，无论这些权利是否可以从企业或其他权利和义务中转移或者分离。”

《企业会计准则第 40 号——合营安排》第五条规定：“共同控制，是指按照相关约定对某项安排所共有的控制，并且该安排的相关活动必须经过分享控制权的参与方一致同意后才能决策。”

《企业会计准则第 40 号——合营安排》第十一条规定：“未通过单独主体达成的合营安排，应当划分为共同经营。

单独主体，是指具有单独可辨认的财务架构的主体，包括单独的法人主体和不具备法人主体资格但法律认可的主体。”

三、案例解析

目前，越来越多的上市公司涉足影视制作行业，包括收购影视公司、出资参与拍片以及变更主营，整体业务置换为影视制作行业。由于影视制作过程中，耗资巨大，不少影视制作公司采取合作拍片的方式。实务中，投资方对合作拍片的项目投资有三类具有代表性的方式：

第一类——公司按合同约定比例投资，根据投资额约定一定的收益分成比例（如首轮播出基准价的25%），并且其他合作方承诺最低收益，如其在该作品所投入联合投资额的一定比例（如10%、15%等），但是公司不参与该影视作品的制作发行；

第二类——公司按合同约定投资，并按约定比例享有影视作品的收益分配权，但拍片中仍然存在主导方；

第三类——公司按合同约定投资，并按约定比例享有影视作品的收益分配权，但投资比例较大（如达到40%、50%），公司与其他合作方对该影视作品的制作发行进行共同控制，有关投资形成在共同经营中的权益。

（一）对影视合作拍片会计处理的分析

实务中，根据不同的投资类别，对于合作拍片双方的会计处理，比较有代表性的观点如下：

1. 如果其中一方主导该合作项目，尽管未成立项目公司，但实质上可以认为主导方控制了该合作项目。此时，该主导方应将合作项目的全部资产、负债、收入、成本和费用纳入其财务报表。对于接受其他合作方投入的资金以及分配给其他合作方的收益，区分不同情况处理：

（1）合作协议没有向其他合作方提供保本、固定收益或保底收益承诺，但是约定其他合作方按照当期收益或利润的固定比例（如20%）享有收益。

在此情形下，根据《企业会计准则第37号——金融工具列报》，“对于附有或有结算条款的金融工具，发行方不能无条件地避免交付现金、其他金融资产或以其他导致该工具成为金融负债的方式进行结算的，应当分类为金融负债。”因此，尽管从合作协议来看，各合作方按照出资比例共担风险、共享收益，但是主导方是否向其他合作方支付投资收益取决于该项目是否获利（一项未来不确定的事项），未来的利润不受主导方控制，只要有利润，主导方就不能避免此项支付，因此，它符合或有结算事项的定义，同时，其又不属于“仅在清算时才有义务向另一方按比例交付其净资产的金融工具”（一般而言，在项目合作期间只要产生收益主导方就有义务向其他合作方支付投资收益，而并非在整个项目结束时才进行利润分配）。另外，此类合作拍片方式，通常存在对主导方的约束性条款，如放弃拍片或拍片完成后不能满足院线上映要求需要返还参与方出资的款项，主导方并不能无条件地避免以交付现金或其他金融资产的合同义务，因此，应将其作为一项金融负债。

另外，由于该金融负债未来支付款项不确定，若满足指定条件，可以指定为以公允价值计量且其变动计入损益的金融负债，并使用估值技术确定其公允价值。

（2）合作协议约定由处于主导地位的合作方对一个或多个其他合作方提供固定收益承诺的，由于主导方不能无条件地避免以交付现金或其他金融资产来履行一项合同义务，该合同义务符合金融负债的定义，应当作为金融负债。并且，由于金额固定，可以将其作为以摊余成本计量的金融负债，根据流动性，将其列入其他应付款或长期应付款。

（3）合作协议约定由处于主导地位的合作方对一个或多个其他合作方提供保本和保底收益承诺，在此基础上有浮动收益，如“所获收益最低应达到其在该合作作品所投入联合拍摄投资额的10%，最高为其在该合作作品所投入联合拍摄投资额的15%”，则由于主导方不能无条件地避免以交付现金或其他金融资产来履行一项合同义务，该合同义务符合金融负债的定义，可以将其整体认定为“以公允价值计量且其变动计入损益的金融负债”。

如果浮动收益与利率、汇率、金融工具价格、商品价格等基础金融变量挂钩，则可认为该主债务合同中嵌入了衍生工具，属于混合金融工具，需要考虑是否需要进行分拆，或者整体上指定为以公允价值计量且其变动计入当期损益的金融负债。如果嵌入衍生工具的经济特征和风险与主债务合同的经济特征和风险并不紧密相关，则嵌入衍生工具应当与主合同分离，作为单独存在的衍生工具处理，计入“交易性金融负债”。但若无法在取得时或后续的资产负债表日对其进行单独计量的，应当将混合工具整体指定为“以公允价值计量且其变动计入当期损益的金融负债”。

2. 如果其中一方主导并控制该合作项目，非主导合作项目的其他合作方不参与项目运作，其他合作方应当视其持有目的、未来收益的可确定性情况等，将其作为金融资产：

（1）非主导合作项目的其他合作方享有固定收益。

在此情形下，由于其他合作方投资了在活跃市场中没有报价、回收金额固定或可确定的非衍生金融资产，根据《企业会计准则第22号——金融工具确认和计量》，应将该投资作为以摊余成本计量的金融资产，并视其流动性，列入其他应收款或长期应收款。

（2）非主导合作项目的其他合作方按照收益或利润的固定比例（如20%）享有收益。对此情形，实务中存在两种观点：

观点一：由于回收金额不确定，且通常不具有活跃市场，可划分为可供出售金融资产。对于能否将其指定为以公允价值计量且其变动计入当期损益的金融资产，根据《企业会计准则第22号——金融工具确认和计量》，“在活跃市场中没有报价、公允价值不能可靠计量的权益工具投资，不得指定为以公允价值计量且其变动计入当期损益的金融资产”，而影视合作投资中通常不具有活跃市场，因此在活跃市场中通常也没有报价，不具备指定的条件，难以将其指定为以公允价值计量且其变动计入当期损益的金融资产。

观点二：收益或利润分享权的现金流具有不确定性，且本质上更类似于对一项特定资产的受益权，且具有可辨认性，即源自于合同性权利或其他法定权利，且可以单独转让，因此可将其确认为无形资产，在受益期内采用合理的方法予以摊销。

（3）非主导合作项目的其他合作方享有固定和浮动收益。

如果浮动收益部分不满足衍生工具的定义，则由于影片投资通常不具有活跃市场，且未来收益不确定，划分为可供出售金融资产。

如果浮动收益部分能够满足衍生工具的定义，则需要考虑是否需要进行分拆，或者整体上指定为以公允价值计量且其变动计入当期损益。如果嵌入衍生工具的经济特征和风险与主债务合同的经济特征和风险并不紧密相关，则嵌入衍生工具应当与主合同分离，作为单独存在的衍生工具处理，计入“交易性金融资产”。但若无法在取得时或后续的资产负债表日对衍生工具进行单独计量，应将混合工具整体指定为“以公允价值计量且其变动计入当期损益的金融资产”。如果嵌入衍生工具与主合同紧密相关，则将其整体作为一项合同处理，即按照主合同的经济和风险特征进行处理，划分为可供出售金融资产。

3. 如果该合作项目属于双方共同控制，则适用《企业会计准则第40号——合营安排》，合作各方作为共同控制方，应当按照《企业会计准则第40号——合营安排》进行会计处理。如果合作拍片不单独成立项目公司，也未形成单独会计主体，则应认定为共同经营，各方确认其享有的资产、承担的负债，享有的收入、承担的费用等。

综上所述，我们总结如表1-2所示。

第二类——合作双方共同控制

合作双方共同控制拍片项目，形成共同经营，按照《企业会计准则第40号——合营安排》的规定进行会计处理。

（二）对本案例的分析

1. 对A公司认购B公司25%的无表决权股份所支付的认购价款会计处

表 1-2　第一类及第二类——主导方控制合作拍片项目，主导方应将合作拍片项目纳入财务报表

<table>
<tr><th colspan="2">情形</th><th>主导方对获取的其他合伙方投资的处理</th><th>其他合作方对投资的处理</th></tr>
<tr><td colspan="2">情形1：其他合作方享有保本+固定报酬</td><td>视流动性，计入其他应付款或长期应付款</td><td>视流动性，计入其他应收款或长期应收款</td></tr>
<tr><td colspan="2" rowspan="2">情形2：其他合作方按照收益或利润的固定比例享有收益</td><td rowspan="2">以公允价值计量且其变动计入损益的金融负债</td><td>观点1：可供出售金融资产</td></tr>
<tr><td>观点2：确认为无形资产</td></tr>
<tr><td rowspan="2">情形3：其他合作方享有保本和浮动收益</td><td>浮动收益不是衍生工具</td><td>以公允价值计量且其变动计入损益的金融负债</td><td>可供出售金融资产</td></tr>
<tr><td>浮动收益是衍生工具</td><td>分析衍生工具是否可以拆分：
若可以拆分，计入“其他应付款或长期应付款（视流动性）+交易性金融负债”；
若不可以拆分，计入“以公允价值计量且其变动计入当期损益的金融负债”</td><td>若可以拆分，视流动性，计入“其他应收款或长期应收款+交易性金融资产”，或若无法对衍生工具单独计量，则整体指定为“以公允价值计量且其变动计入当期损益的金融资产”；
若不可拆分，根据主合同经济和风险特征，计入“可供出售金融资产”</td></tr>
</table>

理分析。

在本案例中，对A公司认购B公司25%的无表决权股份，由于A公司仅获得了对B公司每年度制作的影片选择几部进行投资的权利，不能从B公司获得投资收益或实现资本增值，因此A公司认购B公司无表决权股份所支付的认购价款200万美元不确认为权益性投资，而将其作为投资的权利确认为使用寿命不确定的无形资产，在后续计量期间不进行摊销，在期末进行减值测试。但是，如果初始投资的200万美元，具有参与B公司分红的权利，由于A公司并不参与对影片制作或购买的管理与重大决策，不能共同控制或重大影响影片制作，因此对该初始投资应将其作为可供出售金融资产进行核算。根据《企业会计准则第22号——金融工具确认和计量》第三十二条（二）规定：“在活跃市场中没有报价且其公允价值不能可靠计量的权益工具投资，以及与该权益工具挂钩并须通过交付该权益工具结算的衍生金融资产，应当按照成本计量”，如果公允价值确实无法合理可靠估计，对于这类可供出售权益工具按成本计量。

2. 对A公司参与B公司的影片拍摄所支付的投资款会计处理分析。

对于后续特定影片25%的投资款的会计处理，存在两种不同观点：

观点一认为，A公司在按投资比例充分、及时履行出资义务后，获得了该部合作影片的利润分享权，且由于A公司仅“按25%的投资比例负责投入影片制作或购买净制作投资成本，影片制作或购买的决策权在B公司，合作影片的版权和衍生作品权利完全归B公司所有，合作影片的发行权也由B公司控制”，A公司并不参与影片制作或购买的管理与经营决策，也不享有合作影片的版权和衍生作品权利，属于一项可供出售权益工具。由于影片的未来放映收益存在重大不确定性，对金融工具公允价值计量存在困难，该项投资属于活跃市场中没有报价且其公允价值不能可靠计量的权益工具投资，初始确认时应以成本计量。在后续计量期间，应根据合作双方的约定，综合考虑影片的已获利情况，估计影片的未来获利情况，以及合作双方尤其是主导方对收益性质的划分等，将在某个期间取得的收益区分为可供出售权益工具成本的收回或可供出售权益工具的投资收益进行相应的会计处理。

观点二认为，A公司在按投资比例充分、及时履行出资义务后，获得了该部合作影片的利润分享权，该利润分享权所引致的未来利润分成现金流具有不确定性，本质上更类似于一项特定资产的收益权，且具有可辨认性，符合无形资产的定义，可将其确认为无形资产，并在未来受益期间选择系统合理的方法进行摊销。

案例1－09
股权交易中过渡期间损益安排的会计处理

一、案例背景

2×12年A上市公司进行重大资产重组，向B集团发行股份购买其持有的数个子公司股权（以下简称“标的资产”）。标的资产的资产和收入规模均远远大于A上市公司的规模。重组完成后，A公司实际控制人由C公司变更为B集团。

重组方案中约定：标的资产过渡期即评估基准日（2×12年3月31日）

至审计交割日（2×12 年 12 月 31 日）产生的损益由 B 集团享有，而 A 公司过渡期损益由 C 公司享有，以向原股东作出特别股利分配方式予以支付。因截至 2×12 年 3 月 31 日，A 公司累积未弥补亏损金额较大，过渡期间的收益完全弥补亏损的可能性较小，达不到利润分配条件，将 A 公司过渡期间收益以利润分配的方式支付给原股东 C 公司不具有可行性。2×12 年 10 月 B 集团和 C 公司就标的资产和 A 公司过渡期间损益重新约定如下：本次交易完成后，B 集团不享有 A 公司过渡期损益。同时，若 A 公司过渡期净资产增加额超过重组标的资产的净资产增加额，B 集团应以现金向 A 公司补偿该等差额；反之，则由 A 公司以现金向 B 集团补偿。

最终对比的结果是，B 集团应以现金向 A 公司补偿差额。

问题：A 公司在个别报表和合并报表中如何对过渡期损益进行会计处理？

二、案例解析

在并购交易中，交易双方一般会以被购买方净资产的基准日评估值为基础，考虑基准日到购买日期间（“过渡期”）的净资产变动的影响，确定以基准日净资产评估值为基础的购买日净资产价值。因而，并购双方关于评估基准日至股权转让完成之日损益（即“过渡期损益”）的归属约定，为双方根据过渡期净资产变化对交易定价的一项调整，一般应当作为合并成本的一部分进行考虑。

本案例中，上市公司进行重大资产重组，向 B 集团发行股份购买标的资产，交易导致其实际控制人变更为 B 集团，且 A 公司在重组前后均存在业务，该项交易构成反向购买。

关于重组方案中的过渡期损益安排，变更前，约定标的资产（即法律上的子公司，会计上的购买方）过渡期间损益由资产出售方享有和承担，上市公司（即法律上的母公司，会计上的被购买方）过渡期间收益由交易前的股东享有；而变更后，过渡期损益安排结算方式修改为以 A 上市公司和标的资产于过渡期间的净资产变动的差额进行结算，但是结算双方为 A 公司与 B 集团。

对于最终的过渡期损益安排的会计处理，存在两种不同的观点：

一种观点认为，背景信息中提到，变更后的补偿是为了弥补上市公司不能以利润分配方式将过渡期收益分配给上市公司原股东而进行，所以从商业逻辑上，补偿应直接向上市公司原股东支付，而最后补偿支付给了上市公司，可以认为是上市公司原股东将应收到的补偿给予了上市公司，即股东捐赠，因此在单体报表层面和合并报表层面均作为权益性交易计入资本公积。

另一种观点认为，本次重组构成反向购买，从 A 公司单体报表层面，B 集团支付给 A 公司的补偿，是 A 公司发行股份从 B 集团购买标的资产的交易对价的一部分，因此将会影响初始确认的对标的资产的长期股权投资的成本。

从合并报表层面而言，B 集团支付给 A 公司的补偿，是并购时的交易对价的一部分，应作为企业合并成本的一部分考虑，从而影响购买日的商誉。

第二章
金融工具

案例 2-01
负债与权益的区分

《企业会计准则——基本准则》要求企业应当按照交易或者事项的经济实质进行会计确认、计量和报告，不仅仅以交易或者事项的法律形式为依据。企业发生的交易或事项在多数情况下其经济实质和法律形式是一致的，但在有些情况下也会出现不一致。例如，有时投资方投入的资金，法律形式上是一项权益资本，但会计上可能被认定为一项负债。企业接受的资金投入，应该作为权益还是作为负债，是企业会计准则执行过程中需要关注的问题。

一、案例背景

A 公司为上市公司，A 公司与 B 公司合资设立房地产开发有限公司 C 公司，注册资本 5 亿元，其中 A 公司出资 3 亿元，占注册资本的 60%，B 公司出资 2 亿元，占注册资本的 40%。2×11 年 3 月，A 公司、B 公司与 D 信托签署了增资协议，由 D 信托发起设立“X 股权投资集合信托计划”，D 信托向 C 公司增资 5 亿元。增资完成后，C 公司的注册资本增加至 10 亿元，其中 A 公司持有 30% 的股权、B 公司持有 20%，D 信托持有 50%。该信托规模为 10 亿元。根据相关协议安排，A 公司仍然控制 C 公司。C 公司定期向信托计划支付固定收益的利息，且 3 年后，信托计划收回所投入全部资金。

问题：A 公司合并报表中对 C 公司权益归属于母公司的比例应该是 60%还是 30%？

二、会计准则及相关规定

《企业会计准则第37号——金融工具列报》（2014年修订）第七条规定："企业应当根据所发行金融工具的合同条款及其所反映的经济实质而非仅以法律形式，结合金融资产、金融负债和权益工具的定义，在初始确认时将该金融工具或其组成部分分类为金融资产、金融负债或权益工具。"

《企业会计准则第37号——金融工具列报》（2014年修订）第八条规定："金融负债，是指企业符合下列条件之一的负债：

（一）向其他方交付现金或其他金融资产的合同义务。

（二）在潜在不利条件下，与其他方交换金融资产或金融负债的合同义务。

（三）将来须用或可用企业自身权益工具进行结算的非衍生工具合同，且企业根据该合同将交付可变数量的自身权益工具。

（四）将来须用或可用企业自身权益工具进行结算的衍生工具合同，但以固定数量的自身权益工具交换固定金额的现金或其他金融资产的衍生工具合同除外。企业对全部现有同类别非衍生自身权益工具的持有方同比例发行配股权、期权或认股权证，使之有权按比例以固定金额的任何货币换取固定数量的该企业自身权益工具的，该类配股权、期权或认股权证应当分类为权益工具。其中，企业自身权益工具不包括应按照本准则第三章分类为权益工具的金融工具，也不包括本身就要求在未来收取或交付企业自身权益工具的合同。"

《企业会计准则第37号——金融工具列报》（2014年修订）第九条规定："权益工具，是指能证明拥有某个企业在扣除所有负债后的资产中的剩余权益的合同。在同时满足下列条件的情况下，企业应当将发行的金融工具分类为权益工具：

（一）该金融工具应当不包括交付现金或其他金融资产给其他方，或在潜在不利条件下与其他方交换金融资产或金融负债的合同义务。

（二）将来须用或可用企业自身权益工具结算该金融工具。如为非衍生工具，该金融工具应当不包括交付可变数量的自身权益工具进行结算的合同义务；如为衍生工具，企业只能通过以固定数量的自身权益工具交换固定金额的现金或其他金融资产结算该金融工具。企业自身权益工具不包括应按照本准则第三章分类为权益工具的金融工具，也不包括本身就要求在未来收取或交付企业自身权益工具的合同。”

《企业会计准则第 37 号——金融工具列报》（2014 年修订）第十条规定：“金融负债与权益工具的区分：

（一）如果企业不能无条件地避免以交付现金或其他金融资产来履行一项合同义务，则该合同义务符合金融负债的定义。有些金融工具虽然没有明确地包含交付现金或其他金融资产义务的条款和条件，但有可能通过其他条款和条件间接地形成合同义务。

（二）如果一项金融工具须用或可用企业自身权益工具进行结算，需要考虑用于结算该工具的企业自身权益工具，是作为现金或其他金融资产的替代品，还是为了使该工具持有方享有在发行方扣除所有负债后的资产中的剩余权益。如果是前者，该工具是发行方的金融负债；如果是后者，该工具是发行方的权益工具。在某些情况下，一项金融工具合同规定企业须用或可用自身权益工具结算该金融工具，其中合同权利或合同义务的金额等于可获取或需交付的自身权益工具的数量乘以其结算时的公允价值，则无论该合同权利或合同义务的金额是固定的，还是完全或部分地基于除企业自身权益工具的市场价格以外变量（例如利率、某种商品的价格或某项金融工具的价格）的变动而变动，该合同应当分类为金融负债。”

三、案例解析

通常情况下，企业比较容易分辨所发行的金融工具是权益工具还是金融负债，但也会遇到比较复杂的情况。如果企业发行的金融工具合同条款中包括交付现金或其他金融资产给其他单位的合同义务或者包括在潜在不利条件下与其他单位交换金融资产或金融负债的合同义务，该金融工具为负债。例如，企业发行的优先股，虽然形式上是股权投资，但是如果该优先股合同规定，无论当年是否盈利，企业均要每年向出资方支付固定股利，或者企业清算时，优先股股东可以优先拿回所投资的资本，该项优先股实质上是企业发行的一项负债。如果企业发行的金融工具合同条款中没有包括交付现金或其他金融资产给其他单位的合同义务，也没有包括在潜在不利条件下与其他单位交换金融资产或金融负债的合同义务，通常会确认为权益工具。但是，如果企业发行的金融工具将来须用或可用自身权益工具进行结算，还需要继续区分不同情况进行判断：如发行的金融工具为非衍生工具，且该金融工具包括交付非固定数量的发行方自身权益工具进行结算的合同义务，则分类为负债，否则为权益工具。例如，企业约定将来交付等值于100万元的本企业股票进行结算的合同，虽然该项合同不是以现金或其他金融资产结算的，但是交付的是非固定数量的股票（数量需视结算当时的股票市价而定），该合同应当分类为一项负债。

如发行的金融工具为衍生工具，且该金融工具不是只能通过交付固定数量的发行方自身权益工具换取固定数额的现金或其他金融资产进行结算的，则分类为负债，否则为权益工具。例如，企业发行的可转换公司债，其中的可转换权是一项衍生工具，该衍生工具结算时需要交付企业自身股票，如果合同条款中已经约定，以每股10元的价格进行转股，则属于将来通过交付固定数量的发行方自身权益工具换取固定数额的现金进行结算的合同，该转换权应当分类为一项权益。

由此可见，法律形式上的债务，可能并不一定是会计上的债务，法律形式上的股权，也可能并不一定是会计意义上的权益，实务中应该根据准则的相关判断原则具体判断。

本案例中，C公司需要定期向信托计划支付固定收益，且该信托有期限，到期需收回所有投资资金，因此，法律上虽然信托是作为股权投资方，但该交易实质上是A公司通过D信托从外部引入新的债权人。C公司应当将该信托计划分类为一项负债。因此，在A公司合并报表层面，C公司权益归属于母公司的比例为60%，而不是法律形式上的30%。

【相关案例】

股权信托融资应作为负债还是权益进行会计处理

（一）案例背景

甲上市公司（以下简称“甲公司”）的子公司乙向丙信托公司以股权信托的方式进行融资，金额为人民币4.5亿元，期限3年。该融资款作为丙公司对乙公司的增资，其中人民币2,000万元作为实收资本，人民币4.3亿元作为资本公积。增资后，乙公司实收资本由原来的人民币5,000万元增至人民币7,000万元，丙公司持股28.57%。

甲公司与丙公司同时约定，信托存续期间，丙公司不参与乙公司的具体经营管理，亦无表决权，但享有参与分红的权利。信托期限届满之日，甲公司回购丙公司持有的股权，股权信托计划终止。股权回购款为投资款本金人民币4.5亿元加上固定回报，并扣除累计已支付的现金股利（如有）。其中，固定回报为按照投资款本金人民币4.5亿元和年利率8%计算的金额。

问题：分别站在甲公司合并财务报表和乙公司个别财务报表的角度，股权信托融资应作为负债还是权益进行会计处理？

（二）案例解析

在上述情形下，甲公司承担了向丙公司回购股权的义务，表明甲公司存在向丙公司交付现金的合同义务。根据企业会计准则及其相关规定，在甲公司合并财务报表层面，该股权信托融资应作为负债进行会计处理。

乙公司并未因股权融资承担向丙公司交付现金或其他金融资产的合同义务，亦未承担在潜在不利条件下，与丙公司交换金融资产或金融负债的合同义务，因此，在乙公司个别财务报表层面，应当将股权信托融资作为权益工具进行会计处理。

综上所述，在甲公司合并财务报表层面，应当将股权信托融资作为金融负债进行会计处理；在乙公司个别财务报表层面，应当将股权信托融资作为权益工具进行会计处理。

案例2-02
应收账款的坏账准备

应收款项的坏账准备计提，是几乎每个企业都会面临的问题。实务中，企业普遍采用的坏账准备计提方法是账龄分析法和余额百分比法等。这些方法的优点是操作简单，而缺点也显而易见，即可能计提的坏账准备金额并不能很好地反映实际情况。企业会计准则对于以摊余成本计量的金融资产（包括应收款项和持有至到期投资）的减值测试和确认计量方法，进行了多层次较为复杂的规定。在提高了财务报表信息质量的同时，也加大了操作上的难度。企业会计准则虽然已经实施多年，但是对于大多数已经习惯了账龄分析法和余额百分比法的企业来说，可能在采用新的减值测试方法时，还是难以适应这种根本性的改变，从而导致某种程度上准则的规定执行不到位。

一、案例背景

A 公司为上市公司，其对应收款项计提坏账准备的会计政策为：公司对坏账准备采用备抵法核算。资产负债表日，对单项金额重大（期末余额在 500 万元以上）的应收款项进行减值测试，有客观证据表明发生了减值的，根据未来现金流量现值低于账面价值的差额，确认资产减值损失。对单项金额不重大或未发生减值的应收款项，按账龄分析法计提坏账准备，计提比例为：一年以内的应收款项按余额的 5% 计提；1～2 年按 10% 计提；2～3 年按 15% 计提；3～4 年按 20% 计提；5 年以上按 30% 计提。

2×13 年 3 月，A 公司召开董事会审议通过了《关于变更公司对坏账会计估计的议案》，并将提交 2×13 年 4 月召开的股东大会审议。该议案将坏账计提方法调整为：资产负债表日，对于单项金额重大的应收款项单独进行减值测试，有客观证据表明发生减值的，根据未来现金流量现值低于账面价值的差额，确认资产减值损失。经单独测试未发生减值的重大应收款项不计提坏账准备，对于单项金额非重大的应收款项按账龄分析法计提的坏账准备比例与原政策一致。

A 公司其他应收款项目中有应收政府相关部门的款项，2×12 年年末余额约为 12 亿元，但地方政府已出具承诺函，A 公司认为，根据变更后的计提应收款项坏账准备会计政策，不对此款项计提坏账准备。

问题：A 公司的上述会计处理是否正确？

二、会计准则及相关规定

《企业会计准则第 22 号——金融工具确认和计量》应用指南，对应收款项坏账准备的计提方式规定如下：

“对于持有至到期投资、贷款和应收款项，有客观证据表明其发生了减值的，应当根据其账面价值与预计未来现金流量现值之间的差额计算确认减值损失。

对于单项金额重大的应收款项，应当单独进行减值测试。有客观证据表明其发生了减值的，应当根据其未来现金流量现值低于账面价值的差额，确认减值损失，计提坏账准备。

对于单项金额非重大的应收款项可以单独进行减值测试，确定减值损失，计提坏账准备；也可以与经单独测试后未减值的应收款项一起按类似信用风险特征划分为若干组合，再按这些应收款项组合在资产负债表日余额的一定比例计算确定减值损失，计提坏账准备。根据应收款项组合余额的一定比例计算确定的坏账准备，应当反映各项目实际发生的减值损失，即各项组合的账面价值超过其未来现金流量现值的金额。

企业应当根据以前年度与之相同或相类似的、具有类似信用风险特征的应收款项组合的实际损失率为基础，结合现时情况确定本期各项组合计提坏账准备的比例，据此计算本期应计提的坏账准备。”

《企业会计准则讲解（2010）》金融工具确认和计量指出：“企业对金融资产采用组合方式进行减值测试时，应当重点关注以下方面：应当将具有类似信用风险特征的金融资产组合在一起，例如可按资产类型、行业分布、区域分布、担保物类型、逾期状态等进行组合。这些类似信用风险特征与这些金融资产组合的未来现金流量估计有关，因为它们可以表明债务人按相关资产的合同条款偿付所有到期金额的能力。但是，从资产组合的层次看，单独进行减值测试但发现没有减值的资产和没有单独进行减值测试的资产两者之间，损失率是不同的，因而应分别确认减值损失。如果企业没有具有类似信用风险特征的金融资产，不需进行额外的减值测试。”

三、案例解析

根据准则有关规定，在进行减值测试前，企业应当首先将摊余成本计量的金融资产分为单项金额重大和单项金额不重大两类。对于单项金额重大的，应当单独进行减值测试，而对于单项金额不重大的，可以单独进行减值测试，也可以包括在具有类似信用风险特征的金融资产组合中进行减值测试。实务中，企业可以根据具体情况确定单项金额重大的标准，但该项标准一经确定，不得随意变更。

现行会计准则体系下，采用摊余成本计量的金融资产减值准备计提采用的是所谓的“已发生损失模型”，即计提减值准备的前提，是必须在资产负债日存在减值的客观证据。存在减值的客观证据并非要求在资产负债表日已经实际发生资产账面价值无法全部收回的事实，而是指发生了某些事项，这些事项会导致资产账面价值未来将无法全部收回。减值的客观证据主要有：债务人发生严重财务困难、债务人逾期或违约、债权人做出让步、债务人可能倒闭或进行财务重组等。

对于单项测试后，未发现减值的，即未发现减值的客观证据的，还应当将这些金融资产包括在具有类似信用风险特征的金融资产组合中再进行减值测试。如果企业没有具有类似信用风险特征的金融资产，则不需要进行额外的减值测试。单项测试后已计提减值准备的，无论计提金额多少，不应包括在具有类似信用风险特征的金融资产组合中进行减值测试。

进行组合测试时，应当基于与组合中的资产具有类似信用风险的资产的历史损失经验，估计组合中资产的未来现金流量。估计现金流量所采用的方法与假设，应当定期复核以减少估计损失金额与实际损失金额的差异。

将具有类似信用风险特征的金融资产组合在一起时，可以参考的分类标准有资产类型、行业分布、区域分布、担保物类型、逾期状态等，这些分类标准反映了债务人按照合同条款偿还所有到期金额的能力。

实务中通常采用的账龄分析法，实质上，只是众多的组合分类标准之一，而且，准则并未规定必须使用账龄作为组合的分类依据。如果企业根据其他分类标准可以更好地将具有类似信用风险的应收款分组，而避免将不具有类似信用风险的应收款分为同组，则应当采取该种其他分类标准。在某些情况下，也可以采用复合的分类标准，例如，先按照地区进行分组，然后在同一地区组别下，再按照账龄进行分组。企业应根据自身的实际情况，制定适合于本企业的分类标准。

（一）关于A公司拟变更的坏账计提方法是否符合企业会计准则规定的问题

A公司拟变更的坏账计提方法为：对于单项金额重大的应收款项单独进行减值测试，有客观证据表明发生减值的，根据未来现金流量现值低于账面价值的差额，确认资产减值损失。经单独测试未发生减值的重大应收款项不计提坏账准备，对于单项金额非重大的应收款项按账龄分析法计提坏账准备。

对于经单独测试未发生减值的重大应收款项，准则要求应与单项金额非重大的应收款项一起按类似信用风险特征划分为若干组合，再基于与其具有类似信用风险特征的组合在历史上的实际损失率，对这些应收款项组合在资产负债表日的余额计提一定比例的减值准备。同时《企业会计准则讲解(2010)》提到，如果企业没有具有类似信用风险特征的金融资产组合，不需要进行额外的减值测试。因此，我们认为，A公司对于经单独测试未发生减值的重大应收款项不计提坏账准备并不完全符合准则要求。对于经单独测试未发生减值的重大应收款项，A公司首先应判断是否有与其具有类似信用风险特征的款项。如果存在具有类似信用风险特征的款项组合，应根据此应收款项组合的历史实际损失率计算确定减值损失，计提坏账准备；如果不具有类似的信用风险特征的资产组合，则可以不进行额外的减值测试。

（二）关于如何确定应收政府相关部门的款项的减值损失的问题

1. 根据预期的还款时间安排，A公司在对其他应收款进行初始确认和后续计量，包括计算减值损失时均应考虑货币的时间价值。

2. 考虑到应收政府相关部门的款项与A公司应收客户的货款相比，在应收款产生的原因和债务人信用风险特征方面都有所区别，通常二者没有类似信用风险特征，因此在确定组合时，不能够将其与一般的应收款项笼统地归为一个组合，而是应该判断是否有与此项应收款具有类似信用风险特征的款项，一般企业中也较少存在与应收政府相关部门款项存在类似信用风险特征的其他债权。对于应收政府相关部门的款项，A公司应在财务报表附注中充分披露政府相关部门的还款时间安排，并根据此还款时间安排及其他实际情况对坏账准备的计算参数进行恰当的估计，如政府相关部门曾发生过未按照原还款计划归还款项的情况，A公司应考虑历史经验数据并及时作出调整。

3. A公司因为在原先的坏账准备计提政策下，无法避免必须对该应收政府的款项计提坏账准备，因此才想到要变更会计估计，而这正反映了原先的估计是有缺陷的。正如以上所提及的，笼统地将所有应收款项按账龄划分组合，会将不同信用风险特征的资产组合在一起，这种划分方法过于粗糙。对于信用风险较小的应收政府款项来说，如果能够单独作为一个组合，则基于该组合历史损失率，可能实际并不需要计提坏账准备或者只需要计提较少的坏账准备。因此，A公司只需要将其应收款项按照信用风险特征（而非仅仅是账龄这一个标准）进行细分，并对不同的组合适用不同的计提比例，则完全可以使得所计提的坏账准备真正地反映资产负债表日的信用风险敞口。

案例 2－03
商业承兑汇票减值的会计处理

一、案例背景

甲公司与乙公司存在业务往来，乙公司于2×12年8月向甲公司出具人民币2,000万元的商业承兑汇票。该商业承兑汇票于2×13年2月到期，但乙公司由于财务困难未能按期支付款项。在财务报表批准报出日，甲公司仍然未收到乙公司的欠款。

问题：2×12年底，甲公司是否应当对该笔应收票据计提坏账准备?

二、会计准则及相关规定

《企业会计准则第22号——金融工具确认和计量》第三十二条规定：“（一）持有至到期投资以及贷款和应收款项，应当采用实际利率法，按摊余成本计量”。

《企业会计准则第22号——金融工具确认和计量》第四十条规定：“企业应当在资产负债表日对以公允价值计量且其变动计入当期损益的金融资产以外的金融资产的账面价值进行检查，有客观证据表明该金融资产发生减值的，应当计提减值准备”。

《企业会计准则第22号——金融工具确认和计量》第四十一条规定：“金融资产发生减值的客观证据，包括下列各项：（二）债务人违反了合同条款，如偿付利息或本金发生违约或逾期等”。

《企业会计准则第22号——金融工具确认和计量》第四十二条规定：“以摊余成本计量的金融资产发生减值时，应当将该金融资产的账面价值减记至预计未来现金流量（不包括尚未发生的未来信用损失）现值，减记的金额确认为资产减值损失，计入当期损益”。

《企业会计准则讲解（2010）》第二十三章第二节中指出：“贷款和应收款

项，是指在活跃市场中没有报价、回收金额固定或可确定的非衍生金融资产。贷款和应收款项泛指一类金融资产，主要是金融企业发放的贷款和其他债权，但不限于金融企业发放的贷款和其他债权。非金融企业持有的现金和银行存款、销售商品或提供劳务形成的应收款项、企业持有的其他企业的债权（不包括在活跃市场上有报价的债务工具）等，只要符合贷款和应收款项的定义，可以划分为这一类”。

《企业会计准则第29号——资产负债表日后事项》第二条规定：“资产负债表日后事项，是指资产负债表日至财务报告批准报出日之间发生的有利或不利事项。财务报告批准报出日，是指董事会或类似机构批准财务报告报出的日期。资产负债表日后事项包括资产负债表日后调整事项和资产负债表日后非调整事项。资产负债表日后调整事项，是指对资产负债表日已经存在的情况提供了新的或进一步证据的事项。资产负债表日后非调整事项，是指表明资产负债表日后发生的情况的事项”。

《企业会计准则第29号——资产负债表日后事项》第五条规定：“企业发生的资产负债表日后调整事项，通常包括下列各项：……（二）资产负债表日后取得确凿证据，表明某项资产在资产负债表日发生了减值或者需要调整该项资产原先确认的减值金额”。

三、案例解析

甲公司的该笔应收票据实质上是销售商品或提供劳务形成的应收款项，符合贷款和应收款项的定义，应当采用实际利率法，按照摊余成本进行计量。

在确定甲公司于2×12年底是否应当计提坏账准备时，需要分析该应收票据在当时是否存在发生减值的客观证据。其中，甲公司需要确定商业承兑汇票到期时乙公司因财务困难未能按期支付款项这一事项是调整事项还是非调整事项，这取决于乙公司的财务困难在资产负债表日或资产负债表日以前是否已经存在，若已经存在，则属于调整事项；反之，则属于非调整事项。

如果导致乙公司在2×13年2月因财务困难不能按期支付款项的原因在于2×13年1月乙公司遭遇了严重火灾导致重大财产损失，表明乙公司财务困难在资产负债表日以后才发生，因此属于非调整事项。在这种情况下，2×12年底甲公司不应当对该笔应收票据计提坏账准备。

如果乙公司在2×12年底已经存在财务困难的迹象（例如，未能按时偿还银行贷款）。乙公司在2×13年2月不能按期支付款项进一步证实了其资产负债表日财务困难的情况，则应属于调整事项。在这种情况下，2×12年底甲公司应当对该笔应收票据计提坏账准备，计提金额为该应收票据的账面价值与预计未来现金流量（不包括尚未发生的未来信用损失）现值的差额。

【相关案例】

应收商业承兑汇票减值计提问题

（一）案例背景

2×15年末，上市公司A公司应收商业承兑汇票8.4亿元，其中应收B公司5.4亿元，均未计提减值准备；A公司同时对B公司有应收账款约10亿元，占应收账款期末余额的16%，属于单项金额重大的应收款项，已按公司会计政策计提坏账准备。B公司为上市公司，根据其披露的年报显示，2×15年度亏损巨大，年末资产负债率90%，营运资本为负，发生严重财务困难。

问题：A公司应收商业承兑汇票期末计量是否恰当？

（二）会计准则及相关规定

《企业会计准则第22号——金融工具确认和计量》规定："第十七条 贷款和应收款项，是指在活跃市场中没有报价、回收金额固定或可确定的非衍生金融资产。"

第三十二条规定，"持有至到期投资以及贷款和应收款项，应当采用实际利率法，按摊余成本计量。"

第四十条规定，"企业应当在资产负债表日对以公允价值计量且其变动计入当期损益的金融资产以外的金融资产的账面价值进行检查，有客观证据表明该金融资产发生减值的，应当计提减值准备。"

第四十一条规定，"表明金融资产发生减值的客观证据，是指金融资产初始确认后实际发生的、对该金融资产的预计未来现金流量有影响，且企业能够对该影响进行可靠计量的事项。金融资产发生减值的客观证据，包括下列各项：（一）发行方或债务人发生严重财务困难；……"

第四十二条规定，"以摊余成本计量的金融资产发生减值时，应当将该金融资产的账面价值减记至预计未来现金流量（不包括尚未发生的未来信用损失）现值，减记的金额确认为资产减值损失，计入当期损益。”

《企业会计准则第22号——金融工具确认和计量》应用指南规定：“二、金融资产减值损失的计量

2. 一般企业应收款项减值损失的计量

对于单项金额重大的应收款项，应当单独进行减值测试。有客观证据表明其发生了减值的，应当根据其未来现金流量现值低于其账面价值的差额，确认减值损失，计提坏账准备。

对于单项金额非重大的应收款项可以单独进行减值测试，确定减值损失，计提坏账准备；也可以与经单独测试后未减值的应收款项一起按类似信用风险特征划分为若干组合，再按这些应收款项组合在资产负债表日余额的一定比例计算确定减值损失，计提坏账准备。根据应收款项组合余额的一定比例计算确定的坏账准备，应当反映各项目实际发生的减值损失，即各项组合的账面价值超过其未来现金流量现值的金额。

企业应当根据以前年度与之相同或相类似的、具有类似信用风险特征的应收款项组合的实际损失率为基础，结合现时情况确定本期各项组合计提坏账准备的比例，据此计算本期应计提的坏账准备。”

《企业会计准则讲解（2010）》第二十三章指出：“金融资产通常指企业的下列资产：现金、银行存款、应收账款、应收票据、贷款、股权投资、债权投资等。

非金融企业持有的现金和银行存款、销售商品或提供劳务形成的应收款项、企业持有的其他企业的债权（不包括在活跃市场上有报价的债务工具）等，只要符合贷款和应收款项的定义，可以划分为这一类。划分为贷款和应收款项类的金融资产。

企业对金融资产采用组合方式进行减值测试时，应当注意以下方面：

（1）应当将具有类似信用风险特征的金融资产组合在一起，例如可按资产类型、行业分布、区域分布、担保物类型、逾期状态等进行组合。这些类似信用风险特征与这些资产组合的未来现金流量估计有关，因为他们可以表明债务人按相关资产的合同条款偿付所有到期金额的能力。

（2）对于已包括在某金融资产组合中的某项特定资产，一旦有客观证据表明其发生了减值，则应当将其从该组合中分出来，单独确认减值损失。”

（三）案例解析

根据企业会计准则，应收票据是一项金融资产，属于贷款及应收款项，

企业应当在资产负债表日对其账面价值进行检查，有客观证据表明该金融资产发生减值的，应当计提减值准备。

企业会计准则列举了9项金融资产发生减值的客观证据，其中之一即为“发行方或债务人发生严重财务困难”。在本案例中，由于B公司2×15年度亏损巨大，年末资产负债率90%，营运资本为负，已经发生严重财务困难，因此，已有客观证据表明应收B公司的商业承兑汇票发生了减值，应当计提减值准备。

同时，《企业会计准则讲解（2010）》指出，企业对金融资产采用组合方式进行减值测试时，应当将具有类似信用风险特征的金融资产组合在一起，例如可按资产类型、行业分布、区域分布、担保物类型、逾期状态等进行组合。这些类似信用风险特征与这些金融资产组合的未来现金流量估计有关，因为它们可以表明债务人按相关资产的合同条款偿付所有到期金额的能力。对于应收票据，应考虑不同票据的信用风险特征，例如对于银行承兑汇票与商业承兑汇票，由于交易对手方不同，其信用风险特征可能不同；而对于银行承兑汇票，信用等级较高的银行与信用等级不高的银行，其签发的银行承兑汇票的信用风险特征也可能不同；同样，对于商业承兑汇票，信用和财务状况较好的企业与信用和财务状况较差的企业，其签发的商业承兑汇票的信用风险特征也可能不同，取得汇票的企业面临票据减值风险亦可能有所不同。

对于A公司而言，如B公司签发的商业承兑汇票的信用风险特征由于财务状况恶化等原因导致其与其他商业承兑汇票信用风险特征不同时，产生的票据减值风险亦有所不同。此时，应将B公司签发的商业承兑汇票从原组合中分离出来，单独确认减值损失。

实务中，很多公司忽略了对应收票据减值的考虑。无论是应收银行承兑汇票还是应收商业承兑汇票，均应按照企业会计准则关于应收项目的减值计提要求，根据其信用风险特征考虑减值问题。应收商业承兑汇票在其到期前后，分别在应收票据和应收账款项目核算，但核算科目的不同不应影响其减值的判断和计提。

案例 2 - 04
混合金融工具的处理

传统的企业融资手段通常为股权融资和债权融资，相应的，在会计上反映为企业的权益（实收资本、资本公积等）和负债（各类长短期借款、应付债券等）。随着资本市场的发展和日趋成熟，企业的融资手段逐步多样化。一方面，从投资者角度来看，股权投资具有高风险、高收益的特点，债权投资具有低风险、低收益的特点，如果投资于一个处于成长期的企业，投资者更愿意进行债权投资，而随着企业的发展和成熟，则高收益的股权投资将更具有吸引力。另一方面，从发行者角度来看，股权融资成本高但企业抗风险能力强，债权融资成本低，但企业抗风险能力低。因此，鉴于股权和债权对发行方和投资者来说均各有利弊，一种同时具有股权和债权特征的混合金融工具就应运而生了。常见的混合金融工具有可转换公司债券、可转换优先股等，这些金融工具的出现，也在会计核算上带来一定的复杂性。

一、案例背景

A 公司为上市公司，B 公司为 A 公司的子公司，B 公司为香港联交所主板上市公司，记账本位币为人民币。B 公司于 2×13 年 1 月向 C 公司发行以美元结算的可优先赎回可换股优先股（以下简称“A 类优先股”），募集资金 2,000 万美元，A 类优先股的主要条款如下：

1. A 类优先股持有人可于首日交易完成后满 6 周年前随时将 A 类优先股按合同约定的美元价格转换为固定数量的普通股；A 类优先股持有人有权收取固定累计股息，金额为 A 类优先股股本金额的 5.5%，于首次交易完成日期后 6 个月届满后首次按季支付。

2. 应 C 公司要求，B 公司应于发生特定情况下，以现金按面值赎回 C 公司当时持有的 A 类优先股。

A 公司在其 2×14 年度合并财务报表中将 A 类优先股作为可转换公司债券并按照原值核算，按期支付的股息按照财务费用进行处理。

为B公司提供年度财务报表审计服务的会计师认为：A类优先股为一项金融负债而非权益工具，B公司应采用《国际会计准则第39号——金融工具的确认和计量》对A类优先股进行会计处理，由于A类优先股以功能货币以外的货币计值，A公司应将A类优先股的转换权作为衍生金融工具按照公允价值计量，其公允价值的波动应计入当期损益。

为A公司提供年度财务报表审计服务的会计师认为：A类优先股类似国内的可转换债券，在转股前能够享有固定的利息收入，在转股后又与普通股享有同等的权利，如作为衍生金融工具，则B公司的股价波动会导致B公司损益随之变化，进而影响投资者对A公司经营业绩的判断，因此，会计师认同A公司的会计处理方法。

问题：A公司的上述会计处理是否正确？

二、会计准则及相关规定

《企业会计准则第37号——金融工具列报》（2014年修订）中，关于权益工具和债务工具的区分，作出了如下规定：“第七条　企业应当根据所发行金融工具的合同条款及其所反映的经济实质而非仅以法律形式，结合金融资产、金融负债和权益工具的定义，在初始确认时将该金融工具或其组成部分分类为金融资产、金融负债或权益工具。

……

第九条　权益工具，是指能证明拥有某个企业在扣除所有负债后的资产中的剩余权益的合同。在同时满足下列条件的情况下，企业应当将发行的金融工具分类为权益工具：

（一）该金融工具应当不包括交付现金或其他金融资产给其他方，或在潜在不利条件下与其他方交换金融资产或金融负债的合同义务；

（二）将来须用或可用企业自身权益工具结算该金融工具。如为非衍生工具，该金融工具应当不包括交付可变数量的自身权益工具进行结算的合同义务；如为衍生工具，企业只能通过以固定数量的自身权益工具交换固定金额的现金或其他金融资产结算该金融工具。企业自身权益工具不包括应按照本准则第三章分类为权益工具的金融工具，也不包括本身就要求在未来收取或交付企业自身权益工具的合同。”

《企业会计准则第37号——金融工具列报》（2014年修订）第十四条：

“企业应对发行的非衍生工具进行评估，以确定所发行的工具是否为复合金融工具。企业所发行的非衍生工具可能同时包含金融负债成分和权益工具成分。对于复合金融工具，发行方应于初始确认时将各组成部分分别分类为金融负债、金融资产或权益工具。

企业发行的一项非衍生工具同时包含金融负债成分和权益工具成分的，应于初始计量时先确定金融负债成分的公允价值（包括其中可能包含的非权益性嵌入衍生工具的公允价值），再从复合金融工具公允价值中扣除负债成分的公允价值，作为权益工具成分的价值。”

《企业会计准则第22号——金融工具确认和计量》中，针对嵌入衍生工具规定，“第二十条：嵌入衍生工具，是指嵌入到非衍生工具（即主合同）中，使混合工具的全部或部分现金流量随特定利率、金融工具价格、商品价格、汇率、价格指数、费率指数、信用等级、信用指数或其他类似变量的变动而变动的衍生工具。嵌入衍生工具与主合同构成混合工具，如可转换公司债券等；

……

第二十二条：嵌入衍生工具相关的混合工具没有指定为以公允价值计量且其变动计入当期损益的金融资产或金融负债，且同时满足下列条件的，该嵌入衍生工具应当从混合工具中分拆，作为单独存在的衍生工具处理：(1) 与主合同在经济特征及风险方面不存在紧密关系；(2) 与嵌入衍生工具条件相同，单独存在的工具符合衍生工具定义。”

在准则规定的基础上，《企业会计准则讲解（2010）》进一步指出：“下列情况下，嵌入衍生工具的经济特征和风险不与主合同紧密相关。在这些情况下，如果符合金融工具确认和计量准则第二十二条规定的其他相关条件，企业应将嵌入衍生工具与主合同分开核算：

……

6）从金融工具持有人的角度看，嵌在可转换债务工具中的权益转换特征不与主合同紧密相关。从发行人的角度看，如果权益转换选择权符合金融工具列报准则中权益工具的分类条件，则该选择权是一项权益工具，应按金融工具列报准则处理。

7）嵌在主债务合同或保险合同中的看涨期权、看跌期权或预付期权不与主债务工具紧密相关，除非在每一行权日，该期权的行权价大致等于主债务工具的摊余成本或主保险合同的账面价值。从具有嵌入看涨或看跌期权特征的可转换债务工具的发行人的角度看，应按金融工具列报准则的规定拆分为权益要素前，评估看涨期权或看跌期权是否与主债务工具紧密相关。”

三、案例解析

本案例主要从金融工具发行方的角度，讨论混合金融工具（compound financial instrument）。企业发行混合金融工具，其各构成部分（components）的分类应依据合同条款确定。但合同条款千变万化，所以，很难归纳出统一的会计处理方式。混合金融工具没有统一的定义，通常认为混合金融工具既带有负债部分，也有权益部分。最具代表性的混合金融工具是可转债券、可转优先股等。在对混合金融工具进行会计处理时，要对其合同条款逐一检验，根据金融负债和权益工具的定义，判断混合金融工具合同各构成部分应该分类为负债还是权益。如果判断结果显示含有权益成分，应当将该部分单独确认为权益。此外，还要依照《企业会计准则第 22 号——金融工具确认和计量》及其相关规定，判断是否有需要拆分的嵌入式衍生金融工具，并按企业会计准则的相关规定进行处理。

企业发行的带有换股权的公司债券或优先股，通常包含两个组成部分：（1）发行方按照合同约定支付利息以及在未转换为普通股时，归还本金的义务；（2）发行方签发的一项赋予债券持有人的一项转股选择权。第一个组成部分属于不可避免的合同支付义务，属于金融负债；第二个组成部分属于一项未来需用企业自身权益工具进行结算的衍生工具，如果该项衍生工具只有通过交付固定数量的自身权益工具换取固定数额的现金或其他金融资产进行结算的，则应该分类为权益。否则，应作为衍生金融负债核算。

此外，实务中此类公司债券或优先股，除了可转换权之外，通常还会有其他的带有衍生工具特征的合同条款，例如可回售权（Put option，也称看跌期权）、可赎回权（Call option，也称看涨期权）、提前还款权（Prepayment option）等。这些嵌入式衍生工具，如果其行权价在每一行权日大致等于主债务工具的摊余成本，则其与主债务合同紧密相关；否则，应当单独作为一项衍生工具进行核算。

本案例中，B 公司所发行的 A 类优先股有定期支付利息的合同义务，属于债务合同。同时，根据合同条款，A 类优先股持有人获得一项可于未来一定期间内，将该优先股转换为普通股的权利（即持有人获得一项可于未来购买B公司股票的看涨期权（Call option)），对于发行人来说则属于发行了一项看涨期权，该看涨期权属于未来需以B公司自身权益工具结算的嵌入式衍生金融工具，应当首先根据《企业会计准则第37号——金融工具列报》（2014年修订）的有关规定，判断应当分类为权益还是负债。B公司的记账本位币为人民币，而将来优先股持有人在行使换股权时，是以美元为结算货币的，因此，即使每股的转股价格是固定金额的美元，由于美元与人民币的汇率为浮动汇率，将来转股时，B公司发行固定数量的自身权益工具所换得的现金按照人民币计价是非固定的金额，该金额取决于转股当日人民币与美元的即期汇率。A类优先股的换股权无法以固定金额的人民币现金换取固定数量的股票进行结算，因此，不应分类为权益，应当分类为负债。

此外，包括上述分类为负债的嵌入式可转换权在内，合同中还有其他嵌入式衍生工具，例如，持有人可于特定事件发生时，要求B公司以现金赎回该优先股（即持有人获得的一项针对该优先股的看跌期权。同时，就发行方而言，属于发行了一项看跌期权）。这些嵌入式衍生工具，应当根据《企业会计准则第22号——金融工具确认和计量》的有关规定，判断其与主合同的关系，考虑两者的经济特征及风险，以确定是否需要分拆。本案例中，主合同属于债务合同，其风险主要为利率风险，而可转换权利的风险主要为股价风险，两者的关系不紧密相关，因此可转换权利应当进行分拆，单独按照衍生工具的有关规定，以公允价值进行初始及后续计量，其公允价值变动计入当期损益。对于看跌期权，根据合同条款，是要求B公司按照面值以现金赎回优先股。企业会计准则讲解指出，从具有嵌入看涨或看跌期权特征的可转换债务工具发行人的角度看，在按金融工具列报准则的规定拆分为权益要素前，评估看涨期权或看跌期权是否与主债务工具紧密相关。然而，本案例中，可转换权不属于权益，而是一项衍生负债，上述规定并不适用。因此，在评估看跌期权是否与主债务工具紧密相关，应当基于分拆可转换权以后，主债务工具的摊余成本。由于分拆了可转换权，主债务工具的实际利率不太可能与合同利率相同，也就是说，主债务工具的摊余成本不太可能与面值大致相等。因此，该看跌期权与主债务工具不紧密相关，应当确认为一项单独的衍生工具，以公允价值进行初始及后续计量，其公允价值变动计入当期损益。

综上所述，对于主债务合同，应当按照摊余成本进行后续计量。对于A类优先股的换股权和看跌期权，应当单独以公允价值计量且其变动计入当期损益。

案例 2－05
金融资产的终止确认

实质重于形式，是企业进行会计处理，选择会计政策的前提。企业发生的交易或事项在多数情况下其经济实质和法律形式是一致的，但在有些情况下，因为某些特别的需要，企业会进行一些经济实质和法律形式不一致的交易。例如，融资租赁交易的法律形式是租赁，但实质上它是分期付款购买固定资产。实质重于形式要求企业应当按照交易或者事项的经济实质进行会计确认、计量和报告，不仅仅以交易或者事项的法律形式为依据。其中，对于金融资产的终止确认，企业会计准则规定了一系列的条件。实务中，往往需要结合具体合同条款，按照实质重于形式的原则，考虑在涉及金融资产转移的交易中，相关金融资产是否能够终止确认。

一、案例背景

A 公司为上市公司，2×13 年 6 月，A 公司与第三方 B 公司签订股权转让框架协议，将 C 公司 20% 的股权转让给 B 公司。协议明确此次股权转让标的为 C 公司 20% 的股权，总价款 7.2 亿元，B 公司分三次支付，2×13 年支付了第一笔款项 1.8 亿元。为了保证 B 公司的利益，A 公司在 2×13 年将 C 公司 5% 的股权变更登记为 B 公司，但 B 公司暂时并不拥有与该 5% 股权对应的表决权，也不拥有分配该 5% 股权对应的利润的权利。

问题：A 公司是否应该在 2×13 年度确认该 5% 股权的处置？

二、会计准则及相关规定

《企业会计准则——基本准则》第十六条规定："企业应当按照交易或者事项的经济实质进行会计确认、计量和报告，不应仅以交易或者事项的法律形式为依据。"

《企业会计准则第22号——金融工具确认和计量》第二十五条对金融资产的终止确认作出了原则性的规定："金融资产满足下列条件之一的，应当终止确认：

（一）收取该金融资产现金流量的合同权利终止。

（二）该金融资产已转移，且符合《企业会计准则第23号——金融资产转移》规定的金融资产终止确认条件。

终止确认，是指将金融资产或金融负债从企业的账户和资产负债表内予以转销。"

《企业会计准则第23号——金融资产转移》第四条则对金融资产转移作出了更明确的规定："企业金融资产转移，包括下列两种情形：

（一）将收取金融资产现金流量的权利转移给另一方；

（二）将金融资产转移给另一方，但保留收取金融资产现金流量的权利，并承担将收取的现金流量支付给最终收款方的义务，同时满足下列条件：

1. 从该金融资产收到对等的现金流量时，才有义务将其支付给最终收款方。企业发生短期垫付款，但有权全额收回该垫付款并按照市场上同期银行贷款利率计收利息的，视同满足本条件。

2. 根据合同约定，不能出售该金融资产或作为担保物，但可以将其作为对最终收款方支付现金流量的保证。

3. 有义务将收取的现金流量及时支付给最终收款方。企业无权将该现金流量进行再投资，但按照合同约定在相邻两次支付间隔期内将所收到的现金流量进行现金或现金等价物投资的除外。企业按照合同约定进行再投资的，应当将投资收益按照合同约定支付给最终收款方。"

三、案例解析

金融资产是以合同为基础而存在的。金融资产的终止确认，也是围绕着金融资产相关的合同权利展开的。企业会计准则规定金融资产在两种情形下，应当终止确认。一种情形是收取金融资产现金流量的合同权利已终止。例如，应收账款到期收回欠款，该合同权利就自然终止了。另一种情形是金融资产已经转移且符合准则规定的终止确认条件。所谓金融资产已转移指的是以下两种情况之一：（1）企业将收取金融资产现金流量的权利转移给另一方；（2）将金融资产转移给另一方，但保留收取金融资产现金流量的权利，并承担将收取的现金流量支付给最终收款方的义务（这种情况通常称为“过手协议”）。只有在金融资产已经转移的情况下，才能根据准则的规定进行是否应当终止确认的判断。因此，在收取金融资产合同现金流量的权利并未终止的情形下，金融资产转移是金融资产终止确认的一个必要前提。

在某些情况下，从形式上看，或许金融资产已经转移，但是实质上，该金融资产并未转移，因而无须再进行金融资产是否能够终止确认的判断，即可得出该金融资产不能终止确认的结论。另外，实质重于形式应该是优先于其他具体会计处理原则之上的基本原则。

虽然本案例中，名义上 A 公司将 5% 的股权转让给 B 公司，但是实质上，B 公司并没有拥有对应的表决权，B 公司也并不享有对应的利润分配权。也就是说，A 公司保留了收取金融资产现金流量的权利，且没有承担将收取的现金流量支付给 B 公司的义务。根据准则的规定，实质上该金融资产并未转移，并不符合金融资产终止确认的前提条件。A 公司不应当确认该 5% 股权的处置损益，应将收到的款项作为预收款项处理。

案例 2 - 06
应收票据的终止确认

一、案例背景

A 公司将从第三方客户取得的尚未到期的银行承兑汇票向银行贴现取得资金。

问题：A 公司是否应该终止确认该银行承兑汇票？如何进行贴现息的会计处理？

二、会计准则及相关规定

《企业会计准则第 22 号——金融工具确认和计量》第二十五条规定，“金融资产满足下列条件之一的，应当终止确认：

（一）收取该金融资产现金流量的合同权利终止。

（二）该金融资产已转移，且符合《企业会计准则第23号——金融资产转移》规定的金融资产终止确认条件。

终止确认，是指将金融资产或金融负债从企业的账户和资产负债表内予以转销。”

《企业会计准则第22号——金融工具确认和计量》第三十三条规定，“企业应当采用实际利率法，按摊余成本对金融负债进行后续计量。”

《企业会计准则第23号——金融资产转移》第七条规定，“企业已将金融资产所有权上几乎所有的风险和报酬转移给转入方的，应当终止确认该金融资产；保留了金融资产所有权上几乎所有的风险和报酬的，不应当终止确认该金融资产。”

《企业会计准则第23号——金融资产转移》第十二条规定，“金融资产整体转移满足终止确认条件的，应当将下列两项金额的差额计入当期损益：

（一）所转移金融资产的账面价值；

（二）因转移而收到的对价，与原直接计入所有者权益的公允价值变动累计额（涉及转移的金融资产为可供出售金融资产的情形）之和。”

《企业会计准则第23号——金融资产转移》第十五条规定，“企业仍保留与所转移金融资产所有权上几乎所有的风险和报酬的，应当继续确认所转移金融资产整体，并将收到的对价确认为一项金融负债。”

三、案例解析

（一）银行承兑汇票是否终止确认

根据企业会计准则第23号第七条，在判断承兑汇票贴现是否将所有权上几乎所有的风险和报酬转移给银行时，应注意承兑汇票的风险不仅包括信用风险，还应综合考虑其他风险，如利率风险、延期付款风险及外汇风险等。我国票据法规定：“汇票到期被拒绝付款的，持票人可以对背书人、出票人以及汇票的其他债务人行使追索权”。因此，无论是银行承兑汇票还是商业承兑汇票，票据贴现或背书后，其所有权相关的信用风险及延期付款风险并没有转移给银行或被背书人。根据信用风险及延期付款风险的大小，可将应收票据分为两类：一类是由信用等级较高的银行承兑的汇票，其信用风险和延期付款风险很小，相关的主要风险是利率风险；一类是由信用等级不高的银行承兑的汇票或由企业承兑的商业承兑汇票，此类票据的主要风险为信用风险和延期付款风险。

本案例应视情况而定，如果A公司用于贴现的银行承兑汇票是由信用等级较高的银行承兑，随着票据的贴现，信用风险和延期付款风险很小，并且票据相关的利率风险已转移给银行，因此可以判断票据所有权上的主要风险和报酬已经转移，可以终止确认；如果A公司用于贴现的银行承兑汇票是由信用等级不高的银行承兑，贴现不影响追索权，票据相关的信用风险和延期付款风险仍没有转移，不应终止确认。

（二）贴现息的会计处理

根据《企业会计准则》第23号第十二条，票据终止确认时，贴现息（即贴现金额和票面金额的差）应在票据终止确认时立即确认费用，而不是在贴现日至票据到期日之间摊销；根据《企业会计准则》第23号第十五条，票据未终止确认时，贴现取得的资金确认为一项金融负债（即银行借款），根据《企业会计准则》第22号第三十三条，按摊余成本对银行借款进行后续计量，贴现息应在贴现日至票据到期日之间分摊确认利息费用。

在编制现金流量表时，对于因销售商品或提供劳务从客户取得银行承兑汇票进行贴现的情况，如果票据在贴现时终止确认，贴现取得的现金应作为经营活动现金流入；如果票据在贴现时不满足终止确认条件，贴现取得的现金应作为筹资活动现金流入。如果出票人在票据到期日直接向持票银行付款，即持票银行不向贴现方追索，A公司账面应收票据与短期借款同时减少，不涉及实际现金收付，现金流量表未反映该交易，企业应在财务报表附注中就此类交易对现金流量的影响予以说明。

案例2－07
与发行股份相关的交易费用

企业发行股份通常会发生一系列与发行直接或间接相关的费用。这些费用通常包括承销费、保荐费、审计费、律师费、评估费以及其他一系列宣传费等。对于公开发行股份并拟上市的企业来说，这些费用往往较为重大。因此，这些费用的会计处理，对企业的财务状况会有较大的影响。

一、案例背景

A 公司是上市公司，2×11 年 A 公司投资拟上市公司 B，并持有 B 公司 100% 股权。2×14 年 9 月 1 日 B 公司首次公开发行并在 A 股市场上市，发行新股总计 6,000 万股，每股发行价人民币 7 元。2×11 年到 2×14 年间，B 公司发生的费用包括：2×11 年、2×12 年和 2×13 年报会计师审计费用每年 50 万元，申报报表会计师审计费用 200 万元，券商承销费 200 万元，保荐费 200 万元，财经公关费 200 万元，上市酒会费 100 万元。

问题：B 公司应如何列报上述各项费用？

二、会计准则及相关规定

《企业会计准则第 22 号——金融工具确认和计量》第三十一条规定："交易费用，是指可直接归属于购买、发行或处置金融工具新增的外部费用。新增的外部费用，是指企业不购买、发行或处置金融工具就不会发生的费用。

交易费用包括支付给代理机构、咨询公司、券商等的手续费和佣金以及其他必要支出，不包括债券溢价、折价、融资费用、内部管理成本及其他与交易不直接相关的费用。"

《企业会计准则第 37 号——金融工具列报》（2014 年修订）第二十三条规定："与权益性交易相关的交易费用应当从权益中扣减。交易费用，是指可直接归属于购买、发行或处置金融工具的增量费用。增量费用，是指企业不购买、发行或处置金融工具就不会发生的费用。

企业发行或取得自身权益工具时发生的交易费用（例如登记费，承销费，法律、会计、评估及其他专业服务费用，印刷成本和印花税等），可直接归属于权益性交易的，应当从权益中扣减。终止的未完成权益性交易所发生的交易费用应当计入当期损益。"

财政部在 2010 年 12 月 28 日发布的《关于执行企业会计准则的上市公司和非上市企业做好 2010 年年报工作的通知》中，要求"正确对因发行权益性证券而发生的有关费用进行会计处理。企业为发行权益性证券（包括作为企业合并对价发行的权益性证券）发生的审计、法律服务、评估咨询等交易费用，应当分别按照《企业会计准则解释第 4 号》和《企业会计准则第 37 号——金融工具列报》的规定进行会计处理；但是，发行权益性证券过程中发生的广告费、路演费、上市酒会费等费用，应当计入当期损益”。

此外，证监会在企业会计准则的基础上，对发行权益性证券过程中发生的一系列费用的会计处理，做了进一步的明确规定：

证监会《上市公司执行企业会计准则监管问题解答》（2010 年第 1 期，总第 4 期）（会计部函［2010］299 号）指出，“上市公司为发行权益性证券发生的承销费、保荐费、上网发行费、招股说明书印刷费、申报会计师费、律师费、评估费等与发行权益性证券直接相关的新增外部费用，应自所发行权益性证券的发行收入中扣减，在权益性证券发行有溢价的情况下，自溢价收入中扣除，在权益性证券发行无溢价或溢价金额不足以扣减的情况下，应当冲减盈余公积和未分配利润；发行权益性证券过程中发生的广告费、路演及财经公关费、上市酒会费等其他费用应在发生时计入当期损益”。

三、案例解析

根据企业会计准则的规定，发行权益工具的交易费用，可以自发行收入中抵减并计入所有者权益。因此，企业在发行过程中发生的一系列费用，是否可以计入所有者权益，需满足两个条件：一个是必须和发行有关，另一个是必须实质上是交易费用。

在发行阶段发生的费用，并不一定全部是交易费用。根据交易费用的定义，符合交易费用条件的费用应具备两个特征：直接和新增。直接是指直接归属于金融工具购买、发行或处置的费用。企业发行过程中发生的一些路演等宣传费，就不属于直接相关的费用。因为企业路演的作用主要为广告宣传，与企业发行股份并没有直接的关系。新增费用是指企业不购买、发行或处置金融工具就不会发生的费用。企业发行股份需要支付给券商的承销费就是一种新增费用，因为不发行股份，就不需要支付承销费用，而不支付承销费用，就无法发行股份，因此，承销费用不但是新增费用，而且也是直接相关的费用。

本案例中，B 公司与首次公开发行发生的有关费用，应按照企业会计准则有关交易费用的定义以及会计部函［2010］299 号处理，即：

1. B 公司首发申报报表会计师审计费用、券商承销费和保荐费共计 600 万元，属于与发行权益性证券直接相关的新增费用，应自权益性证券的发行溢价中扣减，发行溢价不足扣减或无发行溢价的，应冲减盈余公积，盈余公积不足冲减的，不足部分再从未分配利润中冲减；

2. B公司发行权益性证券过程中发生的财经公关费和上市酒会费共计300万元，与发行权益性证券并不直接相关，应计入发生年度损益；

3. 2×11年至2×13年年度报告审计费用共计150万元，不属于发行阶段发生的费用，既不是与发行权益性证券直接相关的费用，也不是新增的费用，应计入2×11至2×13年各年度管理费用。

案例2-08
黄金租赁是否需要运用套期会计

一、案例背景

ABC公司为一家黄金生产企业，由于银行信贷额度紧张，其采用向银行租赁黄金并立即将黄金在现货市场出售以获得现金的方式向银行融资。该公司于2×12年1月5日向银行借入黄金1,000千克，借入期限为1年，于2×13年1月5日到期，按借入日的黄金市场价格300元/克确定基数计算借款利息，根据黄金借贷合同，公司与银行约定到期时可归还相同数量的黄金或归还日黄金现货市场价格等值的货币。

为了规避因借金而引起的黄金价格变动风险，公司决定对于上述黄金借贷合同通过黄金期货进行套期保值，即于2×12年1月5日从上海期货交易所买入同等数量的1年期黄金期货合约对其进行套期保值。

ABC公司将上述黄金借贷合同和上述黄金期货合同指定为套期关系，并准备了关于套期关系、风险管理目标和套期策略的正式书面文件。根据套期文件，公司将黄金借贷合同和黄金期货合同分别指定为被套期项目和套期工具，以黄金期货合同对由于黄金价格波动而引起的黄金借贷合同公允价值变动风险进行公允价值套期。公司没有计划用自产黄金归还银行。套期有效性采用比率分析法。

问题：

（1）公司上述套期保值策略是否可以采用套期会计？

（2）若不可以采用套期会计，应如何进行会计处理？

二、会计准则及相关规定

《企业会计准则第22号——金融工具确认和计量》第三条规定："衍生工具，是指本准则涉及的、具有下列特征的金融工具或其他合同：（一）其价值随特定利率、金融工具价格、商品价格、汇率、价格指数、费率指数、信用等级、信用指数或其他类似变量的变动而变动，变量为非金融变量的，该变量与合同的任一方不存在特定关系；（二）不要求初始净投资，或与对市场情况变化有类似反应的其他类型合同相比，要求很少的初始净投资；（三）在未来某一日期结算。"

《企业会计准则第22号——金融工具确认和计量》第六条规定："本准则不涉及按照预定的购买、销售或使用要求所签订，并到期履约买入或卖出非金融项目的合同。但是，能够以现金或其他金融工具净额结算，或通过交换金融工具结算的买入或卖出非金融项目的合同，适用本准则。"

《企业会计准则第22号——金融工具确认和计量》第二十条规定："嵌入衍生工具，是指嵌入到非衍生工具（即主合同）中，使混合工具的全部或部分现金流量随特定利率、金融工具价格、商品价格、汇率、价格指数、费率指数、信用等级、信用指数或其他类似变量的变动而变动的衍生工具。嵌入衍生工具与主合同构成混合工具，如可转换公司债券等。"

《企业会计准则第22号——金融工具确认和计量》第二十一条及第二十二条的规定："企业可以将混合工具指定为以公允价值计量且其变动计入当期损益的金融资产或金融负债。""嵌入衍生工具相关的混合工具没有指定为以公允价值计量且其变动计入当期损益的金融资产或金融负债，且同时满足下列条件的，该嵌入衍生工具应当从混合工具中分拆，作为单独存在的衍生工具处理：

（一）与主合同在经济特征及风险方面不存在紧密关系；

（二）与嵌入衍生工具条件相同，单独存在的工具符合衍生工具定义。"

《企业会计准则第24号——套期保值》第四条规定："对于满足本准则第三章规定条件的套期，企业可运用套期会计方法进行处理。"

《企业会计准则第 24 号——套期保值》第十七条规定："公允价值套期、现金流量套期或境外经营净投资套期同时满足下列条件的，才能运用本准则规定的套期会计方法进行处理：

（一）在套期开始时，企业对套期关系（即套期工具和被套期项目之间的关系）有正式指定，并准备了关于套期关系、风险管理目标和套期策略的正式书面文件。该文件至少载明了套期工具、被套期项目、被套期风险的性质以及套期有效性评价方法等内容。

套期必须与具体可辨认并被指定的风险有关，且最终影响企业的损益。"

三、案例解析

（一）公司上述套期保值策略是否可以采用套期会计

根据《企业会计准则第 24 号——套期保值》及其相关规定，套期保值业务需要在满足一定条件下才能运用套期会计，尽管公司将上述黄金借贷合同和黄金期货合同指定为套期关系，但在会计处理上仍应对是否运用套期会计进行评估判断。

在本案例中，公司因融资目的而与银行签订黄金借贷合同，且在取得黄金后立即将黄金在现货市场出售获取现金，因此，ABC 公司上述黄金借贷合同形成未来偿还义务，应初始确认为金融负债。

由于公司没有计划以自产黄金归还银行，所以在合同到期时，无论公司以市场购入的黄金还是以归还日黄金现货市场价格等值的货币归还，未来需偿付负债的公允价值均将面临黄金价格的变化风险。因此，根据《企业会计准则第 22 号——金融工具确认与计量》第二十条规定，该黄金借贷合同为混合工具，即债务主合同中嵌入了一项随着黄金市场价格变动而变动的衍生工具，其经济特征类似于未来以不确定价格买入黄金的净额结算的远期合同。

根据《企业会计准则第 22 号——金融工具确认和计量》第二十一条及第二十二条规定，公司可以选择将黄金借贷合同这一混合工具整体指定为公允价值计量且其变动计入当期损益的金融负债。另外，由于嵌入衍生工具面临的主要是黄金价格的波动，而主合同面临的主要是利率风险，嵌入衍生工具的经济特征和风险不与主合同密切相关，所以公司也可以选择将嵌入衍生工具与主合同分开核算，拆分后的衍生工具根据准则规定，亦按照公允价值计量且其变动计入当期损益。因此，本案例中，对于上述黄金借贷合同这一混合工具，无论管理层选择将该混合工具整体指定为以公允价值计量且其变动计入当期损益的金融负债，还是将嵌入衍生工具从混合工具中拆分出来单独核算，结果均是以公允价值计量且其变动计入当期损益。而黄金期货合同本身作为衍生工具，是以公允价值计量且其变动计入当期损益，上述黄金借贷和黄金期货两个合同各自按照会计准则规定计量后的结果对公司损益的影响已经能在很大程度上相互抵消，因此，公司黄金借贷合同和黄金期货合同的共同效果，最终不会影响公司的损益，根据《企业会计准则第24号——套期保值》第十七条的规定，不能满足套期会计准则中运用套期会计方法进行处理的条件，不能运用套期会计。

（二）若不可以采用套期会计，应如何进行会计处理

根据上文分析，上述黄金借贷合同作为混合工具，可以指定为以公允价值计量且其变动计入当期损益的金融负债，而黄金期货作为衍生工具，其也是以公允价值计量且其变动计入当期损益，两者的计量属性一致，公允价值变动方向相反，会计计量上很大程度上抵消黄金市场价格波动而带来的损益波动的影响，不使用套期会计也能达到套期会计的效果。

案例2－09
以融资为目的的黄金租赁业务的会计处理

一、案例背景

情形一：以融资为目的，甲上市公司与银行签订黄金租赁合约，约定从银行租入一定数量某成色（如AU99.95）的黄金，按照租借日所租黄金市价的固定费率（如3.5%）支付租金，于租约到期日向银行偿还同质同量的黄金。该租赁合同未要求银行将黄金过户给公司，而是于合同生效日将租入的黄金出售给该银行，并于到期日向该银行购回相同数量的黄金以了结租赁义务。上述即期出售和远期购回黄金的价格系合同双方通过谈判事先约定，不一定与出售日或购回日的市场价格相同。

情形二：以融资为目的，丙上市公司与银行签订黄金租赁合约，约定从

银行租入一定数量某成色（如 AU99.95）的黄金，按照租借日所租黄金市价的固定费率（如3.5%）支付租金，于租约到期日向银行偿还同质同量的黄金。该租赁合同要求银行将黄金过户给公司，并由公司自主决定在交易所市场出售和购回的时机，并承担由此产生的市场价格波动的风险。公司在交易所市场出售黄金后，并未签订远期黄金买卖合同以锁定上述风险。租赁合同到期日前，公司判断黄金价格将要大幅上涨，为节省融资成本，公司提前购入黄金以待到期日交割给银行。

情形三：以融资为目的，乙上市公司与银行签订黄金租赁合约，约定从银行租入一定数量某成色（如 AU99.95）的黄金，按照租借日所租黄金市价的固定费率（如3.5%）支付租金，于租约到期日向银行偿还同质同量的黄金。该租赁合同要求银行将黄金过户给公司，并由公司自主决定在交易所市场出售和购回的时机，并承担由此产生的市场价格波动的风险。为锁定上述风险，公司在与银行签订租赁合同的同时选择与同一家银行按照彼时的远期市场价格达成远期黄金买卖合同，该合同可以通过全额或净额方式交割。上述两项交易尽管在标的物、签约时间和交易对手方面相同，但合同条款彼此独立且都是按照市场条件达成。

问题：针对上述以融资为目的的黄金租赁交易，应如何进行会计处理？

二、会计准则及相关规定

《企业会计准则第22号——金融工具确认和计量》第六条规定："本准则不涉及按照预定的购买、销售或使用要求所签订，并到期履约买入或卖出非金融项目的合同。但是，能够以现金或其他金融工具净额结算，或通过交换金融工具结算的买入或卖出非金融项目的合同，适用本准则。"

《国际会计准则第39号——金融工具》应用指南第B.6段及《国际财务报告准则第9号——金融工具》应用指南第B.6段有关阐释"衍生工具的定义：抵销贷款"时，对于多项合同叠加可作为一项衍生工具时指出："作出这种判断的迹象包括：

- 同时签订并且互为条件；
- 具有相同的交易对手方；
- 与相同的风险相关；
- 没有明显的经济需要或实质的商业目的将原本在单项交易中不能完

成的交易分成若干交易。”

《国际会计准则第39号——金融工具》第5段及第《国际财务报告准则第9号——金融工具》第2.4段规定：

“以现金或其他金融工具进行净额结算，或通过交换金融工具进行结算的非金融项目买卖合同，应当视同为金融工具适用本准则，除非该合同是根据主体的预期购买、出售或使用要求，以获取或交付非金融项目为目的而签订并继续持有的。”

《国际会计准则第39号——金融工具》第6段及《国际财务报告准则第9号——金融工具》第2.6段规定：“可以现金或其他金融工具进行净额结算，或通过交换金融工具进行结算的非金融项目买卖合同有多种形式，包括：

（1）合同条款允许合同任何一方以现金或其他金融工具进行净额结算或通过交换金融工具进行结算；

（2）合同条款中没有明确规定可以现金或其他金融工具进行净额结算或通过交换金融工具进行结算，但是主体具有对类似合同以现金或其他金融工具进行净额结算或通过交换金融工具进行结算的惯例（不论是通过与合同的另一方签订对冲合同，还是在合同执行前或到期前出售合同）；

（3）对于类似的合同，主体具有收取交付的基础资产并在交付后的短期内将其出售，以从价格或交易商保证金的短期波动中获利的惯例；以及

（4）作为合同标的的非金融项目易于转换为现金。

符合（2）或（3）所述条件的合同并非根据主体的预期购买、出售或使用要求，以获取或交付非金融项目为目的而签订，因此该等合同属于本准则的范围。

对于适用第2.4段的其他合同，应进行评价以确定其是否是根据主体的预期购买、出售或使用要求，以获取或支付非金融项目为目的而签订并继续持有的，进而确定其是否适用本准则。”

三、案例解析

黄金是商品，不是会计准则所定义的金融资产。企业按照预定的购买、销售或使用（即“自用目的”）要求签订并持有旨在收取或交付黄金的合同不适用金融工具准则。只有企业能够以现金或其他金融工具净额结算或者通

过交换金融工具结算的买入或卖出黄金的合同，才适用金融工具准则。由于案例中的黄金不是一项特定资产，因而也不适用租赁准则。

由于银行信贷额度紧张等原因，不少公司采用向银行租赁黄金并立即将黄金出售以获得现金的方式向银行融资，但实务中存在各种不同的交易安排，应根据具体合同安排进行相应会计处理。

情形一：

在该情形下，甲公司在与银行签订黄金租赁合同的同时，委托同一家银行在租赁合同生效日卖出黄金和到期日购回黄金的远期合同，三项合同同时签订并且互为条件，合同为与同一家银行签订，均面临黄金价格波动的风险。同时，A公司作为黄金租入方无法接触到租赁资产黄金，无法决定租赁资产的利用方式（例如卖空时机或价格），并且不受“卖空（租赁资产）”期间黄金价格波动的影响，而仅仅在合同生效日收取现金流量后承担了一项于未来期间归还某一确定金额的现金流量的义务，三项合同互为条件，单独而言不具有商业实质，实质上为一项资金借贷交易。

根据上述分析，该情形下交易符合上述《国际会计准则第39号——金融工具》应用指南第B6段中关于多个合同视为一项交易处理的条件，其实质为一项银行借贷交易，应确认为一项金融负债。

情形二：

在此情形下，黄金租赁交易中要求银行将黄金过户至公司，且公司与银行未签订即期卖出或远期黄金买卖合同，而是由公司自主决定在交易所市场出售和购回的时机，并承担由此产生的市场价格波动的风险。

在此情况下，关于黄金租赁交易的会计处理，理论和实务界存在资产负债表观和利润表观两派不同观点：

观点一认为，公司租入黄金后持有并控制黄金，应该确认为一项资产，同时存在一项未来需要向银行归还黄金的义务，因而应确认一项负债。待未来黄金卖出时点，再做卖出黄金资产处理。

关于确认的负债的性质，由于在公司租入黄金并卖出获得资金后，其未来需要从市场上按照市场价格购入黄金交付给银行，根据金融工具相关准则应确认为一项金融负债。实务上可能有以下处理：第一，认为应确认为一项混合合同，因为该负债金额与商品（即黄金）的价格挂钩，相当于在债务主合同中嵌入了一项随着黄金市场价格变动而变动的衍生工具；第二，认为应确认为以公允价值计量的负债，因为该项未来向银行归还黄金的义务随着黄金市场价格变动而变动，应直接确认为一项以公允价值计量的负债。

观点二认为，虽然公司在租赁期实际占有和有权使用黄金，但与黄金价格有关的风险和报酬实质上仍由银行承担和享有，因此公司并不需进行除租赁费之外的其他任何会计处理，只有当公司将租入黄金在市场上卖掉时，才形成一笔将来需买入黄金以归还银行的义务，即在黄金卖出时点确认一项以公允价值计量的负债。

在此情形下，在公司购入黄金时的会计处理，也存在两派不同观点：

观点一认为，从“风险和报酬是否转移”的角度出发，租赁存续期间从市场上购入黄金的时点，上述归还黄金义务所面临的市场风险敞口已经消除，因此公司购入黄金后应当立即终止确认上述确认的一项以公允价值计量的负债。

观点二认为，从市场购入黄金是资产初始确认的问题，与交易性金融负债的终止确认应当属于彼此独立的问题，企业购入现货黄金并不必然等同于结算或抵销交易性金融负债，同时，该交易本身并不适用于金融资产终止确认或收入确认准则中所要求的“风险和报酬是否转移”的测试，故认为应当确认一项资产。

情形三：

在该情形下，乙公司在与银行签订黄金租赁的同时，与交易对手方签订了一项远期买入黄金的合同，这两项交易尽管在标的物、签约时间和交易对手方面相同，但合同条款彼此独立且都是按照市场条件达成，如何进行会计处理，理论和实务界中也存在不同的观点：

观点一认为，黄金租赁交易和黄金远期合同为同一时点、与同一交易对手签订的，从银行的角度而言，黄金租赁交易可视同为银行即期转移、远期按照转移价格扣除租赁费用购回黄金的交易，那么，在此基础上签订固定价格的黄金远期卖出合同，意味着银行在租赁日已转移黄金的风险和报酬，综合效果上类似于黄金赊销交易（即期转移了黄金实物，远期进行结算），参考金融资产终止确认或收入确认中关于风险和报酬转移的相关原则，应当于租赁日终止确认资产，同时确认一项对企业的1年期的贷款。

相对应作为黄金租赁方的公司而言，其相当于在租赁起始日购入一笔黄金，同时存在1年后偿还银行的一项借款，因此在黄金租赁日应确认一项黄金实物资产，而对于远期向银行偿还黄金的义务确认为一项金融负债。

观点二认为，能否将黄金租赁交易人为分解为不同部分后比照金融资产终止确认或收入确认准则进行会计处理存在疑问。另外，假设上述黄金租赁和黄金远期合同为同一银行的黄金租赁部门和衍生工具部门在彼此不知情的情况下签订的（如企业与银行的两个部门分别谈判，并按照市场条件达成租赁和衍生工具协议），那么能否将上述达成于相同时间和相同交易对手之间、但合同条款相互独立且不存在定价依赖关系的两项交易视同“一揽子交易”进行会计处理存在疑问。

鉴于此，该观点认为，对于该两项交易，应首先适用上述《国际会计准则第39号——金融工具》应用指南第B6段（或《国际会计准则第39号——金融工具》应用指南第B6段）的条件进行综合判断是否能视同为“一揽子交易”后再行进行会计处理。鉴于上述黄金租赁合同和黄金远期合同彼此独立，并且单独来看和合并来看可能会存在不同的经济后果，因此应该单独计量，分别对黄金租赁交易和黄金远期交易进行会计处理。其中，关于黄金租赁交易与上述情形二中的交易性质相同，因而也存在两种不同观点。而对于黄金远期交易，则单独确认为一项衍生工具。

案例2－10
现金流量套期关系指定及有效性测试

一、案例背景

甲公司主要通过铜精矿冶炼生产阴极铜并在国内进行现货销售，销售价格参考国内现货市场价格随行就市，年产销量约为20万吨。对于部分生产用铜精矿，甲公司采用进口方式从国际市场订购材料，通常从签订采购合同到装船、运抵港口，再到加工成阴极铜，需要三个月左右时间。为了避免国内现货销售市场阴极铜价格波动，锁定冶炼过程中的利润，甲公司通过铜精矿进口合同中的延迟定价条款对阴极铜预期销售的现金流量变动风险进行套期保值。延迟定价机制主要体现为进口铜精矿价格盯准伦敦阴极铜未来某月现货平均价格，并扣除约定的冶炼加工等费用后确定，定价机制一般为M+1至M+4，M为装船（装船即存货风险转移）时间，数字1代表装船后第1

个月伦敦阴极铜现货交易价格均价。

例如，2×13 年 1 月 1 日，甲公司预期 3 个月后在国内现货市场销售 5,000 吨阴极铜，对于冶炼过程中所需的铜精矿约 2 万吨（假设根据采购铜矿的平均品位，每 1 吨阴极铜平均消耗铜精矿 4 吨），甲公司与境外供应商签订不可撤销的铜精矿进口合同，定价机制为 M+4（出于示例目的，假设从签订合同到装船的时间较短），虽然伦敦阴极铜现货价格变化与国内阴极铜现货价格变化并不完全同步，长期存在的价差可能会导致套期部分无效，但管理层根据历史经验及回归分析认为上述两个市场现货价格的变化还是存在较大程度的内在联系，延迟定价机制可以抵销大部分预期销售的现金流量变动。

问题：

（1）如何对铜精矿进口合同中的延迟定价条款进行核算？

（2）如何对预期销售指定套期关系并进行有效性测试？

二、会计准则及相关规定

《企业会计准则第 22 号——金融工具确认和计量》第二十条规定："嵌入衍生工具，是指嵌入到非衍生工具（即主合同）中，使混合工具的全部或部分现金流量随特定利率、金融工具价格、商品价格、汇率、价格指数、费率指数、信用等级、信用指数或其他类似变量的变动而变动的衍生工具。嵌入衍生工具与主合同构成混合工具，如可转换公司债券等。"

《企业会计准则第 22 号——金融工具确认和计量》第二十二条规定："嵌入衍生工具相关的混合工具没有指定为以公允价值计量且其变动计入当期损益的金融资产或金融负债，且同时满足下列条件的，该嵌入衍生工具应当从混合工具中分拆，作为单独存在的衍生工具处理：

（一）与主合同在经济特征及风险方面不存在紧密关系；

（二）与嵌入衍生工具条件相同，单独存在的工具符合衍生工具定义。"

《企业会计准则讲解（2010）》第二十三章第五节指出："嵌入的非期权衍生工具（如嵌入的远期合同或互换合同），应基于标明或暗含的实质性条款将其从主合同中分离出来，其在初始确认时的公允价值为零。"

《企业会计准则第 24 号——套期保值》第五条规定："套期工具，是指企业为进行套期而指定的、其公允价值或现金流量变动预期可抵销被套期项目的公允价值或现金流量变动的衍生工具。”

《企业会计准则第 24 号——套期保值》第七条规定：“套期有效性，是指套期工具的公允价值或现金流量变动能够抵销被套期风险引起的被套期项目公允价值或现金流量变动的程度。”

《企业会计准则第 24 号——套期保值》第十七条规定：“公允价值套期、现金流量套期或境外经营净投资套期同时满足下列条件的，才能运用本准则规定的套期会计方法进行处理：

（一）在套期开始时，企业对套期关系（即套期工具和被套期项目之间的关系）有正式指定，并准备了关于套期关系、风险管理目标和套期策略的正式书面文件。该文件至少载明了套期工具、被套期项目、被套期风险的性质以及套期有效性评价方法等内容。

套期必须与具体可辨认并被指定的风险有关，且最终影响企业的损益。

（二）该套期预期高度有效，且符合企业最初为该套期关系所确定的风险管理策略。

（三）对预期交易的现金流量套期，预期交易应当很可能发生，且必须使企业面临最终将影响损益的现金流量变动风险。

（四）套期有效性能够可靠地计量。

（五）企业应当持续地对套期有效性进行评价，并确保该套期在套期关系被指定的会计期间内高度有效。”

财政部 2015 年发布并于 2016 年 1 月 1 日起施行的《商品期货套期业务会计处理暂行规定》第二点中规定：“本规定所称商品期货套期，是指企业为规避现货经营中的商品价格风险，指定商品期货合约为套期工具，使套期工具公允价值或现金流量变动，预期抵销被套期项目全部或部分公允价值或现金流量变动。”

三、案例解析

根据《商品期货套期业务会计处理暂行规定》第二点，铜精矿进口合同中的延迟定价条款并非商品期货合约，因此不可以按照《商品期货套期业务会计处理暂行规定》的套期会计方法进行处理。因此，甲公司应根据其他企业会计准则的相关规定分析铜精矿进口合同中的延迟定价条款是否需要作为嵌入衍生工具分拆核算，进而分析如何将衍生工具和预期销售指定套期关系并进行有效性评价，具体如下。

第一，对铜精矿进口合同中的延迟定价条款进行分析。根据《企业会计准则第22号——金融工具确认和计量》第二十条的规定，延迟定价条款使企业进口贸易中所需支付的金额随着未来伦敦阴极铜现货市场价格的变动而变动，因此属于嵌入衍生工具。而根据《企业会计准则第22号——金融工具确认和计量》第二十二条的规定，由于在铜精矿装船前延迟定价条款与铜精矿进口的待执行采购合同紧密相关，因此无须拆分。而在铜精矿装船后，铜精矿的所有权转移给甲公司，甲公司需要就该铜精矿确认存货采购及相关应付账款，此时基于装船后第4个月伦敦阴极铜现货均价结算的延迟定价条款与装船时的现货价格之间并不紧密相关，所以延迟定价条款与主合同（应付账款）不紧密相关，因此，延迟定价条款需要在装船后从主合同中拆分出来，并作为衍生工具单独核算。根据《会计准则讲解（2010）》第二十三章第五节，嵌入衍生工具在初始确认时的公允价值为零。初始确认时包含延迟定价条款的混合工具的公允价值总额扣除分拆的嵌入衍生工具后的余值为主合同（应付账款）的初始入账金额。由于预计上述分拆的衍生工具公允价值变动可抵销预期销售的现金流量变动，所以甲公司可根据《企业会计准则第24号——套期保值》第五条，将上述拆分的衍生工具指定为套期工具。

第二，对被套期项目，即2×13年4月1日后首先发生的5,000吨阴极铜预期销售进行分析。根据《企业会计准则第24号——套期保值》第十七条，对于预期交易的现金流量套期，预期交易应当很可能发生，且必须使企业面临将影响损益的现金流量变动风险。如果甲公司根据历史销售经验、生产计划、销售预算、目前持有的以及签订进口合同的铜精矿储备、目前阴极铜市场供需状况，以及历史预测准确程度等因素综合判断，预计3个月后5,000吨的阴极铜销售是很可能发生的，同时认为国内阴极铜现货市场价格的波动会使甲公司面临现金流量变动风险且最终影响销售利润，那么上述预期销售满足《企业会计准则第24号——套期保值》第十七条的要求，可以被指定为被套期项目。

第三，对于套期关系的指定进行分析。基于甲公司的套期策略，即通过使用铜精矿进口合同中的延迟定价条款对冲预期阴极铜销售的现金流量变动，甲公司根据《企业会计准则第24号——套期保值》第十七条的要求指定套期关系，并书面记载如下（出于示例目的，仅摘要部分书面记录）：

套期类型：现金流量套期

套期工具：铜精矿进口合同中拆分的嵌入衍生工具（延迟定价条款）

被套期项目：2×13 年 4 月 1 日后首先发生的 5,000 吨阴极铜预期销售

被套期风险：预期销售的现金流量变动风险

套期有效性评估方法：交易日及每月末甲公司采用回归分析法以累计变动数为基础进行有效性评价，只有满足以下全部条件才能认为套期有效：

1. 回归直线的斜率必须为负数，且数值应在 -0.8 ~ -1.25 之间。

2. 相关系数（R^2）应大于或等于 0.96。

3. 整个回归模型的统计有效性（F—测试）必须是显著的。

第四，对于套期有效性的评价进行分析。由于衍生工具的结算是基于装船后第 4 个月伦敦阴极铜平均现货价格，而被套期的预期销售是 2×13 年 4 月 1 日后首先发生的 5,000 吨阴极铜销售，所以时间不完全匹配会造成套期无效部分，同时伦敦和国内也具有不同的交易市场，供求关系差异、交易品种的差异以及人民币与美元的汇率变动都会影响套期有效性。

案例 2 - 11
购买银行理财产品的会计处理

一、案例背景

情形一

甲上市公司利用自有资金购买银行理财产品。该理财产品为保本保收益型，期限为 6 个月，不可转让交易，也不可提前赎回，实际收益超过保证收益的部分由银行享有。甲公司购买该理财产品的主要目的在于取得理财产品利息收入。甲公司未打算将该理财产品指定为以公允价值计量且其变动计入当期损益的金融资产。

情形二

乙上市公司利用自有资金购买银行理财产品。该理财产品为非保本浮动收益型，期限为 6 个月，不可转让交易，也不可提前赎回。根据理财产品合约，基础资产为指定的单一信贷资产，该信贷资产的剩余存续期限和理财产

品的存续期限一致，且信贷资产利息收入是该理财产品利息收入的唯一来源。乙公司购买该理财产品的主要目的在于取得理财产品利息收入。乙公司未打算将该理财产品指定为以公允价值计量且其变动计入当期损益的金融资产。

情形三

丙上市公司利用自用资金购买银行理财产品。该理财产品为非保本浮动收益型，期限为6个月，不可转让交易，也不可提前赎回。根据理财产品合约，基础资产为固定收益类资产池。资产池主要包括存放同业、债券投资及回购交易等，银行有权根据市场情况随时对资产池结构进行调整，目的在于最大化投资收益，理财产品投资收益来源于资产池的投资收益。丙公司购买该理财产品的主要目的在于取得理财产品投资收益。丙公司未打算将该理财产品指定为以公允价值计量且其变动计入当期损益的金融资产。

问题：公司利用自有资金购买银行理财产品，应当如何进行会计处理？

二、会计准则及相关规定

《企业会计准则第22号——金融工具确认和计量》第九条规定："金融资产或金融负债满足下列条件之一的，应当划分为交易性金融资产或金融负债：（一）取得该金融资产或承担该金融负债的目的，主要是为了近期内出售或回购。（二）属于进行集中管理的可辨认金融工具组合的一部分，且有客观证据表明企业近期采用短期获利方式对该组合进行管理。"

《企业会计准则第22号——金融工具确认和计量》第十一条规定："持有至到期投资，是指到期日固定、回收金额固定或可确定，且企业有明确意图和能力持有至到期的非衍生金融资产。"

《企业会计准则第22号——金融工具确认和计量》第十七条规定："贷款和应收款项，是指在活跃市场中没有报价、回收金额固定或可确定的非衍生金融资产"。

《企业会计准则第22号——金融工具确认和计量》第十八条规定："可供出售金融资产，是指初始确认时即被指定为可供出售的非衍生金融资产，以及除下列各类资产以外的金融资产：（一）贷款和应收款项。（二）持有至到期投资。（三）以公允价值计量且其变动计入当期损益的金融资产。"

《企业会计准则讲解（2010）》第二十三章第二节规定："划分为贷款和

应收款项类的金融资产，与划分为持有至到期投资的金融资产，其主要差别在于前者不是在活跃市场上有报价的金融资产”。

“对于公允价值能够可靠计量的金融资产，企业可以将其直接指定为可供出售金融资产。例如，在活跃市场上有报价的股票投资、债券投资等。如企业没有将其划分为其他三类金融资产，则应将其作为可供出售金融资产处理。相对于交易性金融资产而言，可供出售金融资产的持有意图不明确”。

三、案例解析

在情形一中，该理财产品可以划分为应收款项类金融资产，甲公司也可以将该理财产品指定为可供出售债务工具。

该理财产品不可转让交易或提前赎回，且甲公司的主要目的在于取得理财产品利息收入，表明其不是为了近期内出售或采用短期获利方式进行管理，因此不应当划分为交易性金融资产。

该理财产品不可转让交易或提前赎回，表明该理财产品在活跃市场中没有报价，所以不应当划分为持有至到期投资。

由于该理财产品保本保收益，且实际收益超过保证收益的部分由银行享有，表明回收金额固定或可确定，且在活跃市场中没有报价，甲公司可以将其划分为应收款项类金融资产。与此同时，如果该理财产品的公允价值能够可靠计量，甲公司也可以将该理财产品指定为可供出售债务工具。

在情形二中，该理财产品是否能够分类为交易性金融资产或持有至到期投资的分析与情形一基本相同。此外，如果该理财产品的公允价值能够可靠计量，乙公司也可以将该理财产品指定为可供出售金融资产。但对是否可分类为应收款项以及在可供出售金融资产类别下到底属于权益工具还是债务工具，实务中存在不同的观点。

1. 是否可以分类为应收款项?

实务中，对浮动收益的理财产品包括保本浮动收益或不保本浮动收益理财产品是否可以分类为应收款项存在不同观点。观点一依据合同条款认为收益并不固定或可确定而非应收款项，观点二则基于业务实质及兑付历史认为收益固定或可确定，因而可分类为应收款项。对基础资产为单一信贷资产的理财产品，在实务中还存在另外一种思路，即对该类产品是否可以采用“穿透”原则进行分析。

支持采用“穿透”原则的观点认为，单一信托贷款的理财产品可以采用“穿透”原则作进一步分析。与投资范围系资产组合的理财产品有所不同，情形二中的理财产品向投资者披露了理财资金的具体投向（单一信托贷款），信托计划和理财产品仅是借款资金的“通道”，投资者承担的是该笔信托贷款借款人到期无法归还信托贷款的信用风险。此外，该信贷资产的剩余存续期限和理财产品的存续期限一致，且信贷资产利息收入是该理财产品利息收入的唯一来源，理财产品收益率是固定或可确定的，除因信用恶化以外的原因，理财产品的持有人可以收回几乎所有初始投资，因此可以分类为应收款项，后续采用实际利率法（预期收益率）按摊余成本法予以计量。

不同意采用“穿透”原则的观点认为，“穿透视角”下的基础资产虽然是单笔贷款，但其现金流经过两层特殊目的主体（信托＋理财产品）的嵌套，理财产品投资者获得的现金流体现的并不完全是基础资产的特征，从合同对手方而言，理财产品投资者并不具备直接向借款人求偿的权利，从合同法律形式的角度而言，将该类理财产品分类为应收款项的会计处理存在一定的瑕疵。

2. 可供出售金融资产分为债务工具还是权益工具？

该理财产品可以指定为可供出售金融资产，但属于可供出售债务工具还是权益工具，实务中的争议点与上文有关应收款项的分析基本类似。

在情形三中，该理财产品是否能够分类为交易性金融资产或持有至到期投资的分析与情形二基本相同。如果该理财产品的公允价值能够可靠计量，丙公司可以将该理财产品指定为可供出售金融资产。但对是否可分类为应收款项以及在可供出售金融资产类别下到底属于权益工具还是债务工具，实务中存在不同的观点。该理财产品与情形二的主要区别在于，理财资金投向不是单一的信托贷款，而是固定收益类的资产池，因此不能采用情形二中的“穿透”视角进行分析。

1. 是否能够分类为应收款项？

观点一依据合同条款认为收益并不固定或可确定而非应收款项，观点二则基于业务实质及兑付历史认为收益固定或可确定，而可分类为应收款项。

2. 可供出售金融资产分为债务工具还是权益工具？

观点一认为，从产品商业实质角度而言，这类产品属于可供出售金融资产（债务工具）的范畴，应按摊余成本方式确认投资收益（即按预期收益率的利息收入）。原因在于：基于目前国内理财市场的发展历程和兑付历史，投资者均能收到初始投资本金与预期收益，尽管理财产品合同中对于本金和收益不予保证，企业可以基于其历史经验，确定理财产品回收金额（初始本金 + 预期收益），按照摊余成本法确认投资收益。

观点二亦是支持这类产品属于可供出售债务工具。这类观点认为，这类理财产品不符合准则上权益工具的范畴，而应作为可供出售债务工具。原因在于：企业会计准则讲解第二十三章（IAS 39. AG27 亦有类似的指引）在判断嵌入衍生工具和主合同关系时，对债务主合同和权益主合同的分类给予了一些指引。该指引指出，一项主合同没有明确的或事先确定的到期日，且代表了在某一企业净资产中的剩余利益，则其经济特征和风险即为权益工具的经济特征和风险。若严格依据该指引进行判断，对具有明确或可确定到期期限的理财产品而言，其并不能满足上述权益工具主合同的条件，而应分类为可供出售债务工具。

观点三认为，这类产品属于可供出售金融资产（权益工具）的范畴。原因在于：根据这类理财产品的合同条款，银行作为理财产品管理人，在分配理财产品收益时优先获得了理财产品的管理费、托管费和业绩报酬等，剩余收益（预期收益）由理财产品投资者享有。一旦理财产品的基础资产出现较大的亏损，该部分损失根据理财产品协议的约定会由投资者承担，从理财产品持有人角度而言承担的风险体现的是权益工具的特征。企业会计准则讲解中有关主合同经济特征和风险的判断指引存在特定的适用范围，即仅适用于判断混合工具中嵌入衍生工具和主合同关系的情况时方能采用，而不应将其适用范围予以扩展。

【相关案例】

信托理财产品收益确认

（一）案例背景

A 公司为上市公司，2×15 年 4 月，A 公司参与认购了某证券投资集合资金信托计划。该信托计划分为优先级、劣后 A 级和劣后 B 级三类信托单位，收益分配先后顺序为：优先级、劣后 A 级和劣后 B 级份额。该计划总规模为 6.03 亿份，A 公司作为劣后 A 类委托人，认购 1.27 亿份，该计划存续期间为1年，符合一定条件可申请期间内分配信托收益。

劣后B类委托人作为投资顾问参与信托计划的投资管理决策。同时，A公司与作为劣后B类委托人的投资顾问签订协议，约定该信托计划亏损5%以及盈利15%以上的部分，均由投资顾问公司承担或者享有。

假设A公司不参与该信托计划的任何投资管理，不具有控制、共同控制或重大影响，A公司将其分类为可供出售权益工具进行核算。

2×15年年末，该信托计划达到约定的提前分配条件，A公司经申请获得部分收益款，该收益款金额已达到公司可以获得的最高收益上限（1.27亿元的15%）。分配后，该信托计划2×15年年末净值为1.25元每份。

问题：对于该信托提前获得部分收益款，A公司应如何进行会计处理？

（二）会计准则及相关规定

《企业会计准则第22号——金融工具确认和计量》第四条规定："下列各项适用其他相关会计准则：

（一）由《企业会计准则第2号——长期股权投资》规范的长期股权投资，适用《企业会计准则第2号——长期股权投资》。"

《企业会计准则第2号——长期股权投资》（2014修订）第二条规定："本准则所称长期股权投资，是指投资方对被投资单位实施控制、重大影响的权益性投资，以及对其合营企业的权益性投资。

在确定能否对被投资单位实施控制时，投资方应当按照《企业会计准则第33号——合并财务报表》的有关规定进行判断。投资方能够对被投资单位实施控制的，被投资单位为其子公司。"

《企业会计准则第33号——合并财务报表》（2014修订）规定："第七条合并财务报表的合并范围应当以控制为基础予以确定。

控制，是指投资方拥有对被投资方的权力，通过参与被投资方的相关活动而享有可变回报，并且有能力运用对被投资方的权力影响其回报金额。"

《企业会计准则第22号——金融工具确认和计量》第三十八条规定："金融资产或金融负债公允价值变动形成的利得或损失，除与套期保值有关外，应当按照下列规定处理：（二）可供出售金融资产公允价值变动形成的利得或损失，除减值损失和外币货币性金融资产形成的汇兑差额外，应当直接计入所有者权益，在该金融资产终止确认时转出，计入当期损益。可供出售外币货币性金融资产形成的汇兑差额，应当计入当期损益。采用实际利率法计算的可供出售金融资产的利息，应当计入当期损益；可供出售权益工具投资的现金股利，应当在被投资单位宣告发放股利时计入当期损益。与套期保值有关的金融资产或金融负债公允价值变动形成的利得或损失的处理，适用《企业会计准则第24号——套期保值》。”

《企业会计准则第22号——金融工具确认和计量》（2017年修订）第六条规定：

“除下列各项外，本准则适用于所有企业各种类型的金融工具：

（一）由《企业会计准则第2号——长期股权投资》规范的对子公司、合营企业和联营企业的投资，适用《企业会计准则第2号——长期股权投资》，但是企业根据《企业会计准则第2号——长期股权投资》对上述投资按照本准则相关规定进行会计处理的，适用本准则。企业持有的与在子公司、合营企业或联营企业中的权益相联系的衍生工具，适用本准则；该衍生工具符合《企业会计准则第37号——金融工具列报》规定的权益工具定义的，适用《企业会计准则第37号——金融工具列报》。

……”

《企业会计准则第22号——金融工具确认和计量（2017年修订）》第十六条规定：“企业应当根据其管理金融资产的业务模式和金融资产的合同现金流量特征，将金融资产划分为以下三类：

（一）以摊余成本计量的金融资产。

（二）以公允价值计量且其变动计入其他综合收益的金融资产。

（三）以公允价值计量且其变动计入当期损益的金融资产。”

《企业会计准则第22号——金融工具确认和计量（2017年修订）》第十七条规定：“金融资产同时符合下列条件的，应当分类为以摊余成本计量的金融资产：

（一）企业管理该金融资产的业务模式是以收取合同现金流量为目标。

（二）该金融资产的合同条款规定，在特定日期产生的现金流量，仅为对本金和以未偿付本金金额为基础的利息的支付。”

《企业会计准则第22号——金融工具确认和计量（2017年修订）》第十八条规定：“金融资产同时符合下列条件的，应当分类为以公允价值计量且其变动计入其他综合收益的金融资产：

（一）企业管理该金融资产的业务模式既以收取合同现金流量为目标又以出售该金融资产为目标。

（二）该金融资产的合同条款规定，在特定日期产生的现金流量，仅为对本金和以未偿付本金金额为基础的利息的支付。”

《企业会计准则第22号——金融工具确认和计量（2017年修订）》第十九条规定：“按照本准则第十七条分类为摊余成本计量的金融资产和按照本准则第十八条分类为以公允价值计量且其变动计入其他综合收益的金融资产之外的金融资产，企业应当将其分类为以公允价值计量且其变动计入当期损益的金融资产。”

《企业会计准则第22号——金融工具确认和计量（2017年修订）》第六十四条规定：“企业应当将以公允价值计量的金融资产或金融负债的利得或损失计入当期损益，除非该金融资产或金融负债属于下列情形之一：

（一）属于《企业会计准则第24号——套期会计》规定的套期关系的一部分。

（二）是一项对非交易性权益工具的投资，且企业已按照本准则第十九条规定将其指定为以公允价值计量且其变动计入其他综合收益的金融资产。

（三）是一项被指定为以公允价值计量且其变动计入当期损益的金融负债，且按照本准则第六十八条规定，该负债由企业自身信用风险变动引起的其公允价值变动应当计入其他综合收益。

（四）是一项按照本准则第十八条分类为以公允价值计量且其变动计入其他综合收益的金融资产，且企业根据本准则第七十一条规定，其减值损失或利得和汇兑损益之外的公允价值变动计入其他综合收益。”

（三）案例解析

1. 按现行准则分析。根据《企业会计准则第22号——金融工具确认和计量》第三十八条规定，可供出售权益工具投资的现金股利，应当在被投资单位宣告发放股利时计入当期损益。本案例中，上述A公司对于其认为不参与该信托计划的任何投资管理，并将分类为可供出售权益工具进行核算的情况下，当达到计划合同条款中约定的提前分配条件而申请获得的收益款，如果该项收益分配为属于根据信托文件中有关收益分配政策、并经过了相应权力机构审批通过而进行的收益分配，则可以视为可供出售权益工具投资的现金股利，应当在宣告发放时计入当期损益。

另外值得关注的是，目前各类结构化主体如资管计划、信托计划等，设计多样、日益复杂，对于发起设立、管理或投资结构化主体，应根据相关准则要求，结合产品具体条款及所有事实和情况，予以正确分类和计量。

2. 按《企业会计准则第22号——金融工具确认和计量（2017年修

订)》分析。目前各类结构化主体如资管计划、信托计划等，设计多样、日益复杂，对于发起设立、管理或投资结构化主体，上市公司应首先判断是否对结构化主体具有控制、共同控制或重大影响，从而判断需要纳入合并范围或是作为长期股权投资采用权益法进行核算；如果不具有控制、共同控制或重大影响，则应按照金融工具相关准则综合考虑各项协议条款，对信托计划等进行会计处理，包括分类、初始计量和后续计量等。

根据《企业会计准则第 22 号——金融工具确认和计量（2017 年修订)》相关规定，不再存在可供出售金融资产的分类，在假设 A 公司不参与该信托计划的任何投资管理，不具有控制、共同控制或重大影响的情况下，应根据新金融工具准则中关于金融工具分类与计量的相关要求，对 A 公司持有的信托计划的分类进行分析。根据背景信息，A 公司持有的劣后 A 级信托计划在分配顺序上劣后于优先级份额持有人，其将在一定程度上承担信托计划的经营风险，不能满足新准则中“在特定日期产生的现金流量，仅为本金和以未偿付本金金额为基础的利息的支付”的条件，因此其不能作为以摊余成本计量的金融工具和以公允价值计量且其变动计入其他综合收益的债权性投资进行会计处理。同时，该计划存续期间为 1 年，具有在到期清算时向持有人支付的合同支付义务，该项信托计划并不满足《企业会计准则第 37 号——金融工具列报（2017 年修订)》中关于权益工具的定义，根据《企业会计准则第 22 号——金融工具确认和计量（修订)》，A 公司持有该项信托计划不能分类为以公允价值计量且其变动计入其他综合收益的权益工具进行计量，因而其仅能作为以公允价值计量且其变动计入当期损益的投资核算。

根据《企业会计准则第 22 号——金融工具确认和计量（2017 年修订)》第六十四条规定，除特定的几类金融工具外，公司应当将以公允价值计量的金融资产或金融负债的利得或损失计入当期损益。本案例中 A 公司持有信托计划，当达到计划合同条款中约定的提前分配条件而申请获得的收益款，如果该项收益分配为属于根据信托文件中有关收益分配政策、并经过了相应权力机构审批通过而进行的收益分配，属于 A 公司投资利得的情况下，应计入当期损益。

案例 2 - 12
证券公司以自有资金认购集合计划份额并承担有限补偿责任的会计处理

一、案例背景

2×11 年 12 月，甲证券公司作为发起人设立“集合资产管理计划”，募集资金人民币 20 亿元（折合份额 20 亿份），所有份额拥有相同的收益权。甲证券公司作为资产管理人对该计划进行受托管理。该集合计划存续期为 3 年，主要投资于中国国内依法发行的股票、债券、证券投资基金、央行票据、短期融资券、证券回购等金融产品，并且资产管理人有权根据市场情况随时对投资组合进行调整以最大化投资收益。该集合计划每年开放一次，供投资者办理参与、退出业务。

为增加集合资产管理计划对投资者的吸引力，甲公司在集合计划成立时投入自有资金 1 亿元认购 1 亿份集合计划份额，并以该等份额对应的资产为限，对在推广期认购并持有计划份额满 3 年到期的委托人承担有限补偿责任，即若计划成立满 3 年结算时，份额净值加上累计分红小于份额面值（1 元），对于差额损失（面值 1 元 - 份额净值 - 累计分红），资产管理人甲公司以上述自有资金认购份额（1 亿份）对应的资产为限对委托人进行补偿，直至补足差额损失或投入自有资金参与份额对应的资产补偿完毕为止。在集合计划存续期内，甲公司持有的 1 亿份额无权转让或退出。除非甲公司违约，否则甲公司作为资产管理人不得被更换。2×12 年和 2×13 年年末，该集合计划资产净值均出现显著下跌。甲公司未打算将认购份额指定为以公允价值计量且其变动计入当期损益的金融资产。

问题：甲公司就上述事项应当如何进行会计处理？

二、会计准则及相关规定

《企业会计准则第 22 号——金融工具确认和计量》第三条规定：“衍生

工具，是指本准则涉及的、具有下列特征的金融工具或其他合同：

（一）其价值随特定利率、金融工具价格、商品价格、汇率、价格指数、费率指数、信用等级、信用指数或其他类似变量的变动而变动，变量为非金融变量的，该变量与合同的任一方不存在特定关系；

（二）不要求初始净投资，或与对市场情况变化有类似反应的其他类型合同相比，要求很少的初始净投资；

（三）在未来某一日期结算。衍生工具包括远期合同、期货合同、互换和期权，以及具有远期合同、期货合同、互换和期权中一种或一种以上特征的工具。”

《企业会计准则第 22 号——金融工具确认和计量》第九条规定：“金融资产或金融负债满足下列条件之一的，应当划分为交易性金融资产或金融负债：

（一）取得该金融资产或承担该金融负债的目的，主要是为了近期内出售或回购。

（二）属于进行集中管理的可辨认金融工具组合的一部分，且有客观证据表明企业近期采用短期获利方式对该组合进行管理。”

《企业会计准则第 22 号——金融工具确认和计量》第十一条规定：“持有至到期投资，是指到期日固定、回收金额固定或可确定，且企业有明确意图和能力持有至到期的非衍生金融资产。”

《企业会计准则第 22 号——金融工具确认和计量》第十七条规定：“贷款和应收款项，是指在活跃市场中没有报价、回收金额固定或可确定的非衍生金融资产。企业所持证券投资基金或类似基金，不应当划分为贷款和应收款项。”

《企业会计准则第 22 号——金融工具确认和计量》第十八条规定：“可供出售金融资产，是指初始确认时即被指定为可供出售的非衍生金融资产，以及除下列各类资产以外的金融资产：

（一）贷款和应收款项。

（二）持有至到期投资。

（三）以公允价值计量且其变动计入当期损益的金融资产。”

《企业会计准则第 22 号——金融工具确认和计量》第三十三条（三）规定：“不属于指定为以公允价值计量且其变动计入当期损益的金融负债的财务担保合同，或……，应当在初始确认后按照下面两项金额之中的较高者进行后续计量：

1. 按照《企业会计准则第13号——或有事项》确定的金额。

2. 初始确认金额扣除按照《企业会计准则第14号——收入》的原则确定的累计摊销额后的余额。”

三、案例解析

甲证券公司应首先按照《企业会计准则第33号——合并财务报表》（2014年修订）的相关规定分析是否应合并该集合计划。假设根据相关分析，甲证券公司不应合并该集合计划，并在此基础上分析如下：

1. 应分析补偿条款与自有资金认购份额是否能视为独立的两个要素进行会计处理。协议规定的补偿责任是以自有资金认购份额的净值为限，但并非直接以自有资金认购份额来抵付相关补偿。该份额的净值只代表一个补偿的上限，在实际损失低于该上限的情况下，是按照实际损失来补偿。此外，协议规定在集合计划存续期内，该部分自有资金认购份额无权转让或退出，可以推测即使在非交易过户的情况下，该资产的承继方也会继续承担相应的补偿责任。可见，补偿责任并不会随着甲公司自有资金认购份额的转移而减少，而是一个基于委托人实际损失，以1亿份额的净值为上限的负债。因此自有资金认购份额作为甲公司的一项资产，与该公司承担的补偿责任是相对独立的，应对二者进行分别处理。

2. 甲公司应根据企业会计准则的相关规定，分别对自有资金认购份额和补偿责任进行会计处理。

（1）对于以自有资金认购份额的处理。由于集合计划的基础资产是金融产品投资组合，并且资产管理人有权根据市场情况随时对投资组合进行调整以最大化投资收益，表明集合计划份额的回收金额并非固定或可确定。另外，该集合计划每年开放一次供投资者参与、赎回，也不存在活跃交易市场，同时甲公司无权转让或退出其份额，也没有打算将其指定为以公允价值计量且其变动计入当期损益的金融资产，因此甲公司持有份额不满足“交易性金融资产、持有至到期投资、贷款及应收款”的定义，应根据《企业会计准则第22号——金融工具确认和计量》第十八条的规定将其分类为可供出售权益工具。

（2）对补偿责任的处理。本案例中的补偿责任的上限虽然会随着相应资产份额净值的波动而变化，但补偿责任本身是针对委托人持有的份额“净值与累计分红之和小于份额面值”的部分，相当于低于本金的损失。因此该补偿类似于一个有上限的财务担保。条款类似于一项担保责任，甲公司以投入自有资金参与认购份额的资产为限所承担的有限补偿责任，由于集合计划资产净值下跌，形成了一项现时义务，应确认为预计负债。

案例 2－13
金融资产重分类问题

一、案例背景

A 公司为上市公司。2×11 年，A 公司认购 B 公司部分股份，占 B 公司股权比例为 2.18%。2×14 年企业会计准则修订后，由于对 B 公司不具有控制、共同控制或重大影响，并且相关股权在活跃市场中没有报价且公允价值不能可靠计量，A 公司将原以成本法核算的该笔长期股权投资重分类为可供出售金融资产，仍以成本法核算。

2×15 年 2 月，B 公司股票成功在交易所上市交易。根据 A 公司相关决议，其对 B 公司的股权投资并不以长期持有为目的，考虑择机出售获利。因此，A 公司将相关股权投资由可供出售金融资产重分类至以公允价值计量且其变动计入当期损益的金融资产，并将股权投资的公允价值与原可供出售金融资产的账面价值之间的差额作为公允价值变动损益计入当期损益。

问题：上述处理是否符合企业会计准则的规定？

二、会计准则及相关规定

《企业会计准则第 22 号——金融工具确认和计量》第十九条规定：“企业在初始确认时将某金融资产或某金融负债划分为以公允价值计量且其变动计入当期损益的金融资产或金融负债后，不能重分类为其他类金融资产或金融负债；其他类金融资产或金融负债也不能重分类为以公允价值计量且其变动计入当期损益的金融资产或金融负债。”

《企业会计准则第 22 号——金融工具确认和计量》第三十六条指出：“对按照本准则规定应当以公允价值计量，但以前公允价值不能可靠计量的金融资产或金融负债，企业应当在其公允价值能够可靠计量时改按公允价值计量，相关账面价值与公允价值之间的差额按照本准则第三十八条的规定处理。”

《企业会计准则第 22 号——金融工具确认和计量》第三十八条指出：“金融资产或金融负债公允价值变动形成的利得或损失，除与套期保值有关外，应当按照下列规定处理：

（一）以公允价值计量且其变动计入当期损益的金融资产或金融负债公允价值变动形成的利得或损失，应当计入当期损益。

（二）可供出售金融资产公允价值变动形成的利得或损失，除减值损失和外币货币性金融资产形成的汇兑差额外，应当直接计入所有者权益，在该金融资产终止确认时转出，计入当期损益。

可供出售外币货币性金融资产形成的汇兑差额，应当计入当期损益。采用实际利率法计算的可供出售金融资产的利息，应当计入当期损益；可供出售权益工具投资的现金股利，应当在被投资单位宣告发放股利时计入当期损益。

与套期保值有关的金融资产或金融负债公允价值变动形成的利得或损失的处理，适用《企业会计准则第 24 号——套期保值》。”

三、案例解析

企业会计准则中对于以公允价值计量且其变动计入当期损益的金融资产或金融负债与其他类金融资产或负债在初始确认后的重分类进行了明确禁止，以避免存在人为通过重分类操纵利润的情况。因此，A 公司将相关投资由可供出售金融资产重分类为以公允价值计量且其变动计入当期损益的金融资产并不符合企业会计准则的相关规定。

对于由于公允价值不能可靠计量的金融资产或负债，准则仍允许在公允价值能够可靠计量时恢复以公允价值进行后续计量。本案例中，被投资单位 B 公司股票在交易所成功上市交易。B 公司股票存在的活跃市场报价为 A 公司持有的 B 公司股权投资的公允价值计量提供了基础，公允价值开始能够可靠计量。A公司应以公允价值对相关股权投资进行后续计量。根据企业会计准则关于可供出售金融资产公允价值变动形成的利得或损失计量的规定，在不存在套期保值的情况下，相关股权投资的公允价值与原账面价值之间的差额，除减值损失和外币货币性金融资产形成的汇兑差额外，应当计入其他综合收益，在该金融资产终止确认时转出，计入当期损益。

案例2-14
资产管理计划劣后级份额收益权转让的终止确认

一、案例背景

2×14年6月26日，A上市公司出资4,000万元取得某资产管理计划10%劣后级份额，假设A公司不参与该资产管理计划的运作和投资，作为可供出售金融资产进行确认和计量。该资产管理计划存续期限为2×14年6月28日至2×15年12月27日，专项投资B公司的定向增发项目。根据资产管理合同相关规定，当专项计划资产净值低于补仓线，劣后级份额应及时补足保证金，否则将面临本金无法收回的风险。2×15年12月27日，该资产管理计划持有的B公司股权定向增发已完成，但仍处于限售期内，经全体委托人同意延长资产管理计划期限至计划所持有股权处置完毕。

2×15年12月28日，A公司与独立第三方C投资公司签订《收益权转让协议》，将其所持该资管计划劣后级份额的收益权（“劣后级份额未来现金流量”）转让给C公司，转让对价6000万元。双方约定，该资管计划清算后，A公司在收到资管计划分配的金额后，按如下顺序立即在其和C公司之间进行分配：

分配顺序	分配项目		归属
①	转出方购买该资管计划劣后级份额时的初始投资金额		转出方
②	受让方支付对价的金额×(1+12%×天数/365)的金额		转入方
③	上述①②分配后仍有剩余的收益金额	60%	转出方
		40%	转入方

问题：对于上述资产管理计划劣后级份额收益权转让交易，A公司是否能终止确认该项资产？

二、会计准则及相关规定

《企业会计准则第23号——金融资产转移》第四条规定："企业金融资产转移，包括下列两种情形：

（一）将收取金融资产现金流量的权利转移给另一方；

（二）将金融资产转移给另一方，但保留收取金融资产现金流量的权利，并承担将收取的现金流量支付给最终收款方的义务，同时满足下列条件：

1. 从该金融资产收到对等的现金流量时，才有义务将其支付给最终收款方。企业发生短期垫付款，但有权全额收回该垫付款并按照市场上同期银行贷款利率计收利息的，视同满足本条件。

2. 根据合同约定，不能出售该金融资产或作为担保物，但可以将其作为对最终收款方支付现金流量的保证。

3. 有义务将收取的现金流量及时支付给最终收款方。企业无权将该现金流量进行再投资，但按照合同约定在相邻两次支付间隔期内将所收到的现金流量进行现金或现金等价物投资的除外。企业按照合同约定进行再投资的，应当将投资收益按照合同约定支付给最终收款方。"

《企业会计准则第23号——金融资产转移》第六条规定："金融资产部分转移，包括下列三种情形：

（一）将金融资产所产生现金流量中特定、可辨认部分转移，如企业将一组类似贷款的应收利息转移等。

（二）将金融资产所产生全部现金流量的一定比例转移，如企业将一组类似贷款的本金和应收利息合计的一定比例转移等。

（三）将金融资产所产生现金流量中特定、可辨认部分的一定比例转移，如企业将一组类似贷款的应收利息的一定比例转移等。"

《企业会计准则第23号——金融资产转移》第七条规定"企业已将金融资产所有权上几乎所有的风险和报酬转移给转入方的，应当终止确认该金融资产；保留了金融资产所有权上几乎所有的风险和报酬的，不应当终止确认该金融资产。终止确认，是指将金融资产或金融负债从企业的账户和资产负债表内予以转销。"

《企业会计准则第23号——金融资产转移》第八条规定："企业在判断是否已将金融资产所有权上几乎所有的风险和报酬转移给了转入方时，应当比较转移前后该金融资产未来现金流量净现值及时间分布的波动使其面临的风险。企业面临的风险因金融资产转移发生实质性改变的，表明该企业已将金融资产所有权上几乎所有的风险和报酬转移给了转入方，如不附任何保证条款的金融资产出售等。企业面临的风险没有因金融资产转移发生实质性改变的，表明该企业仍保留了金融资产所有权上几乎所有的风险和报酬，如将贷款整体转移并对该贷款可能发生的信用损失进行全额补偿等。企业需要通过计算判断是否已将金融资产所有权上几乎所有的风险和报酬转移给了转入方的，在计算金融资产未来现金流量净现值时，应当考虑所有合理、可能的现金流量波动，并采用适当的现行市场利率作为折现率。"

《企业会计准则第23号——金融资产转移》第九条规定："企业既没有转移也没有保留金融资产所有权上几乎所有的风险和报酬的（即不属于本准则第七条所指情形），应当分别下列情况处理：

（一）放弃了对该金融资产控制的，应当终止确认该金融资产。

（二）未放弃对该金融资产控制的，应当按照其继续涉入所转移金融资产的程度确认有关金融资产，并相应确认有关负债。继续涉入所转移金融资产的程度，是指该金融资产价值变动使企业面临的风险水平。"

《企业会计准则第23号——金融资产转移》第十条规定"企业在判断是否已放弃对所转移金融资产的控制时，应当注重转入方出售该金融资产的实际能力。转入方能够单独将转入的金融资产整体出售给与其不存在关联方关系的第三方，且没有额外条件对此项出售加以限制的，表明企业已放弃对该金融资产的控制。"

《企业会计准则第23号——金融资产转移》应用指南指出："转入方是否能够将转入的金融资产整体出售给与其不存在关联方关系的第三方，应当关注该金融资产是否存在活跃市场。如果不存在活跃市场，即使合同约定转入方有权处置金融资产，也不表明转入方有实际能力。"

《企业会计准则第23号——金融资产转移（2017年修订）》第四条规定："金融资产的一部分满足下列条件之一的，企业应当将终止确认的规定适用于该金融资产部分；除此之外，企业应当将终止确认的规定适用于该金融资产整体。

（一）该金融资产部分仅包括金融资产所产生的特定可辨认现金流量。

如企业就某债务工具与转入方签订一项利息剥离合同，合同规定转入方有权获得该债务工具利息现金流量，但无权获得该债务工具本金现金流量，终止确认的规定适用于该债务工具的利息现金流量。

（二）该金融资产部分仅包括与该金融资产所产生的全部现金流量完全成比例的现金流量部分。如企业就某债务工具与转入方签订转让合同，合同规定转入方拥有获得该债务工具全部现金流量一定比例的权利，终止确认的规定适用于该债务工具全部现金流量一定比例的部分。

（三）该金融资产部分仅包括与该金融资产所产生的特定可辨认现金流量完全成比例的现金流量部分。如企业就某债务工具与转入方签订转让合同，合同规定转入方拥有获得该债务工具利息现金流量一定比例的权利，终止确认的规定适用于该债务工具利息现金流量一定比例的部分。"

《企业会计准则第23号——金融资产转移（2017年修订）》第六条规定："金融资产转移，包括下列两种情形：

（一）企业将收取金融资产现金流量的合同权利转移给其他方；

（二）企业保留了收取金融资产现金流量的合同权利，但承担了将收取的该现金流量支付给一个或多个最终收款方的合同义务，且同时满足下列条件：

1. 企业只有从该金融资产收到对等的现金流量时，才有义务将其支付给最终收款方。企业提供短期垫付款，但有权全额收回该垫付款并按照市场利率计收利息的，视同满足本条件。

2. 转让合同规定禁止企业出售或抵押该金融资产，但企业可以将其作为向最终收款方支付现金流量义务的保证。

3. 企业有义务将代表最终收款方收取的所有现金流量及时划转给最终收款方，且无重大延误。企业无权将该现金流量进行再投资，但在收款日和最终收款方要求的划转日之间的短暂结算期内，将所收到的现金流量进行现金或现金等价物投资，并且按照合同约定将此类投资的收益支付给最终收款方的，视同满足本条件。"

《企业会计准则第23号——金融资产转移（2017年修订）》第七条规定："企业在发生金融资产转移时，应当评估其在多大程度上保留了金融资产所有权上的风险和报酬，并分别下列情形进行处理：

（一）企业转移了金融资产所有权上几乎所有风险和报酬的，应当终止确认该金融资产，并将转移中产生或保留的权利和义务单独确认为资产或负债；

（二）企业保留了金融资产所有权上几乎所有风险和报酬的，应当继续确认该金融资产；

（三）企业既没有转移也没有保留金融资产所有权上几乎所有风险和报酬的（即除本条（一）、（二）之外的其他情形），应当根据其是否保留了对金融资产的控制，分别下列情形处理：

1. 企业未保留对该金融资产控制的，应当终止确认该金融资产，并将转移中产生或保留的权利和义务单独确认为资产或负债。

2. 企业保留了对该金融资产控制的，应当按照其继续涉入被转移金融资产的程度继续确认有关金融资产，并相应确认相关负债。

继续涉入被转移金融资产的程度，是指企业承担的被转移金融资产价值变动风险或报酬的程度。"

《企业会计准则第 23 号——金融资产转移（2017 年修订）》第八条规定："企业在评估金融资产所有权上风险和报酬的转移程度时，应当比较转移前后其所承担的该金融资产未来净现金流量金额及其时间分布变动的风险。

……

企业通常不需要通过计算即可判断其是否转移或保留了金融资产所有权上几乎所有风险和报酬。在其他情况下，企业需要通过计算评估是否已经转移了金融资产所有权上几乎所有风险和报酬的，在计算和比较金融资产未来现金流量净现值的变动时，应当考虑所有合理、可能的现金流量变动，对于更可能发生的结果赋予更高的权重，并采用适当的市场利率作为折现率。"

《企业会计准则第 23 号——金融资产转移（2017 年修订）》第九条规定："企业在判断是否保留了对被转移金融资产的控制时，应当根据转入方是否具有出售被转移金融资产的实际能力而确定。转入方能够单方面将被转移金融资产整体出售给不相关的第三方，且没有额外条件对此项出售加以限制的，表明转入方有出售被转移金融资产的实际能力，从而表明企业未保留对被转移金融资产的控制；在其他情形下，表明企业保留了对被转移金融资产的控制。"

《企业会计准则第 23 号——金融资产转移（2017 年修订）》第十九条规定："企业既没有转移也没有保留金融资产所有权上几乎所有风险和报酬，且保留了对该金融资产控制的，应当按照其继续涉入被转移金融资产的程度继续确认该被转移金融资产，并相应确认相关负债。被转移金融资产和相关负债应当在充分反映企业因金融资产转移所保留的权利和承担的义务的基础上进行计量。”

《企业会计准则第23号——金融资产转移（2017年修订）》第二十五条规定：“企业对金融资产的继续涉入仅限于金融资产一部分的，企业应当根据本准则第十六条的规定，按照转移日因继续涉入而继续确认部分和不再确认部分的相对公允价值，在两者之间分配金融资产的账面价值，并将下列两项金额的差额计入当期损益：

（一）分配至不再确认部分的账面价值（以转移日计量的为准）；

（二）不再确认部分所收到的对价。”

三、案例解析

本案例中，A公司将其作为可供出售金融资产核算的资管计划劣后级份额收益权转让给C公司，为一项金融资产转移交易，应根据《企业会计准则第23号——金融资产转移》规定、按照金融资产终止确认的步骤，判断A公司是否能终止确认该项可供出售金融资产或其中的劣后级收益权。

根据案例背景，A公司将其持有的资管计划劣后级份额收益权转让给独立第三方C公司，且转让时点资管计划并未到期，A公司收取该项金融资产的现金流的合同权利并未终止，因此对于相关资产是否能满足终止确认条件时，应重点根据如下步骤逐步进行分析和判断：

1. 判断金融资产转移的分析是适用于金融资产整体还是部分。根据企业会计准则，金融资产部分转移仅适用于如下三种情形，即转移的是金融资产所产生的现金流量中（1）特定、可辨认的部分；（2）完全成比例的部分；或（3）特定、可辨认的部分中完全成比例的部分。除此之外，金融资产转移的分析均应适用于金融资产整体。

本案例中，由于转让的收益权是劣后级份额的部分未来现金流量，并非可以从资管计划劣后级整体现金流量中剥离出来的特定的、可辨认的部分，也并非资管计划劣后级中成比例的部分，因此金融资产转移的分析应基于公司持有的资管计划劣后级份额整体。

2. 判断该项转让是否满足准则中金融资产转移的要求。

根据企业会计准则，当满足下列条件时，企业转移了一项金融资产：（1）企业转让了收取金融资产现金流量的合同权益；（2）企业保留了收取合同现金流量的合同权益，但承担了将收取的该现金流量支付给最终收款方的合同义务，且该支付同时满足不垫款、不挪用、不延迟的原则（即满足“现金流量过手”要求）。

本案例中公司并未转让收取金融资产现金流量的合同权利，但由于A公司从资管计划管理人收到分配的资金后，将立即按照《收益权转让协议》中约定的分配顺序在A公司和C公司之间进行分配，而在未收到资管计划分配资金时无需进行支付，符合准则中“现金流量过手”要求，即满足准则中金融资产转移的情形，A公司应进一步进行转移的风险和报酬程度的分析。

3. 评价转移金融资产所有权上风险和报酬的程度。

根据准则相关规定，企业在发生金融资产转移时，应当评估其在多大程度上保留了金融资产所有权上的风险和报酬。如果企业转移了金融资产所有权上几乎所有风险和报酬的，应当终止确认；企业保留了金融资产所有权上几乎所有风险和报酬的，应当继续确认；企业既没有转移也没有保留金融资产所有权上几乎所有风险和报酬的，应当根据其是否保留了对金融资产的控制而进一步判断。但是对于“几乎所有”，准则中未提供明确的量化指引，实务中倾向于将其理解为“90%左右”。

根据准则相关规定，企业在评估金融资产所有权上风险和报酬的转移程度时，应当比较转移前后其所承担的该金融资产未来净现金流量金额及其时间分布变动的风险。很多情况下，企业根据转让条款和条件即可判断其是否转移或保留了金融资产所有权上几乎所有风险和报酬。如果不是那么显而易见，企业则需要通过计算评估是否已经转移了金融资产所有权上几乎所有风险和报酬的，在计算和比较被转让金融资产净未来现金流量现值的变动时，应当考虑所有合理、可能的现金流量变动，对于更可能发生的结果赋予更高的权重，并采用适当的市场利率作为折现率。

本案例中，公司所转让的基础资产为加杠杆的股票资产收益权，且保留了剩余收益的60%。从逻辑上分析，如果预测未来所有合理、可能的现金流量总额均在上述金额（1）至（2）之间波动，由于基础资产不会产生超额亏损也不会产生超额收益，无论未来现金流量如何变动，转让后转出方均可收回固定的现金流量（1）部分，表明转让后转出方将不再承担该基础资产所有权上所有的风险和报酬，此情况下可以终止确认。如果预测未来所有合理、可能的现金流量总额均在上述金额（1）以下波动，转出后所有现金流量波动的风险仍将均由转出方承担，表明转出方保留了该金融资产所有权上几乎所有风险和报酬，此情况需要继续确认该金融资产。除上述两种极端情况之外，则可能需根据进行量化分析判断风险和报酬转移的程度。

为便于分析，假设A公司在充分考虑未来可能的处置时点以及至处置时点股价波动风险和时间价值以及劣后级的杠杆风险等各方面因素后，预期该资管计划劣后级份额未来现金流量现值有可能为：1.6亿元、1.2亿元、1亿元、0.8亿元、0.2亿元，发生概率分别为：5%、25%、40%、28%、2%。

根据上述假定信息，对转让前和转让后A公司享有资管计划劣后级份额所有权风险和报酬转移程度的量化分析如下：

转让前：

资管计划劣后级份额未来现金流量现值	转让前A公司预期未来现金流量现值	发生概率	按概率加权平均折现后预期现金流量	变动程度	按概率加权平均变动程度（负值）	按概率加权平均变动程度（正值）
B	C	D	E = C × D	F = C − ∑(E)	G = min (F × D,0)	H = max (F × D,0)
160,000,000	160,000,000	5.00%	8,000,000	59,200,000	-	2,960,000
120,000,000	120,000,000	25.00%	30,000,000	19,200,000	-	4,800,000
100,000,000	100,000,000	40.00%	40,000,000	-800,000	-320,000	-
80,000,000	80,000,000	28.00%	22,400,000	-20,800,000	-5,824,000	-
20,000,000	20,000,000	2.00%	400,000	-80,800,000	-1,616,000	-
		100.00%	100,800,000		-7,760,000	7,760,000
					K	K

转让后：

资管计划劣后级份额未来现金流量现值	转让后A公司预期未来现金流量现值	发生概率	按概率加权平均折现后预期现金流量	变动程度	按概率加权平均变动程度（负值）	按概率加权平均变动程度（正值）
B	C′	D	E′ = C′ × D	F′ = C′ − ∑(E′)	G′ = min (F′ × D,0)	H′ = max (F′ × D,0)
160,000,000	75,289,863	5.00%	3,764,493	31,102,904	-	1,555,145
120,000,000	51,289,863	25.00%	12,822,466	7,102,904	-	1,775,726
100,000,000	40,000,000	40.00%	16,000,000	-4,186,959	-1,674,784	-
80,000,000	40,000,000	28.00%	11,200,000	-4,186,959	-1,172,348	-
20,000,000	20,000,000	2.00%	400,000	-24,186,959	-483,739	-
		100.00%	44,186,959		-3,330,871	3,330,871
					L	L
企业保留的变动程度的比例				L ÷ K	42.92%	42.92%

根据上述量化分析结果，A公司保留的该项金融资产未来净现金流量金额及其时间分布变动的比例为42.92%，既没有转移也没有保留金融资产所有权上几乎所有的风险和报酬，还需进一步判断其是否保留了对金融资产的控制。

4. 评价是否保留了金融资产的控制。

企业在判断是否保留了对被转移金融资产的控制时，应当根据转入方是否具有出售被转移金融资产的实际能力确定。转入方能够单方面将被转移金融资产整体出售给不相关的第三方，且没有额外条件对此项出售加以限制的，表明转入方有出售被转移金融资产的实际能力，从而表明企业未保留对被转移金融资产的控制；在其他情形下，表明企业保留了对被转移金融资产的控制。本案例中，A公司并未转移收取该项金融资产现金流量的权利，且享有转让资管计划劣后级份额最初的4,000万元和剩余权益60%的权益，C公司很难在不经过A公司同意情况下，单独将该项资管计划劣后级份额整体出售给不相关第三方且没有额外条件对此项出售加以限制，即转出方并未放弃控制权。

5. 根据分析结果，进行相应会计处理。

根据准则，企业既没有转移也没有保留金融资产所有权上几乎所有的风险和报酬，且未放弃对该金融资产控制的，应当根据其继续涉入所转移金融资产的程度确认有关金融资产和金融负债。

根据《企业会计准则第23号——金融资产转移（2017年修订）》第二十五条规定："企业对金融资产的继续涉入仅限于金融资产一部分的，企业应当根据本准则第十六条的规定，按照转移日因继续涉入而继续确认部分和不再确认部分的相对公允价值，在两者之间分配金融资产的账面价值，并将下列两项金额的差额计入当期损益：

（一）分配至不再确认部分的账面价值（以转移日计量的为准）；

（二）不再确认部分所收到的对价。"

因此，A公司应在转移日根据未来现金流量评估因继续涉入而继续确认部分和不再确认部分的相对公允价值，并在两者之间分配金融资产的原账面金额，将分配至不再确认部分的账面价值与收到的转移对价之间的差额计入当期损益。

案例 2－15
公允价值确认与计量

一、案例背景

上市公司 A 将其持有 H 股上市公司的内资股份作为可供出售金融资产，并使用公允价值进行计量。被投资的 H 股上市公司采用以中国境内股份公司为发行主体，直接向香港联合交易所申请发行境外上市公司外资股股票并在香港联交所上市交易的模式。

问题：如何对上述内资股份的公允价值予以确定？

二、会计准则及相关规定

《企业会计准则第 39 号——公允价值计量》第二条指出："公允价值，是指市场参与者在计量日发生的有序交易中，出售一项资产所能收到或者转移一项负债所需支付的价格。"

《企业会计准则第 39 号——公允价值计量》第九条指出："企业以公允价值计量相关资产或负债，应当假定出售资产或者转移负债的有序交易在相关资产或负债的主要市场进行。不存在主要市场的，企业应当假定该交易在相关资产或负债的最有利市场进行。

主要市场，是指相关资产或负债交易量最大和交易活跃程度最高的市场。

最有利市场，是指在考虑交易费用和运输费用后，能够以最高金额出售相关资产或者以最低金额转移相关负债的市场。"

《企业会计准则第 39 号——公允价值计量》第十一条指出："主要市场（或最有利市场）应当是企业在计量日能够进入的交易市场，但不要求企业于计量日在该市场上实际出售资产或者转移负债。"

《企业会计准则第 39 号——公允价值计量》应用指南中指出："企业以

公允价值计量相关资产或负债的，类似资产或负债在活跃市场或非活跃市场的报价为该资产或负债的公允价值计量提供了依据，但企业需要对该报价进行调整。企业在确定哪些资产或负债与相关资产或负债类似时，需要进行判断。”

《企业会计准则第 22 号——金融工具确认和计量》第三十二条指出：“企业应当按照公允价值对金融资产进行后续计量，且不扣除将来处置该金融资产时可能发生的交易费用。但是，下列情况除外：

（一）持有至到期投资以及贷款和应收款项，应当采用实际利率法，按摊余成本计量。

（二）在活跃市场中没有报价且公允价值不能可靠计量的权益工具投资，以及与该权益工具挂钩并须通过交付权益工具结算的衍生金融资产，应当按照成本计量。”

三、案例解析

对于案例中相关内资股份的公允价值确定，实务中存在不同的观点。一种观点认为，应以持有股份的港股价格为基础确认公允价值；另一种观点认为，由于内资股份未上市流通，公允价值应以其账面价值为基础确定。

鉴于上市公司持有的内资股份尚未上市流通，并且在计量日上市公司也不能进入香港联交所对内资股权进行交易，可以判断香港联交所并不是该内资股权的最主要市场或最有利市场。因此，港股价格不能被直接作为内资股权的公允价值。

那么是否可以将内资股份作为公允价值无法可靠计量的可供出售权益工具而采用成本进行后续计量呢？根据准则规定，除公允价值不能可靠计量的权益工具投资之外，分类为可供出售金融资产的金融工具均应以公允价值进行后续计量。

根据准则及相关规定，企业以公允价值计量相关资产或负债的，类似资产或负债在活跃市场或非活跃市场的报价为该资产或负债的公允价值提供了依据，但企业需要对该报价进行调整。结合案例情况，上市公司持有的内资股份虽然不存在活跃市场，但是被投资企业股权已经在香港联交所上市交易的情况下，可以认为存在类似资产在活跃市场的报价，这为上市公司所持有的未上市流通内资股权公允价值的可靠计量提供了一定的基础。因此，上市公司可以以港股价格为基础，在考虑港股和内地市场价值关系、内资股份本身转让限制等影响公允价值的因素基础上，结合企业在香港联交所已公开披露的相关经营及财务信息，采用一定的估值技术，对所持有的内资股权的公允价值予以合理估计。

第三章
企业合并

企业会计准则中规定的企业合并会计处理较为复杂，且由于并购交易的发生频率相对较低，就每一家企业而言，并购业务的会计处理并不常见。实务中，我们发现，一些上市公司在涉及企业合并的会计处理时存在一些理解上的困惑和误区。由于并购交易一般涉及的金额较大，如果处理不当，很可能对企业的财务报表造成重大影响。

案例3-01
企业合并类型的判断

企业合并准则中将企业合并划分为两大基本类型：同一控制下的企业合并与非同一控制下的企业合并。非同一控制下的企业合并中，法律上的被购买方如果按照会计的原则被判断为会计上的购买方，则被划分为反向购买；在反向购买中，又基于会计上的被购买方是否构成业务，划分为一般的反向购买与权益性交易两种类型。

企业合并的类型不同，所遵循的会计处理原则也不同。同一控制下的企业合并采用权益结合法；非同一控制下的企业合并采用购买法；在反向购买交易中，法律上的母公司被作为会计上的被购买方，法律上的子公司作为会计上的购买方；划分为权益性交易的反向购买，不确认商誉，合并成本与取得的净资产公允价值之间的差额调整所有者权益，等等。因此，在对一项企业合并交易进行会计处理之前，首先要判断企业合并所属的类型。

一、案例背景

A公司定向发行股份给B公司，收购B公司持有的某子公司股权。B公司与 A 公司的关系可能存在以下几种情形：

1. B 公司在本次交易前已经是 A 公司的控股股东。

2. B 公司通过本次交易成为 A 公司的控股股东。

3. 本次定向发行后，B 公司成为 A 公司的第一大股东，但无控制权。

问题：分析上述三种情形下，A 公司收购 B 公司的子公司的企业合并类型。

二、会计准则及相关规定

《企业会计准则第 20 号——企业合并》第五条规定："参与合并的企业在合并前后均受同一方或相同的多方最终控制且该控制并非暂时性的，为同一控制下的企业合并。"第十条规定："参与合并的各方在合并前后不受同一方或相同的多方最终控制的，为非同一控制下的企业合并。"

《企业会计准则第 20 号——企业合并》应用指南规定："控制并非暂时性，是指参与合并的各方在合并前后较长的时间内受同一方或相同的多方最终控制。较长的时间通常指 1 年以上（含 1 年）。"

《企业会计准则讲解（2010）》第二十一章指出："非同一控制下的企业合并，以发行权益性证券交换股权的方式进行的，通常发行权益性证券的一方为收购方。但某些企业合并中，发行权益性证券的一方因其生产经营决策在合并后被参与合并的另一方所控制的，发行权益性证券的一方虽然为法律上的母公司，但其为会计上的被收购方，该类企业合并通常称为'反向购买'"。

《关于做好执行会计准则企业 2008 年年报工作的通知》财会函［2008］60 号指出，"企业购买上市公司，被购买的上市公司不构成业务的，购买企业应按照权益性交易的原则进行处理，不得确认商誉或确认计入当期损益"。

三、案例解析

本节背景信息中所述的几种情形，判断其企业合并类型的关键在于重组方与上市公司之间的控制关系是否存在以及这种控制关系是如何形成的。

1. B 公司在本次交易前已经是 A 公司的控股股东。这种情况下需要考虑两个问题：B 公司成为 A 公司的控股股东与之后的重大资产重组是不是一揽子交易；A 公司与目标公司处于同一控制下是否是“非暂时的”。

要判断多项交易是否属于一揽子交易，实务中可以参考《企业会计准则第 33 号——合并财务报表》中将多次处置子公司股权投资判断为一揽子交易的规定。《企业会计准则第 33 号——合并财务报表》第五十一条指出：“……处置对子公司股权投资的各项交易的条款、条件以及经济影响符合以下一种或多种情况，通常表明应将多次交易事项作为一揽子交易进行会计处理：（1）这些交易是同时或者在考虑了彼此影响的情况下订立的；（2）这些交易的整体才能达成一个整体商业结果；（3）一项交易的发生取决于其他至少一项交易的发生；（4）一项交易单独看是不经济的，但是和其他交易一并考虑时是经济的”。

实务中，要结合交易的实质、交易双方之间的协议或其他安排来进行判断。例如后一项交易是否需要经过实质性审批程序、前一项交易是否会因后一项交易的变化而撤销或者更改，等等。

如果判断的结果是 B 公司成为 A 公司的控股股东与之后的企业合并不是一揽子交易，而且又符合同一控制“非暂时”的标准，则很可能属于同一控制下的企业合并。如果是一揽子交易，则很可能属于反向购买。

2. B 公司通过本次交易成为 A 公司的控股股东。在这种情况下，如果没有其他同一最终控制方（例如 B 公司的实际控制人也是 A 公司的实际控制人）存在，通常这类交易不属于同一控制下的企业合并。因为这类交易不满足同一控制下企业合并定义中的“合并前后”均受同一方控制的要求。

如果该交易判断为非同一控制下的企业合并，B 公司在合并后控制了 A 公司的生产经营决策，B 公司虽为法律上的被购买方，但其为会计上的购买方。因此，符合反向购买的定义。

3. 本次定向发行后，B 公司成为 A 公司的第一大股东，但是并无控制权。这种情况下，先判断该项交易是否属于同一控制下的企业合并，交易之前，上市公司由原控股股东控制，交易之后第一大股东变为 B 公司，而 B 公司无法控制上市公司，A 公司原控股股东在合并后已无法控制 A 公司，因此，不符合同一控制下企业合并的定义。

再结合反向购买的定义来看，交易后，重组方 B 公司也未能控制上市公司，法律上的被购买方并没有成为会计上的购买方，也不符合反向购买的定义。

根据非同一控制下企业合并的定义，合并方与被合并方在企业合并之前分别由不同的公司所控制，这类交易通常应该判断为非同一控制下的企业合并。

【相关案例之一】

（一）案例背景

A 公司为上市公司，B 公司为 A 公司的控股股东（8 年前成为 A 公司的控股股东并一直保持控制权至今）。当年 7 月，A 公司临时股东大会审议通过了 A 公司重大资产重组方案。重大资产重组方案为：A 公司向 B 公司发行 4 亿股普通股股份，购买 B 公司持有的 C 公司 100% 的股权（C 公司为 B 公司 5 年前设立的全资子公司），同时将 A 公司持有的 D 公司 30% 的股权出售给 B 公司下属另一子公司。B 公司承诺在重组完成后一年内不出售其持有的 A 公司股份。

A 公司原股本为 1.5 亿股，资产负债表主要资产为持有的 D 公司 30% 股权，并无任何构成业务的经营性资产或负债。

问题：A 公司购买 C 公司 100% 股权的企业合并类型属于哪一类？

（二）案例解析

A 公司和目标公司 C 公司在合并前后都受 B 公司控制。A 公司受 B 公司控制的时间大约为 8 年，C 公司受 B 公司控制的时间大约为 5 年，证明合并方与被合并方在合并日之前同受 B 公司控制超过 5 年的时间。B 公司承诺在重组完成后一年内不出售其持有的 A 公司股份，说明了 A 公司在合并日之后仍然受 B 公司控制。因此，满足准则中同一控制下企业合并的定义，应该作为同一控制下企业合并进行会计处理。

【相关案例之二】

（一）案例背景

A 公司为一家 ST 公司，2×13 年 8 月，B 公司购买了 A 公司 20 万股股份，持股比例为 0.1%。2×14 年 8 月，B 公司将其全资子公司 C 公司 100% 的股权赠予 A 公司，A 公司以这部分获赠股权形成的资本公积金中的 4 亿元定向转增 4 亿股，其中向 B 公司定向转增 1.8 亿股。B 公司将所持有的 C 公司赠予 A 公司，A 公司将捐赠形成的资本公积转增股本的交易方式，从经济效果上可以视为A公司向B公司定向发行股份1.8亿股，用于收购C公司100%股权。

交易完成后，B公司持有的A公司股份增至1.8亿股，从而持有上市公司30%的股权，同时，A公司原控股股东D公司的持股比例下降至4%，A公司其他股东持股比例非常分散，B公司有权提名A公司董事会中过半数的董事，B公司因此成为A公司新的控股股东。

A公司在其2×14年年报中将C公司纳入合并范围并作为同一控制下的企业合并处理。

问题：A公司是否应该将此项交易分类为同一控制下的企业合并？

（二）案例解析

本案例中，A公司收购了C公司。C公司之前由B公司控制，B公司虽然也是A公司的股东，但是持股比例仅为0.1%。因此，在企业合并之前，C公司受B公司控制，A公司却不受B公司控制。该交易不属于同一控制下的企业合并。

A公司在本次股份发行之前原股本为2亿股，本次为得到C公司的股权增发了4亿股，C公司的原股东B公司因此成为A公司的控股股东，种种迹象显示，A公司是法律上的购买方，却是会计上的被购买方，本次交易应该属于反向购买。确定交易属于反向购买后，接下来需要根据A公司在交易时自身的资产和负债是否构成业务来判断属于一般的反向购买还是权益性交易。

【相关案例之三】

（一）案例背景

A公司是上市公司，其拥有的资产、负债构成业务。2×13年10月，A公司与B公司进行重大资产重组：B公司以其持有的C公司和D公司100%股权注入A公司；A公司向B公司定向增发股份2亿股。2×14年10月完成C公司、D公司股权过户手续，股权持有人变更为A公司；2×14年12月A公司完成变更注册资本的工商变更登记手续。2×14年10月30日重组完成后B公司持有A公司33.3%的股份，成为A公司第一大股东。

A公司实施本次重大资产重组前后股本结构如表3-1所示。

表 3-1　　A 公司股本结构

股东名称	本次重组前		本次重组后	
	股份数量	持股比例	股份数量	持股比例
B 公司	-	-	2 亿股	33.3%
E 公司	1.8 亿股	45%	1.8 亿股	30%
其他股东*	2.2 亿股	55%	2.2 亿股	33.7%
合计	4 亿股	100%	6 亿股	100%

（*其他股东数量众多且非常分散，单个股东最高持股比例未超过 3%，因此，在本次重组前，E 公司是 A 公司的控股股东）。

问题：判断 A 公司收购 C 公司和 D 公司股权的交易所属的企业合并类型。

（二）案例解析

根据企业会计准则中这三类交易的定义，其判断的核心在于合并双方的实际控制人是谁以及交易中控制权是如何发生转移的。

交易前，E 公司为 A 公司的控股股东，而 B 公司则是 C 和 D 公司的控制人。根据同一控制下企业合并的定义，参与合并的 A 公司、C 公司和 D 公司在合并前分别受 E 公司和 B 公司控制，不属于受同一方最终控制的情况，故不属于同一控制下企业合并。

交易后，A 公司持有 C 公司和 D 公司 100% 的股权，B 公司持有 A 公司 33.3%，E 公司持有 A 公司 30%。此时，由于 B 公司和 E 公司分别持有 A 公司超过 30% 的股权，在没有其他特殊约定的情况下，B 公司和 E 公司都不能控制 A 公司。根据反向购买的定义，交易后，法律上的母公司（A 公司）并未转为被 C 公司和 D 公司的原股东（B 公司）控制，故不属于反向购买。

根据非同一控制下企业合并的定义，A 公司和 C 公司、D 公司在企业合并之前分别由不同的公司所控制，故其属于非同一控制下的企业合并。

案例 3-02
购买日/合并日的判断

企业合并交易中，购买日/合并日的判断非常重要。非同一控制下企业合并，被购买方从购买日开始纳入购买方合并范围，合并成本和取得的被购买方可辨认净资产公允价值也都以购买日的价值计量。同一控制下企业合并，虽然被合并方从最终控制方开始实施控制时纳入合并范围，但如果合并日在资产负债表日之前，则可以将被合并方全年的报表纳入合并范围。合并日的确定对财务报表存在重大影响。

一、案例背景

A 公司是上市公司。2×13 年，A 公司向 B 公司非公开发行股份进行重大资产重组，B 公司以其所拥有的 15 家全资子公司的股权等对应的净资产作为认购非公开发行股票的对价，该交易为非同一控制下的企业合并。2×13 年 12 月 28 日收到中国证监会核准后，双方进行了资产交割，将购买日确定在 2×13 年 12 月 31 日。

截至 2×13 年 12 月 31 日，B 公司投入的 15 家子公司全部办妥变更后的企业法人营业执照，股东变更为 A 公司。2×13 年 12 月 30 日，双方签订移交资产约定书，约定自 2×13 年 12 月 30 日起 B 公司将标的资产交付上市公司，同时，A 公司自 2×13 年 12 月 31 日起接收该等资产与负债并向这些子公司派驻了董事、总经理等高级管理人员，对标的资产开始实施控制。

2×14 年 1 月，会计师事务所对 A 公司截至 2×13 年 12 月 31 日的注册资本进行了审验，并出具了验资报告。2×14 年 2 月，A 公司本次增发的股份在中国证券登记结算有限责任公司上海分公司办理了股权登记手续。

问题：购买日是否应该判断为 2×13 年 12 月 31 日？

二、会计准则及相关规定

《企业会计准则第 20 号——企业合并》第十条规定："购买日，是指购买方实际取得对被购买方控制权的日期"。

《企业会计准则第 20 号——企业合并》应用指南进一步规定："同时满足下列条件的，通常可认为实现了控制权的转移：

（一）企业合并合同或协议已获股东大会等通过。

（二）企业合并事项需要经过国家有关主管部门审批的，已获得批准。

（三）参与合并各方已办理了必要的财产权转移手续。

（四）合并方或购买方已支付了合并价款的大部分（一般应超过50%），并且有能力、有计划支付剩余款项。

（五）合并方或购买方实际上已经控制了被合并方或被购买方的财务和经营政策，并享有相应的利益、承担相应的风险。”

《企业会计准则第33号——合并财务报表》（2014年修订）第七条规定：“合并财务报表的合并范围应当以控制为基础予以确定。控制，是指投资方拥有对被投资方的权力，通过参与被投资方的相关活动而享有可变回报，并且有能力运用对被投资方的权力影响其回报金额”。

三、案例解析

购买日/合并日是购买方/合并方获得对被购买方/被合并方控制权的日期。在实务操作中，应当结合企业合并合同或协议的约定及其他有关的影响因素，按照实质重于形式的原则进行判断。我们认为，会计准则中所提出的五项条件，应该综合考虑：

一项企业合并，根据企业的内部制度和外部法规，需要经过内部决策机构和国家有关部门批准，取得相关批准是对企业合并交易或事项进行会计处理的前提，因此我们认为第（一）项和第（二）项条件都是判断购买日的必要条件。实务中，取得批准一般都有某种形式的批准文件和批准日期，因此判断起来难度并不大。但在一些案例中，哪些属于批准性程序，哪些属于备案性程序还需要具体情况具体分析。

第（三）项和第（五）项条件都是围绕着“控制”的定义来考虑的。购买方实际上控制被购买方的财务和经营政策，享有相应的收益并承担相应的风险；购买方与出售方办理相关的财产权交接手续，才能够形成与取得股权或净资产相关的风险和报酬的转移。因此，这两项条件属于对实质控制权的判断，应该结合“控制”的定义来进行判断。

第（四）项条件是购买价款的收取。通常情况下，购买方要取得对被购买方的控制、取得被购买方净资产相关的风险和报酬，必然需要支付相应的对价。买卖双方在协议过程中势必会关注控制转移和价款支付方面的条款，对价的支付往往与财产权属和控制权的移交步骤相配合。在购买方尚未支付大部分价款，或者在无法确定购买方有能力支付所有价款的情况下，出售方一般不会放弃自己所控制的资产，除非有其他特殊原因使得出售方愿意提前放弃控制权。因此，第（四）项条件在一定意义上也是对“控制”转移的合理性判断。

本案例中，截至2×13年12月31日，该项交易已经取得了所有必要的审批，15家目标公司全部完成了营业执照变更，双方签订了移交资产约定书。上市公司已经向被购买方派驻了董事、总经理等高级管理人员，对被购买方开始实施控制。虽然作为合并对价增发的股份在2×14年2月才办理了股权登记手续，但由于企业合并交易在2×13年已经完成所有的实质性审批程序，且A公司已经实质上取得了对15家目标公司的控制权，可以合理判断购买日为2×13年12月31日。

【相关案例之一】

（一）案例背景

A公司是上市公司，拟发行股份2,000万股收购B公司股权，此项交易为同一控制下的企业合并。交易于2×13年3月获得国务院国资委及国家发改委批准。2×13年4月经上市公司临时股东大会审议通过。2×13年5月获得国家商务部批准。2×13年12月20日收到证监会的批复。2×13年12月30日重组双方签订了《资产交割协议》，以2×13年12月31日作为本次重大资产重组的交割日。B公司高级管理层主要人员于2×13年12月31日变更为A公司任命。上市公司将购买日确定为2×13年12月31日。截至财务报告报出日，置入、置出资产工商变更、登记过户手续尚在办理中，但相关资产权属的变更不存在实质性障碍。

问题：A公司本次交易的合并日是否应该确定为2×13年12月31日？

（二）案例解析

该交易为同一控制下的企业合并，截至2×13年12月31日，该项交易已经取得了所有必要的审批，重组双方签订了《资产交割协议》，以2×13年12月31日作为本次重大资产重组的交割日，B公司高级管理层主要人员于2×13年12月31日变更为A公司任命，说明A公司已经开始对B公司实施控制。

虽然有关财产权属的过户手续尚未办理完毕，但由于权属变更不存在实质性障碍，合并日可以判断为2×13年12月31日。

需要注意的是，合并日判断为2×13年12月31日，意味着A公司在

2×13 年合并财务报表中应将 B 公司纳入合并范围，同时调整合并财务报表的比较数，但是作为本次交易对价的 2,000 万股增发股份于 2×13 年 12 月 31 日尚未登记发行，因此 A 公司的股份数还是其原股份数。如果在计算每股收益的时候仍然简单地按照资产负债表日的股份数来计算，就会导致分子分母不配比。这种情况下，建议按照发行后的股份数来计算每股收益并在财务报表附注中披露并解释对股份数进行调整的原因。

【相关案例之二】

（一）案例背景

A 公司是上市公司，2×13 年 9 月，A 公司董事会审议同意 A 公司以 1,500 万元的价格收购 B 公司 70% 股权。9 月 18 日，A 公司与出让方签订《股权转让协议》，约定以 2×13 年 7 月 31 日为股权收购基准日，上市公司有权享有 B 公司于基准日之后的利润，并承担相应的亏损，同时约定如果 B 公司 2×13 年 7 月 31 日至 9 月 30 日的实际净损益与股权收购基准日双方均认可的预计净损益严重不符（波动大于 20%），双方将相应调整购买对价；9 月 30 日，上市公司股东大会审议通过该议案，股权转让款项于同日以三方抵债的方式支付。B 公司董事会也于 9 月 30 日进行改选，改选后，A 公司派驻的董事占 B 公司董事会多数席位。此外，由于 B 公司 2×13 年 7 月 31 日至 9 月 30 日的实际净损益与预计净损益并无重大差异，无须调整对价。

A 公司认为，根据协议，A 公司有权享有 B 公司于 2×13 年 7 月 31 日之后的利润并承担亏损，这说明 B 公司 70% 的股权于 2×13 年 7 月 31 日之后所带来的收益即归 A 公司所有，A 公司从 2×13 年 7 月 31 日开始即拥有了 B 公司 70% 的股权，应该以 2×13 年 7 月 31 日作为对 B 公司的购买日。

问题：A 公司的购买日判断是否恰当？

（二）案例解析

根据企业会计准则的规定，购买日，是指购买方实际取得对被购买方控制权的日期。股权转让协议中所约定的基准日，一般是在买卖双方谈判定价的过程中，为了确定目标公司的股权价值而定的评估基准日；或者是为了界定买卖双方的权利义务（如利润分配的归属）而设定的基准日，其属于买卖双方自行约定的一个日期，与控制权是否发生转移并不存在必然的联系。《企业会计准则第 33 号——合并财务报表》（2014 年修订）中对于控制的定义为："控制是指投资方拥有对被投资方的权力，通过参与被投资方的相关活动而享有可变回报，并且有能力运用对被投资方的权力影响其回报金额"。在购买日的判断条件中也提到"实际上已经控制了被合并方或被购买方的财务和经营政策，并享有相应的利益、承担相应的风险"。这体现了控制的三个要素：一是合并方拥有被合并方 70% 的股权比例，表明合并方拥有对被合并方的权力；二是合并方通过参与决定被合并方的财务和经营政策的相关活动而享有可变回报；三是合并方有能力通过权力影响其可变回报。三者缺一不可。一般情况下，作为理性市场经济人，买卖双方约定的利润分配的归属日期与控制权的转变日期不会存在较大的时间性差异，如果出现较大差异，通常双方也会通过协商调整购买对价的方式来进行修正。

此外，基准日订在交易的各项审批之前，在上市公司的董事会和股东大会批准该交易之前，不可能得出一项交易已经完成了的结论。

因此，结合准则中对于控制权转移的几个条件，本案例中，9 月 30 日 A 公司股东大会审议通过该议案之后，假定不再需要其他审批机关的批准，这说明该交易取得了必要的批准；9 月 30 日也以三方抵债的方式支付了对价；A 公司在 B 公司的董事会中也占有了多数席位，A 公司从当日开始实际控制 B 公司的财务和经营政策，并根据协议约定享有基准日之后的利润，应该以 9 月 30 日为购买日。

如果买卖双方约定 B 公司于 2×13 年 12 月 31 日之前的利润和亏损仍然归原股东所有，A 公司只能参与分配 B 公司从 2×14 年 1 月 1 日之后产生的利润并承担相应的亏损，而且无论 2×13 年 9 月 30 日至 2×13 年 12 月 31 日的净损益金额有多大，均不影响最终交易对价。A 公司从 9 月 30 日开始享有决策权，能够控制 B 公司的财务和经营政策，我们会发现，在 2×13 年 9 月 30 日到 12 月 31 日这段时间内，A 公司虽然拥有决策权，但不享有这 3 个月的利润。这是否说明 A 公司还没有开始享有 B 公司股权带来的利益和风险，从而对购买日的确定产生影响。这可能需要具体情况具体分析，例如：

1. 某些情况下，虽然 A 公司不享有这 3 个月的利润，但 A 公司已经开始享有及承担 B 公司净资产价值的增减值带来的利益和风险，而 3 个月的利润相比于净资产的长期增减值而言并不重大，那么 A 公司很有可能已经开始享有 B 公司股权带来的利益和风险。

2. 某些情况下，购买方收购目标业务是出于并购竞争对手的品牌而巩固自身市场领先地位和市场份额的考虑，在这种情况下，B 公司 3 个月的净损益对于A公司预期收购所能达到的整体市场协同效应而言也可能显得微不足道，A公司很有可能也已经开始享有B公司股权带来的利益和风险。

3. 某些情况下，如在一些行业中，其主要资产均按照公允价值计量，净资产公允价值的变动已经反映在其利润表中；又或者是对于一些轻资产的行业，如服务业，一般长期资产的增减值并不重大。那么A公司也有可能尚未开始享有B公司股权所带来的利益和风险，从而未满足控制的条件。

4. 实务中，在收益权仍然全部由卖方享有的情况下，还需要谨慎判断实际的决策权是否真正完全转移给买方。

综上所述，被购买方从哪个时点开始实现的利润归购买方享有，在某些情况下可能会影响到购买方是否享有其控制权带来的利益和风险，从而影响到控制权是否真正发生了转移的判断，但需要结合具体情况进行分析。

案例3－03
非同一控制下企业合并中合并成本的确定

在非同一控制下的企业合并中，合并成本与取得的被购买方可辨认净资产公允价值份额之间的差额确认为商誉。因此，合并成本的计量在很大程度上会影响到商誉的确认金额。在重大资产重组过程中，上市公司收购股权时，经常以定向增发股份的方式来进行。按照会计准则的规定，以发行股份作为合并对价的，合并成本应该是在购买日所发行股份的公允价值。如何计量所发行股份的公允价值，鉴于我国的市场环境和交易运作情况，在实务中存在较大的争议。

一、案例背景

A公司为上市公司，2×13年12月31日账面净资产约20亿元。2×14年，A公司决定向非关联方B公司定向发行股份购买B公司持有的一项业务。A公司和B公司以被购买业务中可辨认净资产在2×13年12月31日的公允价值为参考依据，确定交易价格为15亿元。A公司董事会决议公告日（2×14年2月）前20个交易日公司股票交易均价为5元/股，此次交易中A

公司向B公司非公开发行股份3亿股。交易协议同时约定，B公司取得的股份3年内不能转让。2×14年8月31日办理完增发股份登记等手续，A公司也完成了必要的财产权交接手续，并对被购买业务开始实施控制。当日A公司股票收盘价为10元/股（2×14年1月到8月，A股指数上涨约60%），同时，B公司被购买业务中的可辨认净资产的公允价值在2×14年内没有明显变化。

问题：A公司应该如何确定本次交易的合并成本？

二、会计准则及相关规定

《企业会计准则第20号——企业合并》第十一条规定："合并成本为购买方在购买日为取得对被购买方的控制权而付出的资产、发生或承担的负债以及发行的权益性证券的公允价值"。

《企业会计准则讲解（2010）》第二十一章指出："确定所发行权益性证券的公允价值时，对于购买日存在公开报价的权益性证券，其公开报价提供了确定公允价值的最好证据，除非在非常特殊的情况下，购买方能够证明权益性证券在购买日的公开报价不能可靠地代表其公允价值，并且用其他的证据和估价方法能够更好地计量公允价值时，可以考虑其他的证据和估价方法。如果购买日权益性证券的公开报价不可靠，或者购买方发行的权益性证券不存在公开报价，则该权益性证券的公允价值可以参照其在购买方公允价值中所占权益份额，或者是参照在被购买方公允价值中获得的权益份额，按两者当中有明确证据支持的一个进行估价"。

《企业会计准则第39号——公允价值计量》第二十五条规定："第一层次输入值为公允价值提供了最可靠的证据。在所有情况下，企业只要能够获得相同资产或负债在活跃市场上的报价，就应当将该报价不加调整地应用于该资产或负债的公允价值计量，但下列情况除外：

（一）企业持有大量类似但不相同的以公允价值计量的资产或负债，这些资产或负债存在活跃市场报价，但难以获得每项资产或负债在计量日单独的定价信息。在这种情况下，企业可以采用不单纯依赖报价的其他估值模型；

（二）活跃市场报价未能代表计量日的公允价值，如因发生影响公允价值计量的重大事件等导致活跃市场的报价未能代表计量日的公允价值；

（三）本准则第三十四条（二）所述情况。

企业因上述情况对相同资产或负债在活跃市场上的报价进行调整的，公允价值计量结果应当划分为较低层次”。

《企业会计准则第 39 号——公允价值计量》第三十四条规定：“企业以公允价值计量负债或自身权益工具，应当遵循下列原则：

（一）存在相同或类似负债或企业自身权益工具可观察市场报价的，应当以该报价为基础确定该负债或企业自身权益工具的公允价值。

（二）不存在相同或类似负债或企业自身权益工具可观察市场报价，但其他方将其作为资产持有的，企业应当在计量日从持有该资产的市场参与者角度，以该资产的公允价值为基础确定该负债或自身权益工具的公允价值。

当该资产的某些特征不适用于所计量的负债或企业自身权益工具时，企业应当根据该资产的公允价值进行调整，以调整后的价值确定负债或企业自身权益工具的公允价值。这些特征包括资产出售受到限制、资产与所计量负债或企业自身权益工具类似但不相同、资产的计量单元与负债或企业自身权益工具的计量单元不完全相同等。

（三）不存在相同或类似负债或企业自身权益工具可观察市场报价，并且其他方未将其作为资产持有的，企业应当从承担负债或者发行权益工具的市场参与者角度，采用估值技术确定该负债或企业自身权益工具的公允价值”。

三、案例解析

购买日所发行股份的公允价值，一般理解为上市公司在购买日的股价，而上市公司定向增发收购资产的交易定价，一般按照上市公司董事会公告的前 20 个交易日或其他合理期间公司股票交易均价来确定需发行的股份数。上述时点的差异以及在此期间股票市价的波动，会造成用于定价的股价与购买日股价这两个价格明显不同，尤其是在董事会决议公告日到购买日之间时间间隔较长，并且在此期间股票市场整体出现较大幅度波动的情况下，直接使用购买日股价来确定合并成本会造成较多突出的矛盾。

我们认为，在一个整体波动较大的市场环境中，上市公司在交易日至购买日之间的股票价格波动很难完全被判断为投资人对该项交易所做出的市场反映。由于目前重大资产重组的审核要求，交易日与购买日之间间隔较长，而且作为交易对价的权益性证券的股价受参与合并各方不可控制的因素（如市场整体走势、市场操作因素）影响较大，再根据购买日的每股价格与股数的乘积作为增发股份的公允价值可能会出现不合理的结果。

根据《企业会计准则讲解（2010）》的规定，发行的权益性证券的公允价值首先应考虑购买日的公开报价，除非在非常特殊的情况下，购买方能够证明权益性证券在购买日的公开报价不能可靠地代表其公允价值，购买方可以用其他的证据和估价方法，如参照其在购买方公允价值中所占权益份额，或者是参照在被购买方公允价值中获得的权益份额进行估价。

因此，在董事会决议公告日到购买日之间时间间隔较长，并且在此期间股票市场整体出现较大幅度波动的情况下，如果作为合并对价发行的股票同时带有较长的限售期和严格的限售条件，可以采用适当的估值技术确定公司发行股份的价值，并据此计算企业合并成本。如果确实无法选择适当的估值技术可靠地确定公司发行股份公允价值的，也可以考虑以购买日被购买资产的公允价值为基础确定合并成本。

本案例中，交易标的资产B公司被购买业务中可辨认净资产公允价值为15亿元，A公司股东于交易定价日同意基于2×13年12月31日被购买业务的可辨认净资产的公允价值确定交易价格为15亿元，并按照董事会公告的前20个交易日公司股票交易均价计算出需要向B公司发行的股份数3亿股。

按照准则规定，如果涉及发行权益性证券的，合并成本是发行的权益性证券在购买日（即8月31日）的公允价值。8月31日A公司股票收盘价格为10元/股，如果以公开报价作为股份的公允价值，A公司定向增发的3亿股股票的公允价值就为30亿元，而价格的变动部分（30－15＝15亿元）就应该确认为商誉。但是，根据案例背景，“A公司购买业务中的可辨认净资产的公允价值在2×14年内没有明显变化”，也就是说，A公司购买业务中的可辨认净资产在8月31日的公允价值仍为15亿元左右。在定向发行股份的股数经监管部门核准后不再调整的情况下，伴随市场波动（2×14年1月到8月，A股指数上涨约60%）发生了A公司股价从低到高的变化，直接导致所购买业务的巨额商誉，合并成本30亿元－可辨认净资产公允价值份额15亿元＝商誉15亿元。这样的巨额商誉是否合理？

我们认为，在本案例中，董事会决议公告日到购买日之间时间间隔较长，并且在此期间股票市场整体出现较大幅度波动，如果作为合并对价发行的股票同时带有较长的限售期和严格的限售条件，A公司可以采用适当的估值技术确定公司发行股份的价值，并据此计算企业合并成本。如果确实无法选择适当的估值技术可靠确定公司发行股份公允价值的，也可以考虑以购买日被购买资产的公允价值为基础确定合并成本。

案例3－04
非同一控制下企业合并中取得资产的后续计量

非同一控制下的企业合并采用购买法核算。购买方在期末编制合并财务报表的时候，应该以购买日确定的被购买方各项可辨认资产、负债的公允价值为基础对子公司的财务报表进行调整。实务中，由于对购买法的理解不够全面和透彻，一些公司在编制合并财务报表时对非同一控制下的企业合并取得子公司的资产负债的后续处理存在一些误区。

一、案例背景

A公司是上市公司，2×13年A公司收购B公司，该交易为非同一控制下的企业合并。B公司资产中包括一项应收账款——S公司850万元，已计提坏账准备50万元，账面价值及公允价值均为800万元，B公司的固定资产原值1,500万元，累计折旧300万元，净值1,200万元（公允价值为2,200万元）。

A公司在其合并财务报表附注中将合并B公司时取得的固定资产的公允价值分“原值”和“累计折旧”列报。

2×14年11月，由于S公司有了新股东的注资，经营状况有了明显的改善，现金流充裕，因此B公司估计合并前确认的对S公司的应收账款可以全额收回，从而在当月转回了与对S公司应收账款相关的坏账准备50万元。A公司在编制2×14年合并财务报表时也将其体现为坏账准备的转回，增加当期利润50万元。

问题：

（1）A公司是否应该将企业合并中取得的固定资产分为“原值”和“累计折旧”列报？

（2）A 公司是否应该在 2×14 年合并财务报表中转回坏账准备 50 万元？

二、会计准则及相关规定

《企业会计准则讲解（2010）》第二十一章指出："企业合并形成母子公司关系的，母公司应当设置备查簿，记录企业合并中取得的子公司各项可辨认资产、负债及或有负债等在购买日的公允价值。编制合并财务报表时，应当以购买日确定的各项可辨认资产、负债及或有负债的公允价值为基础对子公司的财务报表进行调整"。

《国际财务报告准则第 3 号——企业合并》应用指南第 41 段指出，对于企业合并中取得的、以购买日公允价值计量的资产，购买方不应在购买日确认单独的估价备抵，因为未来现金流量不确定性的影响已经包括在公允价值计量中。

三、案例解析

企业合并发生后，被购买方的资产负债在被购买方自身财务报表中与在购买方的合并财务报表中的计量基础有所不同。

在被购买方自身财务报表中，原则上仍然按照持续经营假设，被购买方作为一个持续存在的会计主体，其资产、负债均应以历史成本为基础进行计量，后续发生的一些交易和事项的会计处理也应该基于历史成本计量。

在购买方的合并财务报表中，根据企业会计准则，被购买方的资产负债均应该按照购买日的公允价值进行计量。购买法的理念是被购买方的资产负债都是于购买日这一天购入的，在购买日初始计量，购买日的公允价值成为被购买方资产负债在合并报表中的历史成本。相应地，被购买方后续发生的一些交易和事项的会计处理也应该基于这些资产负债在购买日的公允价值。

另外，根据企业会计准则讲解的相关规定，非同一控制下的企业合并中，购买方通过企业合并取得被购买方 100% 股权的，被购买方可以按照合并中确定的可辨认资产、负债的公允价值调整其账面价值。实务中，如果被购买方依据上述规定调整了其资产负债的账面价值，则其后续交易和事项的会计处理在自身报表中与在购买方的合并报表中原则上应该是一致的。

本案例中，根据购买法的理念——被购买方的资产负债都是在购买日购入的，既然是新购入的资产，应收款项和固定资产的初始计量中自然也不应该出现备抵科目，其思路类似于购买一项应收款项或者二手固定资产。根据金融资产准则，购买一项应收账款时按照公允价值进行初始计量；根据固定资产准则，购买固定资产的时候按照成本计量，初始计量时原则上不会确认坏账准备和累计折旧。

在国际准则中，明确指出对于企业合并中取得的、初始按照公允价值计量的资产，购买方不应在购买日确认单独的估价备抵，因为其未来现金流的不确定性已经反映在公允价值计量中。

因此，在购买日将被购买方的资产负债纳入购买方的合并报表时，被购买方应收款项坏账准备、固定资产累计折旧这两个备抵科目不应该出现金额。

后续计量中，当有证据表明被购买方的应收款项能够被全额收回，在被购买方自身报表中需转回坏账准备，但在购买方的合并报表中，由于并不存在坏账准备余额，应收款项按照摊余成本计量，不应该体现出坏账准备转回。当最终被购买方全额收回该应收款项时，在购买方的合并报表中，其收回金额与应收款项余额的差额直接计入收回当期的损益。

【相关问题】

购买日后对企业合并中取得的被购买方资产、负债公允价值的调整

《企业会计准则讲解（2010）》第二十一章指出，“按照购买法核算的企业合并，基本原则是确定公允价值，无论是作为合并对价付出的各项资产的公允价值，还是合并中取得被购买方各项可辨认资产、负债的公允价值，如果在购买日或合并当期期末，因各种因素影响无法合理确定的，合并当期期末，购买方应以暂时确定的价值为基础进行核算。

（一）购买日后12个月内对有关价值量的调整

合并当期期末，对合并成本或合并中取得的可辨认资产、负债以暂时确定的价值对企业合并进行处理的情况下，自购买日算起12个月内取得进一步的信息表明需对原暂时确定的企业合并成本或所取得的可辨认资产、负债的暂时性价值进行调整的，应视同在购买日发生，进行追溯调整，同时对以暂时性价值为基础提供的比较报表信息，也应进行相关的调整。

中国财政经济出版社培训中心推出
《上市公司执行企业会计准则案例解析》系列讲座

各上市公司、会计师事务所、证券公司投行、公募和私募基金：

针对上市公司近年来执行会计准则出现的新问题，尤其是2017年财政部对金融工具、收入、政府补助等会计准则进行了修订，中国证监会会计部以**《上市公司执行企业会计准则案例解析》**（2016年版）案例解析的框架内容为基础，完善了案例的体例，对部分案例增加了按新准则规定的解析，同时基于新出现的问题，对长期股权投资、企业合并、合并财务报表、收入和费用、金融工具、政府补助等有关章节补充编写了40多个案例。修订后的案例解析内容涉及股权投资与企业合并、金融工具、股份支付、政府补助、收入确认等会计准则重点、难点问题。

2017年财政部修订了部分企业会计准则，尤其是新收入准则的发布是我国企业会计准则体系的一次重大变革。新收入准则的变化将对各行业、各类企业产生不同程度的影响，有关业务的会计处理、收入、利润等重要指标的变化、企业的日常管理和战略决策，都需要重新审视并作出相应调整。新的企业会计准则体系实现了与国际准则趋同，但在资本市场执行与实施层面也遇到了前所未有的挑战，例如部分会计准则的规定过于宽泛；市场参与方职业判断意识与能力差异导致公司间信息缺乏可比性；基于我国特定的环境，为了将国际趋同的原则与实务有机结合，中国证监会会计部结合新会计准则的实施，组织修订了《上市公司执行企业会计准则案例解析》（2016年版），在我国企业会计准则或国际财务报告准则规定的原则基础上，对相关案例的会计处理提供分析性意见。

中国财政经济出版社培训中心在《上市公司执行企业会计准则案例解析》（2017 年版）的基础上推出系列培训课程，进一步帮助各市场参与方正确理解和掌握企业会计准则和国际财务报告准则的相关规定，并在此基础上实施合理、有效的专业判断，促进资本市场财务信息披露质量的提升。

现将培训方案予以印发，请各单位积极做好相关人员的组织和报名工作。

培训模式：面授和网络，可根据公司具体情况予以定制。

培训时间：面授公开课具体时间、价格、安排等见官网 www.zcycjy.com 通知；内训可根据公司情况商定具体时间。

培训师资：由财政部会计专家、高校、企业界等具有深厚理论功底和丰富实战经验的专家和教授组成。

培训专题：以本《案例解析》为纲，结合上市公司执行企业会计准则问题进行讲解。

专题一：长期股权投资 专题二：金融工具 专题三：企业合并 专题四：反向购买 专题五：其他长期资产 专题六：收入和费用 专题七：政府补助	专题八：破产重整、债务重组、权益性交易等特殊交易 专题九：股份支付 专题十：会计政策、会计估计变更和差错更正 专题十一：列报和披露 专题十二：合并财务报表

（二）超过规定期限后的价值量调整

自购买日起12个月以后对企业合并成本或合并中取得的可辨认资产、负债价值的调整，应当按照《企业会计准则第28号——会计政策、会计估计变更和会计差错更正》的原则进行处理，即对于企业合并成本或合并中取得可辨认资产、负债公允价值等进行的调整，应作为前期差错处理。”

实务中，对于购买日之后的价值调整，存在一些理解上的误区。一些企业简单地认为，自购买日起12个月内发生的价值调整，都应该调整商誉；而自购买日起12个月后发生的价值调整，都应该作为前期差错。

事实上，企业在对购买日之后发生的价值调整进行处理时，应该基于被购买方资产负债按照购买日的公允价值计量的原则去分析。购买日后新取得的信息和证据表明这些资产负债原在购买日确定的公允价值需要进行调整的，才应该调整商誉。如会计准则讲解中所举的情况：购买日比较接近年底，故企业合并发生的下一年才取得评估报告，评估对象是被购买方的资产负债，评估基准日是购买日，这种情况下才应该调整资产负债的价值并相应调整商誉。

我们认为，对于购买日之后的价值调整，与资产负债表日后事项的判断原则较为接近。即资产负债表日（购买日）后期间得到进一步信息，对于资产负债表日（购买日）已经存在的情况提供了新的或进一步证据的事项，才属于调整事项。在确定公允价值的时候，应该考虑且仅考虑购买日已经存在的所有情况。如果是购买日后新发生的情况导致的，则应该按照相关资产负债的后续计量要求处理。

自购买日起12个月后，才发现购买日资产负债的公允价值确定不够准确的，难以合理解释为什么需要超出12个月的时间来确定当时的公允价值，因而作为差错更正处理。如果是在期后因为有新的情况出现导致原来购买日的估计不够准确的，则需要判断这些新的情况是否属于购买日就已经存在的情况，如果不是购买日已经存在的情况，就不应该调整商誉。

案例3－05
企业合并中交易费用的处理

在上市公司发行股份进行企业合并的交易中，一般会聘请证券公司、会计师、评估师、律师等中介机构提供服务。根据企业会计准则的规定，企业合并中，购买方为企业合并发生的中介费用于发生时计入当期损益；购买方作为合并对价发行股份的交易费用冲减资本公积。因此，在发生的中介费用中，需要区分哪些是与企业合并相关的费用、哪些是与发行股份相关的费用。

一、案例背景

A 公司为上市公司，其控股股东为 B 公司。2×14 年，A 公司向 B 公司发行股份购买其拥有的 5 家子公司的全部股权。该交易为同一控制下的企业合并。A 公司为该交易发生中介机构服务费用中包括以下费用：

1. 在常年法律顾问 C 律师事务所的常年法律顾问费之外，支付 C 律师事务所为增发股份而提供额外服务的相关费用约 20 万元。

2. 聘请 D 律师事务所对被收购的 5 家子公司提供尽职调查等法律服务，服务费约 40 万元。

3. 聘请 E 评估机构对被收购的 5 家子公司进行评估并出具评估报告，评估费用约 20 万元。

4. 聘请 F 会计师事务所对被收购的 5 家子公司进行审计并出具审计报告，对 5 家子公司的盈利预测出具审核意见，会计师费用约 50 万元。

5. 聘请 G 会计师事务所对新增股本进行验资。

6. 聘请 H 证券公司作为本次交易的财务顾问。

问题：上述费用应如何进行会计处理？

二、会计准则及相关规定

《企业会计准则第 20 号——企业合并》对同一控制下企业合并的相关成本作出了如下规定："合并方为进行企业合并发生的各项直接相关费用，包括为进行企业合并而支付的审计费用、评估费用、法律服务费用等，应当于发生时计入当期损益。为企业合并发行的债券或承担其他债务支付的手续费、佣金等，应当计入所发行债券及其他债务的初始计量金额。企业合并中发行权益性证券发生的手续费、佣金等费用，应当抵减权益性证券溢价收入，溢价收入不足冲减的，冲减留存收益。"

《企业会计准则解释第4号》规定："非同一控制下的企业合并中，购买方为企业合并发生的审计、法律服务、评估咨询等中介费用以及其他相关管理费用，应当于发生时计入当期损益；购买方作为合并对价发行的权益性证券或债务性证券的交易费用，应当计入权益性证券或债务性证券的初始确认金额"。

《企业会计准则讲解（2010）》第二十一章指出："发行权益性工具相关的费用，不管是否与企业合并直接相关，均应自所发行权益性证券的发行收入中扣减；在权益性证券发行有溢价的情况下，自溢价收入中扣除，在权益性证券无溢价或溢价金额不足以扣减的情况下，应当冲减盈余公积或未分配利润"。

三、案例解析

发行股份进行企业合并过程中发生的证券公司、会计师、评估师、律师、财务顾问等中介机构服务费，应该计入当期损益还是从发行股份的溢价收入中扣减，应该根据具体的服务内容和目的进行判断。

1. 对于为了企业合并交易所发生的服务费用，例如与被收购的目标资产相关、为重大资产重组交易申报所需要的中介机构服务，应计入当期损益。

2. 对于为了发行股份而发生的服务费用，例如为了股份发行申报、股份登记等发生的中介机构费用，属于与发行股份相关的直接费用，应当冲减所有者权益。

本案例中，上述费用中，第二、三、四项费用都属于针对被收购方发生的尽职调查、评估和审计费用，应该划分为与企业合并相关的交易费用，计入当期损益；第一、五项费用属于与发行股份相关的交易费用，应该冲减资本公积；第六项财务顾问费，则应该根据其具体服务内容来判断。根据《上市公司重大资产重组管理办法》，独立财务顾问应当审慎核查重大资产重组是否构成关联交易，并依据核查确认的相关事实发表明确意见。重大资产重组涉及关联交易的，独立财务顾问应当就本次重组对上市公司非关联股东的影响发表明确意见。如果H证券公司仅提供了上述核查服务，则应该作为企业合并相关的交易费用计入当期损益，如果H证券公司实际上提供了与股份发行相关的服务，则应该计入资本公积。

案例 3－06

业务的判断

被合并的企业必须符合构成业务的条件是会计处理上适用企业合并准则的前提。因此业务的判断往往是决定是否能够应用企业合并相关会计处理的第一步。实务中，经常出现不能够明显区别出购买业务还是购买资产的交易，需要结合实际情况进行判断。

一、案例背景

A 公司是不锈钢线材行业的上市公司，通过签订资产收购协议，A 公司从第三方 B 公司收购了与吊装、过磅业务相关的资产，包括应收账款、机器设备、在建工程以及相关的订单处理系统和经营系统。同时，B 公司相关业务人员全部转入 A 公司并重新签订了劳动合同。B 公司具有吊装、过磅业务相关产出能力。购入的吊装及过磅业务相关资产的账面价值为 2,400 万元。根据评估报告，前述资产成本法评估值为 2,100 万元，收益法评估值为 6,400 万元。买卖双方达成协议，按收益法评估值 6,400 万元确定交易价格，评估增值 4,000 万元。

问题：A 公司从 B 公司购买的是一组资产还是一项业务？

二、会计准则及相关规定

《企业会计准则讲解（2010）》第二十一章指出："业务是指企业内部某些生产经营活动或资产负债的组合，该组合具有投入、加工处理和产出能力，能够独立计算其成本费用或所产生的收入。有关资产、负债的组合要形成一项业务，通常应具备以下要素：（1）投入，指原材料、人工、必要的生产技术等无形资产以及构成生产能力的机器设备等其他长期资产的投入；（2）加工处理过程，指具有一定的管理能力、运营过程，能够组织投入形成产出；（3）产出，如生产出产成品，或是通过为其他部门提供服务来降低企业整体的运行成本等其他带来经济利益的方式，该组合能够独立计算其成本费用或所产生的收入，直接为投资者等提供股利、更低的成本或其他经济利益等形式的回报。有关资产或资产、负债的组合是否构成一项业务，应结合所取得资产、负债的内在联系及加工处理过程等进行综合判断。实务中出现的如一个企业对另一个企业某条具有独立生产能力的生产线的合并一般构成业务合并”。

《国际财务报告准则——第 3 号》附录二应用指南第 12 段指出：“除非存在相反证据，被购买的资产和相关活动中如果包括商誉，则应当被假定为购入的是一项业务。当然，商誉的存在并不是构成业务的必要条件，不存在商誉的被购买组合仍然可能构成一项业务（如产生负商誉的廉价购买）”。

《国际财务报告准则——第 3 号》附录二应用指南第 9、第 10 及第 11 段指出：“业务要素的性质往往随行业和主体经营活动的结构包括主体发展阶段的不同而不同。成熟业务通常有许多不同类型的‘投入’、‘过程’和‘产出’，而新成立的业务则通常没有多少‘投入’和‘过程’。处于发展阶段但没有产出的主体仍然可能被视为业务。要判断一个处于发展阶段的主体是否是一项业务，购买方应当考虑一些关键因素，包括：（a）所计划的主要活动是否已开始；（b）职工、知识产权以及其他投入和加工处理过程是否已存在；（c）是否正在进行生产产出的计划；（d）是否能够接触到将购买其产出的客户。对于处于发展阶段的某些活动和资产的组合是否有资格成为一项业务，不需要具备上述所有因素”。

三、案例解析

本案例中 A 公司虽然采用了资产收购的法律形式，但其购买对象究竟是一组打包的资产，还是实质上购买一项业务，应结合所取得相关资产、加工处理过程等进行综合判断。

第一，A 公司购入的这组资产包括与吊装、过磅业务相关的实物资产（如固定资产、在建工程）、人员投入以及与之相联系的加工处理过程（如订单处理系统和经营系统），B 公司同时具有吊装、过磅业务的产出能力。这些因素综合起来考虑，A 公司收购的这组资产很可能是一项业务。

第二，买卖双方所达成的购买价 6,400 万元依据收益法评估值而设定，该值远高于这组资产的账面价值 2,400 万元和成本法评估值，可能是商誉存在的迹象。当然，在确定商誉是否存在之前，A公司应当充分考虑在计算购买价格与可辨认净资产于购买日公允价值的差额时，该被购买组合中的资产负债是否是基于购买日公允价值、所有可辨认的无形资产（如以合同为基础的长期客户关系等）是否全部被明确地识别、确认和正确评估。如果确实存在商誉，且没有相反证据表明该组资产不是一项业务，参考国际财务报告准则应用指南，A公司收购的这组资产应作为一项业务进行会计处理。

值得注意的是，本案例中，如果A公司不是向第三方进行收购，而是与控股股东进行上述交易，即同一控制下收购资产并转移人员及相关系统等，如果符合业务的定义，则适用同一控制下企业合并的会计处理原则进行处理。

【相关案例之一】

（一）案例背景

A公司是有色金属行业的上市公司，2×13年12月1日从第三方购入一小型矿业公司B公司68%的股权。B公司账面主要资产为无形资产（即某矿产区块的探矿权）和少量固定资产（即勘探设备和办公设备）。根据地质详查报告显示，该矿产区块位于某贵金属矿区的盆地中。而且，某家大型矿业公司也于近期在盆地周边发现了大额探明储量。B公司的地质勘探报告已通过了储量评审部门的审查并送交国土资源管理部门备案，相关采矿权正在申请办理中。虽然矿山建设尚未开始，管理层已经根据储量详查结果制定了矿产资源开发利用战略方案。除两位核心管理人员外，B公司的其他员工如勘探开采、财务、人事等不会在股权转让之后继续留在公司。

问题：A公司购买的是一组资产还是业务？

（二）案例解析

《国际财务报告准则——第3号》附录二应用指南中指出，确定某些活动和资产的组合是否是业务，应当基于该组合是否能够由市场参与者作为业务进行经营和管理。因此，在评估某组特定组合是否为业务时，出售方是否将该组合作为业务来经营，或者购买方是否有意图将该组合作为业务来经营，都不是相关的。市场参与者是在某项资产的主要或最有利市场中有能力，且自愿进行该资产交易的、独立且熟悉情况的买方和卖方，所以市场参与者是假想出来的，与交易中的买方或卖方是否有意图将该组合作为业务来经营并不相关，相关的是市场参与者是否能够经营该组合。

本案例中，B公司虽然尚未开始矿山建设及采矿生产，其勘探、详查活动以及由此形成的地质勘探报告表明其计划的主要活动已经开始，而且其核心管理人员、存在的技术方案可行性、与当地国土资源管理部门及储量评审部门的沟通和联系、采矿权的申请、储量详查结果、管理层制定的矿产资源开发利用战略方案等都可能表明所具有的“投入”和“过程”要素。

至于勘探开采人员没有留在B公司是否会影响其产生经济利益的能力，应当基于该组合是否能够由相关市场参与者进行经营，这个需要结合具体情况进行判断。本案例中的市场参与者比较可能是那些拥有勘探开采、矿山建设和生产能力的战略购买者，在购买了B公司股权之后，能够较容易地替换缺少的勘探开采人员并将B公司的经营活动与其自身经营整合在一起，即能够将B公司净资产作为业务进行经营和管理。因此，只要市场参与者能够替换所缺少的要素，勘探开采人员没有留在B公司不应该成为A公司在企业会计准则下将B公司作为一项被购入的业务进行核算的障碍。

【相关案例之二】

（一）案例背景

2×15年A公司向B公司全体股东非公开发行股份购买其合计持有的B公司100%股权。其中B公司及其子公司并无实际业务活动，主要通过注册在香港的全资子公司持有在某东南亚国家的C公司95%股权。经评估机构评估，B公司100%股权在评估基准日的评估值与账面价值间的差异主要为其孙公司C公司持有的固定资产及无形资产的增值。

C公司为一家钾盐矿开采、钾肥生产企业，其拥有该东南亚国家特定区域钾盐矿开采特许权，该矿区勘查面积范围内钾盐矿资源储量约10亿吨，该资源储量已经过评审。截至收购完成日，C公司仅有一条10万吨的钾盐矿实验生产线已投产，一期百万吨项目生产线正处于扩建阶段，预计2×16年底至2×17年投产。项目建设完成后，C公司年生产能力由10万吨增加到100万吨。上述10万吨生产线累计开采原矿石量占探明储量比例不到1%，但实验生产线验证过程中获得了专门用于该类矿产开采的技术专利，为百万吨项目及后续开采提供了关键技术和可行性论证。

A公司与B公司股东签订该收购股权交易价格较评估值溢价近7%。A

公司接受以溢价成交的主要原因在于预期收购后将会形成协同效应和规模效应，而该预期并不在评估范围之内。上述百万吨产能扩建项目尚需投入大额资金，因此A公司在非公开发行股份购买资产的同时，也向特定投资者非公开发行募集资金，若无法募集到资金存在无法完成百万吨生产线建设的风险。

问题：A公司收购的标的即B公司是否构成业务？

（二）案例解析

根据企业会计准则相关规定，业务是指企业内部某些生产经营活动或资产负债的组合，该组合具有投入、加工处理和产出能力，能够独立计算其成本费用或所产生的收入。有关资产或资产、负债的组合要构成一项业务，不一定同时具备上述三个要素，具备投入和加工处理过程两个要素即可认为构成一项业务。《国际财务报告准则第3号》附录二应用指南第9段、10段指出，业务要素的性质往往随行业和主体经营活动的结构包括主体发展阶段的不同而不同。已建立业务通常有许多不同类型的“投入”、“过程”和“产出”，而新成立的业务则通常没有多少“投入”和“过程”。处于发展阶段但没有产出的主体仍然可能被视为业务。要判断一个处于发展阶段的主体是否是一项业务，购买方应当考虑一些关键因素，包括：（a）所计划的主要活动是否已开始；（b）职工、知识产权以及其他投入和加工处理过程是否已存在；（c）是否正在进行生产产出的计划；（d）是否能够接触到将购买其产出的客户。对于处于发展阶段的某些活动和资产的组合是否有资格成为一项业务，不需要具备上述所有因素。

本案例中，A公司收购B公司主要是为了获得其孙公司C公司的股权。根据背景信息，C公司拥有特定区域钾盐矿开采特许权，但仅有一条10万吨的钾盐矿实验生产线投产，累计开采原矿石量占探明储量比例不到1%，正式大规模投入生产的百万吨项目生产线仍处于扩建阶段。A公司该项收购对象是钾盐矿开采特许权和在建工程等资产还是一项业务，应结合所取得资产、负债的内在联系及加工处理过程等进行综合判断。案例中C公司仍处于发展阶段，虽然已投入生产的10万吨实验生产线仅占探明储量不到1%，以及后续生产线的扩建仍需要大量资金投入，但实际上其所计划的矿产开采加工活动已开始，且已正在进行生产产出的计划，包括已获得矿产开采特许权、投产10万吨的钾盐矿实验生产线的发明专利已为后续大规模开采加工提供了关键技术和加工过程准备、10万吨的实验生产线已经投产运营、百万吨项目生产线已在建设过程中等。同时，上述事实也表明其可能具有“投入”和“过程”要素，其中“投入”包括钾盐矿开采特许权、专利技术等，“过程”包括已投产的10万吨实验生产线、用于该类矿产开采关键技术及已具有可行性的生产线、已根据计划后续大规模开采加工的扩建工程已经在建，等等。可见，该案例中的情形表明A公司并非仅仅购买了一项矿产开采权，而是购买了一项能够进行矿产开采生产的业务。虽然在目前阶段，产出量较小，但根据准则，处于发展阶段但没有产出的主体仍然可能被视为业务。

同时，A公司与B公司股东签订该收购股权交易价格较评估值溢价近7%，根据《国际财务报告准则第3号》附录二应用指南第12段指出：“除非存在相反证据，被购买的资产和相关活动中如果包括商誉，则应当被假定为购入的是一项业务”。如果仅购买一项资产或资产包，对于理性投资者而言不太可能会以评估值溢价7%的价格交易，而背景信息也表明上述A公司接受以溢价成交的主要原因在于收购后预期将会形成协同效应，可见A公司收购B公司仅为收购一项资产的可能性并不大。

当然，对处于发展阶段的主体，与正常经营过程体现出不同的特点，例如所计划的主要活动尚未开始、投入和加工处理过程几乎不存在等，可能认为不构成业务。如上述案例中，假设C公司实验生产线尚未搭建，是否能成功开采加工尚无法合理预知，其投入和加工处理过程是否存在，从而是否构成业务仍值得探讨。如果是购买资产，购买价格与评估值存在差异，应考虑公允价值的判断并提供充分恰当的证据。

案例3－07
或有对价的确认与计量

某些情况下，企业合并各方可能在合并协议中约定，根据未来一项或多项或有事项的发生，购买方通过发行额外证券、支付额外现金或其他资产等方式追加合并对价，或者要求返还之前已经支付的对价，这将导致产生企业合并的或有对价问题。

一、案例背景

A公司为上市公司，2×11年6月以现金2亿元向第三方B公司收购其持有的C公司60%的股权。该交易为非同一控制下的企业合并，购买日为2×11年6月30日，A公司已向B公司全额支付2亿元的现金合并对价。

此外，根据股权转让协议的约定，B公司就C公司的经营业绩向A公司做出业绩补偿承诺。B公司承诺C公司2×12年、2×13年、2×14年经审计扣除非经常性损益后归属于母公司股东的净利润分别不低于4,000万元、5,000万元、6,000万元。如果C公司未达到承诺业绩，B公司将在C公司每一相应年度的审计报告出具后30日内，按C公司实现的扣除非经常性损益后归属于母公司股东的净利润与同期承诺净利润差额，以现金方式对A公司进行补偿。购买日至2×11年12月31日期间，C公司的实际经营业绩与原预测情况差异不大。然而，2×12年度，由于宏观经济增速放缓，且主要竞争对手公司在2×12年度推出了性价比更高的新产品，分流了C公司部分主要客户的采购量，导致C公司收入规模较原预测有所下滑，C公司扣除非经常性损益后归属于母公司股东的净利润仅为2,500万元。C公司管理层预计如果不能尽快推出同类竞争产品，2×13年、2×14年的情况也不容乐观。

问题：

（1）就B公司做出的业绩补偿承诺事项，A公司于企业合并的购买日（2×11年6月30日），在合并财务报表和个别财务报表中应如何进行会计处理？

（2）就B公司做出的业绩补偿承诺事项，由于C公司利润未达标，A公司于2×12年12月31日，在合并财务报表和个别财务报表中应如何进行会计处理？

二、会计准则及相关规定

《企业会计准则第2号——长期股权投资》（2014年修订）第五条规定："……非同一控制下的企业合并中，购买方在购买日应当以按照《企业会计准则第20号——企业合并》确定的合并成本作为长期股权投资的初始投资成本”。

《企业会计准则讲解（2010）》第二十一章指出：“某些情况下，合并各方可能在合并协议中约定，根据未来一项或多项或有事项的发生，购买方通过发行额外证券、支付额外现金或其他资产等方式追加合并对价，或者要求返还之前已经支付的对价。购买方应当将合并协议约定的或有对价作为企业合并转移对价的一部分，按照其在购买日的公允价值计入企业合并成本。根据《企业会计准则第37号——金融工具列报》、《企业会计准则第22号——金融工具确认和计量》以及其他相关准则的规定，或有对价符合权益工具和金融负债定义的，购买方应当将支付或有对价的义务确认为一项权益或负债；符合资产定义并满足资产确认条件的，购买方应当将符合合并协议约定条件的、可收回的部分已支付合并对价的权利确认为一项资产”。

“购买日后12个月内出现对购买日已存在情况的新的或者进一步证据而需要调整或有对价的，应当予以确认并对原计入合并商誉的金额进行调整；其他情况下发生的或有对价变化或调整，应当区分以下情况进行会计处理：或有对价为权益性质的，不进行会计处理；或有对价为资产或负债性质的，按照企业会计准则有关规定处理，如果属于《企业会计准则第22号——金融工具的确认和计量》中的金融工具，应采用公允价值计量，公允价值变化产生的利得和损失应按该准则规定计入当期损益或计入资本公积；如果不属于《企业会计准则第22号——金融工具的确认和计量》中的金融工具，应按照《企业会计准则第13号——或有事项》或其他相应的准则处理”。

《企业会计准则第37号——金融工具列报》（2014年修订）第九条规定：“权益工具，是指能证明拥有某个企业在扣除所有负债后的资产中的剩余权益的合同。在同时满足下列条件的情况下，企业应当将发行的金融工具分类为权益工具：（一）该金融工具应当不包括交付现金或其他金融资产给其他方，或在潜在不利条件下与其他方交换金融资产或金融负债的合同义务；（二）将来须用或可用企业自身权益工具结算该金融工具。如为非衍生工具，该金融工具应当不包括交付可变数量的自身权益工具进行结算的合同义务；如为衍生工具，企业只能通过以固定数量的自身权益工具交换固定金额的现金或其他金融资产结算该金融工具。企业自身权益工具不包括应按照本准则第三章分类为权益工具的金融工具，也不包括本身就要求在未来收取或交付企业自身权益工具的合同”。

《企业会计准则讲解（2010）》第二十三章指出：“衍生工具是指具有下

列特征的金融工具或其他合同：（1）其价值随着特定利率、金融价格、商品价格、汇率、价格指数、费率指数、信用等级、信用指数或其他类似变量的变动而变动，变量为非金融变量的，该变量与合同的任一方不存在特定关系；（2）不要求初始净投资，或与对市场情况变动有类似反应的其他类型合同相比，要求很少的初始净投资；（3）在未来某一日期结算”。

《企业会计准则讲解（2010）》第二十三章指出：“1. 实际利率法……企业对付款额或收款额的估计数进行修正时，应调整此金融资产或金融负债（或金融工具组）的账面价值以反映实际和修正后的预计现金流量。企业应通过按金融工具初始实际利率计算预计未来现金流量的现值来重估金融工具的账面价值，相关调整金额作为收入或费用，计入当期损益……”。

《企业会计准则第2号——长期股权投资》应用指南（2014年修订）指出：“4. 或有对价：（1）同一控制下企业合并形成的长期股权投资的或有对价。同一控制下企业合并方式形成的长期股权投资，初始投资时，应按照《企业会计准则第13号——或有事项》（以下简称‘或有事项准则’）的规定，判断是否应就或有对价确认预计负债或者确认资产，以及应确认的金额；确认预计负债或资产的，该预计负债或资产金额与后续或有对价结算金额的差额不影响当期损益，而应当调整资本公积（资本溢价或股本溢价），资本公积（资本溢价或股本溢价）不足冲减的，调整留存收益。（2）非同一控制下企业合并形成的长期股权投资的或有对价，参照企业合并准则的有关规定进行会计处理”。

《国际财务报告准则第3号——企业合并》附录一“术语定义”中对“或有对价”的定义为，“通常或有对价为购买方为取得被购买方的控制权，根据未来或有事项发生的情况向出让方转移额外资产或权益工具的义务。然而，或有对价也可能代表购买方根据未来或有事项发生的情况向出让方收回已支付对价的权力”。

国际财务报告准则年度改进项目（Annual improvements to IFRS 2010 - 2012 cycle）对《国际财务报告准则第3号——企业合并》作出了改进，改进后的《国际财务报告准则第3号——企业合并》第58段规定：“……对于除计量期调整以外的或有对价的公允价值变动，（1）被分类为权益类的或有对价不应进行公允价值的重新计量，其后续结算的影响应计入权益；（2）除（1）以外的其他或有对价，在每个报告日均应以公允价值进行重新计量，重新计量的影响计入当期损益”。上述改进规定适用于购买日在2014年7月

1 日之后的企业合并交易，并允许提前适用。

与上述改进规定相配套的是，国际财务报告准则理事会在《国际会计准则第 39 号——金融工具：确认和计量》第 9 段，新增了采用公允价值计量且变动计入损益的金融资产类别的规定："满足以下条件之一的金融资产或金融负债应采用公允价值计量且变动计入损益：……适用于《国际财务报告准则第 3 号——企业合并》的或有对价……。"

三、案例解析

本案例中，A 公司为企业合并交易的购买方，B 公司为出让方，B 公司根据标的企业未来业绩返还 A 公司已经支付的购买对价，其本质为交易双方根据未来或有事项的发生调整企业合并的对价，属于或有对价安排。对于问题（1），根据会计准则的相关规定，购买方于购买日应当将合并协议约定的或有对价作为合并对价的一部分，按照其在购买日的公允价值计入合并成本。因此，虽然 A 公司已经在购买日全额支付了 2 亿元，但并不代表 2 亿元即为企业合并的全部对价。A 公司应在购买日基于对标的企业（C 公司）未来业绩预测情况、或有对价支付方（B 公司）信用风险、货币时间价值等因素确定或有对价的公允价值。A 公司合并财务报表中，应在考虑或有对价的公允价值后，根据包含或有对价在内的全部对价和 C 公司可辨认净资产公允价值份额的差额确认企业合并形成的商誉。A 公司个别财务报表中，也应基于包含或有对价的全部合并对价确认对 C 公司长期股权投资的初始投资成本。此外，由于或有对价公允价值的估计涉及专业判断和估计，A 公司还应在财务报表附注中充分披露与此相关的重要会计估计和会计判断的依据。

问题（2）是问题（1）的延续，即或有对价的后续处理问题。在涉及或有对价的非同一控制下的企业合并中，或有对价的后续计量是否会对后续损益产生影响，取决于或有对价在购买日的分类。购买日初始分类时被划分为以权益结算的或有对价，将不需要重新计量其后续公允价值的变动。而被划分为以金融资产、金融负债结算的或有对价，其后续公允价值的变化将对后续期间的损益产生影响。本案例中，A、B 公司结算或有对价的方式为现金，不属于权益结算的或有对价。如果本案例中的交易不是以现金结算而是以 A 公司新发或回购自身股份进行结算，需要判断以购买方自身股份结算的或有对价是否属于权益结算的安排。根据金融工具准则相关规定，只有当购买方没有义务交付非固定数量的自身权益工具进行结算（非衍生工具安排），或者只有通过交付固定数量的自身权益工具换取固定数额的现金或其他金融资产进行结算时（衍生工具安排），才能被分类为权益工具。

1. A公司合并财务报表的会计处理。就A公司合并财务报表而言，如问题（1）中所述，本案例中的或有对价安排属于以现金结算的安排，A公司作为收购方，可以根据标的企业于购买日之后的盈利情况而要求出让方向其返回部分已经支付的对价，则A公司存在一项应收的金融资产。

根据企业会计准则关于或有对价的有关规定，或有对价应当以公允价值进行初始及后续计量，但公允价值计量的影响是否应全额计入当期损益，还要取决于是否属于计量期间对合并对价的调整，并根据金融工具准则对该金融资产予以分类处理。

第一，根据企业会计准则的相关规定，购买日后12个月内出现对购买日已存在情况的新的或者进一步证据而需要调整或有对价的，应当予以确认并对原计入合并商誉的金额进行调整，其属于计量期间的调整。本案例中，2×12年12月31日距离购买日已经超过12个月不属于计量期间调整，然而，值得注意的是，即使间隔时间短于12个月，由于本案例中的或有条件为C公司在购买日后的实际盈利情况，而"被购买方于购买日后的实际盈利情况"并不属于"购买日已经存在的情况"，因此，该或有对价的变化即使发生在购买日后12个月内，也不属于计量期间调整事项，不应再对购买日合并对价及商誉的金额进行调整。

第二，应关注该项金融资产根据金融工具准则作出的具体分类。本案例中，由于A公司向B公司收取的金融资产不符合收取固定或者可确定合同现金流的特征，因而，不应当被分类为持有至到期投资或者应收款项。如果该项金融资产的金额将随着金融变量的变动而变动，或者随着非金融变量的变动而变动且该非金融变量与购买方和出让方均无关，则该金融资产应当被分类为衍生金融资产，以公允价值计量且其变动计入损益中。本案例中，或有对价安排以C公司的净利润作为变量。当前实务中，我们观察到，对于以标的企业的净利润作为变量的金融资产是否属于衍生金融工具，存在两种不同的观点：

观点1认为，其不属于衍生金融工具。该观点认为，企业会计准则中列举的典型金融变量只提及特定利率、金融工具价格、商品价格、汇率、价格指数、费率指数、信用等级以及信用指数。净利润与上述准则列举的变量性质明显不同，应属于非金融变量，且被购买方的净利润作为购买方合并财务报表的净利润的一个组成部分，很明显与购买方存在特定关系，因此，不满足衍生金融工具的特征，因此相关的金融资产应分类为可供出售金融资产（可供出售债务工具）。相应的，其公允价值变化产生的利得和损失应区分两种情况进行会计处理，分别计入当期损益和其他综合收益。其中，属于预计未来现金流量（例如，以标的企业的净利润作为变量时，预计税后净利润的变动）按照初始实际利率重估可供出售债务工具账面价值变化的部分，应计入当期损益；属于其他公允价值的变动则应计入其他综合收益。

观点2则认为，其属于衍生金融工具。该观点认为，企业会计准则及相关规定虽然并未将企业的净利润明确列举为金融变量，但准则也并未明确就金融变量作出详细的定义，净利润作为一项典型的财务指标，不应当被排除于金融变量的范围之外，因此相关的金融资产应分类为以公允价值计量且其变动计入损益的衍生金融工具。

我们认为，上述两种观点中，观点2更为直观，会计处理也更为简便。此外，国际财务报告准则理事会于2013年12月正式发布了2010—2012年循环的年度改进项目（Annual improvements to IFRS 2010 - 2012 cycle），其中对于企业合并中的或有对价的后续计量进行了进一步的规范，明确规定除权益结算以外的或有对价的公允价值变动全部计入当期损益，因此，我们更倾向于上述观点2的会计处理。

无论采用上述哪一种观点，均不可避免地涉及对金融资产公允价值的估计和判断，我们认为，金融资产的确认与计量应全面考虑各种因素的影响。当标的企业实际业绩未达到业绩承诺，出售方按规定需要向购买方返还部分对价时，对于购买方而言，其不能只是简单将合同约定需返还的金额认定为该金融资产的公允价值，不仅要考虑当期实际利润与当期承诺利润的差异，也要充分考虑对未来剩余业绩承诺期的预测调整情况，此外，还需要充分考虑对方的信用风险、货币的时间价值等，并在财务报表附注中作出相应的披露。

需要说明的是，假设本案例中A公司收购C公司为同一控制下的企业合并，则A公司收到B公司支付的业绩补偿款属于同一控制下企业合并的或有对价。根据同一控制下企业合并的会计处理，合并方在合并中取得的净资产的入账价值与为进行企业合并支付的对价账面价值之间的差额，应当调整所有者权益的相关项目，不计入企业合并当期损益，那么A公司收到B

公司的现金补偿款作为合并支付对价的调整也应计入资本公积。

另外，本案例中，A 公司于 2×12 年 12 月 31 日除了应考虑对或有对价的后续计量外，由于标的企业的实际业绩情况与承诺业绩有较大落差，合并形成的相关资产所能创造的净现金流量可能已远低于原预计金额，属于资产发生减值的迹象。因此，A 公司除应每年对商誉进行减值测试外，还应当按照《企业会计准则第 8 号——资产减值》的规定，对所购买的 C 公司的相关资产进行详细的减值测试。

2. A 公司个别财务报表的会计处理。在个别财务报表层面，应根据《企业会计准则第 2 号——长期股权投资》应用指南（2014 年修订）关于非同一控制下企业合并形成的长期股权投资的或有对价，参照企业合并准则的有关规定进行会计处理。具体可参见后续【相关案例】涉及或有对价的长期股权投资的会计处理。

【相关案例之一】

涉及或有对价的长期股权投资的会计处理

（一）案例背景

A 公司在 2×12 年 8 月前持有 B 公司 33% 的股权，2×12 年 8 月与 B 公司自然人股东 C 签订股权转让协议，受让 C 持有 B 公司 29.95% 的股权，交易完成后 A 公司拥有了对 B 公司的控制权（假设 A 公司与 B 公司不受同一或相同的多方最终控制）。标的资产 B 公司的评估值为 6.5 亿元，经双方签署的《股权转让协议》，股权转让价格暂定为 19,467.50 万元（65,000 万元×29.95%）。A 公司支付第一期股权的转让款 8,691.43 万元，并将剩余的第二期转让款 10,776.04 万元列为长期应付款，同时确认长期股权投资 19,467.50 万元。此外，协议还约定：

“若 B 公司 2×13 年度审计后的净利润低于 3,000 万元（不含本数）的，A 公司有权单方要求解除《股权转让协议》，并要求各转让方退回股权转让款和行权保证金。若 A 公司未提出解除协议的，则视 B 公司 2×14 年的净利润，重新确定股权作价并支付股权转让款，具体计算条款如下：

1. 若 B 公司 2×14 年的净利润高于 3,000 万元（含本数），则 B 公司估值重新确定为 6.5 亿元、评估值、2×14 年净利润的 12 倍三者孰低，股权转让款按确定的 B 公司估值 × 股权转让比例计算，A 公司支付 75% 股权转让款；若 2×15 年度及以后的任何一个年度 B 公司的净利润达到 4,500 万元时，A 公司即支付剩余的 25% 股权转让款。

2. 若 B 公司 2×14 年的净利润低于 3,000 万元（不含本数）的，则 B 公司估值重新确定为 3 亿元，股权转让款重新确定为 3 亿元 × 股权转让比例。

2×13 年度，B 公司经审计净利润为 -1,632.63 万元，经 A 公司董事会及股东大会审议通过，A 公司继续履行该合同。

2×14 年度，B 公司经审计净利润为 -1,523.31 万元。

由于 2×13 年度和 2×14 年度经审计的净利润均为负数，根据约定和实际情况将 29.95% 股权转让价格重新确定为 8,985 万元，重新确定的股权转让价格 8,985 万元与 2×12 年确认的股权转让价格 19,467.50 万元的差额为 10,482.50 万元。假设 2×12 年 8 月 A 公司与 C 签订的股权转让合同是基于双方真实意思的表达，2×15 年年审机构重新聘请具备一定资质的评估机构对 2×12 年收购时的评估结果进行复核，未发现当时评估结果存在不公允、作价依据不充分的情况。

问题：对于重新确定的股权转让价格与 2×12 年确认的部分股权转让价格差额如何进行会计处理？

（二）企业会计准则相关规定

《企业会计准则第 2 号——长期股权投资》应用指南（2014 年修订）关于或有对价的规定指出："（1）同一控制下企业合并形成的长期股权投资的或有对价。同一控制下企业合并方式形成的长期股权投资，初始投资时，应按照《企业会计准则第 13 号——或有事项》（以下简称"或有事项准则"）的规定，判断是否应就或有对价确认预计负债或者确认资产，以及应确认的金额；确认预计负债或资产的，该预计负债或资产金额与后续或有对价结算金额的差额不影响当期损益，而应当调整资本公积（资本溢价或股本溢价），资本公积（资本溢价或股本溢价）不足冲减的，调整留存收益。（2）非同一控制下企业合并形成的长期股权投资的或有对价，参照企业合并准则的有关规定进行会计处理。"

（三）案例解析

1. 企业合并类型的判断。根据非同一控制下企业合并的定义，A 公司和 B 公司不受同一或相同的多方最终控制，故其属于非同一控制下的企业合并。

2. 个别报表中长期股权投资会计处理。根据《企业会计准则第 2 号——长期股权投资》应用指南（2014 年修订）关于或有对价的相关规定，非同一控制下企业合并形成的长期股权投资涉及的或有对价，在个别报表中不应对长期股权投资的账面价值进行调整，而应根据企业合并或有对价的相关规定“……或有对价为资产或负债性质的，按照企业会计准则有关规定处理，如果属于《企业会计准则第 22 号——金融工具的确认和计量》中的金融工具，应采用公允价值计量，公允价值变化产生的利得和损失应按该准则规定计入当期损益或计入资本公积……”进行处理，即或有对价在个别报表和合并报表会计处理相同。

本案例中 A 公司将或有对价公允价值的初始值设为 0，根据标的企业 B 公司未来业绩情况重新评估股权转让价格并相应调整股权支付对价，属于非同一控制下企业合并形成的长期股权投资涉及的或有对价后续计量。2×14 年重新确定的股权转让价格 8,985 万元与 2×12 年确认的部分股权转让价格 19,467.50 万元差额 10,482.50 万元，属于或有对价后续调整，该或有对价随着标的资产业绩的变化而变化，实务中倾向于将该或有资产作为衍生金融工具核算，因此将该变动金额 10,482.50 万元计入个别报表的当期损益同时冲减长期应付款。

3. 长期股权投资资产减值。此外，我们注意到，标的企业已连续两年处于亏损，长期股权投资已出现减值的迹象，A 上市公司应在资产负债表日按照《企业会计准则第 8 号——资产减值》的相关规定对长期股权投资进行减值测试，根据测试结果进行相关的会计处理。

如果此案例中 A 公司并购 B 公司属于同一控制下的企业合并，则根据《企业会计准则第 2 号——长期股权投资》应用指南（2014 年修订）关于同一控制下企业合并形成的长期股权投资的或有对价的相关规定，初始投资时 A 公司应根据《企业会计准则第 13 号——或有事项》来判断是否确认资产及应确认的金额，假设 A 公司初始投资时确认资产金额为 0，那么 A 公司 2×14 年重新确定的股权转让价格 8,985 万元与 2×12 年确认的部分股权转让价格 19,467.50 万元差额 10,482.50 万元，属于资产金额与后续或有对价结算金额的差额，该差额不影响当期损益，而应当调整资本公积（资本溢价或股本溢价），资本公积（资本溢价或股本溢价）不足冲减的，调整留存收益，同时冲减长期应付款。

【相关案例之二】

控股股东以特殊身份支付企业合并业绩补偿款的会计处理

（一）案例背景

2×13 年 1 月，A 上市公司召开临时股东大会，审议通过 A 公司非公开发行股票议案。A 公司增发 3 亿股股票，B 公司及其他基金公司等 6 家特定投资者以现金方式认购股票，募集资金总额为 15 亿元，部分募集资金用于购买 C 公司持有的 D 公司 100% 股权（标的资产）。2×13 年 12 月 A 上市公司完成非公开发行股票，股票发行完成后，B 公司成为 A 公司的控股股东和实际控制人。

2×14 年 1 月，A 公司与 C 公司签署了《股权转让协议》，以 5 亿元人民币的现金对价收购 C 公司持有的 D 公司 100% 股份。收购完成后，D 公司成为 A 公司的全资子公司，同月完成相关的工商变更登记手续，A 公司和 C 公司属于非关联方。B 公司作为 A 公司的控股股东，基于本次募集资金投资项目未来良好的盈利前景，对本次募集资金所购买标的资产 D 公司 3 个会计年度内的盈利情况做出业绩补偿承诺，承诺标的资产 D 公司 2×14 年度、2×15 年度及 2×16 年度每年实现的净利润（扣除非经常性损益）分别不低于 2 亿元、4 亿元和 6 亿元。若每期实际扣除非经常性损益后净利润数未达到承诺数，将按承诺利润数与实际盈利之间的差额以现金进行补偿。

2×14 年度，标的资产 D 公司实现的净利润（扣除非经常性损益）为 7,400 万元，与承诺利润数差额为 1.26 亿元。2×15 年 8 月 A 公司已全额收到 B 公司支付的现金补偿款。

A 公司于 2×15 年确认补偿收益 1.26 亿元，并计入营业外收入。

问题：A 公司将该业绩补偿金额确认为营业外收入是否符合企业会计准则的相关规定？

（二）案例解析

本案例中 A 上市公司收购 C 公司持有的 D 公司 100% 股权，视为非同一控制下的企业合并，A 上市公司为购买方，D 公司为被购买方。值得注意的是，该并购交易中对标的资产做出业绩承诺的是购买方的控股股东 B 公司，并不是被购买方 D 公司的股东或卖方 C 公司。那么 B 公司对标的资产的业绩承诺是否属于非同一控制下企业合并中的或有对价呢？企业会计准则关于“或有对价”的定义强调“合并各方之间的协议约定，即购买方和被购买方之间由于对未来一项或多项或有事项发生的不确定性而对已支付的合并对价进行调整的约定”。本案例中控股股东B公司对标的资产做出业绩承诺并以现金支付业绩补偿款的行为，从表面上看是对不确定性进行的补偿，但实质上B公司既不属于购买方也不属于被购买方，属于或有对价发生外的第三方支付行为，从主体资格上分析，我们认为该或有事项不应归属于或有对价。

本案例中B公司因认购A上市公司非公开发行股份而成为公司控股股东、实际控制人，B公司基于募集资金投资项目未来良好的盈利前景对A上市公司募集资金所购买资产的业绩进行承诺属于单方面义务，B公司没有法律上义务对标的资产进行业绩承诺，完全是自愿行为，该交易完全基于双方特殊身份才得以发生，同时本次交易将使A上市公司明显的、单方面从中获益。因此，B公司作为A上市公司的控股股东、实际控制人，对A上市公司并购取得的标的资产做出业绩补偿承诺并以现金支付业绩补偿款，应当视为控股股东与A上市公司之间的权益性交易，相关利得计入资本公积。

综上，A上市公司将该业绩补偿金额确认为营业外收入不符合企业会计准则的相关规定。

案例3－08
如何判断或有支付是否属于企业合并的或有对价

一、案例背景

A公司系一家制药公司，从事药品的生产和销售。C公司系一家药品研发企业，为制药企业提供药物研发专业服务，其研发团队正在进行若干个新药研发项目，同时对外提供临床研究外包、代理药品注册申请、药品上市后的推广等专业服务。C公司正在进行的新药研发项目处于不同的研发阶段，部分已取得阶段性成果，其中一个研发项目已进入临床试验III期。

为了扩充自身的研发力量，A公司购买B公司持有的C公司100%股权，该交易构成非同一控制下的企业合并。交易价格的确定主要基于C公司研发业务的价值，即研发团队的研发能力。考虑到对于研发能力的评估存在较大不确定性，根据双方协商，交易价格为5,000万元，其中4,000万元于2×13年1月支付，其余1,000万元待未来事项进一步证实C公司的研发能力时支付。C公司正在进行若干药品研发项目，相较于其他项目，已进入临床研究III期的研发项目未来的研究结果更能够在近期内提供C公司研发业务能力的证据。鉴于此，买卖双方约定，如果该新药研发项目可以按照预期完成临床试验、通过地方卫生部门的初审并在2×14年底之前完成卫生部门的审核并取得新药证书，则A公司支付其余1,000万元，否则其余1,000万元款项A公司不再支付。

根据评估，处于临床研究III期、未来研发结果仍存在一定不确定性的该研发项目的公允价值为2,000万元，而类似研发成功的项目的公允价值约为2,300万元。

问题：对价中包括的1,000万元或有支付是否作为企业合并中的或有对价进行会计处理？

二、会计准则及相关规定

《国际财务报告准则第3号——业务合并》对于区分是企业合并交易的组成部分还是独立于企业合并的单独交易提供了指引，第51、52段指出：

“51. 购买方和被购买方可能在开始协商企业合并之前就存在某种关系或安排，或是在协商中订立了一项独立于企业合并的安排。在上述任何一种情况下，购买方应识别那些不属于企业合并中购买方与被购买方（或与被购买方的前所有者）交易部分的金额，即并非为了被购买方交易的部分金额。购买方作为应用购买法的一部分应当确认的，仅限于为被购买方转移的定价、为换取被购买方所取得的资产和承担的负债。单独交易应当根据相关的国际财务报告准则进行会计处理。

52. 在合并前，购买方参与或代表购买方参与，或者是主要为了购买方或合并后主体的利益（而非主要为了被购买方或其前所有者的利益）而参与的交易，很可能是单独交易。”

同时，《国际财务报告准则第3号——业务合并》应用指南第50段指出：“购买方应当考虑下列因素（考虑时既不是相互排除也不是唯一决定），以确定交易是否是与被购买方交换的一部分或者该交易是否应单独于企业合并：（1）交易的原因；（2）哪方发起的交易；（3）交易的时间安排。”

三、案例解析

本案例中，A公司向B公司购入C公司100%股权，双方达成的对价条款中存在一项或有支付，即1,000万元是否支付取决于未来某个研发项目的研发进度和研发结果。对于这部分或有支付，A公司应结合企业合并中或有对价的定义和实质，根据交易的具体情况，分析确定该或有支付构成企业合并组成部分中的或有对价，还是应作为企业合并中的单独交易，即取得无形资产的或有对价进行会计处理。

根据企业合并或有对价的定义，或有对价是企业合并对价的一部分，换言之，购买方支付或有对价的目的是为了取得被收购业务，而不是专门针对某项具体的资产或服务。或有对价产生的根源在于被购买业务价值的不确定性以及买卖双方存在的信息不对称。这种情况下，买方为避免高价购入、卖方为避免低价卖出，往往会选择按照未来一项或多项或有事项的结果对于交易价格进行一定程度的调整，从而尽可能使得交易价格合理和公平。通常情况下，或有对价安排中的或有事项是可以反映被购买业务价值的事项。例如买卖双方根据业务未来的盈利能力估计被收购业务的价值，双方以购买日后一定时期被购买业务的净利润达到或者低于约定水平为或有事项，对交易价格进行调整，就是典型企业合并或有对价。

在认识了企业合并或有对价的定义和实质后，我们来看一下本案例中双方安排或有支付的原因，以及选择或有事项的考虑。

第一，交易双方为什么在交易中安排或有支付？本案例中，A公司购买C公司的研发业务，目的是通过并购C公司的研发业务提高自身的研发能力，其看重的是C公司的整体研发业务、整体研发能力，而不是特定研发项目的研发结果。交易中安排或有支付，主要是源于对C公司整体研发业务估值、整体研发能力评估的不确定性，而不是源于对特定研发项目未来研发结果的不确定性。

第二，交易双方为什么选择某一特定研发项目的研发结果作为或有事项？本案例中，A公司购买的是C公司的研发业务，与业务的净利润反映业务的业绩及价值类似，研发项目成功与否反映了研发业务的业绩及价值。本案例中，交易双方选择以特定研发项目的研发结果作为决定1,000万元支付与否的或有事项，主要是C公司各个研发项目所处的阶段决定的，这个相对处于研发后期的项目可以在较短时期内为评估C公司的整体研发能力提供适当证据。就本案例而言，特定研发项目在合并日后一定时期的研发结果，与典型的企业合并或有对价中被收购业务在合并日后一定时期的净利润具有相同的经济意义。

第三，1,000万元或有对价的构成也表明该或有支付主要是企业合并的或有对价。本案例中，特定研发项目的研发结果存在不确定性，这个处于临床研究III期的研发项目的公允价值为2,000万元，类似已研发成功的项目的公允价值为2,300万元，两者相差300万元，该差异来自研发结果不确定性以及后续研发支出。这表明，1,000万元或有支付中，特定项目研发结果不确定性的金额影响不超过300万元，1,000万元或有支付的确定更多的是基于特定项目研发结果所反映出的被并购业务整体研发能力、研发业务的价值，该或有支付是企业合并的或有对价。

综上，本案例中，根据特定研发项目在合并日后的研发结果决定1,000万元款项的支付，其形式上似乎是对于企业合并中取得的特定无形资产支付的价款，实质上是企业合并的或有对价，应按照《企业会计准则第20号——企业合并》中有关或有对价的规定进行确认和计量。

案例3-09
区分企业合并的或有对价与职工薪酬

一、案例背景

A公司是上市公司，出于扩张业务目的，A公司于2×13年2月收购了B公司100%股权，并于2×13年8月收购了C公司100%股权，两次收购都是非同一控制的企业合并。

1. B公司的收购对价为人民币5,000万元，以现金支付。B公司原本由自然人甲创立并持股，甲在B公司担任首席执行官。A公司与甲约定，如果

2×13~2×14 年 B 公司收入总额达到约定水平，并且甲在 2×14 年 12 月 31 日之前一直在 B 公司任职，则除了上述 5,000 万元价款之外，甲将进一步获得按照以下方法计算的款项：

（1）如果 2×13 年 B 公司收入总额达到 1 亿元，则甲可以按照 2×13 年 B 公司收入总额的 1% 获得现金；

（2）如果 2×14 年 B 公司收入总额达到 1.2 亿元，则甲可以按照 2×14 年 B 公司收入总额的 0.5% 获得现金。

如果甲在 2×14 年 12 月 31 日之前离职，则甲无权获得上述款项。为了 B 公司平稳过渡并持续发展，A 公司希望收购完成后甲继续在 B 公司任职；同时，甲拥有丰富的行业经验及广泛的关系网络，A 公司希望甲能够带领 B 公司进一步扩大收入规模。

2. C 公司的收购对价为人民币 8,000 万元，以现金支付。该对价由交易双方根据 C 公司未来净利润的预测结果协商确定，其中，2×13 年、2×14 年以及 2×15 年 C 公司的预测净利润分别为 1,500 万元、1,800 万元以及 2,000 万元。交易双方约定，如果 2×13 年、2×14 年以及 2×15 年 C 公司经审计的扣除非经常性损益后的净利润超过上述预测净利润，则在 8,000 万元对价之外，A 公司按照以下方法计算并支付 C 公司原股东额外的款项：

应支付款项 =（各年经审计的扣除非经常性损益后的净利润 - 该年度预测净利润）× 原股东在 C 公司的持股比例

C 公司的股权由 8 个自然人持有，其中 5 人在 C 公司担任关键管理人员，并在收购后仍自愿继续留任。在 C 公司担任关键管理人员的 5 名原股东共计持有 C 公司 40% 股权。上述额外款项的支付与收购完成后原股东是否在 C 公司继续任职无关。不考虑上述或有支付，在 C 公司任职的原股东获得的薪酬与其他非原股东的关键管理人员获得的薪酬相当。

问题：对 B 公司与 C 公司的收购中包括的或有支付属于企业合并的或有对价还是职工薪酬？

二、会计准则及相关规定

《企业会计准则第 9 号——职工薪酬》（2014 年修订）第二条规定："职工薪酬，是指企业为获得职工提供的服务或解除劳动关系而给予各种形式的报酬或补偿。"

《企业会计准则讲解（2010）》第二十一章指出："某些情况下，合并各方可能在合并协议中约定，根据未来一项或多项或有事项的发生，购买方通过发行额外证券、支付额外现金或其他资产等方式追加合并对价，或者要求返还之前已经支付的对价。购买方应当将合并协议约定的或有对价作为企业合并转移对价的一部分，按照其在购买日的公允价值计入企业合并成本。"

《国际财务报告准则第 3 号——业务合并》应用指南第 54 段、第 55 段对于区分企业合并中的或有对价与职工薪酬提供了具体的指引：

"B54. 对雇员或出售方股东的或有支付安排是企业合并中的或有对价，还是独立交易，取决于该安排的性质。理解该购买协议为何包括或有支付条款、谁发起该安排以及何时各方进行该安排，可能有助于评估该安排的性质。

B55. 如果尚未明确对雇员或出售方股东的支付安排是与被购买方交易的一部分还是单独于企业合并的交易，那么购买方应考虑下列指标：

（1）持续雇佣——对成为核心雇员的出售方股东的持续雇佣条款可能意味着该交易实质是一项或有对价安排。持续雇佣的相关条款可能包含在雇佣协议、购买协议或其他文件中。雇佣终止、支付自动丧失的或有支付安排是为企业合并后的服务提供的报酬。或有支付不受雇佣活动终止影响的安排则可能表明或有支付是额外支付的对价而非报酬。

（2）持续雇佣的时间——如果要求的雇佣期超过或有支付的期间或两者一致，该事实表明或有支付实质上是报酬。

（3）报酬的水平——如果不考虑或有支付安排，出售股份的股东作为职员的报酬与合并后主体其他核心雇员相比处于合理水平，则可能表明这项或有支付是额外的对价而非报酬。

（4）向雇员的增量支付——如果没有成为雇员的出售方股东收到的每股或有支付比那些成为合并后主体雇员的股东收到的要少，这一事实表明给予成为雇员的出售方股东或有支付的增量金额是报酬。

（5）拥有的股份数量——仍为核心雇员的出售方股东拥有的股份相对数量可能表明了或有对价安排的实质。例如，如果拥有被购买方几乎所有股份的出售方股东仍是核心雇员，该事实可能表明实质上是利润共享安排，意图是为合并后的服务提供报酬。另一种情况是，如果仍为核心雇员的出售方股东仅拥有少部分被购买方的股份，而且出售方股东每股获得相同金额的或有支付，这一事实可能表明或有支付是额外的对价。同时还要考虑与仍为核心雇员的出售方股东相关的各方（如家庭成员）所持有的合并前权益。

（6）与估值的关联——如果购买日转移的初始对价是基于被购买方估值所确定的数字范围的低端，并且该或有规则与估值方法相关，则该事实可能表明该或有支付是额外的对价。另一种情况是，如果或有支付规则与先前的利润分享安排一致，则该事实表明安排的实质是提供报酬。

（7）确定对价的规则——用于确定或有支付的规则可能有助于评估安排的实质。例如，如果或有支付是建立在收益倍数基础上，则可能表明该义务是企业合并中的或有对价，且该规则是为了确定或核实被购买方的公允价值。相关，如果或有对价是收益的特定百分比，则可能表明对雇员的义务是为雇员提供的服务给予报酬的利润分享安排。

（8）其他协议和问题——与出售方股东的其他安排条款（比如非竞争协议、未执行的合同、咨询合同和财产租赁协议）和对或有对价的所得税处理表明或有支付可归属于其他事项而非为被购买方支付的对价。例如，与购买相关联，购买方可能与主要的出售方股东进行一项财产租赁。如果租赁合同规定的租金显著低于市场水平，此项或有支付安排要求的给出租人（出售方股东）的部分或全部或有支付，可能是为使用租赁而进行的支付，该租赁资产要在购买方合并后财务报表中单独确认。相反，如果租赁合同规定的租金与市场就该租赁资产的条款一致，对出售方股东的或有支付的安排可能就是企业合并中的或有对价。”

三、案例解析

企业会计准则对于企业合并中的或有对价作出了原则性的规定，该原则与国际财务报告准则一致。我们认为，区分或有对价和职工薪酬，取决于具体安排的性质，应结合《国际财务报告准则第3号——业务合并》应用指南第55段中所给出的具体分析要素，综合判断。本案例中，A公司购买B公司及C公司100%股权，在初始支付的对价之外，交易双方还约定了或有支付安排，基于未来特定事项的情况，向B公司及C公司的原股东支付相应的款项。由于B公司及C公司的全部或部分股东在被A公司合并之后的B公司及C公司任职，因此，对于这些原股东的或有支付，有可能是基于其员工身份、为取得其服务而支付的职工薪酬，也有可能是基于其原股东身份、为取得其持有的被购买方股权而支付的企业合并的或有对价。

根据《企业会计准则第 20 号——企业合并》，企业合并的或有对价是企业合并成本的一部分，也就是说，企业合并中，购买方支付或有对价仍是为了获取被购买方的股权，只是由于被购买方价值存在不确定性而将一部分合并成本安排为或有的形式。相应的，企业合并的或有对价中，或有事项大多是能够反映被购买方价值的事项。

根据《企业会计准则第 9 号——职工薪酬》（2014 年修订），职工薪酬是企业为获得职工提供的服务而给予的报酬，即企业支付款项是为了获取员工的服务。相应的，构成职工薪酬的或有支付中，或有事项大多是可以反映员工工作能力、服务水平的事项。

除上述企业合并或有对价以及职工薪酬的定义外，实务中，企业还可以参考《国际财务报告准则第 3 号——业务合并》应用指南第 54 段、第 55 段给出的相关指引界定或有支付的性质。根据上述国际财务报告准则的规定，如果员工在约定期限到期前离职即无法获得或有支付，则可以直接得出或有支付构成职工薪酬的结论；除此以外，企业应结合或有支付的具体安排，综合考虑《国际财务报告准则第 3 号——业务合并》应用指南第 55 段列示的各项指标，对或有支付的性质作出分析与判断。

1. A 公司收购 B 公司进行的或有支付安排。本案例中，A 公司收购 B 公司股权，B 公司的唯一股东甲同时是 B 公司的首席执行官。对于甲的或有支付包括两个条件，一是 2×13 年及 2×14 年的收入达到合同约定的水平，二是甲在 2×14 年 12 月 31 日之前一直在 B 公司任职。

第一，参考《国际财务报告准则第 3 号——业务合并》应用指南第 55 段的指引，该或有支付的发生以甲的任职为前提条件，如果甲在 2×14 年 12 月 31 日之前离职，则即使 B 公司在相应年度实现的收入达到约定水平，甲也无法获得支付，这样的安排表明，该或有支付的目的是为了获得甲的服务，属于职工薪酬，应按照《企业会计准则第 9 号——职工薪酬》（2014 年修订）的相关规定进行会计处理。

第二，根据本案例的背景信息，为了实现 B 公司的平稳过渡及持续发展，A 公司希望甲在收购完成后继续在 B 公司任职，并且 A 公司希望甲能够运用其行业经验及关系网络带领 B 公司进一步扩大收入规模，这些迹象也表明，该或有支付安排的原因是为了获取甲的服务，并通过绩效奖金的方式进行激励，而或有支付构成职工薪酬的判断适当地反映了这一交易安排的实质。

第三，本案例中，企业合并的初始对价是根据B公司未来净利润的预测结果确定，而或有支付的金额则是未来年度B公司超额收入的较小百分比，这也表明该或有支付可能是针对员工服务给予的激励和报酬，而不是企业合并或有对价。

2. A公司收购C公司进行的或有支付安排。本案例中，A公司收购C公司股权，C公司的8名原股东中有5人在C公司任职，对于C公司原股东的或有支付以相关年度C公司净利润超过合同约定金额为条件，与收购完成后原股东是否在C公司继续任职无关。这种情况下，或有支付有可能是企业合并的或有对价而非职工薪酬，但无法直接得出结论，企业应根据或有支付的具体安排，综合考虑相关因素进一步分析与判断。

第一，在C公司任职的原股东仅持有C公司40%股权，该或有支付的对象不是仅限于在C公司任职的原股东，而是C公司全体股东。如果C公司净利润达到约定金额，在C公司任职的原股东与不在C公司任职的原股东就单位股权获得的或有支付是相同的，且担任关键管理人员的原股东即使离任，也不影响款项的支付。这一迹象表明该或有支付可能与员工服务无关，该或有支付可能是企业合并的或有对价。

第二，该或有支付依据的或有事项、或有事项发生时用于计算或有支付金额的指标是相关年度C公司实现的扣除非经常性损益后的净利润，而这些净利润指标正是交易双方在确定C公司价值、协商交易对价时依据的指标。这一迹象表明，该或有支付安排的目的可能是根据未来C公司实际盈利情况调整交易对价，从而减少C公司盈利不确定性对于合并定价的影响，相应该或有支付的性质可能是企业合并的或有对价而非职工薪酬。

第三，如果不考虑或有支付，在C公司任职的原股东获得的薪酬与其他非原股东的关键管理人员获得的薪酬相当，这也表明该或有支付与员工服务无关，可能是企业合并的或有对价而非职工薪酬。

综合考虑以上各因素，A公司收购C公司股权时进行的或有支付是企业合并的或有对价，应按照《企业会计准则第3号——企业合并》的相关规定进行会计处理。

案例 3－10
非同一控制下企业合并的合并财务报表中是否考虑评估增值部分的递延所得税

对于非同一控制下的企业合并，由于被购买方的资产、负债在购买方的合并财务报表上被重新计量，或者企业合并过程中缴纳了所得税等因素，有可能产生新的递延所得税差异，需要结合实际情况，根据所得税会计处理的相关规定确认递延所得税资产或递延所得税负债。

一、案例背景

A 上市公司于 2×12 年 8 月 1 日收购了 B 公司 80% 的股权并取得对 B 公司的控制，该项合并为非同一控制下的企业合并。收购完成后，B 公司成为 A 公司的子公司。B 公司于收购日的可辨认净资产账面价值为 6,000 万元，经评估确定的可辨认净资产公允价值为 8,000 万元，评估增值 2,000 万元（主要为生产设备以及土地使用权），基于经评估的公允价值，A 公司支付的合并对价为 8,000 万元。A 公司与 B 公司均为国内居民企业，适用的所得税税率均为 25%。

该项合并交易为控股合并，B 公司在被收购后仍作为独立法人继续存在，因此上述评估增值并不会对 B 公司财务报表产生影响，此外，B 公司并未因被收购而产生所得税纳税义务，各项资产负债的计税基础并未发生变化，假定计税基础与原账面价值一致为 6,000 万元。

问题：在 A 公司合并财务报表中，是否应当考虑上述评估增值部分的递延所得税影响？

二、会计准则及相关规定

《企业会计准则第 18 号——所得税》第四条规定："企业在取得资产、负债时，应当确定其计税基础。资产、负债的账面价值与其计税基础存在差异的，应当按照本准则规定确认所产生的递延所得税资产或递延所得税负债。”

《企业会计准则第18号——所得税》应用指南规定：“由于企业会计准则规定与税法规定对企业合并的处理不同，可能会造成企业合并中取得资产、负债的入账价值与其计税基础的差异。比如非同一控制下企业合并产生的应纳税暂时性差异或可抵扣暂时性差异，在确认递延所得税负债或递延所得税资产的同时，相关的递延所得税费用（或收益），通常应调整企业合并中所确认的商誉。”

三、案例解析

企业会计准则要求对于资产、负债的计税基础与其账面价值的差异，确认相应的递延所得税。递延所得税的确认所依据的原则是权责发生制原则。按照权责发生制原则，即使在某项交易发生时，未产生当期所得税的纳税影响，例如本案例中的企业合并交易，但是如果该项交易使得相关资产或负债的账面价值发生变化从而与计税基础产生差异（某些交易下，也可能是计税基础发生变化从而与账面价值产生差异），则必然产生后续所得税影响，因此需要在交易发生时确认该所得税影响（递延所得税）。

为何计税基础与账面价值有差异即会有后续所得税影响呢？以资产为例说明，其账面价值所代表的意义是该资产至少应当能够以等于其账面价值的金额回收（否则，该项资产会因为其可收回金额低于账面价值而需要计提减值准备）。另一方面，资产的计税基础所代表的意义是该资产在将来回收时，该金额可作为在计算所得税时税前抵扣。因此，当资产的账面价值与计税基础有差异时，则说明资产在将来回收时，必定会产生所得税影响，因为回收金额与抵扣金额有差异。当账面价值（回收金额）大于计税基础（抵扣金额）时，未来需要纳税；反之，当账面价值（回收金额）小于计税基础（抵扣金额）时，未来可以抵税。上述暂时性差异是在交易发生时即产生的，按照权责发生制原则，就需要在交易发生时，相应地确认递延所得税负债（未来需要纳税的情形）或递延所得税资产（未来可以抵税的情形）。

本案例中，A公司因收购B公司使其成为子公司，因为属于非同一控制下的企业合并，在A公司合并财务报表中，B公司纳入合并范围的各项资产、负债需要基于收购日的公允价值确认。在A公司合并财务报表的层面，A公司及其所有纳入合并范围的子公司是作为一个报告主体存在的。因此，被收购方 B 公司在 A 公司合并财务报表中的各项资产负债的账面价值指的是上述基于收购日公允价值确认的金额，而非这些资产负债在 B 公司自身财务报表中的原账面价值。而 B 公司各项资产负债的计税基础并没有因为被收购而发生变化。因此，在 A 公司的合并财务报表中，B 公司各项资产负债的账面价值与计税基础产生差异。由于是评估增值，账面价值大于计税基础，如前所述，产生未来需要纳税的后续所得税影响，应当于企业合并发生时，确认递延所得税负债。同时，根据企业会计准则的相关规定，相应地调整所确认的商誉金额。综上所述，A 公司因该项企业合并，在其合并财务报表中，应确认纳入合并范围的 B 公司各项资产负债 8,000 万元，根据该账面价值与计税基础产生的暂时性差异确认递延所得税负债 500 万元（2,000 × 25%），根据支付的对价与购买的可辨认净资产公允价值（包括确认的递延所得税负债）的差额，确认商誉 500 万元[8,000 - (8,000 - 500)]。

案例 3 - 11
同时向控股股东和少数股东购买股权交易的会计处理

实务中，上市公司经常在收购控股股东控股的子公司的同时，向该子公司的少数股东购买股权，从而使被收购对象成为上市公司的全资子公司。对于同时向控股股东及第三方收购同一公司股权，并构成企业合并的交易，在合并财务报表及母公司个别报表中如何进行会计处理值得研究。

一、案例背景

A 公司有两家子公司：全资子公司甲和控股子公司乙（持股比例 60%），B 公司持有乙公司 40% 股权。甲公司和乙公司均为 A 公司多年前出资设立的子公司。2 × 13 年，甲公司支付现金同时购买 A 公司持有乙公司 35% 股权和 B 公司持有乙公司 20% 股权，从而对乙公司实施控制。如图 3 - 1 所示。

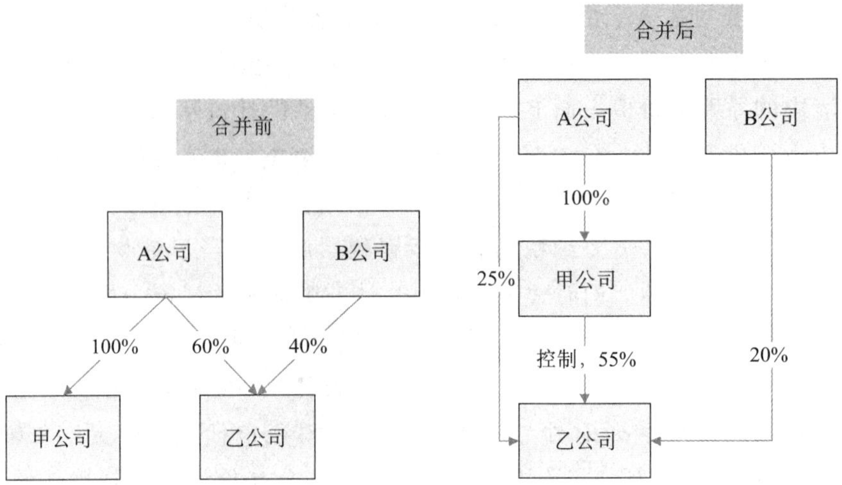

图 3－1　合并前后股权结构

问题：

（1）甲持有乙公司 55%的股权，其中 35%是向最终控制方（A 公司）购买，20%是向乙公司的少数股东 B 购买。甲公司合并乙公司，是否属于同一控制下的企业合并？

（2）如果甲公司合并乙公司属于同一控制下的企业合并，甲公司应如何编制合并财务报表的比较信息？

（3）A 公司个别和合并财务报表应当如何进行会计处理？

二、会计准则及相关规定

《企业会计准则第 20 号——企业合并》第五条规定："参与合并的企业在合并前后均受同一方或相同的多方最终控制且该控制并非暂时性的，为同一控制下的企业合并"。

《企业会计准则第 20 号——企业合并》第九条规定："合并利润表应当包括参与合并各方自合并当期期初至合并日所发生的收入、费用和利润。被合并方在合并前实现的净利润，应当在合并利润表中单列项目反映。"

《企业会计准则讲解（2010）》第二十一章指出："对于同一控制下企业合并，编制合并财务报表时，无论该项合并发生在报告期的任一时点，合并利润表、合并现金流量表均反映的是由母子公司构成的报告主体自合并当期期初至合并日实现的损益及现金流量情况，相应地，合并资产负债表的留存收益项目，应当反映母子公司如果一直作为一个整体运行至合并日应实现的盈余公积和未分配利润的情况。对于同一控制下的控股合并，在合并当期编制合并财务报表时，应当对合并资产负债表的期初数进行调整，同时应当对比较报表的相关项目进行调整，视同合并后的报告主体在以前期间一直存在。”

《企业会计准则第2号——长期股权投资》（2014年修订）第五条规定：“同一控制下的企业合并中，合并方以支付现金、转让非现金资产或承担债务方式作为合并对价的，应当在合并日按照取得被合并方所有者权益在最终控制方合并财务报表中的账面价值的份额作为长期股权投资的初始投资成本。长期股权投资初始投资成本与支付的现金、转让的非现金资产以及所承担债务账面价值之间的差额，应当调整资本公积；资本公积不足冲减的，调整留存收益。”

《企业会计准则第33号——合并财务报表》应用指南（2014年修订）指出：“追加投资既包括母公司购买少数股东拥有的子公司股权的情况，也包括企业因追加投资等原因能够对非同一控制下的被投资方实施控制的情况。追加投资的会计处理应分别个别财务报表和合并财务报表进行会计处理，个别财务报表的会计处理，参见《企业会计准则第2号——长期股权投资》（以下简称“长期股权投资准则”）的相关内容，合并财务报表中的会计处理应当分别以下情况：

（一）母公司购买子公司少数股东拥有的子公司股权的，本准则第四十七条规定，因购买少数股权新取得的长期股权投资与按照新增持股比例计算应享有子公司自购买日（或合并日）开始持续计算的净资产份额之间的差额，应当调整资本公积（资本溢价或股本溢价），资本公积不足冲减的，调整留存收益。”

《企业会计准则第2号——长期股权投资》（2014年修订）第六条规定：“除企业合并形成的长期股权投资以外，其他方式取得的长期股权投资，应当按照下列规定确定其初始投资成本：（一）以支付现金取得的长期股权投资……。”

《企业会计准则第33号——合并财务报表》（2014年修订）第四十七条规定：“母公司购买子公司少数股东拥有的子公司股权，在合并财务报表中，因购买少数股权新取得的长期股权投资与按照新增持股比例计算应享有子公司自购买日或合并日开始持续计算的净资产份额之间的差额，应当调整资本公积（资本溢价或股本溢价），资本公积不足冲减的，调整留存收益。”

三、案例解析

1. 由于在合并前后，甲公司、乙公司均受A公司最终控制且该控制始于多年之前，符合同一控制下企业合并的定义，因此，甲公司合并乙公司的交易为同一控制下的企业合并。

2. 甲公司购买乙公司55%的股权为一项整体交易，其中35%是向同一最终控制人（A公司）购买，20%是向外部股东购买。因此：

（1）甲公司个别报表，对于35%股权为同一控制下企业合并形成的股权，其初始投资成本应等于乙公司所有者权益账面价值的35%，初始投资成本与支付的对价（现金）的差额，应当调整资本公积，资本公积不足冲减的则冲减留存收益。值得注意的是，本案例中乙公司是由A公司出资设立的子公司，如果乙公司是由A公司以非同一控制下企业合并的方式，向第三方集团购买的子公司，则乙公司所有者权益账面价值应以其纳入A公司合并财务报表中的金额为基础确定。20%股权为购买少数股东权益形成的长期股权投资，其初始投资成本应等于实际支付给B公司的对价。

（2）甲公司在编制合并日的合并财务报表时，根据同一控制下企业合并以及购买子公司少数股东权益的相关要求，取得的乙公司的资产负债均按照乙公司的账面价值纳入合并范围，所支付的对价与取得的乙公司净资产账面价值份额的差额调整资本公积，资本公积不足冲减的冲减留存收益（合并日，同一控制下企业合并与购买子公司少数股权的处理思路类似，均作为权益性交易处理，故甲公司在编制合并日的合并财务报表时，两项交易的处理方法是一致的）。

（3）甲公司在编制合并财务报表的比较信息时，由于取得的乙公司55%的股权中，只有35%是从最终控制方取得的，其余20%是从外部少数股东处购买取得，因此，在比较期间只应合并乙公司35%的权益份额，其余65%均作为少数股东权益列报，于合并日持股比例增加至55%时，作为购买子公司少数股东权益，合并比例从35%增加至55%，少数股东权益比例则从65%下降至45%。

3. A公司个别报表：处置乙公司部分股权，对乙公司的持股比例由60%下降为25%，如果能够对乙公司施加重大影响，应作为联营企业，改按权益法核算。

A 公司的合并财务报表：对于 A 公司来说，合并前直接持有乙公司 60% 股权；合并后，直接及间接持有乙公司股权增加至 80%。因此，A 公司合并财务报表中作为购买少数股东权益处理。

案例 3 – 12
非同一控制下企业合并分步购买是否构成一揽子交易的判断

一、案例背景

2×15 年 6 月，A 公司与独立第三方 B 公司及其关联方（统称“B 集团”）签订《股权转让协议》，以现金方式收购 B 集团持有的 C 公司 60% 的股权。股权转让价格为 3.43 亿元，该价格为基于具有证券从业资格的评估机构出具的以 2×14 年 9 月 30 日为评估基准日的《资产评估报告》评估结果协商确定，评估值为 3.69 亿元，增值率为 1,159.92%。根据相关协议，其中约定业绩补偿方案，出让人对 C 公司 2×15 年、2×16 年、2×17 年扣除非经常性损益后的净利润进行承诺，如业绩未达标 B 集团将以现金方式补偿。截至 2×15 年 9 月，已完成上述股权交易相关的工商登记、股权过户等手续，并已完成董事会等机构成员的更换。

此外，根据《股权转让协议》约定，如果 C 公司完成 2×15 年业绩承诺，则受让方将在 C 公司 2×15 年度的审计报告出具之日起 2 个月内，与转让方签订股权转让合同，收购转让方持有的 B 公司剩余 40% 股权；股权转让价格将以届时评估值为基础由双方协商确定。约定条款仅为双方意向性约定，对双方均不构成必须收购转让方剩余 40% 股权的承诺。

2×16 年 3 月，A 公司公告拟以现金方式继续收购上述 C 公司的 30% 的股权。股权转让价格为 2.06 亿元，该价格为基于具有证券从业资格的评估机构出具的以 2×15 年 9 月 30 日为评估基准日的《资产评估报告》评估结果协商确定，评估值 2.06 亿元，评估增值率为 1,093.64%。上述交易于 2×16 年 4 月经股东大会批准，并于 2×16 年 4 月最终完成。

上述两次交易均构成重大资产重组，均需要单独经过交易双方股东大会及中国证监会审核通过。上述两次交易完成后，A 公司共持有 C 公司 90% 股权。

问题：A 公司上述分步购买 B 公司股权的交易，是否构成一揽子交易？

二、会计准则及相关规定

《企业会计准则第 33 号——合并财务报表》应用指南（2014）中规定："企业通过多次交易分步实现非同一控制下企业合并的，在合并财务报表上，首先，应结合分步交易的各个步骤的协议条款，以及各个步骤中所分别取得的股权比例、取得对象、取得方式、取得时点及取得对价等信息来判断分步交易是否属于'一揽子交易'。本准则第五十一条规定，各项交易的条款、条件以及经济影响符合以下一种或多种情况的：通常应将多次交易事项作为'一揽子交易'进行会计处理：

（1）这些交易是同时或者在考虑了彼此影响的情况下订立的；

（2）这些交易整体才能达成一项完整的商业结果；

（3）一项交易的发生取决于至少一项其他交易的发生；

（4）一项交易单独看是不经济的，但是和其他交易一并考虑时是经济的。

如果分步取得对子公司股权投资直至取得控制权的各项交易属于'一揽子交易'，应当将各项交易作为一项取得子公司控制权的交易，并区分企业合并的类型分别进行会计处理。

如果不属于'一揽子交易'，在合并财务报表中，还应区分企业合并的类型分别进行会计处理。对于分步实现的非同一控制下企业合并，购买日之前持有的被购买方的股权，应当按照该股权在购买日的公允价值进行重新计量，公允价值与其账面价值的差额计入当期投资损益；购买日之前持有的被购买方的股权涉及权益法核算下的其他综合收益、其他所有者权益变动的，应当转为购买日所属当期收益，由于被投资方重新计量设定受益计划净负债或净资产变动而产生的其他综合收益除外。"

三、案例解析

实务中对分步购买是否属于一揽子交易的判断，要结合交易的实质、交易双方之间的协议或其他安排，以及考虑准则及相关规定中所提示的一种或多种情况来进行判断。

本案例中，A公司先后于2×15年6月和2×16年3月向B集团购买C公司60%和30%股权的交易，是否构成一揽子交易，根据准则并结合事实和情况分析如下：

第一，两项交易是否同时或者在考虑了彼此影响的情况下订立的。该两项交易的协议分别在2×15年和2×16年签订，并非同时订立。两项合同是否为考虑了彼此影响的情况下订立的呢？根据第一次股权转让协议约定，如果C公司完成2×15年业绩承诺，则受让方将在C公司2×15年度的审计报告出具之日起2个月内，与转让方签订股权转让合同，收购转让方持有的B公司剩余40%股权；股权转让价格将以届时评估值为基础由双方协商确定。虽然在第一次股权协议中对后期收购计划进行了约定，但约定条款仅为双方意向性约定，对双方均不构成收购剩余40%股权的承诺。第二次股权协议签订与否取决于标的公司2×15年度业绩承诺的完成情况，股权转让价格为根据届时评估值为基础由双方协商确定，且两次交易均构成重大资产重组，均需单独经过交易双方的股东大会及中国证监会并购重组委员会的审核通过。可以判断，两项交易虽然存在联系但是以独立的条件、经过独立的审批流程等情况下进行的。

第二，两项交易是否整体才能达成一项完整的商业结果。根据背景信息，在第一次交易完成后，已完成相应的股权交割，并已更换董事会等权力机构，虽然存在业绩承诺条款以及未来分期支付股权款的安排，但该项交易已达到A公司控制标的公司的商业结果，并非需要第二次股权交易完成才能达到其完整的商业目的。

第三，一项交易的发生取决于至少一项其他交易的发生。虽然第二项交易将在第一次交易完成之后且标的公司达到业绩目标，但第一项交易并不会因后一项交易的变化而撤销或者更改，也并非第一项交易完成双方必须进行第二项交易。

第四，一项交易单独看是不经济的，但是和其他交易一并考虑时是经济的。根据两次交易价格及定价信息，第二次交易的每股单价为第一次每股单价的1.2倍，两次交易价格并不存在显著差异。两次交易价格分别以不同基础日的净资产评估结果为基础，而且从商业合理性而言，在第一次收购中获取标的公司的控股权后再以更高的价格收购剩余股权符合商业逻辑。

综上所述，虽然A公司在一年内两次自同一交易对手方收购标的公司股权，除非有其他相反证据，该两项交易并不构成一揽子交易，而应该分别进行会计处理，即第一次交易作为非同一控制下的企业合并进行会计处理，第二次交易作为收购少数股东权益的交易进行会计处理。

案例3-13
同一控制下不同交易对手之间的股权置换的会计处理

一、案例背景

2×16年3月，上市公司A进行重大资产重组，向B公司出售下属三家子公司51%的股权，B公司以发行股份的方式支付对价，交易完成后，A公司将持有B公司13.99%的股权（A公司取得股权后对B公司具有重大影响）；且A公司仍持有三家子公司49%的剩余股权，并具有重大影响。另外，A公司向控股方C公司非公开发行股票购买其持有的下属三家子公司100%及一家子公司51%的股权（A公司取得股权后控制该子公司），该交易构成同一控制下企业合并。其中A、B公司同受C公司控制，D集团为最终控制方。

根据上市公司披露信息，上述重组交易并非完全出于公司自身的经营管理需要，而是D集团为解决同业竞争历史遗留问题，提高上市公司的独立性等目的进行的一揽子交易。

问题：同一控制下不同交易对手之间的股权置换涉及的资产置出与置入是按公允价值还是按账面价值确认？

二、会计准则及相关规定

《企业会计准则第33号——合并财务报表》第五十条规定："企业因处置部分股权投资等原因丧失了对被投资方的控制权的，在编制合并财务报表时，对于剩余股权，应当按照其在丧失控制权日的公允价值进行重新计量。

处置股权取得的对价与剩余股权公允价值之和，减去按原持股比例计算应享有原有子公司自购买日或合并日开始持续计算的净资产的份额之间的差额，计入丧失控制权当期的投资收益，同时冲减商誉。与原有子公司股权投资相关的其他综合收益等，应当在丧失控制权时转为当期投资收益。”

《企业会计准则第20号——企业合并》第五条规定：“参与合并的企业在合并前后均受同一方或相同的多方最终控制且该控制并非暂时性的，为同一控制下的企业合并。”第六条规定：“合并方在企业合并中取得的资产和负债，应当按照合并日在被合并方的账面价值计量。合并方取得的净资产账面价值与支付的合并对价账面价值（或发行股份面值总额）的差额，应当调整资本公积；资本公积不足冲减的，调整留存收益。”

《企业会计准则解释第6号》指出：“同一控制下的企业合并，是指参与合并的企业在合并前后均受同一方或相同的多方最终控制，且该控制不是暂时性的。从最终控制方的角度看，其在合并前后实际控制的经济资源并没有发生变化，因此有关交易事项不应视为购买。合并方编制财务报表时，在被合并方是最终控制方以前年度从第三方收购来的情况下，应视同合并后形成的报告主体自最终控制方开始实施控制时起，一直是一体化存续下来的，应以被合并方的资产、负债（包括最终控制方收购被合并方而形成的商誉）在最终控制方财务报表中的账面价值为基础，进行相关会计处理。合并方的财务报表比较数据追溯调整的期间应不早于双方处于最终控制方的控制之下孰晚的时间。”

《企业会计准则第2号——长期股权投资》第六条规定：“除企业合并形成的长期股权投资以外，其他方式取得的长期股权投资，应当按照下列规定确定其初始投资成本：……（三）通过非货币性资产交换取得的长期股权投资，其初始投资成本应当按照《企业会计准则第7号——非货币性资产交换》的有关规定确定……。”

《企业会计准则第7号——非货币性资产交换》第三条规定：“非货币性资产交换同时满足下列条件的，应当以公允价值和应支付的相关税费作为换入资产的成本，公允价值与换出资产账面价值的差额计入当期损益：（一）该项交换具有商业实质；（二）换入资产或换出资产的公允价值能够可靠地计量。换入资产和换出资产公允价值均能够可靠计量的，应当以换出资产的公允价值作为确定换入资产成本的基础，但有确凿证据表明换入资产的公允价值更加可靠的除外。”

《企业会计准则第33号——合并财务报表》第五十一条规定：“处置对子公司股权投资的各项交易的条款、条件以及经济影响符合下列一种或多种情况，通常表明应将多次交易事项作为一揽子交易进行会计处理：

（一）这些交易是同时或者在考虑了彼此影响的情况下订立的。

（二）这些交易整体才能达成一项完整的商业结果。

（三）一项交易的发生取决于其他至少一项交易的发生。

（四）一项交易单独考虑时是不经济的，但是和其他交易一并考虑时是经济的。”

三、案例解析

根据企业会计准则的相关规定，对于同一控制下的企业合并，从最终控制方的角度看，其在合并前后实际控制的经济资源并没有发生变化，因此有关交易事项不应视为购买，从而采用权益结合法进行会计处理。但是，在现有会计准则下，对于企业并购交易中置出子公司一方的会计处理，并未区分同一控制与非同一控制作出不同规定。另外，对于同一集团内重组行为，公司与最终控制方所控制的不同的交易对手之间的交易，是否可以适用一揽子交易，现有会计准则也并未提供明确依据。

对于本案例中，A公司分别与同受D集团控制的B公司和C公司之间的股权置换涉及的资产置出和置入按公允价值还是账面价值确认，实务中存在如下不同观点：

观点一：确认置出子公司产生的利得，置入联营投资以及剩余股权均基于公允价值计量。该类观点认为，上述A公司股权置换交易均在D集团下，但其是分别与B公司和C公司两个企业之间的两项单独交易，并非互为前提，应分别进行相应会计处理。对于与B公司的交易，其置入联营企业并不构成同一控制下的企业合并，按照企业会计准则，A公司处置三家子公司股权取得的对价与剩余股权公允价值之和，减去按原持股比例计算应享有原子公司自购买日或合并日开始持续计算的净资产的份额之间的差额，计入丧失控制权当期的投资损益。因此，A公司对于三家原子公司剩余的49%股权应按照公允价值计量。作为上述资产的处置对价，A公司取得的B公司13.99%的股权，作为对联营企业的投资，按照长期股权投资准则的规定进行核算。A公司以持有的三家子公司51%的股权为对价换取B公司的股权，属于以非货币性资产交换取得的长期股权投资，由于交易具有商业实质，因此应基于换出资产的公允价值为基础确认对B公司联营投资的初始投资成本。而对于与C公司的交易，A公司通过非公开发行股份以获取同受最终控股股东D集团控制的四家子公司股权，形成同一控制下企业合并，按照企业会计准则，合并方在企业合并中取得的资产、负债按照合并日在被合并方的账面价值计量，合并方取得的净资产账面价值与支付的合并对价账面价值（或发行股份面值总额）的差额，调整资本公积。

观点二：不确认置出子公司产生的利得，置入联营投资按照公允价值计量，剩余股权按照账面价值计量。该类观点认为，由于置入和置出交易是互为前提，可将置入和置出交易看作是一揽子交易，属于一揽子的同一控制下企业合并。准则规定同一控制下企业合并的合并方应将取得的净资产账面价值与支付的合并对价账面价值（或发行股份面值总额）而非公允价值的差额调整资本公积。根据此原则，置出的三家原子公司51%的股权应按照其账面价值计量并计入合并对价，而三家原子公司剩余的49%的股权，按照享有的原合并报表中三家公司净资产账面价值的份额进行初始计量，不确认按照公允价值重新计量的损益。而换入的B公司的13.99%的联营投资，不构成企业合并，应按照非货币性资产交换取得的长期股权投资进行初始计量。

观点三：不确认置出子公司产生的利得，置入联营投资和剩余股权均按照账面价值计量。该观点中其他方面均与观点二相同，区别在于对于取得的B公司13.99%的联营投资按照D集团合并报表层面B公司的账面净资产的13.99%的份额计量。该类观点认为，虽然会计准则中对于同一控制下的处置交易没有类似于同一控制下企业合并的会计处理，但由于该案例中的一系列重组方案是D集团为解决同业竞争历史遗留问题，提高上市公司的独立性等目的进行的一揽子交易，并非完全出于公司自身的经营管理需要，从D集团整体而言并不存在任何经济利益的流入流出，整个交易应作为一项权益性交易，因而不应区分取得的是对联营公司的投资和对子公司的投资，均应按照同一控制下企业合并的思路，即按照享有的净资产账面价值的份额计量，差额计入权益。

在现有准则框架下，上述观点各有一定道理，但也存在不足之处。其中，观点一符合现有准则的规定，但上述重组完全是D集团为了解决同业竞争的历史遗留问题而在集团范围内进行的业务重新组合，并无经济利益的流入流出，从商业角度而言，不应产生损益影响及资产账面价值的变化。对于观点二，将上述交易视同为同一控制下的一揽子交易，将受同一控制下的不同交易对手作为一个交易对手看待，尚缺乏具体的准则依据，而且该观点下将置出子公司剩余股权均按账面价值处理，但将置入的联营企业按公允价值确认，在同一笔交易中采用不同的处理原则，逻辑上不太合理，也不符合交易的实质。对于观点三，将上述与不同交易对手之间的交易整体视同为同一控制下的一揽子交易的处理，虽然并无明确的准则依据，但从商业实质而言更为合理。

我们认为，对于同一集团下不同交易对手之间的股权置换交易，应视其具体交易背景和实质进行不同的会计处理：

如果该一系列交易在满足如下条件的情况下，采用上述观点三的处理更为合理：（1）该一系列是为解决同业竞争历史遗留问题，提高上市公司的独立性等目的进行，而并非完全出于公司自身的经营管理需要由上市公司自身主导提出进行的；（2）该一系列交易从集团整体而言不存在任何经济利益的流入流出；（3）该一系列交易满足《企业会计准则第 33 号——合并财务报表》中“一揽子交易”的条件，即该一系列交易同时或者在考虑了彼此影响的情况下订立的；这些交易整体才能达成一项完整的商业结果；一项交易的发生取决于其他至少一项交易的发生；一项交易单独考虑时是不经济的，但是和其他交易一并考虑时是经济的。

但是，如果该一系列交易不满足上述条件，如是出于公司自身的经营管理需要而由上市公司自身主导提出进行的，或交易涉及集团外的经营资源的经济利益流入流出，或者该一系列交易并不满足“一揽子交易”的条件等，则应根据企业会计准则的规定，采用上述观点一进行相应会计处理。

第四章
反向购买

近年来，资本市场反向购买个案不断涌现，非上市公司通过反向购买上市公司从而实际上取得了上市地位。在交易过程中，上市公司向非上市公司的股东定向增发股票，非上市公司的股东以非上市公司的股权（或经营性资产）认购上市公司增发的股票，从而在交易完成后成为上市公司的控股股东，非上市公司取得上市地位。这类交易属于反向购买，在资本市场中一般被称为“借壳上市”。由于交易中出现了会计购买方与法律购买方的不同，且在进行会计处理的时候，还需要区分为一般的反向购买和权益性交易两种情况，该类交易一直是会计处理和监管中的难点问题。

案例 4－01
被购买方不构成业务的权益性交易

反向购买中，非上市公司通过反向购买上市公司从而实际上取得了上市地位。就上市公司如何进行会计处理的问题，财政部《关于非上市公司购买上市公司股权实现间接上市会计处理的复函》（财会便［2009］17 号）规定，非上市公司借壳上市的交易，应该区分两种情况处理，上市公司持有的资产构成业务的，按照一般的反向购买处理原则，合并成本与取得的上市公司可辨认净资产公允价值份额的差额应当确认为商誉或是计入当期损益；上市公司持有资产不构成业务的，按照权益性交易的原则进行会计处理。

根据上述规定，在借壳上市的交易中，上市公司持有的资产是否构成业务，对会计处理的结果会产生相当大的影响。市场相关各方在执行过程中对上市公司不构成业务仍存在不同的理解，对于各种“借壳上市”的方案下，是否应确认商誉在实务中也存在不同做法，引发了一些争议。

一、案例背景

A公司为上市公司，其控股股东为B公司，持有A公司40%股权（约8,000万股），经监管部门核准，A公司在2×14年9月实施重大资产重组，交易日定为2×14年9月30日，资产重组方案主要内容如下：

1. A公司在交易日将其全部资产和负债出售给B公司，出售价款约为6亿元；

2. B公司向C公司转让其持有的8,000万股A公司股票，转让款约为4亿元；

3. A公司向C公司购买其业务包D（含相关资产、负债、股权等），交易价款约为17亿元，其中向C公司支付现金约为5亿元，其余全部以向C公司定向发行股票的方式支付，发行价格确定为4元/股，共发行约3亿股；

4. 上述三项交易互为条件，同时实施；

5. A公司原股份为2亿股，定向发行结束后，A公司的股本变更为5亿股，C公司持有A公司的股权比例约为76%；

6. A公司2×14年归属于母公司股东的净利润约为1亿元，业务包D于2×13年模拟计算的净利润约为0.8亿元。

问题：A公司在上述资产重组交易中是否应确认商誉？

二、会计准则及相关规定

《关于非上市公司购买上市公司股权实现间接上市会计处理的复函》（财会便［2009］17号）规定："非上市公司以其所持有的对子公司投资等资产为对价取得上市公司的控制权，构成反向购买的，上市公司编制合并财务报表时应当区别以下情况处理：

（一）交易发生时，上市公司未持有任何资产负债或仅持有现金、交易性金融资产等不构成业务的资产或负债的，上市公司在编制合并财务报表时，应当按照《财政部关于做好执行会计准则企业2008年年报工作的通知》（财会函［2008］60号）的规定执行；

（二）交易发生时，上市公司保留的资产、负债构成业务的，应当按照《企业会计准则第20号——企业合并》及相关讲解的规定执行，即对于形成非同一控制下企业合并的，企业合并成本与取得的上市公司可辨认净资产公允价值份额的差额应当确认为商誉或是计入当期损益。”

《做好执行会计准则企业2008年年报工作的通知》（财会函［2008］60号）规定：“企业购买上市公司，被购买的上市公司不构成业务的，购买企业应按照权益性交易的原则进行处理，不得确认商誉或确认计入当期损益。”

《关于执行会计准则的上市公司和非上市企业做好2009年年报工作的通知》（财会［2009］16号）规定：“企业合并应当关注是否构成业务。业务是指企业内部某些生产经营活动或资产、负债的组合，该组合具有投入、加工处理过程和产出能力，能够独立计算其成本费用或所产生的收入等，可以为投资者等提供股利、更低的成本或其他经济利益等形式的回报。有关资产或资产、负债的组合具备了投入和加工处理过程两个要素即可认为构成一项业务。”

三、案例解析

（一）对于借壳上市的交易

在实务中首先应该根据会计准则对于业务的定义判断壳公司的资产是否构成业务，简单地按照壳公司资产金额的大小或占借壳方资产金额的比例来判断其是否为业务是不妥当的。在应用业务的定义时，需要注意，尽管业务通常都会有产出，但产出并不是被认定为业务的必要条件。业务需要两项必备要素——投入和作用于这些投入的过程，两者将共同用于创造产出。然而，如果市场参与者有能力购买业务并能持续产出（例如把业务和其自身的投入和加工处理过程结合），业务并不需要包括卖方在经营该项业务中使用的所有投入和过程。此外，确定某组特定集合的资产和活动是否是业务，应当基于该组集合是否能够由市场参与者作为业务进行经营和管理。因此，在评估某组特定集合是否为业务时，卖方是否将该组集合作为业务经营或者购买方是否意欲将该组集合作为业务经营，都是不相关的。

如果构成业务，则应该按照企业合并中一般的反向购买原则进行会计处理，并确认相应的商誉。

如果壳公司的资产不构成业务，则不能按照一般的反向购买原则对该交易进行会计处理，不应确认商誉。但是，由于延续的会计主体仍然是拟借壳方，仍然可以借鉴反向购买的思路，视同拟借壳方向壳公司的股东发行股票，获取上市公司的资产和上市地位。在此情况下，拟借壳方（法律上的子公司）支付的对价，与壳公司净资产公允价值之间的差额，实质上是为了取得上市地位而支付的对价（即壳的价值），应当根据财会函［2008］60号的规定，按照权益性交易的原则进行处理。

（二）实务中常见的“不构成业务”的借壳上市交易

此种交易主要包括以下三种类型：

1. 上市公司通过一定的交易安排置出全部资产负债（即“空壳”上市公司），非上市公司的股东通过以持有的股权或资产认购上市公司向其定向发行的股票，成为发行后上市公司的控股股东，从而实现非上市公司“借壳上市”。

2. 上市公司除现金和金融资产外无其他非货币性资产，非上市公司的股东通过认购上市公司向其定向发行的股票成为发行后上市公司的控股股东，从而实现非上市公司借壳上市。

3. 上市公司和非上市公司进行重大资产置换，在上市公司向非上市公司的股东出售其全部资产负债的同时，上市公司从非上市公司的股东处购入其持有的非上市公司的股权，上述两项交易的价款差额由上市公司向非上市公司的股东定向发行股票进行支付，由此实现非上市公司借壳上市。

我们认为，上述类型的借壳上市交易，一般可以认定为被购买的上市公司不构成业务。

针对本案例，需要做如下考虑：

第一，应判断A公司此次资产重组的交易类型。本次资产重组涉及的交易事项主要包括三部分：上市公司A出售其资产负债给其原控股股东B、原控股股东B转让其持有的全部上市公司A的股份给新控股股东C、上市公司A向新控股股东C支付现金并增发股份用以收购新控股股东的业务包D。由于“上述三项交易互为条件，同时实施”，因此应该作为一项整体交易来考虑。

根据本案例，重组前A公司控股股东为B公司。交易中，A公司向C公司发行权益性证券购买业务包D，由于业务包D的规模比A公司的规模大，导致交易完成后A公司变为被C公司控制，涉及上市公司控制权转移的，应按照财会便［2009］17号进行处理。

第二，按照财会便［2009］17号要求，企业需要判断交易发生时，上市公司保留的资产、负债是否构成业务，不构成业务的，应按照权益性交易的原则进行处理。本案例中A公司在重组时处置了其全部资产、负债，保留的资产仅为货币资金，不构成业务，应按照权益性交易的原则处理。

综上所述，我们认为A公司在上述资产重组交易中不应确认商誉。

案例4-02
购买方为多个主体的反向购买

反向购买交易中，法律上的子公司被视为会计上的购买方。如果多家公司同时被上市公司收购，均成为“法律上的子公司”；或者重组方注入上市公司一组构成业务的资产，却并非一个法律实体，这种交易是否属于反向购买，是否应按照反向购买的原则进行处理的问题，实务中一直存在不同的理解，甚至出现了一个上市公司对同一交易在交易申报时和交易完成后采取不同的会计处理的现象。

一、案例背景

A公司是上市公司，主营业务为建筑业。2×14年2月1日，A公司临时股东大会审议通过向B公司非公开发行股份，购买B公司持有的C、D、E三家建筑公司的100%股权。A公司此次非公开发行前的股份为2,000万股，向B公司发行股份数量为6,000万股，非公开发行完成后，B公司控制A公司。C、D、E公司经评估确认的公允价值分别是3,000万元、9,000万元、12,000万元，A公司按有关规定确定的股票价格为每股4元。2×14年9月1日，非公开发行经监管部门核准并办理完成股份登记等手续。

问题：A公司此次企业合并的合并成本是多少？

二、会计准则及相关规定

《企业会计准则讲解（2010）》第二十一章指出：“某些企业合并中，发行权益性证券的一方因其生产经营决策在合并后被参与合并的另一方所控制的，发行权益性证券的一方虽然为法律上的母公司，但其为会计上的被购买方，该类企业合并通常称为反向购买。”

三、案例解析

在反向购买的定义中，并未要求会计上的购买方是一个法律实体，我们认为，作为会计处理中的判断，应该更关注其是否构成会计主体，而不应该片面地将其理解为一个法律实体。企业会计准则中，有以下与“主体”相关的规定：

《企业会计准则讲解（2010）》第一章指出：“会计主体，是指企业会计确认、计量和报告的空间范围。……会计主体不同于法律主体。”

《企业会计准则讲解（2010）》第三十四章指出：“子公司可以是企业，如《公司法》所规范的股份有限公司、有限责任公司等；也可以是主体，如非企业形式的，但形成会计主体的其他组织，如基金以及信托项目等特殊目的主体等。”

上述规定中，都强调了会计主体不等同于法律主体，因此，不能简单地因为法律上的被购买方不是一个法律主体就判断交易不是反向购买，而应该判断法律上的被购买方是否构成一个会计主体。

1. 需要判断本次交易的类型。在本次合并中，A 公司发行股票向 B 公司定向增发实施合并，在合并完成后，B 公司控制 A 公司，构成反向购买。A 公司是会计上的被购买方，而法律上的子公司成为会计上的购买方。但在本案例中，法律上的子公司为 C 公司、D 公司、E 公司，存在多个法律实体，如何判定谁是购买方？

在准则有关“主体”的指引中，强调了会计上的主体并不等同于法律实体。本案例中，C 公司、D 公司、E 公司三家建筑公司在交易前同受 B 公司控制，交易后同时成为 A 公司的子公司，且这三家公司符合会计主体（以下简称为“CDE”主体）的定义。CDE 主体是购买方。

2. 反向购买中，合并成本应以假设法律上的子公司（购买方）以发行权益性证券的方式为获取在合并后报告主体的股权比例，应向法律上母公司（被购买方）的股东发行的权益性证券数量与权益性证券公允价值计算的结果。本交易中，会计上的购买方为 CDE 主体，包含多个法律实体的情况下，应该如何计算和假设 CDE 主体会发行的权益性证券的数量和公允价值？

在第一个分析中，C 公司、D 公司、E 公司三家公司一起构成会计上的购买方——CDE 主体。因此，可以合理地假定购买方 CDE 主体在购买日的公允价值等于 C 公司、D 公司、E 公司三个公司公允价值之和。假设购买方 CDE 主体在合并之前发行在外的股份为 X 股，其以向 A 公司股东发行股份的方式实施合并。

根据上述假定和假设，反向购买合并成本计算过程如下：

（1）购买方 CDE 主体的公允价值 = 3,000 + 9,000 + 12,000 = 24,000 万元

（2）合并交易完成后，B 公司对 A 公司的持股比例 = 6,000/(2,000 + 6,000) = 75%

（3）购买方 CDE 主体合并前权益性证券的每股价值 = 24,000/X

假设购买方 CDE 主体以向 A 公司股东发行股份的方式实施合并，那么 CDE 主体在合并后主体中所占比例也应为 75%，由此购买方 CDE 主体向 A 公司股东发行的股份数量 = X/75% − X

（4）合并成本 = 购买方 CDE 主体向 A 公司股东发行股份的公允价值 = CDE 主体合并前权益性证券公允价值 × 购买方 CDE 主体向 A 公司股东发行的股份数量 = 24,000/X × (X/75% − X) = 24,000(1/75% − 1) = 8,000 万元

综上所述，我们认为 A 公司此次企业合并的合并成本为 8,000 万元。同时，通过本案例，我们可以进一步总结，在反向购买中，如果会计上的购买方对应多个法律实体，应把多个法律实体视同为一个会计主体，并假设这个主体向会计上被购买方的原股东发行权益性证券，反向购买交易的合并成本可以公式化为：购买方的公允价值合计 ×(1/ 购买方在合并后主体中所占的股权比例 − 1)。

案例 4－03
反向购买中每股收益的计算

在上市公司发生反向购买交易之后，合并报表中以法律上的子公司作为购买方进行会计处理，在很多方面是以法律上子公司作为延续的报告主体来看待。但是就股本数量而言，必须反映上市公司这一法律实体的股份数，在这种情况下，每股收益的计算有别于正常的计算方法，尤其是在反向购买的购买日之前，利润表中反映的完全是法律上子公司的利润，股份数如果简单

地使用上市公司的股份数，则会出现不匹配的情况。

一、案例背景

A公司为上市公司。经批准，A公司于2×13年9月30日以发行12,000万股（发行价格为每股10元）为对价，向B公司购买其持有的C公司100%的股权（评估作价为12亿元）。交易完成后，B公司成为A公司的控股股东，持股比例为60%。该交易为反向购买，交易前A公司的股本为0.8亿股，交易完成后，A公司的股本变更为2亿股。A公司2×13年度按照相关会计准则规定编制的合并报表中归属于母公司股东的合并净利润约为1.6亿元。

问题：A公司应当如何计算2×13年度每股收益？

二、会计准则及相关规定

《企业会计准则讲解（2010）》第二十一章指出："发生反向购买当期，用于计算每股收益的发行在外普通股加权平均数为：

1. 自当期期初至购买日，发行在外的普通股数量应假定为在该项合并中法律上母公司向法律上子公司股东发行的普通股数量。

2. 自购买日至期末发行在外的普通股数量为法律上母公司实际发行在外的普通股股数。

反向购买后对外提供比较合并财务报表的，其比较前期合并财务报表中的基本每股收益，应以法律上子公司的每一比较报表期间归属于普通股股东的净损益除以在反向购买中法律上母公司向法律上子公司股东发行的普通股股数计算确定。

上述假定法律上子公司发行的普通股股数在比较期间内和自反向购买发生期间的期初至购买日之间内未发生变化。如果法律上子公司发行的普通股股数在此期间发生了变动，计算每股收益时应适当考虑其影响进行调整。"

三、案例解析

上市公司发生反向购买，应当按照《企业会计准则讲解（2010）》的指引，计算每股收益。

根据企业会计准则中的相关规定，反向购买情况下计算每股收益的关键在于确定加权平均的股份数。

1. 自当期期初至购买日，普通股数量为在该项合并中法律上母公司向法律上子公司股东发行的普通股数量。本案例中，法律上母公司A公司为收购C公司发行了1.2亿股。

2. 自购买日至期末发行在外的普通股数量为法律上母公司实际发行在外的普通股股数，本案例中为2亿股。

普通股加权平均数 = 1.2 × 9/12 + 2 × 3/12 = 1.4 亿股

A公司2×13年度每股收益 = 1.6/1.4 = 1.14 元/股

案例 4-04

包含现金对价的反向购买中每股收益的计算

本章案例4-03讨论了反向购买中每股收益的计算，是基于上市公司只发行股份向重组方收购的情况，如果上市公司支付的对价既包括发行股份又包括现金对价，应该如何计算每股收益，企业会计准则并没有明确规定。该类交易中，上市公司是以现金加所发行股份的公允价值之和作为换取目标资产的对价。

一、案例背景

A公司为上市公司，原股本为6,000万元，经批准，2×13年6月30日，该公司以现金2亿元及定向发行的1亿普通股（每股8元）为对价，自B公司处购买其所持有的C公司100%股权，C公司净资产评估作价10亿元。6月30日，交易完成后，B公司持有A公司62.5%的股份。A公司2×13年按照相关会计准则规定编制的合并报表中归属于普通股股东的净利润为0.9亿元。C公司2×13年期初到交易日的股本始终为4亿元。

问题：A公司2×13年度的每股收益应该如何计算？

二、会计准则及相关规定

《企业会计准则讲解（2010）》第二十一章指出："发生反向购买当期，用于计算每股收益的发行在外普通股加权平均数为：

1. 自当期期初至购买日，发行在外的普通股数量应假定为在该项合并中法律上母公司向法律上子公司股东发行的普通股数量；

2. 自购买日至期末发行在外的普通股数量为法律上母公司实际发行在外的普通股股数。

反向购买后对外提供比较合并财务报表的，其比较前期合并财务报表中的基本每股收益，应以法律上子公司的每一比较报表期间归属于普通股股东的净损益除以在反向购买中法律上母公司向法律上子公司股东发行的普通股股数计算确定。

上述假定法律上子公司发行的普通股股数在比较期间内和自反向购买发生期间的期初至购买日之间内未发生变化。如果法律上子公司发行的普通股股数在此期间发生了变动，计算每股收益时应适当考虑其影响进行调整。"

三、案例解析

《企业会计准则讲解（2010）》对反向购买当期和比较期间如何确定加权平均股数提出了基本思路，但对上市公司以发行股票加现金为对价方式购买拟借壳公司股权的情况并未做出明确规定。

我们通过一个简单的示例来进行分析。

上市公司 A 公司于 2×12 年 1 月 1 日向 B 公司的原股东收购 B 公司 100% 的股权，该交易为反向购买。假设 A 公司的股价为 2 元/股，B 公司的公允价值为 8,000 万元。2×11 年年底 A 公司和 B 公司信息如表 4-1 所示，采用不同的方案（如表 4-2、表 4-3 所示）将导致 A 公司不同的每股收益。

表 4-1　A 公司和 B 公司净利润与股份数

	A 公司	B 公司
合并净利润	100 万元	1,000 万元
实际股份数	1,000 万股	5,000 万股

表 4-2 方案一

A公司发行4,000万股用于收购B公司。在A公司2×12年度合并财务报表中，每股收益的计算如下：		
	2×11年	2×12年
合并净利润	1,000万元	1,100万元
实际股份数	1,000万股	5,000万股
每股收益	0.25元/股	0.22元/股

表 4-3 方案二

A公司发行3,000万股并支付现金2,000万元用于收购B公司，在A公司2×12年度合并财务报表中，每股收益的计算如下：		
	2×11年	2×12年
合并净利润	1,000万元	1,100万元
实际股份数	1,000万股	4,000万股
每股收益	0.25元/股	0.275元/股

2×12年A公司收购B公司之后的合并净利润为1,100万元。

其中，比较期间2×11年度的每股收益=B公司2×11年度净利润1,000万元/A公司为收购B公司而发行的股份数4,000万股=0.25元/股。

2×12年度的每股收益=A公司与B公司合并后净利润1,100万元/A公司实际发行在外的股份数5,000万股=0.22元/股。

其中，比较期间2×11年度的每股收益=B公司2×11年度净利润1,000万元/(A公司为收购B公司而发行的3,000万股+支付的现金折合的股份数1,000万股)=1,000/4,000=0.25元/股。

2×12年度的每股收益=A公司与B公司合并后净利润1,100万元/A公司实际发行在外的股份数4,000万股=0.275元/股。

通过上面两个方案的对比，我们可以看出，同样的净利润水平，采用发行股份+支付现金的方式（方案二），2×12年度的每股收益相对较高，看上去似乎有些不合理或者前后期间不可比。但我们理解，方案二与方案一相比，交易完成后，A公司集团的货币资金减少了2,000万元，股份数减少1,000万股，其效果与股东减资的效果类似，在股东减资的情况下，公司会直接以减资后的股份数计入加权平均股份数，而不会进行任何的模拟调整。

因此，在方案二之中，也应该直接以实际的4,000万股作为合并日后的股份数去计算加权平均股份数。需要说明的是，由于支付现金对价视为股东减资，导致每股收益升高。

案例4－05
反向购买中同时收购了会计上购买方子公司少数股权以及联营企业其他股权时的会计处理

上市公司所进行的反向购买交易中，法律上可能体现为上市公司发行股份收购了多项股权。这种情况下，需要判断其中哪一个或者哪几个被收购方是会计上的购买方，所收购的其他股权应该如何进行会计处理。

一、案例背景

甲公司为上市公司（壳公司），无实质经营（不构成业务）。甲公司与A公司、B公司、C公司、D公司、E公司达成如下重组协议：

1. 以定向增发股票的方式购买A公司持有的子公司乙60%的股权，同时购买乙公司的少数股东B公司持有的40%的股权，使乙公司成为甲公司的全资子公司。

2. 以定向增发股票的方式购买C公司、D公司持有的丙公司70%的股权。丙公司为乙公司的联营企业。

3. 以定向增发股票的方式购买E公司持有的丁公司20%的股权。丁公司为乙公司的控股子公司。

交易完成后，A公司成为甲公司的实际控制人。假设A公司、B公司、C公司、D公司、E公司不存在关联关系。

上述公司在重组交易前后的股权架构如图4－1所示。

问题：

（1）在上述反向购买中，谁是会计上的购买方？

（2）购买的其他股权应该如何进行会计处理？

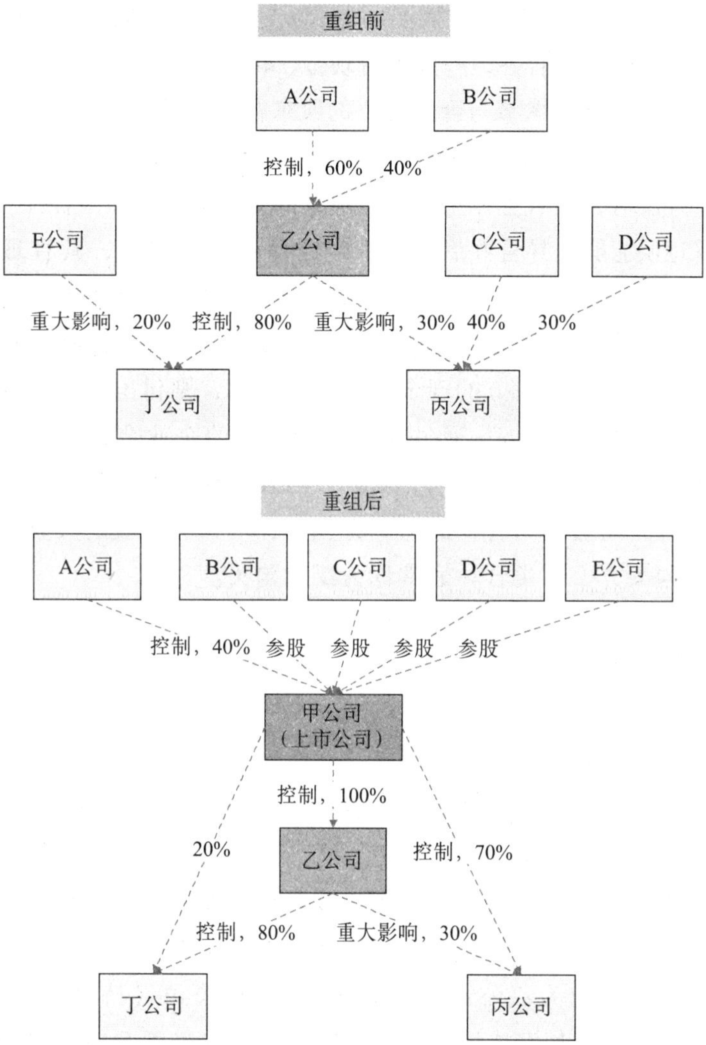

图 4－1 重组前后股权架构

二、会计准则及相关规定

《企业会计准则讲解（2010）》第二十一章指出："某些企业合并中，发行权益性证券的一方因其生产经营决策在合并后被参与合并的另一方所控制的，发行权益性证券的一方虽然为法律上的母公司，但其为会计上的被购买方，该类企业合并通常称为反向购买"。

《企业会计准则讲解（2010）》第二十一章中在讨论企业合并中如何判断购

买方时，提到的相关考虑因素包括："（1）以支付现金、转让非现金资产或承担负债的方式进行的企业合并，一般支付现金、转让非现金资产或是承担负债的一方为购买方。（2）考虑参与合并各方的股东在合并后主体的相对投票权，其中股东在合并后主体具有相对较高投票比例的一方一般为购买方。（3）参与合并各方的管理层对合并后主体生产经营决策的主导能力，如果合并导致参与合并一方的管理层能够主导合并后主体生产经营政策的制定，其管理层能够实施主导作用的一方一般为购买方。（4）参与合并一方的公允价值远远大于另一方的，公允价值较大的一方很可能为购买方。（5）企业合并是通过以有表决权的股份换取另一方的现金及其他资产的，则付出现金或其他资产的一方很可能为购买方。（6）通过权益互换实现的企业合并，发行权益性证券的一方通常为购买方。但如果有证据表明发行权益性证券的一方，其生产经营决策在合并后被参与合并的另一方控制，则其应为被购买方，参与合并的另一方为购买方。该类合并通常称为反向购买。"

三、案例解析

（一）判断会计上的购买方

本案例中，甲公司增发股份，交换了乙公司、丙公司和丁公司的股权，涉及甲、乙、丙、丁四家公司。重组完成后，这四家公司形成一个集团公司，即一个报告主体，乙公司原来的控股股东（A 公司）取得了对这个新的集团公司的控制权，符合反向购买的定义，甲公司为会计上的被购买方。

丙公司的原股东为乙公司（持股 30%）、C 公司（持股 40%）和 D 公司（持股 30%）。交易完成后，C 公司和 D 公司取得了新的集团公司少数股权，不能够控制上市公司，因此，丙公司不是会计上的购买方。丁公司的原控股股东即为乙公司，交易完成后仍然由乙公司控制，因此丁公司也不是会计上的购买方。

综上所述，由于乙公司的原控股股东（A 公司）取得了对交易后主体的控制权，乙公司的公允价值应该也高于其他三个公司各自的公允价值，根据准则中关于购买方的判断标准，乙公司为会计上的购买方。

（二）收购的其他股权在合并财务报表中应该如何进行会计处理

1. 甲公司。重组完成日，甲公司的合并财务报表应以乙公司（会计上的购买方）为会计主体，将甲公司（会计上的被购买方）财务报表按照公允价值进行合并，由于甲公司没有业务，应按照权益性交易的原则，不确认商誉或计入当期损益，相关差额直接计入所有者权益。

2. 丙公司。重组后，上市公司的合并财务报表将以乙公司作为购买方进行反映，对于乙公司而言，丙公司在重组前是一个联营企业，重组后成为乙公司的子公司，所以按照分步实现非同一控制下企业合并进行处理。

3. 丁公司。重组后，上市公司的合并财务报表将以乙公司作为购买方进行反映，对于乙公司而言，丁公司在重组前后均为乙公司的子公司，持股比例从 80% 增加至 100%，应该按照购买子公司少数股权进行会计处理。

重组完成后，在编制年度合并财务报告的对比信息时，应反映乙公司（会计上的购买方）前期合并财务报表（乙公司原有的实际架构），不按重组后的架构进行追溯。比较报表的所有者权益中，股本应反映乙公司（会计上的购买方）比较期间合并财务报表的股本。

综上所述，在反向购买中，被重组方（会计上的被购买方）发行股份同时收购重组方（会计上的购买方）的子公司的少数股东股权、联营企业的其他股东拥有的股权并在重组后对联营企业实施控制的情况下，在合并财务报表中，对购买重组方子公司少数股权按照权益性交易进行处理；对购买联营企业其他股东持有的股权，按照分步实现非同一控制下企业合并处理。

第五章
其他长期资产

案例 5-01
工程在建阶段的土地使用权摊销应计入在建工程成本还是当期损益

一、案例背景

A 公司是上市公司，为了扩大公司产能，于 2×12 年 3 月取得一项土地使用权用于建设新厂房。该土地使用权在无形资产科目核算，土地使用权账面原值为 2 亿元，使用年限 50 年，年摊销额为 400 万元。新厂房的工程建设于 2×12 年 5 月开始，至 2×13 年 11 月完工，A 公司将建设期内该土地使用权的摊销金额 600 万元计入新厂房的在建工程成本。

问题：在建设期间，A 公司土地使用权的摊销是否能够计入新厂房的在建工程成本？

二、会计准则及相关规定

《企业会计准则第 6 号——无形资产》应用指南第五条规定："某项无形资产包含的经济利益通过所生产的产品或其他资产实现的，其摊销金额应当计入相关资产的成本。"

《企业会计准则讲解（2010）》第七章"无形资产"第四节"无形资产后续计量"指出："无形资产的摊销一般应计入当期损益，但如果某项无形资产是专门用于生产某种产品的，其所包含的经济利益是通过转入到所生产的产品中体现的，无形资产的摊销费用应构成产品成本的一部分。"

《企业会计准则讲解（2010）》第七章“无形资产”第二节“无形资产的初始计量”指出：“企业取得的土地使用权通常应确认为无形资产。土地使用权用于自行开发建造厂房等地上建筑物时，土地使用权的账面价值不与地上建筑物合并计算其成本，而仍作为无形资产进行核算，土地使用权与地上建筑物分别进行摊销和提取折旧。”

《企业会计准则第4号——固定资产》第九条规定：“自行建造固定资产的成本，由建造该项资产达到预定可使用状态前所发生的必要支出构成。”

三、案例解析

鉴于该土地专门用于新厂房建设，在建设过程中，占用了该无形资产并且消耗了其一部分的经济利益，符合《企业会计准则讲解（2010）》第七章第四节中所述的条件，即在建设期内该土地使用权所包含的经济利益是通过建设新厂房而实现的。同时土地使用权在房屋建造期间的摊销，是建造该项资产达到预定可使用状态前所发生的必要支出，属于自行建造固定资产的成本。此外，类推《企业会计准则第17号——借款费用》中“可直接归属于符合资本化条件的资产的购建或者生产的，应当予以资本化，计入相关资产成本”的借款费用资本化的原则，土地使用权的摊销费用应构成新厂房在建工程成本的一部分，应计入在建工程成本，而不应当直接计入当期损益。

将土地使用权的摊销费用计入在建工程成本与《企业会计准则讲解（2010）》有关土地使用权单独作为无形资产核算并单独摊销的规定并不存在冲突。在本案例中，土地使用权仍然在无形资产科目中单独核算，并且按照其预计使用寿命进行摊销，并未与地上建筑物合并计算成本或合并计提折旧。

类似于借款费用的资本化的要求，在实务操作中，判断在建阶段的土地使用权摊销应计入在建工程成本还是当期损益，还应当密切关注在建工程的建设活动开始的时点、非正常中断以及达到预定可使用状态的时点，以确定摊销是否属于厂房正常建设期间的在建工程成本。

案例5－02
公允价值模式下自建投资性房地产的核算和计量

一、案例背景

A公司自行建造一物业，地下共3层，地上共16层，其中－3至7层拟建为用于出租的地下停车场及购物广场，剩余楼层为用于出售的房产。A公司采用公允价值模式计量投资性房地产。A公司因地下停车场、购物广场和将用于出售的房产属于同一个项目、部分开发成本需要在出租物业和出售物业之间进行分摊，所以在建造过程中将整个物业作为存货（开发成本）核算。该物业主体于2×12年9月底竣工验收，2×13年第二季度，地下停车场、购物广场的－1至3层装修完工，A公司根据招商情况（含签订合同、意向书，或者处于洽谈完成待签协议等情形）确定这些层的大部分面积可出租，达到预定可使用状态，且A公司预计购物广场可在年末全部完成装修实现整体开业。A公司在2×13年第二季度末先将地下停车场和购物广场－1至3层从存货转入投资性房地产。地下停车场和购物广场－1至3层根据评估确定的公允价值约为27.22亿元，开发成本约为9.30亿元，确认相关的递延所得税负债约4.48亿元后，A公司2×13年上半年净利润增加约13.44亿元，其中归属于母公司所有者的净利润约8.06亿元。

问题：在公允价值模式下，应如何对这一自建物业中的投资性房地产进行核算和计量？

二、会计准则及相关规定

《企业会计准则第3号——投资性房地产》第三条规定："本准则规范下列投资性房地产：（1）已出租的土地使用权。（2）持有并准备增值后转让的土地使用权。（3）已出租的建筑物。"

《企业会计准则讲解（2010）》第四章投资性房地产中指出："已出租的

建筑物是指企业拥有产权的、以经营租赁方式出租的建筑物，包括自行建造或开发活动完成后用于出租的建筑物以及正在建造或开发过程中将来用于出租的建筑物。”

《企业会计准则讲解（2010）》第四章投资性房地产中指出：“作为存货的房地产通常是指房地产开发企业在正常经营过程中销售的或为销售而正在开发的商品房和土地。”

《企业会计准则讲解（2010）》第四章投资性房地产中指出：“采用公允价值模式计量投资性房地产，应当同时满足以下两个条件：（1）投资性房地产所在地有活跃的房地产交易市场；（2）企业能够从房地产交易市场上取得同类或类似房地产的市场价格及其他相关信息，从而对投资性房地产的公允价值做出科学合理的估计。这两个条件必须同时具备，缺一不可。采用公允价值模式对投资性房地产进行后续计量的企业，对于在建投资性房地产（包括企业首次取得的在建投资性房地产），如果其公允价值无法可靠确定但预期该房地产完工后的公允价值能够持续可靠取得的，应当以成本计量该在建投资性房地产，其公允价值能够可靠计量时或完工后（两者孰早），再以公允价值计量。”“‘同类或类似’的房地产，对建筑物而言，是指所处地理位置和地理环境相同、性质相同、结构类型相同或相近、新旧程度相同或相近，可使用状况相同或相近的建筑物；对土地使用权而言，是指同一位置区域、所处地理环境相同或相近、可使用状况相同或相近的土地。”

《国际会计准则第40号——投资性房地产》第65条规定：“当主体完成一项将公允价值计价的自建投资性房地产的建造或开发活动时，在完成之日该项房地产的公允价值与其原先的账面金额之间的任何差额应确认为损益。”

三、案例解析

本案例中由于A公司建造地下停车场和购物广场时已明确为出租目的，符合投资性房地产定义，故不应在建造过程中将其与为销售而开发的商品房一起作为存货核算，而在建造期间即应作为投资性房地产核算和列报，归集地下停车场和购物广场整体的开发成本，不会产生随部分楼层的装修完工而在不同的会计科目中进行核算的情况。此外，根据企业会计准则，在公允价值模式下，如果在建投资性房地产的公允价值无法可靠确定但预期该房地产完工后的公允价值能够持续可靠取得的，应当以成本计量该在建投资性房地产，在其公允价值能够可靠计量时或完工后（两者孰早），再以公允价值计量。投资性房地产的公允价值高于其成本的差额通过“公允价值变动损益”科目在利润表中反映。所以，如果A公司认为在建的地下停车场和购物广场的公允价值无法可靠取得，则应在公允价值能够可靠计量或完工时以公允价值计量，其公允价值大于账面成本的部分计入当期损益。

案例5－03
以收取提成费方式转让无形资产的会计处理

一、案例背景

甲公司与乙公司投资设立合营企业A公司，持股比例各占50%。其后，甲公司、乙公司约定对A公司同比例增资。甲公司与乙公司签订增资协议的同时，甲公司与A公司签订技术转让协议。具体情况如下：

1. 甲公司以授权许可的方式向A公司转让发动机生产技术（包括工业产权、专有技术和技术文件的使用权）。

2. A公司享有在中国境内生产和销售以该技术生产的发动机（合同产品）的独占权。甲公司不得将上述许可授予除甲公司全资子公司之外的任何区域内的第三方生产和销售合同产品。

3. 协议期限为10年。

4. A公司支付的技术转让对价分为两部分：（1）1亿元作为甲公司对A公司的增资；（2）5,000万元以提成费的形式支付给甲公司。

5. 提成费的具体条款：

（1）A公司生产的合同产品，需向甲公司支付提成费200元/台；提成费上限为5,000万元。

（2）协议期内，累计支付的提成费总额达到5,000万元，则以后不再支付；协议期满时，即使累计支付的提成费未达到5,000万元，也不再支付。

A公司根据市场需求自主决定是否生产协议产品。如果合同产品的生产被提前终止，提成费仅按照截至终止日实际生产的合同产品支付，即使提成费总额还没有完成。

6. 合同产品的试生产期内，甲公司应向A公司提供无偿技术援助并对A公司技术人员进行培训（培训协议另行签订、单独收费）。

技术转移是以甲公司提供技术资料（纸质及光盘等为载体）的方式实现。在甲公司提供了技术资料后，即使没有后续的技术援助，A公司仍能完成技术的转化与应用。

上述转让协议下的技术授权许可经评估后双方认可的价值为1.5亿元。该价值结果系在考虑上述协议安排具体条款的基础上确定的，包括了技术援助的公允价值100万元，但不包括培训服务（因相关协议将另行签订、单独收费）。

A公司预计，在协议期内，支付的提成费很可能达到5,000万元。

甲公司预计，在协议期内，很可能收回5,000万元提成费。

上述估计与评估师采用的假设一致。

问题：

（1）A公司对该事项应如何进行会计处理？

（2）甲公司对该事项应如何进行会计处理？

二、会计准则及相关规定

（一）与A公司对该事项会计处理相关的准则规定

《企业会计准则第6号——无形资产》第十二条规定："无形资产应当按照成本进行初始计量。外购无形资产的成本，包括购买价款、相关税费以及直接归属于使该项资产达到预定用途所发生的其他支出。购买无形资产的价款超过正常信用条件延期支付，实质上具有融资性质的，无形资产的成本以购买价款的现值为基础确定。实际支付的价款与购买价款的现值之间的差额，除按照《企业会计准则第17号——借款费用》应予资本化的以外，应当在信用期间内计入当期损益。"

《企业会计准则第6号——无形资产》第十四条规定："投资者投入无形资产的成本，应当按照投资合同或协议约定的价值确定，但合同或协议约定价值不公允的除外。"

《企业会计准则第13号——或有事项》第四条规定："与或有事项相关的义务同时满足下列条件的，应当确认为预计负债：（一）该义务是企业承担的现时义务；（二）履行该义务很可能导致经济利益流出企业；（三）该义务的金额能够可靠地计量。”

《企业会计准则第 13 号——或有事项》第五条规定：“预计负债应当按照履行相关现时义务所需支出的最佳估计数进行初始计量。所需支出存在一个连续范围，且该范围内各种结果发生的可能性相同的，最佳估计数应当按照该范围内的中间值确定。在其他情况下，最佳估计数应当分别下列情况处理：（一）或有事项涉及单个项目的，按照最可能发生金额确定。”

《企业会计准则第 13 号——或有事项》第六条规定：“企业在确定最佳估计数时，应当综合考虑与或有事项有关的风险、不确定性和货币时间价值等因素。货币时间价值影响重大的，应当通过对相关未来现金流出进行折现后确定最佳估计数。”

《企业会计准则第 13 号——或有事项》应用指南规定：“有确凿证据表明相关未来事项将会发生的，如未来技术进步、相关法规出台等，确定预计负债金额时应考虑相关未来事项的影响。”

《企业会计准则第 13 号——或有事项》（讲解 2010）指出：“预计负债应当与应付账款、应计项目等其他负债严格区分。因为与预计负债相关的未来支出的时间或金额具有一定的不确定性。”

《国际会计准则第 38 号——无形资产》关于单独取得的无形资产的初始计量和后续计量的规定与《企业会计准则第 6 号——无形资产》一致，对于投资者投入的无形资产的计量，《国际会计准则第 38 号——无形资产》没有明确规定，但根据其结论基础 Z44 段指出：“国际会计准则委员会拒绝了允许按公允价值对无形资产进行初始确认的建议（在企业合并中取得的、通过不同类资产交换取得的或者通过政府补助方式取得的资产除外）。”

国际财务报告准则解释委员会（IFRIC）于 2011 年 1 月讨论了与本案例相关的议题——《购买单一资产（不动产、厂场和设备或无形资产）的或有对价》，但对此没有得出结论。该议题其后又在 2012 年、2013 年和 2015 年被提上议程进行讨论。截至 2016 年 1 月，IFRIC 未能就是否将基于买方未来活动的可变付款包含在负债的初始计量中达成共识。在 2013 年 7 月的会议中，国际会计准则理事会（IASB）指出，可变付款的计量是作为租赁准则和概念框架项目的一部分所讨论的一个议题，因此，需待租赁准则的征求意见稿（于 2013 年 5 月发布）中的提议经过重新审议后再重新考虑购置有形或无形资产的可变付款的核算问题。截至 2016 年 1 月，IASB 发布了新租赁准则《国际财务报告准则第 16 号——租赁》，但尚未对购置有形或无形资产的可变付款核算问题作出决定。值得注意的是，在《国际财务报告准则第 16 号——租赁》中，基于指数（an index）或比率（a rate）的可变租赁付款额包含于使用权资产和相关租赁负债的初始确认金额中，而基于未来活动（future performance）或标的资产使用（use of an underlying asset）的可变租赁付款额则不包含于使用权资产和相关租赁负债的初始确认金额中。

（二）与甲公司对该事项会计处理相关的会计准则及其他规定

《企业会计准则第 14 号——收入》第十六条规定："让渡资产使用权收入包括利息收入、使用费收入等。"

《企业会计准则第 14 号——收入》第十七条规定："让渡资产使用权收入同时满足下列条件的，才能予以确认：（一）相关的经济利益很可能流入企业；（二）收入的金额能够可靠地计量。"

《企业会计准则第 14 号——收入》第十八条规定："企业应当分别下列情况确定让渡资产使用权收入金额……（二）使用费收入金额，按照有关合同或协议约定的收费时间和方法计算确定。"

《企业会计准则第 14 号——收入》应用指南规定："属于提供设备和其他有形资产的特许权费，在交付资产或转移资产所有权时确认收入；属于提供初始及后续服务的特许权费，在提供服务时确认收入。"

《企业会计准则讲解（2010）》第十五章"收入"指出："如果合同或协议规定一次性收取使用费，且不提供后续服务的，应当视同销售该项资产一次性确认收入；提供后续服务的，应在合同或协议规定的有效期内分期确认收入。如果合同或协议规定分期收取使用费的，通常应按合同或协议规定的收款时间和金额或规定的收费方法计算确定的金额分期确认收入。"

《企业会计准则第 2 号——长期股权投资》（2014 年修订）第六条规定："……（三）通过非货币性资产交换取得的长期股权投资，其初始投资成本应当按照《企业会计准则第 7 号——非货币性资产交换》的有关规定确定。"

《企业会计准则第 7 号——非货币性资产交换》第三条规定："非货币性资产交换同时满足下列条件的，应当以公允价值和应支付的相关税费作为换入资产的成本，公允价值与换出资产账面价值的差额计入当期损益：（一）该项交换具有商业实质；（二）换入资产或换出资产的公允价值能够可靠地计量。换入资产和换出资产公允价值均能够可靠计量的，应当以换出资产的公允价值作为确定换入资产成本的基础，但有确凿证据表明换入资产的公允价值更加可靠的除外。”

《企业会计准则讲解（2010）》第三章指出，合营方向合营企业投出或出售非货币性资产产生的损益在投出非货币性资产交易具有商业实质的条件下，“合营方转移了与投出非货币性资产所有权有关的重大风险和报酬，并且投出资产留给合营企业使用，应在该项交易中确认归属于合营企业其他合营方的利得和损失。在投出非货币性资产的过程中，合营方除了取得合营企业长期股权投资外还取得了其他货币性资产或非货币性资产，应当确认该项交易中与所取得其他货币性、非货币性资产相关的损益。”

《企业会计准则第2号——长期股权投资》应用指南（2014年修订）指出：“对于投资方或纳入投资方合并财务报表范围的子公司与其联营企业及合营企业之间发生的未实现内部交易损益应予抵销。即，投资方与联营企业及合营企业之间发生的未实现内部交易损益，按照应享有的比例计算归属于投资方的部分，应当予以抵销，在此基础上确认投资损益……。”

《国际会计准则第18号——收入》示例18关于特许权费的原则与上述企业会计准则的规定一致，“特许权费可能涵盖了提供初始和后续服务、提供设备和其他有形资产以及专有技术的收费。相应地，特许权费应以反映收费目的为基础确认收入。”“提供连续服务的收费，不论是初始收费的一部分还是一项单独的收费，均在提供服务时确认收入。如果单独的收费不足以弥补后续服务的成本加上合理的利润，则应将初始收费中足以弥补后续服务的成本加上合理利润的部分予以递延，并随着服务的提供确认为收入。”

《国际会计准则第37号——或有事项》第33条提及：“或有资产不应在财务报表中予以确认，因为确认或有资产可能会导致那些可能永远不会实现的收益得到确认。但是，当收益基本确定会实现时，相关资产已不是或有资产，此时对其确认是恰当的。”

国际会计准则理事会（IASB）和美国财务会计准则委员会（FASB）（统称“委员会”）于2014年5月发布了国际财务报告准则（IFRS）和美国公认会计原则（US GAAP）下的收入确认新规定，即《国际财务报告准则第15号——与客户之间的合同产生的收入》（“IFRS 15”）。2015年7月IASB决定将IFRS 15的生效日期推迟一年，即自2018年1月1日或之后开始的年度报告期间生效，允许提前适用，并自生效日起取代国际财务报告准则中关于收入确认的现行准则和解释公告。

IFRS 15 的 B56 规定："如果授予知识产权许可的承诺可与合同中承诺的其他商品或劳务明确区分，那么该知识产权许可构成单项履约义务，主体应当进一步判断知识产权许可转移给客户是在一段时间内履行还是在某一时点履行。在判断时，主体应当考虑向客户授予知识产权许可的承诺的性质，向客户提供的，要么是在整个许可期内存在的主体知识产权的获取权，要么是在授予许可的时点存在的主体知识产权的使用权。"

IFRS 15 的 B63 规定："如果与知识产权相关的许可使用费是基于销售额或许可的使用情况确定，那么应于以下两者孰晚确认收入：（1）后续销售或使用发生时；（2）某些或全部基于销售或基于使用的特许使用费被分配至的履约义务（完全或部分）履行时。"

《国际会计准则第 28 号——对联营和合营企业的投资》（2011 年修订）第 10 段规定："在权益法下，最初以成本确认对联营的投资。"《国际会计准则第 28 号——对联营和合营企业的投资》（2011 年修订）没有对成本进行定义，但参考其他国际财务报告准则（如《国际会计准则第 16 号——不动产、厂场和设备》第 6 段、《国际会计准则第 38 号——无形资产》第 8 段、《国际会计准则第 40 号——投资性房地产》第 5 段）中对成本的定义，一般认为成本为"支付的现金或现金等价物的金额、或其他对价的公允价值"。

《国际会计准则第 28 号——对联营和合营企业的投资》（2011 年修订）对权益法下投资者应如何处理其与联营或合营企业之间的交易作出了规定："主体财务报表中确认的主体（包括其子公司）与其联营或合营企业之间发生的'顺流'或'逆流'交易的利得和损失仅限于与非关联投资人在联营或合营企业中的权益相关的部分。……'顺流'交易例如投资人向其联营或合营企业销售或投入资产。投资人源自此类交易的在联营或合营企业利得或损失中的份额应予抵销。"

三、案例解析

（一）A 公司对该事项的会计处理

方法一：将可变对价包含于无形资产的初始确认金额中。

A 公司通过该协议安排获得了甲公司特许使用的生产技术，除此之外，A 公司还获得了甲公司未来提供技术援助的承诺（培训服务部分由于另行协议，且未包含在公允价值评估中，所以不属于本次安排的一部分）。因为技术转移是以甲公司提供技术资料（纸质及光盘等为载体）的方式实现，在甲公司提供了技术资料后，即使没有后续的技术援助，A 公司仍能完成技术的转化与应用，所以两个事项应分别考虑。授权特许取得的生产技术应确认为无形资产；而技术援助属于待执行合同，将在合同执行时确认相应的费用。

根据《企业会计准则第 6 号——无形资产》的规定，投资者投入的无形资产应以投资合同或协议约定且公允的价值计量。本案例中，可以认为该无形资产的初始确认金额为 1.5 亿元扣除技术服务的公允价值 100 万元后的余额 1.49 亿元。

本案例中，无形资产的对价一部分作为资本投入（1 亿元），其余部分将于 A 公司在未来以提成费的形式支付。对于这部分提成费中归属于已转让的技术的部分，属于 A 公司预计很可能支付的现时义务，因而符合《企业会计准则第 13 号——或有事项》第四条所规定的预计负债的确认条件。A 公司应根据协议期内合同产品的预计生产情况考虑货币时间价值影响是否重大。如果货币时间价值影响不重大，则无须考虑折现因素，此时，确认的预计负债金额为无形资产入账价值与确认为增资的金额的差额（0.49 亿元）；如果货币时间价值影响重大，则在确认预计负债时需考虑折现因素的影响，同时应注意评估无形资产价值时是否也考虑了折现因素的影响。

当合同所述相关技术服务实际提供时，确认费用和负债 100 万元。

确认的无形资产应根据《企业会计准则第 6 号——无形资产》第十七条的规定，选择反映该无形资产预期未来经济利益的预计消耗方式的摊销方法，并一致地运用于不同会计期间。

方法二：将可变对价排除于无形资产的初始确认金额外，待确定时计入损益。

此方法与方法一的区别在于，无形资产初始确认时不考虑可变对价的公允价值，而后续当合同产品实际生产并相应产生确定的支付义务时，根据生产量和每台应负担的使用权费确认负债并计入费用（或生产成本）。

其他方面的处理与方法一相同。

如前文所述，关于本案例这种取得无形资产或固定资产的部分对价根据相关资产的使用情况确定的情况，国际财务报告准则制定机构所关心的第一个问题也是可变对价在相关资产初始确认时是否应包含在资产成本中，并相应地确认负债。而对于这个问题目前尚未达成一致意见，其未来的走向取决于 IASB 租赁准则项目中关于或有租金处理的最终决定。应当注意的是，在 2016 年 1 月发布的《国际财务报告准则第 16 号——租赁》中，基于指数（an index）或比率（a rate）的可变租赁付款额包含于使用权资产和相关租赁负债的初始确认金额中，而基于未来活动（future performance）或标的资产使用（use of an underlying asset）的可变租赁付款额则不包含于使用权资产和相关租赁负债的初始确认金额中。如果以此类推，本案例中取得无形资产的部分对价根据相关资产的使用而确定的情况，该部分对价很可能不包含在无形资产初始确认金额中。

IASB 对取得无形资产或固定资产的部分对价根据相关资产未来的使用情况确定的情况尚无定论，我们认为在目前这种情况下，这两种方法都是可接受的。

（二）甲公司对该事项的会计处理

关于特许权费收入确认，企业会计准则和国际财务报告准则的原则是一致的，均需根据特许权收费所涵盖的内容确认收入。与上述 A 公司的分析同理，甲公司提供生产技术与后续技术服务属于相互独立的义务，应分别适用收入确认的原则。

但是，对于特许权收入金额取决于未来特定事项的安排，目前两个准则对其收入确认均没有明确的规定。

而参考 IFRS 15 的 B56，本案例中，我们倾向于因为授权的发动机生产技术在授权期间不会发生变化（案例中并未说明授权期间甲公司将对该生产技术进行升级更新或其他有重大影响的活动），所以甲公司在技术转让的时点可以将作为增资款得到各方认可的金额（1 亿元）确认收入，即按照 1 亿元确认长期股权投资的增加额及技术转让收入。其余以提成费的形式支付的部分，参考 IFRS 15 的 B63，在 A 企业合同产品生产时，确认相应收入。

这种处理与前文讨论的 A 公司处理方法二是相互对应的，但与方法一不匹配，即 A 公司确认负债时，甲公司并没有确认相对应的应收款和收入。关于这一点我们认为也可以从《国际会计准则第 37 号——或有事项》关于存在不确定性的资产和负债的处理得到支持。从《国际会计准则第 37 号——或有事项》第 33 条可以看出，在存在不确定性的情况下，准则对于资产/收入的确认条件比对负债的确认标准更严格，资产/收入只有当“基本确定能收到”的情况下才能确认，而负债在“很可能”有现金流出时即应确认。基于此，本案例中甲公司部分收入的确认晚于A公司确认负债的时点是可以解释的。

此外，本案例中的交易是在投资方与被投资方之间发生。甲公司作为A企业的合营投资者，对其有共同控制，采用权益法核算对A公司的投资。因此，还要考虑权益法核算时的未实现利润的抵销。

案例5－04
被收购业务出现重大变化时的商誉减值问题

一、案例背景

B公司以前年度从第三方购买子公司A，合并日确认商誉人民币28,480万元，该商誉后续发生减值，2×11年12月31日的账面价值为人民币9,435万元。

A公司是B公司内唯一经营铁道媒体业务的子公司，2×12年A公司主营业务收入的40%（2×11年主营业务收入的30%）来自铁道媒体业务。

2×12年11月29日，铁道部相关部门在北京产权交易所发布公告，拟对全国铁路旅客列车专用读物即杂志摆放权进行招商，并公布了杂志摆放权费底价。

B公司于2×13年1月18日发布的提示性公告（公告的签署日为2×13年1月17日）说明，如果B公司成功竞标，B公司每年至少需额外支付2,450万元渠道费，其铁道媒体业务（即A公司）存在亏损的风险；如果公司不参加公开招标，或未能中标，则其出版的杂志将无法在旅客列车上摆放，在这种情况下，公司现有铁道媒体业务可能需要另觅途径分销其出版的杂志，或将停止刊印。B公司于2×13年1月21日（公告的签署日为2×13年1月18日）发布了关于退出参与全国铁路旅客列车杂志摆放权招标的公告。从2×13年2月份起，其出版的杂志已停止在客车上摆放发行，B公司的铁道媒体业务处于停滞状态。

B公司2×12年年度财务报表的批准报出日为2×13年1月17日。

问题：B 公司编制 2×12 年年度合并财务报表时对收购 A 公司产生的商誉进行减值测试时应如何考虑？

二、会计准则及相关规定

《企业会计准则第 8 号——资产减值》第四条规定："因企业合并所形成的商誉和使用寿命不确定的无形资产，无论是否存在减值迹象，每年都应当进行减值测试。"第六条规定："可收回金额应当根据资产的公允价值减去处置费用后的净额与资产预计未来现金流量的现值两者之间较高者确定。"第八条规定："……企业按照上述规定仍然无法可靠估计资产的公允价值减去处置费用后的净额的，应当以该资产预计未来现金流量的现值作为其可收回金额。"第二十三条规定："企业合并所形成的商誉，至少应当在每年年度终了进行减值测试。商誉应当结合与其相关的资产组或者资产组组合进行减值测试。"

《企业会计准则第 8 号——资产减值》的应用指南规定："预计资产未来现金流量，通常应当根据资产未来期间最有可能产生的现金流量进行预测。"

《企业会计准则讲解（2010）》第九章"资产减值"指出："企业管理层应当在合理和有依据的基础上对资产剩余使用寿命内整个经济状况进行最佳估计，并将资产未来现金流量的预计，建立在经企业管理层批准的最近财务预算或者预测数据之上。"

《企业会计准则第 29 号——资产负债表日后事项》第二条规定："资产负债表日后事项，是指资产负债表日至财务报告批准报出日之间发生的有利或不利事项。"第四条规定："企业发生的资产负债表日后调整事项，应当调整资产负债表日的财务报表。"第五条规定："企业发生的资产负债表日后调整事项，通常包括下列各项：……（二）资产负债表日后取得确凿证据，表明某项资产在资产负债表日发生了减值或者需要调整该项资产原先确认的减值金额。"

《企业会计准则讲解（2010）》第三十章"资产负债表日后事项"指出："资产负债表日后调整事项，是指对资产负债表日已经存在的情况提供了新的或进一步证据的事项"，"如果资产负债表日后事项对资产负债表日的情况提供了进一步的证据，证据表明的情况与原来的估计和判断不完全一致，则需要对原来的会计处理进行调整。”

三、案例解析

根据《企业会计准则第8号——资产减值》，企业合并所形成的商誉，至少应当在每年年度终了进行减值测试。由于商誉难以独立产生现金流量，B公司应结合与收购A公司相关的资产组或者资产组组合进行商誉减值测试。

鉴于2×12年11月29日，铁道部相关部门已在北京产权交易所发布公告，拟对全国铁路旅客列车专用读物即杂志摆放权进行招商，并公布了杂志摆放权费底价，B公司于资产负债表日（2×12年12月31日）已经有条件得知该招商对A公司业务产生的影响，这种影响体现在如下两种情况：

1. 如果B公司能够成功竞标，A公司未来能够继续运营铁路媒体业务，但需要支付额外的成本费用（每年至少需额外支付人民币2,450万元渠道费）；

2. 如果B公司放弃投标或者不能成功竞标，A公司的铁路媒体业务将会停止，未来的业务收入会减少。

无论哪种情况发生，都会影响A公司预计未来现金流量，进而影响与该商誉相关的资产组（或者资产组组合）的使用价值及商誉减值测试结果。

B公司为应对该经营环境变化需作出相应的经营决策，包括是否参与招标等。B公司进行商誉减值测试所依据的假设等应包含其在财务报表报出日之前能够获得的关于资产负债表日相关状况的全部信息，并与管理层进行经营决策时依据的假设及决策结果一致。例如，资产负债表日或财务报表报出前管理层决定参与投标，并预计可以投标成功，则应根据上述第一种情况的相应假设进行商誉的减值测试。如果财务报表报出时管理层相关经营决策过程尚未完成，则应就上述两种可能情况进行减值测试，即分别计算A公司两种业务模式下与商誉相关的资产组（或资产组组合）的可收回金额，在此基础上确定相关商誉等是否发生减值；如果在两种业务模式下，与商誉相关的资产组（或资产组组合）的可收回金额均低于其账面价值，则B公司应该根据两者之中的较高者与账面金额的差额确认资产减值损失。

B公司2×12年年度财务报表的批准报出日为2×13年1月17日。B公司于2×13年1月18日发布关于铁道媒体业务的提示性公告（公告的签署日为2×13年1月17日），于2×13年1月21日发布退出杂志摆放权招标的公告（公告的签署日为2×13年1月18日）。根据上述公告的签署日，B公司管理层在2×12年年度财务报表的批准报出日（2×13年1月17日）很可能已经确定其将退出杂志摆放权的招标。如果这一决定与B公司2×12年12月31日对收购A公司所产生的商誉进行减值测试时的估计不完全一致，B公司需要考虑其是否应作为资产负债表日后调整事项处理。如果只是2×12年12月31日相关经营决策尚未作出，而在财务报表报出日已经作出，决策过程依据的其他假设不变，我们认为其应作为资产负债表日后调整事项，按照修正后的预计未来现金流量确定与该商誉相关的资产组（或者资产组组合）的使用价值，并根据更新后的商誉减值测试结果调整B公司2×12年年度的合并财务报表。

案例5-05
出租土地建造建筑物的核算

一、案例背景

A公司（非政府授权进行招标的企业）将一块土地使用权出租给B公司，并签署协议约定：租期为15年，每年租金500万元，B公司在该土地上投资建设通用生产经营建筑物（使用寿命在30年以上），投资额计划为5,000万元；建设项目的施工合同由A公司、B公司及施工方共同签署，A公司协助办理施工审批手续，相关的施工成本、质量、工期的监理和验收A公司、B公司双方共同负责，工程款项由B公司按工程进度支付给A公司，再由A公司支付给施工方。该建筑物（不含土地使用权）建设完后，所有权归A公司，租赁开始日的公允价值约为1.5亿元。B公司在土地租赁期间拥有该建筑物的使用权。租赁期结束，该通用生产经营建筑物及其上附着的所有固定建筑物及设施的所有权及使用权均归A公司所有，且B公司应确保该建筑物交付时处于正常可使用状态。

问题：A公司应如何对租用土地使用权、建设和使用建筑物进行核算？

二、会计准则及相关规定

《企业会计准则——基本准则》（2014 年修订）第二十条规定：“资产是指企业过去的交易或者事项形成的、由企业拥有或者控制的、预期会给企业带来经济利益的资源。

前款所指的企业过去的交易或者事项包括购买、生产、建造行为或其他交易或者事项。预期在未来发生的交易或者事项不形成资产。

由企业拥有或者控制，是指企业享有某项资源的所有权，或者虽然不享有某项资源的所有权，但该资源能被企业所控制。

预期会给企业带来经济利益，是指直接或者间接导致现金和现金等价物流入企业的潜力。”

《企业会计准则——基本准则》（2014 年修订）第二十一条规定：“符合本准则第二十条规定的资产定义的资源，在同时满足以下条件时，确认为资产：

（一）与该资源有关的经济利益很可能流入企业；

（二）该资源的成本或者价值能够可靠地计量。”

《企业会计准则第 21 号——租赁》第五条规定：“融资租赁，是指实质上转移了与资产所有权有关的全部风险和报酬的租赁。其所有权最终可能转移，也可能不转移。”

《企业会计准则第 21 号——租赁》第六条规定：“符合下列一项或数项标准的，应当认定为融资租赁：（一）在租赁期届满时，租赁资产的所有权转移给承租人；（二）承租人有购买租赁资产的选择权，所订立的购买价款预计将远低于行使选择权时租赁资产的公允价值，因而在租赁开始日就可以合理确定承租人将会行使这种选择权；（三）即使资产的所有权不转移，但租赁期占租赁资产使用寿命的大部分；（四）承租人在租赁开始日的最低租赁付款额现值，几乎相当于租赁开始日租赁资产公允价值；出租人在租赁开始日的最低租赁收款额现值，几乎相当于租赁开始日租赁资产公允价值；（五）租赁资产性质特殊，如果不作较大改造，只有承租人才能使用。”

《企业会计准则第 21 号——租赁》第十条规定：“经营租赁是指除融资租赁以外的其他租赁”。

《企业会计准则第 3 号——投资性房地产》第三条规定：“本准则规范

下列投资性房地产：(1) 已出租的土地使用权。(2) 持有并准备增值后转让的土地使用权。(3) 已出租的建筑物。"

《企业会计准则讲解（2010）》第四章投资性房地产中指出："已出租的建筑物是指企业拥有产权的、以经营租赁方式出租的建筑物，包括自行建造或开发活动完成后用于出租的建筑物以及正在建造或开发过程中将来用于出租的建筑物。"

三、案例解析

本案例中，虽然B公司是建筑物的投资建造者，根据企业会计准则基本准则第二十条和二十一条对于资产的定义，A公司与B公司的协议约定属于"其他交易或者事项"，A公司享有该建筑物的所有权，而A公司与B公司的交易实质上相当于B公司通过代A公司出资建造该地上建筑物等资产，相对应地取得在一段期间内该资产的使用权，对A公司而言，该建筑物符合准则中资产的定义和资产确认条件，因此可确认该建筑物为A公司的资产。

在判断该建筑物租赁的分类时，根据企业会计准则第21号第五条和第六条，注意到建成后B公司在土地租赁期间享有该建筑物使用权，但是租赁期与该建筑物的使用寿命相比不占大部分，B公司投资建设金额与该建筑物租赁开始日的公允价值相比不相当；租赁期届满时，该建筑物的所有权没有转移给B公司，B公司也没有购买的选择权，并且该建筑物为通用生产经营建筑物使用范围，不仅限于B公司，综上可以判断与该建筑物所有权有关的全部风险和报酬并未转移，应该视为A公司以经营租赁的方式出租给B公司，即按投资性房地产进行核算，计量模式根据A公司的会计政策确定。采用成本模式时，A公司应将B公司支付的投资工程款作为初始成本计量投资性房地产，并确认一项递延收益，在租赁期内分期确认为租赁收入，后续计量适用固定资产准则。采用公允价值计量模式时，该投资性房地产公允价值的计量应扣除B公司15年使用权的影响，初始计量形成的公允价值相应地确认一项递延收益，在租赁期内分期确认为租赁收入，投资性房地产后续公允价值计量变动计入损益。

第六章 收入和费用

案例 6－01 收入应该按照总额还是净额确认

收入是指企业在日常活动中形成的、会导致所有者权益增加的、与所有者投入资本无关的经济利益的总流入。企业在确认收入时，需要根据上述定义进行判断，只有由企业本身所从事的日常活动所产生的经济利益的总流入才能确认为企业的收入。在某些交易安排下，企业在日常经营活动中从客户所收取的款项中可能包含了代第三方收取的金额，在这种情况下，该代收款项并不会为企业带来经济利益的流入，也并不会导致企业所有者权益的增加，不能确认为企业的收入。

一、案例背景

A 公司为上市公司，主要从事外贸进出口贸易，其中自营进出口贸易收入占总收入的 2/3，代理进出口、转口贸易收入占总收入的 1/3。A 公司在核算代理进出口、转口贸易业务时，将从客户收取的全部款项和支出的全部款项（包括上述业务中所涉及的进出口商品的采购价款及相关税费）分别按全额确认为收入和成本，但公司代理的进出口商品价值并未计入资产负债表内的存货项目。

从事代理进出口、转口业务时，代理方 A 公司通常与委托方进行权利和义务约定，签署代理协议。以代理进口业务为例，委托方自行指定国外供应商，并与国外供应商商定进口合同各项条款，并对国外供应商的资信及其履行对外合同负全部责任；进口合同签署后，委托方作为实际进口方，承担所有进口合同中商品品质、数量、技术指标方面的风险；委托方承担因自身原因、政策和汇率风险等致使合同不能履行或不能全部履行的责任。代理方A公司则根据委托方拟定的进口合同条款，以A公司名义与国外供应商签订进口合同；A公司办理有关进口手续；代理进口过程中的一切税费由委托方承担，如需A公司代为缴纳的，须由委托方提前汇入A公司指定账户。

假定B公司委托A公司进口某商品，并签署代理协议，A公司开展该项代理进口业务的基本操作流程如下：

1. 合同生效后，B公司安排A公司签署进口合同。

2. B公司向A公司支付开立信用证所需保证金，A公司收到保证金并经B公司书面确认后，根据进口合同的要求从银行开出信用证，保证金利息归B公司所有。

3. 进口商品装运后，B公司安排海运保险事宜，保险受益人为A公司。

4. A公司收到国外供应商的付款通知后，经B公司书面同意后，A公司垫付货款。

5. A公司收取国外供应商的全套单据包括提货单，商品到港后，A公司持提货单和报关单等资料办理报关手续，相关费用由B公司承担。

6. 报关完成后，A公司向B公司发出付款通知单，包括购销汇凭证等。

7. B公司收到A公司的付款通知单后，将进口商品的货款及其税费、支付给A公司的代理佣金等，扣除已支付的保证金后全额折合成人民币支付给A公司。

8. A公司收到货款后，向B公司发送进口商品，代理进出口合同履行完毕。

问题：

（1）A公司代理进出口业务的收入应按总额确认还是净额确认？

（2）A公司应在何时确认代理进出口业务收入？

（3）委托代理合同中的商品是否应计入A公司期末存货？

二、会计准则及相关规定

现行企业会计准则下的相关规定：

根据《企业会计准则第14号——收入》的有关规定，收入是指企业在日常活动（即企业为完成其经营目标所从事的经常性活动以及与之相关的活动）中形成的、会导致所有者权益增加的、与所有者投入资本无关的经济利益的总流入，包括销售商品收入、提供劳务收入和让渡资产使用权收入。企业代第三方收取的款项，应当作为负债处理，不应当确认为收入。

其中，对于提供劳务产生的收入，企业在资产负债表日提供劳务交易的结果能够可靠估计的，应当采用完工百分比法确认提供劳务收入。提供劳务交易的结果能够可靠估计，是指同时具备下列条件：收入的金额能够可靠计量、相关的经济利益很可能流入企业、交易的完工进度能够可靠确定、交易中已发生的和将发生的成本能够可靠计量。在实务中，如果特定时期内提供劳务交易的数量不能确定，则该期间的收入应当用直线法确认，除非有证据表明采用其他方法能更好地反映完工进度。当某项作业相比其他作业都重要得多时，应当在该项重要作业完成之后确认收入。

国际财务报告准则相关规定：

《国际财务报告准则第 15 号——客户合同收入》B34 段规定："当其他方参与向客户提供商品或劳务时，主体应当确定主体的履约义务性质是自行提供特定商品或劳务（即该主体为主要责任人），还是安排另一方提供该商品或劳务（即该主体为代理人）。"

《国际财务报告准则第 15 号——客户合同收入》B35 段规定："主体在向客户转让商品或提供服务前能够控制相关商品或服务的，该主体为主要责任人。"

《国际财务报告准则第 15 号——客户合同收入》B36 段规定："如果主体的履约义务是安排其他方提供商品或劳务，则该主体为代理人。"

《国际财务报告准则第 15 号——客户合同收入》B37 段规定："主体在向客户转让商品或提供服务前能够控制相关商品或服务的迹象包括但不限于如下：（1）主体主要负责合同的履行；（2）主体在转让商品之前或之后均承担存货风险；（3）主体有权决定其他方的商品或服务的定价，因此，主体可从这些商品或服务中获得大部分剩余收益。"

《企业会计准则第 14 号——收入》（2017 年修订）的相关规定：

《企业会计准则第 14 号——收入》（2017 年修订）第二条规定："收入，是指企业在日常活动中形成的、会导致所有者权益增加的、与所有者投入资本无关的经济利益的总流入。"

《企业会计准则第 14 号——收入》（2017 年修订）第十四条规定："企业应当按照分摊至各单项履约义务的交易价格计量收入。

交易价格，是指企业因向客户转让商品或提供服务而预期有权收取的对价金额。企业代第三方收取的款项以及企业预期将退还给客户的款项，应当作为负债进行会计处理，不计入交易价格。”

《企业会计准则第 14 号——收入》（2017 年修订）第三十四条规定：“企业应当根据其在向客户转让商品或提供服务前是否拥有对该商品或服务的控制权，来判断其从事交易时的身份是主要责任人还是代理人。企业在向客户转让商品或提供服务前能够控制该商品或服务的，该企业为主要责任人，应当按照已收或应收对价总额确认收入；否则，该企业为代理人，应当按照预期有权收取的佣金或手续费的金额确认收入，该金额应当按照已收或应收对价总额扣除应支付给其他相关方的价款后的净额，或者按照既定的佣金金额或比例等确定。

企业向客户转让商品或提供服务前能够控制该商品或服务的情形包括：

（一）企业自第三方取得商品或服务或其他资产控制权后，再转让给客户。

（二）企业能够主导第三方代表本企业向客户提供服务。

（三）企业自第三方取得商品或服务控制权后，通过提供重大的服务将该商品或服务与其他商品或服务整合成某组合产出转让给客户。

在具体判断向客户转让商品或提供服务前是否拥有对该商品或服务的控制权时，企业不应仅局限于合同的法律形式，而应当综合考虑所有相关事实和情况，这些事实和情况包括：

（一）企业承担向客户转让商品或提供服务的主要责任。

（二）企业在转让商品或提供服务之前或之后承担了该商品或服务的存货风险。

（三）企业有权自主决定所交易商品或服务的价格。

（四）其他相关事实和情况。”

《企业会计准则第 14 号——收入》（2017 年修订）第四条规定：“企业应当在履行了合同中的履约义务，即在客户取得相关商品或服务控制权时确认收入。

取得相关商品或服务控制权，是指能够主导该商品或服务的使用并从中获得几乎全部的经济利益。”

三、案例解析

我国现行的《企业会计准则第 14 号——收入》对收入进行了定义，并且规定了销售商品、提供劳务和让渡资产使用权产生收入的确认原则。虽然现行准则并未对代理业务的收入确认提供明确的指引，但是企业确认的收入应当首先符合收入的定义，即企业仅应将其“在日常活动中形成的、会导致所有者权益增加的、与所有者投入资本无关的经济利益的总流入”确认为收入，而代第三方收取的款项，应当作为负债处理，不应当确认为收入。

从《企业会计准则第 14 号——收入》（2017 年修订）和国际财务报告准则来看，其对于判断主体在一项交易中是作为委托人还是代理人均提供了指引，这些指引实际上仍是对现行收入确认原则的具体应用。因此，应按照《企业会计准则第 14 号——收入》（2017 年修订）或国际财务报告准则的上述原则处理涉及委托代理事项的收入确认问题。

1. 本案例中，A 公司的日常活动是根据代理协议为委托人提供代理服务以赚取代理佣金，而并非自身进行进出口贸易买卖商品以赚取商品差价而获利，因此 A 公司仅应当将其赚取的代理佣金收入确认为收入，即以净额确认收入。

本案例中，根据 A 公司签署的前述代理进口协议中对委托方和代理方的权利、责任条款以及 A 公司的业务操作流程，对照《企业会计准则第 14 号——收入》（2017 年修订）和《国际财务报告准则第 15 号——客户合同收入》应用指南中的相关指引进行综合分析，我们可以作如下判断：

（1）A 公司在代理进出口业务中扮演代理方角色；

（2）A 公司应按净额法确认代理进出口业务的收入，即按 A 公司向委托方收取的代理佣金金额确认收入。

2. A 公司代理进出口业务收入的确认时点。根据 A 公司代理 B 公司进口业务的基本操作流程，对照准则的相关规定，如果在 A 公司收取 B 公司货款并向 B 公司发货后，与该项代理业务相关的重大风险已转移，且收入确认的其他条件也都得到满足，则 A 公司应在与 B 公司的代理协议履行完毕时确认代理佣金收入。

3. 委托代理合同中的商品是否应计入 A 公司期末存货。A 公司作为代理人，在正常情况下对购入的代理货物不需要在资产负债表中确认为存货。

但是在极端的情况下，如B公司有违约的可能等，A公司就需要在资产负债表日根据A公司与B公司代理协议，以及A公司与国外供应商签订的购销合同，综合考虑A公司对进口商品所承担的风险和报酬因素，判断是否应将该商品计入期末存货。

【相关案例之一】

采购和销售合同条款相同且毛利很低的大宗商品贸易收入确认

（一）案例背景

A上市公司2×12年年报显示，物流贸易收入是其营业收入的主要来源，占总营业收入的74%，同时，物流贸易的毛利率仅为0.91%。A公司的物流贸易业务以煤炭、有色金属、矿产品等大宗商品物流贸易为主，具体交易安排如下：

1. A公司大宗商品贸易模式通常为以销定采。A公司的供应商与A公司的客户不是关联方，但A公司在选择供应商时，需征得其客户同意。

2. A公司在同一日期分别与其供应商和客户签订合同，除价格条款外，购货合同与销售合同在产品种类、定价方式、货物数量及保管上均基本相同。

3. 实务中，如果由于各种原因，A公司的供应商未能按照合同约定履行发货义务，如出现延迟发货、品质不符合要求等问题，A公司的客户将直接与A公司的供应商协商解决，A公司不承担由此造成的违约风险。

4. 交货方式为A公司的供应商直接将货物发到A公司客户的仓库。运输途中出现任何问题，供应商承担相应的风险。客户签收货物时，供应商和A公司同时完成交货义务。

5. 采购价格和销售价格分别在同一基础定价上减去和加上相同的价差，该正负价差即为A公司的利润。基础价格由A公司的供应商和客户根据行业惯例协商确定，上下浮动价差由三方协商确定，A公司在一组采购和销售业务中获取固定的利润。

6. 结算方式：A公司的客户先付款项给A公司，A公司收到货款后，将其中采购价款部分支付给供应商。在供应商已经交货的情况下，如果客户不付款或者应收客户的款项不能收回，A 公司无须付款给供应商。

7. 票据方面，在购和销两个环节，按照合同约定的结算方式进行结算，经 A 公司分别与其供应商和客户确认后，取得该次贸易的进项增值税发票，向销售客户开具增值税发票。

问题：A 上市公司应按总额还是净额确认收入？

（二）案例解析

在本案例中：

1. A 公司并未承担按照有关合同条款向客户提供商品的主要责任。尽管 A 公司分别与供应商和客户签订购销合同，且在“购销”环节，A 公司分别取得进项增值税发票及开具增值税销售发票，但 A 公司在决定供应商时，需征得客户同意。因此，A 公司无权自主选择供应商。并且如果由于各种原因，供应商未能按照合同约定履行发货义务，客户将直接与供应商协商解决，A 公司并不承担由此造成的违约风险，因此，A 公司并未承担按照有关合同条款向客户提供商品的主要责任。

2. A 公司在交易过程中并未承担所交易商品所有权上的主要风险。根据《企业会计准则讲解（2010）》第十五章规定：“与商品所有权有关的风险，是指商品可能发生减值或毁损等形成的损失。”

由于合同约定交货方式为供应商直接将货物发到购货商的仓库。客户签收货物时，供应商和 A 公司同时完成交货义务，运输途中的任何风险均由供应商承担。且在该交易中，销售价格主要由供应商和客户协商确定，A 公司只是按照销售数量获得固定利润。因此在该交易过程中，A 公司并未承担与所交易商品有关的价格变动风险、滞销积压风险，也不会承担商品可能减值或毁损的损失，即 A 公司在交易中并未承担所交易商品所有权上的主要风险。

3. A 公司没有自主定价权。所交易商品的采购价格和销售价格分别在同一基础定价上减去和加上相同的价差，该正负价差即为 A 公司的利润。基础价格由供应商和客户根据行业惯例协商确定，上下浮动价差由三方协商确定，以确保 A 公司获取固定利润。因此，对于采购和销售价格，A 公司无自主定价权。

综合上述分析，虽然 A 公司分别与供应商和客户签署购销合同，但 A 公司与供应商之间的交易实质上并不独立于 A 公司与客户之间的交易，A 公司并未承担所交易的商品所有权上的主要风险和报酬，根据会计准则的相关判断原则，应按净额法确认和列报收入。

收入按照总额法还是净额法确认虽然不会影响公司的净利润和净资产，但可能对其他一些规模、业绩指标存在重大影响。为便于财务报表使用者更好地理解公司的财务状况和经营成果，上市公司应在财务报表附注中对于收入确认的会计政策和会计估计作出充分的披露。

【相关案例之二】

劳务派遣的收入确认

（一）案例背景

A公司对外提供劳务派遣服务，并根据服务内容和具体业务量收取项目服务费。劳务派遣服务的显著特征在于，劳动力的雇佣和劳动的消耗与使用是分离的。劳务派遣服务中一般包括派遣机构、劳动者以及用工单位三方。

A公司所提供的劳务派遣具体模式为：派遣机构与劳动者订立劳动合同，经用工单位面试通过后，劳动者作为派遣人员向用工单位给付劳务；派遣机构与用工单位就劳务服务签订服务合同，对服务标准、服务要求、服务收费标准进行约定，并对派遣人员的劳动成果负责。派遣单位需要按条件向用工单位派遣员工，且对所派遣员工提供的服务是否满足用工单位的标准承担责任。如用工单位认为派遣人员不能满足服务标准，则派遣机构有义务更换派遣人员；费用给付方面，用工单位按月向派遣机构支付派遣员工相关工资、社会保险以及劳务/项目服务费，派遣机构无论是否从用工单位收到与服务相关的费用，均需按照约定向派遣人员发放工资、缴纳社保。

问题：A公司应按总额还是净额确认收入？

（二）案例解析

在本案例中，A公司实际承担了按照有关服务合同向用工单位提供服务的主要责任。根据与用工单位的劳动协议，A公司负有派遣恰当劳动者的合同义务，如果派遣人员不能满足用工单位的要求，A公司需要无条件为用工单位派遣满足其要求的劳动者，并就派遣人员的劳动成果向用工单位承担违约责任。

派遣机构在选择劳动者，即服务提供者方面存在自主权。尽管，劳动者在劳务派遣前需要经过用工单位的面试，但是派遣机构可以自主对劳动者进行选择并签署劳动合同，具有完全的自主权。

在服务定价方面，服务标准、服务要求、服务收费标准均由派遣机构和用工单位协商确认，尽管服务价格中对劳务人员工资、社会保险费以及劳务/项目进行了区分，但不存在其他相反证据的情况下，仍可认定A公司具备自主的定价权。

劳务费用给付方面，无论劳动者派驻与否、是否从用工单位收到服务相关费用，派遣机构仍负有按照劳动合同向劳动者支付工资和社会保险的义务，则实际风险承担方为A公司。综合上述因素，A公司在劳务派遣安排中更多地体现了主要责任人的特征，可按照总额法确认相应收入。

案例6-02
BOT合同的收入确认

BOT（build-operate-transfer）即建设—经营—移交，是指政府通过协议授予企业以一定期限的特许专营权，许可其建设和经营特定的公用基础设施，并准许其通过向用户收取费用或出售产品以清偿贷款，回收投资并赚取利润；特许权期限届满时，该基础设施无偿移交给政府。虽然BOT业务在我国早已开展，但财政部在2004年才首次发布与之配套的会计处理规定——《关于企业以特许经营权方式参与公共基础设施建设业务会计处理问题的复函》（财办会［2004］26号）。

国际财务报告准则解释委员会在2007年发布了《国际财务报告解释公告第12号——服务特许协议》，针对BOT业务的会计核算作出了明确具体的规定。为实现与国际会计准则的实质性趋同，财政部在广泛调研的基础上于2008年8月发布的《企业会计准则解释第2号》对BOT业务的会计核算作出了相应规定，但上市公司在实际执行过程中还存在一些问题，特别是对于企业在BOT的业务安排下所取得的资产应当确认为何种资产，在实务中一直存在不同的理解和处理。

一、案例背景

A公司为上市公司，有三家从事污水处理业务的子公司，经营期限均为30年。在建造期间，上述三家公司均未实际提供建造服务，而是将污水处理相关设施的建造发包给其他方。在《企业会计准则解释第2号》颁布前，该公司将上述项目形成的资产按照固定资产核算。现该公司拟根据《企业会计准则解释第2号》将BOT项目调整为无形资产。

经调阅该公司BOT项目有关协议，上述协议中均含有污水保底处理量的保底条款。根据协议，如果实际处理量超过保底处理量，则保底处理量部分按基本单价收费，超过部分按超进水单价收费；如果实际处理量未达到保底处理量，则实际处理量按基本单价收费，未达到部分按欠进水单价收费。超进水单价和欠进水单价均低于基本单价，上述污水处理费均是向协议甲方——相关政府部门或授权机构结算收取。

对上述BOT相关业务，有两种会计处理意见：

1. 根据A公司与有关部门达成的BOT协议，该协议有保底处理量的承诺且A公司有权向合同授予方收取费用，A公司应将其确认为金融资产。

2. 虽然BOT协议均有保底处理量的承诺，但由于各个月份实际污水处理量不完全相同，各部分处理单价存在差异，每月结算额均不固定，A公司应将其确认为无形资产。

问题：A公司应如何处理BOT相关业务？

二、会计准则及相关规定

根据《企业会计准则解释第2号》，在BOT的业务安排下，建造期间，企业对于所提供的建造服务应当按照《企业会计准则第15号——建造合同》[①] 确认相关的收入和费用。企业提供建造服务确认的建造收入应当按照收取或应收对价的公允价值计量，并分别以下情况在确认收入的同时，确认

---

① 2017年对《企业会计准则第14号——收入》进行重新修订后，现行的《企业会计准则第15号——建造合同》和《企业会计准则第14号——收入》准则规定的内容将统一由《企业会计准则第14号——收入》（2017年修订）进行规范，按照《企业会计准则第14号——收入》（2017年修订）中规定的时间开始适用。

金融资产或无形资产：

1. 合同规定基础设施建成后的一定期间内，项目公司可以无条件地自合同授予方收取确定金额的货币资金或其他金融资产的；或在项目公司提供经营服务的收费低于某一限定金额的情况下，合同授予方按照合同规定负责将有关差价补偿给项目公司的，应当在确认收入的同时确认金融资产，并按照《企业会计准则第22号——金融工具确认和计量》的规定处理。

2. 合同规定项目公司在有关基础设施建成后，从事经营的一定期间内有权向获取服务的对象收取费用，但收费金额不确定的，该权利不构成一项无条件收取现金的权利，项目公司应当在确认收入的同时确认无形资产。

项目公司未提供实际建造服务，将基础设施建造发包给其他方的，不应确认建造服务收入，应当按照建造过程中支付的工程价款等考虑合同规定，分别确认为金融资产或无形资产。

BOT业务所建造基础设施不应作为项目公司的固定资产。

基础设施建成后，项目公司应当按照《企业会计准则第14号——收入》确认与后续经营服务相关的收入。

按照合同规定，企业为使有关基础设施保持一定的服务能力或在移交给合同授予方之前保持一定的使用状态，预计将发生的支出，应当按照《企业会计准则第13号——或有事项》的规定处理。

按照特许经营权合同规定，项目公司应提供不止一项服务（如既提供基础设施建造服务又提供建成后经营服务）的，各项服务能够单独区分时，其收取或应收的对价应当按照各项服务的相对公允价值比例分配给所提供的各项服务。

在BOT业务中，授予方可能向项目公司提供除基础设施以外其他的资产，如果该资产构成授予方应付合同价款的一部分，不应作为政府补助处理。项目公司自授予方取得资产时，应以其公允价值确认，未提供与获取该资产相关的服务前应确认为一项负债。

三、案例解析

BOT业务包括建设、经营和移交三个阶段。通常情况下，在BOT的业务安排下，企业首先为政府建造基础设施，建成之后负责在一定期间内对该基础设施进行运营，并在约定的经营期限结束后将该基础设施移交给政府。

企业因建造基础设施而提供的建造服务，可能会取得不同形式的对价，企业应当根据前述会计准则的有关规定，在确认建造服务收入的同时，将所取得的对价确认为相应的资产。具体而言，对于所提供的建造服务，如果企业取得的是一项无条件收取固定或可确定金额现金的权利，即无论企业在基础设施运营期间取得运营收入如何，都可以无条件地自合同授予方取得固定或可确定金额的现金的情况下，应当确认为一项金融资产（应收款项）；相反，如果企业取得的只是在未来特定期间运营该基础设施、并取得运营收入的权利，且该权利并不构成一项无条件收取固定或可确定现金的权利，该权利不符合金融资产的确认条件，应当确认为一项无形资产（特许经营权）。

从本案例涉及的 BOT 协议的相关合同条款分析，A 公司在经营期限内获得的收费，可分为两部分，即不受实际处理量影响的固定收费（按照保底处理量×欠进水单价计算的水费收入）和受实际处理量影响的收费（按照保底处理量以内的实际处理量×（基本单价－欠进水单价））以及（按照超过保底处理量的实际处理量×超进水单价计算的水费收入）。

我们认为，对于不受实际处理量影响的固定收费部分，其实质为 A 公司取得的是无条件地向合同授予方收取确定金额货币资金或其他金融资产的权利，因此应将其确认为金融资产（应收款项）；对于受实际处理量影响的收费部分，则应当按照建造过程中支付的工程价款扣除已确认的金融资产的金额（如适用）确认为无形资产。

案例 6－03
合同能源管理业务的收入确认

合同能源管理（Energy Performance Contracting，简称 EPC），是一种基于市场运作的全新的节能新机制。从事合同能源管理的节能服务公司与用能单位以契约形式约定节能项目的节能目标，节能服务公司为实现节能目标，向用能单位提供必要的服务，用能单位以节能效益支付节能服务公司的投入及其合理利润。在合同能源管理项目下，节能服务公司能够为客户提供用能状况诊断、节能项目设计、融资、改造（施工、设备安装、调试）、运行管理等服务，并从客户进行节能改造后获得的节能效益中收回投资和取得利润。

合同能源管理在20世纪70年代已经在西方兴起并逐步发展起来。在我国，虽然起步较晚，但是近年来，我国政府加大了对合同能源管理商业模式的扶持力度，2010年4月2日国务院办公厅转发了发改委等部门《关于加快推行合同能源管理促进节能服务产业发展意见的通知》、财政部出台了《关于印发合同能源管理财政奖励资金管理暂行办法》，从政策上、资金上给予大力支持，促进节能服务产业的健康快速发展。

随着合同能源管理行业在我国的迅速发展，如何对其进行会计处理，特别是如何确认合同能源管理的收入越来越成为企业和财务报表使用者关注的问题。在目前的企业会计准则中，并未对合同能源管理的收入确认提供特别明确的指引，不同的企业在实务中的操作也不尽相同，而不同的会计处理方法对于企业的收入、利润等确认可能存在较大影响。

一、案例背景

A公司为上市公司，其主营业务为新能源工程的设计、技术开发和咨询、技术服务、技术转让、工程安装及工程总承包；机械、电气、自动化控制设备及其零部件的研发、组装、销售。A公司与客户签订能源服务合同，在客户所在地设立一家项目公司，该项目公司利用客户工厂产生的余热或蒸汽进行综合利用，为其配套建设余热发电装置。

余热发电项目所在地的土地使用权归客户所有，项目的立项审批、竣工验收及并网发电等政府相关的审批手续均以客户的名义进行。项目公司负责余热发电项目的投资建设，具体内容包括对整个工程的设计、设备选型、设备采购、工程安装和调试。余热发电项目的资产所有权归项目公司所有，自建成投产之日起，项目公司运营8年后无偿转让给客户。

余热发电项目建成后由项目公司负责运营，项目公司向客户提供电力，电价参考当地同类型上网电价确定。为保证项目公司投资的收回，每台机组每月发电收入如低于200万元，按200万元结算；如高于200万元则按实际情况结算。

问题：A公司在建设电厂的过程中是否应该确认收入，应该如何确认？

二、会计准则及相关规定

现行企业会计准则的相关规定：

《企业会计准则第 14 号——收入》第二条规定："收入是指企业在日常活动中形成的、会导致所有者权益增加的、与所有者投入资本无关的经济利益的总流入。"

《企业会计准则第 14 号——收入》第四条规定："销售商品的收入同时满足下列条件的，才能予以确认：（一）企业已将商品所有权上的主要风险和报酬转移给购货方；（二）企业既没有保留通常与所有权相联系的继续管理权也没有对已售出的商品实施有效控制；（三）收入的金额能可靠计量；（四）相关经济利益很可能流入企业；（五）相关的已发生或将发生的成本能可靠地计量。"

《企业会计准则第 14 号——收入》第五条规定："企业应当按照从购货方已收或应收的合同或协议价款确定销售商品收入金额，但已收或应收的合同或协议价款不公允的除外。"

《企业会计准则第 14 号——收入》第十条规定："企业在资产负债表日提供劳务交易的结果能够可靠估计的，采用完工百分比法确认提供劳务收入。"

《企业会计准则第 14 号——收入》第十四条规定："企业在资产负债表日提供劳务交易的结果不能够可靠估计的，应当分别下列情况处理：

（一）已经发生的劳务成本预计能够得到补偿的，按照已发生的劳务成本金额确认提供劳务收入，并按相同金额结转劳务成本。

（二）已经发生的劳务成本预计不能够得到补偿的，应当将已经发生的劳务成本计入当期损益，不确认提供劳务收入。"

根据《企业会计准则第 15 号——建造合同》的规定："建造合同是指为建造一项或数项在设计、技术、功能、最终用途等方面密切相关的资产而订立的合同。在资产负债表日，如果建造合同的结果能够可靠估计，企业应当根据完工百分比法确认合同收入和费用；如果建造合同的结果不能可靠估计，合同成本能够收回的，合同收入根据能够收回的实际合同成本予以确认，合同成本不可能收回的，不确认收入。"

《企业会计准则第 21 号——租赁》规定："租赁是指在约定的期间内，

出租人将资产使用权让与承租人，以获取租金的协议。确定一项协议是否属于或包含租赁业务，应重点考虑以下两个因素：一是履行该协议是否依赖某特定资产；二是协议是否转移了资产的使用权。属于租赁业务的，按租赁准则进行会计处理；其他部分按相关会计准则处理。”《国际财务报告解释公告第 4 号——确定一项安排是否包含租赁》（IFRIC 4）规定：“如果一项安排使得控制标的资产使用权力被转移给了买方（或者承租人），则该安排是转让了资产的使用权。在满足下面三个条件之一的情况下，可以认为控制标的资产使用的权力已被转移：（1）购买方有能力或权利经营该资产，或指导其他方经营该资产，以取得或控制使用该资产所产生的高于不重大金额的收益。（2）购买方有能力或权利控制接触该标的资产的实体，以取得或控制使用该资产所产生的高于不重大金额的收益。（3）实际情况显示，除了购买方之外的其他一方或多方获得使用该资产所产生的高于不重大金额的收益的可能性极小，并且购买方为产出所支付的对价既不是合同约定的固定单位产出价，也不是实际产出交付时的市场价格。”

《企业会计准则第 14 号——收入》（2017 年修订）的相关规定：

《企业会计准则第 14 号——收入》（2017 年修订）第四条规定：“企业应当在履行了合同中的履约义务，即在客户取得相关商品或服务控制权时确认收入。

取得相关商品或服务控制权，是指能够主导该商品或服务的使用并从中获得几乎全部的经济利益。”

《企业会计准则第 14 号——收入》（2017 年修订）第九条规定：“合同开始日，企业应当对合同进行评估，识别该合同所包含的各单项履约义务，并确定各单项履约义务是在某一时段内履行，还是在某一时点履行，然后，在履行了各单项履约义务时分别确认收入。

履约义务，是指合同中企业向客户转让可明确区分商品或服务的承诺。履约义务既包括合同中明确的承诺，也包括由于企业已公开宣布的政策、特定声明或以往的习惯做法等导致合同订立时客户合理预期企业将履行的承诺。企业为履行合同而应开展的初始活动，通常不构成履约义务，除非该活动向客户转让了承诺的商品或服务。

企业向客户转让一系列实质相同且转让模式相同的、可明确区分商品或服务的承诺，也应当作为单项履约义务。

转让模式相同，是指每一项可明确区分商品或服务均满足本准则第十一条规定的、在某一时段内履行履约义务的条件，且采用相同方法确定其履约进度。”

《企业会计准则第 14 号——收入》（2017 年修订）第十条规定：“企业向客户承诺的商品或服务同时满足下列条件的，应当作为可明确区分商品或服务：

（一）客户能够从该商品或服务本身或从该商品或服务与其他易于获得资源一起使用中受益；

（二）企业向客户转让该商品或服务的承诺与合同中其他承诺可单独区分。

下列情形通常表明企业向客户转让该商品或服务的承诺与合同中其他承诺不可单独区分：

1. 企业需提供重大的服务以将该商品或服务与合同中承诺的其他商品或服务整合成合同约定的组合产出转让给客户。

2. 该商品或服务将对合同中承诺的其他商品或服务予以重大修改或定制。

3. 该商品或服务与合同中承诺的其他商品或服务具有高度关联性。”

《企业会计准则第 14 号——收入》（2017 年修订）第十一条规定：“满足下列条件之一的，属于在某一时段内履行履约义务；否则，属于在某一时点履行履约义务：

（一）客户在企业履约的同时即取得并消耗企业履约所带来的经济利益。

（二）客户能够控制企业履约过程中在建的商品或服务。

（三）企业履约过程中所产出的商品或服务具有不可替代用途，且该企业在整个合同期间内有权就累计至今已完成的履约部分收取款项。

具有不可替代用途，是指因合同限制或实际可行性限制，企业不能轻易地将商品或服务用于其他用途。有权就累计至今已完成的履约部分收取款项，是指在由于客户或其他方原因终止合同的情况下，企业有权就累计至今已完成的履约部分收取能够补偿其已发生成本和合理利润的款项，并且该权利具有法律约束力。”

《企业会计准则第 14 号——收入》（2017 年修订）第十二条规定：“对于在某一时段内履行的履约义务，企业应当在该段时间内按照履约进度确认收入，但是，履约进度不能合理确定的除外。企业应当考虑商品或服务的性质，采用产出法或投入法确定恰当的履约进度。其中，产出法是根据已转移给客户的商品或服务对于客户的价值确定履约进度；投入法是根据企业为履行履约义务的投入确定履约进度。对于类似情况下的类似履约义务，企业应当采用相同的方法确定履约进度。

当履约进度不能合理确定时，企业已经发生的成本预计能够得到补偿的，应当按照已经发生的成本金额确认收入，直到履约进度能够合理确定为止。"

《企业会计准则第 14 号——收入》（2017 年修订）第十三条规定："对于在某一时点履行的履约义务，企业应当在客户取得相关商品或服务控制权时点确认收入。在判断客户是否已取得商品或服务控制权时，企业应当考虑下列迹象：

（一）企业就该商品或服务享有现时收款权利，即客户就该商品或服务负有现时付款义务。

（二）企业已将该商品的法定所有权转移给客户，即客户已拥有该商品的法定所有权。

（三）企业已将该商品实物转移给客户，即客户已实物占有该商品。

（四）企业已将该商品或服务所有权上的主要风险和报酬转移给客户，即客户已取得该商品或服务所有权上的主要风险和报酬。

（五）客户已接受该商品或服务。

（六）其他表明客户已取得商品或服务控制权的迹象。"

《企业会计准则第 14 号——收入》（2017 年修订）第十四条规定："企业应当按照分摊至各单项履约义务的交易价格计量收入。

交易价格，是指企业因向客户转让商品或服务而预期有权收取的对价金额。企业代第三方收取的款项以及企业预期将退还给客户的款项，应当作为负债进行会计处理，不计入交易价格。"

《企业会计准则第 14 号——收入》（2017 年修订）第十六条规定："合同中存在可变对价的，企业应当按照期望值或最可能发生金额确定可变对价的最佳估计数，但包含可变对价的交易价格，应当不超过在相关不确定性消除时累计已确认收入极可能不会发生重大转回的金额。企业在评估累计已确认收入是否极可能不会发生重大转回时，应当同时考虑收入转回的可能性及其比重。

每一资产负债表日，企业应当重新估计应计入交易价格的可变对价金额。可变对价金额发生变动的，按照本准则第二十四条和第二十五条规定进行会计处理。”

《企业会计准则第 14 号——收入》（2017 年修订）第十七条规定：“合同中存在重大融资成分的，企业应当按照假定客户在取得商品或服务控制权时即以现金支付的应付金额确定交易价格。该交易价格与合同对价之间的差额，应当在合同期间内采用实际利率法摊销。

合同开始日，企业预计客户取得商品或服务控制权与客户支付价款间隔不超过一年的，可以不考虑合同中存在的重大融资成分。”

《企业会计准则第 14 号——收入》（2017 年修订）第二十条规定：“合同中包含两项或多项履约义务的，企业应当在合同开始日，按照各单项履约义务所承诺商品或服务的单独售价的相对比例，将交易价格分摊至各单项履约义务。企业不得因合同开始日之后单独售价的变动而重新分摊交易价格。”

《企业会计准则第 14 号——收入》（2017 年修订）第二十一条规定：“企业在类似环境下向类似客户单独销售商品或服务的价格，应作为确定该商品或服务单独售价的最佳证据。单独售价无法直接观察的，企业应当综合考虑其能够合理取得的全部相关信息，采用市场调整法、成本加成法、余值法等方法合理估计单独售价。在估计单独售价时，企业应当最大限度地采用可观察的输入值，并对类似的情况采用一致的估计方法。

市场调整法，是指企业根据某商品或服务或类似商品或服务的市场售价考虑本企业的成本和毛利等进行适当调整后，确定其单独售价的方法。

成本加成法，是指企业根据某商品或服务的预计成本加上其合理毛利后的价格，确定其单独售价的方法。

余值法，是指企业根据合同交易价格减去合同中其他商品或服务可观察的单独售价后的余值，确定某商品或服务单独售价的方法。”

《企业会计准则第 14 号——收入》（2017 年修订）第二十二条规定：“企业在商品或服务近期售价波动幅度巨大，或者因未定价且未曾单独销售而使售价无法可靠确定时，可采用余值法估计其单独售价。”

《企业会计准则第 14 号——收入》（2017 年修订）第二十四条规定：“对于可变对价及可变对价的后续变动额，企业应当按照本准则第二十条至第二十三条规定，将其分摊至与之相关的一项或多项履约义务，或者分摊至构成单项履约义务的一系列可明确区分商品或服务中的一项或多项商品或服务。

对于已履行的履约义务，其分摊的可变对价后续变动额应当调整变动当期的收入。”

三、案例解析

对于不同业务活动产生的收入，企业应当按照相应的准则规定进行会计处理。如本案例背景情况所述，在合同能源管理项目中，节能服务企业为客户提供的服务可能是多种多样的，既包括为客户提供节能项目设计、融资、改造（施工、设备安装、调试）、运行管理等服务，也可能包括向客户销售其生产的节能设备或产品。我们认为，在实务中，节能服务企业需要考虑其与客户签订的合同，对合同所涵盖的各项业务的实质进行综合判断，选用适当的准则进行会计处理。

在本案例中，根据A公司与客户签订的能源服务合同，其业务模式主要具有以下特点：

（1）项目公司负责余热发电装置的建造；

（2）余热发电装置的所有权将在8年后移交给客户；

（3）项目公司负责余热发电装置的运营并且参照市场定价按实际发电量收取电费；

（4）运营期间项目公司实际收取的电费收入不确定，但能够保证最低收入。

这是一种特殊的业务模式：企业向另一企业提供建设、运营等多种服务且在一定期间后进行产权移交，企业会计准则并未对此作出明确规定。实务中各企业根据其业务特点，分别借鉴不同的会计处理思路进行会计处理，其中比较有代表性的做法有两类：

一类是按照建造成本确认在建工程成本，并在项目达到预定可使用状态时转为固定资产并开始计提折旧，在运营期间确认电费收入，最后移交的时候作为固定资产处置进行会计处理。在此类情况下，关于收入的会计处理：首先需要判断将该资产提供给客户使用的安排是否构成租赁。由于中国准则仅在《企业会计准则讲解（2010）》中对此作出了原则性规定，而并未提供详细指引，因此我们借鉴上文所引的《国际财务报告解释公告第4号——确定一项安排是否包含租赁》（IFRIC 4）。本案例中，合同的履行取决于特定资产的使用，但使用权是否转移还需进一步分析。根据合同约定，余热发电装置都由A公司负责，但参照市场定价按实际发电量收取电费，不符合租赁的条件。因此，A公司应在实际运用期间根据实际发电情况确认电费收入。

另一类则认为，在分析项目公司应该如何确认收入的时候，应该考虑项目公司实质上在从事什么业务，提供了什么样的商品和服务。根据上面对业务模式的描述，项目公司的主要经营活动包括了建造活动和发电运营。

对于建造活动而言，如果是建造自用的固定资产，应该按照实际发生的支出计入在建工程的成本；如果是为客户提供建造服务，则应该确认建造服务的收入。

（一）现行准则下的分析

本案例中，A公司本身是一家专门从事新能源技术开发和能源工程安装的公司，并非一家发电厂；余热发电项目的盈利点主要来自于公司的新能源技术和能源工程安装方面的专长和经验。因此，A公司实质上主要是在为客户建造余热发电装置，只是建造合同的对价不再是固定对价，而是改为与余热发电收入挂钩的变动对价（其中一部分为按照每台机组每月200万元的保底收入）。

根据业务的实质，A公司应当适用建造合同准则确认该合同能源管理业务的收入。在符合建造合同有关收入确认条件的情况下，A公司应该对该能源服务合同的结果合理估计，并相应确认建造服务收入，同时将所取得的对价确认为相应的资产。对于未来将收到的不受实际发电量影响的固定金额部分（每台机组每月200万元），按现值确认为长期应收款；对于受实际发电量影响的变动金额部分，按照建造服务收入金额扣除已确认的长期应收款的金额确认为无形资产。

（二）新准则下的分析

根据新收入准则《企业会计准则第14号——收入》（2017年修订），企业应按五个步骤分析其与客户签订合同所产生的收入：（1）识别客户合同；（2）识别合同中的履约义务；（3）确定交易价格；（4）将交易价格分摊至合同中的履约义务；（5）在主体履行履约义务时（或履约过程中）确认收入（通常称为“五步法”）。

本案例的关键在于识别履约义务、确定交易价格、将交易价格分摊至合同中的履约义务以及在主体履行履约义务时（或履约过程中）确认收入的判断，以下就这些关键点进行分析：

1. 识别履约义务。

根据案例中对业务模式的描述，项目公司的主要经营活动包括了建造活动和发电运营。建造活动又包括工程设计、采购、建设和安装等内容。对于建造活动，项目公司提供了重大整合服务，设计、采购、建设和安装等内容无法明确区分，整体建造活动属于一项履约义务。根据合同的约定余热发电项目运营8年后，将无偿转让给客户，由客户自行运营使用，因此，客户能够从单独使用建造活动和发电运营服务或与其他易于获得的资源一起使用中获益，这两项活动根据准则第十条的标准判断，可明确区分，属于两项单独的履约义务。

2. 确定交易价格。

案例中关于合同价格的约定为，在8年的运营期内“每台机组每月发电收入如低于200万元，按200万元结算；如高于200万元则按实际情况结算”，该合同对价为可变对价。

根据准则第十六条的规定，公司未来收取的对价具有较多的可能结果，按照期望值确定可变对价的最佳估计数可能是较为合适的方法，并且对合同对价的估计应当以相关的不确定性消除时极可能不会发生重大转回的金额为上限。以后的每一资产负债表日，公司应当重新估计应计入交易价格的可变对价金额，并按照准则第二十条至第二十二条的方法在履约义务间进行分摊。

此外，还需要注意的是，由于合同存续时间较长（建设期+运营期8年），因此合同对价中可能存在重大融资成分，公司对于存在重大融资成分的合同应当按照准则第十七条的规定，以假定客户在取得商品控制权时即以现金支付的应付金额确定交易价格。该交易价格与合同对价之间的差额，应当在合同期间内采用实际利率法摊销。

3. 将交易价格分摊至合同中的履约义务。

根据准则第二十条至第二十二条的规定，公司应将确定的交易价格在建造活动和运营服务中进行分摊。

如果公司对两项履约义务均存在单独售价的，将确定的交易价格按照各履约义务单独售价的相对比例进行分摊。各项履约义务的单独售价无法直接观察的，公司可以采用市场调整法、成本加成法估计单独售价。由于公司主要业务为“新能源工程的设计、技术开发和咨询、技术服务、技术转让、工程安装及工程总承包；机械、电气、自动化控制设备及其零部件的研发、组装、销售”，合同中的运营服务如果未曾单独销售且未单独定价，这种情况下，公司也可以在使用适当方法估计建造活动的售价后，采用余值法估计运营服务的单独售价。如果有确凿证据表明固定对价或可变对价仅与合同中一项履约义务相关的，公司应当将该对价分摊至该义务。

4. 在主体履行履约义务时（或履约过程中）确认收入。

如果案例中的余热发电项目在客户的现有场地上进行建造，如果客户能够控制在建的厂房和设备，或者厂房、设备等进行专门定制的程度较高，不能轻易用于其他用途，满足“企业履约过程中所产出的商品（或服务）不具有可替代用途”的条件，并且在由于客户或其他方原因终止合同的情况下，企业有权就累计至今已完成的履约部分收取能够补偿其已发生成本和合理利润的款项，该权利具有法律约束力，建造服务满足“企业在整个合同期间内有权就累计至今已完成的履约部分收取款项”的条件（例如，合同中明确约定因客户或他方原因导致项目终止的，客户应按照已经发生的成本的合理利润进行结算；或者在客户终止合同的情况下保留（且不返还）客户的预付款的权利是可执行的，等等），此时该建造活动属于在一段时间内履行履约义务。

公司提供的运营服务满足“客户在企业履约的同时即取得并消耗企业履约所带来的经济利益”的条件，属于在一段时间内履行的履约义务。

在合同期间内，公司按照各履约义务的履约情况确认收入。

综上所述，我们认为，第一类做法不需要进行大量的会计估计和判断，便于操作，而第二类做法，无论是在现行准则还是在新收入准则下，都涉及较多的判断和估计，相比而言，第一类做法更切合实际。

【相关案例之一】

水泥余热发电项目合同能源管理收入确认

（一）案例背景

某节能服务公司A（乙方）与某水泥企业（甲方）签订“水泥余热发电合同能源管理协议”，合同约定：

1. 甲方提供场地，乙方负责对甲方的生产线进行设计、改造，增加余热发电装置，建成一座余热发电站，并负责相关设备在运营期内的维护。

2. 项目建设期为12个月，运营期为10年。

3. 效益分享期（即运营期）内，以协议电价（上年平均电价×60%+当月电价与上年平均电价的差×40%）为计算标准，按照实际产出的电量乘以协议电价，再乘以5%收取服务费。

4. 合同期内，项目资产的所有权归属于乙方，合同运营期结束后，项目资产无偿转让给甲方。

问题：A公司（乙方）在上述合同能源管理业务中应如何进行会计处理？

（二）案例解析

对本案例中合同能源管理业务的性质有两类观点，一类观点是在项目的建设期和运营期内，项目资产的所有权均归属于乙方（设备建设方），且项目资产的实际运营、维护和管理也由乙方负责，因此可视为乙方自行建造设备，提供给甲方使用，并收取一定费用。另一类观点是，整个余热发电项目建于甲方（客户）的场地上，由于土地使用权归甲方所有，因此项目资产的权属可能是有争议的，并且从整个业务的商业目的来看，乙方建设的项目是对甲方的生产线进行技术改造，连接相关节能设备，以进行发电。因此，乙方实质上是在为甲方提供设计建造服务及后续的运营维护服务，只不过相关服务的价款是按照后续节能产出的一定比例分期收取。

上述两种观点的主要争议在于乙方究竟是自建项目，还是为甲方建设项目。考虑到实务中两种观点均有一定的道理，我们进一步对两种观点下的会计处理进行如下分析。假设乙方提供后续运营服务仅需要少量的人工和备件，服务收费相对于合同总收益而言微乎其微。

观点一：视为自建设备提供给客户使用。

（1）项目资产的处理：根据《企业会计准则第4号——固定资产》核算相应资产的建设成本，并在运营期内按照合理的方法计提折旧。

（2）收入的处理：首先需要判断将该资产提供给客户使用的安排是否构成租赁。本案例中，合同的履行取决于特定资产的使用，但使用权是否转移还需进一步分析。根据合同约定，项目资产的运营维护都由乙方负责，甲方（客户）无权决定资产的使用或指示节能公司操作，更无权控制项目资产实体的接触和使用，但是运营期内，甲方（购买方）享有设备的全部实际产出，其他方并未取得高于不重大金额的产出，并且甲方向乙方支付的价款既不是合同约定的固定单位产出价，也不是实际产出交付时的市场价格。因此，该业务构成租赁，运营期内收取的服务费视为租金。按照《企业会计准则第21号——租赁》第六条的相关规定，结合《国际会计准则第17号——租赁》第12段中对于融资租赁实质的判断指引，即风险报酬是否全部转移，该交易中所有的租金都是根据各租赁期的实际产出计算的或有租金，且租赁结束后资产无偿转让给甲方，因此乙方能否获得报酬具有很大不确定性，即与租赁资产相关的风险仍然由乙方承担，并未转移给承租人（甲方）。综上所述，该交易应属于经营租赁，相关或有租金应在实际实现的当期确认收入。

观点二：视为为客户提供建造服务。

（1）现行准则下的分析。根据《企业会计准则第15号——建造合同》的相关规定，是否能够运用完工百分比法取决于建造合同的结果能否可靠估计。本案例中，合同总价款取决于未来10年运营期的实际产出，由于时间跨度长，不确定性较高，在项目建设阶段建造合同的结果无法可靠估计，因此不能按照完工百分比法确认收入，而应按照该准则的第二十五条，判断成本是否可以收回，并作出相应的会计处理。

（2）新准则下的分析。根据新收入准则，企业应按五个步骤分析其与客户签订合同所产生的收入（通常称为“五步法”）。本案例中分析的关键在于确定交易价格以及在主体履行履约义务时（或履约过程中）确认收入。

①确定交易价格。案例中，合同的对价以未来10年运营期的实际产出为基础确定，该合同对价为可变对价。根据准则第十六条的规定，乙方未来收取的对价具有较多的可能结果，按照期望值确定可变对价的最佳估计数可能是较为合适的方法。同时，准则对于最佳估计数的上限做了较为严格的规定，即对合同对价的估计应当以相关的不确定性消除时极可能不会发生重大转回的金额为限。以后的每一资产负债表日，乙方应当重新估计应计入交易价格的可变对价金额。

②在主体履行履约义务时（或履约过程中）确认收入。根据准则第十一条，如果案例中余热发电站对甲方的生产线进行设计、改造，增加余热发电装置，如果主体能够控制在建的余热发电站，或者项目装置不能轻易用于其他用途，满足“企业履约过程中所产出的商品（或服务）不具有可替代用途”，并且在由于甲方或其他方原因终止合同的情况下，乙方有权就累计至今已完成的履约部分收取能够补偿其已发生成本和合理利润的款项，且该权利具有法律约束力，建造活动满足“企业在整个合同期间内有权就累计至今已完成的履约部分收取款项”的条件，此时该建造活动属于在一段时间内

履行履约义务。如果建造活动不满足第十一条的规定，属于在某一时点履行履约义务。

如果建造活动属于在一段时间内履行的履约义务，交易价格确定后，乙方在建造期间按照履约进度确认收入，履约进度不能合理确定时，乙方已经发生的成本预计能够得到补偿的，应当按照已经发生的成本金额确认收入，直到履约进度能够合理确定为止。

如果建造活动属于在某一时点履行的履约义务，根据准则规定应在履行了合同中的履约义务，即在客户取得相关商品控制权时确认收入。本案例中，发电站在甲方的生产线上进行设计、改造，增加余热发电装置，对甲方的余热进行转换，并且发电站运营收入的绝大部分归甲方所有。因此，在发电站建设活动完成后，甲方能够主导该商品的使用并从中获得几乎全部的经济利益，取得了发电站的控制权，在发电站建设活动完成后确认收入。

对比上述两种观点的处理，虽然都有合理的商业实质和适当的准则依据，但观点二涉及较多的判断和估计因素。因此，实务中，观点二的会计处理结果缺乏准确性和合理性，相比之下，采用观点一更切合实际。

【相关案例之二】

矿热炉余热发电合同能源管理收入确认

（一）案例背景

某节能服务公司A（乙方）与一大型冶炼企业（甲方）签订“矿热炉余热发电合同能源管理协议”，合同约定：

1. 甲方提供场地，乙方为甲方设计建造矿热炉余热发电系统，并和甲方一起分享节能效益。

2. 项目效益分享期为5年，自项目试运行结束之日起算。

3. 效益分享期内，甲乙双方的节能效益分享比例如表6－1所示。

表6－1　1～5年甲乙双方的节能效益分享比例

	第一年	第二年	第三年	第四年	第五年
甲方	15%	25%	30%	40%	45%
乙方	85%	75%	70%	60%	55%

4. 节能收益根据甲、乙双方约定的电价0.45元/千瓦时计算，月度节能效益的计算公式为：

月度节能效益=月供电量×电价-月运营成本

其中，月供电量和月运营成本均为设备建设完成后，甲乙双方共同进行30天的测试所得出的数值。月度节能效益在运行期内视为不变。

5. 乙方按照合同约定负责该合同项目的设计、建设、运营及维护，合同到期前，项目资产的所有权归属于乙方，合同执行完毕后，项目资产无偿转让给甲方。

问题：A公司（乙方）在上述合同能源管理业务中应如何进行会计处理？

（二）案例解析

对本案例中合同能源管理业务的性质有两类观点：一类观点是，在项目的建设期和运营期内，项目资产的所有权均归属于乙方（设备建设方），且项目资产的实际运营、维护和管理也由乙方负责，因此可视为乙方自行建造设备，提供给甲方使用，并收取一定费用。另一类观点是，整个余热发电项目建于甲方（客户）的场地上，由于土地使用权归甲方所有，因此项目资产的权属可能是有争议的，并且从整个业务的商业目的来看，乙方建设的项目是利用甲方生产过程中的余热进行发电，可以合理推测该项目资产是与甲方的生产设备相连接，且相关设备的能耗产出等技术参数也是与甲方的生产线相匹配的。因此，乙方实质上是在为甲方建造余热发电设备，只不过该建造服务的价款是通过分享各运营期内的节能效益来回收的。

上述两种观点的主要争议在于乙方究竟是自建项目，还是为甲方建设项目。考虑到实务中两种观点均有一定的道理，我们进一步对两种观点下的会计处理进行如下分析。假设乙方提供后续运营服务仅需要少量的人工和备件，服务收费相对于合同总收益而言微乎其微。

观点一：视为自建设备提供给客户使用。

（1）项目资产的处理：根据《企业会计准则第4号——固定资产》核算相应资产的建设成本，并在运营期内按照合理的方法计提折旧。

（2）收入的处理：首先需要判断将该资产提供给客户使用的安排是否构成租赁。本案例中，合同的履行取决于特定资产的使用，但使用权是否转移还需进一步分析。根据合同约定，项目资产的运营维护全由乙方负责，甲方（客户）无权决定资产的使用或指示节能公司操作，更无权控制项目资产实体的接触和使用，但是在运营期内，甲方（客户）享有设备的全部实际产出，其他方并未取得高于不重大金额的产出，甲方支付的对价虽然是根据合同约定的比例，基于运行30天内的月度节能效益计算的固定数额，但该价款并不是针对设备的实际产出的每单位对价。即甲方为产出所支付的对价既不是合同约定的固定单位产出价，也不是实际产出交付时的市场价格，而是一个与实际产出的电量无关的固定对价，因此该业务满足构成租赁的条件之一，应当将运营期内分享的收益视为租金收入。

根据合同安排，项目运营期为5年，运营期满后设备无偿转让给甲方。由此可以合理推测，乙方在运营期内按照合同约定收取的价款应该已几乎相当于相关资产的公允价值。可见，与租赁资产相关的风险报酬已全部转移给承租人（甲方），而乙方通过收取固定的租金以回收相关设备的价款。因此，根据租赁准则，该交易属于融资租赁，应按照融资租赁的相关规定进行会计处理。

观点二：视为为客户提供建造服务。

（1）现行准则下的分析。根据《企业会计准则第15号——建造合同》的相关规定在项目建设期内确认收入。在建设阶段，如果建造合同的结果可以可靠估计，可按完工百分比法在建设期确认收入，如果不能可靠估计，则应按照建造合同准则第二十五条的相关规定，判断成本是否可以收回，并作出相应的会计处理。本案例中，月度节能效益是固定的，且分享比例也已在合同中约定，但月度节能效益是根据运行30天后的运行情况计算的。因此，在建设阶段，如果乙方具有丰富的相关建设经验，技术稳定，设备参数指标较为确定，有可能可以可靠估计建造合同的结果，从而按照完工百分比确认收入，也可能虽然无法估计建造合同的结果，但能合理预计成本可以收回，从而确认与可收回的建设成本相等的收入。但如果无法合理估计建造合同的结果，也不能保证成本是否可以收回，则需等到运营30天测算出月度节能效益，确定了合同价款之后，才能根据相关风险报酬的转移情况，确认项目的建设收入。

（2）新准则下的分析。根据新收入准则，企业应按五个步骤分析其与客户签订合同所产生的收入（通常称为“五步法”）。本案例中分析的关键在于确定交易价格和在主体履行履约义务时（或履约过程中）确认收入。

①确定交易价格。案例中，乙方按照既定的比例分享月度节能效益，但是月度节能效益是根据运行30天后的运行情况计算的，该合同对价为可变

对价。根据准则第十六条的规定，乙方未来收取的对价具有较多的可能结果，按照期望值确定可变对价的最佳估计数可能是较为合适的方法。同时，准则对于最佳估计数的上限做了较为严格的规定，即对合同对价的估计应当以相关的不确定性消除时极可能不会发生重大转回的金额为限。对价确定前的每一资产负债表日，乙方应当重新估计应计入交易价格的可变对价金额。

②在主体履行履约义务时（或履约过程中）确认收入。本案例中，乙方为甲方设计建造矿热炉余热发电系统，并和甲方一起分享节能效益。需要根据具体情况分析甲方是否可以控制在建的发电系统、发电系统为甲方特别定制的程度、用作其他用途的限制以及乙方在整个合同期间内是否有权就累计至今已完成的履约部分收取款项等因素判断建造活动是属于在某一时段内履行的履约义务还是属于某一时点履行的履约义务，并根据建造活动所属类型确认收入。如果建造活动属于在某一时段内履行的履约义务，在建造期内按照履约进度确认建造收入。

综上所述，采用观点二有可能可以在建设阶段确认收入，而观点一则只能在运营开始后才能确认相关收入。但观点二涉及的估计和判断因素较多，可能会给相关会计审计工作带来较大挑战。

【相关案例之三】

水源热泵蓄冷蓄热合同能源管理收入确认

（一）案例背景

某节能服务公司 A（乙方）为其客户（甲方）在原有电制冷 + 锅炉的基础上增加水源热泵以及蓄冷蓄热技术，建设科技创业园区水源热泵水蓄冷（热）中央空调系统。双方签订的能源管理服务合同主要条款如下：

总则：乙方以合同能源管理模式提供节能系统并负责技术服务。项目建成后，由乙方负责项目的运行管理，乙方以能源收费方式回收投资和获得合理利润，并拥有项目所有权。乙方获得全部合同款项后，将项目所有权转移给甲方，并由甲方享有项目转移后的全部收益。

项目情况：

建设期：5 个月

质量标准及验收条件：甲方收到乙方验收申请后一个月内完成竣工考核

验收。验收通过后，甲方于30个工作日内出具竣工验收证明文件。

项目节能效益及合同款项与支付方式：乙方的投资收益（即合同全部款项）由设备投资款和能源站运行费用两部分构成。

设备投资款及支付时间：合同签订后15日内，甲方向乙方支付第一笔设备投资款是500万元；制冷主机到货并安装完毕后，甲方向乙方支付第二笔设备投资款是700万元；机房安装调试完毕后，甲方向乙方支付第三笔设备投资款是400万元；正式运行之日起15日内支付第四笔设备投资款是300万元；余下设备投资款由甲方分15年按月支付，自甲方收到乙方第一次供冷时提交竣工考核申请之日起，甲方于每月10日前向乙方支付当月的固定设备投资款33.5万元，180个月付清，合计6,030万元，占总设备投资款的76.04%。

乙方为本项目能源站提供15年（相当于项目设备的预计使用寿命）的运行维护，每年运营费用300万元。自正式运行之日起，甲方于每月10日前向乙方支付当月能源站运营费用，180个月付清。

乙方责任：负责项目资金筹集、项目施工、设备及材料采购、安装与调试、配合甲方建设，按期完成项目建设。

项目竣工验收后，整个项目运行权由乙方负责。

项目所有权：在甲方未付清全款之前，项目的所有权属于乙方；甲方按合同约定给付乙方全款后，乙方即与甲方办理项目所有权移交手续，甲方取得项目的所有权。

问题：A公司（乙方）在上述合同能源管理业务中应如何进行会计处理？

（二）会计准则及相关规定

《国际财务报告准则第15号——客户合同收入》示例中给出了判断“在整个合同期间内有权就累计至今已完成的履约部分收取款项”的指引，“IE77 主体与客户订立一项建造设备项目的合同。合同的付款进度表明确规定客户必须在合同开始时预先支付合同价格的10%，在合同期内定期支付各期款项（合同价格的50%），并在建造完成且设备已通过既定的性能测试时支付最后一笔付款（合同价格的40%）。除非主体未能按承诺履约，否则上述款项不可返还。如果客户终止合同，主体仅有权保留已从客户收取的进度款。主体不具有向客户索取补偿的任何进一步权利。

IE78 在合同开始时，主体根据《国际财务报告准则第15号》第35段评估其建造设备的履约义务是否为在一段时间内履行的履约义务。

IE79 作为该评估的一部分，主体根据《国际财务报告准则第 15 号》第 35（3）段、第 37 段和附录二应用指南 9 段至第 13 段考虑若客户基于并非主体未能按承诺履约之外的其他原因终止合同时，其是否具有就迄今为止已完成的履约部分获得付款的可执行权利。即使客户支付的款项不可返还，但这些款项的累计金额预计并非在合同存续期内的任何时点均代表至少就主体迄今为止已完成的履约部分作出必要补偿的金额。这是因为在建造过程中的各个时点，客户累计支付的对价金额可能低于当时部分完工的设备项目的售价。因此，主体并不具有就迄今为止已完成的履约部分获得付款的可执行权利。

IE80 由于主体并不具有就迄今为止已完成的履约部分获得付款的权利，根据《国际财务报告准则第 15 号》第 35 段（3），主体的履约义务并非在一段时间内履行的履约义务。”

（三）案例解析

1. 现行准则下的分析。

在本案例中，虽然合同规定在建设和运营期内，项目的资产所有权归属于乙方，并由乙方负责项目资产的实际运营和维护管理。然而，乙方是在甲方原有电制冷＋锅炉的基础上增加水源热泵以及蓄冷蓄热技术，为甲方建设水源热泵水蓄冷（热）中央空调系统，因此设备整体是建在甲方的生产线上，与甲方的生产工艺和需求相匹配的，甲乙双方已就固定的设备价款达成了支付安排，且项目建成后，由甲方进行验收，并出具验收证明。此外，整个空调系统安装在甲方，归甲方使用，设备在整个使用寿命期内的实际产出都归甲方享有，乙方进行运营和维护管理是由甲方向其支付固定报酬。因此实质上相关资产的风险和报酬已经转移给了甲方。综合看来，整个项目大致可分为两部分，其中一部分是乙方为甲方建设了一系列设备，由于设备造价较高，因此采用分期付款的方式结算；而另一部分是由于乙方掌握着设备的相关技术，因此设备建成后，由乙方为甲方提供运营服务，并单独收取运营服务费。

因此，在本案例中，合同包含建设服务和运营服务两部分，首先应将合同总价在两部分服务之间按照合理的基础进行分拆。为便于讨论，我们假设合同条款中约定的设备价款和运行服务费都是真实、公允的，则各部分收入应按照如下方法确认：

建设期内，可以根据《企业会计准则第 15 号——建造合同》的相关规定在项目建设期内按照完工百分比法确认建造收入。建造合同总收入的金额应根据协议约定的，可以合理确定收取的设备价款进行估计，并考虑货币时间价值的因素。另外，实务中，对于类似该案例这种建设期较短的项目，我们还应进一步分析其是否符合建造合同的定义。如果整个节能系统只是由设备简单安装就可形成，且相关设备并不需要根据客户的需求和生产工艺特别定制，那么该项目的“建设”实质上就是设备的销售和安装，需要根据收入准则对产品销售的确认标准来判断相关设备价款的收入确认时点和金额。

运营期内收取的运营费，应按照现行《企业会计准则第 14 号——收入》中有关劳务收入的相关规定进行处理。

2. 新收入准则下的分析。

根据新收入准则，企业应按五个步骤分析其与客户签订合同所产生的收入（通常称为“五步法”）。本案例中分析的关键在于将交易价格分摊至合同中的履约义务以及在主体履行履约义务时（或履约过程中）确认收入。

本案例中，公司（乙方）为其客户（甲方）在原有电制冷 + 锅炉的基础上增加水源热泵以及蓄冷蓄热技术，建设科技创业园区水源热泵水蓄冷（热）中央空调系统，并为本项目能源站提供 15 年（相当于项目设备的预计使用寿命）的运行维护。根据准则第十条的规定，增加节能系统和提供运行维护属于可单独区分的承诺，属于两项单独的履约义务。

（1）将交易价格分摊至合同中的履约义务。根据准则第二十条，合同中包含两项履约义务，乙方应当在合同开始日，按照建造活动和运行维护的单独售价的相对比例，将交易价格分摊至各单项履约义务。

如果合同条款中约定的设备价款和运行服务费都真实、公允的反映了合同中各项义务的单独售价，乙方可以直接将其作为建设活动和运营维护的交易价格。

（2）在主体履行履约义务时（或履约过程中）确认收入。案例中的整个节能系统整体是建在甲方的生产线上，与甲方的生产工艺和需求相匹配的。考虑到项目建设期较短，节能系统虽建设在甲方生产线上，但是如果乙方无需发生重大成本就可以将系统改装后用于另一用途，建造活动可能不满足准则十一条中“具有不可替代用途”的条件。此外，如果在由于客户或其他方原因终止合同的情况下，乙方无权就累计至今已完成的履约部分收取能够补偿其已发生成本和合理利润的款项，也说明建造活动不属于在某一时段内履行履约义务。

需要补充说明的是，根据国际财务报告准则示例中给出的指引，“在整个合同期间内有权就累计至今已完成的履约部分收取款项”的条件要求乙方因对方终止合同时有权获得的金额应该在建造期间的任何时点均代表至少就主体迄今为止已完成的履约部分作出必要补偿的金额。因此，仅按照合同里程碑支付的进度款，即使不必返还，也并不满足该条件。乙方不能仅根据有权按照里程碑收取进度款项认为建造活动满足了“在整个合同期间内有权就累计至今已完成的履约部分收取款项”的条件。

因此，乙方需要根据具体条件审慎判断建造活动所属类型。

根据判断，如果建造活动属于在某一时段内履行履约义务，按照准则规定按照履约进度在建设期内确认收入；如果建造活动属于在某一时点履行履约义务，节能系统建设完成、验收通过后，整个空调系统安装在甲方，归甲方使用，设备在整个使用寿命期内的实际产出都归甲方享有，乙方进行运营和维护管理是由甲方向其支付固定报酬。甲方能够主导该商品的使用并从中获得几乎全部的经济利益、取得了节能系统的控制权，乙方可以按照履约义务的对价确认收入。

公司提供的运营维护，符合“客户在企业履约的同时即取得并消耗企业履约所带来的经济利益”的条件，属于在某一时段内履行的履约义务，在运营期内按照履约进度确认收入。如果乙方履行履约义务所作的工作或投入在履约期间内平均消耗，可以采用投入法预计履约进度，且按直线法确认为收入可能是恰当的。

【相关案例之四】

煤气发电合同能源管理收入确认

（一）案例背景

A公司是一家节能服务公司，其主营业务是以合同能源管理（EMC）模式为客户提供节能减排解决方案。具体业务方式为：A公司与用户签订能源管理合同，为用户提供节能诊断、投资、改造和运营管理等服务。以节能效益分享方式回收投资和获得合理利润，即用能单位以节能效益支付节能服务公司的投入及其回报。

A公司与某钢铁厂签订煤气发电能源服务协议，采取EMC方式对某钢铁厂实施节能改造，利用钢铁厂生产过程中产生的煤气发电，产生的电量全部供钢铁厂使用，项目投资和建设、运营均由A公司承担，用户不需要投入资金，仅是在合同期内与A公司分享节能收益。钢铁厂不保证煤气的最低供气量，项目的投资风险由A公司承担。

A公司投资1.2亿元，与客户签订的合同约定的效益分享期为4年，在合同效益分享期前期分享较高、后期较低。前2年与客户约定的效益分享比例是65%，后2年比例降为35%，合同提及4年平均按55%分享。效益分享期结束时，A公司将煤气发电项目无偿转让给钢铁厂。

A公司定期以节能量（即发电量）以及与用能企业在EMC合同中约定的分享比例确认主营业务收入。同时，EMC项目投资形成的资产计入固定资产科目，并在合同分享期内根据准则要求计算折旧并计入主营业务成本。

问题：A公司在将合同能源管理业务视为自建设备并以其为客户提供能源管理服务时，应按合同约定的收益分享比例确认收入还是按合同期内的平均分享比例确认收入？

（二）会计准则及相关规定

《国际财务报告准则第15号——客户合同收入》应用指南指出："15. 产出法，是以对迄今为止已转让的商品或服务，相对于合同剩余的已承诺商品或服务对于客户的价值的直接计量结果为基础，确认收入。产出法包括诸如：测量迄今为止已完成的履约行为，评估已实现的结果、已达到的里程碑、流逝的时间及已生产或已交付的商品或服务单位。在评价是否运用产出法计量履约进度时，主体应当考虑所选择的产出能否如实反映主体履约义务的履约进度。如果所选择的产出无法计量某些控制权已转移给客户的商品或服务，则产出法不能提供对主体履约情况的如实反映。例如，如果在报告期末受客户控制的主体履约形成的在产品或产成品未包括在产出的计量中，则基于已生产单位或已交付单位的产出法无法如实反映主体对履约义务的履行。

16. 为便于实务操作，如果主体有权从客户获得的对价金额与迄今为止主体已完成的履约行为对于客户的价值直接相对应（例如，主体对提供的每小时服务收取固定金额的服务合同），则主体可按其有权开具发票的金额确认收入。

18. 投入法，是以主体履行履约义务所做的工作或投入（例如，消耗的资源、花费的工时数、发生的成本、流逝的时间或使用的机器运转数）相对于履行履约义务的预计总投入为基础，确认收入。如果主体的工作或投入在履约期间内平均消耗，则主体按直线法确认为收入可能是恰当的。”

《国际财务报告准则第15号——客户合同收入》结论基础指出：“BC167 在某些情况下，为便于实务操作，另一种适当的产出法是按主体有权开具发票的对价金额确认收入。如果主体有权开具发票的对价金额与主体向客户转让的每一增量商品或服务（即主体迄今为止已完成的履约部分）的价值直接相对应，则该方法是适当的。例如，主体针对所提供的每小时服务开具固定金额发票的服务合同则可能属于这种情况。”

（三）案例解析

1. 现行准则下的分析。

本案例中，A公司将合同能源管理业务视为自建设备并以其为客户提供能源管理服务进行会计处理，即A公司将所建造的设备作为自建固定资产，在项目建设阶段根据《企业会计准则第4号——固定资产》核算相应资产的建设成本，并在运营期内按照合理的方法计提折旧。

对于按节能收益分成比例前高后低的模式下收入确认的方式问题，首先应考虑该收益分成的方式是一种结算方法还是一种合理的商业谈判结果，存在以下两种可能的收入确认方式：

（1）如果节能效益分享比例前高后低是一种商业谈判的合理结果，考虑前期投入、技术更新换代等因素具有一定的商业合理性，且提供的服务仅与节能量有直接关系，而与节能效益分享比例无直接关系的情况下，可以按合同约定根据节能量与收入分享比例确认收入。

（2）如果节能效益分享比例前高后低仅是一种结算方法，考虑到效益分享期前两年与后两年A公司提供的劳务并无差异，在企业前期进行了充分的调研，从而根据在合同期内均衡提供服务的理念，参考现行租赁准则相关原则在合同期内均衡确认收入也是一种可以接受的方式。

2. 新收入准则下的分析。

案例中公司以自建设备向客户提供节能服务，该节能服务符合“客户在企业履约的同时即取得并消耗企业履约所带来的经济利益”的条件，属于在某一时段内履行的履约义务。因此，在提供节能服务期间，公司可以采用产出法或投入法确定履约进度，在履约期间按照履约进度确认收入。本案例中，如果节能效益分享比例前高后低符合商业实质，体现了不同时期的产出相对于客户价值的计量结果，按照履约进度确认收入的结果可能出现前高后低的情况；如果公司提供节能服务的相关工作或投入在4年履约期间内平均消耗，可以采用投入法预计履约进度，且按直线法确认为收入可能是恰当的。

案例6-04
以购销合同方式进行的委托加工收入的确认

一、案例背景

A上市公司是主要从事工业专用装备及大型特殊钢精锻件的研发、生产、销售和服务的大型锻件生产企业。最近两年，A公司与无关联第三方公司通过签订《销售合同》的形式将材料“销售”给第三方公司并委托第三方公司进行加工，同时，与第三方公司签订商品采购合同将加工后的商品购回。具体交易安排如下：

1. A上市公司向无关联第三方销售商品，与无关联第三方签订了《销售合同》，同日，A上市公司与无关联第三方也签订了《采购合同》。同日签订的销售合同内容和采购合同内容交易标的、数量是一样的，但交易价格略有差异，一般是采购价格大于销售价格。

2. A上市公司与无关联第三方签订的采购或销售合同的合同要素，类似于加工承揽合同。有的合同标题直接为：A公司采购（加工）合同或销售（加工）合同；或A公司加工合同。合同内容显示：委托方为A公司，加工方为无关联第三方；质量技术标准为：按委托方图纸尺寸及技术要求加工；运输费无论是采购合同还是销售合同，一般由无关联的加工方承担。

3. A公司与无关联第三方同日签订的外协加工合同（分为采购合同和销售合同）在管理上可一一对应。如A上市公司与无关联第三方客户签订《A公司采购合同》中，如果销售合同编号为：XS-A-2012-12-2A（其中“XS”意为销售），对应的采购合同编号为：CG-A-2012-12-2B（其中“CG”意为采购）。

4. A上市公司销售凭证后面有提货单、销售通知单；采购合同后面附有采购入库单。

5. A公司对采购合同不具有撤销的权利。

6. 加工方收到待加工的材料后，必须严格按照与A公司签订的销售（加工）合同要求加工后再销售给A公司，除此之外，加工方无权按照自身意愿使用或处置该等材料。

7. 加工期间，加工方应妥善保管所加工材料。由于加工方保管不善致使A公司之供料毁损、灭失的，由加工方承担责任。但非加工方保管不善导致的A公司之供料毁损、灭失，A公司承担相应风险。

8. A公司提供原材料和主要材料，占比非常小的辅助材料由加工方自行采购。

9. 票据方面，根据销售（加工）合同和相应的采购合同，A公司分别向加工方开具增值税销售发票，并从加工方取得进项增值税发票。

10. 结算方式：A公司将材料交给加工方时及加工方将加工完成后的商品交货给A公司时，双方均记往来款，之后，A公司将采购价款高于销售价款的差额支付给加工方。

问题：A公司的上述经济业务作为销售与采购进行会计处理是否适当？

二、会计准则及相关规定

现行企业会计准则下的相关规定：

《企业会计准则第14号——收入》规定："销售商品收入同时满足下列条件的，才能予以确认：

（一）企业已将商品所有权上的主要风险和报酬转移给购货方；

（二）企业既没有保留通常与所有权相联系的继续管理权，也没有对已售出的商品实施有效控制；

（三）收入的金额能够可靠地计量；

（四）相关的经济利益很可能流入企业；

（五）相关的已发生或将发生的成本能够可靠地计量。"

《企业会计准则讲解（2010）》对是否满足上述条件给予进一步的指引："（1）企业已将商品所有权上的主要风险和报酬转移给购货方。企业已将商品所有权上的主要风险和报酬转移给购货方，是指与商品所有权有关的主要风险和报酬同时转移给了购货方。其中，与商品所有权有关的风险，是指商品可能发生减值或毁损等形成的损失；与商品所有权有关的报酬，是指商品价值增值或通过使用商品等形成的经济利益。判断企业是否已将商品所有权上的主要风险和报酬转移给购货方，应当关注交易的实质而不是形式，同时考虑所有权凭证的转移或实物的交付。如果与商品所有权有关的任何损失均不需要销货方承担，与商品所有权有关的任何经济利益也不归销货方所有，就表明商品所有权上的主要风险和报酬转移给了购货方。

（2）企业既没有保留通常与所有权相联系的继续管理权，也没有对已售出的商品实施有效控制。通常情况下，企业售出商品后不再保留与商品所有权相联系的继续管理权，也不再对售出商品实施有效控制，表明商品所有权上的主要风险和报酬已经转移给购货方，应在发出商品时确认收入。在有的情况下，企业商品售出后，由于各种原因仍保留与商品所有权相联系的继续管理权，或仍对商品可以实施有效控制，如售后回购、售后租回等，则说明此项销售交易没有完成，销售不能成立，不应确认销售商品收入。”

《企业会计准则第1号——存货》规定：“存货是指企业在日常活动中持有以备出售的产成品或商品、处在生产过程中的在产品、在生产过程或提供劳务过程中耗用的材料和物料等。存货应当按照成本进行初始计量。存货成本包括采购成本、加工成本和其他成本。

《企业会计准则讲解（2010）》进一步明确：“企业通过进一步加工取得的存货主要包括产成品、在产品、半成品、委托加工物资等，其成本由采购成本、加工成本构成。某些存货还包括使存货达到目前场所和状态所发生的其他成本，如可直接认定的产品设计费用等。通过进一步加工取得的存货的成本中采购成本是由所使用或消耗的原材料采购成本转移而来的，因此，计量加工取得的存货的成本，重点是要确定存货的加工成本。”

《企业会计准则应用指南》附录——会计科目和主要账务处理指出，“委托加工物资”科目核算企业委托外单位加工的各种材料、商品等物资的实际成本。

《企业会计准则第14号——收入》（2017年修订）的相关规定：

《企业会计准则第14号——收入》（2017年修订）第四条规定：“企业应当在履行了合同中的履约义务，即在客户取得相关商品或服务控制权时确认收入。

取得相关商品或服务控制权，是指能够主导该商品或服务的使用并从中获得几乎全部的经济利益。”

《企业会计准则第14号——收入》（2017年修订）第十三条规定：“对于在某一时点履行的履约义务，企业应当在客户取得相关商品或服务控制权时点确认收入。在判断客户是否已取得商品或服务控制权时，企业应当考虑下列迹象：

（一）企业就该商品或服务享有现时收款权利，即客户就该商品或服务负有现时付款义务。

（二）企业已将该商品或服务的法定所有权转移给客户，即客户已拥有该商品或服务的法定所有权。

（三）企业已将该商品实物转移给客户，即客户已实物占有该商品。

（四）企业已将该商品或服务所有权上的主要风险和报酬转移给客户，即客户已取得该商品或服务所有权上的主要风险和报酬。

（五）客户已接受该商品或服务。

（六）其他表明客户已取得商品或服务控制权的迹象。”

三、案例解析

在本案例中，A公司与无关联第三方公司通过签订《销售合同》的形式将原材料“销售”给第三方公司并委托第三方公司进行加工，同时，与第三方公司签订商品采购合同将加工后的商品购回。在这种情况下，应根据合同或协议条款判断加工方是否已经取得对商品的控制权，以确定是否确认销售商品收入。

根据《企业会计准则讲解（2010）》关于收入确认的指引和修订后的收入准则中对控制转移的考虑，尽管A公司分别与加工方签订购销合同，且在“购销”环节，A公司分别开具增值税销售发票并取得进项增值税发票，然而根据合同约定：由于“A公司对采购合同不具有撤销的权利，且在交易一开始，A公司即与加工方同时签订销售（加工）和采购（加工）合同，锁定材料销售价格和加工后产品的采购价格”，因此在该交易中，加工方的收益是固定的，在交易一开始即被锁定，加工方并不会承担与加工材料有关的价格变动风险，也不存在加工后的产品销售不出去的风险。其次，待加工材料发送给加工方后，非加工方保管不善导致的A公司之供料毁损、灭失，A公司承担相应风险。此外，因“加工方无权按照自身意愿使用或处置该等材料”，因此加工方无法享有与所加工材料所有权有关的报酬，即通过处置或使用等形成的经济利益，加工方不能对该等材料实施有效控制。

虽然企业会计准则没有针对性地明确规定“委托加工”的会计处理，但是通过《企业会计准则第1号——存货》及科目使用说明可以看出，“委托加工物资”为资产负债表中“存货”科目下的明细科目。即委托加工模式下所加工的材料物资，仍然属于委托方的存货。根据A公司与加工方签署的销售和采购合同，A公司与加工方的交易实质上属于由委托方提供原料和主要材料，受托方只垫付少量辅助材料，按照委托方的要求加工货物并收取加工费的经营活动，在此交易中，A公司仍然保留与所加工材料所有权有关的主要风险和报酬，继续对材料实施有效控制，所加工的材料仍然属于A公司的存货。

综上所述，所加工材料的控制权并未从A公司转移给加工方，而是仍然保留在A公司，故A公司不应确认销售商品收入，而应当将整个业务作为委托加工进行处理。

本案例主要针对通过购销合同形式进行委托加工的委托方如何进行会计处理予以分析。而事实上，如果站在受托方的角度，也应当充分考虑在此交易中是否取得了所交易的商品或服务的控制权，恰当判断其应按照总额法还是净额法进行收入确认。

案例6-05
物流公司转包服务业务收入的确认

一、案例背景

某物流公司为客户提供综合性的海洋和陆路运输、报关、仓储、配送等一揽子物流服务。由于该物流公司自身的运输力量有限，大部分运输环节的服务由物流公司另外委托承运人完成；同时，理货、装卸等环节的服务也大多委托其他公司完成。具体安排如下：

1. 物流公司与客户签署合同，约定物流公司为客户提供的具体服务的内容。例如，客户进口某设备，物流公司负责从境外生产企业仓库提取设备并运至港口、安排舱位并装船、完成进口报关并将设备运送至客户指定的地点。

2. 根据合同约定，物流公司负责保证客户的全部货物安全、准时、顺利地运抵目的地。

3. 物流公司与客户商定服务价格，另外与承运人、港口等确定运输服务、装卸服务价格，从中赚取价差。

4. 客户对于提供运输服务的承运人没有特殊要求，物流公司根据需要及市场情况自主选择承运人。

5. 客户负责货物运输过程中的保险，物流公司负责谨慎处理货物装卸运输过程的各个环节，如有货物损失，物流公司负责做好证据保全，协助客户向保险公司索赔；物流公司负责协调港口关系，保证承运人及港口尽快装船、卸车，防止压车；同时，物流公司督促承运人及时安排运输。由于物流公司原因造成的货物损毁、压车损失、运输时间延迟，由物流公司承担相关责任。

6. 承运人、港口等外部单位提供相关服务后，物流公司必须向其支付相关劳务金额，而不论其向客户收取的有关金额是否能够收回。

问题：该物流公司应如何确认转包服务业务的收入？

二、会计准则及相关规定

现行《企业会计准则第 14 号——收入》的相关规定：

《企业会计准则第 14 号——收入》规定：“收入是指企业在日常活动（即企业为完成其经营目标所从事的经常性活动及与之相关的活动）中形成的、会导致所有者权益增加的、与所有者投入资本无关的经济利益的总流入，包括销售商品收入、提供劳务收入和让渡资产使用权收入。企业代第三方收取的款项应当作为负债处理，不应当确认为收入。”

《企业会计准则讲解（2010）》关于收入确认的指引进一步明确：“支付手续费方式委托代销商品，是指委托方和受托方签订合同或协议，委托方根据代销商品数量向受托方支付手续费的销售方式。在这种方式下，委托方发出商品时，商品所有权上的主要风险和报酬并未转移……受托方应在商品销售后，按合同或协议约定的方法计算确定的手续费确认收入。”

国际财务报告准则相关规定：

《国际财务报告准则第 15 号——客户合同收入》B34 段规定："当其他方参与向客户提供商品或劳务时，主体应当确定主体的履约义务性质是自行提供特定商品或劳务（即该主体为主要责任人），还是安排另一方提供该商品或劳务（即该主体为代理人）。"

《国际财务报告准则第 15 号——客户合同收入》B35 段规定："主体在向客户转让商品或提供服务前能够控制相关商品或服务的，该主体为主要责任人。"

《国际财务报告准则第 15 号——客户合同收入》B36 段规定："如果主体的履约义务是安排其他方提供商品或劳务，则该主体为代理人。"

《国际财务报告准则第 15 号——客户合同收入》B37 段规定："主体在向客户转让商品或提供服务前能够控制相关商品或服务的迹象包括但不限于如下：（1）主体主要负责合同的履行；（2）主体在转让商品之前或之后均承担存货风险；（3）主体有权决定其他方的商品或服务的定价，因此，主体可从这些商品或服务中获得大部分剩余收益。"

《企业会计准则第 14 号——收入》（2017 年修订）的相关规定：

《企业会计准则第 14 号——收入》（2017 年修订）第二条规定："收入，是指企业在日常活动中形成的、会导致所有者权益增加的、与所有者投入资本无关的经济利益的总流入。"

《企业会计准则第 14 号——收入》（2017 年修订）第十四条规定："企业应当按照分摊至各单项履约义务的交易价格计量收入。

交易价格，是指企业因向客户转让商品或提供服务而预期有权收取的对价金额。企业代第三方收取的款项以及企业预期将退还给客户的款项，应当作为负债进行会计处理，不计入交易价格。"

《企业会计准则第 14 号——收入》（2017 年修订）第三十四条规定："企业应当根据其在向客户转让商品或提供服务前是否拥有对该商品或服务的控制权，来判断其从事交易时的身份是主要责任人还是代理人。企业在向客户转让商品或提供服务前能够控制该商品或服务的，该企业为主要责任人，应当按照已收或应收对价总额确认收入；否则，该企业为代理人，应当按照预期有权收取的佣金或手续费的金额确认收入，该金额应当按照已收或应收对价总额扣除应支付给其他相关方的价款后的净额，或者按照既定的佣金金额或比例等确定。

企业向客户转让商品或提供服务前能够控制该商品或服务的情形包括：

（一）企业自第三方取得商品或服务或其他资产控制权后，再转让给客户。

（二）企业能够主导第三方代表本企业向客户提供服务。

（三）企业自第三方取得商品或服务控制权后，通过提供重大的服务将该商品或服务与其他商品或服务整合成某组合产出转让给客户。

在具体判断向客户转让商品或提供服务前是否拥有对该商品或服务的控制权时，企业不应仅局限于合同的法律形式，而应当综合考虑所有相关事实和情况，这些事实和情况包括：

（一）企业承担向客户转让商品或提供服务的主要责任。

（二）企业在转让商品之前或之后承担了该商品或服务的存货风险。

（三）企业有权自主决定所交易商品或服务的价格。

（四）其他相关事实和情况。”

《企业会计准则第 14 号——收入》（2017 年修订）第四条规定：“企业应当在履行了合同中的履约义务，即客户取得相关商品或服务控制权时确认收入。

取得相关商品或服务控制权，是指能够主导该商品或服务的使用并从中获得几乎全部的经济利益。”

三、案例解析

现行《企业会计准则第 14 号——收入》对收入进行了定义，且规定了销售商品、提供劳务和让渡资产使用权产生收入的确认原则，并未对代理业务的收入确认提供明确的指引，但是企业确认的收入应当首先符合收入的定义，即企业仅应将其“在日常活动中形成的、会导致所有者权益增加的、与所有者投入资本无关的经济利益的总流入”确认为收入，而在代理关系中，经济利益的总流入包括了代委托人收取的款项，这部分流入并不引起主体权益的增加，因此，代委托人收取的款项不应当确认为收入。

《企业会计准则 14 号——收入》（2017 年修订）和国际财务报告准则对于判断主体在一项交易中是作为主要责任还是代理人提供了指引，这些指引实质上与我国现行准则关于收入确认的基本原则是一致的。我们根据上述指引对本案例进行具体分析。

1. 物流公司在提供物流服务方面承担主要责任。尽管物流公司会根据需要另外委托承运人完成货物的运输，或委托港口等第三方完成理货、装卸等服务。但在此交易中，物流公司根据需要及市场情况自主选择承运人和客户，并且根据物流公司与客户的合同约定，物流公司负责保证客户的全部货物安全、准时、顺利地运抵目的地，因此，物流公司是物流服务的主要责任人。

2. 物流公司在交易过程中承担了与服务相关的主要风险。在交易过程中，由于物流公司原因造成的货物损毁、压车损失、运输时间延迟，由物流公司承担相关责任。

3. 物流公司具有自主定价权。物流公司分别与客户商定服务价格，与承运人、港口等确定运输服务、装卸服务价格，从中赚取价差。

综合上述分析，虽然物流公司未实际提供运输服务，但物流公司与供应商之间的交易独立于物流公司与客户之间的交易，对于包括运输服务在内的一揽子物流服务，物流公司是主要责任人，承担了与物流服务相关的主要风险及报酬，按照会计准则的相关规定，按总额法确认和列报收入更为合理。

鉴于收入按照总额法还是净额法确认对公司业绩影响重大，为便于财务报表使用者更好地理解公司的财务状况和经营成果，上市公司应在财务报表附注中对于收入确认的会计政策和会计估计作出充分的披露。

案例 6－06
土地一级开发收入确认

一、案例背景

A 公司与当地土地储备中心签订协议，受托负责对土地储备中心拥有的若干地块进行土地一级开发，令其达到“七通一平”的建设用地出让条件。

甲地块：收益为土地开发总成本的 10%，连同所发生的成本费用与土地储备中心按季度结算。

乙地块：收益分为保底收益和收益分成两部分。保底收益为该合同项下土地开发总成本的10%，连同所发生的成本费用与土地储备中心按季度结算；收益分成为土地储备中心出让该地块所获净收益的50%，在土地使用权出让后结算。

问题：

（1）对于甲、乙地块，A公司应如何确认收入？

（2）如果甲地块不是定期结算，而是在土地使用权出让时方予结算，且土地储备中心明确以该土地使用权出让款项作为向A公司支付的资金来源（别无其他资金来源）时，以上结论是否发生变化？

二、会计准则及相关规定

现行《企业会计准则第14号——收入》的相关规定：

《企业会计准则第14号——收入》规定："销售商品收入同时满足下列条件的，才能予以确认：（一）企业已将商品所有权上的主要风险和报酬转移给购货方；（二）企业既没有保留通常与所有权相联系的继续管理权，也没有对已售出的商品实施有效控制；（三）收入的金额能够可靠地计量；（四）相关的经济利益很可能流入企业；（五）相关的已发生或将发生的成本能够可靠地计量。"

关于提供劳务，收入准则规定："企业在资产负债表日提供劳务交易的结果能够可靠估计的，应当采用完工百分比法确认提供劳务收入。其中，提供劳务交易的结果能够可靠估计，是指同时满足下列条件：（一）收入的金额能够可靠地计量；（二）相关的经济利益很可能流入企业；（三）交易的完工进度能够可靠地确定；（四）交易中已发生和将发生的成本能够可靠地计量。

对于企业在资产负债表日提供劳务交易结果不能够可靠估计的，应当分别下列情况处理：（一）已经发生的劳务成本预计能够得到补偿的，按照已经发生的劳务成本金额确认提供劳务收入，并按相同金额结转劳务成本。（二）已经发生的劳务成本预计不能够得到补偿的，应当将已经发生的劳务成本计入当期损益，不确认提供劳务收入。"

合同或协议中包括销售商品和提供劳务的，收入准则规定："企业与其他企业签订的合同或协议包括销售商品和提供劳务时，销售商品部分和提供劳务部分能够区分且能够单独计量的，应当将销售商品的部分作为销售商品处理，将提供劳务的部分作为提供劳务处理。销售商品部分和提供劳务部分不能够区分，或虽能区分但不能够单独计量的，应当将销售商品部分和提供劳务部分全部作为销售商品处理。”

关于让渡资产使用权取得收入的确认，收入准则规定：“让渡资产使用权收入同时满足下列条件的，才能予以确认：（一）相关的经济利益很可能流入企业；（二）收入的金额能够可靠地计量。”

《企业会计准则第 15 号——建造合同》规定：“建造合同是指为建造一项或数项在设计、技术、功能、最终用途等方面密切相关的资产而订立的合同。在资产负债表日，建造合同的结果能够可靠估计的，应当根据完工百分比法确认合同收入和合同费用。固定造价合同的结果能够可靠估计，是指同时满足下列条件：（一）合同总收入能够可靠地计量；（二）与合同相关的经济利益很可能流入企业；（三）实际发生的合同成本能够清楚地区分和可靠地计量；（四）合同完工进度和为完成合同尚需发生的成本能够可靠地确定。成本加成合同的结果能够可靠估计，是指同时满足下列条件：（一）与合同相关的经济利益很可能流入企业；（二）实际发生的合同成本能够清楚地区分和可靠地计量。建造合同的结果不能可靠估计的，应当分别下列情况处理：（一）合同成本能够收回的，合同收入根据能够收回的实际合同成本予以确认，合同成本在其发生的当期确认为合同费用；（二）合同成本不可能收回的，在发生时立即确认为合同费用，不确认合同收入。”

《企业会计准则第 14 号——收入》（2017 年修订）的相关规定：

《企业会计准则第 14 号——收入》（2017 年修订）第四条规定：“企业应当在履行了合同中的履约义务，即在客户取得相关商品或服务控制权时确认收入。取得相关商品或服务控制权，是指能够主导该商品或服务的使用并从中获得几乎全部的经济利益。”

《企业会计准则第 14 号——收入》（2017 年修订）第五条规定：“当企业与客户之间的合同同时满足下列条件时，企业应当在客户取得相关商品或服务控制权时确认收入：

（一）合同各方已批准该合同并承诺将履行各自义务；

（二）该合同明确了合同各方与所转让商品或提供劳务相关的权利和义务；

（三）该合同有明确的与所转让商品或提供服务相关的支付条款；

（四）该合同具有商业实质，即履行该合同将改变企业未来现金流量的风险、时间分布或金额；

（五）企业因向客户转让商品或提供服务而有权取得的对价很可能收回。

在合同开始日即满足前款条件的合同，企业在后续期间无需对其进行重新评估，除非有迹象表明相关事实和情况发生重大变化。合同开始日通常是指合同生效日。”

《企业会计准则第 14 号——收入》（2017 年修订）第六条规定：“在合同开始日不符合本准则第五条规定的合同，企业应当对其进行持续评估，并在其满足本准则第五条规定时按照该条的规定进行会计处理。

对于不符合本准则第五条规定的合同，企业只有在不再负有向客户转让商品或提供服务的剩余义务，且已向客户收取的对价无需退回时，才能将已收取的对价确认为收入；否则，应当将已收取的对价作为负债进行会计处理。没有商业实质的非货币性资产交换，不确认收入。”

《企业会计准则第 14 号——收入》（2017 年修订）第九条规定：“合同开始日，企业应当对合同进行评估，识别该合同所包含的各单项履约义务，并确定各单项履约义务是在某一时段内履行，还是在某一时点履行，然后，在履行了各单项履约义务时分别确认收入。”

《企业会计准则第 14 号——收入》（2017 年修订）第十一条规定：“满足下列条件之一的，属于在某一时段内履行履约义务；否则，属于在某一时点履行履约义务：

（一）客户在企业履约的同时即取得并消耗企业履约所带来的经济利益。

（二）客户能够控制企业履约过程中在建的商品或服务。

（三）企业履约过程中所产出的商品或服务具有不可替代用途，且该企业在整个合同期间内有权就累计至今已完成的履约部分收取款项。

具有不可替代用途，是指因合同限制或实际可行性限制，企业不能轻易地将商品或服务用于其他用途。有权就累计至今已完成的履约部分收取款项，是指在由于客户或其他方原因终止合同的情况下，企业有权就累计至今已完成的履约部分收取能够补偿其已发生成本和合理利润的款项，并且该权利具有法律约束力。”

《企业会计准则第 14 号——收入》（2017 年修订）第十二条规定：“对于在某一时段内履行的履约义务，企业应当在该段时间内按照履约进度确认收入，但是，履约进度不能合理确定的除外。企业应当考虑商品或服务的性质，采用产出法或投入法确定恰当的履约进度。其中，产出法是根据已转移给客户的商品或服务对于客户的价值确定履约进度；投入法是根据企业为履行履约义务的投入确定履约进度。对于类似情况下的类似履约义务，企业应当采用相同的方法确定履约进度。

当履约进度不能合理确定时，企业已经发生的成本预计能够得到补偿的，应当按照已经发生的成本金额确认收入，直到履约进度能够合理确定为止。”

《企业会计准则第 14 号——收入》（2017 年修订）第十六条规定：“合同中存在可变对价的，企业应当按照期望值或最可能发生金额确定可变对价的最佳估计数，但包含可变对价的交易价格，应当不超过在相关不确定性消除时累计已确认收入极可能不会发生重大转回的金额。企业在评估累计已确认收入是否极可能不会发生重大转回时，应当同时考虑收入转回的可能性及其比重。

每一资产负债表日，企业应当重新估计应计入交易价格的可变对价金额。可变对价金额发生变动的，按照本准则第二十四条和第二十五条规定进行会计处理。”

《企业会计准则第 14 号——收入》（2017 年修订）第二十四条规定：“对于可变对价及可变对价的后续变动额，企业应当按照本准则第二十条至第二十三条规定，将其分摊至与之相关的一项或多项履约义务，或者分摊至构成单项履约义务的一系列可明确区分商品或服务中的一项或多项商品或服务。

对于已履行的履约义务，其分摊的可变对价后续变动额应当调整变动当期的收入。”

三、案例解析

（一）现行准则下的分析

土地一级开发项目往往开发时间长、占用资金量大，其会计处理结果对公司的经营成果和财务状况的影响较大。虽然各家公司土地一级开发项目涉及的具体合同条款不尽相同，但总体而言，大致可以归类为保底收益、或有分成或者两者兼而有之的模式。保底收益多为依据经核定的开发成本采用成本加成法计算收益。或有分成则多约定为按照政府取得的土地使用权出让净收益的一定比例进行分成。至于应适用《企业会计准则第 14 号——收入》还是《企业会计准则第 15 号——建造合同》确认收入，实务中存在不同观点。

首先应当了解交易的实质。在本案例中，A 公司与土地储备中心签订了合同，负责对国有地块的一级开发活动，进行铺设管道、建造泵站等活动，原则上符合“建造合同”的定义，以适用《企业会计准则第 15 号——建造合同》为宜。不过，由于各家企业的业务模式、具体合同条款不同，在某些特殊情况下企业的业务确实可能并不属于“建造合同”性质而属于提供劳务性质，不过，此时如果仅从收入确认方法角度来看，劳务收入确认方法和建造合同的收入确认方法也是类似的，即在交易结果能够可靠估计时采用完工百分比法。

无论《企业会计准则第 14 号——收入》还是《企业会计准则第 15 号——建造合同》，均以“收入的金额能够可靠地计量”作为收入确认的必要条件之一。甲地块和乙地块（除收入分成部分外）的定价方式属于成本加成，满足“能够可靠计量”这一条件，但乙地块的收益分成部分的金额在土地使用权出让完成之前存在比较大的不确定性，通常很难满足“能够可靠计量”这一条件。因此，我们认为，乙地块收益分成部分原则上应予递延，随着时间推移和相关事项的进展，直至其满足“能够可靠计量”条件时（通常是土地使用权出让完成）方可确认为收入。

综上所述，由于 A 公司受托确实从事了一级土地开发活动，甲地块作为“收入的金额能够可靠地计量”的合同，结算金额和时间均不以土地使用权是否出让成功为前提，因此应采用完工百分比法确认收入；同理，乙地块的成本回收和保底收益部分应采用同样的方法确认收入。但乙地块收益分成，由于未能满足“收入的金额能够可靠地计量”而应予递延至土地使用权出让完成方可确认收入。

如果甲地块的款项不是定期结算，而是在土地使用权出让时方予结算，且土地储备中心明确以该土地使用权出让款项作为向 A 公司支付的资金来源（别无其他资金来源），此种情况下，经济利益是否能够流入 A 公司就取决于土地使用权能否成功出让。而土地使用权能否成功出让，取决于该土地上是否存在实质性障碍、是否列入年度土地使用权出让计划、定价是否合理、该区域土地交易是否活跃等一系列超出 A 公司可控能力范围之外的条件，可能存在不确定性，因此需要对收入确认问题予以重新考虑，尤其是在双方并未约定土地使用权出让的具体时限的情形下，经济利益在可预见的未来是否“很可能流入企业”，可能存在比较大的不确定性。此时，可能需要重新评估是否满足收入确认条件。

另外，在此类业务中还需要关注的问题是，如果A公司在土地使用权出让环节通过招拍挂方式取得了乙地块土地使用权，那么还应进一步分析一级开发和土地使用权出让是否属于独立的交易。实务中可以观察到，虽然乙地块使用权是A公司通过招拍挂的方式取得的，但由于A公司可以分享高达出让该地块所获净收益的50%的收益分成，因此往往有动力以较高的报价参加招拍挂。收益分成越高，A公司竞价成功的可能性也就越大。如果A公司进行乙地块一级开发的目的就是为了顺利地获取土地使用权用于自身的二级开发，那么这两项行为是否构成一揽子交易从而收益要予以递延，也是需要认真考虑的，不能一概而论。具体而言，需要结合A公司和当地土地储备中心之间的合同约定、业务谈判记录、经营计划、一级开发土地和招拍挂土地的地理位置及面积是否一一对应、一级土地开发的定价结构（利润分成和固定收益的比重）、一级开发利润是否合理、参与招拍挂的竞拍人的实际准入情况等方面进行综合判断。

（二）新准则下的分析

根据《企业会计准则第14号——收入》（2017年修订），企业应按五个步骤分析其与客户签订合同所产生的收入：（1）识别客户合同；（2）识别合同中的履约义务；（3）确定交易价格；（4）将交易价格分摊至合同中的履约义务；（5）在主体履行履约义务时（或履约过程中）确认收入（通常称为“五步法”）。

案例中，A公司受托对甲、乙地块进行土地一级开发，令其达到“七通一平”的建设用地出让条件，其中甲地块收益为土地开发总成本的10%，与土地储备中心按季度结算；乙地块收益分为保底收益和收益分成两部分。保底收益为该合同项下土地开发总成本的10%，与土地储备中心按季度结算；收益分成为土地储备中心出让该地块所获净收益的50%，在土地使用权出让后结算。因此，本案例在应用上述5步法时，关键在于确定交易价格以及在主体履行履约义务时（或履约过程中）确认收入的判断，以下就该关键点进行分析：

1. 确定交易价格。

由于甲地块属于固定收益率的合同，并且按季结算，交易价格的确定较为容易。因此主要对乙地块的价格确定进行分析。

根据协议，乙地块除“开发总成本10%”的保底收益以外的收益部分采用分成方式取得，分成收益为土地储备中心出让该地块所获净收益的50%，在土地使用权出让后结算，这一部分对价属于可变对价。

根据准则第十六条的规定，由于合同中存在可变对价，A公司可以综合考虑所在地区的土地出让价格、出让条件、土地交易活跃程度等各种相关因素确定乙地块可变对价的最佳估计数，估计的金额应当以“相关不确定性消除时累计已确认收入极可能不会发生重大转回的金额”为上限。每一资产负债表日，A公司应当重新估计应计入交易价格的可变对价金额。

2. 在主体履行履约义务时（或履约过程中）确认收入。

案例中，甲地块和乙地块的协议中都只包含单一履约义务，且该履约义务符合“客户能够控制企业履约过程中在建的商品”，因此，土地一级开发属于在某一时段内履行履约义务。

根据准则第十二条的规定，对于在一段时间内履行的履约义务，企业应当在该段时间内按照履约进度确认收入，但是履约进度不能合理确定的除外。

本案例中，如果甲地块的款项不是定期结算，而是在土地使用权出让时方予结算，且土地储备中心明确以该土地使用权出让款项作为向A公司支付的资金来源（别无其他资金来源），此种情况下，如果公司综合考虑该土地上是否存在实质性障碍、是否列入年度土地使用权出让计划、定价是否合理、该区域土地交易是否活跃等一系列因素后，认为服务对价很可能收回，土地一级开发合同满足准则第五条的条件，应对甲地块土地一级开发收入的确认需要参考前面对乙地块分成收益部分的分析进行判断。

与现行准则分析下的情况类似，新准则下，如果A公司进行乙地块一级开发的目的就是为了顺利地获取土地使用权用于自身的二级开发，那么这两项行为是否构成一揽子交易从而影响收入的确认和计量，也是需要认真考虑的，不能一概而论。

案例6-07
回迁房的收入确认

一、案例背景

A公司是一家房地产开发企业，通过招拍挂方式取得当地政府出让的土地使用权，土地占用面积为50,000平方米，规划建筑面积为100,000平方米。土地出让合同约定土地出让价款为4亿元，且该出让宗地须配建20,000平方米的住宅用于安置被搬迁的居民，并约定以低于同类可售商品房公允价值的固定价格售予回迁业主或其他指定方。

A公司在预售时与回迁业主或其他指定方按照土地出让合同中约定的销售价格签订商品房买卖合同，并按合同所载销售价格收取销售房款并开具发票。根据合同约定，回迁房销售均价为1,000元/平方米；购买土地使用权时的同类可售商品房市场均价为10,000元/平方米；回迁业主签订回迁房销售合同并交付价款时，同类可售商品房市场均价为12,000元/平方米。

问题：A公司如何对回迁房销售进行会计处理？

二、会计准则及相关规定

现行企业会计准则的相关规定：

《企业会计准则第14号——收入》第二条规定："收入是指企业在日常活动中形成的、会导致所有者权益增加的、与所有者投入资本无关的经济利益的总流入。"

《企业会计准则第14号——收入》第四条规定："销售商品的收入同时满足下列条件的，才能予以确认：（一）企业已将商品所有权上的主要风险和报酬转移给购货方；（二）企业既没有保留通常与所有权相联系的继续管理权也没有对已售出的商品实施有效控制；（三）收入的金额能可靠计量；（四）相关经济利益很可能流入企业；（五）相关的已发生或将发生的成本能可靠地计量。”

《企业会计准则第 14 号——收入》第五条规定：“企业应当按照从购货方已收或应收的合同或协议价款确定销售商品收入金额，但已收或应收的合同或协议价款不公允的除外……。”

《企业会计准则第 7 号——非货币性资产交换》第二条规定：“非货币性资产交换，是指交易双方主要以存货、固定资产、无形资产和长期股权投资等非货币性资产进行的交换。该交换不涉及或只涉及少量的货币性资产（即补价）。”

《企业会计准则第 7 号——非货币性资产交换》第三条规定：“非货币性资产交换同时满足下列条件的，应当以公允价值和应支付的相关税费作为换入资产的成本，公允价值与换出资产账面价值的差额计入当期损益：（一）该项交换具有商业实质；（二）换入资产或换出资产的公允价值能够可靠地计量。换入资产和换出资产公允价值均能够可靠计量的，应当以换出资产的公允价值作为确定换入资产成本的基础，但有确凿证据表明换入资产的公允价值更加可靠的除外。”

《企业会计准则第 7 号——非货币性资产交换》第四条规定：“满足下列条件之一的非货币性资产交换具有商业实质：（一）换入资产的未来现金流量在风险、时间和金额方面与换出资产显著不同；（二）换入资产与换出资产的预计未来现金流量现值不同，且其差额与换入资产和换出资产的公允价值相比是重大的。”

《企业会计准则第 7 号——非货币性资产交换》应用指南规定：“换出资产为存货的，应当作为销售处理，按照《企业会计准则第 14 号——收入》以其公允价值确认收入，同时结转相应的成本。”

《企业会计准则第 14 号——收入》（2017 年修订）的相关规定：

《企业会计准则第 14 号——收入》（2017 年修订）发文通知中指出：“企业以存货换取客户的固定资产、无形资产等的，按照本准则的规定进行会计处理；其他非货币性资产交换，按照《企业会计准则第 7 号——非货币性资产交换》的规定进行会计处理。”

《企业会计准则第 14 号——收入》（2017 年修订）第二条规定：“收入，是指企业在日常活动中形成的、会导致所有者权益增加的、与所有者投入资本无关的经济利益的总流入。”

《企业会计准则第 14 号——收入》（2017 年修订）第十一条规定：“满

足下列条件之一的，属于在某一时段内履行履约义务；否则，属于在某一时点履行履约义务：

（一）客户在企业履约的同时即取得并消耗企业履约所带来的经济利益。

（二）客户能够控制企业履约过程中在建的商品或服务。

（三）企业履约过程中所产出的商品或服务具有不可替代用途，且该企业在整个合同期间内有权就累计至今已完成的履约部分收取款项。

具有不可替代用途，是指因合同限制或实际可行性限制，企业不能轻易地将商品或服务用于其他用途。有权就累计至今已完成的履约部分收取款项，是指在由于客户或其他方原因终止合同的情况下，企业有权就累计至今已完成的履约部分收取能够补偿其已发生成本和合理利润的款项，并且该权利具有法律约束力。”

《企业会计准则第 14 号——收入》（2017 年修订）第十三条规定：“对于在某一时点履行的履约义务，企业应当在客户取得相关商品或服务控制权时点确认收入。在判断客户是否已取得商品或服务控制权时，企业应当考虑下列迹象：

（一）企业就该商品或服务享有现时收款权利，即客户就该商品或服务负有现时付款义务。

（二）企业已将该商品或服务的法定所有权转移给客户，即客户已拥有该商品或服务的法定所有权。

（三）企业已将该商品实物转移给客户，即客户已实物占有该商品。

（四）企业已将该商品或服务所有权上的主要风险和报酬转移给客户，即客户已取得该商品或服务所有权上的主要风险和报酬。

（五）客户已接受该商品或服务。

（六）其他表明客户已取得商品或服务控制权的迹象。”

《企业会计准则第 14 号——收入》（2017 年修订）第十四条规定：“企业应当按照分摊至各单项履约义务的交易价格计量收入。

交易价格，是指企业因向客户转让商品或提供服务而预期有权收取的对价金额。企业代第三方收取的款项以及企业预期将退还给客户的款项，应当作为负债进行会计处理，不计入交易价格。”

《企业会计准则第 14 号——收入》（2017 年修订）第十八条规定：“客户支付非现金对价的，企业应当按照非现金对价的公允价值确定交易价格。

非现金对价的公允价值不能合理估计的，企业应当参照其承诺向客户转让商品或提供服务的单独售价间接确定交易价格。非现金对价的公允价值因对价形式以外的原因而发生变动的，应当作为可变对价，按照本准则第十六条规定进行会计处理。

单独售价，是指企业向客户单独销售商品或服务的价格。”

三、案例解析

回迁房通常是按照城市危旧房改造政策，将危改区内的私房或承租的公房拆除，然后按照回迁政策标准，被拆迁人回迁，取得改造后新建的房屋。对取得的回迁房的收入，应结合相关拆迁补偿协议、企业内部管理等的具体情况，判断交易实质，以确定收入确认的方式。

1. 如果回迁房的经济实质与商品房销售类似，回迁人可选择的房屋类型、配建标准、择房条件等与商品房无差异，如未指定回迁户只能购买特定的楼或楼层、特定的户型或面积，回迁楼的建造标准也与其他商品房类似，则其经济实质是回迁户以原自住的土地和房屋换取房地产开发商准备建造的房屋，并以 1,000 元/平方米支付补价。

（1）现行准则下的分析。根据交易的实质，1,000 元/平方米的补价占整个资产交换金额的比例较小，如低于 25%，且由于该非货币性资产交换换入资产与换出资产在风险、时间、金额、未来现金流等方面不同，应作为具有商业实质的非货币性资产交换处理，房地产开发企业应将作为存货换出的房产作为销售处理，按照《企业会计准则第 14 号——收入》以其公允价值确认收入，同时结转相应的成本。

案例中，购买的土地使用权成本 4 亿元（合楼面单价 4,000 元/平方米），配建的回迁房于取得土地使用权时的公允价值扣除实际收到的回迁业主支付的固定价款小计 1.8 亿元(10,000 × 20,000 - 1,000 × 20,000)，土地使用权的购置成本合计为 5.8 亿元，合楼面单价为 5,800 元/平方米（5.8 亿/100,000 平方米）。假设使回迁房及其他商品房达到预计可交付状态的其他建造成本为 2,000 元/平方米，回迁房及其他商品房包括土地成本在内的建造成本共计 7,800 元/平方米。回迁房部分确认收入 2 亿元（10,000 元/平方米 × 20,000 平方米），相应结转营业成本 1.56 亿元（7,800 元/平方米 × 20,000 平方米）。

（2）新准则下的分析。根据上面的分析，该交易具有商业实质，公司是以新建的房屋换取回迁户原自住的土地和房屋，按照准则发文通知中的规定“企业以存货换取客户的固定资产、无形资产等的，按照本准则的规定进行会计处理”，即这一交易适用收入准则。

根据准则第十八条的规定：“客户支付非现金对价的，企业应当按照非现金对价的公允价值确定交易价格。非现金对价的公允价值不能合理估计的，企业应当参照其承诺向客户转让商品的单独售价间接确定交易价格。”本案例中，公司首先应根据取得的土地的公允价值来确定作为支付对价的回迁房的公允价值，如果取得的土地的公允价值不能合理估计的，可以采用房屋的单独售价确定交易价格。

本案例中，假设取得土地的公允价值不能合理估计，因此采用房屋的单独售价确定交易价格，收入确认和成本结转的结果与现行准则下的结果是一致的。

2. 在回迁房的经济实质与商品房销售存在显著差距的情况下，可视具体情况的不同进行会计处理：

（1）如果房地产企业配建回迁房的目的并非销售回迁房并获取利润，而是为取得土地使用权承担的义务；回迁房的销售对象、价格、交付时间等相关活动于取得土地使用权时均已被约定，企业并未主导或参与回迁房的销售活动，该情况下签订回迁房买卖合同的回迁业主并非是房地产企业的“客户”，配建的回迁房是为了取得土地使用权所必须承担的义务，回迁房不确认收入，企业配建回迁房的成本扣除收到的补价，计入土地成本。

本案例中，配建的回迁房交付时不确认收入，回迁房单方成本6,000元/平方米（4,000+2,000）扣除收到的价款1,000元/平方米，即5,000元/平方米，合计1亿元（5,000×20,000）作为取得其他商品房土地使用权成本的一部分，于其他商品房交付时结转至营业成本。

（2）如果建设回迁房的活动实质上是由政府委托房地产企业去进行，价格和面积都是执行此前政府与回迁户达成的补偿标准，房地产企业并没有实际的定价权；建造回迁房的土地是单独划定的，政府已指定用途，指定建造标准，房地产企业对于建设完成的回迁房没有所有权和处置权，回迁房的建设并非企业自主开发销售房地产，而是受政府委托建造。此时，对于回迁房和商品房，企业实际提供了不同商品和服务。该交易的实质是公司以提供回迁房部分的建造服务和现金对价换取政府商品房部分的土地使用权。

①现行准则下的分析。根据交易的实质，对于回迁房所对应的土地使用权，企业从未享有其风险和报酬，在回迁房的安排中，企业仅仅是提供了建造相关的服务，应确认相关的建造收入，回迁房不承担土地成本。

本案例中，假定企业的回迁房建造成本为2,000元/平方米，成本加成率10%，则每平方米的销售收入为2,200元。则应确认建造收入4,400万元，建造成本4,000万元。收到的回迁房资金2,000万元，剩余2,400万元（4,400－2,000）作为建设其他商品房的土地成本。

②新准则下的分析。案例中，公司以提供回迁房部分的建造服务和现金对价换取政府商品房部分的土地使用权，属于客户对建造服务支付了非现金对价，根据准则第十八条的规定，公司应首先根据取得的土地的公允价值来确定作为支付对价的回迁房的公允价值，如果取得的土地的公允价值不能合理估计的，可以提供建造服务的价格确定交易价格。

本案例中，如果取得土地的公允价值不能合理估计，而采用建造服务的单独售价确定交易价格，计算过程和结果与现行准则下是一致的。

案例6－08
涉及或有收费的收入确认

一、案例背景

A公司主营业务为提供管理咨询服务，现A公司与客户B公司控股股东（B公司股东会授权控股股东）签订一份服务合同。合同约定："B公司控股股东将其持有的B公司30%股份以零对价转让给A公司，A公司对B公司整体管理运营进行合理规划并提供日常经营管理咨询，使其在3年后达到特定经营目标，如销售额增长一倍、成本下降30%等。如约定经营目标未实现，则之前转让的30%股份再以零对价转让给B公司控股股东，同时作为补偿，B公司控股股东支付约定的固定咨询服务费。如约定目标实现，A公司已受让的30%股份无需退还，但不再收取相关服务费用。根据合同日对B公司30%股权的评估，其价值高于约定的固定咨询服务费。上述30%

股权尚未正式过户，仅在约定经营目标实现时才办理过户等手续，A公司在股权正式过户前不参与表决、不享有分红权。

问题：上述涉及特殊或有收费安排的咨询服务合同，应如何进行收入确认？

二、会计准则及相关规定

现行《企业会计准则第14号——收入》的相关规定：

《企业会计准则第14号——收入》第十条规定："企业在资产负债表日提供劳务交易的结果能够可靠估计的，采用完工百分比法确认提供劳务收入。"

《企业会计准则第14号——收入》第十四条规定："企业在资产负债表日提供劳务交易结果不能够可靠估计的，应当分别下列情况处理：（一）已经发生的劳务成本预计能够得到补偿的，按照已经发生的劳务成本金额确认提供劳务收入，并按相同金额结转劳务成本。（二）已经发生的劳务成本预计不能够得到补偿的，应当将已经发生的劳务成本计入当期损益，不确认提供劳务收入。"

《企业会计准则第14号——收入》（2017年修订）的相关规定：

《企业会计准则第14号——收入》（2017年修订）第九条规定："合同开始日，企业应当对合同进行评估，识别该合同所包含的各单项履约义务，并确定各单项履约义务是在某一时段内履行，还是在某一时点履行，然后，在履行了各单项履约义务时分别确认收入。

履约义务，是指合同中企业向客户转让可明确区分商品或服务的承诺。履约义务既包括合同中明确的承诺，也包括由于企业已公开宣布的政策、特定声明或以往的习惯做法等导致合同订立时客户合理预期企业将履行的承诺。企业为履行合同而应开展的初始活动，通常不构成履约义务，除非该活动向客户转让了承诺的商品或服务。

企业向客户转让一系列实质相同且转让模式相同的、可明确区分商品或服务的承诺，也应当作为单项履约义务。转让模式相同，是指每一项可明确区分商品或服务均满足本准则第十一条规定的、在某一时段内履行履约义务的条件，且采用相同方法确定其履约进度。"

《企业会计准则第14号——收入》（2017年修订）第十一条规定："满足下列条件之一的，属于在某一时段内履行履约义务；否则，属于在某一时点履行履约义务：

（一）客户在企业履约的同时即取得并消耗企业履约所带来的经济利益。

（二）客户能够控制企业履约过程中在建的商品或服务。

（三）企业履约过程中所产出的商品或服务具有不可替代用途，且该企业在整个合同期间内有权就累计至今已完成的履约部分收取款项。

具有不可替代用途，是指因合同限制或实际可行性限制，企业不能轻易地将商品或服务用于其他用途。

有权就累计至今已完成的履约部分收取款项，是指在由于客户或其他方原因终止合同的情况下，企业有权就累计至今已完成的履约部分收取能够补偿其已发生成本和合理利润的款项，并且该权利具有法律约束力。"

《企业会计准则第 14 号——收入》（2017 年修订）第十二条规定："对于在某一时段内履行的履约义务，企业应当在该段时间内按照履约进度确认收入，但是，履约进度不能合理确定的除外。企业应当考虑商品或服务的性质，采用产出法或投入法确定恰当的履约进度。其中，产出法是根据已转移给客户的商品或服务对于客户的价值确定履约进度；投入法是根据企业为履行履约义务的投入确定履约进度。对于类似情况下的类似履约义务，企业应当采用相同的方法确定履约进度。

当履约进度不能合理确定时，企业已经发生的成本预计能够得到补偿的，应当按照已经发生的成本金额确认收入，直到履约进度能够合理确定为止。"

《企业会计准则第 14 号——收入》（2017 年修订）第十六条规定："合同中存在可变对价的，企业应当按照期望值或最可能发生金额确定可变对价的最佳估计数，但包含可变对价的交易价格，应当不超过在相关不确定性消除时累计已确认收入极可能不会发生重大转回的金额。企业在评估累计已确认收入是否极可能不会发生重大转回时，应当同时考虑收入转回的可能性及其比重。

每一资产负债表日，企业应当重新估计应计入交易价格的可变对价金额。"

《国际财务报告准则第 15 号——客户合同收入》的相关规定：

《国际财务报告准则第 15 号——客户合同收入》和应用指南规定：

"53. 主体应当使用下列方法之一估计可变对价的金额（具体取决于主体预计哪一种方法能更好地预测其有权获得的对价金额）：

（1）预期价值——预期价值是一系列可能发生的对价金额的概率加权

金额的总和。如果主体拥有大量具有类似特征的合同，则与其价值可能是可变对价金额的恰当估计。

（2）最可能的金额——最可能的金额是一系列可能发生的对价金额中最可能发生的单一金额（即，合同最可能产生的单一结果）。如果合同仅有两个可能结果（例如，主体能够实现成或未能实现业绩奖金目标），则最可能的金额可能是可变对价金额的恰当估计。

B18. 投入法，是以主体履行履约义务所作的工作或投入（例如，消耗的资源、话费的工时数、发生的成本、流逝的时间或使用的机器运转数）相对于履行履约义务的预计总投入为基础，确认收入。如果主体的工作或投入在履约期间内平均消耗，则主体按直线法确认为收入可能是恰当的。”

三、案例解析

（一）现行收入准则下的分析

本案例中，A公司为B公司提供管理咨询服务，根据合同约定，在目标未实现时获得约定的咨询服务费，在约定目标实现时将获得B公司30%股权，实质上为含有或有收费安排的服务合同。

对于合同开始时A公司所取得B公司30%股权，由于B公司能否实现特定经营目标具有不确定性，而一旦不能实现则需将所取得的B公司30%股权返还给B公司的大股东；而且该30%股权在约定目标实现前并未办理正式过户，在约定的特定经营目标考核期内，A公司并不享有该股权的分红权，因此A公司在合同履约开始时并不享有B公司30%股权的当前权益，不能确认相应的股权资产。

鉴于交易为一项服务合同，A公司应对未来很可能流入企业的相关经济利益进行合理估计并获取充分恰当的依据，按照劳务收入确认的相关要求对该交易进行处理。根据该服务合同的收费安排，实质上可以理解其收费包括两部分：一是保底收费（假设没有达到约定的经营目标的情况下，至少有保底收费，即B公司支付的合同约定服务费）；二是或有收费（假设达到约定经营目标，则获取B公司30%股权的价值超出保底收费的部分）。根据准则相关规定，企业仅在资产负债表日提供劳务交易的结果能够可靠估计的情况下，才能采用完工百分比法确认提供劳务收入。因此A公司在服务提供期间，可采用完工百分比法对保底收费部分确认收入；而对于或有收费部分

（即 B 公司 30% 股权的价值超出保底收费的部分），仅在预期约定经营目标能够实现时（有可能在服务期满时）才能予以确认。

（二）新收入准则下的分析

根据《企业会计准则第 14 号——收入》（2017 年修订），企业应按五个步骤分析其与客户签订合同所产生的收入：（1）识别客户合同；（2）识别合同中的履约义务；（3）确定交易价格；（4）将交易价格分摊至合同中的履约义务；（5）在主体履行履约义务时（或履约过程中）确认收入（通常称为“五步法”）。

本案例中，A 公司与客户 B 公司控股股东签订服务合同，对 B 公司提供管理咨询服务，并依据 3 年后是否完成约定经营目标，获得约定的咨询服务费或 B 公司 30% 股权，在应用上述五步法时，关键在于识别履约义务、确定交易价格以及在主体履行履约义务时（或履约过程中）确认收入的判断，以下就该关键点进行分析：

1. 识别履约义务。

根据《企业会计准则第 14 号——收入》（2017 年修订）第九条，合同开始日，企业应当对合同进行评估，识别该合同所包含的各项履约义务。

在本案例中，A 公司与 B 公司控股股东签订服务合同，为 B 公司提供 3 年期的管理咨询服务，在履约期内对 B 公司整体管理运营进行规划并提供日常经营管理咨询服务，为向客户（即 B 公司控股股东）转让一系列实质相同且转让模式相同的、可明确区分商品（或服务）的承诺，构成一项履约义务。

2. 确定交易价格。

本案例中，A 公司提供管理咨询服务这项履约义务后，所获得的对价将取决于标的公司是否完成约定经营目标，而获得固定咨询服务费或标的公司 30% 股权，即 A 公司履约义务的一部分交易价格取决于企业是否满足特定绩效条件，并且结果存在不确定性，属于可变对价。

对于合同开始时 A 公司所取得 B 公司 30% 股权，由于 B 公司能否实现特定经营目标具有不确定性，而一旦不能实现则需将所取得的 B 公司 30% 股权返还给 B 公司的大股东；而且该 30% 股权在约定目标实现前并未办理正式过户，在约定的特定经营目标考核期内，A 公司并不享有该股权的分红权，因此 A 公司在合同履约开始时并不享有 B 公司 30% 股权的当前权益，不能确认相应的股权资产。

根据《企业会计准则第 14 号——收入》（2017 年修订）第十六条规定，

合同中存在可变对价的，企业应当按照期望值或最可能发生金额确定可变对价的最佳估计数，但包含可变对价的交易价格，应当不超过在相关不确定性消除时累计已确认收入极可能不会发生重大转回的金额。本案例中，由于A公司可能获得的对价只有两个可能结果，即收取固定的咨询服务费或者收取B公司30%股权，A公司应当预计其最可能发生金额以确定可变对价的最佳估计数。同时，要求计入交易价格的可变对价金额，应当以与可变对价相关的不确定性消除时极可能不会发生累计已确认收入的重大转回为限。本案例中，除非A公司预测B公司在3年后达到特定经营目标的不确定性消除，极可能收到B公司30%股权，否则应将固定咨询服务费作为其对可变对价的最佳估计。在每个报告期，A公司需根据其对B公司3年后是否能达到经营目标的情况进行预期，如发生变化则需对可变对价估计进行更新。

3. 在主体履行履约义务时（或履约过程中）确认收入。

根据《企业会计准则第14号——收入》（2017年修订）第九条，合同开始日，企业应当对合同进行评估，识别该合同所包含的各项履约义务，并确定各履约义务是在一段时间内履行，还是在某一时点履行。

A公司在3年期内提供的服务是对B公司进行整体管理运营规划并提供日常经营管理咨询，A公司提供该项服务的同时影响着B公司的经营成果，即客户B公司控股股东在A公司履约的同时即取得并消耗A公司履约所带来的经济利益，根据《企业会计准则第14号——收入》（2017年修订）第十一条（一）的规定，属于在一段时间内履行履约义务。

根据《企业会计准则第14号——收入》（2017年修订）第十二条规定，对于在一段时间内履行的履约义务，企业应当在该段时间内按照履约进度确认收入，但是履约进度不能合理确定的除外。企业应当考虑商品或服务的性质，采用产出法或投入法确定恰当的履约进度。其中，产出法是根据已转移给客户的商品或服务对于客户的价值确定履约进度；投入法是根据企业为履行履约义务的投入确定履约进度。对于计入交易价格的可变对价，还要参考《国际财务报告准则第15号——客户合同收入》应用指南第18段的相关规定，针对本案例，A公司提供管理咨询服务的相关工作或投入如果在3年履约期间内平均消耗，可以采用投入法预计履约进度，且按直线法确认为收入可能是恰当的。根据上文分析，3年后是否能达到经营目标受到市场环境、企业经营等多项复杂因素影响，是否能收到30%股权都面临极大的不确定性，仅在与可变对价相关的不确定性之后被消除时已确认的累计收入金额极可能不会发生重大转回的情况下，主体才应将估计的部分或全部可变对价金额纳入交易价格。如果A公司仅在3年履约期到期时才能确定是否能收到30%的股权，则其应该在3年履约期内，按直线法摊销约定的固定咨询服务费，在3年期到期达到经营目标的情况下，以B公司30%股权的公允价值减去已确认的固定咨询服务费的金额确认剩余的交易对价。

案例6-09
附回购义务的担保融资租赁条款的收入确认

一、案例背景

A公司为上市公司。A公司与其客户B公司签订EPC总承包合同，即A公司受B公司委托，按照合同约定对光伏太阳能电站进行设计、采购、施工、试运行进行承包，电站验收合格后转让给B公司。

由于光伏电站的资金需求较大，B公司于电站移交时支付全部款项存在困难。A公司为减少应收款项、加速资金回笼，决定改为通过融资租赁销售模式实施该项目。由A公司、B公司以及融资租赁公司签署补充协议，约定A公司将光伏太阳能电站建成后销售给融资租赁公司，再由融资租赁公司向B公司提供融资租赁服务。同时，A公司和融资租赁公司签订回购担保协议，如果B公司不能按期支付融资租赁款，A公司需要按约定条件回购该电站项目。

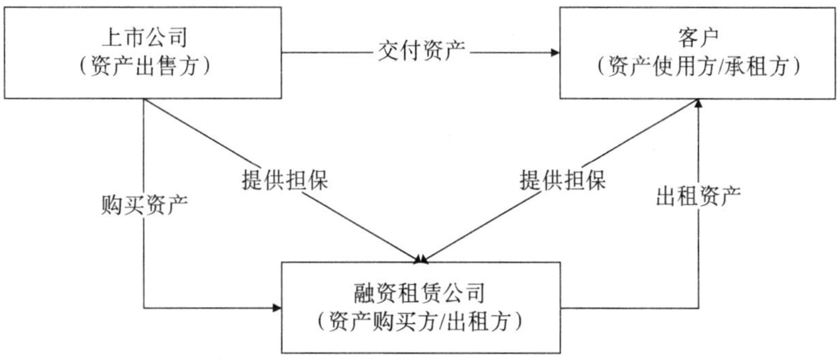

问题：卖方信贷模式下，附有回购义务情形下资产销售方的收入如何确认？

二、会计准则及相关规定

现行《企业会计准则第14号——收入》的相关规定：

《企业会计准则第14号——收入》第四条指出："销售商品收入同时满足下列条件的，才能予以确认：

（一）企业已将商品所有权上的主要风险和报酬转移给购货方；

（二）企业既没有保留通常与所有权相联系的继续管理权，也没有对已售出的商品实施有效控制；

（三）收入的金额能够可靠地计量；

（四）相关的经济利益很可能流入企业；

（五）相关的已发生或将发生的成本能够可靠地计量。"

《企业会计准则第14号——收入》（2017年修订）的相关规定：

《企业会计准则第14号——收入》（2017年修订）第四条规定："企业应当在履行了合同中的履约义务，即在客户取得相关商品或服务控制权时确认收入。

取得相关商品或服务控制权，是指能够主导该商品或服务的使用并从中获得几乎全部的经济利益。"

《企业会计准则第14号——收入》（2017年修订）第五条规定："当企业与客户之间的合同同时满足下列条件时，企业应当在客户取得相关商品或服务控制权时确认收入：

（一）合同各方已批准该合同并承诺将履行各自义务；

（二）该合同明确了合同各方与所转让商品或提供服务相关的权利和义务；

（三）该合同有明确的与所转让商品或服务相关的支付条款；

（四）该合同具有商业实质，即履行该合同将改变企业未来现金流量的风险、时间分布或金额；

（五）企业因向客户转让商品或服务而有权取得的对价很可能收回。"

《企业会计准则第14号——收入》（2017年修订）第十一条规定："满足下列条件之一的，属于在某一时段内履行履约义务；否则，属于在某一时点履行履约义务：

（一）客户在企业履约的同时即取得并消耗企业履约所带来的经济利益。

（二）客户能够控制企业履约过程中在建的商品或服务。

（三）企业履约过程中所产出的商品或服务具有不可替代用途，且该企业在整个合同期间内有权就累计至今已完成的履约部分收取款项。

具有不可替代用途，是指因合同限制或实际可行性限制，企业不能轻易地将商品或服务用于其他用途。

有权就累计至今已完成的履约部分收取款项，是指在由于客户或其他方原因终止合同的情况下，企业有权就累计至今已完成的履约部分收取能够补偿其已发生成本和合理利润的款项，并且该权利具有法律约束力。"

《企业会计准则第 14 号——收入》（2017 年修订）第十三条规定："对于在某一时点履行的履约义务，企业应当在客户取得相关商品或服务控制权时点确认收入。在判断客户是否已取得商品或服务控制权时，企业应当考虑下列迹象：

（一）企业就该商品或服务享有现时收款权利，即客户就该商品或服务负有现时付款义务。

（二）企业已将该商品或服务的法定所有权转移给客户，即客户已拥有该商品或服务的法定所有权。

（三）企业已将该商品实物转移给客户，即客户已实物占有该商品。

（四）企业已将该商品或服务所有权上的主要风险和报酬转移给客户，即客户已取得该商品或服务所有权上的主要风险和报酬。

（五）客户已接受该商品或服务。

（六）其他表明客户已取得商品或服务控制权的迹象。"

三、案例解析

近年来，资本市场出现了较多创新型的经营模式和盈利模式，较传统模式而言，创新模式下的经营活动更为特殊和复杂，在相关收入确认方面需要在充分了解业务模式的情况下，判断收入确认条件是否得到满足。

根据企业会计准则规定，公司销售商品收入确认需要判断是否已将商品所有权上的主要风险和报酬转移给购货方（在新收入准则中，在某一时点履行的履约义务，应在客户取得产品或服务的控制权时确认收入，而客户取得控制权的主要迹象之一是将商品所有权上的主要风险和报酬转移给购货方）、相关经济利益是否很可能流入公司（在新收入准则中，需要首先判断向客户转让商品而有权取得的对价很可能收回）。卖方信贷销售模式下，公司在销售时面临未来代偿、无法追偿的风险，能否确认收入，在实务中应当根据客户（资产使用方）信用风险、承担回购担保责任的重大程度等情况予以判断。

第一，如果基于历史交易信息，企业对资产使用方的信用状况存在一定的了解和判断，则应根据客户（资产使用方）历史和当前信用状况判断与商品相关的主要风险和报酬对外转移的程度，综合考虑首付比例、贷款年限与机械使用寿命、产品市场价格走势、客户信用、购买目的等因素，从而判断是否能够确认收入。

第二，如果面临的都是新客户且并无历史信息或其他充分信用证据的情况下，则需进行较为谨慎的专业判断。在此模式下，如果买卖双方向融资租赁公司提供担保，但担保物仅为标的资产本身，在未来客户（资产使用方）无法及时付款时出售方还需回购标的资产，从收入确认的角度考虑，标的资产的风险报酬是否转移值得怀疑；如果在标的资产抵押的基础上增加了其他担保，如对后续期间回款存在其他支持或担保物，则有可能一定程度上已转移标的资产相应的风险和报酬。

第三，如果企业认为可以确认收入，应提供相应支持性证据并予以充分披露，如客户（资产使用方）现金流、信用状况如何、是否存在措施保证及时回款、是否存在标的资产之外的担保物能在一定的基础上覆盖标的资产的风险等。

此外，在确认收入的同时，根据同业经验及与租赁公司签订的回购条款对回购情况下公司可能承担的回购损失进行合理估计，计提回购担保预计负债。

第七章
政府补助

案例 7－01
政府补助的认定

为了体现一个国家的经济政策，鼓励或扶持特定行业、地区或领域的发展，国家通常会对有关企业予以经济支持，如无偿拨款、担保、放弃或者不收缴应收收入等。《企业会计准则第 16 号——政府补助》（2017 年修订）中将政府补助定义为“企业从政府无偿取得货币性资产或非货币性资产”。政府补助的特点在于其属于来源于政府的经济资源及无偿性。虽然政府补助具有无偿性，但是并不代表任何企业都可以获得。获得政府补助需要满足一定的条件。如何区分企业因满足一定条件（例如企业有某些政府鼓励的行为）而获得了政府补助与政府作为参与交易的一方，要求企业为政府提供某些商品或服务而支付给企业的对价，是实务中该类交易的处理难点。

一、案例背景

A 公司为上市公司，从 2×08 年开始受政府委托进口医药类特种原料 M，再将 M 销售给国内的生产企业，加工出产品 N 销售给最终顾客。产品 N 的销售价格由政府确定。由于国际市场上原料 M 的价格上涨，而国内产品 N 的价格保持稳定不变，形成进销倒挂的局面。2×11 年之前，A 公司销售给生产企业的时候以原料 M 的进口价格为基础定价，国家财政对生产企业进行补贴；2×11 年之后，国家规范补贴款管理，改为限定 A 公司对生产企业的销售价格，然后对 A 公司的进销差价损失由国家财政给予返还，差价返还金额以销售价格减去加权平均采购成本的价差乘以销售给生产企业的数量计算。

问题：A 公司收到的差价返还款是否应作为政府补助进行处理？

二、会计准则及相关规定

《企业会计准则第 16 号——政府补助》（2017 年修订）第二条规定："本准则中的政府补助，是指企业从政府无偿取得货币性资产或非货币性资产。"

《企业会计准则第 16 号——政府补助》（2017 年修订）第五条规定：

"下列各项适用其他相关会计准则：

（一）企业从政府取得的经济资源，如果与企业销售商品或提供服务等活动密切相关，且是企业商品或服务的对价或者是对价的组成部分，适用《企业会计准则第 14 号——收入》等相关会计准则。"

《企业会计准则第 16 号——政府补助》（2017 年修订）第八条规定："与资产相关的政府补助，应当冲减相关资产的账面价值或确认为递延收益。与资产相关的政府补助确认为递延收益的，应当在相关资产使用寿命内按照合理、系统的方法分期计入损益。按照名义金额计量的政府补助，直接计入当期损益。"

《企业会计准则第 16 号——政府补助》（2017 年修订）第九条规定：

"与收益相关的政府补助，应当分情况按照以下规定进行会计处理：

（一）用于补偿企业以后期间的相关成本费用或损失的，确认为递延收益，并在确认相关成本费用或损失的期间，计入当期损益或冲减相关成本；

（二）用于补偿企业已发生的相关成本费用或损失的，直接计入当期损益或冲减相关成本。"

《企业会计准则第 14 号——收入》将收入定义为"企业在日常活动中形成的、会导致所有者权益增加的、与所有者投入资本无关的经济利益的总流入"。

财政部发布的《关于做好执行企业会计准则的企业 2012 年年报工作的通知》（财会［2012］25 号）指出，企业与政府发生交易所取得的收入，如果该交易具有商业实质，且与企业销售商品或提供劳务等日常经营活动密切相关的，应当按照《企业会计准则第 14 号——收入》的规定进行会计处理。在判断该交易是否具有商业实质时，应考虑该交易是否具有经济上的互惠性，与交易相关的合同、协议、国家有关文件是否已明确规定了交易目的、交易双方的权利和义务，如属于政府采购的，是否已履行相关的政府采购程序等。

财政部发布的《关于印发〈可再生能源电价附加有关会计处理规定〉的通知》（财会［2012］24号）指出，企业专为可再生能源发电项目接入电网系统而发生的工程投资和运行维护费用，以及国家投资或补贴建设的公共可再生能源独立电力系统所发生的合理的运行和管理费用超出销售电价的部分，按规定取得可再生能源电价附加补助资金的，按收到或应收的补助金额，借记“银行存款”、“其他应收款”等科目，贷记“主营业务收入”科目。

三、案例解析

一般情况下，我们都会认为，从政府无偿获得的货币性和非货币性资产都属于政府补助，但是否所有来源于政府的货币性和非货币性资产都是政府补助，应该具体问题具体分析。

在本案例中，A企业是从政府无偿取得货币资产，这从形式上看符合政府补助的定义，按照政府补助准则，收到的政府补助应当确认在“营业外收入”中。但是这样处理，会导致A公司的报表呈现主营业务的负毛利和较大金额的营业外收入，这样的结果是否能反映企业的真实经营状况呢？

第一，从公司的风险看，公司经营该项业务的进销差价损失由国家财政给予返还，差价返还金额以销售价格减去加权平均采购成本的价差乘以销售给生产企业的数量计算。也就是说，采购并销售M材料的交易不会给A公司带来亏损，但是在A公司的报表中却呈现主营业务的亏损。

第二，从2×11年之前和之后的对比来看，在2×11年之前，国家将补贴直接支付给M原料的生产企业，则对于A公司来说不属于政府补助；而2×11年之后，国家将补贴直接支付给A公司，这样转变的主要原因是M原料的生产企业数量较多，直接补贴给A公司比较便于国家的监督和管理，但是转变之后，虽然其交易的性质没有发生变化，但是在A公司报表中2×11年之前体现为收入，之后体现为一项政府补助。

第三，从交易的实质看，是A公司代替政府履行从国外采购材料的职能，我们是否可以认为A公司从政府取得的资产并不是无偿的，而是交易对价的一部分。将在同一项交易中，针对同一标的资产从指定企业收到的销售款作为收入，而将从政府收到的对价部分确认为营业外收入，这样处理在一定程度上并没有公允地反映交易实质。

第四，从公司的经营模式看，从国外进口 M 材料，按照固定价格销售给指定企业，然后从政府获取差价就是 A 公司的日常经营方式。从收入的定义看，收入是“企业在日常活动中形成的、会导致所有者权益增加的、与所有者投入资本无关的经济利益的总流入”，从政府收取的对价属于企业的日常活动，更符合收入的界定。

上述分析表明，在本案例中虽然公司是从国家财政取得补贴款，但该补贴款实质上是对 A 公司销售产品部分价格的收回，原则上不属于政府补助。

案例 7－02
政府补助性质的判断

企业会计准则规定，对于政府补助的会计处理，无论其是通过何种形式取得的，都应当划分为与资产相关的政府补助和与收益相关的政府补助。两种类别的政府补助，会计处理原则不同，对各期损益的影响也不同。然而在实务操作中，往往容易混淆这两种类别的政府补助。

一、案例背景

A 公司为上市公司，2×13 年 12 月，A 公司与其所在地工业园管委会签订协议，实施异地搬迁扩建。A 公司将在该工业园建设新的厂房。协议约定：

（1）A 公司将以 150 元/平方米的单价取得 20 万平方米土地使用权，土地出让金总金额 3,000 万元。

（2）A 公司交纳全部土地出让金后 5 个工作日内，管委会以“进园企业科技创新扶持资金”的形式向 A 公司支付 3,000 万元扶持资金。

A 公司认为，在与管委会进行进园谈判时，就提出了科技创新扶持资金的申请，但对方表示当地经济落后，政府财政资金少等困难，能否在引入成功时再提供。因此，考虑到在A公司交纳土地出让金之后，对方就有财政收入，故约定第一笔科技创新扶持资金应该在对方收到土地出让金之后拨付。公司认为该资金并不是针对土地款进行的补偿，应该作为与收益相关的政府补助。

问题：A公司将3,000万元科技创新扶持资金作为收益相关的政府补助是否恰当？

二、会计准则及相关规定

《企业会计准则第16号——政府补助》（2017年修订）第四条规定："政府补助分为与资产相关的政府补助和与收益相关的政府补助。与资产相关的政府补助，是指企业取得的、用于购建或以其他方式形成长期资产的政府补助。与收益相关的政府补助，是指除与资产相关的政府补助之外的政府补助。"

《企业会计准则第16号——政府补助》（2017年修订）第十条规定："对于同时包含与资产相关部分和与收益相关部分的政府补助，应当区分不同部分分别进行会计处理；难以区分的，应当整体归类为与收益相关的政府补助。"

三、案例解析

在实际工作中，政府补助的形式多种多样，如财政拨款、财政贴息、税收返还或无偿划拨非货币性资产，等等。一项政府补助可能在形式上是与资产相关的，但本质上却是与收益相关的；反之亦然。在此类情况下，可能就需要判断该项政府补助的实质，并据此作出会计处理。

同时，对于一些综合性的政府补助，《企业会计准则第16号——政府补助》（2017年修订）规定："应当区分不同部分分别进行会计处理；难以区分的，应当整体归类为与收益相关的政府补助。"

另外，实务中还存在政府补助文件中直接列明会计处理方式的情况，如计入资本公积或作为营业外收入。这种情况可能会给会计处理提供方向，但也可能与会计准则有关原则存在冲突，这时如何进行具体会计处理需要具体分析。

根据准则规定，与资产相关的政府补助是指用于购建或以其他方式形成长期资产的政府补助。本案例中，按照协议约定，A 公司收到的第一笔 3,000 万元的资金，是以“进园企业科技创新扶持资金”的形式取得的，并不是针对土地款所进行的补偿，也不是针对随后的厂房建设。之所以要以土地出让金的缴纳为前提，是出于政府财政资金的考虑。此外，A 公司在申请补助时，也是以科技创新扶持的名义提出的申请。

因此，本案例中没有充分证据表明 A 公司收到的第一笔 3,000 万元科技创新扶持资金属于与资产相关的政府补助。按照会计准则的规定，公司应将其作为与收益相关的政府补助处理。

【相关案例之一】

如何判断政府补助是与资产相关还是与收益相关

（一）案例背景

A 公司是主业为制造业的上市公司。2×13 年 10 月，A 公司某节能技术改造项目正式经当地经济发展局核准，该项目属于国家重点节能技术改造项目，项目总投资为 1.8 亿元，其中长期资产的建设投资额为 1.5 亿元，流动资金等其他投资额合计 3,000 万元。A 公司同时也就该技改项目向当地政府申请补助，补助用途为资产建设投资。2×14 年度，A 公司全额收取“中央预算投资”项下的政府补助 1,000 万元，相关补助文件未明确上述政府补助是与收益相关还是与资产相关。

问题：A 公司收取的政府补助应分类为与资产相关还是与收益相关？

（二）案例解析

按照企业会计准则的有关规定，与资产相关的政府补助，是指企业取得的、用于购建或以其他方式形成长期资产的政府补助。如果政府补助文件明确规定了补助对象，则一般不存在判断的难度。实务中会计处理的难点在于，有时候政府补助的文件并未明确列明其补助的对象。我们认为，上市公司不应因政府文件并未表明补助对象就可以任意将其认定为是与收益相关的政府补助，而应结合公司向政府申请补助时所注明的目的、项目性质、补助用途以及政府下发补助时索引的政策依据等，基于实质重于形式的原则进行综合判断。如果在相关政府补助文件中指明了补助资金所对应的项目，且所对应项目主体为购建资产的，则政府补助应作为与资产相关的政府补助进行会计处理。

本案例中，A 公司申请补助的项目为节能技术改造项目，项目主体是构建长期资产，且 A 公司向政府申请补助时的用途也注明是用于资产建设投资，因此可以判断该补助为与资产相关的政府补助。此外，A 公司还应当在财务报表附注中充分披露将该项政府补助划分为与资产相关的判断依据。

【相关案例之二】

与技改项目相关政府补助的性质

（一）案例背景

A 公司为上市公司，2×11 年，A 公司所在地市经济发展局核准 A 公司某节能技改项目总投资 2.3 亿元，其中建设投资 2 亿元，流动资金等其他投资 0.3 亿元。2×12 年，根据国家发改委通知，A 公司技改项目作为重点节能工程示范项目，获得“中央预算内投资”项下政府补助 2,000 万元并于 2×12 年 9 月全部收到。

2×14 年 8 月，A 公司技改项目完成经过验收。A 公司认为政府补助的文件中并未明确该项政府补助是与收益相关还是与资产相关，因此，拟作为与收益相关的政府补助，全额计入 2×14 年度营业外收入。

问题：A 公司将技改项目的政府补助判断为与收益相关是否恰当？

（二）案例解析

根据本案例背景，我们可以看出，A 公司的某节能技改项目属于国家发改委规定的重点节能工程示范项目，所以 A 公司能够取得 2,000 万元的政府补助。该项补助是为了鼓励企业进行节能技改、针对此节能技改项目作出的补偿。A 公司此项节能技改项目的主体为建设投资，可以判断该项补助是属于与固定资产相关的政府补助。

一项政府补助是与资产相关还是与收益相关，属于企业在进行会计处理的时候，根据企业会计准则进行的判断，在相关的政府补助文件中通常不会也无须对此作出规定，企业不应该因为补助文件未注明是与资产相关的政府补助就将其作为与收益相关的政府补助。如果在相关政府补助文件中指明了收到的补助资金所对应的项目，且是用于购建或以其他方式形成长期资产的，那么应将收到的政府补助作为与资产相关的政府补助进行会计处理。

案例 7－03
搬迁补偿事项的会计处理

一、案例背景

A 公司是制造业上市公司。为实施城市规划，进行旧区改建，2×13 年 3 月，当地工业改造指挥部与 A 公司签订搬迁补偿协议。协议约定，以第三方评估结果为基准，当地工业改造指挥部支付 5 亿元补偿费收回 A 公司某地块的厂区土地、地上建筑物及水电配套设施。2×13 年 12 月，A 公司已全部清空并撤出原厂区，并将房屋建筑物及土地使用权的权属证明上交工业改造指挥部。A 公司在原地块上的资产产权关系清晰，没有权属争议。补偿协议未就 A 公司应如何使用补偿费进行规定，工业改造指挥部也未有其他另行规定。

问题：A 公司的搬迁补偿事项应如何进行会计处理？

二、会计准则及相关规定

《企业会计准则解释第 3 号》第四个问答规定："四、企业收到政府给予的搬迁补偿款应当如何进行会计处理？

答：企业因城镇整体规划、库区建设、棚户区改造、沉陷区治理等公共利益进行搬迁，收到政府从财政预算直接拨付的搬迁补偿款，应作为专项应付款处理。其中，属于对企业在搬迁和重建过程中发生的固定资产和无形资产损失、有关费用性支出、停工损失及搬迁后拟新建资产进行补偿的，应自专项应付款转入递延收益，并按照《企业会计准则第 16 号——政府补助》进行会计处理。企业取得的搬迁补偿款扣除转入递延收益的金额后如有结余的，应当作为资本公积处理。企业收到除上述之外的搬迁补偿款，应当按照《企业会计准则第 4 号——固定资产》、《企业会计准则第 16 号——政府补助》等会计准则进行处理。”

《企业会计准则第 16 号——政府补助》（2017 年修订）第二条规定：“本准则中的政府补助，是指企业从政府无偿取得货币性资产或非货币性资产。”

《企业会计准则第 16 号——政府补助》（2017 年修订）第三条规定：“政府补助具有下列特征：

（一）来源于政府的经济资源。对于企业收到的来源于其他方的补助，有确凿证据表明政府是补助的实际拨付者，其他方只起到代收代付作用的，该项补助也属于来源于政府的经济资源。

（二）无偿性。即企业取得来源于政府的经济资源，不需要向政府交付商品或服务等对价。”

三、案例解析

根据《企业会计准则解释第 3 号》（“解释 3 号”）的相关规定，搬迁补偿事项只有在满足两个要素的前提下，才能适用解释 3 号的特殊规定，即先将收到政府从财政预算直接拨付的搬迁补偿款，作为专项应付款处理。其中，属于对企业在搬迁和重建过程中发生的固定资产和无形资产损失、有关费用性支出、停工损失及搬迁后拟新建资产进行补偿的，应自专项应付款转入递延收益，并按照《企业会计准则第 16 号——政府补助》进行会计处理。企业取得的搬迁补偿款扣除转入递延收益的金额后如有结余的，作为资本公积处理。

上述两个要素是指“因公共利益进行搬迁”以及“收到政府从财政预算直接拨付的搬迁补偿款”。公共利益搬迁包括因城镇整体规划、库区建设、棚户区改造、沉陷区治理等搬迁。一般而言，公司是否进行公共利益搬迁，结合具体搬迁事项的原因、背景和协议约定进行分析，其结论一般不会引起争议。实务中分歧点较多的是如何判断财政预算直接拨付的概念。根据《中华人民共和国预算法》，财政预算由政府编制并经人民代表大会审批，有严格的发放审批流程和发放途径。如果没有客观证据证明，公司收取的搬迁款属于财政预算内支出且收取方式是财政直接拨付，则不能认定满足这一要素。

本案例中，虽然 A 公司的搬迁原因是为了配合城市规划和旧区改建，具有公共利益的因素。但是，A 公司与当地工业改造指挥部签订搬迁协议，搬迁款的拨付单位为当地工业改造指挥部，并非出自财政部门直接拨付的预算支出资金，并不同时满足适用解释 3 号特殊规定的两个前提要素，因此，不能适用于解释 3 号的特殊规定。

如果进一步分析本案例中 A 公司的搬迁背景，A 公司在原地块上的资产产权关系清晰，没有权属争议，该地块所在地也存在房地产交易市场。A 公司的搬迁补偿款的定价依据为第三方评估值，搬迁协议也未就 A 公司如何具体使用补偿款进行规定。该交易的实质是 A 公司将自身的资产与当地工业改造指挥部进行平等交换，用资产公平换取所谓的“补偿款”，款项的本质并非补偿而是交易对价。该交易与 A 公司向其他非政府部门处置资产并收取处置对价并不存在本质区别。除非有明确的证据表明 A 公司收到的款项明显高于市场价值，且附带额外的政策条件和使用条件，含有政府补助的成分，否则应当全部按照资产处置的一般原则进行会计处理。

【相关案例】

搬迁补偿中政府补助的认定

（一）案例背景

A 公司为制造业上市公司。2×12 年 1 月，A 公司收到当地国土资源局关于收回 A 公司位于 B 片区的 C 地块土地使用权的通知。通知规定，为实施城市规划，进行旧区改建，依照《中华人民共和国土地管理法》和《中华人民共和国城市房地产管理法》等法律、法规规定，经报当地人民政府批准，收回 A 公司位于 B 片区旧城改造项目用地范围内的 C 地块的土地使用权，作为 B 片区国有土地使用权挂牌公开捆绑挂牌出让的旧城改造项目用地。收回 A 公司用地过程中涉及拆迁安置补偿的，由该改造项目挂牌竞得人按国家规定程序取得拆迁人资格后，按照国家城市房屋拆迁有关法规政策规定进行安置补偿。2×12 年 4 月，甲房地产开发公司通过参加当地国土资源局土地交易中心举行的土地公开挂牌捆绑出让程序，取得了上述 B 片区的拆迁人资格，并负责相关拆迁安置工作。2×12 年 6 月，A 公司与甲公司签订搬迁补偿协议，约定以现金方式补偿，由 A 公司自行安置。补偿价格以第三方评估结果为基准确定，补偿总金额为 2.3 亿元。A 公司在 C 地块上的资产产权关系清晰，没有权属争议。

问题：A公司的搬迁补偿事项应如何进行会计处理？

（二）案例解析

本案例中，虽然A公司的搬迁原因是为了配合城市规划和旧区改建，具有公共利益的因素。但是，A公司与甲公司签订搬迁协议，搬迁款的支付对象为甲公司，并非出自财政部门直接拨付的预算支出资金，不同时满足适用解释3号规定的两个前提要素，因此不适用于解释3号的规定。

如果进一步分析本案例中A公司的搬迁背景，甲公司作为房地产开发公司，根据有关程序取得B片区整体的拆迁人资质，就B片区进行整体改造。A公司在原地块上的资产产权关系清晰，没有权属争议，该地块所在地也存在房地产交易市场。A公司的搬迁补偿款的定价依据为第三方评估值，搬迁协议也未就A公司如何具体使用补偿款进行规定。甲公司与A公司的交易实质是，A公司将自身的资产与甲公司进行平等交换，用资产公平换取所谓的“补偿款”，款项的本质并非补偿而是交易对价。该交易与A公司向其他非政府部门处置资产并收取处置对价并不存在本质区别。除非有明确的证据表明A公司收到的款项明显高于市场价值，且附带额外的政策条件和使用条件，含有政府补助的成分，否则应当全部按照资产处置的一般原则进行会计处理。

案例7－04
政府补助的确认时点和以应收金额计量的条件

企业会计准则及其相关应用指南指出，政府补助通常按照实际收到的金额计量；存在确凿证据表明该项补助是按照固定的定额标准拨付的，可以按照应收的金额计量。但在随后一些关于企业会计准则执行问题的文件中，对该原则有所修正，允许有确凿证据表明企业能够符合财政扶持政策规定的相关条件且预计能够收到财政扶持资金时，按应收的金额予以确认和计量。实务中，对于政府补助的确认时点和以应收金额计量条件的理解也存在不一致的问题。

一、案例背景

A公司为制造业上市公司，2×12年12月20日，A公司收到了某市经济技术开发区管理委员会《关于给予A公司科技三项补贴的批复》，该批复同意拨付A公司2×13年“科技三项”财政补贴资金2,780万元。2×13年1月15日，A公司实际收取该笔补贴款。

问题：A公司在编制2×12年年报时是否可以按应收金额确认和计量相关政府补助？

二、会计准则及相关规定

《企业会计准则第16号——政府补助》（2017年修订）第四条规定：“政府补助分为与资产相关的政府补助和与收益相关的政府补助。与资产相关的政府补助，是指企业取得的、用于购建或以其他方式形成长期资产的政府补助。与收益相关的政府补助，是指除与资产相关的政府补助之外的政府补助。”

第六条规定：“政府补助同时满足下列条件的，才能予以确认：

（一）企业能够满足政府补助所附条件；

（二）企业能够收到政府补助。”

第七条规定：“政府补助为货币性资产的，应当按照收到或应收的金额计量。”

财政部在关于印发《营业税改征增值税试点有关企业会计处理规定》的通知（财会［2012］13号，以下简称“营改增规定”）规定：“……试点纳税人在新老税制转换期间因实际税负增加而向财税部门申请取得财政扶持资金的，期末有确凿证据表明企业能够符合财政扶持政策规定的相关条件且预计能够收到财政扶持资金时，按应收的金额，借记‘其他应收款’等科目，贷记‘营业外收入’科目……。”

《国际会计准则第20号——政府补助的会计处理及政府援助的披露》第7段及第8段规定：“主体在合理估计其能够符合政府补助的条件且将能收到补助的情况下确认政府补助。”

中国证监会发布的《上市公司执行企业会计准则监管问题解答》（2013

年第1期，总第8期）第四个问答规定如下：

“问题4：上市公司获得的政府补助，是否仅有按照固定的定额标准取得的政府补助才能按照应收金额计量？

解答：根据《企业会计准则第16号——政府补助》的规定，对期末有确凿证据表明能够符合财政扶持政策规定的相关条件且预计能够收到财政扶持资金时，可以按应收金额计量。”

中国证监会发布的《公开发行证券的公司信息披露解释性公告第2号——财务报表附注中政府补助相关信息的披露》规定：“……二、对于报告期末按应收金额确认的政府补助，公司应按补助单位和补助项目逐项披露应收款项的期末余额、账龄以及预计收取的时间、金额及依据。如公司未能在预计时点收到预计金额的政府补助，公司应披露原因。……”

三、案例解析

根据企业会计准则的相关规定，企业取得的政府补助为货币性资产的，通常按照实际收到的金额计量，对于存在确凿证据表明该补助是按照固定定额标准拨付的，如按照实际销量或储备量与单位补贴定额计算的补助等，按照应收的金额计量。财政部于2012年发布的“营改增规定”进一步明确，即使并非按照定额标准拨付的政府补助，在有确凿证据表明其能够符合财政扶持政策规定的相关条件且预计能够收到财政扶持资金时，企业可以按应收金额计量。国际会计准则对于政府补助的确认时点侧重于分析主体是否满足条件，以及对是否能够收到进行“合理估计”，并未强调“实际收到”的概念。应当说“营改增规定”中提及的“在有确凿证据表明其能够符合相关条件且预计能够收到财政扶持资金时，也可以在未实际收到补助款时按应收的金额确认政府补助”的原则与国际会计准则的处理原则是一致的。

本案例中，A公司能否在2×12年确认相关政府补助不能一概而论，应着眼于分析和落实企业能够符合财政扶持政策规定的相关条件且预计能够收到财政扶持资金的“确凿证据”，例如，关注政府补助的发放主体是否具备相应的权力和资质、补助文件中索引的政策依据是否适用、A公司申请政府补助的流程是否合法合规、A公司是否已经履行完毕补助文件中的要求、实际收取资金前是否需要政府部门的实质性审核、历史上同类型政府补助的实际发放情况等因素。此外，如果A公司判断其可以在2×12年确认相关的政府补助，还应按发放补助的单位和补助项目逐项披露应收款项的期末余额、账龄以及预计收取的时间、金额及依据。如A公司未能在预计时点收到预计金额的政府补助的，还应披露原因。

【相关案例】

满足政府补助条件且已实际收取补助资金时，是否可以将政府补助递延至下一会计期间确认

（一）案例背景

A公司为农业上市公司。根据财政部、农业部印发的成品油价格补助专项资金管理办法，省级行业主管部门对企业是否具备取得专项资金的资格进行年度审核，审核通过并取得资格证书的企业，根据补助用油量和固定补助价格申报专项补助资金，省级行业主管部门负责用油量的测算和核查。

A公司历年来均通过年度资质审核核查，且历年来A公司申报的补助用油量和补助金额与省级行业主管部门测算和核查的结果并无实质差异。A公司2×11年年报披露，虽然A公司已经通过了2×11年度的资质审查，但是由于未实际收取补助款项，出于谨慎性角度考虑，公司并未确认尚未实际收取的2×11年度专项补助，待实际收取时方予以确认并计入收到当期的营业外收入。2×12年3月，A公司再次通过了2×12年度的资质审核。2×12年6月，A公司实际收取了其2×11年度的价格补助专项资金共计3,600万元。2×12年12月，根据当地财政厅和行业主管部门《关于预拨2×12年度成品油价格改革财政补贴资金预算指标的通知》，财政厅和行业主管部门根据A公司上报测算的2×12年度补助用油量，预拨A公司2×12年度补贴资金共计2,100万元。2×13年2月，当地行业主管部门批复的实际补助用油量与A公司上报测算数量一致。A公司2×12年年报在2×13年2月尚未公告。

问题：A公司在编制2×12年年报时，是否应将实际收取的2×12年度的补贴资金确认为当期营业外收入？

（二）案例解析

第一，需要判断A公司取得政府补助的性质。本案例中，A公司取得的专项资金补助并非用于购建或以其他方式形成长期资产的目的，因此其性质

应判断为与收益相关的补助。由于该专项补助对象为 A 公司 2×12 年用油成本，属于补偿 A 公司已发生的相关费用或损失，因此，当判断满足政府补助的确认条件时，A 公司应将其直接计入当期营业外收入。

第二，需要判断 A 公司是否满足政府补助的确认条件。根据企业会计准则的相关规定，企业取得的政府补助为货币性资产的，通常按照实际收到的金额计量。存在确凿证据表明该补助是按照固定定额标准拨付的，如按照实际销量或储备量与单位补贴定额计算的补助等，按照应收的金额计量。财政部于 2012 年发布的“营改增规定”进一步明确了，即使并非按照定额标准拨付的政府补助，在有确凿证据表明其能够符合财政扶持政策规定的相关条件且预计能够收到财政扶持资金时，企业可以按应收金额计量。国际会计准则对于政府补助的确认时点侧重于分析，主体是否满足条件和是否能够收到进行“合理估计”，并未强调“实际收到”的概念。应当说，“营改增规定”中提及的“在有确凿证据表明其能够符合相关条件且预计能够收到财政扶持资金时，也可以在未实际收到补助款时按应收的金额确认政府补助”的原则与国际会计准则的处理原则是一致的。实务中在就“是否满足相关条件”、“是否能够收到资金”进行分析时，应关注政府补助的发放主体是否具备相应的权力和资质、补助文件中索引的政策依据是否适用、A 公司申请政府补助的流程是否合法合规、A 公司是否已经履行完毕补助文件中的要求、实际收取资金前是否需要政府部门的实质性审核、历史上同类型政府补助的实际发放情况等因素。

本案例中，A 公司已经在 2×12 年实际收取了 2×12 年度的专项补助资金，因此，A 公司能否在 2×12 年确认相关专项补助的关键点在于，分析其是否已经符合财政扶持政策规定的相关条件，是否存在退还补助款的可能性。本案例中，A 公司取得的专项补助的发放主体为当地财政厅和省级行业主管部门，补助文件中索引的政策依据清晰无歧义，A 公司已经通过了 2×12 年度的资质审核，且期后行业主管部门批复的实际用油量与原测算数量一致。因此，在已经符合财政扶持政策规定的相关条件且已足额收取补助金额的情况下，A 公司应将取得政府补助计入 2×12 年营业外收入。

案例 7－05
新能源汽车财政补贴的会计处理

一、案例背景

甲公司为汽车整车生产企业，主要从事轿车、SUV 的生产和销售。近年来，随着国家对个人新能源汽车补贴政策的推出和不断补充，甲公司新能源汽车的销售量逐年快速增长。

根据财政部、科技部、工业和信息化部、国家发展改革委于 2010 年 5 月 31 日发布的《关于开展私人购买新能源汽车补贴试点的通知》（财建［2010］230 号）等相关规定，甲公司每辆新能源汽车的补贴情况具体如下：

（1）补助对象："补助对象是消费者。新能源汽车生产企业在销售新能源汽车产品时按照扣减补助后的价格与消费者进行结算，中央财政按程序将企业垫付的补助资金再拨付给生产企业。"

（2）补助产品：中央财政补助的产品是纳入"新能源汽车推广应用工程推荐车型目录"（以下简称"推荐车型目录"）的纯电动汽车、插电式混合动力汽车和燃料电池汽车。

（3）补助标准：补助标准主要依据节能减排效果，并综合考虑生产成本、规模效应、技术进步等因素进行补贴，并自 2016 年起实行逐步退坡。2017—2020 年除燃料电池汽车外其他车型补助标准适当退坡，其中：2017—2018 年补助标准在 2016 年基础上下降 20%，2019—2020 年补助标准在 2016 年基础上下降 40%。

根据目前中央和地方执行的新能源汽车补贴标准，新能源汽车的财政补贴分为两部分，即中央财政补贴和地方财政补贴，其中中央财政补贴按车型参数执行，地方财政补贴根据车型参数和地方补贴标准各地有所不同。根据甲公司的销售区域情况，平均每辆新能源轿车的补贴金额约 8 万元，其中中央财政补贴 5 万元，地方财政补贴 3 万元；平均每辆新能源客车的补贴金额约 70 万元，其中中央财政补贴 50 万元，地方财政补贴 20 万元。

根据上述标准计算，按每辆新能源轿车售价13万元（其中补贴8万元），新能源客车售价100万元（其中补贴70万元）计算，甲公司每年的新能源轿车的销售量为4,000辆，新能源客车的年销售量为2,000辆，则销售收入为8亿元［4,000辆×（13－8）万元＋2,000辆×（100－70）万元］；新能源汽车补贴金额为17.2亿元（4,000辆×8万元＋2,000辆×70万元）。

每辆新能源轿车的生产成本约12万元，新能源客车的生产成本约80万元，即销售成本为20.8亿元（4,000辆×12万元＋2,000量×80万元）。

目前甲公司将新能源汽车补贴确认为营业外收入，公司综合毛利率和营业利润将为负数，但利润总额较好。

问题：根据上述情况，甲公司新能源汽车销售取得的中央和地方财政补贴，应根据《企业会计准则第14号——收入》的规定确认为主营业务收入，还是应根据《企业会计准则第16号——政府补助》（2017年修订）的规定确认为营业外收入？

二、会计准则及相关规定

《企业会计准则第16号——政府补助》（2017年修订）第二条规定："本准则中的政府补助，是指企业从政府无偿取得货币性资产或非货币性资产。"

《企业会计准则第16号——政府补助》（2017年修订）第五条规定："下列各项适用其他相关会计准则：

（一）企业从政府取得的经济资源，如果与企业销售商品或提供服务等活动密切相关，且是企业商品或服务的对价或者是对价的组成部分，适用《企业会计准则第14号——收入》等相关会计准则。"

《财政部关于执行企业会计准则的企业做好2012年年报工作的通知》（财会［2012］25号）规定："（四）企业与政府发生交易所取得的收入，如果该交易具有商业实质，且与企业销售商品或提供劳务等日常经营活动密切相关的，应当按照《企业会计准则第14号——收入》的规定进行会计处理。在判断该交易是否具有商业实质时，应考虑该交易是否具有经济上的互惠性，与交易相关的合同、协议、国家有关文件是否已明确规定了交易目的、交易双方的权利和义务，如属于政府采购的，是否已履行相关的政府采购程序等。"

证监会会计部在《上市公司执行企业会计准则监管问题解答》（2013 年第 1 期，总第 8 期）“问题 5：上市公司与政府发生交易取得的收入，是否均认定为政府补助？”中，引用了财会［2012］25 号的上述规定。”

三、案例解析

根据《企业会计准则第 16 号——政府补助》（2017 年修订），企业从政府取得的经济资源，如果与企业销售商品或提供服务等活动密切相关，且是企业商品或服务的对价或者是对价的组成部分，适用《企业会计准则第 14 号——收入》等相关会计准则。

本案例中，新能源汽车厂商获取的政府补贴收入满足上述条件：

1. 销售新能源汽车是新能源汽车厂商的一项日常经营活动，自政府获取的政府补贴与销售新能源汽车密切相关。

2. 根据新能源汽车补贴的相关规定，补助对象是消费者，新能源汽车生产企业在销售新能源汽车产品时按照扣减补助后的价格与消费者进行结算，中央财政按程序将企业垫付的补助资金再拨付给生产企业。对新能源汽车厂商而言，如果没有政府的新能源汽车财政补贴，企业不会以低于成本的价格进行销售，政府补贴实际上是新能源汽车销售对价的组成部分。

因此，企业应当按照《企业会计准则第 14 号——收入》的规定进行会计处理。中央和地方财政补贴实质上是为消费者购买新能源汽车承担和支付了部分销售价款，其拨付的补贴金额应属于整车生产企业销售商品的资金流入，确认为收入可以更完整地反映整车生产企业新能源汽车的销售收入。因此，该款项在满足收入确认条件时可以将其确认为汽车企业的收入。

在实际确认收入的过程中，由于新能源汽车补贴在汽车销售给最终消费者后由新能源汽车生产厂商根据实际销售情况向财政部门申请，但是实际的销售过程是新能源汽车生产厂商将新能源汽车销售给 4S 店之后，再由 4S 店销售给最终消费者，而根据国家目前的新能源汽车的补贴政策和标准，新能源汽车的补贴标准自 2017 年起执行逐步退坡政策，即 2017—2020 年除燃料电池汽车外其他车型补助标准适当退坡，其中：2017—2018 年补助标准在 2016 年基础上下降 20%，2019—2020 年补助标准在 2016 年基础上下降 40%。整车生产企业将新能源轿车销售给 4S 店并到达产品销售确认时点时，并不能准确判断 4S 何时可实现新能源轿车的对外销售，可能无法准确计算可申报新能源汽车补贴的时间和金额。针对此情形，汽车生产企业应当根据中央和地方的相关补贴政策合理估计未来补贴款的金额。当政策可能出现变化的情况下（例如补贴比例逐年退坡），还需合理预计相关车辆最终出售给消费者的时间，根据相应年度的补贴标准确定补贴款的最佳估计数，计入销售价款。

第八章
破产重整、债务重组、权益性交易等特殊交易

案例 8－01
破产重整的收益确认时点

2006 年 8 月修订的破产法引入了破产债务重整制度，专门辟出一章分 3 节共计 25 个法条对破产重整的法律程序作了较为细致的规定。在此之前，1986 年制定的《中华人民共和国企业破产法》（试行）也设计了破产重整程序，在这部老破产法中被称为“整顿”，与破产法的重整制度完全不同。

随着修订的破产法于 2007 年 6 月 1 日施行，ST 类上市公司通过破产重整确认债务重组收益的情况逐渐增多。根据破产法，债务人或者债权人可以依照破产法直接向人民法院申请对债务人进行重整，人民法院经审查认为重整申请符合破产法规定的，应当裁定债务人重整，并予以公告。债务人或者管理人应当自法院裁定债务人重整之日起 6 个月内，向法院和债权人会议提交重整计划草案。依据债权分类，债权人会议分优先债权组、职工债权组、税款债权组和普通债权组对重整计划草案分组进行表决。在实际工作中，优先债权组、职工债权组、税款债权组通常会由于全额偿付而通过重整计划草案，但普通债权组（债权人通常为商业银行，占总债权比例通常较高）通常会由于最终偿付比例过低（通常为 10%～20%，最低为 2%）而无法通过重整计划草案。

即使出现上述情况，债务人或者管理人仍可在符合破产法第 87 条规定的情况下，申请人民法院批准重整计划草案。人民法院经审查认为重整计划草案符合规定的，应当自收到申请之日起 30 日内裁定批准，终止重整程序，并予以公告。经人民法院裁定批准的重整计划，对债务人和全体债权人均有

约束力。

因此，自修订后的破产法实施以来，上市公司破产重整债务重组通常通过人民法院强制判决对债务人进行法律约束并对债权人进行保护。根据破产法，一旦重整计划实施完毕，按照重整计划减免的债务，自重整计划执行完毕时起，债务人不再承担清偿责任。

由于重整计划涉及债务重组，自2007年年报以来，不少ST类上市公司在法院批准重整计划后立即确认债务重组收益。例如，某破产重整上市公司，当地法院于2006年12月批准了该公司的《重整计划草案》，其中大额普通债权中超过50万元的部分将按照13%的偿付比例以现金清偿，在重整计划执行期满12个月的月底前清偿10%，满24个月的月底前清偿35%，满36个月的月底前清偿55%，该公司重整后债务约为98亿元。根据法院判决，该公司在2007年年报中确认了约20亿元债务重组收益。对于ST类公司是否能够按照重整计划的要求按期履行偿债义务，市场相关各方一直存在较大疑问，由此引发了较大争议，即破产重整上市公司是否可以在法院批准重整计划后立即确认债务重组收益。

一、案例背景

A公司为上市公司，拟进行破产重整。2×12年2月，当地法院批准了公司的重整计划，对于超过10万元以上部分的普通债权，A公司按照12%的比例以现金进行清偿，并在重整计划获法院裁定批准之日起三年内分三期清偿完毕，每年为一期，每期偿还1/3。破产重整方案中还规定，只有在A公司履行重整计划规定的偿债义务后，债权人才根据重整计划豁免其剩余债务，否则，管理人或债权人有权要求终止重整计划，债权人在重整计划中所做的债权调整承诺也随之失效。A公司根据前述重整计划的安排，在2×12年2月确认了约10亿元债务重组收益。

2×12年底，A公司发布重大事项公告，称公司目前未能按照重整计划确定的第一期债务清偿时间和金额偿还债务。为了避免破产清算，公司一方面书面致函各相关债权人恳请延期偿还债务，截至2×12年12月31日，尚未收到各债权人及相关部门的书面异议；另一方面正全力加大工作力度和加快工作进程，力争在最短的时间内筹集到相应资金偿付第一期债务。公司将根据事情的进展情况及时履行信息披露义务。

问题：A 公司是否能在 2×12 年年报中确认上述破产重整债务重组收益？

二、会计准则及相关规定

《企业会计准则第 12 号——债务重组》规定："债务重组是指在债务人发生财务困难的情况下，债权人按照其与债务人达成的协议或者法院的裁定作出让步的事项。""重组债务的账面价值与实际支付的偿债资产或权益的公允价值之间的差额计入当期损益。"

《企业会计准则第 22 号——金融工具确认和计量》规定："金融负债的现时义务全部或部分已经解除的，才能终止确认该金融负债或其一部分。"

《破产法》第七十八条规定："在重整期间，有下列情形之一的，经管理人或者利害关系人请求，人民法院应当裁定终止重整程序，并宣告债务人破产：

（一）债务人的经营状况和财产状况继续恶化，缺乏挽救的可能性；

（二）债务人有欺诈、恶意减少债务人财产或者其他显著不利于债权人的行为；

（三）由于债务人的行为致使管理人无法执行职务。"

《破产法》第九十三条规定："债务人不能执行或者不执行重整计划的，人民法院经管理人或者利害关系人请求，应当裁定终止重整计划的执行，并宣告债务人破产。

人民法院裁定终止重整计划执行的，债权人在重整计划中作出的债权调整的承诺失去效力。债权人因执行重整计划所受的清偿仍然有效，债权未受清偿的部分作为破产债权。"

三、案例解析

根据破产法，一旦重整计划实施完毕，按照重整计划减免的债务，自重整计划执行完毕时起，债务人将不再承担清偿责任。但破产法也规定了终止重整计划的情形。第九十三条规定，债务人不能执行或者不执行重整计划的（即债务人未按照重整计划按期履行偿债义务），人民法院经管理人或者利害关系人请求，应当裁定终止重整计划的执行，并宣告债务人破产。第七十八条还规定了非正常终止重整计划的其他三种情形。

根据《破产法》的规定，经法院批准的债务豁免，其实质是有条件豁免，条件之一即为只有在债务人履行重整计划规定的偿债义务后，债权人才根据重整计划豁免其剩余债务，否则，管理人或债权人有权要求人民法院终止重整计划，债权人在重整计划中所作的债权调整承诺也随之失效。而在破产重整过程中，有关债务重组协议的执行过程和结果存在较大不确定性，主要表现在：

1. 实施破产重整的上市公司（即债务人）多为退市风险警示（*ST）或特别处理（ST）类公司，这些公司在破产重整之前大多曾发生过未及时足额归还银行借款的违约行为。

2. 上市公司获得债务豁免后，是否就能够启动正常生产经营活动，产生足够的现金流，用于按期履行重整计划中的偿债义务具有相当大的不确定性。

3. 重整计划规定的分期偿债期间一般较长，债务人分批按期偿还债务，在履行重整计划期间，债务人偿债义务尚未解除。

因此，不能简单地认为法院裁定批准了重整计划，被豁免的债务就符合了终止确认的条件。破产重整实质上属于一种特殊的债务重组，应该在符合准则所规定的金融负债终止确认条件的情况下才能够确认债务重组利得，由于大多数经法院批准的债务豁免都是有条件豁免，只有在债务人履行重整计划规定的偿债义务后，债权人才根据重整计划豁免债务。因此，一般应等到法院裁定破产重整实施完毕才能够确认债务重组收益，债务人不应在法院批准其重整计划时，立即确认破产重整债务重组收益。

根据A公司的破产重整方案，“只有在A公司履行重整计划规定的偿债义务后，债权人才根据重整计划豁免其剩余债务，否则，管理人或债权人有权要求终止重整计划，债权人在重整计划中所做的债权调整承诺也随之失效”。这说明，债权人所作出的债务豁免承诺只有在A公司按照重整计划的规定履行完所有偿债义务之后才生效，在此之前，A公司不应该确认重组收益。

本案例中，A公司已于2×12年底前发布重大事项公告，称公司目前未能按照重整计划确定的第一期债务清偿时间和金额偿还债务，这进一步证明，在2×12年底，无法确定A公司是否能够按照破产重整方案履行完毕所有的偿债义务。因此，A公司不应在2×12年度确认相关债务重组收益。

案例 8 – 02
资产负债表日后的债务重组

上市公司与债权人进行债务重组，由于涉及债权的认定、清偿比例、清偿方式与期限等等很多具体事项的协商和讨论，通常需要经历一段较长的时间才能够达成协议。因此，实务中常常出现这样的情况：上市公司在报告期内已经开始与银行或者其他债权人协商债务重组，于报告期资产负债表日尚未签订债务重组协议。之后，在报告期的资产负债表日后到财务报告批准报出日之间，上市公司与相关债权人签订债务重组协议，这种情况下，是否能够作为资产负债表日后调整事项，根据所签订的债务重组协议，在报告期确认债务重组收益，是实务中部分企业感到困惑的问题。

另外，如果上市公司在报告年度开始实施破产重整计划，在报告期资产负债表日后完成重整计划并由法院裁定破产重整实施完毕，是否能够作为资产负债表日后调整事项，将破产重整收益计入报告年度，是在上述问题的基础上衍生出来的问题。

一、案例背景

A 公司为上市公司。2×11 年 A 公司向 B 银行借款 2 亿元，借款协议约定的正常年利率为 6%，罚息年利率为 7%。由于 A 公司资金困难，未能按时偿还本息。故 A 公司从 2×13 年 1 月开始按照罚息年利率 7% 计提该笔借款的逾期利息，2×13 年度计提逾期利息 1,400 万元。

2×14 年，A 公司与 B 银行积极协商，B 银行也已向 B 银行总行申请减免 A 公司部分利息。2×14 年 12 月 31 日，A 公司根据与 B 银行债务重组的进度情况，预计双方将于近期达成减免利息的协议。据此判断 2×13 年度及 2×14 年度按照罚息年利率 7% 支付逾期利息的可能性很小，故 2×14 年按照 6% 的正常年利率计提该笔借款利息 1,200 万元，同时冲回应付利息期初余额中包含的 2×13 年利息 200 万元。

2×15 年 4 月 27 日，在 2×14 年度财务报告批准报出日之前，A 公司与

B 银行签订了《利息减免协议》，协议的主要内容与之前 A 公司估计的情况基本相符，即在 A 公司一次性归还全部借款本金和分期偿还利息的前提下，A 公司只需按照 6% 的正常年利率支付 2×13 年度和 2×14 年度的利息。

问题：

（1）A 公司能否基于资产负债表日债务重组的谈判进度来估计应付利息的金额？

（2）资产负债表日后期间达成的债务重组协议是否应该作为调整事项？

二、会计准则及相关规定

《企业会计准则第 29 号——资产负债表日后事项》规定："资产负债表日后调整事项，是指对资产负债表日已经存在的情况提供了新的或进一步证据的事项。资产负债表日后非调整事项，是指表明资产负债表日后发生的情况的事项。"

《企业会计准则讲解》（2010）第十三章指出，在债务重组中涉及的金融负债只有在满足《企业会计准则——金融工具确认和计量》所规定的金融负债终止确认条件时，才能终止确认。

《企业会计准则第 22 号——金融工具确认和计量》第二十六条规定："金融负债的现时义务全部或部分已经解除的，才能终止确认该金融负债或其一部分。"

三、案例解析

要解决此类问题，关键在于两方面的判断：一是判断相关的债务重组和破产重整的确认时点；二是判断资产负债表日后事项是否属于调整事项。

（一）债务重组的确认时点

企业会计准则讲解指出，债务重组的确认时点要在满足金融负债终止确认条件之后，即现时义务全部或部分已经解除的，才能终止确认该金融负债或其一部分。

如果是破产重整这一特殊的债务重组事项，应该按照本章案例 8－01 所讨论的确认原则，通常应该在债务人按照经法院批准的破产重整方案，履行完所有的偿债义务，法院裁定破产重整实施完毕之后，确认债务重组收益。

（二）判断资产负债表日后事项是否属于调整事项

企业会计准则规定，资产负债表日后调整事项，是指对资产负债表日已经存在的情况提供了新的或进一步证据的事项。因此，判断一个资产负债表日后事项是否属于调整事项，关键在于判断这一事项是否属于资产负债表日已经存在的情况。一般来讲，债务重组协议签订于报告年度资产负债表日后期间，为一个新的事项，不属于日后调整事项。债务重组协议明确规定了偿债条件的，在相关债务未按规定偿付之前，相关金融负债不满足终止确认条件，不能够作为资产负债表日后调整事项。

本案例中，A 公司在 2×14 年底，根据管理层的估计，认为按照 7% 的罚息年利率支付 2×13 年度和 2×14 年度利息的可能性很小，故按照 6% 的正常年利率计提 2×14 年度应付利息 1,200 万元，同时冲回应付利息期初余额中包含的 2×13 年利息 200 万元。

应付利息与银行借款均属于金融负债，A 公司的这种做法，有可能是混淆了金融负债与预计负债的概念，将金融负债按照预计负债的方法进行了会计处理。

预计负债是符合负债确认条件的或有事项，根据《企业会计准则第 13 号——或有事项》，或有事项是“过去的交易或者事项形成的，其结果须由某些未来事项的发生或不发生才能决定的不确定事项”。预计负债的金额“按照履行相关现时义务所需支出的最佳估计数进行初始计量”，并在每个资产负债表日“按照当前最佳估计数对该账面价值进行调整”。因此，预计负债是基于最佳估计数的一项负债。

金融负债的确认和计量应当遵循《企业会计准则第 22 号——金融工具确认和计量》。金融负债的定义是指“向其他单位交付现金或其他金融资产的合同义务”，金融负债终止确认的相关规定中也强调了合同义务的全部或者部分解除。可以看出，金融负债更强调的是合同义务。除以公允价值计量且其变动计入当期损益的金融负债以外，其他金融负债均按照摊余成本计量，每个资产负债表日账面价值不反映其公允价值的波动，也不反映会计估计的变动，只要企业的合同义务没有全部或者部分解除，债务条款没有发生实质修改，就不能终止确认原来的债务。

2×15 年 4 月 27 日，A 公司与 B 银行签订了《利息减免协议》，在该协议签订之前，原借款协议一直有效，则 A 公司按照 7% 的罚息年利率支付利息的合同义务一直存在，直至《利息减免协议》的签署。因此，在 2×14 年

12月31日，A公司应该按照7%的年利率计提应付利息。资产负债表日后期间签订的《利息减免协议》是一项新发生的事件，该事件在资产负债表日尚未存在，因此，不能作为报告年度资产负债表日后调整事项。

此外，根据A公司与B银行签订的《利息减免协议》，利息减免是有条件减免，前提条件是A公司一次性归还全部借款本金和分期偿还利息。因此，在该前提条件满足之前，A公司不应确认为债务重组收益。

综上所述，A公司不能基于资产负债表日债务重组的谈判进度来估计应付利息的金额；资产负债表日后期间达成的债务重组协议不属于日后调整事项。

【相关案例】

（一）案例背景

A公司为上市公司，2×12年5月按法院裁定进行破产债务重整，2×12年10月法院裁定批准了A公司的破产重整计划。截至2×13年1月20日，A公司已经清偿了所有应以现金清偿的债务；截至2×13年4月10日，应清偿给债权人的5,000万股股票已经过户到相应的债权人名下，预留给尚未登记债权人的股票也过户到管理人指定的账户。

A公司于2×13年4月25日披露的2×12年年报中确认了破产重整收益，理由是：在年报披露之前，有关重整事项已经基本执行完毕，公司认为很可能将得到法院的最终裁定。

问题：A公司能否将破产重整收益计入2×12年？

（二）案例解析

在破产重整过程中，债务重组协议的执行和结果存在重大不确定性，故上市公司通常应在法院裁定破产重整协议履行完毕后确认债务重组收益。

本案例中，由于A公司是在2×13年实施的主要重整债务清偿，法院将在2×13年裁定A公司破产重整计划执行完毕。“债务偿还”与“法院裁定”这两件事情均发生在资产负债表日后，不属于资产负债表日已经存在的情况。A公司在2×12年12月31日尚不能可靠判断重整债务的清偿是否能够顺利实施。期后的偿还和法院裁定不属于资产负债表日后调整事项，不应在2×12年年报中确认债务重组收益。

如果A公司在2×12年12月31日前已将需以现金清偿的债务对应的现

金支付至管理人账户，需清偿给债权人的股票也过户到管理人指定账户，可以视存在确凿证据表明破产重整协议执行过程及结果的重大不确定性消除，确认为债务重组收益。

案例 8－03
破产重整收益时点及潜在利得确认

一、案例背景

A 上市公司因经营持续亏损，不能按期清偿到期债务，经债权人申请，法院受理后于 2×12 年 10 月 19 日裁定公司进行破产重整，并于 2×12 年 12 月 25 日裁定批准重整计划，2×13 年 4 月 3 日裁定重整计划执行完毕。A 公司第一大股东持股比例为 9.11%，另通过受托同一国资所属四家公司持有的 A 公司股份并行使股东权利，形成一致行动人，合计拥有 A 公司 28.09% 的表决权。第一大股东和上述四家股东，共同成为 A 公司的控股股东。

经法院批准的 A 公司破产重整方案为：以公司股票停牌前总股本 4.82 亿股为基数，以资本公积金按每 10 股转增 6 股的比例转增股份，合计转增 2.89 亿股。其中，1 亿股将通过向 B 公司转让变现处置以获得资金 2.5 亿元，用以支付重整相关费用及偿还部分债务；1.39 亿股基于市价以每股 2.5 元作价，按债权比例分配给普通债权人以偿还其债权；剩余的 0.5 亿股用于后续重组，以引入有实力重组方向上市公司注入优质资产。

根据重整计划，A 公司债权人申报并得到确认的债权 36.97 亿元，其中全额清偿的债权 0.38 亿元，包括有担保的债权、普通债权中 4 万元以下的债权和职工债权。非全额清偿的债权 36.59 亿元。非全额清偿的债权的受偿方案为：以现金 1.46 亿元清偿 4%，以资本公积转增形成的 1.39 亿股份分配给债权人，清偿 9.50%（每 100 元的债权分配 3.8 股，按每股 2.5 元计价，合计为 3.48 亿元），以全部其他应收款抵偿债权人，清偿 40.36%（按评估值 14.77 亿元计），合计受偿比例为 53.86%，债务减免比例为 46.14%。用以偿债的其他应收款，为 A 公司对子公司的债权，账面价值为

23.44 亿元，评估值为 14.77 亿元，账面价值和评估值之间的差额为 8.67 亿元。

2×12 年 12 月 24 日，偿债计划方案分别经有担保债权人、职工、普通债权人表决通过。

2×12 年 12 月 25 日，法院裁定批准重整计划，A 公司至此转入重整计划的执行阶段。2×12 年 12 月 26 日，A 公司管理人与 B 公司签订了《股份转让协议》，B 公司同日向管理人指定账户支付 2.5 亿元资金。2×13 年 1 月前，全部债权人均获得现金清偿部分的分配。2×13 年 2 月 22 日，为资本公积金转增股本的股权登记日，2×13 年 2 月 25 日转增股份划转至 A 公司管理人破产企业财产处置专用账户，A 公司管理人完成了向主要债权人及 B 公司的股份划转工作。2×13 年 3 月 22 日前，A 公司管理人向债权人送达相关债权转让通知，并收到债权人的有关回执。

2×13 年 3 月 22 日，A 公司管理人向法院提交了《A 公司管理人监督报告》，2×13 年 4 月 3 日法院出具民事裁定书，裁定确认 A 公司重整计划执行完毕，按照重整计划减免的债务，自重整计划执行完毕时起，A 公司不再承担清偿责任。

问题：

（1）破产重整收益何时确认？

（2）A 公司收到管理人处置其 1 亿股权的价款 2.5 亿元并以 1.39 亿股分配给债权人用以抵偿其债权时，如何进行会计处理？

（3）债务重组收益如何计算？

（4）A 公司对子公司的债权账面价值 23.44 亿元，评估价值为 14.77 亿元，评估值与账面价值差额 8.67 亿元。子公司作为这些债权的债务人对这些负债或者合并报表层面对这些负债，是否可按评估值进行后续计量？何时确认为相关的重组收益？

二、会计准则及相关规定

《企业会计准则第 12 号——债务重组》第六条规定："将债务转为资本的，债务人应当将债权人放弃债权而享有股份的面值总额确认为股本（或者实收资本），股份的公允价值总额与股本（或者实收资本）之间的差额确认为资本公积。重组债务的账面价值与股份的公允价值总额之间的差额，计入当期损益。”

《企业会计准则解释第5号》指出：“问：企业接受非控股股东（或非控股股东的子公司）直接或间接代为偿债、债务豁免或捐赠的，应如何进行会计处理？

答：企业发生破产重整，其非控股股东因执行人民法院批准的破产重整计划，通过让渡所持有的该企业部分股份向企业债权人偿债的，企业应将非控股股东所让渡股份按照其在让渡之日的公允价值计入所有者权益（资本公积），减少所豁免债务的账面价值，并将让渡股份公允价值与被豁免的债务账面价值之间的差额计入当期损益。控股股东按照破产重整计划让渡了所持有的部分该企业股权向企业债权人偿债的，该企业也按此原则处理。”

《上市公司执行企业会计准则监管问题解答》（会计部函［2009］60号）提出：“问题4：对于上市公司因破产重整而进行的债务重组交易，何时确认债务重组收益？

解答：由于涉及破产重整的债务重组协议执行过程及结果存在重大不确定性，因此，上市公司通常应在破产重整协议履行完毕后确认债务重组收益，除非有确凿证据表明上述重大不确定性已经消除。”

三、案例解析

1. 破产重整收益确认时点。

根据《上市公司执行企业会计准则监管问题解答》（会计部函［2009］60号），债务重组收益确认的时点为“通常应在破产重整协议履行完毕后确认债务重组收益，除非有确凿证据表明上述重大不确定性已经消除”。表明上述重大不确定性已经消除的确凿证据通常应当是能够表明债务人已经履行完毕与重整计划相关义务的证据，包括确定以现金偿还的负债已经支付、确定以偿债的股权已经过户、抵债的债权转让协议已经各方签署，相关债权已移交并收到回执。法院裁定重整计划执行完毕的时间通常都会在重整协议实际履行完毕之后，因此法院的裁定并不是构成破产重整协议履行完毕、重大不确定性已经消除的必要条件。A公司的偿债行为，包括现金偿付、股权划转、债权转让确认都发生在2×12年12月31日之后，因此，截至2×12年12月31日，A公司应当是属于重整协议尚未履行完成、重大不确定性仍未完全消除的状态，在2×12年度确认破产重整收益不符合上述规定，应当于 2×13 年满足前述确认条件后予以确认。

2. A 公司收到管理人处置其 1 亿股股权的价款 2.5 亿元及以 1.39 亿股股份分配给债权人用以抵偿其债权时，如何进行会计处理？

在该案例中，全体股东共同以其拥有的、以资本公积转增的股份变现，经济实质应该为股东出售部分股权，将出售后的价款提供给公司用以偿还债务，实质是股东投入，是权益交易。因此，根据 5 号解释的规定，处置 1 亿股股权取得的 2.5 亿元，应按权益交易处理，股权公允价值 2.5 亿元确认为资本公积。

直接将资本公积转增的 1.39 亿股股份分配给债权人用以抵偿债务，可能会出现债务转资本和全体股东代替还债两种理解。但无论怎么理解，都会出现增加权益同时冲减债务的结果，只不过途径不一致而已。按前者的理解，按股权的公允价值每股 2.5 元，直接增加股本 1.39 亿元，增加资本公积 2.09 亿元，股份公允价值与抵偿债务账面价值的差额按 12 号准则处理；按后者的理解，全体股东代替偿还债务，应该是权益交易，转增时，先增加实收股本 1.39 亿元，同时减少资本公积 1.39 亿元。根据 5 号解释的规定，冲减债务时，按股权的公允价值每股 2.5 元减少债务，同时增加资本公积 3.48 亿元（1.39 亿股乘以 2.5 元每股），股份的公允价值与抵偿债务的账面价值之间的差额应按 12 号准则的规定处理。处理后的结果一致，即转增的 1.39 亿股的公允价值 3.48 亿元应作为债务清偿的成本计入股本和资本公积。

3. 债务重组收益如何计算？

按照《企业会计准则第 12 号——债务重组》第五条和第八条的规定，A 公司应当依次以支付的现金、转让的其他应收款的公允价值、股东让渡股权或债务转股本的公允价值冲减重组债务的账务价值，冲减后的差额计入当期损益。转让的非现金资产（其他应收款）公允价值与账面价值的差额，计入当期损益。就本案例，转让的其他应收款，其账面价值和公允价值应分别计入母公司报表和合并报表，按问题 4 的分析作不同的判断。

4. 子公司对债权人的负债或合并报表层面的负债是否可按评估值 14.77 亿元计量？何时确认债务重组收益？

子公司对债权人的负债是否可按评估值 14.77 亿元计量，需要根据 A 公司与债权人的破产重整计划和后续债权转移的具体约定进行分析判断。

若根据破产重整计划转移相关债权时，债权转移双方之间只是约定了受让方拥有对相关债权的权利，没有明确约定债务人（A 公司的子公司）的具体偿还金额或受让人享有收款权利的具体金额，则债权受让人拥有的是收回全部债权23.44亿元（债权原值）的权利，相关债务人（A公司的子公司）承担的是偿还全部债务23.44亿元（债务账面值）的义务，这种情况下，从合并报表层面分析，债务重组后，新债务的金额与账面价值没有差异，债权账面原值与重整时相关债权评估值（净值）之间的差额在编制合并报表时不能确认。

若根据破产重整计划转移相关债权时，债权转移双方之间不仅约定了受让方拥有对相关债权的权利，还明确约定了债务人（A公司的子公司）的具体偿还金额或受让人享有收款权利的具体金额14.77亿元，则相关债务人（A公司的子公司）承担的只是相关债权转移时与受让人约定的金额合计14.77亿元，而不是全部债务23.44亿元，这种情况下，A公司子公司债务账面值23.44亿元与转移时约定偿还给受让人的金额14.77亿元之间的差额，应在实际履行偿还义务，不确定性消除时确认于合并报表中。

案例8－04
破产重整收益与债务重组收益的确认

一、案例背景

截至2×08年3月31日，A上市公司、B公司对C债权人合计负债1.78亿元，其中A公司负债0.16亿元，B公司负债1.62亿元，A公司为B公司债务承担连带担保责任。B公司为A公司子公司，A公司持有其62%股权。

2×08年4月，A公司、B公司、C债权人和D公司签订《转债协议》，约定由D公司承接并负责偿还A公司、B公司对C公司1.78亿元债务，或D公司将持有的A公司24,944,668股股权质押给C公司，以解除A公司、B公司对C公司的付款和担保义务。同时A公司与D公司签订了《定向转增协议》，该协议约定，作为对D公司承接A公司、B公司对C公司债务和担保责任的补偿，A公司以资本公积定向转增股本的方式向D公司发行股份24,944,668股，股份计算依据为每10元债务抵偿1.4股A公司股票。

2×09 年 1 月 16 日，A 公司将资本公积金定向转增股份中的 24,944,668（1.78 亿元/10×1.4）股股份过户至 D 公司名下，过户日，股票的公允价值（考虑了除权因素的收盘价）为 2.87 元/股。但股权过户后，D 公司未偿还上述全额债务，只偿还了 A 公司、B 公司合计债务中的 0.53 亿元（占 A 公司、B 公司对 C 公司合计债务的 30%，其中偿还 A 公司债务 0.16 亿元，偿还 B 公司债务 0.37 亿元）；也未按《转债协议》中的约定，将上述股份或未偿债部分对应的股权质押给 C 公司。2×09 年 1 月底，A 公司持有的 B 公司 62% 股权被法院拍卖给 D 公司。A 公司在 2×09 年年报中，终止确认应付款 0.16 亿元、确认对 B 公司的其他应收款 1.62 亿元，同时按股权的公允价值确认资本公积 0.72 亿元（24,944,668×2.87），债务重组收益 1.06 亿元（0.16+1.62−0.72）。A 公司确认对 B 公司应收款的理由是 A 公司将相关的股权已经划转至 D 公司，A 公司应依法取得对 B 公司的追偿权，但 B 公司以《转债协议》中未明确约定定向转增股份后形成的债权债务关系为由，以及 D 公司并未全额偿还 B 公司对 C 公司债务，不承认 A 公司对 B 公司的追偿权。

2×10 年 1 月 25 日，债权人以 A 公司不能清偿到期债务为由，向人民法院申请对公司重整。2×10 年 9 月 16 日法院作出裁定：受理债权人的重整申请，裁定 A 公司进入重整程序。重整计划的内容之一为 D 公司让渡上述股份中的 70%，即 17,461,268 股（24,944,668×70%）给重组方，作为重组方获得的部分重组对价。A 公司要求 D 公司让渡上述股份 70% 的原因是，D 公司在 2×09 年只按照上述《转债协议》的约定，偿付了约定债务的 30%。

2×12 年 9 月 30 日，D 公司持有的 A 公司股份 14,461,268 股转至重组方，A 公司终止确认对 B 公司其他应收款 1.13 亿元（1.62×70%），并按比例转回资本公积 0.46 亿元（1.13/1.78×0.72）和营业外收入 0.67 亿元（1.13/1.78×1.06）。

2×13 年 2 月 20 日，人民法院裁定截至 2×12 年 9 月 30 日，A 公司已完成了出资人权益调整、股票划转、资产处置等实质性工作，除个别少数债权人的 100 万元左右清偿资金未能提供资金账户暂时无法向其支付预留外，其他债权人已经获得了清偿，重整计划基本执行完毕。

2×12 年 9 月 30 日，A 公司确认了 2×10 年 9 月后开始的债务重组收益。

问题：

（1）破产重整收益或债务重组收益确认时点？

（2）2×09 年 A 公司确认对 B 公司的应收款 1.62 亿元是否恰当？

（3）2×09 年 A 公司确认债务重组收益是否恰当？

二、会计准则及相关规定

《企业会计准则第 12 号——债务重组》第六条规定："将债务转为资本的，债务人应当将债权人放弃债权而享有股份的面值总额确认为股本（或者实收资本），股份的公允价值总额与股本（或者实收资本）之间的差额确认为资本公积。重组债务的账面价值与股份的公允价值总额之间的差额，计入当期损益。"

《企业会计准则第 22 号——金融工具确认和计量》第二十六条规定："金融负债的现时义务全部或部分已经解除的，才能终止确认该金融负债或其一部分。

企业将用于偿付金融负债的资产转入某个机构或设立信托，偿付债务的现时义务仍存在的，不应当终止确认该金融负债，也不能终止确认转出的资产。"

《企业会计准则解释第 5 号》指出：

"问：企业接受非控股股东（或非控股股东的子公司）直接或间接代为偿债、债务豁免或捐赠的，应如何进行会计处理？

答：企业发生破产重整，其非控股股东因执行人民法院批准的破产重整计划，通过让渡所持有的该企业部分股份向企业债权人偿债的，企业应将非控股股东所让渡股份按照其在让渡之日的公允价值计入所有者权益（资本公积），减少所豁免债务的账面价值，并将让渡股份公允价值与被豁免的债务账面价值之间的差额计入当期损益。控股股东按照破产重整计划让渡了所持有的部分该企业股权向企业债权人偿债的，该企业也按此原则处理。"

《上市公司执行企业会计准则监管问题解答》（2009 年第 2 期）（会计部函［2009］60 号）指出：

"问题 4：对于上市公司因破产重整而进行的债务重组交易，何时确认债务重组收益？

解答：由于涉及破产重整的债务重组协议执行过程及结果存在重大不确定性，因此，上市公司通常应在破产重整协议履行完毕后确认债务重组收益，除非有确凿证据表明上述重大不确定性已经消除。”

三、案例解析

1. 破产重整收益或债务重组收益确认的时点。

破产重整或债务重组收益确认时点，根据证监会的上述规定，通常应当在协议履行完毕后进行确认。实务中，法院的相关裁定可能滞后于破产重整协议相关义务的实际履行时间，以法院裁定时间为债务重组收益确认时间可能不合理。但裁定中提及的截止日期是否是实际履行时间，仍需要根据具体情况和破产重整协议的约定确定，核心是债务实际履行，且相关义务的解除已不存在重大不确定性。

2×09 年，因 D 公司未完整履行相关协议的债务支付义务，尽管 A 公司已按《定向转增协议》的约定将相关的股权登记到 D 公司，但 D 公司尚未清偿的 A 公司负债（对 B 公司的债务担保）相关义务并未解除，根据企业会计准则第 22 号的规定，A 公司及 B 公司尚不能终止确认这一部分债务，相应的债务重组收益也就不能确认。

根据 2×13 年 2 月人民法院出具的裁定书，公司截至 2×12 年 9 月 30 日已经完成了出资人权益调整、股票划转、资产处置等实质性工作。若《破产重整协议》中约定的 A 公司债务履行义务已经全部履行，相关债权人已全部解除其债务义务，不确定性已经消除，根据证监会监管问题解答（会计部函［2009］60 号）的规定，公司于 2×12 年 9 月 30 日确认破产重组收益是适当的。但如果只是如法院的裁定书所述，仅完成了出资人权益调整、股票划转、资产处置等实质性工作，尚未履行完毕破产重整协议约定的债务履行义务，或虽已履行，但存在企业会计准则第 22 号规定中所述的“用于偿付金融负债的资产转入某个机构或设立信托，偿付债务的现时义务仍存在的”情形，根据企业会计准则第 22 号的规定，A 公司和 B 公司在 2×12 年 9 月 30 日不能终止确认其债务，相关债务重组收益也不能确认。

2. 2×09 年 A 公司确认对 B 公司应收款 1.62 亿元是否恰当？

《转债协议》涉及四方，债务人和股权发行人 A 公司、债务人 B 公司、债权人C公司和股权受让人及代偿债务人D公司。《转债协议》中的D公司负有的义务包括两项：一是D公司代A公司偿付债务；二是D公司代B公司偿付债务，并解除A公司对B公司债务的担保责任。A公司、B公司解除对C公司债务偿还义务和担保义务的前提条件是D公司代A公司、B公司偿还债务，或者将相关股权质押给C公司。在D公司没有代A公司、B公司偿还债务，或者未将相关股权质押给C公司时，A公司、B公司根据协议仍然具有还款义务，A公司仍具有对B公司债务的担保义务，即在D公司履行还款义务或股权质押义务前，A公司、B公司对C公司的债务不能终止确认。

2×09年，D公司按协议代A公司还债0.16亿元，归还B公司部分债务0.37亿元，剩余1.25亿元未偿还。B公司对D公司未偿还部分的偿还义务和A公司对此的担保义务仍未解除。因此，根据企业会计准则第22号的规定，相关债权债务的确认或终止确认，应当分三部分进行分析：

（1）对于D公司代A公司还债部分0.16亿元，A公司对债务终止确认。

（2）D公司代偿B公司债务0.37亿元，根据《转债协议》、《定向增发协议》的约定，这一部分的偿还义务和担保义务已经实际解除，且D公司代偿是因为A公司向其发行股份为对价的，因此，B公司可以终止确认对C公司的债务0.37亿元，增加确认对A公司的债务0.37亿元，A公司同时应确认对B公司的债权0.37亿元。

（3）对于D公司未代偿的B公司债务1.25亿元，因B公司对C公司的偿还义务及A公司对此债务的担保义务并未解除，根据22号准则的规定，B公司尚不能终止确认对C公司的该项负债。A公司向D公司所发行的股份，因D公司未实际履行代偿义务，A公司应当按D公司未偿还债务所对应的17,461,268股股权，以发行时股份的公允价值2.87元/股，确认对D公司的应收款0.50亿元。

3. 2×09年A公司确认债务重组收益是否恰当？

A公司全体股东将资本公积转增的股份过户给D公司，由D公司代偿债务，由于D公司偿还的债务实际分成三部分，因此，债务重组收益是否确认，如何计量，也应分别分析：

（1）D公司代A公司还债部分0.16亿元，A公司对债务终止确认，对应的股份数量为2,271,913股（0.16亿元/10×1.4），股权公允价值为

0.065 亿元，按照《企业会计准则第 12 号——债务重组》第六条的规定，确认债务重组收益 0.095（0.16 - 0.065）亿元。

（2）D 公司代偿 B 公司债务 0.37 亿元，对应的股份数量为 5,211,487 股（0.37 亿元/10 × 1.4），股权公允价值为 0.15 亿元（2.87 × 5,211,487），在按前项分析，确认对 B 公司其他应收款的同时，差额部分 0.22 亿元（0.37 - 0.15）可确认为债务重组收益。

（3）D 公司未按协议偿还的 1.25 亿元，对应的股份数量为 17,461,268 股（1.25 亿元/10 × 1.4），股权公允价值为 0.50 亿元；由于 D 公司接受了股权而未履行相关义务，A 公司应当按股权公允价值确认为对 D 公司的其他应收款 0.50 亿元，不确认相关债务重组收益。这一部分应当根据破产重整协议和实际偿还情况，在债务相关的义务已经解除，不存在重大不确定性时，确认相关的重组收益或资本公积。

案例 8 - 05
通过潜在控制人达成的债务重组收益的确认

一、案例背景

2 × 08 年 9 月，A 上市公司的控股股东某市国资委与 B 公司签署《关于无偿划转 A 公司股权协议书》，根据协议约定，某市国资委将所持 A 上市公司股权无偿划转给 B 公司，但股权划转协议生效须经国务院国资委和中国证监会审批通过；且 A 上市公司与各债权人，包括各债权银行达成债务重组方案是协议上报国务院国资委审批的必备要件。

2 × 09 年 5 月，A 上市公司公告，因债务重组工作受阻，B 公司与某市国资委签署的《关于无偿划转 A 上市公司股权协议书》已于 2 × 09 年 3 月 28 日到期终止。经 B 公司与某市国资委协商，双方于 2 × 09 年 6 月 29 日签订了《A 上市公司股权托管协议》，某市国资委委托 B 公司行使其持有的 A 公司股权。托管期限为协议生效之日起 5 年。截至 2 × 13 年 3 月 31 日，B 公司持有 A 上市公司 7.60% 的股份，是 A 公司第二大股东，同时，为 A 公司控股股东的托管方，是A公司实际控制人。

截至2×13年3月31日，A上市公司所欠各债权银行债务总额为124,807.07万元，资产负债率达155%。2×13年5月底，A上市公司通过B公司与各债权银行进行一对一的反复协商，由B公司承接A上市公司对各债权银行的债务，支付给各债权银行合计金额为68,136.52万元，支付完成后，上述各债权银行免除A上市公司的全部债务。2×13年5月29日，A上市公司与B公司签署债务重组协议，A上市公司回购所欠B公司债务，金额为68,136.52万元。

2×13年5月29日，某市国资委与B公司签署了《某市政府国有资产监督管理委员会与B公司无偿划转A公司股权协议书》（《股权划转协议》）。2×13年8月、9月国务院国资委、证监会分别批复了上述股权划转协议。

2×13年5月30日，A上市公司发行公告，拟向B公司及其他投资者定向增发股份的方式，取得资金偿还对B公司的债务。

各债权银行与A公司、B公司之间均不存在关联方关系。

问题：

（1）B公司承接A上市公司对各债权银行的债务，支付给各债权银行合计金额为68,136.52万元后，各债权银行免除A上市公司的全部债务124,807.07万元。之后，A上市公司又以68,136.52万元回购B公司向各债权银行代偿的债务。是否可将这几项交易按一揽子交易，认定为债权银行对A上市公司的债务豁免？

（2）A上市公司是否可以确认债务重组收益？

（3）A上市公司确认相关债务重组收益的时点？

二、会计准则及相关规定

《企业会计准则第12号——债务重组》第四条规定：“以现金清偿债务的，债务人应当将重组债务的账面价值与实际支付现金之间的差额，计入当期损益。”

《企业会计准则解释第5号》中关于一揽子交易的判断：“各项交易的条款、条件以及经济影响符合以下一种或多种情况，通常表明应将多次交易事项作为一揽子交易进行会计处理：

（1）这些交易是同时或者在考虑了彼此影响的情况下订立的；

（2）这些交易整体才能达成一项完整的商业结果；

（3）一项交易的发生取决于其他至少一项交易的发生；

（4）一项交易单独看是不经济的，但是和其他交易一并考虑时是经济的。”

《关于做好执行会计准则企业2008年年报工作的通知》（财会函［2008］60号）中规定：“企业接受的捐赠和债务豁免，按照会计准则规定符合确认条件的，通常应当确认为当期收益。如果接受控股股东或控股股东的子公司直接或间接的捐赠，从经济实质上判断属于控股股东对企业的资本性投入，应作为权益性交易，相关利得计入所有者权益（资本公积）。”

《上市公司执行企业会计准则监管问题解答（2009年第2期）》（会计部函［2009］60号）：

“问题1：对于上市公司的控股股东、控股股东控制的其他关联方、上市公司的实质控制人对上市公司进行直接或间接的捐赠、债务豁免等单方面的利益输送行为，如何进行会计处理？

解答：由于交易是基于双方的特殊身份才得以发生，且使得上市公司明显的、单方面的从中获益，因此，监管中应认定为其经济实质具有资本投入性质，形成的利得应计入所有者权益。”

“问题4：对于上市公司因破产重整而进行的债务重组交易，何时确认债务重组收益？

解答：由于涉及破产重整的债务重组协议执行过程及结果存在重大不确定性，因此，上市公司通常应在破产重整协议履行完毕后确认债务重组收益，除非有确凿证据表明上述重大不确定性已经消除。”

三、案例解析

1. 一揽子交易的认定。

A上市公司支付68,136.52万元，实现银行债务124,807.07万元的义务全部解除是基于两项交易达成的：（1）B公司向各债权人银行合计支付68,136.52万元，获得各债权银行对A上市公司124,807.07万元债务的免除；（2）A上市公司以“回购”的方式偿还B公司代为偿还的68,136.52万元。A上市公司所欠B公司款与B公司所付银行款项完全一致，且债务豁免是A上市公司、B公司和各债权银行共同达成的，即A上市公司全程参与了与银行的债务重组谈判，各债权银行是直接基于A上市公司做出的债务豁免。因此，参照5号解释有关判断一揽子交易的标准，有理由认为上述两项交易实质是A上市公司与各债权人银行之间的债务重组，B公司仅仅是“过桥”，债务重组与债务回购是一揽子交易。

2. 债务重组收益的确认。

虽然A上市公司是通过B公司与各债权银行进行一对一的反复协商，由B公司承接A上市公司对各债权银行的债务，并偿还其中一部分后，获得了全部债务的免除，但在A上市公司将B公司向债权银行支付的款项全额偿还给B公司后，B公司在这一过程中，并未直接向A上市公司输送利益，各债务银行的债务豁免仍然是直接针对A上市公司的。因此，根据《企业会计准则第12号——债务重组》第四条的相关规定，A公司有理由将债务豁免金额56,670.55万元确认为债务重组收益。

但在该案例中，对A上市公司是否能够确认债务重组收益仍有以下两点需要关注：

第一，某市国资委是在实现了各债权银行对A上市公司的债务豁免后，才与B公司签署股权划转协议。从形式上分析，B公司获取划转股权是以其协助A上市公司获取各债权银行的债务豁免为前提条件的。为此，B公司是否进行了间接的利益输送或给予了相关债权银行其他利益承诺，需要关注。若B公司存在上述行为，则这些间接利益输送或其他利益承诺，构成了B公司无偿获取A上市公司股权事实上的对价，各债权银行对A上市公司的债务豁免实际上是某市国资委作为控股股东的间接利益输送，因此，A上市公司应按权益交易进行会计处理。

第二，是否有证据表明B公司能以高于其代偿金额将承接的债权出售给其他无关联的第三方。尽管债务重组是不存在关联关系的A上市公司与各债权银行之间的行为，且交易历时5年才得以达成，但债务重组是以B公司承接各银行的债权，并由B公司支付一定金额后，各债权银行免除全部债务这一方式进行的。如果B公司能够向第三方转让这些债权，且转让价格高于其取得全部债权的成本68,136.52万元，则A上市公司以其原价回购则存在事实上的、基于其与B公司特定关系的利益输送，A上市公司应按权益交易处理。

3. 上市公司债务重组收益的确认时点。

债务重组收益的确认，应当按照《上市公司执行企业会计准则监管问题解答》（会计部函［2009］60号）的规定："在破产重整协议履行完毕后确认债务重组收益"，即A上市公司已取得各债权银行解除其全部负债义务，且已与B公司就回购形成不可撤销的协议或已经实际执行时，确认债务重组收益的实现。

案例8-06
以零对价受让子公司少数股权的处理

一、案例背景

A上市公司原持有C公司51%股份。2×12年6月30日，A上市公司以零对价受让C公司原少数股东B公司（与A公司不存在关联关系）持有的C公司49%的股权。2×12年6月30日，C公司账面净资产金额2.1亿元，49%股权所对应的C公司净资产份额为1.03亿元。

2×08年，当相关产品市场在中国启动之时，B公司通过受让A公司原持有的C公司股权开始与A公司进行合作：B公司利用A公司在国内的销售渠道拓展国内市场，而A公司则利用B公司的技术优势。但随着相关行业产能过剩，产品市场行情低迷，B公司急于退出相关行业。

A公司与B公司不存在关联方关系。

问题：受让少数股东股权的A公司母公司个别报表中，对C公司49%股份的初始计量，是按照0，还是按对相关股权进行评估，以评估值入账（考虑可能的捐赠利得）或按净资产49%份额入账？

二、会计准则及相关规定

《企业会计准则第2号——长期股权投资》（2014年修订）第六条规定："除企业合并形成的长期股权投资以外，其他方式取得的长期股权投资，应当按照下列规定确定其初始投资成本：以支付现金取得的长期股权投资，应当按照实际支付的购买价款作为初始投资成本。……”

《企业会计准则第33号——合并财务报表准则》（2014年修订）第四十七条规定：“母公司购买子公司少数股东拥有的子公司股权，在合并财务报表中，因购买少数股权新取得的长期股权投资与按照新增持股比例计算应享有子公司自购买日或合并日开始持续计算的净资产份额之间的差额，应当调整资本公积（资本溢价或股本溢价），资本公积不足冲减的，调整留存收益。”

三、案例解析

B公司以零对价转让股权的可能原因应该有两方面：一是C公司所处行业产能过剩，产品市场行情低迷；二是B公司通过受让A公司原持有的C公司股权与A公司合作的初衷是利用A公司在国内的销售渠道拓展国内市场，这一初衷可能在以前年度已经实现，故在产品市场行情低迷时，选择了以零对价转让其股份退出。A公司与B公司是在行业中经营多年的市场竞争者，对于行业现状应该有充分的了解和准确的判断。A公司与B公司之间不存在关联关系，双方的交易应该是完全的市场行为，并非基于双方特定关系，也不存在单方利益输送。

基于以上分析，在A公司未对受让B公司股权作任何其他承诺或补偿的情况下，B公司以零对价向A公司转让C公司股权，是熟悉情况的双方，自愿进行股权转让，有理由认为该交易是一项公允交易。因此，按照《企业会计准则第2号——长期股权投资》（2014年修订）第六条的规定和《企业会计准则第33号——合并财务报表准则》（2014年修订）第四十七条的规定，A公司在母公司个别报表对新增49%的C公司股权的初始计量应当是0。在编制合并财务报表时，将购买少数股权新取得的长期股权投资与按照新增持股比例计算应享有子公司自购买日（或合并日）开始持续计算的净资产份额之间的差额，调整所有者权益（资本公积）。

案例 8 - 07 以名义价格转让亏损子公司或评估值为负的资产负债组的会计处理

一、案例背景

A 公司持有子公司 B 公司 50.396% 的股权，B 公司 2×15 年前三季度亏损 33.45 亿元，截至 2×15 年 9 月 30 日账面净资产 -1.97 亿元，评估值 -6.41 亿元，A 公司持有的 B 公司 50.396% 股权的评估值为 -3.23 亿元。A 公司将上述 50.396% 的股权出售给控股股东 C 集团，交易价格 1 元。此次交易完成后，A 公司合并报表层面扣除已确认的 B 公司累计经营亏损，形成处置收益 0.99 亿元。

问题：公司向控股股东转让超额亏损子公司按一般性交易确认投资收益是否合理，是否应按照权益交易的原则进行会计处理？

二、会计准则及相关规定

《关于做好执行会计准则企业 2008 年年报工作的通知》（财会函［2008］60 号）指出："企业接受的捐赠和债务豁免，按照会计准则规定符合确认条件的，通常应当确认为当期收益。如果接受控股股东或控股股东的子公司直接或间接的捐赠，从经济实质上判断属于控股股东对企业的资本性投入，应作为权益性交易，相关利得计入所有者权益（资本公积）。"

证监会在 2008 年年底发布《关于做好上市公司 2008 年年度报告相关工作安排的公告》（证监会公告［2008］48 号），在会计准则规定的基础上，对上市公司涉及股东捐赠行为的会计处理原则做出了明确规定："公司应充分关注控股股东、控股股东控制的其他关联方、上市公司的实际控制人等向公司进行直接或间接捐赠行为（包括直接捐赠现金或实物资产、直接豁免或代为清偿债务等）的经济实质。如果交易的经济实质表明属于控股股东、控股股东控制的其他关联方或上市公司实际控制人向上市公司资本投入性质的，公司应当按照企业会计准则中‘实质重于形式’的原则，将该交易作为权益交易，形成的利得计入所有者权益（资本公积）。”

《上市公司执行企业会计准则监管问题解答》（2009 年第 1 期）指出：

“问题 3. 执行新会计准则后，对于转让超额亏损子公司的经济业务，在合并报表中应如何进行会计处理？

解答：公司对超额亏损子公司在 2006 年 12 月 31 日前根据有关规定未确认的投资损失，公司在新会计准则实施后转让上述超额亏损子公司时，转让价款与上述未确认投资损失的差额应调整未分配利润，不能在合并利润表中确认为当期投资收益；对于新会计准则实施后已在利润表内确认的子公司超额亏损，在转让该子公司时可以将转让价款与已确认超额亏损的差额作为投资收益计入当期合并利润表。”

结合执行中的问题，证监会会计部在《上市公司执行企业会计准则监管问题解答（2009 年第 2 期）》（会计部函［2009］60 号）指出：

“问题：对于上市公司的控股股东、控股股东控制的其他关联方、上市公司的实质控制人对上市公司进行直接或间接的捐赠、债务豁免等单方面的利益输送行为，如何进行会计处理？

解答：由于交易是基于双方的特殊身份才得以发生，且使得上市公司明显的、单方面的从中获益，因此，监管中应认定为其经济实质具有资本投入性质，形成的利得应计入所有者权益。”

《公司法》第三条指出：“公司是企业法人，有独立的法人财产，享有法人财产权。公司以其全部财产对公司的债务承担责任。有限责任公司的股东以其认缴的出资额为限对公司承担责任；股份有限公司的股东以其认购的股份为限对公司承担责任。”

三、案例解析

根据企业会计准则及相关规定，判断与实际控制人、控股股东、控股股东控制的其他关联方之间的交易是否构成权益性交易，关键在于该项交易是否基于双方的特殊身份才得以发生，且使得交易一方明显的、单方面的从中获益。如果符合上述情形，则应认定为其经济实质具有资本投入性质，属于权益性交易，形成的利得应计入所有者权益。

本案例中，A 公司将持有的评估值为 -3.23 亿元的子公司 B 的股权转让给控股股东 C 集团，交易作价为 1 元。判断此项交易是否属于权益性交易的关键在于确定该项交易是否具有商业实质、交易价格是否公允，A 公司是否明显的、单方面的从中获益。

根据《公司法》，有限责任公司、股份有限公司股东以出资额为限对公司承担责任，因此，如果不存在出资不到位或者其他特殊交易安排（如超出出资额的承诺），处置有限责任公司或者股份有限公司的合理对价将大于或者等于 0，一般不会是负数，否则为使利益最大化或者损失最小化，股东将选择清算而非处置。反之，如果存在出资不到位或者其他特殊交易安排承诺，则处置有限责任公司或者股份有限公司的合理对价可能是负数，即出让方可能需要向受让方支付合理对价，原因在于受让方承担了额外的支付义务。

另外，即使名义对价公允，还应考虑此项交易在商业上的合理性。此案例中，交易对手是控股股东，对于商业合理性的考虑应更谨慎，如亏损子公司转移的巨额负债控股股东是否能够承受，上市公司是否对受让方存在潜在担保，控股股东受让亏损子公司是否仅由于亏损子公司限于政策、监管等原因暂时无法清算所导致，控股股东是否存在改善亏损子公司的措施，亏损子公司与控股股东现有业务的相关性、协同性等。

如该项交易不能满足对价公允或商业合理性，则很可能表明其中存在权益性交易，A 公司应将形成的利得计入所有者权益。

案例 8 - 08
权益性交易中交易对手性质的认定

一、案例背景

案例材料 1：截至 2×14 年 12 月 13 日，A 上市公司应付债权人 B 公司 3,309 万元。同日，A 公司与 B 公司签订债务重组协议，B 公司同意 A 公司在足额偿还 1,500 万元欠款的前提下，豁免其剩余债务 1,809 万元。B 公司对 A 公司的债权，是 B 公司 2×11 年年末通过债权转让，受让的 A 公司原债权人某资产管理公司对A公司的债权。2×12年12月29日，A公司按债务重组协议，向B公司偿还债务1,500万元，资金来源于A公司向其控股股东C公司的新增借款，偿还后，B公司解除了A公司的全部还款义务。B公司在2×11年年末作为主债权人免除了A公司作为担保人为D公司412万元借款的连带保证义务；C公司和B公司办公地址为同一栋办公楼；历史上B公司与C公司存在资金往来。

问题：B公司对A公司的债务豁免，相关利得是确认为当期损益，还是作为权益性交易？

案例材料2：经国家发展改革委的备案批复，F公司进行××生产线的拆迁改造，2×14年某市财政局拨给F公司××生产线拆迁补偿资金5,970.96万元。收到补偿资金后，F公司于2×14年12月31日前将上述补贴资金全部划转至其控股的E上市公司账户。同时，F公司承诺，为规避同业竞争，F公司相关搬迁改造后的××生产线将在“最佳时机”转让给E上市公司。E上市公司2×12年、2×13年、2×14年未发生相关搬迁支出。截至2×14年12月31日，F公司尚未将其拥有的拆迁改造的生产线转让给E上市公司。

问题：F公司将政府补助转划给上市公司，是认定为政府对上市公司的政府补助，还是控股股东对上市公司的利益输送？

二、会计准则及相关规定

《企业会计准则第12号——债务重组》第四条规定：“以现金清偿债务的，债务人应当将重组债务的账面价值与实际支付现金之间的差额，计入当期损益。”

《关于做好执行会计准则企业2008年年报工作的通知》（财会函［2008］60号）：“企业接受的捐赠和债务豁免，按照会计准则规定符合确认条件的，通常应当确认为当期收益。如果接受控股股东或控股股东的子公司直接或间接的捐赠，从经济实质上判断属于控股股东对企业的资本性投入，应作为权益性交易，相关利得计入所有者权益（资本公积）。”

《企业会计准则解释第5号》指出：

“企业接受非控股股东（或非控股股东的子公司）直接或间接代为偿债、债务豁免或捐赠的，应如何进行会计处理？

答：企业接受代为偿债、债务豁免或捐赠，按照企业会计准则规定符合确认条件的，通常应当确认为当期收益；但是，企业接受非控股股东（或非控股股东的子公司）直接或间接代为偿债、债务豁免或捐赠，经济实质表明属于非控股股东对企业的资本性投入，应当将相关利得计入所有者权益（资本公积）。”

《企业会计准则解释第3号》指出：

“问：企业收到政府给予的搬迁补偿款应当如何进行会计处理？

答：企业因城镇整体规划、库区建设、棚户区改造、沉陷区治理等公共利益进行搬迁，收到政府从财政预算直接拨付的搬迁补偿款，应作为专项应付款处理。其中，属于对企业在搬迁和重建过程中发生的固定资产和无形资产损失、有关费用性支出、停工损失及搬迁后拟新建资产进行补偿的，应自专项应付款转入递延收益，并按照《企业会计准则第16号——政府补助》进行会计处理。企业取得的搬迁补偿款扣除转入递延收益的金额后如有结余的，应当作为资本公积处理。企业收到除上述之外的搬迁补偿款，应当按照《企业会计准则第4号——固定资产》、《企业会计准则第16号——政府补助》等会计准则进行处理。”

《上市公司执行企业会计准则监管问题解答（2009年第2期）》（会计部函［2009］60号）指出：

“问题：对于上市公司的控股股东、控股股东控制的其他关联方、上市公司的实质控制人对上市公司进行直接或间接的捐赠、债务豁免等单方面的利益输送行为，如何进行会计处理？

解答：由于交易是基于双方的特殊身份才得以发生，且使得上市公司明显的、单方面的从中获益，因此，监管中应认定为其经济实质具有资本投入性质，形成的利得应计入所有者权益。”

三、案例解析

案例材料1：A公司向控股股东C公司借款，按债务重组协议的约定履行还款义务，是借款和债务重组两项交易。如果C公司并未为B公司对A公司的债务豁免提供任何承诺或补偿，则C公司为A公司提供借款以偿还对B公司的债务，不影响A公司与B公司交易的经济实质。B公司豁免A公司债务，应按照《企业会计准则第12号——债务重组》第四条的规定，在债务豁免生效，不确定性消除时，将豁免的1,809万元债务确认为当期损益。

A公司控股股东C公司和B公司办公地址为同一栋办公楼、B公司历史上免除过A公司的担保义务，C公司与B公司之间存在资金往来，是A公司与B公司或C公司与B公司之间存在关联关系的迹象。A公司在对上述交易进行会计处理时，A公司聘请的会计师在对财务报表进行审计时均应关注这些事项，并核实彼此之间是否存在特殊关系。

如果C公司与B公司资金往来不是基于正常的经济业务而发生，历史资金往来说明B公司与C公司之间存在实质上的控制关系，或被同一方共同控制等，相关交易实质上是控股股东的资本投入，则B公司对A公司的债务豁免应按权益交易处理。

如果C公司作为A公司的控股股东，为B公司的债务豁免提供了各种具有实际经济利益的补偿，包括直接提供资金补偿、以明显低的价格转让资产或承接债务、为B公司提供担保等补偿方式，则应将C公司对B公司提供的补偿与B公司对A公司的债务豁免一并考虑，B公司对A公司的债务豁免仍然具有C公司变相资本投入的性质，应按权益交易处理。

综上所述，在该案例中，A公司的债务重组利得是确认为损益还是权益，需要结合双方的关系，分析其交易的经济实质，依据经济实质来认定。

案例材料2：根据报国家发改委的备案文件，实施拆迁改造的主体为F公司，政府拨款补偿的对象也为F公司，补偿的是F公司的拆迁改造行为，与其控股的E上市公司没有任何关系。F公司将其收到的政府拆迁补偿款划转给其控股的E上市公司，完全是F公司的企业行为，与政府没有关系。E上市公司最近几年没有发生过拆迁行为，无相关方面的支出。基于以上分析，F公司将其收到的政府补偿款划转给E上市公司，是F公司与E上市公司之间的经济行为，是基于F公司控股E上市公司的特殊身份才发生的资金划转，是一种单方面的利益转移行为或资金划转行为，不属于3号解释所规范的“企业收到政府给予的搬迁补偿款”会计处理问题。具体应根据F公司是否有权收回划转给E公司的资金作出处理。若F公司已明确划转的资金无须偿还，且无任何额外义务，则应该按照财政部财会函［2008］60号文和证监会会计部函［2009］60号文的规定，认定为F公司对E上市公司的资本性投入，按权益交易处理。若F公司已明确划转的资金需要偿还，则应按一般的债权债务进行会计处理。

案例 8－09
公司第二大股东债务免息事项的确认

一、案例背景

B 公司是原国有银行改制时设立的一家全资国有的专业资产管理公司，主要负责承接和处理银行转来的不良债权。截至 2×10 年 1 月，B 公司通过债权转股权的方式，持有 A 上市公司 37.78% 的股权，成为 A 上市公司控股股东。2×14 年 B 公司将 20% 股权出让给 C 公司。股权转让后，C 公司成为 A 公司的第一大股东，持股比例为 20%，第二大股东为 B 公司，持股比例为 17.78%。2×14 年 11 月 12 日，A 上市公司披露收到 B 公司批复，同意 A 公司归还截止协议生效日前 2.37 亿元债务所欠利息的 7,277.10 万元的 10% 后，免除剩余的 90% 利息。

问题：第二大股东豁免 A 公司债务利息应确认为损益还是资本公积？

二、会计准则及相关规定

《企业会计准则第 12 号——债务重组》第四条规定："以现金清偿债务的，债务人应当将重组债务的账面价值与实际支付现金之间的差额，计入当期损益。"

《企业会计准则解释第 5 号》指出："企业接受非控股股东（或非控股股东的子公司）直接或间接代为偿债、债务豁免或捐赠的，应如何进行会计处理？

答：企业接受代为偿债、债务豁免或捐赠，按照企业会计准则规定符合确认条件的，通常应当确认为当期收益；但是，企业接受非控股股东（或非控股股东的子公司）直接或间接代为偿债、债务豁免或捐赠，经济实质表明属于非控股股东对企业的资本性投入，应当将相关利得计入所有者权益（资本公积）。"

《上市公司执行企业会计准则监管问题解答（2009 年第 2 期）》（会计部

函［2009］60号）指出：

“问题：对于上市公司的控股股东、控股股东控制的其他关联方、上市公司的实质控制人对上市公司进行直接或间接的捐赠、债务豁免等单方面的利益输送行为，如何进行会计处理？

解答：由于交易是基于双方的特殊身份才得以发生，且使得上市公司明显的、单方面的从中获益，因此，监管中应认定为其经济实质具有资本投入性质，形成的利得应计入所有者权益。”

三、案例解析

B公司向C公司转让A公司股权后，不再是A公司的控股股东。在分析B公司对A公司债务豁免的性质时，应考虑其经济实质是否为资本性投入。根据案例提供的相关材料，B公司主要职能是管理和处置因收购国有银行不良贷款形成的资产，其豁免相关债务的行为，属其经常性的经营管理行为，是市场化交易行为，在没有其他证据表明该项债务豁免的经济实质属于B公司作为非控股股东对A上市公司的资本性投入时，按照《企业会计准则解释第5号》的规定，A上市公司对该项债务豁免在按照企业会计准则规定符合确认条件时，可以确认为当期收益。

但需要强调的是，在确定非控股股东与上市公司之间交易的经济实质时，应当结合交易双方的业务性质进行综合分析，判断企业接受非控股股东债务豁免，是否应当按照《企业会计准则解释第5号》的相关规定认定为非控股股东对企业的资本性投入。

案例8－10
控股股东托管资产经营收益的确认

一、案例背景

A上市公司受托管理控股股东的房屋、场地及附属设施，托管期限10

年6个月（后6个月为免租期），托管费用共2,500万元。A上市公司将上述资产租赁给不存在关联关系的B公司，租赁期10年6个月（后6个月为免租期），收入总计9,346.14万元，其中绿化养护服务收入1,500万元（服务成本约为服务收入的90%），物业管理服务收入1,300万元（服务收入约为服务成本的85%），其余为租赁收入6,546.14万元。相关房屋、场地的改造、提升、重整、修缮、维护费用由B公司承担。经测算，2×12年至2×22年，A公司收入扣除支付给控股股东的托管费、提供的物业管理及绿化服务费后，年均利得在258万元至326万元之间，10年利得合计数约为2,997万元。

问题：A上市公司租赁收入扣除支付给大股东的托管费后，相关利得是计入损益还是所有者权益？

二、会计准则及相关规定

《关于做好执行会计准则企业2008年年报工作的通知》（财会函［2008］60号）指出："企业接受的捐赠和债务豁免，按照会计准则规定符合确认条件的，通常应当确认为当期收益。如果接受控股股东或控股股东的子公司直接或间接的捐赠，从经济实质上判断属于控股股东对企业的资本性投入，应作为权益性交易，相关利得计入所有者权益（资本公积）。"

《上市公司执行企业会计准则监管问题解答》（2009年第2期）（会计部函［2009］60号）指出：

"问题：对于上市公司的控股股东、控股股东控制的其他关联方、上市公司的实质控制人对上市公司进行直接或间接的捐赠、债务豁免等单方面的利益输送行为，如何进行会计处理？

解答：由于交易是基于双方的特殊身份才得以发生，且使得上市公司明显的、单方面的从中获益，因此，监管中应认定为其经济实质具有资本投入性质，形成的利得应计入所有者权益。"

三、案例解析

A上市公司从控股股东处托管资产的期限，与B公司租赁相关资产的期限完全一致。相关房屋、场地的改造、提升、重整、修缮、维护费用由B公司承担，除单独收费的物业管理和绿化服务外，A上市公司并未提供其他除租赁外的任何服务。A上市公司能以2,500万元的对价从控股股东处托管资产，以6,546.14万的价格租赁给非关联方，完全是因为交易双方的特殊的母子公司身份，使得A公司在不支付其他任何对价的情况下，直接获得4,046.16万元（不考虑时间成本）利得。否则，控股股东完全可以自行将相关资产租赁给第三方，获得累计6,546.14万元的收益，而不是2,500万元。显然，该项收益是基于A上市公司与其控股股东的特殊关系而形成的直接利益输送，是A上市公司单方面获益，其经济实质是A公司母公司的资本投入，应作为权益性交易，形成的利得计入所有者权益（资本公积）。

案例8－11

上市公司与同一国资委控制的公司之间发生的与破产重整相关的债务转让交易的处理

一、案例背景

某市国资委下属的投资公司控制一家A上市公司，A上市公司正在进行破产重整。为了扶持上市公司的经营，由市国资委出资成立了另外一家B公司，承接A公司的债务。

根据A公司的破产重整计划，破产重整中的债务1,000万元约定由B公司偿还，清偿按照债务重整中确定的清偿比例10%执行。截至资产负债表日，B公司尚未履行相关偿债义务。

除约定由B公司偿还的债务1,000万元外，A公司其他债务已经偿还完毕。截至资产负债表日，法院判决债务清偿已执行完毕。

问题：

（1）A上市公司与B公司是否构成关联方关系？

（2）由于B公司尚未完成支付义务，A公司是否终止确认相关负债1,000万元？

（3）A上市公司是否能够确认债务重组收益？应如何确认？

二、会计准则及相关规定

《企业会计准则第 36 号——关联方披露》第三条规定："一方控制、共同控制另一方或对另一方施加重大影响，以及两方或两方以上同受一方控制、共同控制或重大影响的（《企业会计准则讲解 2010》第 630 页，在定义关联方关系中，已删除"或重大影响"），构成关联方。"

《企业会计准则第 36 号——关联方披露》第六条规定："仅仅同受国家控制而不存在其他关联方关系的企业，不构成关联方。"

《企业会计准则第 12 号——债务重组》第四条规定："以现金清偿债务的，债务人应当将重组债务的账面价值与实际支付现金之间的差额，计入当期损益。"

《关于做好执行会计准则企业 2008 年年报工作的通知》（财会函［2008］60 号）指出："企业接受的捐赠和债务豁免，按照会计准则规定符合确认条件的，通常应当确认为当期收益。如果接受控股股东或控股股东的子公司直接或间接的捐赠，从经济实质上判断属于控股股东对企业的资本性投入，应作为权益性交易，相关利得计入所有者权益（资本公积）。"

《企业会计准则第 22 号——金融工具确认和计量》第二十六条规定："金融负债的现时义务全部或部分已经解除的，才能终止确认该金融负债或其一部分。"

《上市公司执行企业会计准则监管问题解答（2009 年第 2 期）》（会计部函［2009］60 号）指出：

"问题：对于上市公司的控股股东、控股股东控制的其他关联方、上市公司的实质控制人对上市公司进行直接或间接的捐赠、债务豁免等单方面的利益输送行为，如何进行会计处理？

解答：由于交易是基于双方的特殊身份才得以发生，且使得上市公司明显的、单方面的从中获益，因此，监管中应认定为其经济实质具有资本投入性质，形成的利得应计入所有者权益。"

三、案例解析

1. A 上市公司与 B 公司是否构成关联方关系？

A上市公司与B公司同受某市国资委控制，且B公司为扶持A上市公司经营而设立，某市国资委对于A上市公司与B公司之间交易的达成具有重大影响甚至是决定者，A公司与B公司之间的债务转移正是基于双方的这种特殊关系才能形成。A公司与B公司同受某市国资委控制，与同受国家控制应不属于同一概念，不属于《企业会计准则第36号——关联方披露》第六条和《企业会计准则讲解（2010）》第三十七章第二节所规范的“仅仅同受国家控制”之情况，双方应为受同一实际控制人控制的关联方。

2. A公司是否可以终止确认相关负债?

债务转让协议生效，需要债权方同意；A上市公司、B公司和相关债权人签订债务转让协议，约定相关债务由B公司偿还，如果约定明确在B公司不能偿还相关债务的情况，债权人也不能向A上市公司追偿，根据22号准则第二十六条的规定，A上市公司有关该项负债的现时义务已经全部解除，A上市公司应当终止确认相关债务。

相反，如果相关债权转让协议明确约定或有其他证据表明，在B公司不能偿还相关债务时，债权人可以向A上市公司追偿，根据上述规定，A上市公司偿付债务的现时义务仍存在，A上市公司不能终止确认相关债务。

3. A上市公司是否能够确认债务重组收益，应如何确认?

案例所述交易涉及两个方面，一是债务重整，二是债务转移。

根据《企业会计准则第12号——债务重组》的规定，以现金清偿债务的，债务人应当将重组债务的账面价值与实际支付现金之间的差额，计入当期损益。债务重整的利得是基于A公司与债权人达成的，应按照债务重组准则相关规定对债务重组利得进行会计处理，相关利得应当确认为当期损益。

B公司无对价代A公司偿付债务，是基于A公司与B公司同受某市国资委控制这一特殊关系才得以发生，且A公司明显的、单方面的从中获益，因此B公司代偿的金额应作为权益性交易的结果计入所有者权益（资本公积）。

基于以上分析，本案例所述债务重组，在B公司承接债务后，债权人不再向A公司追偿债务的前提下，就案例所述情况分析，A公司会计处理分以下几种情况区别处理：

（1）债权人同意只收取债权的10%，豁免900万元，且同意A公司将剩余100万元债务转移至B公司代为清偿。

债务重组时，确认 900 万元重组收益，剩余 10%，即 100 万元按权益交易确认为资本公积。

（2）债权人是以 A 公司支付债权的 10%，作为同意 A 公司将剩余债权转移到 B 公司的条件。

A 公司支付 10%，B 公司承接剩余 90% 债务时，A 公司终止确认全部债务；同时，按权益交易将转移的 90% 债务 900 万元确认为资本公积。

案例 8 - 12
特殊关联交易涉及的“资本性投入”

在资本市场发展初期，通过关联方直接或间接的捐赠，向上市公司输送利益，增加上市公司当期账面盈利金额的交易时有发生。为从根本上杜绝通过非公允的关联方交易随意调节利润的行为，财政部曾经在 2001 年发布了《关联方之间出售资产等有关会计处理问题暂行规定》（财会［2001］64 号），证监会也有针对性地加强了对上市公司相关行为的约束，从而基本上遏制了通过非公允关联方交易操纵利润的现象。

随着新会计准则自 2007 年开始实施，同原会计准则配套的文件，包括财会［2001］64 号等文件均不再执行。按原会计准则，除超过一定限额的关联方交易损益不能确认外，一般情况下非货币性资产交换和债务重组也不涉及损益确认，而按照 2006 年 2 月 15 日颁布的《企业会计准则第 7 号——非货币性资产交换》和《企业会计准则第 12 号——债务重组》的规定，一般情况下，非货币性资产交换应视同旧资产的出售和新资产的购入，在换出资产出售过程中要确认损益；债务重组交易中，债务人被豁免的部分要计入当期损益。由于新旧会计准则的上述差异，执行新会计准则之初，市场中出现了部分上市公司的控股股东通过向上市公司直接或间接的捐赠（以下简称“股东捐赠行为”）来输送利润的交易事项，其中尤以濒临暂停上市的 * ST 公司为甚。除此之外，通过与控股股东进行非公允的关联交易来调控利润也是部分公司包装业绩的主要手段。股东捐赠行为的表现形式主要包括：

1. 控股股东或其关联方向上市公司捐赠现金或其他实物资产。

2. 控股股东或其关联方以显失公允的价格向上市公司购买资产。

3. 控股股东或其关联方豁免上市公司债务或代上市公司对外清偿债务。

4. 在控股股东的安排下，上市公司与第三方进行非公允交易。

针对上述利益输送行为，财政部在2008年年底发布了财会函［2008］60号，规定企业接受控股股东或控股股东的子公司直接或间接的捐赠，从经济实质上判断属于控股股东对企业的资本性投入，应作为权益性交易，相关利得计入资本公积。

证监会在此基础上，发布了证监会公告［2008］48号，要求上市公司应充分关注控股股东、控股股东控制的其他关联方、上市公司的实际控制人等向公司进行直接或间接捐赠行为（包括直接捐赠现金或实物资产、直接豁免或代为清偿债务等）的经济实质。如果交易的经济实质表明属于控股股东、控股股东控制的其他关联方或上市公司实际控制人向上市公司资本投入性质的，公司应当按照实质重于形式原则，将该交易作为权益交易，形成的利得计入资本公积。

上述规定从原则上规范了大股东捐赠行为的会计处理，发布之后，在很大程度上遏制了上市公司控股股东向上市公司输送利益的行为。然而，近年来，又出现了一些新的利益输送方式，与以往的直接捐赠相比，现在大股东向上市公司输送利益的方式更为隐蔽和复杂，需要更多的专业判断。

一、案例背景

A公司为一家ST公司，由于经营不善导致资不抵债。A公司的主要经营性资产已经被出售或者报废，剩余资产主要是一些往来款项。A公司2×11年实施资产重组，将全部资产出售给实际控制人B公司，并由B公司承担全部负债，之后向潜在控股股东C公司定向发行股票购买其下属8家子公司的股权。

A公司的实际控制人B公司在2×11年12月承接A公司所有负债3亿元，同时收购A公司所有资产2亿元，最终交易价格确定为0元。虽然置换给B公司的资产负债都是往来款项，公允价值为-1亿元，A公司认同如果交易对方是第三方的话，不可能达成这样的交易。但A公司又认为本交易属于重大资产重组中对原上市公司的资产进行剥离，由此产生的债务重组收益并非一般意义上的利益输送，而是为了从根本上解决上市公司的财务危机，可以确认为当期利润。因此，拟在2×11年年报中将资产与债务相抵的差额部分 1 亿元确认为债务重组收益。

问题：A 公司在上述交易中是否可以确认债务重组收益？

二、会计准则及相关规定

财政部在 2008 年年底发布的《关于做好执行会计准则企业 2008 年年报工作的通知》（财会函［2008］60 号）中规定：“企业接受的捐赠和债务豁免，按照会计准则规定符合确认条件的，通常应当确认为当期收益。如果接受控股股东或控股股东的子公司直接或间接的捐赠，从经济实质上判断属于控股股东对企业的资本性投入，应作为权益性交易，相关利得计入所有者权益（资本公积）。”

《国际会计准则第 1 号——财务报表的列报》第 106 段指出，主体与所有者之间发生的、所有者以所有者身份进行的交易，不计入当期损益或者其他综合收益，应该直接计入权益，“主体应列报权益变动表，并在权益变动表中反映如下内容：……4. 权益类项目期初至期末的变动金额，单独列示以下项目产生的变动：

（1）当期损益；

（2）其他综合收益；

（3）与所有者以所有者身份进行的交易，单独反映所有者投入和向所有者的分配……。”

《国际会计准则第 1 号——财务报表的列报》第 109 段进一步指出：“报告期初和报告期末之间的主体权益变动，反映了当期主体净资产的增加和减少。除了与所有者作为所有者身份的交易（如权益投入、回购主体自身的权益工具和股利分配等）以及直接与上述交易有关的交易成本所产生的变化，某一期间权益的综合变动代表了当期主体活动形成的收益总额和费用总额，包括利得和损失。”

美国证券交易委员会（SEC）在 2005 年 3 月发布的第 107 号会计实务公报对于主要股东（其定义为拥有 10% 以上投票权的权益所有者）的捐赠业务的会计处理原则作出了具体规定，即上市公司通常应将上述直接捐赠或间接捐赠计入权益，除非上市公司的主要股东的经济行为满足以下条件之一：导致该项经济行为发生的关系或义务与其股东地位完全无关，或者该项经济行为不能给上市公司带来经济利益。

证监会在2008年年底发布《关于做好上市公司2008年度报告相关工作安排的公告》（证监会公告［2008］48号），在会计准则规定的基础上，对上市公司涉及股东捐赠行为的会计处理原则作出了明确规定："公司应充分关注控股股东、控股股东控制的其他关联方、上市公司的实际控制人等向公司进行直接或间接捐赠行为（包括直接捐赠现金或实物资产、直接豁免或代为清偿债务等）的经济实质。如果交易的经济实质表明属于控股股东、控股股东控制的其他关联方或上市公司实际控制人向上市公司资本投入性质的，公司应当按照企业会计准则中'实质重于形式'的原则，将该交易作为权益交易，形成的利得计入所有者权益（资本公积）。"

结合执行中的问题，证监会会计部在2009年2月以《上市公司执行企业会计准则监管问题解答（2009年第2期）》的方式进一步明确了股东捐赠行为"资本投入性质"的具体判断原则，主要包括：

（1）一般原则。对于上市公司的控股股东、控股股东控制的其他关联方、上市公司的实际控制人对上市公司进行直接或间接的捐赠、债务豁免等单方面的利益输送行为，由于交易是基于双方的特殊身份才得以发生，且使得上市公司明显的、单方面的从中获益，因此，监管中应认定为其经济实质具有资本投入性质，形成的利得应计入所有者权益。

（2）与股改对价相关的股东捐赠交易。在股权分置改革时，部分上市公司的流通股股东接受了大股东或原非流通股股东作为股改对价捐赠给上市公司的资产。对于大股东或原非流通股股东向上市公司的资产捐赠，上市公司应作为权益性交易计入所有者权益。

（3）与重大资产重组承诺相关的股东捐赠交易。对于上市公司控股股东或其他股东根据重大资产重组置入资产的盈利承诺，对未达到承诺部分予以补足而向上市公司支付的现金，上市公司应作为权益性交易计入所有者权益。

（4）关于交易主体的范围。前述规定仅适用于上市公司同控股股东、控股股东控制的其他关联方、上市公司的实际控制人之间的直接、间接捐赠交易，未涉及同其他股东（如非控股股东）和关联方之间的交易。值得注意的是，上市公司与潜在控股股东之间发生的捐赠交易，应比照同样的原则。

（5）同正常关联方交易的区分。监管中，应当注意对照"资本投入性质"的界定标准，将上述股东捐赠交易同正常的关联方交易加以区分。一是要同履行了正常程序的关联方交易，如同公司经营业务相关的关联方交易区分开来；二是要同股东对上市公司正常的债务豁免行为区分开来，如破产债务重组中，控股股东以债权人身份，通过债权人会议等方式，同其他债权人共同对上市公司做出的实质上相同比例的债务豁免，不适用上述规定。

三、案例解析

如果股东捐赠行为是基于交易双方的特殊身份才得以发生，且使得交易一方明显的、单方面的从中获益，则可以界定为具有资本投入性质。上述界定标准一方面强调了要关注交易是否基于双方的特殊身份才得以发生，即强调交易是否具有经济实质，另一方面强调交易的经济后果是使一方明显（强调程度）单方面（强调经济利益的不对等性）从中获益。

此外，权益性交易是一个广义的概念，除上文所述的所有者以其所有者身份与主体之间的交易外，还包括不同所有者之间的交易。

例如，《企业会计准则讲解（2010）》第二十一章指出："企业在取得对子公司的控制权，形成企业合并后，购买少数股东全部或部分权益的，实质上是股东之间的权益性交易。"

又如，财政部《关于做好执行会计准则企业 2008 年年报工作的通知》（财会函［2008］60 号）规定："企业购买上市公司，被购买的上市公司不构成业务的，购买企业应按照权益性交易的原则进行处理，不得确认商誉或确认计入当期损益。"

综上所述，权益性交易的主要特征可以概括如下：

（1）权益性交易的交易对象。权益性交易除所有者以其所有者身份与主体之间的交易外，还包括不同所有者之间的交易，且后者多为合并报表层面不同所有者（母公司与子公司少数股东）之间。

（2）权益性交易对主体权益总额的影响。主体与所有者之间的权益性交易会导致主体权益总额发生增减变动，所有者之间的权益性交易不影响权益总额，但会改变权益内部各项目金额。

（3）权益性交易的会计处理结果。与权益性交易有关的利得和损失应直接计入权益，不会影响当期损益。

对于所有者之间的权益性交易，如果涉及合并报表的，则应从合并报表主体的范围来界定其是否属于权益性交易。如果母公司因转让子公司股权

（权益）而丧失控制权的，被转让公司不再纳入合并报表，不存在母公司以所有者身份出现的问题；如果母公司转让子公司股权（权益）但未丧失控制权，该子公司仍然纳入合并报表范围，就合并报表主体而言，母公司以子公司所有者身份与其他所有者之间进行的交易应作为权益性交易处理。

本案例中，A公司的实际控制人B公司在2×11年12月承接A公司所有负债3亿元，同时收购A公司所有资产2亿元，最终交易价格确定为0元。显然，A公司从该交易中获益1亿元，但这并非产生于正常的债务重组交易，不属于实际债权人给予A公司的让步，因此将资产与债务相抵的差额部分1亿元确认为债务重组收益是不恰当的。

事实上，差额部分1亿元由B公司承担，是基于B公司是A公司实际控制人的特殊身份而给予A公司的利益输送，A公司明显单方面从中获益，因此，该交易的经济实质应当认定为实际控制人向上市公司的资本投入性质。

此外，本案例中，控股股东B公司的确不是简单地向上市公司输送利益，而是为了将上市公司打造成一个“空壳”公司，以便于新的控股股东C公司将优质资产注入。从这个意义上来讲，B公司高价购买上市公司的资产，本质上是老股东与新股东之间的交易，对于上市公司A公司来讲，是所有者之间的交易，也应该判断为权益性交易。

综上所述，A公司应将剥离给实际控制人的资产和负债相抵后差额部分，确认为资本公积，不能在利润表中确认债务重组收益。

【相关案例之一】

（一）案例背景

A公司是地方国有控股上市公司，近年来主营业务盈利能力持续下降，2×11年度亏损，2×12年前三季度亏损2,000万元。2×12年12月，A公司发布关联交易公告，将已全额计提坏账准备的历史债权3,000万元转让给同受A公司控股股东控制的某国有资产管理公司，转让价款为3,000万元。转让日，由于相关债务单位的财务状况未发生好转，被转让的应收款项的可收回性仍然非常低。

A公司拟冲回坏账准备3,000万元，相应增加2×12年年度利润3,000万元。

问题：A公司的上述会计处理是否正确？

（二）案例解析

本案例中，A 公司所转让的应收款项均是已全额计提坏账准备的历史债权，原本预计可收回金额为 0，但却以 3,000 万元出售给控股股东的子公司。这是一种间接的捐赠，是基于买卖双方同受控股股东控制的特殊身份才能够得以发生，属于控股股东（及其子公司）以其特殊身份进行的、对上市公司的利益输送行为。因此，应当将 3,000 万元计入资本公积。

实务中，还存在这样的情况：上市公司与控股股东的其他子公司之间发生交易形成了应收款项，由于债务人财务状况恶化等原因，上市公司在对应收款项可回收性进行评价之后，对应收款计提了坏账准备。之后，各方面情况发生了变化，上市公司与控股股东及债务人共同签订协议，由控股股东代债务人偿还应收款。在这种情况下，由于协议明确控股股东是代其另外的子公司偿还债务，考虑到第三方债务人的股东也完全有可能替其子公司偿债，这属于合理的商业安排，作为债权人的上市公司可以按照金融工具或者债务重组准则的原则进行会计处理。

【相关案例之二】

（一）案例背景

A 公司是一家上市公司，A 公司持有 B 公司 30% 的股权，将 B 公司作为联营企业核算。A 公司于 2×11 年为 B 公司向银行取得的 3 亿元贷款提供担保。2×14 年，B 公司因财务困难，未能按期履行还款付息义务，该贷款及担保形成诉讼事项，A 公司需要计提预计负债。

P 公司是 A 公司的控股股东，P 公司在 2×14 年年底出具承诺函，承诺 A 公司如果因该贷款担保发生任何损失，P 公司将全部承担。

问题：A 公司能否依据 P 公司的承诺不确认该项担保所导致的预计负债？

（二）案例解析

我们认为，A 公司因为其对外担保行为形成的损失，从担保行为产生的合同权利义务关系来看，应该由 A 公司承担，相应的费用应该计入 A 公司的损益。P 公司作为控股股东代 A 公司承担担保损失，是控股股东对 A 公司的捐赠，属于资本性投入，应该在收到的时候计入资本公积。

【相关案例之三】

（一）案例背景

A 公司是一家上市公司，拟进行破产重整。2×13 年 2 月，当地法院批准了公司的重整计划，对于超过 20 万元以上部分的普通债权（共 5 亿元），A 公司按照 14% 比例以现金进行清偿。按照此方案，债权人共豁免 A 公司债务 4.3 亿元，其中，A 公司控股股东 B 公司豁免了 0.86 亿元。A 公司在 2×13 年 10 月法院裁定重整计划执行完毕之后，确认了 4.3 亿元的债务重组收益。

问题：A 公司将控股股东豁免的债务确认为债务重组收益是否恰当？

（二）案例解析

本案例中，控股股东以普通债权人身份，同其他债权人一起共同对上市公司作出相同比例的债务豁免。在这个交易中，控股股东与其他普通债权人处于相同的地位，并未因为其股东身份而有任何不同。因此，B 公司的债务豁免属于债权人对上市公司正常的债务豁免行为，应该计入当期损益。

【相关案例之四】

（一）案例背景

上市公司与独立第三方之间的交易，通常都应该是公平交易。但有一些交易，由于大股东与第三方存在另外的协议安排，而变得不公允。面对这样一些与第三方进行的非公允交易，需要了解造成非公允交易的原因是什么，不能因为形式上的交易对象是第三方就按照形式简单处理，应该按照实质重于形式的原则进行综合判断，以确定其会计处理方式。

A 公司是上市公司，B 公司是 A 公司的控股股东。2×12 年，B 公司与 A 公司及其所在地县级人民政府达成三方协议，由 B 公司先支付给县政府 3,000 万元，再由县政府以政府补助的形式支付给 A 公司。A 公司收到了县政府拨付的 3,000 万元后，拟作为政府补助计入当期营业外收入。

问题：A 公司将此项“政府补贴”计入当期营业外收入是否恰当？

（二）案例解析

本案例中，A 公司获得的 3,000 万元“政府补贴”最终由其控股股东 B

公司承担，县政府将B公司提供的款项，以“政府补贴”名义转交给A公司，县政府只是形式上履行了政府补贴程序，实质上并不是政府无偿给予，此款项不符合政府补助定义中的“从政府无偿取得”的特征，不能够作为政府补助进行会计处理。该“政府补贴”实际出自其控股股东B公司，是基于B公司是A公司控股股东的特殊身份才发生的交易，A公司明显的、单方面从中获益，其经济实质具有资本投入性质，属于权益性交易。

因此，该交易产生的利得3,000万元应计入权益（资本公积），不应计入当期营业外收入。

【相关案例之五】

（一）案例背景

A公司是上市公司，B公司持有A公司51%股份，对A公司形成控制。C公司持有B公司16%股份，并与其他5家公司一起共同控制B公司。C公司持有D公司40%的股权并对D公司形成控制。2×11年8月，B公司、C公司和D公司的另外两个股东共同签署了关于D公司重组和C公司股权退出的协议。协议约定，在满足一定条件的情况下，C公司将于2×13年10月31日向B公司发出股权转让的通知，将C公司持有的D公司40%的股份全部转让给B公司或B公司指定的其他受让方。B公司或B公司指定的其他受让方应在2×13年12月31日前向C公司支付人民币3亿元作为取得C公司持有的D公司40%股权的对价，该对价以2×11年8月D公司40%股权的公允价值为基础确定。

2×13年10月31日，C公司向B公司发出股权转让的通知，经B公司董事会审议通过，决定由A公司收购D公司的股权。其后，A公司召开了董事会和临时股东大会，审议通过了关于收购D公司股权的议案。2×13年12月20日，A公司办理完相关股权的过户、工商注册登记等手续。

在评估报告的基础上，D公司2×13年12月份可辨认净资产的公允价值为11亿元，按持股比例40%计算得出D公司可辨认净资产的公允价值中A公司持有的份额为4.4亿元，超出A公司投资成本3亿元的部分共计1.4亿元。

交易前后的股权结构如图8－1所示。

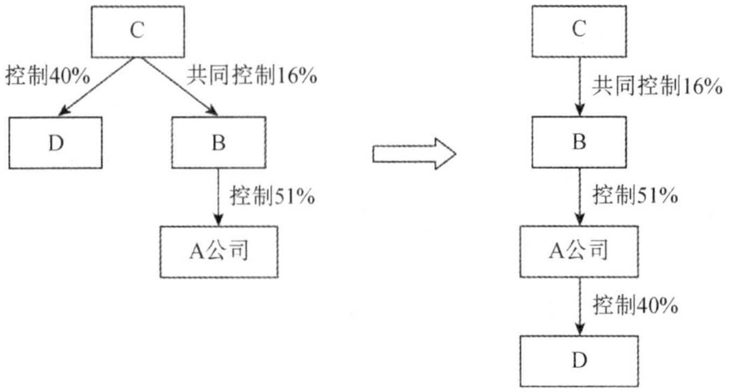

图8-1　交易前后股权结构图

问题：A公司将上述1.4亿元确认为当期营业外收入是否恰当？

（二）案例解析

本案例中，2×11年8月，B公司与C公司签订以3亿元购买D公司40%股权的协议。2×13年10月B公司指定A公司购买D公司40%股权，A公司于2×13年12月完成该交易，享有D公司可辨认净资产的公允价值份额为4.4亿元，即A公司支付3亿元可以获得D公司4.4亿元的权益。

表面上看A公司应该确认1.4亿元的负商誉，但是我们需要分析该“负商誉”产生的原因以判断其是否应该计入当期损益。

第一，A公司此次购买的定价是基于B公司和C公司于2×11年达成的协议价格，B公司和C公司达成的协议价格是以2×11年8月D公司40%股权的公允价值为基础确定，基本可以判断当时的协议为一项公平交易。

第二，B公司在2×11年8月与C公司达成协议价格3亿元，到2×13年10月，D公司的净资产公允价值份额已经增加到4.4亿元的情况下，B公司指定由A公司来执行原协议，这1.4亿元利得实质上属于B公司让渡给A公司的，A公司明显的、单方面的从这项交易中获利1.4亿元。我们认为，A公司之所以能够取得这项交易机会，是基于B公司是A公司控股股东这个特殊身份。因此，虽然这项交易不是A公司与B公司之间直接进行的，似乎不是A公司与控股股东之间的交易，但是实质上是B公司以其控股股东的身份指定A公司来执行交易，因此仍然属于权益性交易。

A公司获得的1.4亿元交易利得，应视同B公司对A公司的资本投入，计入A公司所有者权益（资本公积），而不应当计入当期营业外收入。

案例 8－13
上市公司与控股股东子公司之间筹资或资金占用的处理

一、案例背景

上市公司 A 与乙信托公司签订有关合同约定，该信托将根据 A 公司发出的《信托指令函》的约定对具体投资项目进行投资，信托计划运营过程中出现风险，不能实现预期目标时，该投资风险由 A 公司自行承担。

A 公司控股股东 B 集团的全资子公司 C 公司与乙信托签订贷款合同，合同约定“该贷款金额以乙信托为向 C 公司发放贷款而发行的投资基金集合信托计划的该期 T2 类信托单位的信托资本本金的金额为准”，B 集团向乙信托出具承诺函，以其拥有的更新改造项目权益对 5 亿元贷款进行担保承诺。

2×14 年 12 月 26 日，A 公司认购乙信托发行的 T2 类信托单位全部份额 5 亿元。同日，乙信托向 C 公司发放贷款 5 亿元，约定年利率 12.5%。该项信托产品终止日期为 2×15 年 8 月 15 日。2×15 年，乙信托扣除 0.5% 的固定报酬后，支付上述贷款的 12% 收益共计 4,283.33 万元予 A 公司，A 公司确认为 2×15 年理财投资收益。注册会计师要求 A 公司将年化收益 12% 超过银行同期贷款利率的部分作为权益性交易，计入资本公积。

问题：A 公司与控股股东的其他子公司之间的特殊关联方交易是否应界定为权益性交易？

二、会计准则及相关规定

《关于做好执行会计准则企业 2008 年年报工作的通知》（财会函［2008］60 号）指出：“企业接受的捐赠和债务豁免，按照会计准则规定符合确认条件的，通常应当确认为当期收益。如果接受控股股东或控股股东的子公司直接或间接的捐赠，从经济实质上判断属于控股股东对企业的资本性投入，应作为权益性交易，相关利得计入所有者权益（资本公积）。”

证监会在2008年年底发布《关于做好上市公司2008年年度报告相关工作安排的公告》（证监会公告［2008］48号），在会计准则规定的基础上，对上市公司涉及股东捐赠行为的会计处理原则做出了明确规定：“公司应充分关注控股股东、控股股东控制的其他关联方、上市公司的实际控制人等向公司进行直接或间接捐赠行为（包括直接捐赠现金或实物资产、直接豁免或代为清偿债务等）的经济实质。如果交易的经济实质表明属于控股股东、控股股东控制的其他关联方或上市公司实际控制人向上市公司资本投入性质的，公司应当按照企业会计准则中‘实质重于形式’的原则，将该交易作为权益交易，形成的利得计入所有者权益（资本公积）。”

结合执行中的问题，证监会会计部在《上市公司执行企业会计准则监管问题解答（2009年第2期）》（会计部函［2009］60号）指出：

“问题：对于上市公司的控股股东、控股股东控制的其他关联方、上市公司的实质控制人对上市公司进行直接或间接的捐赠、债务豁免等单方面的利益输送行为，如何进行会计处理？

解答：由于交易是基于双方的特殊身份才得以发生，且使得上市公司明显的、单方面的从中获益，因此，监管中应认定为其经济实质具有资本投入性质，形成的利得应计入所有者权益。”

三、案例解析

根据企业会计准则及相关规定，判断与实际控制人、控股股东、控股股东控制的其他关联方之间的交易是否构成权益性交易，关键在于该项交易是否基于双方的特殊身份才得以发生，且使得交易一方明显的、单方面的从中获益。如果符合上述情形，则应认定为其经济实质具有资本投入性质，属于权益性交易，形成的利得应计入所有者权益。

本案例中，尽管交易形式体现为A公司委托乙信托公司投资了以向控股股东B的子公司C发放贷款而发行的投资基金集合信托计划，但乙信托只是委托贷款的受托方，并未主导贷款行为，也不承担贷款产生的风险，因此，从形式而言A公司购买了乙信托公司的集合信托计划，但并不改变A公司将款项借贷给C公司的交易实质。

基于此，本案例中，判断A公司与B集团、C公司之间的关联交易是否应界定为权益性交易的关键在于A公司取得资金借贷利息的公允性。如果有证据表明，在此关联交易中A公司单方面从中获益，而该获益是基于B集团、C公司是A公司的控股股东及控股股东的子公司这一特殊身份才得以发生，则超出公允交易价格的利得应作为权益性交易，直接计入所有者权益。反之，如果有证据表明，在此关联交易中资金借贷利息公允，A公司并未单方面从中获益，则不应作为权益性交易。

企业会计准则并没有明确规定企业资金借贷的具体利率，在确定利率水平的公允性时，涉及较多的判断因素。A公司在考虑借贷资金利率的公允性时，需要选取可比交易或标的，考虑借款人的风险溢价水平，企业可以采用的其他融资渠道的市场融资成本（如除国有商业银行外，A公司还可以从担保机构、小额贷款公司等融资）等因素进行综合判断。

案例8-14
关联方对上市公司进行业绩补偿的特殊交易

一、案例背景

A公司是上市公司，2×14年6月，A公司与非控股股东甲的子公司乙签订了承包经营协议，由乙对A公司的子公司B公司进行承包经营，并约定B公司2×15年度的净利润考核指标，如果实际经营利润低于考核利润的，其差额部分的70%由乙补足。2×15年度B公司业务出现亏损，根据上述协议及2×16年4月A公司与乙签订的补充协议，乙需向A公司补足差额部分的70%，A公司据此确认了对甲的债权，并将该补偿计入了损益。

问题：乙对A公司的补偿是否构成权益性交易？

二、会计准则及相关规定

《关于做好执行会计准则企业2008年年报工作的通知》（财会函［2008］60号）指出：“企业接受的捐赠和债务豁免，按照会计准则规定符合确认条件的，通常应当确认为当期收益。如果接受控股股东或控股股东的子公司直接或间接的捐赠，从经济实质上判断属于控股股东对企业的资本性投入，应作为权益性交易，相关利得计入所有者权益（资本公积）。”

证监会在2008年年底发布《关于做好上市公司2008年度报告相关工作安排的公告》（证监会公告［2008］48号），在会计准则规定的基础上，对上市公司涉及股东捐赠行为的会计处理原则做出了明确规定：“公司应充分关注控股股东、控股股东控制的其他关联方、上市公司的实际控制人等向公司进行直接或间接捐赠行为（包括直接捐赠现金或实物资产、直接豁免或代为清偿债务等）的经济实质。如果交易的经济实质表明属于控股股东、控股股东控制的其他关联方或上市公司实际控制人向上市公司资本投入性质的，公司应当按照企业会计准则中‘实质重于形式’的原则，将该交易作为权益交易，形成的利得计入所有者权益（资本公积）。”

结合执行中的问题，证监会会计部在《上市公司执行企业会计准则监管问题解答（2009年第2期）》（会计部函［2009］60号）指出：

“问题：对于上市公司的控股股东、控股股东控制的其他关联方、上市公司的实质控制人对上市公司进行直接或间接的捐赠、债务豁免等单方面的利益输送行为，如何进行会计处理？

解答：由于交易是基于双方的特殊身份才得以发生，且使得上市公司明显的、单方面的从中获益，因此，监管中应认定为其经济实质具有资本投入性质，形成的利得应计入所有者权益。”

《企业会计准则解释第5号》指出：

“六、企业接受非控股股东（或非控股股东的子公司）直接或间接代为偿债、债务豁免或捐赠的，应如何进行会计处理？

答：企业接受代为偿债、债务豁免或捐赠，按照企业会计准则规定符合确认条件的，通常应当确认为当期收益；但是，企业接受非控股股东（或非控股股东的子公司）直接或间接代为偿债、债务豁免或捐赠，经济实质表明属于非控股股东对企业的资本性投入，应当将相关利得计入所有者权益（资本公积）。

企业发生破产重整，其非控股股东因执行人民法院批准的破产重整计划，通过让渡所持有的该企业部分股份向企业债权人偿债的，企业应将非控股股东所让渡股份按照其在让渡之日的公允价值计入所有者权益（资本公积），减少所豁免债务的账面价值，并将让渡股份公允价值与被豁免的债务账面价值之间的差额计入当期损益。控股股东按照破产重整计划让渡了所持有的部分该企业股权向企业债权人偿债的，该企业也按此原则处理。”

三、案例解析

《企业会计准则解释第 5 号》指出，“企业接受代为偿债、债务豁免或捐赠，按照企业会计准则规定符合确认条件的，通常应当确认为当期收益；但是，企业接受非控股股东（或非控股股东的子公司）直接或间接代为偿债、债务豁免或捐赠，经济实质表明属于非控股股东对企业的资本性投入，应当将相关利得计入所有者权益（资本公积）。”而判断是否为资本性投入，关键在于判断交易是否基于双方的特殊身份才得以发生，交易是否使得上市公司明显的、单方面的从中获益。

在本案例中，判断乙对 A 公司的补偿是否构成权益性交易的关键在于交易的公允性。对交易公允性的判断应综合考虑交易的商业目的、承包经营标的的运营情况等。

1. 如果在本次交易中，A 公司将 B 公司委托经营是基于合理的商业目的，如上市公司 A 为了突出经营主业，将不属于经营主业的 B 公司委托经营并在计划未来合理期间处置；或者 B 公司为新收购公司，A 公司对其经营管理方面缺乏经验，委托对此更有经营管理经验的乙公司进行管理；或者 A 公司由于组织、人员架构调整导致对 B 公司运营暂时缺乏相关人员，将其暂时委托经营，等等，则可以进一步考虑交易价格的公允性。

2. 对于承包经营交易价格的公允性应当考虑多方面因素，如 B 公司所在行业目前状况及对其未来的估计；B 公司过往及目前的经营状况，包括现有业务情况、客户与供应商、人员状况、在建投资状况等；对 B 公司未来经营状况的估计，包括 B 公司经营计划、尚未执行完毕合同情况、在谈项目情况、计划投资状况等；在此基础上，确定净利润考核指标的合理性。A 公司也应当根据补充协议中的乙公司约定的补足差额的比例，判断承包经营价格的公允性。

如具有商业实质且委托经营的价格公允，则可以确认为损益，否则应作为权益性交易，利得计入所有者权益。

第九章 股份支付

股权激励带来的双赢结果使得越来越多的公司将股权激励作为激励员工的一种方式。这种双赢体现在，从员工的角度，员工可以分享公司成长的成果，从企业的角度，公司既激励了员工，又节约了现金资源。

在股份支付相关准则出台之前，是否将股权激励的成本确认在利润表中一度是个争议的话题。有人认为股东转让给职工股份是股东之间的行为，不应当在报告主体中反映；有人认为公司没有成本，因此不应当确认股权激励成本。但是随着股份支付交易的日益普遍，人们发现不确认股权激励成本不能反映交易的实质以及公司的财务状况和经营成果。股份支付交易的实质是企业以股份或者期权作为代价，接受了职工的服务。人们很容易理解公司对于支付现金而获取职工服务的交易（如以现金支付工资、奖金）确认相应的职工费用，其实同样的道理，通过发行股份或期权而获取的职工服务也应当确认相应的费用。从公司支付的对价来看，如果公司发行股份或期权，也可以收取相应的现金，因此公司让渡的现金部分可能就是公司因接受职工服务而放弃的经济资源。

简而言之，如果将股权激励交易分为两个步骤来看，一是发行股份或期权并收取现金，二是以现金支付自职工取得的服务，在财务报表中确认相应的职工费用和权益工具的增加就不难理解了。

上述股份支付的处理理念正在逐渐被国内的上市公司所理解和运用，在这个过程中，也因理解不够充分产生了一些问题。

案例 9 - 01
一次授予、分期行权的股份支付计划

现阶段，大多数国内上市公司的股权激励计划是一次授予，按比例分期行权。在这种情况下，一些上市公司直观地理解为相关的费用也应该按照上述比例在整个计划期内分摊，对企业会计准则中“等待期”的定义以及股权支付费用分摊的相关规定理解不够充分。

一、案例背景

A 公司为上市公司。2×11 年 1 月 5 日，A 公司进行了限制性股票激励计划的授权，一次性授予 A 公司高级管理人员共计 3,600 万股限制性股票，2×11 年至 2×13 年每年年末，在达到当年的行权条件的前提下，每年解锁 1,200 万股。在解锁时职工应当在职，当年未满足条件不能解锁的股票作废。

A 公司拟按照 3,600 万股限制性股票计算的股权激励费用在 2×11 年至 2×13 年这三年平均分摊。

问题：A 公司将费用在三年中平均分摊的方法是否恰当？

二、会计准则及相关规定

对于股份支付费用的分摊，《企业会计准则第 11 号——股份支付》第六条规定：“完成等待期内的服务或达到规定业绩条件才可行权的换取职工服务的以权益结算的股份支付，在等待期内的每个资产负债表日，应当以对可行权权益工具的最佳估计为基础，按照权益工具授予日的公允价值，将当期取得的服务计入相关成本或费用和资本公积。”

上述规定中明确企业应当将当期取得的服务计入成本和费用，所隐含的是股份支付费用应当在等待期内分摊。

《国际财务报告准则第 2 号——以股份为基础的支付》中对于是否分摊以及如何分摊有更详细的讨论，具体如下：“14. 如果所授予的权益工具立即可行权，则对方无须完成一段规定期间的服务即有权无条件享有这些权益工具。在不存在相反证据的情况下，主体应假设已经取得了对方作为权益性工具对价所提供的服务。在这种情况下，在授予日，主体应确认所取得的全部服务，并相应增加权益。

如果所授予的权益性工具只有在对方完成一段规定期间的服务后才能可行权，主体应假设对方作为权益性工具的对价应提供的服务将在未来的等待期内取得。主体所取得的服务，应随着对方在等待期内服务的提供进行会计处理，相应增加权益。例如，如果职工被授予股票期权，前提条件是达到一定的业绩条件并且在满足该业绩条件时仍为主体雇佣，同时等待期的长短取决于何时能够满足业绩条件而变化，主体应假设职工作为股票期权对价应提供的服务，将在未来的预期给予期间内取得。”

在企业会计准则规定的基础上，证监会2009年发布的《上市公司执行企业会计准则监管问题解答》（2009年第1期）中，就上市公司包括多期期权的股票期权激励计划，各期期权的等待期跨越多个会计期间的情况下，如何在资产负债表日确认某一会计期间的期权费用的问题，要求公司应根据期权激励计划条款设定的条件，采用恰当的估值技术，分别计算各期期权的单位公允价值。在各个资产负债表日，根据最新取得的可行权人数变动、业绩指标完成情况等后续信息，修正预计可行权的股票期权数量，并以此为依据确认各期应分摊的费用。对于跨越多个会计期间的期权费用，一般可以按照该期期权在某会计期间内等待期长度占整个等待期长度的比例进行分摊。

三、案例解析

“一次授予、分期行权”，即在授予日一次授予给员工若干权益工具，之后每年分批达到可行权。每个批次是否可行权的结果通常是相对独立的，即每一期是否达到可行权条件并不会直接决定其他几期是否能够达到可行权条件，在会计处理时应将其作为几个独立的股份支付计划处理。同时，公司一般会要求员工在授予的权益工具可行权时仍然在职，这实际上是隐含了一个服务条款，即员工需服务至可行权日。

从本案例中的条款看，该股权激励计划属于一次授予、分期行权的股权激励计划，每期的结果相对独立，即第一期未达到可行权条件并不会直接导致第二期或第三期不能达到可行权条件，因此在会计处理时会将其作为三个独立的股份支付计划处理，即第一个计划的等待期是一年，第二个计划的等待期是两年，第三个计划的等待期是三年，各年应分摊的费用情况如表9-1所示（按股份数计算）。

表 9－1　　股权激励计划各年分摊费用表

分摊	第一期	第二期	第三期	合计
计入 2×11 年	1,200	600	400	2,200
计入 2×12 年	—	600	400	1,000
计入 2×13 年	—	—	400	400
合计			1,200	3,600

这样处理的原因是，由于要求职工在解锁时仍然在职，则对于第一期的奖励 1,200 万股股票要求职工必须在公司服务一年；对于第二期的奖励 1,200 万股股票要求职工在第二年末仍在职，即要求职工必须在公司服务两年，因此相应的费用应当在两年内分摊；同理，第三期的奖励 1,200 万股股票应当在三年内分摊。

从表 9－1 中可以看到，公司确认的费用成阶梯形下降，即前期比后期要确认更多的费用。前期费用较高的原因是员工在前期为数个具有不同等待期的奖励计划而工作。

在各个资产负债表日，公司应根据最新取得的可行权人数变动、业绩指标完成情况等后续信息，修正预计可行权的股票数量，并以此为依据确认各期应分摊的费用。

案例 9－02
等待期内资产负债表日股权激励费用的确认与计量

一、案例背景

A 公司于 2×11 年 1 月进行了一项股权激励计划的授予，向公司高级管理人员授予了股票期权 187 万份。该股权激励计划要求职工行权时在职，且行权业绩考核指标和行权安排如表 9－2 所示。

表 9-2　　行权业绩考核指标和行权安排

行权部分	业绩指标	当年行权比例
第一部分	2×11 年度加权平均净资产收益率不低于 10%；以 2×09 年经审计的净利润为基数，公司 2×11 年度经审计净利润较 2×09 年增长率达到或超过 40%	20%（37.4 万份）
第二部分	2×12 年度加权平均净资产收益率不低于 11%；以 2×09 年经审计的净利润为基数，公司 2×12 年度经审计净利润较 2×09 年增长率达到或超过 80%	30%（56.1 万份）
第三部分	2×13 年度加权平均净资产收益率不低于 12%；以 2×09 年经审计的净利润为基数，公司 2×13 年度经审计净利润较 2×09 年增长率达到或超过 120%	50%（93.5 万份）

2×11 年度净利润较 2×09 年经审计净利润增长率下降约 20%。

问题：期权激励计划等待期内资产负债表日股权激励费用应如何确认与计量？

二、会计准则及相关规定

《企业会计准则第 11 号——股份支付》第六条规定："完成等待期内的服务或达到规定业绩条件才可行权的换取职工服务的以权益结算的股份支付，在等待期内的每个资产负债表日，应当以对可行权权益工具数量的最佳估计为基础，按照权益工具授予日的公允价值，将当期取得的服务计入相关成本或费用和资本公积，""在资产负债表日，后续信息表明可行权权益工具的数量与以前估计不同的，应当进行调整，并在可行权日调整至实际可行权的权益工具数量。"

《企业会计准则第 11 号——股份支付》应用指南规定："等待期内每个资产负债表日，企业应当根据最新取得的可行权职工人数变动等后续信息做出最佳估计，修正预计可行权的权益工具数量。在可行权日，最终预计可行权权益工具的数量应当与实际可行权工具的数量一致。根据上述权益工具的公允价值和预计可行权的权益工具数量，计算截至当期累计应确认的成本费用金额，再减去前期累计已确认金额，作为当期应确认的成本费用金额。”

《国际财务报告准则第2号——以股份为基础的支付》应用指南第11段规定：“在一些情况下，授予的股份期权或其他权益性工具可能会在给予期间内分期给予。例如，假设授予一名雇员100份股份期权，这些股份期权将在未来4年的每年末分期被给予25份。在应用本国际财务报告准则的要求时，主体应将每期作为独立的股份期权授予，因为每期具有不同的给予期间，因此每期的公允价值也就不同（因为给予期间的长短会影响，比如说，因行使期权而产生的现金流量的可能时点）。”

中国证监会2009年发布的《上市公司执行企业会计准则监管问题解答》（2009年第1期）中，就上市公司包括多期期权的股票期权激励计划，各期期权的等待期跨越多个会计期间的情况下，如何在资产负债表日确认某一会计期间的期权费用的问题，要求公司应根据期权激励计划条款设定的条件，采用恰当的估值技术，分别计算各期期权的单位公允价值。在各个资产负债表日，根据最新取得的可行权人数变动、业绩指标完成情况等后续信息修正预计可行权的股票期权数量，并以此为依据确认各期应分摊的费用。对于跨越多个会计期间的期权费用，一般可以按照该期期权在某会计期间内等待期长度占整个等待期长度的比例进行分摊。

三、案例解析

本案例中A公司是一次授予、分期行权的股票期权计划，每期的结果相对独立，即第一部分未达到业绩条件并不会直接导致后面各部分不能达到业绩条件，因此每部分作为一个独立的股份支付计划处理，分别计算每个计划授予日的单位公允价值，而要求职工各部分行权时在职，则隐含了服务条款，即第一部分股票期权要求职工必须在公司服务一年，第二部分股票期权要求职工必须在公司服务两年，第三部分股票期权要求职工必须在公司服务三年，因此第一个计划的等待期是一年，第二个计划的等待期是两年，第三个计划的等待期是三年，根据每个计划授予日的单位公允价值估计的期权费用，在其相应的等待期内按照该计划在某会计期间内等待期长度占整个等待期长度的比例进行分摊。根据企业会计准则和应用指南的相关规定，对于权益结算的授予职工的股票期权，于等待期内的每个资产负债表日，应当以对可行权权益工具数量的最佳估计为基础，按照权益工具授予日的公允价值，将当期取得的服务计入相关成本或费用。

本案例中，A 公司（1）对于第一部分股票期权（即第一个期权计划）的股权激励费用，资产负债表日 2×11 年的实际业绩指标未达到计划的业绩条件，即未达到“2×11 年净利润较 2×09 年增长率达到或超过 40%”的可行权条件，该部分股票期权的可行权数量为 0，应确认的与这一部分期权相关的股权激励累计费用为 0。（2）对于第二部分和第三部分股票期权的股权激励费用，在各定期报告的资产负债表日，应根据可行权职工人数变动、预计 2×12 年和 2×13 年加权平均净资产收益率、经审计净利润增长率是否达到业绩条件等重新估计修正预计可行权的权益工具数量，由于三个部分股票期权的可行权条件相互独立，2×11 年的实际业绩不达标不意味着未来年度业绩不达标，但管理层仍需要重新估计第二、第三部分业绩达标的可能性，采用以下方法计算当期应确认的成本费用金额：

计入 2×11 年的费用 = 授予日第二部分股票期权单位公允价值 × 第二部分股票期权预计可行权份数 × 1/2 + 授予日第三部分股票期权单位公允价值 × 第三部分股票期权预计可行权份数 × 1/3

计入 2×12 年的费用 = 授予日第二部分股票期权单位公允价值 × 第二部分股票期权实际可行权份数 + 授予日第三部分股票期权单位公允价值 × 第三部分股票期权预计可行权份数 × 2/3 - 第二部分和第三部分股票期权计入 2×11 年的费用

计入 2×13 年的费用 = 授予日第三部分股票期权单位公允价值 × 第三部分股票期权实际可行权份数 - 第三部分股票期权计入 2×12 年的费用 - 第三部分股票期权计入 2×11 年的费用

【相关案例】

未满足非市场业绩条件时股权激励费用的确认与计量

（一）案例背景

A 公司于 2×10 年 1 月进行了一项股权激励计划的授予，授予公司高级管理人员股票期权 1,090 万份，分为三期行权，2×10 年、2×11 年和 2×12 年为行权考核年，每期行权比例分别为 30%、30% 和 40%。该股权激励计划要求职工行权时在职，且行权业绩考核指标和行权安排如下：

1. 2×10 年度至 2×12 年度，各年度本公司扣除非经常性损益后归属于母公司所有者的净利润均不低于授予日前最近三个会计年度的平均水平。

2. 净利润年复合平均增长率：本计划的指标值为以本公司 2×09 年经审计的扣除非经常性损益后归属于母公司所有者的净利润为基数，2×10 年度至 2×12 年度扣除非经常性损益后归属于母公司所有者的净利润年复合增长率不低于 20%，增长率公式如下：

增长率 =（第 T+N 年净利润/第 T 年净利润）^（1/N）－1

（上式中的净利润指扣除非经常性损益后归属于母公司所有者的净利润，第 T 年指基准年，即为 2×09 年）

3. 年平均净资产收益率：2×10 年度至 2×12 年度扣除非经常性损益后年平均加权平均净资产收益率不低于 10%。

该计划为一次授予、分期行权的计划，2×10 年 A 公司的业绩满足行权条件，确认了相关股权激励成本。2×11 年 A 公司的业绩未达到行权条件。

问题：该期权激励计划等待期内资产负债表日股权激励费用应如何确认与计量？

（二）案例解析

本案例中 A 公司该一次授予、分期行权的股票期权计划，每期的结果相对独立，即第一期未达到业绩条件并不会直接导致后面各部分不能达到业绩条件，因此每期作为一个独立的股份支付计划处理，分别计算每个计划授予日的单位公允价值，而要求职工各期行权时在职，则隐含了服务条款，即第一期股票期权要求职工必须在公司服务一年，第二期股票期权要求职工必须在公司服务两年，第三期股票期权要求职工必须在公司服务三年，因此第一个计划的等待期是一年，第二个计划的等待期是两年，第三个计划的等待期是三年，每个计划的期权费用在其相应的等待期内按照该计划在某会计期间内等待期长度占整个等待期长度的比例按如下公式进行分摊：

计入 2×10 年的费用 = 授予日第一期股票期权单位公允价值×第一期股票期权实际可行权份数 + 授予日第二期股票期权单位公允价值×第二期股票期权预计可行权份数×1/2 + 授予日第三期股票单位期权公允价值×第三期股票期权预计可行权份数×1/3

计入 2×11 年的费用 = 授予日第二期股票期权单位公允价值×第二期股票期权实际可行权份数 + 授予日第三期股票期权单位公允价值×第三期股票期权预计可行权份数×2/3 − 第二期和第三期股票期权计入 2×10 年的费用

计入 2×12 年的费用 = 授予日第三期股票期权单位公允价值 × 第三期股票期权实际可行权份数 - 第三期股票期权计入 2×11 年的费用 - 第三期股票期权计入 2×10 年的费用。

本案例中，A 公司（1）于 2×10 年 12 月 31 日，第一期股票期权因为已达到可行权条件，根据实际可行权的股票期权份数确认期权费用；第二期和第三期股票期权的期权费用，根据当时取得的可行权职工人数变动，预计是否将达到业绩条件等信息对可行权股票期权份数做出最佳估计，确认当年应分摊的期权费用；（2）于 2×11 年 12 月 31 日，第二期股票期权实际未达到业绩条件，因此，对于第二期股票期权，应不确认 2×11 年当年分摊的期权费用，同时冲回 2×10 年就第二期股票期权确认的期权费用；第三期股票期权的期权费用，根据当时取得的可行权职工人数变动，预计是否将达到业绩条件等信息对可行权股票期权份数做出最佳估计，确认当年应分摊的期权费用；（3）于 2×12 年 12 月 31 日，根据第三期股票期权实际可行权份数和以前年度已确认的期权费用确认当年应分摊的期权费用。

案例 9-03
涉及集团内公司的股份支付计划

公司在涉及股份支付安排时通常需要考虑员工被授予权益工具的退出机制，即职工将以何种方式实现权益工具的增值。如果集团内有一家公司是上市公司，这家上市公司的股票或者期权将是一个比较好的授予工具。因此，对于为集团内的非上市主体提供服务的员工，也有可能授予的是上市公司的股份或期权，这就产生了集团内公司股份支付的问题（例如，提供股份的上市公司和接受服务的非上市公司各自的会计处理）。在集团内，通常会有结算职工权益工具的一方和接受职工服务的一方。我们需要根据交易的安排考虑双方在其财务报表中的会计处理。

一、案例背景

A 公司为上市公司，2×12 年 A 公司按照经批准的股权激励计划向 A 公司自身、子公司 B 公司及孙公司 C 公司的高管授予了 A 公司限制性股票。A 公司持有 B 公司 60% 的股权，B 公司持有 C 公司 100% 的股权。

在等待期内，A 公司借记“长期股权投资”，贷记“资本公积”；子公司 B 和孙公司 C 借记“管理费用”，贷记“资本公积”。

问题：

（1）A 公司在编制合并报表时，应当如何考虑上述股份支付对合并报表的影响？

（2）孙公司 C 的股权激励成本是否可以只在 A 公司和孙公司 C 层面进行会计处理？

（3）如果受激励高管在集团内调动，原接受服务企业的股权激励成本是否调整？

二、会计准则及相关规定

《企业会计准则解释第 4 号》中对于集团内的股份支付安排作出了规定：

“七、企业集团内涉及不同企业的股份支付交易应当如何进行会计处理？

答：企业集团（由母公司和其全部子公司构成）内发生的股份支付交易，应当按照以下规定进行会计处理：

（一）结算企业以其本身权益工具结算的，应当将该股份支付交易作为权益结算的股份支付处理；除此之外，应当作为现金结算的股份支付处理。

结算企业是接受服务企业的投资者的，应当按照授予日权益工具的公允价值或应承担负债的公允价值确认为对接受服务企业的长期股权投资，同时确认资本公积（其他资本公积）或负债。

（二）接受服务企业没有结算义务或授予本企业职工的是其本身权益工具的，应当将该股份支付交易作为权益结算的股份支付处理；接受服务企业具有结算义务且授予本企业职工的是企业集团内其他企业权益工具的，应当将该股份支付交易作为现金结算的股份支付处理。”

《国际财务报告准则第 2 号——以股份为基础的支付》在 2009 年 6 月颁布了《对国际财务报告准则第 2 号的修改——集团以现金结算的以股份为基础的支付交易》，该修改为确定股份支付交易在合并财务报表和单独财务报表中的分类提供了明确的依据。

“43A. 集团内的股份支付交易，接受服务的主体在其单独财务报表中，应当评估所授予的奖励的性质以及主体自身的权利和义务，并据以判断其所取得商品或服务应该按照以权益结算的股份支付，还是以现金结算的股份支付来计量。

43B. 在下述情况下，接受服务的主体应当将奖励作为一项权益结算的股份支付来计量：

（a）授予的是主体自身的权益工具，或

（b）主体没有结算该股份支付交易的义务。

除此以外，所有其他情况下，主体应当将接受的商品和服务按照以现金结算的股份支付来计量。

43C. 在集团内另一个主体接受商品或服务的情况下，对于结算股份支付交易的主体来说，只有在该交易是用主体本身权益工具结算的情况下，主体将该交易确认为一项以权益结算的交易，除此以外所有其他情形均作为以现金结算的奖励处理。”

三、案例解析

集团内股份支付主要考虑的是在集团内接受服务的主体和结算的主体在各自报表中如何进行会计处理，结合上面的准则规定，不难看出，基本的原则是“谁受益、谁确认费用”。

随之产生的问题是如何计量相关费用。

首先要判断股份支付的类型是属于权益结算的股份支付还是现金结算的股份支付，《企业会计准则解释第4号》作出了规定：接受服务企业没有结算义务或授予本企业职工的是其本身权益工具的，应当将该股份支付交易作为权益结算的股份支付处理，除此以外的为现金结算的股份支付。结算企业以其本身权益工具结算的，应当将该股份支付交易作为权益结算的股份支付处理；除此之外，应当作为现金结算的股份支付处理。

上述规定简单图示如图9-1所示。

集团内股份支付常常还面临另外一方面的计量问题，即当“接受服务的企业”或者“结算企业”为集团内非全资子公司的情况下，如何计量少数股东损益和少数股东权益。对此问题，我们通过以下案例进行探讨：

1. A公司在编制合并财务报表时，首先应当从合并财务报表的角度，

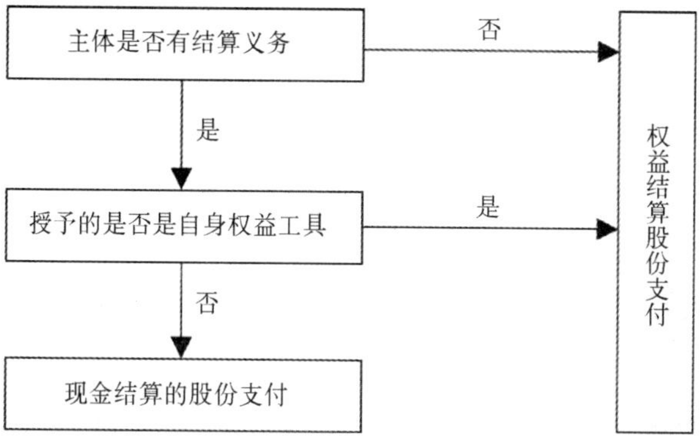

图 9－1 股份支付类型判断

重新判断该项股权激励是以权益结算的股份支付，还是以现金结算的股份支付，这一点与普通的合并抵销调整有所不同。例如，假设母公司授予子公司职工的是股票增值权，即以现金结算的股份支付。在子公司财务报表中，由于子公司没有结算义务，子公司应该作为以权益结算的股份支付进行会计处理，但在 A 公司的合并财务报表中，则应当按照以现金结算的股份支付处理。本案例中，母公司 A 和子公司 B 均是按照以权益结算的股份支付处理。合并财务报表中也应该作为以权益结算的股份支付来处理。

接下来需要考虑的是股份支付费用如何影响合并财务报表中少数股东损益和少数股东权益。

以子公司 B 公司为例，假设 A 公司授予 B 公司高管的限制性股票在 2×12 年等待期内确认的费用总额为 100 万元，则 A 公司的会计处理为：借记“长期股权投资”100 万元，贷记“资本公积”100 万元；子公司 B 公司借记“管理费用”100 万元，贷记“资本公积”100 万元。

A 公司在编制合并报表的时候，合并利润表中“管理费用——股权激励费用”为 100 万元，合并资产负债表中“资本公积——其他资本公积”为 100 万元。在计算子公司少数股东损益和少数股东权益的时候，由于这部分费用全部是由母公司 A 公司承担的，是否应该从子公司的净利润中剔除股权激励费用？

我们认为，少数股东损益和少数股东权益反映的是合并财务报表中子公司的净利润和净资产中不归属于母公司股东的部分。因此，少数股东损益中应包含按照少数股东的持股比例 40% 分享的股权激励费用 40 万元，换言之，少数股东损益按照子公司 B 公司的净利润直接计算即可；相应地，少数股东权益也按照包含40%的股权激励费用的B公司净资产计算。

2. 对孙公司C的股权激励仅涉及母公司A和孙公司C，子公司B在个别报表中不应体现。其原因是：假如子公司B做账，其会计处理应当是相应增加对孙公司C的长期股权投资和资本公积，但是在子公司B的个别报表中，对孙公司C的投资是按照成本法核算，由于对孙公司C的投资成本并没有真实发生改变，因此不应当确认对孙公司C的长期股权投资的增加，故我们认为中间公司不应当体现。

值得一提的是，虽然可能母公司A对孙公司C没有直接的股权投资，但是在母公司A的个别报表中会出现“长期股权投资——孙公司”。这样的结果也是合理的，因为在本案例中，母公司A和孙公司C直接发生了交易。母公司A在编制合并财务报表的时候，再按照前述问题（1）中讨论的原则对孙公司C的股权激励进行合并抵销调整。

3. 如果受到激励的高管在公司集团内调动导致接受服务的企业变更，但高管人员应取得的股权激励并未发生实质性变化，在等待期内应按合理的标准（例如按服务时间）在原接受服务的企业与新接受服务的企业间分摊股权激励成本。即谁受益，谁确认费用。

案例9－04
股份支付计划的取消与作废

近些年来，随着股票市场价格的波动以及受全球经济环境的影响，有的公司希望修改正在执行的股权激励计划。例如，有的公司授予员工的期权出现了“缩水”的状况，即股票的价格远低于行权价格，因此公司为了继续体现激励作用，会对原有的计划进行修改，如降低行权价格。同时在有些情况下，公司可能出于对业绩的考虑，打算取消股权激励计划。对股份支付计划的修改和取消可能对公司的财务报表产生不同的影响。

一、案例背景

A公司为上市公司。2×11年1月20日，A公司向25名公司高级管理人员授予了1,500万股限制性股票，授予价格为8元每股，授予后锁定3年。2×11年、2×12年、2×13年为申请解锁考核年，每年的解锁比例分别为30%、30%和40%，即450万股、450万股和600万股。经测算，授予日限制性股票的公允价值总额为15,000万元。该计划为一次授予、分期行权的计划，费用在各期的分摊如表9－3所示。

表9－3　　股份支付计划费用分摊表　　（单位：万元）

分摊	第一期	第二期	第三期	合计
计入2×11年	4,500	2,250	2,000	8,750
计入2×12年	—	2,250	2,000	4,250
计入2×13年	—	—	2,000	2,000
合计	4,500	4,500	6,000	15,000

各期解锁的业绩条件如表9－4所示。

表9－4　　各期解锁业绩条件

	业绩条件
第一期	2×11年净利润较2×09年增长率不低于25%
第二期	2×11年和2×12年两年净利润平均数较2×09年增长率不低于30%
第三期	2×11年至2×13年三年净利润平均数较2×09年增长率不低于40%

2×11年12月13日，A公司召开董事会，由于市场需求大幅度萎缩，严重影响了公司今年以及未来一两年的经营业绩，公司预测股权激励计划解锁条件中关于经营业绩的指标无法实现，故决定终止实施原股权激励计划，激励对象已获授的限制性股票由公司回购并注销。2×11年12月28日，A公司股东大会审议通过上述终止及回购方案。

问题：A公司终止实施原股权激励计划应该如何进行会计处理？

二、会计准则及相关规定

取消通常源于公司或者员工主动的行为。《企业会计准则解释第3号》明确规定："在等待期内如果取消了授予的权益工具，企业应当对取消所授予的权益性工具作为加速行权处理，将剩余等待期内应确认的金额立即计入当期损益，同时确认资本公积。职工或其他方能够选择满足非可行权条件但在等待期内未满足的，企业应当将其作为授予权益工具的取消处理。”也就是说，取消的会计处理结果是视同加速行权。

《企业会计准则第 11 号——股份支付》的讲解规定：“如果企业在等待期内取消了所授予的权益工具或结算了所授予的权益工具（因未满足可行权条件而被取消的除外），企业应当将取消或结算作为加速可行权处理，立即确认原本应在剩余等待期内确认的金额。”

《国际财务报告准则第 2 号——以股份为基础的支付》第 19 段规定：“……因此，在累计的基础上，如果已经授予的权益性工具由于没有满足给予条件（考虑第 21 段的要求）而未给予，例如对方没有完成一段特定期间的服务，或者是业绩条件没有满足，则不应确认取得的商品或服务的金额。”

财政部在 2012 年 3 月的财办会［2012］11 号《关于取消股份支付计划会计处理问题的复函》中指出：“企业在等待期内取消了所授予的权益工具（因未满足可行权条件而被取消的除外）的，应当按照《企业会计准则解释第 3 号》（财会［2009］8 号）的规定作为加速可行权处理，即视同剩余等待期内的股权支付计划已经全部满足可行权条件，在取消所授予权益工具的当期确认剩余等待期内的所有费用。”

三、案例解析

从职工的角度看，无论是作废还是取消，职工都没有获得所授予的权益工具，但是两者的原因是不同的。作废是源于职工没有能够满足提前设定的可行权条件，故对于作废的股权激励会冲销以前确认的相关费用；而取消往往源于企业的主动行为，为了防止企业随意取消股权激励计划，准则要求在等待期内如果取消了授予的权益工具，企业应当对取消所授予的权益性工具作为加速行权处理，将剩余等待期内应确认的金额立即计入当期损益，视同剩余等待期内的股权支付计划已经全部满足可行权条件。

这一规定实质上是一项惩罚性的规定，为了防止企业随意取消计划，而要求企业在取消的时候确认额外的费用。实务中，一些上市公司在发现股权激励计划的可行权条件很可能无法满足的时候，会很自然地想到要取消这样一个很可能无法执行的计划，而不是再浪费时间去等待这个计划作废，却没想到“主动取消”和“自动作废”的账务处理结果差别这么大。如果待到计划自动作废，很可能无须确认额外的费用。本案例分析如下：

1. 第一期解锁部分所对应的股权激励费用，应该按照股份支付计划作废来进行会计处理，2×11 年度不确认与这一部分相关的股权激励费用。原因是，在 2×11 年年底，由于未能达到可行权条件“2×11 年净利润较 2×09 年增长率不低于 25%”而导致职工不能解锁相应的限制性股票，这属于作废。

2. 第二期和第三期应该作为取消股份支付计划，按照加速行权处理。但是对于取消日应当确认的金额存在一定争议。一种观点认为费用应当反映取消日所有流通在外的股权激励，而无须考虑未来是否能够满足可行权条件。这是因为准则规定对股份支付计划的取消按照加速行权处理，即提早满足了行权条件，因此将剩余的授予日权益工具的公允价值全部确认在取消当期。另外一种观点认为，《国际财务报告准则第 2 号——股份支付》规定“主体对于取消或结算应当作为加速给予处理，并应当立即确认在剩余的给予期间所取得服务原本应予确认的金额”，这里“在剩余的给予期间所取得服务原本应予确认的金额”，应反映如果不取消股份支付计划，预期在未来期间将会确认的费用金额，也就应该考虑未来是否能够满足可行权条件，根据这一估计对预期将行权的奖励数量进行调整后再计算应该确认的费用。

就本案例来看，观点一认为应当在取消日加速确认第二、三期的费用 10,500 万元；而观点二认为，应当在取消日判断第二、三期的股权激励达到业绩条件的可能性，在此基础上需确认的费用少于 10,500 万元。

上述财办会［2012］11 号的观点似乎更倾向于观点一，即在本案例中，应当加速确认与第二、三期的相关费用 10,500 万元。

【相关案例】

如何区分股份支付计划取消与作废

（一）案例背景

A 公司于 2×14 年 7 月向公司董事、高级管理人员等 50 名激励对象授予 550 万股限制性股票，授予价格为 6.19 元/股。授予后锁定 3 年（锁定期），2×14 年、2×15 年、2×16 年为申请解锁考核年，每年公司根据可申请解锁条件确认可申请解锁的限制性股票比例，被确认为不可申请解锁的限制性股票将由公司在锁定期满后回购注销。授予日起 12 个月后的首个交易日至授予日起 24 个月为第一个解锁期，授予日起 24 个月后的首个交易日至授予日起 36 个月为第二个解锁期，授予日起 36 个月后的首个交易日至授予日起 48 个月为第三个解锁期，解锁期内激励对象在职，则可就已确认的可申请解锁的限制性股票向公司申请一次性解锁。可申请解锁条件如表 9－5 所示。

表 9－5　　可申请解锁条件

	可申请解锁条件	可申请解锁比例
第一期	公司 2×14 年净利润较考核基准年 2×13 年增长率不低于 8%（含 8%）；2×14 年度净资产收益率不低于 4.7%	30%
第二期	公司 2×15 年净利润较考核基准年 2×13 年增长率不低于 18%（含 18%）；2×15 年度净资产收益率不低于 5.6%	30%
第三期	公司 2×16 年净利润较考核基准年 2×13 年增长率不低于 30%（含 30%）；2×16 年度净资产收益率不低于 6.6%	40%

A 公司 2×15 年 1 月披露的业绩预告显示 2×14 年净利润较 2×13 年下降 5%～8%，2×15 年 2 月，A 公司董事会审议通过，由于业绩增长不如预期，股权激励计划解锁条件中第一期关于经营业绩的指标已无法实现，且预计第二期和第三期的经营指标也很难达到，故决定终止实施该股权激励计划，公司尚未办理限制性股票登记手续。根据 A 公司股东大会的授权，经过董事会审议批准程序，公司终止该股权激励计划。

问题：该终止的限制性股票激励计划应该如何进行会计处理？

（二）会计准则及相关规定

《企业会计准则讲解（2010）》第十二章股份支付中提到："如果企业在等待期内取消了所授予的权益工具或结算了所授予的权益工具（因未满足可行权条件而被取消的除外），企业应当将取消或结算作为加速可行权处理，立即确认原本应在剩余等待期内确认的金额。"

财政部在 2012 年 3 月的财办会［2012］11 号《关于取消股份支付计划会计处理问题的复函》中指出："企业在等待期内取消了所授予的权益工具（因未满足可行权条件而被取消的除外）的，应当按照《企业会计准则解释第 3 号》（财会［2009］8 号）的规定作为加速可行权处理，即视同剩余等待期内的股权支付计划已经全部满足可行权条件，在取消所授予权益工具的当期确认剩余等待期内的所有费用。”

（三）案例解析

根据企业会计准则及相关规定，本案例中，A 公司在 2×15 年 2 月终止了股权激励计划，取消了所授予的限制性股票。对于第一期可申请解锁的限制性股票，2×14 年净利润较 2×13 年增长率达不到第一期“不低于 8%”的条件，存在客观事实表明其达不到行权条件，可认为是所授予权益工具不满足行权条件，该部分限制性股票的可行权数量为 0，相关股权激励的累计费用应为 0，即之前已确认的相关期权费用可冲回。对于第二期和第三期可申请解锁的限制性股票，由于其申请解锁的业绩指标条件是以 2×13 年为基准，不受 2×14 年达不到行权条件的影响，因此在 2×15 年 2 月终止股权激励计划时，不是属于“因未满足可行权条件而被取消”的情况，应当作为等待期内取消股份支付计划，按照加速可行权处理。结合财政部［2012］11 号复函，应视同剩余等待期内的股权支付计划已经全部满足可行权条件，立即确认原本应在剩余等待期内确认的授予日权益工具公允价值金额。

此外，实务中可能存在其他情况，例如，一项限制性股票支付计划的解锁条件除与上面案例条件相同外，还增加了“同时公司 2×14 年、2×15 年和 2×16 年每年净利润较上年增长率不能低于 8%”的条件，那么当 2×14 年业绩显著不达标的情况下，存在客观事实表明限制性股票支付计划各期均不满足行权条件，该计划作废，限制性股票的可行权数量为 0，相关股权激励的累计费用为 0，之前已确认的相关期权费用可冲回。

案例 9－05
涉及限制性股票的股份支付计划

近年来，越来越多的上市公司采用限制性股票的股权激励方式。限制性股票的股权激励方式是指激励对象按照股权激励计划规定的条件，从上市公司获得一定数量的上市公司股票，激励对象只有在符合股权激励计划规定条件的情况下，才可申请解锁限制性股票，解锁后的限制性股票可依法自由流通。对于限制性股票公允价值如何计量、相关的股权支付费用如何在解锁期内分摊，实务中存在不同的观点和做法。

一、案例背景

A公司于2×12年1月召开临时股东大会并审议通过实施股权激励计划的议案，即以定向增发方式向75名激励对象共发行800万股的A公司限制性股票，授予价格为8.995元每股（激励计划草案公布前20个交易日公司股票均价的50%），与激励对象就限制性股票股权激励计划的协议条款和条件达成一致，授予日为2×12年1月1日。本计划授予激励对象的限制性股票自授予日起12个月为禁售期，在禁售期内，激励对象获授的限制性股票被锁定，不得转让；禁售期后为解锁期，若达到本计划规定的解锁条件，激励对象可分四次申请解锁，解锁后的限制性股票可依法自由流通，若解锁期的任一期业绩条件未达到解锁条件的，该部分股票不得解锁，A公司必须回购并注销该部分限制性股票，其回购价格按照授予价格执行，若限制性股票在授予后，A公司派发现金红利、送红股或公积金转增股本等情形，则回购价格作出相应调整，但解锁期内派发的现金红利等由公司替激励对象代为保管，如发生回购则相应的现金红利不再发放。解锁期内激励对象并未享有与正常定向增发股东同等的权利。具体解锁安排及公司业绩条件如表9-6所示。

表9-6 具体解锁安排及业绩条件

解锁时间	解锁业绩条件	解锁比例
第一批于授予日12个月后解锁	2×12年公司加权平均资产收益率不低于7%；以2×11年净利润为基数，2×12净利润增长率不低于20%	25%
第二批于授予日24个月后解锁	2×13年公司加权平均资产收益率不低于7.5%；以2×11年净利润为基数，2×13净利润增长率不低于45%	25%
第三批于授予日36个月后解锁	2×14年公司加权平均资产收益率不低于8%；以2011年净利润为基数，2×14净利润增长率不低于75%	25%
第四批于授予日48个月后解锁	2×15年公司加权平均资产收益率不低于9%；以2011年净利润为基数，2×15净利润增长率不低于110%	25%

问题：

（1）限制性股票对应的股份支付费用应该如何分摊？

（2）所确认的股份支付费用如何进行会计处理？

(3) 股份支付涉及的限制性股票的公允价值应如何计量?

二、会计准则及相关规定

《企业会计准则第 11 号——股份支付》第六条规定:“完成等待期内的服务或达到规定业绩条件才可行权的换取职工服务的以权益结算的股份支付,在等待期内的每个资产负债表日,应当以对可行权权益工具数量的最佳估计为基础,按照权益工具授予日的公允价值,将当期取得的服务计入相关成本或费用和资本公积。”

“等待期,是指可行权条件得到满足的期间。对于可行权条件为规定服务期间的股份支付,等待期为授予日至可行权日的期间;对于可行权条件为规定业绩的股份支付,应当在授予日根据最可能的业绩结果预计等待期的长度。”

“可行权日,是指可行权条件得到满足、职工和其他方具有从企业取得权益工具或现金的权利的日期。”

《企业会计准则第 11 号——股份支付》的讲解指出:“对于授予后立即可行权的换取职工提供服务的权益结算的股份支付(例如授予限制性股票的股份支付),应在授予日按照权益工具的公允价值,将取得的服务计入相关资产成本或当期费用,同时计入资本公积。对于可行权条件为业绩条件的股份支付,只要职工满足了其他所有非市场条件(如利润增长率、服务期限等),企业就应当确认已取得的服务。”

关于限制性股票公允价值的计量,《企业会计准则第 11 号——股份支付》的讲解指出:“对于授予职工的股份,其公允价值应按企业股份的市场价格计量,同时考虑授予股份所依据的条款和条件(不包括市场条件之外的可行权条件)进行调整。如果企业股份未公开交易,则应按估计的市场价格计量,并考虑授予股份所依据的条款和条件进行调整。有些授予条款和条件规定职工无权在等待期内取得股利的,则在估计所授予股份的公允价值时就应予以考虑。有些授予条款和条件规定股份的转让在可行权日后受到限制,则在估计所授予股份的公允价值时,也应考虑此因素,但不应超出熟悉情况并自愿的市场参与者愿意为该股份支付的价格受到可行权限制的影响程度。在估计所授予股份在授予日的公允价值时,不应考虑在等待期内转让的限制和其他限制,因为这些限制是可行权条件中的非市场条件规定的。”

《国际财务报告准则第 2 号——以股份为基础的支付》第 15 段规定："如果所授予的权益性工具只有在对方完成一段规定期间的服务后才能可行权，主体应假设对方作为权益性工具的对价应提供的服务将在未来的等待期内取得。主体所取得的服务，应随着对方在等待期内服务的提供进行会计处理，相应增加权益。例如：

1. 如果授予职工股票期权，前提条件是完成 3 年的服务，则主体应假设职工作为股份期权对价应提供的服务将在未来的 3 年等待期内取得。

2. 如果职工被授予股票期权，前提条件是达到一定的业绩条件并且在满足该业绩条件时仍为主体雇佣，同时等待期的长短取决于何时能够满足业绩条件而变化，主体应假设职工作为股票期权对价应提供的服务，将在未来的预期等待期间内取得。"

《国际财务报告准则第 2 号——以股份为基础的支付》附录一定义："可行权：即成为一项权利。在以股份为基础的支付安排中，当对方的应得权利不再取决于任何可行权条件得到满足的情况下，对方具有的取得现金、其他资产或主体的权益性工具的权利。""可行权条件：在以股份为基础的支付安排中，确定主体是否收到能让对方取得现金、其他资产或主体权益性工具的服务的条件。"

《国际财务报告准则第 2 号——以股份为基础的支付》应用指南第 11 段规定："在一些情况下，授予的股份期权或其他权益性工具可能会在给予期间内分期给予。例如，假设授予一名雇员 100 份股份期权，这些股份期权将在未来 4 年的每年末分期被给予 25 份。在应用本国际财务报告准则的要求时，主体应将每期作为独立的股份期权授予，因为每期具有不同的给予期间，因此每期的公允价值也就不同（因为给予期间的长短会影响，比如说，因行使期权而产生的现金流量的可能时点）。"

中国证监会 2009 年发布的《上市公司执行企业会计准则监管问题解答》（2009 年第 1 期）中，就上市公司包括多期期权的股票期权激励计划，各期期权的等待期跨越多个会计期间的情况下，如何在资产负债表日确认某一会计期间的期权费用的问题，要求公司应根据期权激励计划条款设定的条件，采用恰当的估值技术，分别计算各期期权的单位公允价值。在各个资产负债表日，根据最新取得的可行权人数变动、业绩指标完成情况等后续信息修正预计可行权的股票期权数量，并以此为依据确认各期应分摊的费用。对于跨越多个会计期间的期权费用，一般可以按照该期期权在某会计期间内等待期长度占整个等待期长度的比例进行分摊。

三、案例解析

（一）限制性股票对应的股份支付费用应该如何分摊

本案例中，A公司授予激励对象的限制性股票附有分期解锁条件，达到规定的分期解锁条件，激励对象才可申请对相应的限制性股票解锁，解锁后的限制性股票才可依法自由流通，若解锁期的任一期业绩条件未达到相应解锁条件，该部分股票不得解锁，A公司必须回购并注销该部分限制性股票，激励对象在解锁期内虽然名义上登记为限制性股票的股东，但并未能享有与正常定向增发股东同等的权利，实质上没有真正拥有股票，因此，本案例中激励对象获授持有的限制性股票不属于授予后立即可行权的权益结算的股份支付，而属于“完成等待期内的服务或达到规定业绩条件才可行权的换取职工服务的以权益结算的股份支付”，应当根据企业会计准则的相关规定：“在等待期内的每个资产负债表日，应当以对可行权权益工具数量的最佳估计为基础，按照权益工具授予日的公允价值，将当期取得的服务计入相关成本或费用和资本公积”。本案例中，可行权条件为规定业绩和达到服务期间，所以限制性股票的等待期应为授予日到服务期满且达到规定业绩条件，即第一批限制性股票等待期为一年，第二批等待期为两年，第三批等待期为三年，第四批等待期为四年。

根据国际财务报告准则应用指南，从本案例中的条款看，A公司该限制性股票激励计划属于一次授予、分期行权的股权激励计划，每期的结果相对独立，即第一期未达到可行权条件并不会直接导致后面各期不能达到可行权条件，因此应当将每期作为独立的股份支付计划处理，分别计算每个计划授予日的单位公允价值，根据每个计划授予日的单位公允价值估计的股份支付费用，在其相应的等待期内分摊。在各个资产负债表日，A公司应根据最新取得的可行权人数变动、业绩指标完成情况等后续信息修正预计可解锁的股票数量，并以此为依据确认各期应分摊的费用。

（二）所确认的股份支付费用如何进行会计处理

结合问题（一）中的分析，本案例中的限制性股票附有可行权条件，且在授予时并未满足可行权条件，不属于授予后立即可行权的权益结算的股份支付，对于确认股份支付费用的会计处理应当参考股票期权股份支付的处理方式，即确认股份支付费用时计入其他资本公积，行权时从其他资本公积转入股本溢价。

1. 确认股份支付费用时：

借：成本/费用——股权激励费用

　　贷：资本公积——其他资本公积

2. 解锁时：

借：资本公积——其他资本公积

　　贷：资本公积——股本溢价

（三）股份支付涉及的限制性股票的公允价值应如何计量

中国和国际准则中并没有专门规定授予员工限制性股票的公允价值应如何确定，美国准则（ASC718）中提到两种限售股，一种叫作非行权股份（nonvested shares），另一种叫作限制性股份（restricted shares）。非行权股份，指的是在无法达到行权的必要条件时，相关股份将会作废；限制性股份则是指特定员工拥有的股份在出售和转让时受限，如对于董事、高管等人员，行权后获得的股份在一定期间内不允许出售，或者出售的比例受限。对于非行权股份，应按如下原则进行计量：

1. 公允价值按照授予日公司的股价计量。

2. 如果员工无权获得等待期内的股利，则授予日的公允价值应扣除预期股利的折现值，但如果等待期内的股利可以累积并在行权后发放给员工，则授予日的公允价值不应调减。

3. 需要根据作废的可能性对可行权股份数做出估计和调整，直到最终行权。

对于限制性股份（restricted shares），美国准则给出的两种对公允价值的调整方式为：

1. 直接根据行权日后限售条件调减授予日的公允价值。

2. 调减相关权益工具的有效期，因为在行权日后存在限售的情况下，员工更倾向于在达到行权条件后尽早行权。

本案例中，A公司的限制性股票属于授予职工的附有可行权条件的股份（即非行权股份），《企业会计准则第11号——股份支付》的讲解指出，“对于授予职工的股份，其公允价值应按企业股份的市场价格计量”，因此A公司的限制性股票应按授予日企业股票的市场价格计量，锁定期和解锁期内转让的限制和其他限制（即员工需确保该期间内留任，且公司达到相关业绩条件）属于可行权条件中的非市场条件规定，只会影响对可行权数量的估计，在估计所授予限制性股票在授予日的公允价值时不应考虑。在股利可以累积的情况下，只有解锁后的限售条款才属于非可行权条件，可以作为公允价值的调整因素。

【相关案例】

限制性股票授予日公允价值的确认与计量问题

（一）案例背景

上市公司A审批通过并实施了股权激励计划，向高级管理人员授予了限制性股票。在确定限制性股票授予日公允价值时，A公司没有采用授予日流通股的市场价格，而是采用以下公式计算：

限制性股票的公允价值＝授予日流通股的市场价格－限制性因素成本

其中，对于限制性因素成本的计量，根据市场上的一些咨询机构提出的模型，假设在成熟市场，限制性股票持有者可以通过购入看跌期权或看跌期权和看涨期权组合的方式，规避锁定期间股价下跌的风险，限制性股票持有者为此付出的期权成本即为限制性因素成本。

问题：上述处理是否符合企业会计准则的规定？

（二）会计准则及相关规定

《企业会计准则第11号——股份支付》第四条规定："以权益结算的股份支付换取职工提供服务的，应当以授予职工权益工具的公允价值计量。权益工具的公允价值，应当按照《企业会计准则第22号——金融工具确认和计量》确定。"

《企业会计准则第11号——股份支付》第六条规定："完成等待期内的服务或达到规定业绩条件才可行权的换取职工服务的以权益结算的股份支付，在等待期内的每个资产负债表日，应当以对可行权权益工具数量的最佳估计为基础，按照权益工具授予日的公允价值，将当期取得的服务计入相关成本或费用和资本公积。"

《企业会计准则第11号——股份支付》应用指南指出："业绩条件分为市场条件和非市场条件。市场条件是指行权价格、可行权条件以及行权可能性与权益工具的市场价格相关的业绩条件，如股份支付协议中关于股价至少上升至何种水平才可行权的规定。非市场条件是指除市场条件之外的其他业绩条件，如股份支付协议中关于达到最低盈利目标或销售目标才可行权的规定。……对于可行权条件为业绩条件的股份支付，在确定权益工具的公允价值时，应考虑市场条件的影响，只要职工满足了其他所有非市场条件，企业就应当确认已获得的服务。”

《企业会计准则第 11 号——股份支付》应用指南同时指出：“对于授予的存在活跃市场的期权等权益工具，应当按照活跃市场中的报价确定其公允价值。”

（三）案例解析

我国《企业会计准则第 11 号——股份支付》对上市公司股权激励行为的会计处理进行了规范，该准则的相关规定与国际财务报告准则相关规定基本一致。从国际准则颁布的初衷来看，即是为了避免公司少确认甚至不确认股权激励费用，因此设置了很多“反规避”条款，从而导致按该准则确认的股权激励费用并非真正意义上的公允价值，而是一个经修正的公允价值（Modified fair value），《国际财务报告准则第 13 号——公允价值计量》已在运用范围中明确把股份支付交易排除在外。因此只能按照股份支付准则来确定限制性股票股权激励的公允价值，无论计算结果与该工具实际的公允价值是否一致。

按照我国上市公司限制性股票股权激励的常见条款，锁定期实质上相当于等待期，解锁日为可行权日，解锁条件为非市场可行权条件（服务条件、业绩条件等）。根据股份支付准则，非市场可行权条件不应在确定授予日公允价值时予以考虑，因此限制性股票的锁定因素并不影响其公允价值的确定。但解锁后，对于部分高管人员所持股份的限售条款则属于非可行权条件，可以在计量公允价值时予以考虑。简言之，除了解锁日后的限售因素外，限制性股票的公允价值应以普通股市价为基础进行计量。

案例9－06
预留股票期权授予日的确定和股份支付费用的分摊

一、案例背景

A公司为了充分发挥员工的积极性，提升公司业绩，实施一项股票期权激励计划（“期权激励计划”）。2×11年1月5日，A公司召开临时股东大会，审议通过该项股权激励计划。该股权激励计划中包含500万股的预留股票期权，临时股东大会审议时尚未确定预留股票期权的激励对象。A公司于2×12年2月1日召开董事会会议，审议通过《关于公司股票期权激励计划预留股票期权授予相关事项的议案》，议案中明确了预留股票期权的激励对象，且董事会召开前公司与预留股票期权激励对象就股份支付的协议条款和条件已达成一致，其中可行权条件为业绩条件，要求公司达到指定的业绩目标且员工行权时应当在职。根据2×11年临时股东大会的授权，预留股票期权的授予需获得董事会批准，不再需要股东大会的审批。

问题：

（1）预留股票期权的授予日应该如何确定？

（2）预留股票期权相对应的股份支付费用应该如何分摊？

二、会计准则及相关规定

《企业会计准则第11号——股份支付》第五条规定：“授予日，是指股份支付协议获得批准的日期。”

《企业会计准则第11号——股份支付》应用指南规定：“授予日是指股份支付协议获得批准的日期。其中‘获得批准’，是指企业与职工或其他方就股份支付的协议条款和条件已达成一致，该协议获得股东大会或类似机构的批准。”

《企业会计准则第11号——股份支付》第六条规定：“完成等待期内的

服务或达到规定业绩条件才可行权的换取职工服务的以权益结算的股份支付，在等待期内的每个资产负债表日，应当以对可行权权益工具数量的最佳估计为基础，按照权益工具授予日的公允价值，将当期取得的服务计入相关成本或费用和资本公积。等待期，是指可行权条件得到满足的期间。对于可行权条件为规定服务期间的股份支付，等待期为授予日至可行权日的期间；对于可行权条件为规定业绩的股份支付，应当在授予日根据最可能的业绩结果预计等待期的长度。”

《企业会计准则第 11 号——股份支付》的讲解指出：“对于可行权条件为业绩条件的股份支付，只要职工满足了其他所有非市场条件（如利润增长率、服务期限等），企业就应当确认已取得的服务。”

《国际财务报告准则第 2 号——以股份为基础的支付》附录一中定义：“授予日：主体和另一方（包括雇员）同意以股份为基础的支付安排的日期，即主体和对方对安排的条款和条件有着共同理解的日期。在授予日，主体将获得现金、其他资产或主体权益性工具的权利授予对方，只要满足特定的授予条件（如果有的话）。如果这个安排要经过批准程序（例如，由股东）批准，授予日则是获得批准的日期。”

“给予条件：在以股份为基础的支付安排中，确定对方能否取得现金、其他资产或主体的权益性工具的条件。给予条件或者是服务条件，或者是业绩条件。服务条件要求对方完成一段规定期间的服务，业绩条件要求对方完成一段规定期间的服务且满足特定业绩目标（如在一段规定期间内主体利润的特定增长）。业绩条件可能包括市场条件。”

“给予期间：以股份为基础的支付安排中所有规定的给予条件得到满足的期间。”

《股权激励有关事项备忘录 2 号》规定：关于激励对象问题“……预留股份激励对象经董事会确认后，须参照上述要求进行披露。”

三、案例解析

（一）预留股票期权授予日的确定

根据《企业会计准则》、应用指南及股权激励有关事项备忘录的相关规定，股份支付授予日的确定需要考虑两个主要因素：一是企业与职工或其他方就股份支付的协议条款和条件已达成一致；二是该协议获得股东大会或类似机构的批准。

第一，分析A公司是否与预留股票期权激励对象就股份支付的协议条款和条件已达成一致。本案例中，2×11年预留股票期权的激励对象并未明确，不满足该条件，2×12年2月公司在明确了预留股票期权的激励对象后，与其就股份支付的协议条款和条件达成一致。

第二，分析A公司预留股票期权支付协议获得股东大会或类似机构批准的日期。本案例中，2×11年1月临时股东大会对预留股票期权授予的批准授权给了董事会，而不再需要获得股东大会批准，因此，A公司董事会批准预留股票期权支付协议的日期可认为是获得批准的日期。

如果A公司与激励对象就股份支付协议的条款和条件达成一致，上报董事会批准，在审批过程中，董事会对协议的一些条款和条件进行了修改，A公司需要就修改后的条款和条件与激励对象进行沟通并取得一致，授予日应为重新取得一致的日期。

综上，A公司预留股票期权授予日应该是与激励对象就股份支付的协议条款和条件达成一致并获得董事会批准的日期。

（二）预留股票期权相对应的股份支付费用的分摊期间

根据企业会计准则的相关规定："在等待期内的每个资产负债表日，应当以对可行权权益工具数量的最佳估计为基础，按照权益工具授予日的公允价值，将当期取得的服务计入相关成本或费用和资本公积"。因此，预留股票期权应该在激励对象确定，股份支付的协议条款和条件达成一致并获得批准时定为授予日，相对应的股份支付费用按授予日的公允价值在等待期内的每个资产负债表日根据当期取得的服务确认。根据会计准则规定，本案例中，可行权条件为规定业绩条件且要求职工行权时在职，所以职工的服务期间不确定而是取决于业绩条件达到的时间，因此预留股票期权的等待期应在授予日根据达到业绩结果最可能的时间合理预计，相对应的股份支付费用在该期间内进行分摊。

案例 9－07 采用期权定价模型确定股票期权公允价值时使用的基础股份的现行价格参数

一、案例背景

2×13 年 1 月 21 日 A 上市公司首次公告期权激励计划草案，2×13 年 5 月 3 日公司与高级管理人员就股票期权计划的协议和条款达成一致，公司向高级管理人员授予股票期权，且该计划得到股东大会批准，因此该期权授予日为 2×13 年 5 月 3 日。A 公司公布期权激励计划草案日的股票收盘价格为 35.60 元每股，授予日的股票收盘价格为 47.80 元每股。

问题：采用期权定价模型确定期权激励计划中股票期权公允价值时，所使用的基础股份的现行价格是哪一时点的价格？

二、会计准则及相关规定

《企业会计准则第 11 号——股份支付》应用指南规定："对于授予的不存在活跃市场的期权等权益工具，应当采用期权定价模型等确定其公允价值，选用的期权定价模型至少应当考虑以下因素：（1）期权的行权价格；（2）期权的有效期限；（3）标的股份的现行价格；（4）股价预计波动率；（5）股份的预计股利；（6）期权有效期内的无风险利率。"

《企业会计准则第 11 号——股份支付》的讲解指出："在选择适用的期权定价模型时，企业应考虑熟悉情况和自愿的市场参与者将会考虑的因素。""一般情况下，对未来的预期建立在历史经验基础上，但如果能够合理预期未来与历史经验的不同，则应对该预期进行修正。未经上述调整的历史经验对微量的预测价值很有限，而且有时可能难以获取历史信息。因此，企业在估计期权定价模型的输入变量时，应充分考虑历史经验合理预测未来的程度和能力，而不能简单地根据历史信息估计波动率、行权行为和股利。"

三、案例解析

根据《企业会计准则应用指南》的相关规定，本案例中，A公司采用期权定价模型确定授予日股票期权的公允价值时，选用的期权定价模型至少应当考虑的因素之一为标的股份的现行价格，由于确定的是授予日的公允价值，因此定价模型输入变量之一的基础股份的现行价格应为基础股份的授予日股价。同时，《企业会计准则第11号——股份支付》的讲解也指出，企业应考虑熟悉情况和自愿的市场参与者将会考虑的因素，选择适用的期权定价模型，并且期权定价模型中其他输入变量涉及估计时（如股价预计波动率、预计股利、行权行为等），应充分考虑历史经验对合理预测未来情况的影响程度。

案例9－08 非控股股东授予职工公司股份的会计处理

公司的股东，包括控股股东和非控股股东。一般情况下，按照集团内股份支付的处理原则，控股股东向公司职工的股权支付属于股份支付。对于非控股股东授予公司员工权益性工具或以权益性工具价值为基础的支付，是否属于股份支付计划，是股份支付准则执行中出现的新问题。

一、案例背景

A公司为上市公司，2×11年1月2日公告，经董事会和职工代表大会审议通过《员工持股计划草案》，该草案中声明员工持股计划的股票来源于控股股东Z先生和其他5名非控股股东从各自所持有的A公司股份中拨出，共680万股，其中Z先生拨出200万股，其他5名非控股股东按一定比例分摊其余480万股；680万股中的100万股将授予A公司董事、监事、高级管理人员，其余580万股将授予其他符合条件的员工。2×11年2月1日，A公司召开临时股东大会审议通过上述草案。2×11年4月1日，680万股已在中国证券登记结算有限责任公司上海分公司办理完过户登记手续，无偿划转给“公司第一期员工持股计划”。

问题：控股股东Z先生和5名非控股股东拨出及授予职工权益工具，该交易是否属于股份支付准则的范围，A公司是否应当确认股权激励费用？

二、会计准则及相关规定

企业会计准则解释第4号中对于集团内的股份支付安排指出：“企业集团（由母公司和其全部子公司构成）内发生的股份支付交易，应当按照以下规定进行会计处理：

（1）结算企业以其本身权益工具结算的，应当将该股份支付交易作为权益结算的股份支付处理；除此之外，应当作为现金结算的股份支付处理。

结算企业是接受服务企业的投资者的，应当按照授予日权益工具的公允价值或应承担负债的公允价值确认为对接受服务企业的长期股权投资，同时确认资本公积（其他资本公积）或负债。

（2）接受服务企业没有结算义务或授予本企业职工的是其本身权益工具的，应当将该股份支付交易作为权益结算的股份支付处理；接受服务企业具有结算义务且授予本企业职工的是企业集团内其他企业权益工具的，应当将该股份支付交易作为现金结算的股份支付处理。”

《国际财务报告准则第2号——以股份为基础的支付》附录A中对于“以股份为基础的支付安排”的定义如下：“主体（或任何其他集团主体或集团主体的任何股东）和其他方（包括职工）之间订立的以股份为基础的支付交易的协议，借此授予其他方取得主体现金或其他资产的权利，其金额是基于主体或其他集团主体的权益性工具（包括股份或股票期权）的价格（或价值）来确定，或者在满足规定的给予条件（如果有的话）时，授予其他方主体或其他集团主体权益性工具（包括股份或股票期权）的权利。”

关于上市公司大股东将其持有的其他公司的股份按照合同约定价格（低于市价）转让给上市公司的高级管理人员的问题，证监会2009发布的《上市公司执行企业会计准则监管问题解答》（2009年第1期）认为该项行为的实质是股权激励，应该按照股份支付的相关要求进行会计处理。根据《企业会计准则第11号——股份支付》及应用指南，对于权益结算中涉及职工的股份支付，应当按照授予日权益工具的公允价值记入成本费用和资本公积，不确认其后续公允价值变动。

三、案例解析

（一）控股股东授予职工公司的权益工具

根据企业会计准则及相关监管规定，控股股东授予职工公司的权益工具，属于集团内的股份支付安排。本案例中，A公司是接受服务企业，由于没有结算义务，应当将控股股东Z先生拨出并授予职工权益工具作为权益结算的股份支付处理，确认相应的股权激励费用。

（二）非控股股东授予职工公司的权益工具

国际财务报告准则关于集团内股份支付，包括集团内任何主体的任何股东，并未限定支付的主体为控股股东。非控股股东授予职工公司的权益工具，也应当视同集团内的股份支付安排，适用于《企业会计准则第11号——股份支付》及相关规定。本案例中，A公司是接受服务企业，由于没有结算义务，应当将5名非控股股东拨出及授予职工权益工具作为一项以权益结算的股份支付进行会计处理，确认相应股权激励费用和资本公积。

【相关案例】

非控股股东向联营企业高管无偿授予该联营企业限制性股票的会计处理

（一）案例背景

A公司持有联营企业甲公司股权比例为45%，为甲公司第一大股东。B公司和C公司分别持有甲公司股权比例为20%和15%，其他自然人合计持有甲公司股权比例为20%。自然人H是甲公司的总经理。根据A公司、B公司和C公司与H的协议约定，如甲公司在未来三年内完成业绩指标，则上述三方股东按各自持有甲公司股权的比例，授予H甲公司股份，授予股份合计占甲公司股权的21%，分三年完成。

问题：非控股股东公司A授予H甲公司股权的协议是否适用股份支付准则？

（二）案例解析

股份支付准则的使用范围并不局限于财务报告主体转让自身权益工具进

行结算的交易，还包括以主体的母公司或同一集团下其他主体的权益工具进行结算的交易。另外，无论转让权益工具的交易是由主体自身做出，还是由其现有股东做出，或由同处于一个企业集团内的其他企业做出均属于股份支付的范畴，企业应当对其在相关交易中所取得的服务予以确认。

无论是根据企业会计准则及其相关规定，还是根据国际财务报告准则关于集团内股份支付的规定，股份支付的授予方可以是集团内任何主体及其股东，股东身份并未被局限于控股股东。因此，非控股股东授予集团内企业职工的权益工具，也应当作为集团内股份支付，适用股份支付准则。

本案例中，甲公司是接受服务企业，由于没有结算义务，应当将公司A、公司B和公司C三方非控股股东授予高级管理人员权益工具的交易作为以权益结算的股份支付进行会计处理，确认相应股权激励费用和资本公积。

案例9－09
员工持股计划参与上市公司定向增发股份的确认

一、案例背景

A公司为上市公司，为了进一步提高员工的凝聚力，实现员工与企业的利益共享，A公司实施了员工持股计划。员工持股计划的资金来源于员工自筹资金，以上市公司非公开发行股票作为员工持股计划的股票来源。员工持股计划中，计划的份额已经分配给每位参与计划的员工，员工是否享有股票增值利益与员工在A公司的后续服务挂钩。本案例中，A公司对员工持股计划不存在控制，无需纳入A公司合并范围。

2×15年，A公司进行股票的定向增发，认购者包括员工持股计划、A公司的关联方及其他不存在关联关系的投资者。股票定向增发的价格按照“不低于定价基准日前20个交易日股票交易均价的90%”确定，并设置禁售期。

问题：员工持股计划参与上市公司定向增发是否构成股份支付？

二、会计准则及相关规定

《企业会计准则第 11 号——股份支付》第二条指出："股份支付是指企业为获取职工和其他方提供服务而授予权益工具或者承担以权益工具为基础确定的负债的交易。股份支付分为以权益结算的股份支付和以现金结算的股份支付。以权益结算的股份支付，是指企业为获取服务以股份或其他权益工具为对价进行结算的交易。以现金结算的股份支付，是指企业为获取服务承担以股份或其他权益工具为基础计算确定的交付现金或其他资产义务的交易。"

《企业会计准则第 11 号——股份支付》同时指出："以权益结算的股份支付换取职工提供服务的，应当以授予日权益工具的公允价值计量。"权益工具的公允价值，应当按照《企业会计准则第 11 号——股份支付》确定。

三、案例解析

在非公开发行的情况下，上市公司制定的定向增发方案以及发行价格往往是上市公司、员工持股计划以及外部投资者等各方商讨博弈的结果。除非存在明确相反证据，股票增发价格一般可以代表其公允价值。员工持股计划以定向增发股票作为其股票来源的情况下，由于认购条件和发行价格与其他投资者并无区别，因此并没有获得额外的好处。在此过程中，上市公司没有为获取员工服务而付出对价，不存在对员工的激励。基于上述情况，员工持股计划参与上市公司定向增发不构成股份支付。

第十章 会计政策、会计估计变更和差错更正

会计政策、会计估计变更和差错更正均会对财务报表所提供信息的可靠性和相关性，以及同一企业不同期间和同一期间不同企业的财务报表可比性产生较大影响。因此，如何正确判断会计政策、会计估计变更和差错更正，并以此提高会计信息的质量，对于上市公司而言是至关重要的。尤其是，近年来上市公司财务报告存在会计估计变更或差错更正的情况已屡见不鲜，这一现象引起了人们的关注。确定某一事项是作为会计估计变更还是差错更正进行处理，通常需要职业判断。虽然会计估计变更和前期差错更正存在本质上的区别，但在实务中有时却往往难以区分。

案例 10 –01 案件判决结果的变化是否应作为会计差错更正处理

一、案例背景

2×11 年 8 月 17 日，A 公司所在市人民检察院（以下简称市检察院）以欺诈发行股票罪对 A 公司提起公诉。2×11 年 12 月 2 日，A 公司所在市区级人民法院（以下简称区级法院）对 A 公司作出刑事判决，判定 A 公司犯欺诈发行股票罪，判处罚金 400 万元。

2×12 年 1 月 31 日，市检察院以原审法院量刑偏轻对区级法院的判决提出抗诉。2×12 年 3 月 29 日，A 公司所在市中级人民法院（以下简称中级人民法院）裁定撤销区级法院作出的刑事判决。

虽然区级法院的判决被中级人民法院撤销，但 A 公司的法律顾问（包括 A 公司的内部法律顾问和本案例中 A 公司聘请的代理律师）仍然认为，A

公司因本次诉讼案被判处的罚金很可能为400万元。根据上述诉讼事实及法律顾问的意见，A公司在2×11年度财务报表中计提了预计负债400万元。A公司2×11年度财务报表于2×12年4月24日经董事会批准对外披露。

2×12年4月26日，市检察院以欺诈发行股票罪、伪造金融票证罪、故意销毁会计凭证罪再次对A公司提起公诉。2×12年5月7日，中级人民法院对A公司所涉案件进行开庭审理。2×13年2月7日，中级人民法院对A公司作出刑事判决，判定A公司犯欺诈发行股票罪，判处罚金1,000万元；犯伪造金融票证罪，判处罚金20万元；犯故意销毁会计凭证罪，判处罚金20万元；共处罚金1,040万元。A公司在上诉期内未对上述判决进行上诉。根据上述判决结果，对于中级人民法院所处罚金超过原已计提预计负债的部分，A公司将其认定为前期差错，追溯调整了2×11年原已计提的预计负债，并在2×12年度财务报表中进行了重述。A公司2×12年度财务报表于2×13年4月22日经董事会批准对外披露。

问题：A公司将中级人民法院所处罚金超过原已计提预计负债的部分作为前期差错更正进行会计处理是否正确?

二、会计准则及相关规定

《企业会计准则第28号——会计政策、会计估计变更和差错更正》第八条规定："企业据以进行估计的基础发行了变化，或者由于取得新信息、积累更多经验以及后来的发展变化，可能需要对会计估计进行修订。会计估计变更的依据应当真实、可靠。

会计估计变更，是指由于资产和负债的当前状况及预期经济利益和义务发生了变化，从而对资产和负债的账面价值或者资产的定期消耗金额进行调整。"

《企业会计准则第28号——会计政策、会计估计变更和差错更正》第十一条规定："前期差错，是指由于没有运用或错误运用下列两种信息，而对前期财务报表造成省略或错报：（一）编报前期财务报表时预期能够取得并加以考虑的可靠信息；（二）前期财务报告批准报出时能够取得的可靠信息。"

《企业会计准则讲解（2010）》第二十九章第四节指出："企业应当严格区分会计估计变更和前期差错更正，对于前期根据当时信息、假设等作了合理估计，在当期按照新的信息、假设等需要对前期估计金额作出变更的，应当作为会计估计变更处理，不应作为前期差错更正处理。”

《国际会计准则第8号——会计政策、会计估计变更和差错》第32段规定：“由于商业活动中内在的不确定因素影响，许多财务报表中的项目不能精确地计量，而只能加以估计。估计涉及以最近可利用的、可靠的信息为基础所作的判断。”

《国际会计准则第8号——会计政策、会计估计变更和差错》第34段规定：“如果据以进行估计的事实发生变化，或者由于新的信息或更多的经验，可能不得不对估计进行修正。按其性质，对估计的修正与前期无关并且不属于会计差错更正。”

中国证监会发布的《关于做好上市公司2010年财务报告及相关工作的公告》（证监会公告［2010］37号）规定：“会计估计是企业对结果不确定的交易或事项以历史积累的和最近可利用的信息为基础所作的判断。会计估计所涉及的交易或事项均有内在的不确定性，进行会计估计的过程是一种集主、客观因素于一体的综合判断过程。因此，不能简单以对或错来评价会计估计，而应评价会计估计确定过程及其依据的合理性。上市公司在年报编制过程中，应合理区分会计估计变更和会计差错更正，并按照会计准则规定进行会计处理，不得利用会计估计变更和差错更正在不同会计期间操纵利润。”

《上市公司执行企业会计准则监管问答解答》（2010年第1期，总第4期）规定：“尽管会计估计所涉及的交易和事项具有内在的不确定性，但如果上市公司在进行会计估计时，已经充分考虑和合理利用了当时所获得的各方面信息，一般不存在会计估计差错。例如由于上市公司据以进行估计的基础发生了变化，或者由于取得新信息、积累更多经验以及后来的发展变化，可能需要对会计估计进行修订，这种修订不属于前期会计差错。只有上市公司能够提供确凿证据表明由于重大人为过失或舞弊等原因，并未合理使用编报前期报表时已经或能够取得的可靠信息做出会计估计，导致前期会计估计结果未恰当反映当时的情况，应按照《企业会计准则第28号——会计政策、会计估计变更和差错更正》进行前期差错更正，其他情况下会计估计变更及影响应采用未来适用法进行会计处理。”

《上市公司执行企业会计准则监管问题解答》（2013年第1期，总第8期）指出：“不应简单将会计估计与实际结果对比认定存在差错。只有在上市公司能够提供确凿证据，表明由于重大人为过失或舞弊等原因，未能合理使用前期报表编报时已经存在且能够取得的可靠信息，导致前期会计估计结果未恰当反映当时情况，才能认定前期会计估计存在差错。前期会计估计存在差错，并不必然进行追溯调整，只有当上市公司确定相关因素导致会计估计差错累计影响数切实可行且该差错重要时，才采用追溯重述法调整前期报表，否则应采用未来适用法。”

三、案例解析

会计估计变更与差错更正有时难以区分，尤其是难以区分会计估计变更和由于会计估计错误导致的差错更正。区分这两者的关键是判定前期作出的会计估计是否存在错误。如果在作出会计估计的当时，没有考虑或没有正确运用编报财务报表时能够合理预计取得的可靠信息，那么这一会计估计就是错误的，属于前期差错，需要遵循差错更正的会计处理方法。反之，如果当时作出的会计估计是以当时存在的、预期能够取得的可靠事实为基础的，而后的会计估计变更又是由于资产和负债的当前状况及预期未来经济利益和义务发生了变化而作出的，那就属于会计估计变更，适用会计估计变更的处理方法。

根据企业会计准则的相关规定，会计估计变更主要是因为赖以进行估计的基础发生变化，或者由于取得了新的信息、积累了更多的经验或后来的发展，可能不得不对会计估计进行修订。而会计估计发生前期差错主要是由于重大人为过失或舞弊等原因，未能合理使用前期财务报表编报时已经存在且能够取得的可靠信息，导致前期会计估计结果未能恰当反映当时的情况。从理论上讲，会计估计变更与差错更正之间存在明显的区别。但在实务中，因难以确定哪些是作出前期会计估计时已经存在且能够取得的可靠信息，企业往往容易混淆会计估计变更与由于会计估计错误导致的前期差错更正。区分两者的关键是判断前期作出的会计估计是否存在错误。如果企业在前期作出会计估计时，存在对前期能够取得的可靠信息的忽略或不当使用的情形，该会计估计就当时情况而言是不合理的，则属于前期差错，应当适用前期差错更正的会计处理方法。如果企业前期的会计估计是以当时存在且能够取得的可靠信息为基础作出的，以后因资产和负债的当前状况及预期经济利益和义务发生了变化而变更会计估计的，则属于会计估计变更，应当适用会计估计变更的会计处理方法。

本案例中，截至2×11年度财务报表批准报出日（2×12年4月24日），A公司与诉讼案件相关且能够取得的可靠信息包括市检察院的起诉书、区级法院的刑事判决书、市检察院的刑事抗诉书、中级法院刑事裁定书以及法律顾问的意见等。A公司根据上述信息在2×11年度财务报表中计提了预计负债400万元，并将其计入当年度损益。A公司上述会计估计是以编制2×11年度财务报表时存在且能够取得的可靠信息为基础作出的，并没有确凿证据表明A公司存在重大过失或舞弊等情形，从而导致其当时的会计估计存在差错。

2×13年2月7日中级人民法院对A公司作出刑事判决后，A公司编制2×12年度财务报表时能够取得的可靠信息就是中级人民法院的刑事判决书。由于A公司没有上诉，中级人民法院刑事判决书中所处罚金金额就是实际结果。该实际结果与前期所计提预计负债金额存在差异，并不表明前期会计估计是错误的。相反，由于取得了最新的信息，使得原先的会计估计不再符合中级人民法院的判决结果，A公司不得不对原先的会计估计进行修订，此种情形属于会计估计变更。

因此，A公司将中级人民法院所处罚金超出2×11年度财务报表原已计提预计负债部分作为前期差错更正进行会计处理是错误的，而应作为会计估计变更处理，在2×12年度财务报表中补计负债640万元，并计入2×12年度损益。

【相关案例之一】

法院判决结果与原估计存在重大差异时，如何区分会计估计变更还是会计差错更正

（一）案例背景

A上市公司原大股东B公司与A公司在2×09年7月至2×10年10月期间发生了一系列关联交易及不正常现金流入流出。此外，在此期间，B公司还通过C公司等特定第三方与A公司发生了一系列不正常现金流入流出。A公司已向法院起诉上述交易与资金的不正常流入流出，以及涉嫌资金挪用行为，该等事项涉及A公司与B公司及上述特定第三方应收、应付款项。

上述案件发生后，A公司在2×10年报中根据当时的情况对相关应收款

项的可回收性进行了估计，计提了相应的坏账准备（约占应收账款的56%）。A公司在2×10年报期间更换了管理层，管理层专门聘请了独立第三方对资产减值情况进行评估，并明确认为当时的“资产的减值的估计、假设是合理的”。之后年度A公司基本未对坏账准备作调整。根据相关法院的判决，上述案件于2×11年末已结案且A公司胜诉，但是由于相关被告已资不抵债，截至2×12年末相关判决未得到执行。A公司管理层认为2×12年12月31日该款项的可回收性与2×11年相比并无实质性的差异，并未调整以前年度已计提的坏账准备。截至2×12年12月31日，A公司对B公司和上述特定第三方公司应收款项余额为人民币6亿元。A公司已对B公司和上述特定第三方公司的应收款项计提坏账准备人民币3.36亿元，应收款项账面净值人民币2.64亿元。A公司2×12年度报表于2×13年3月28日批准报出。

2×13年4月1日，根据相关法院的执行通知书，A公司估计案件的分配比例约为55.5%，如按上述比例分配，A公司预计相关案件可收回的金额约为人民币3.33亿元。截至2×13年8月27日，A公司实际收到的案件执行款共计人民币3.64亿元，与上述应收款账面净值人民币2.64亿元，差异约人民币1亿元。

A公司认为由于相关案件尚未最终执行完毕，待所有案件执行完毕后，A公司将根据所有案件最终的收回金额追溯调整以前年度各期财务报表。

问题：法院判决结果与原估计之间存在的重大差异，应认定为会计估计变更还是会计差错更正？

（二）案例解析

该案件发生后，A公司在2×10年报中根据当时的情况对相关应收款项的可回收性进行了估计，计提了相应坏账准备。公司在2×10年年报期间更换了管理层，管理层专门聘请了独立第三方对资产减值情况进行评估，并明确认为当时的“资产减值的估计、假设是合理的”。虽然上述案件于2×11年末已结案且A公司胜诉，但由于相关被告已资不抵债，截至2×12年年末相关判决未能得到执行。考虑到该案件具体清偿比例待执行后才可明确获知，因而A公司无法取得可靠的信息进一步明确其债权的可收回比例，也没有明确的迹象表明相关公司的偿债能力与以前年度相比有重大变化。如果既没有确凿证据表明前期该会计估计本身存在人为差错或舞弊，也没有证据表明A公司没有运用或错误运用编报前期财务报表时以及前期财务报告批准报出时预期能够取得并加以考虑的可靠信息，而对前期财务报表造成错报，那么前期财务报告被批准报出时A公司管理层认定其已根据当时的信息、假设等作了合理估计，而法院判决后续的执行情况是前期财务报告批准报出后A公司获取的新信息，A公司依据获取的新信息对前期估计金额作出的变更应被作为会计估计变更处理。即A公司不应根据实际收到法院执行款的情况追溯调整前期会计报表。

本案例中值得关注的另外一点是，A公司2×12年度财务报表报出日是2×13年3月28日；2×13年4月1日A公司依据法院的执行通知书就相关案件可收回金额作出了新的估计（人民币3.33亿元）。如果该新估计所依据的案件最新进展情况的相关信息在财务报表报出日前可以获得，那其属于“资产负债表日后取得确凿证据，表明某项资产在资产负债表日发生了减值或者需要调整该项资产原先确认的减值金额”的情形，相关估计变更应作为资产负债表日后调整事项计入2×12年度财务报表。

【相关案例之二】

法院判决结果执行中相关情况变化时，如何区分会计估计变更还是会计差错更正

（一）案例背景

A公司为上市公司，B公司与A公司在2×10年1月1日前存在关联关系，2×10年1月1日后不再存在关联关系。2×08年，B公司以自身房产为抵押向银行借款4,000万元，A公司同时开具了面值为4,000万元的无期限商业承兑汇票作为质押。2×10年，因B公司无力偿还银行债务本金4,000万元（利息已经支付），银行起诉到法院。法院于2×10年作出一审判决，银行先执行B公司的抵押房产，该房产在2×10年底的评估值为6,000万元。

2×11年2月1日，法院二审判决，其中包括银行可以执行B公司的抵押房产以及银行可以要求A公司就B公司未偿还的银行借款承担质押票据的兑付责任。A公司与B公司、法院及银行进行了沟通，银行和法院均同意先执行B公司的抵押房产。2×11年3月，B公司的抵押房产经法院评估作价，准备拍卖，由于B公司不具有支付能力，A公司为促成房产拍卖代B公

司支付了拍卖保证金。

A 公司在 2×10 年资产负债表日判断，由于 B 公司抵押房产价值约 6,000 万元，A 公司与法院和债权人就该偿债事项进行沟通后认为 A 公司不会产生连带偿债损失。2×11 年 4 月 1 日，A 公司公布 2×10 年度报告，考虑到资产负债表日至法院判决日、财务报告报出日期间，B 公司抵押房产价值未大幅下跌（跌破债务本金），A 公司把上述事项作为或有负债进行披露（未计提预计负债）。

2×11 年 4 月到 7 月，由于 B 公司濒临破产等诸多因素，法院迟迟未能执行对 B 公司房产的拍卖。2×11 年 10 月，银行要求 A 公司承担连带偿债责任，A 公司为此被扣划了银行存款 4,000 万元。

问题：A 公司 2×11 年发生的 4,000 万元偿债损失应计入 2×11 年还是应追溯调整到 2×10 年？

（二）案例解析

本案例中，首先应判断 A 公司 2×10 年度财务报表是否存在会计差错。B 公司 2×08 年以房产作抵押举债，2×10 年，因 B 公司无力偿还银行债务本金 4,000 万元，银行提起起诉，法院已于 2×10 年作出一审判决，银行先执行 B 公司的抵押房产，且该房产在 2×10 年末价值已涨至 6,000 万元，比债务本金 4,000 万元高出 2,000 万元。因此，就资产负债表日存在的情况判断，A 公司很可能不需要履行连带责任，所以与这一或有事项有关的义务不满足确认为预计负债的条件。

然后，虽然在 A 公司 2×10 年财务报告报出日（2×11 年 4 月 1 日）之前该诉讼又有了新的进展，即在 2×11 年 2 月 1 日法院判决银行可以执行 B 公司的抵押房产以及银行可以要求 A 公司就 B 公司未偿还的银行借款承担质押票据的兑付责任，但考虑到法院和债权人同意先执行 B 公司的抵债房产，而该抵押房产已经在准备估价拍卖，B 公司抵押房产的价值未出现大幅下跌（跌破债务本金情形），故可以合理预期 B 公司将通过拍卖房产所得偿还银行债务。因此，A 公司仍然很可能不需要履行连带责任，所以与这一或有事项有关的义务仍不满足确认为预计负债的条件。

我们认为，A 公司在 2×10 年报中将 B 公司的连带偿债责任作为或有事项披露是合理的。A 公司在 2×10 年资产负债表日根据当时存在的、预期能够取得的证据进行了判断，且没有证据表明当时的判断存在差错，因此，该事项不属于前期差错。

2×11 年 10 月，由于法院迟迟未能执行对 B 公司房产的拍卖，A 公司为此被扣划了银行存款 4,000 万元，这是该项偿债情况发生了变化，由此产生的对负债账面价值的重估和调整，应属于会计估计变更。根据准则规定，A 公司 2×11 年发生的 4,000 万元偿债损失应计入 2×11 年的损益，不需要追溯调整 2×10 年的相关财务数据。

案例 10－02
关联方转移定价的特别纳税调整应认定为会计估计变更还是会计差错更正

一、案例背景

A 上市公司的经营范围为通信及计算机软硬件技术开发、生产、销售；通信及计算机网络工程技术咨询、技术培训；许可范围内的进出口业务。A 公司的子公司持有 B 公司 30% 的股权，B 公司为中外合资经营企业，主要经营范围为 CDMA（码分多址）移动电话、移动信息终端技术及其他相关产品的研发、生产、销售和售后服务。

B 公司所在地国税局在 2×12 年初进行了一次税收征管普查工作，根据普查结果，在 2×13 年 2 月 1 日向 B 公司下发的《特别纳税调查调整通知书》中指出，B 公司于 2×07 年、2×08 年、2×09 年和 2×10 年纳税年度，违反《中华人民共和国外商投资企业和外国企业所得税法》、《中华人民共和国企业所得税法》及其实施条例和《中华人民共和国税收征收管理法》及其实施细则关于关联企业业务往来、特别纳税调整的有关规定，决定调增 B 公司应纳税所得额，并要求其补缴外商投资企业和外国企业所得税。B 公司 2×12 年度财务报告于 2×13 年 3 月 12 日经董事会批准报出。

B 公司认为，由于其业务特点，其采购被其控股股东控制，交易价格由其控股股东决定，因此 B 公司补缴以前年度税款系因其控股股东违背关联企业业务往来在转让定价方面公平定价的原则，以致被中国税务机关追缴少缴的税款。该部分被追缴的税款本应由 B 公司的控股股东单方面承担，B 公司正积极与其控股股东沟通上述事项，但B公司应先向税务部门缴纳上述少缴的税款，因此应先确认被追缴税款的损失。

基于以上考虑，B公司将上述纳税调整事项作为前期会计差错更正，调整了2×12年度财务报表相关项目期初数据，并在财务报表附注中作为其他对期初数的调整事项予以披露。

问题：B公司是否应将特别纳税调整事项作为前期会计差错更正处理？

二、会计准则及相关规定

《企业会计准则第28号——会计政策、会计估计变更和差错更正》第十一条规定："前期差错，是指由于没有运用或错误运用下列两种信息，而对前期财务报表造成省略或错报。（一）编报前期财务报表时预期能够取得并加以考虑的可靠信息。（二）前期财务报告批准报出时能够取得的可靠信息。""前期差错通常包括计算错误、应用会计政策错误、疏忽或曲解事实以及舞弊产生的影响以及存货、固定资产盘盈等。"

《企业会计准则第29号——资产负债表日后事项》第五条规定："企业发生的资产负债表日后调整事项，通常包括下列各项：（一）资产负债表日后诉讼案件结案，法院判决证实了企业在资产负债表日已经存在现时义务，需要调整原先确认的与该诉讼案件相关的预计负债，或确认一项新负债。"

《企业会计准则讲解（2010）》第二十九章会计政策、会计估计变更和差错更正中规定："会计估计，是指企业对结果不确定的交易或者事项以最近可利用的信息为基础所作的判断。由于商业活动中内在的不确定因素影响，许多财务报表中的项目不能精确地计量，而只能加以估计。估计涉及以最近可利用的、可靠的信息为基础所作的判断。会计估计的存在是由于经济活动中内在的不确定性因素的影响。进行会计估计时，往往以最近可利用的信息或资料为基础。""企业应当严格区分会计估计变更和前期差错更正，对于前期根据当时的信息、假设等作了合理估计，在当期按照新的信息、假设等需要对前期估计金额作出变更的，应当作为会计估计变更处理，不应作为前期差错更正处理。"

中国证监会发布的《上市公司执行企业会计准则监管问题解答》（2013年第1期）规定："不应简单将会计估计与实际结果对比认定存在差错。只有在上市公司能够提供确凿证据，表明由于重大人为过失或舞弊等原因，未能合理使用前期报表编报时已经存在且能够取得的可靠信息，导致前期会计估计结果未恰当反映当时情况，才能认定前期会计估计存在差错。前期会计估计存在差错，并不必然进行追溯调整，只有当上市公司确定相关因素导致会计估计差错累计影响数切实可行且该差错重要时，才采用追溯重述法调整前期报表，否则应采用未来适用法。”

三、案例解析

特别纳税调整事项是一个较为复杂的事项，其中涉及很多对具体情形的判断。将此特别纳税调整事项作为前期会计差错更正还是作为会计估计变更处理，主要取决于B公司在编制前期年度财务报表，以及前期财务报告批准报出时，是否能够取得可靠信息以对该特别纳税事项进行恰当的会计处理。

情形一：特别纳税调整事项作为会计估计变更处理。

一方面，B公司作为独立的市场主体，在正常的生产经营过程中，可合理预计其能取得有关采购或销售的可靠的定价信息。B公司在计算、缴纳所得税以及进行相关会计处理时，有条件充分考虑并正确运用上述可靠信息。若B公司在以前年度已通过与其他独立第三方采购类似商品的价格或与市场类似商品价格进行比较后，没有发现其前期存在转让价格不合理的情况。同时，B公司相应年度的财务报告均已经会计师事务所审计并出具了标准无保留意见的审计报告。那么，上述特别纳税调整事项涉及的年度虽为2×07年至2×10年，但并不代表B公司在相关会计年度存在会计准则中会计差错定义所指向的“没有考虑或错误运用”编报前期财务报表以及前期财务报告批准报出前预期能够取得并加以考虑的可靠信息。

另一方面，所在地国税局在特别纳税调整通知书中也将此次调整明确界定为特别纳税调整事项。特别纳税调整的结果很大程度上取决于税收部门的判断及认定，而企业一般无法直接依照相关税收法律法规计算出需调整的金额。多数情况下税务机关认定了特别纳税调整的具体金额，企业才能获知该信息。

此外，此次特别纳税调整源于当地国税局在2×12年初进行的一次税收征管普查工作，于B公司2×12年度财务报告被批准报出前，当地国税局根据普查结果向B公司下发特别纳税调整通知书。因此，该税务调整事项依照相关会计准则规定应属于资产负债表日后事项中的调整事项，应将该事项的影响计入 2×12 年度财务报表中。

综上所述，在上述情况下，企业将该特别纳税调整事项计入 2×12 年度财务报表更为合理。

情形二：特别纳税调整事项作为前期会计差错处理。

特别纳税调整事项是否应作为前期会计差错处理应考虑该事项于资产负债表日是否已存在，企业是否已依据可获得的可靠信息作出了合理判断及会计处理。若 B 公司在以前年度可以通过与其他独立第三方采购类似商品的价格或与市场类似商品价格进行比较后，能够作出判断其与股东的转让定价明显不公允，需按照税法进行调整的，而 B 公司没有进行这种比较或在显失公允的情况下没有进行应纳税所得额的调整，则这种计算错误应属于前期差错。此外，企业完成所得税汇算清缴并不意味着企业的税务事项完全符合相关税法的规定，企业仍然可能存在违反相关税收法规的情况，税务机关也可对企业进行查处。

综上所述，国税局对 B 公司 2×07 年至 2×10 年纳税年度进行的特别纳税调整，是基于以前年度企业存在不符合独立交易原则，或者其他不具有合理商业目的安排的情况，即当初的税款计算及申报工作存在差错，因而其针对 2×07 年至 2×10 年纳税年度应补缴的相关税款应作为前期会计差错进行调整。

【相关案例之一】

对应交税金的估计与税务机关的批复不一致时，如何区分会计估计变更还是会计差错更正

（一）案例背景

A 公司为上市公司。2×08 年，A 公司由于为与其有业务往来的 B 公司银行贷款提供担保而确认了相应的预计负债，计入了当年度的营业外支出。该担保与 A 公司取得应纳税收入相关。2×10 年，担保责任实际履行完毕，A 公司在 2×10 年企业所得税汇算清缴期间向主管税务机关申请了 3 亿元担保损失税前扣除。若不考虑担保损失，A 公司 2×10 年应纳税所得额为 1 亿元，所得税费用为 0.25 亿元。公司认为，上述担保损失符合税前扣除的条件，但能否扣除最终需主管税务机关认定，而税务机关的认定存在不确定

性。A 公司在披露 2×10 年报时，尚未取得主管税务机关就担保损失扣税认定的批复文件，因此在 2×10 年报中确认了应缴所得税负债 0.25 亿元，并确认了同等金额的当期所得税费用。同时，截至 2×10 年所得税的缴纳截止日，A 公司因未取得主管税务机关批复文件，一直未实际缴纳 2×10 年所得税。

2×11 年 9 月，A 公司取得主管税务机关批复：为 B 公司银行贷款提供担保发生的担保损失共计 3 亿元，可以从应纳税所得额中扣除，并确定可从 2×10 年度应纳税所得额中扣除 1 亿元，剩下 2 亿元可在 2×11 年度（含）及以后年度的应纳税所得额中扣除。

问题：A 公司在 2×11 年取得主管税务机关批准，可以从 2×10 年应纳税所得额中扣除的 1 亿元担保损失及 0.25 亿元所得税费用，应追溯调整计入 2×10 年度还是计入 2×11 年度？

（二）案例解析

本案例中，A 公司从 2×08 年起为 B 公司履行银行贷款担保责任，至 2×10 年履行完毕，共发生了 3 亿元贷款担保损失。A 公司在披露 2×10 年报之时，尚未取得主管税务机关批复文件（批准有关担保损失可以从应纳税所得额中扣除）。A 公司于 2×11 年 9 月取得的主管税务机关批复文件，不属于编制 A 公司 2×10 年度财务报告时"能够合理预计取得并应当加以考虑的可靠信息"，也不属于 2×10 年度财务报告批准报出时"能够取得的可靠信息"。因此，A 公司 2×11 年 9 月取得主管税务机关批复后对相应所得税费用和应缴所得税的调整，不属于前期差错。

我们认为，A 公司于 2×11 年 9 月取得的主管税务机关批复文件，直接导致与 A 公司 2×11 年度应纳税所得额和所得税费用相关的预期经济利益和缴税义务发生了变化，应属于会计估计变更，故应根据准则规定采用未来适用法。

所以，本案例中主管税务机关批准可以从 2×10 年度应纳税所得额中扣除的 1 亿元担保损失，不应追溯调整 2×10 年度财务报表，而应于 2×11 年度应纳税所得额中扣除。其余 2 亿元担保损失，可以根据 A 公司 2×11 年至 2×14 年应纳税所得额大小和主管税务机关批复文件规定进行相应会计处理。符合递延所得税资产确认条件的，应确认相关递延所得税资产。

【相关案例之二】

追缴财政基金是否属于会计差错更正

（一）案例背景

A 公司为上市公司，于 2×11 年 3 月初公布 2×10 年报。年报公布后仅数日，A 公司收到省财政厅《关于〈××省大中型水库库区基金征收使用管理细则（试行）的通知〉》，根据该文件的要求，A 公司应自 2×09 年 5 月 1 日起，对装机容量在 2.5 万千瓦及以上有发电收入的水库和水电站，按照上网电量 8 厘/千瓦时征收库区基金，按照该文件界定的征收范围，A 公司所属已投产电站均需缴纳库区基金。经测算，执行上述规定后，A 公司 2×09 年归属母公司股东的净利润减少约 900 万元，2×10 年归属母公司股东的净利润减少约 1,800 万元。

该文件同时规定：2×09 年 5 月 1 日至 2×10 年 12 月 31 日应征收的大中型水库库区基金收入，由省电网公司代为追缴，并于 2×11 年 4 月 1 日前足额缴入省级国库，2×11 年 1 月 1 日后征收的大中型水库库区基金收入，按《××省大中型水库库区基金征收使用管理细则（试行）的通知》相关规定办理。

问题：A 公司在 2×11 年度补交的 2×09 年度至 2×10 年度的水库库区基金是否属于重大会计差错？是否需要就此进行追溯调整？

（二）案例解析

本案例中，A 公司于 2×10 年度报告报出日后收到政府文件，这不属于准则中规定的“编报前期财务报表时能够合理预计取得并应当加以考虑的可靠信息”，也不属于“前期财务报表批准报出时能够取得的可靠信息”，A 公司在编制 2×10 年年度财务报表时无法取得或预计这一事项，所以该事项不属于前期差错，A 公司 2×09 年至 2×10 年年度财务报告无须进行调整。

根据准则规定，A 公司不需要进行追溯调整，但应对此事项进行专项信息披露。同时，应将 2×09 年度、2×10 年度应计提的库区基金计入 2×11 年一季度财务报告。

案例 10 - 03
固定资产预计净残值变更是否属于会计估计变更

一、案例背景

2×12 年 3 月，A 公司发布会计估计变更公告，将船舶预计净残值从 1,350 元/轻吨变更为 2,860 元/轻吨，变更后船舶的净残值自 2×12 年 1 月 1 日起执行。A 公司认为船舶净残值的变更属于会计估计变更，因此采用未来适用法进行会计处理，由此增加当年度净利润约 5.96 亿元。

根据公开市场的价格信息，从 2×10 年初至 2×12 年初，国内重型废钢价格由于铁矿石原料价格持续高企等原因基本维持在 2,900 元/轻吨左右。与 A 公司相同行业的两家上市公司根据重型废钢价格变动的事实，均在 2×11 年 1 月 1 日发布会计估计变更公告，变更船舶预计净残值，并自变更日起采用未来适用法进行会计处理。

问题：A 公司对船舶净残值的变更是否属于会计估计变更？

二、会计准则及相关规定

《企业会计准则第 28 号——会计政策、会计估计变更和差错更正》第八条规定："企业据以进行估计的基础发生了变化，或者由于取得新信息、积累更多经验以及后来的发展变化，可能需要对会计估计进行修订。会计估计变更的依据应当真实、可靠。

会计估计变更，是指由于资产和负债的当前状况及预期经济利益和义务发生了变化，从而对资产和负债的账面价值或者资产的定期消耗金额进行调整。"

《企业会计准则第 28 号——会计政策、会计估计变更和差错更正》第十一条规定："前期差错，是指由于没有运用或错误运用下列两种信息，而对前期财务报表造成省略或错报：（一）编报前期财务报表时预期能够取得并加以考虑的可靠信息；（二）前期财务报告批准报出时能够取得的可靠信息。”

《企业会计准则讲解（2010）》第二十九章第四节指出：“企业应当严格区分会计估计变更和前期差错更正，对于前期根据当时信息、假设等作了合理估计，在当期按照新的信息、假设等需要对前期估计金额作出变更的，应当作为会计估计变更处理，不应作为前期差错更正处理。”

中国证监会发布的《关于做好上市公司2010年财务报告及相关工作的公告》（证监会公告［2010］37号）规定：“会计估计是企业对结果不确定的交易或事项以历史积累的和最近可利用的信息为基础所作的判断。会计估计所涉及的交易或事项均有内在的不确定性，进行会计估计的过程是一种集主、客观因素于一体的综合判断过程。因此，不能简单以对或错来评价会计估计，而应评价会计估计确定过程及其依据的合理性。上市公司在年报编制过程中，应合理区分会计估计变更和会计差错更正，并按照会计准则规定进行会计处理，不得利用会计估计变更和差错更正在不同会计期间操纵利润。”

《上市公司执行企业会计准则监管问题解答》（2010年第1期，总第4期）规定：“尽管会计估计所涉及的交易和事项具有内在的不确定性，但如果上市公司在进行会计估计时，已经充分考虑和合理利用了当时所获得的各方面信息，一般不存在会计估计差错。例如由于上市公司据以进行估计的基础发生了变化，或者由于取得新信息、积累更多经验以及后来的发展变化，可能需要对会计估计进行修订，这种修订不属于前期会计差错。只有上市公司能够提供确凿证据表明由于重大人为过失或舞弊等原因，并未合理使用编报前期报表时已经或能够取得的可靠信息做出会计估计，导致前期会计估计结果未恰当反映当时的情况，应按照《企业会计准则第28号——会计政策、会计估计变更和差错更正》进行前期差错更正，其他情况下会计估计变更及影响应采用未来适用法进行会计处理。”

《上市公司执行企业会计准则监管问题解答》（2013年第1期，总第8期）规定：“不应简单将会计估计与实际结果对比认定存在差错。只有在上市公司能够提供确凿证据，表明由于重大人为过失或舞弊等原因，未能合理使用前期报表编报时已经存在且能够取得的可靠信息，导致前期会计估计结果未恰当反映当时情况，才能认定前期会计估计存在差错。前期会计估计存在差错，并不必然进行追溯调整，只有当上市公司确定相关因素导致会计估计差错累计影响数切实可行且该差错重要时，才采用追溯重述法调整前期报表，否则应采用未来适用法。”

三、案例解析

根据企业会计准则的相关规定，会计估计变更主要是因为赖以进行估计的基础发生变化，或者由于取得了新的信息、积累了更多的经验或后来的发展，可能不得不对会计估计进行修订。而会计估计发生前期差错主要是由于重大人为过失或舞弊等原因，未能合理使用前期财务报表编报时已经存在且能够取得的可靠信息，导致前期会计估计结果未能恰当反映当时的情况。从理论上讲，会计估计变更与前期差错更正存在明显的区别。但在实务中，因难以确定哪些是作出前期会计估计时已经存在且能够取得的可靠信息，企业往往容易混淆会计估计变更与由于会计估计错误导致的前期差错更正。区分两者的关键是判断前期作出的会计估计是否存在错误。如果企业在前期作出会计估计时，存在对前期能够取得的可靠信息（即编报前期财务报表时预期能够取得并加以考虑的可靠信息以及前期财务报表批准报出时能够取得的可靠信息）的忽略或不当使用的情形，则该会计估计就当时情况而言是不合理的，属于前期差错，应当适用前期差错更正的会计处理方法。如果企业前期的会计估计是以当时存在且能够获得的可靠信息为基础作出的，以后因资产和负债的当前状况及预期经济利益和义务发生了变化而变更会计估计的，则属于会计估计变更，应当适用会计估计变更的会计处理方法。

在本案例中，A 公司按照预计废钢价格和船舶轻吨数估计船舶净残值，并在每个会计年度终了对船舶的使用寿命、预计净残值和折旧方法进行复核。根据公开市场的价格信息，从 2×10 年初至 2×12 年初，国内重型废钢价格由于铁矿石原料价格持续高企等原因基本维持在 2,900 元/轻吨左右。与 A 公司相同行业的两家上市公司均在 2×11 年 1 月 1 日对船舶净残值的估计进行了变更。基于上述事实，我们有理由认为 A 公司 2×10 年度终了在复核船舶预计净残值时应当能够获得上述重型废钢价格变动以及同行业上市公司变更船舶预计净残值的信息，并根据这些信息对船舶预计净残值进行变更。但 A 公司 2×10 年度终了在复核船舶预计净残值时忽略了相关信息，由此导致 A 公司 2×11 年对船舶净残值的估计发生错误。

对于前期差错，企业应当根据其重要性判断该差错是否属于重要的前期差错，如果属于重要的前期差错且确定前期差错累计影响数切实可行，应当采用追溯重述法更正前期财务报表；反之，应调整发现当期与前期相同的相关项目。根据《企业会计准则讲解（2010）》第二十九章第四节，重要的前期差错是指足以影响财务报表使用者对企业财务状况、经营成果和现金流量作出正确判断的前期差错。A 公司上述因会计估计错误导致的前期差错是否属于重要的前期差错，需要根据 A 公司的实际情况作出判断，并相应进行会计处理。

案例 10－04
坏账计提方法的变更应认定为会计估计变更还是会计差错更正

一、案例背景

A 公司主要从事高压电器和风电设备的制造和销售业务。根据 A 公司 2×11 年度报告的披露，其应收账款坏账准备的会计政策如下：（1）对于单项金额重大的应收账款，单独进行减值测试，单项金额重大的应收账款是指金额 1,000 万元以上（含）或占应收账款账面余额 10% 以上的应收账款。（2）对于单项金额不重大的应收账款，按账龄对应收账款进行分组（相同账龄的应收账款具有类似信用风险特征），并分别计提坏账准备：账龄 1 年以内（含 1 年，以下类推）的，按其余额的 4% 计提；账龄 1 至 2 年的，按其余额的 8% 计提；账龄 2 至 3 年的，按其余额的 25% 计提；账龄 3 至 4 年的，按其余额的 50% 计提；账龄 4 至 5 年的，按其余额的 80% 计提；账龄 5 年以上的，按其余额的 100% 计提。（3）对于单项金额不重大的应收账款，如果未来现金流量现值与其账面价值存在显著差异的，单独进行减值测试。

鉴于风电设备制造业的应收账款信用期限呈现延长的趋势（原来的信用期通常为半个月，现在的信用期通常为 9 个月），为准确反映风电设备销售形成的应收账款的减值情况，A 公司董事会于 2×12 年 6 月 1 日通过决议，决定对风电设备销售形成的应收账款坏账准备的会计估计进行变更：对于单项金额不重大的应收账款，按账龄计提坏账准备的比例变更为：信用期内的应收账款，按其余额的1%计提；逾期1年以内（含1年，以下类推）的，按其余额的4%计提；逾期1至2年的，按其余额的8%计提；逾期2至3年的，按其余额的25%计提；逾期3至4年的，按其余额的50%计提；逾期4至5年的，按其余额的80%计提；逾期5年以上的，按其余额的100%计提。

对于上述应收账款坏账准备计提比例的改变，A公司将其作为会计估计变更，采用未来适用法进行会计处理。A公司因此项会计估计变更增加2×12年度净利润8,200万元，占当年度净利润（3,400万元）的241%。A公司在2×12年度财务报表附注中披露了应收账款坏账准备会计估计变更的原因、内容以及其对财务报表的影响。

问题：A公司将应收账款坏账准备计提政策的改变作为会计估计变更处理是否正确？

二、会计准则及相关规定

《企业会计准则第28号——会计政策、会计估计变更和差错更正》第八条规定："企业据以进行估计的基础发行了变化，或者由于取得新信息、积累更多经验以及后来的发展变化，可能需要对会计估计进行修订。会计估计变更的依据应当真实、可靠。

会计估计变更，是指由于资产和负债的当前状况及预期经济利益和义务发生了变化，从而对资产和负债的账面价值或者资产的定期消耗金额进行调整。"

《企业会计准则第28号——会计政策、会计估计变更和差错更正》第十一条规定："前期差错，是指由于没有运用或错误运用下列两种信息，而对前期财务报表造成省略或错报：（一）编报前期财务报表时预期能够取得并加以考虑的可靠信息；（二）前期财务报告批准报出时能够取得的可靠信息。"

《企业会计准则讲解（2010）》第二十九章第四节指出："企业应当严格区分会计估计变更和前期差错更正，对于前期根据当时信息、假设等作了合理估计，在当期按照新的信息、假设等需要对前期估计金额作出变更的，应当作为会计估计变更处理，不应作为前期差错更正处理。"

《国际会计准则第8号——会计政策、会计估计变更和差错》第32段规定："由于商业活动中内在的不确定因素影响，许多财务报表中的项目不能精确地计量，而只能加以估计。估计涉及以最近可利用的、可靠的信息为基础所作的判断。”

《国际会计准则第8号——会计政策、会计估计变更和差错》第34段规定：“如果据以进行估计的事实发生变化，或者由于新的信息或更多的经验，可能不得不对估计进行修正。按其性质，对估计的修正与前期无关并且不属于会计差错更正。”

中国证监会发布的《关于做好上市公司2010年财务报告及相关工作的公告》（证监会公告［2010］37号）规定：“会计估计是企业对结果不确定的交易或事项以历史积累的和最近可利用的信息为基础所作的判断。会计估计所涉及的交易或事项均有内在的不确定性，进行会计估计的过程是一种集主、客观因素于一体的综合判断过程。因此，不能简单以对或错来评价会计估计，而应评价会计估计确定过程及其依据的合理性。上市公司在年报编制过程中，应合理区分会计估计变更和会计差错更正，并按照会计准则规定进行会计处理，不得利用会计估计变更和差错更正在不同会计期间操纵利润。”

《上市公司执行企业会计准则监管问题解答》（2010年第1期，总第4期）规定：“尽管会计估计所涉及的交易和事项具有内在的不确定性，但如果上市公司在进行会计估计时，已经充分考虑和合理利用了当时所获得的各方面信息，一般不存在会计估计差错。例如由于上市公司据以进行估计的基础发生了变化，或者由于取得新信息、积累更多经验以及后来的发展变化，可能需要对会计估计进行修订，这种修订不属于前期会计差错。”

《上市公司执行企业会计准则监管问题解答》（2013年第1期，总第8期）规定：“不应简单将会计估计与实际结果对比认定存在差错。只有在上市公司能够提供确凿证据，表明由于重大人为过失或舞弊等原因，未能合理使用前期报表编报时已经存在且能够取得的可靠信息，导致前期会计估计结果未恰当反映当时情况，才能认定前期会计估计存在差错。前期会计估计存在差错，并不必然进行追溯调整，只有当上市公司确定相关因素导致会计估计差错累计影响数切实可行且该差错重要时，才采用追溯重述法调整前期报表，否则应采用未来适用法。”

三、案例解析

本案例中，我们注意到A公司应收账款信用期存在延长趋势。如果由于信用期较长使得货币时间价值的影响重大，应收账款初始确认时即应考虑折现因素的影响。以下分析假定 A 公司应收账款初始确认已经合理反映了折现因素的影响。我们注意到 A 公司坏账准备计提方法的调整对财务报表的影响十分重大，影响金额是否包含对前期差错的更正要视具体情况而定。单从坏账的估计方法来看，如果风电设备销售合同规定的信用期较长，而信用期内的应收账款与逾期应收账款从历史经验来看发生坏账的比例明显不同，那么仅根据账龄计提坏账准备显然不能真实反映应收账款的减值情况。如果应收账款信用期很短，这一问题的影响并不明显，但随着应收账款信用期的延长，其影响会越来越重大。

所以，就本案例而言，在信用期内的应收账款与逾期应收账款从历史经验来看发生坏账的比例明显不同的情况下，如果因应收账款信用期延长导致处于信用期内但账龄较长的应收账款出现大幅增长的情况发生在 2×12 年度，则 A 公司将前述坏账准备计提方法的变更作为会计估计变更进行会计处理是正确的；如果因应收账款信用期延长导致处于信用期内但账龄较长的应收账款出现大幅增长的情况发生在 2×11 年 12 月 31 日以前，由于 A 公司 2×11 年 12 月 31 日以前相关年度没有根据当时已发生变化的情况对坏账准备计提方法进行变更，按照原坏账准备计提方法计提坏账准备的结果已不能恰当反映当时的情况，因而属于前期的会计估计错误。在此情况下，A 公司应当根据《企业会计准则第 28 号——会计政策、会计估计变更和差错更正》的规定对前期差错作出会计处理。

案例 10－05
会计估计变更的处理

由于企业经营活动中内在的不确定因素，许多财务报表项目不能准确地计量，只能加以估计，估计过程涉及以最近可以得到的信息为基础所作的判断。但是，会计估计毕竟是就现有资料对未来所作的判断，随着时间的推移，如果赖以进行估计的基础发生变化，或者由于取得了新的信息、积累了更多的经验或后来的发展可能不得不对会计估计进行修订。企业对变更后的会计估计应当采用未来适用法。

某些情况下，企业在变更了会计估计之后，对于应该从何时开始采用变更后的估计存在疑问，尤其是当涉及固定资产折旧方法、固定资产使用寿命及应收款项坏账准备计提方法变更的时候。究其原因，一般有以下几种：

1. 报告年度内新增的一些资产，其特征与原资产有所不同，从而对新资产采用新的会计估计。

2. 报告年度内发生了某一事件，导致原来赖以估计的基础发生变化。例如，一项新技术研发成功，使得某类机器设备的预计使用寿命从 10 年延长到 15 年。

3. 随着信息和经验的积累，企业逐渐发现原来的方法已经不再适用或者不够准确。例如，企业在对应收款项组合按照信用风险特征计提坏账准备时，以前并未区分关联方和非关联方款项，都视为具有同样的信用风险特征，随着经验的积累，发现在其他情况（如账龄）相同的情况下，对关联方应收款项发生坏账的比例比非关联方要低很多，因此决定变更坏账准备的计提方法。

上述情况是否属于会计估计变更，如果是会计估计变更，应该从报告年度的期初、导致变更的事件发生日，还是从管理层批准会计估计变更的日期开始按照新的会计估计进行会计处理，实务中存在不同看法。

一、案例背景

A 公司是上市公司。2×12 年 4 月，A 公司发布公告称，经公司董事会审议通过《关于公司固定资产折旧年限会计估计变更的议案》，决定调整公司固定资产预计使用寿命。其中房屋建筑物预计使用寿命，从原定的 20～30 年调整为 20～40 年。A 公司在公告中解释此项变更的原因为：A 公司 2×11 年购置了一栋办公楼，该办公楼的预计使用寿命为 40 年。

问题：A 公司变更后的固定资产折旧年限应该从何时开始适用？

二、会计准则及相关规定

《企业会计准则第 28 号——会计政策、会计估计变更和差错更正》第八条规定："会计估计变更，是指由于资产和负债的当前状况及预期未来经济利益和义务发生了变化，从而对资产或负债的账面价值或者资产的定期消耗金额进行的重估和调整。”第九条规定：“企业对会计估计变更应当采用未来适用法。会计估计变更仅影响变更当期的，其影响数应当在变更当期予以确认；既影响变更当期又影响未来期间的，其影响数应当在变更当期和未来期间予以确认。”

对变更后的会计估计应该从何时开始采用，企业会计准则要求采用未来适用法。《国际财务会计准则第 8 号——会计政策、会计估计变更和差错》第三十八条规定：“对某项会计估计变更影响采用未来适用法确认，意味着该变更适用于自估计变更日开始的交易。”

三、案例解析

实务中，企业普遍都清楚地认识到会计估计变更应该采用未来适用法，但在执行过程中，具体应该从何时开始采用变更后的会计估计仍存在不一致性。针对背景信息汇总所介绍的三种情况，我们认为应该作出不同的判断。

1. 报告年度内新增的一些资产，其特征与原资产有所不同，从而对新资产采用新的会计估计。

这种情况是对新资产采用新会计估计，严格来讲并没有变更原来的会计估计。因此，应该对新资产初始确认后就采用新的会计估计，并在财务报告披露中予以体现。

2. 报告年度内发生了某一事件，导致原来赖以估计的基础发生变化。

如果仅仅是由某一事件导致的会计估计变更，那么变更后的会计估计应该从该事件发生的时候开始；如果该项会计估计变更需要得到企业管理层的批准，则还需要结合会计估计变更的客观原因与管理层主观判断因素来综合考虑适用时间。

3. 随着信息和经验的积累，企业逐渐发现原来的方法已经不再适用或者不够准确，从而需要进行变更。

由于是随着信息和经验的积累才发现需要对会计估计进行变更，企业很难找到某一个确切的时间点来作为估计变更的适用时间。在这种情况下，需要管理层在客观信息的基础上进行更多的主观判断和决策，因此通常应该以管理层作出改变会计估计的决定之后开始适用。为方便实务操作，新会计估计最早可以自最近一期尚未公布的定期报告（如季报、半年报）开始使用，原则上不能追溯到更早会计期间。

本案例中，A 公司原有房屋建筑物的预计使用寿命都在 20 年到 30 年之间，而新增的办公楼预计使用寿命为 40 年。因此，需披露房屋建筑物的预计使用寿命为 20 ~ 40 年。这属于对新资产采用新的会计估计，并不是会计估计变更，应该从该办公楼达到预定可使用状态开始即按照 40 年计提折旧。

【相关案例之一】

（一）案例背景

A 公司是上市公司，2 × 14 年 12 月 31 日发布公告称，由于 A 公司 2 × 14 年 10 月对部分车间的机器设备进行调整，以提高生产效率和机器设备的使用率。在调整完成之后，部分机器设备的预计使用寿命发生改变。以 X 设备为例，设备从 M 车间调整至 N 车间，根据 N 车间的生产计划，预计 X 设备的利用率将大幅提高，从而其预计使用寿命从 10 年缩短到 8 年，剩余使用寿命从 4 年缩短到 2 年。A 公司董事会因此决定将该机器设备的预计使用寿命从 10 年调整为 8 年。

问题：A 公司此项会计估计变更应该如何进行会计处理？

（二）案例解析

本案例中，由于 X 设备的使用方式发生了一定变化，导致其预计使用寿命缩短，属于某一特定事件导致的会计估计变更，应该从 X 设备转移到 N 车间使用（假定为 2 × 14 年 10 月 1 日）之后开始按照新的预计寿命计提折旧。

此外，假设 X 设备原值 1,000 万元，预计净残值为 0，截至 2 × 14 年 9 月 30 日累计折旧 600 万元，净值 400 万元，在改变了估计使用寿命之后，X 设备在 2 × 14 年第 4 季度需计提的折旧为 50 万元（400 万/2 年 × 3/12），即固定资产净值在调整后的剩余年限中按直线法计提折旧，不调整以前各期折旧，也不计算累计影响数。

【相关案例之二】

（一）案例背景

A 公司是上市公司。2 × 11 年 3 月，公司发布公告称，经董事会审议通过，从 2 × 10 年 1 月 1 日起对应收款项坏账准备的计提方法作出调整。

A 公司对单项金额重大的应收款项，单独进行减值测试。有客观证据表明其发生了减值的，根据其未来现金流量现值低于账面价值的差额，计提坏账准备。对单项金额不重大但按信用风险特征组合后该组合的风险较大的应收款项，根据信用风险特征组合确定的计提方法单独进行减值测试，根据信用风险特征组合确定的计提方法为“账龄分析法”。

调整前，坏账准备的计提比例如表 10－1 所示。

表 10－1　　调整前坏账计提比例

账龄	计提比例
1 年以内	2%
1～2 年	5%
2～3 年	20%
3 年以上	50%

调整后，坏账准备的计提比例如表 10－2 所示。

表 10－2　　调整后坏账计提比例

账龄	计提比例	
	非关联方	关联方
1 年以内	5%	0%
1～2 年	10%	2%
2～3 年	30%	5%
3 年以上	60%	20%

A 公司在 2×11 年 3 月发布的公告中声明：（1）由于公司加强了对客户的信用风险管理，日常工作更为细化，积累的信息和数据显示，应收关联方和非关联方的款项在信用风险特征上逐渐呈现出显著的区别，新的会计估计比较有针对性，能更准确地反映客户的应收款项可收回情况；（2）该项会计估计变更从 2×10 年 1 月 1 日起执行，并采用未来适用法。A 公司于 2×11 年 4 月 30 日公布 2×10 年年报。

问题：A 公司的上述会计估计变更处理是否符合会计准则规定？

（二）案例解析

A 公司原来的坏账准备计提方法没有区分关联方和非关联方，而是采用了一个综合的比例来计提坏账准备。在积累了足够的信息和经验之后，A 公司逐渐总结出关联方和非关联方应收款项各自不同的历史损失率，从而作出了变更会计估计的决定。从改变之后的计提比例可以看出，新的计提方法是对原来方法的一种细分，例如，账龄在 1 年以内的应收款项，原来是按照应收款项的 2% 计提坏账准备，变更之后是应收关联方款项不计提坏账准备，应收非关联方款项计提 5% 。

我们认为，这种基于历史信息和经验的积累而逐渐形成的会计估计变更，需要管理层在历史经验的基础上及时作出判断和决策，因此，应该在管理层决定变更的时候开始适用，除非有确凿证据证明在较早时点原会计估计已经不恰当了，则需要考虑是否存在前期会计差错。

第十一章 列报和披露

案例 11－01 会计科目的使用与财务报表的列报

《企业会计准则——应用指南》的附录规范了会计科目和主要账务处理。会计科目和主要账务处理依据企业会计准则中确认和计量的规定制定，涵盖了各类企业的交易或者事项。企业在不违反会计准则中确认、计量和报告规定的前提下，可以根据企业的实际情况自行增设、分拆、合并会计科目。

《企业会计准则第 30 号——财务报表列报》（2014 年修订）的应用指南规定了一般企业报表格式。其报表项目来自于《企业会计准则——应用指南》附录中的主要科目，并按照这些科目常见的余额情况在报表中相应列示。例如，“可供出售金融资产”在一般企业报表格式中列为非流动资产，“预付款项”列为流动资产。

实务中，一些上市公司教条地使用报表格式，简单地认为会计科目使用与财务报表列报科目应该完全一致，导致财务报表并未按照《企业会计准则——基本准则》的原则和《企业会计准则第 30 号——财务报表列报》（2014 年修订）的要求进行列报。

一、案例背景

A 公司为上市公司。该公司 2×11 年预付给供应商 1,000 万元用于进口某台机器设备。2×11 年 12 月 31 日，该机器设备尚未到货。A 公司查阅了《企业会计准则——应用指南》附录中的科目账务处理，注意到“1123 预付账款”中指出“企业进行在建工程预付的工程价款，也在本科目核算”。A公司因此将该笔1,000万元的预付设备采购款在“预付账款”科目进行核算。在编制2×11年度财务报表时，由于《企业会计准则——第30号财务报表列报应用指南》给出的财务报表格式将“预付款项”作为一个单独的报表项目列示于流动资产，因此，A公司将这1,000万元预付设备款包含在流动资产中的“预付款项”中进行列报。

问题：用于购建固定资产的预付款项在资产负债表中应该如何列报？

二、会计准则及相关规定

《企业会计准则——基本准则》规定：“资产是指企业过去的交易或者事项形成的、由企业拥有或者控制的、预期会给企业带来经济利益的资源”。“负债是指企业过去的交易或者事项形成的、预期会导致经济利益流出企业的现时义务”。

《企业会计准则第30号——财务报表列报》(2014年修订)第十七条规定：“资产满足下列条件之一的，应当归类为流动资产：

（一）预计在一个正常营业周期中变现、出售或耗用。

（二）主要为交易目的而持有。

（三）预计在资产负债表日起一年内变现。

（四）自资产负债表日起一年内，交换其他资产或清偿负债的能力不受限制的现金或现金等价物”。

第十九条规定：“负债满足下列条件之一的，应当归类为流动负债：

（一）预计在一个正常营业周期中清偿。

（二）主要为交易目的而持有。

（三）自资产负债表日起一年内到期应予以清偿。

（四）企业无权自主地将清偿推迟至资产负债表日后一年以上。负债在其对手方选择的情况下可通过发行权益进行清偿的条款与负债的流动性划分无关”。

三、案例解析

首先，不能仅仅根据日常核算时所使用的会计科目来决定资产负债表中的列报。《企业会计准则——应用指南》的附录只是对企业的会计科目设置和日常会计核算提供指引，而在编制财务报表，确定资产的分类时还是应该根据其实际情况，遵循《企业会计准则第30号——财务报表列报》中有关流动性分类的原则进行考虑。

另外，用于购建固定资产的预付款项应该列报为流动资产还是非流动资产的问题，实务中一直存在不同的观点。

一种观点认为，如何列报预付工程设备款应该取决于预付款结转为其所购买的资产的时间。如果预付款预计将在未来一年（或者一个营业周期）之内结转为其他资产，则预付款应作为流动资产列报，否则，应作为非流动资产列报。

另外一种观点认为，判断预付款作为流动资产还是非流动资产列报应该依据该预付款所购买的标的资产的类别来决定。例如，为购买存货支付预付款应当列报为流动资产，而为购买固定资产而支付的预付账款则应该列报为非流动资产。

根据《企业会计准则第30号——财务报表列报》的有关规定，预计在资产负债表日起一年内或一个正常营业周期中变现、出售或耗用的资产为流动资产。从预付账款的性质分析，企业显然不是为了出售或耗用的目的而持有预付账款，因此在考虑预付款项的分类时，应当重点分析其“变现”的时间。我们认为，这里的“变现”的含义并不是指将该项资产处置后收回现金，而是指该项资产的经济利益的预期实现方式。因此，我们需要从预付账款所包含的经济利益的实现方式和时间来分析其在资产负债表中的分类。从预付账款的性质来看，预付账款是企业为了购买某项资产而预先支付的合同价款。通常情况下，企业为取得某项资产而支付预付款，在评价其经济利益时，并不会以该笔预付款是否成功地转化为其所购买的资产作为依据，而是会将其视为该项资产的一部分，分析该项资产的经济利益是否实现。例如，企业为购买存货或固定资产而支付一笔预付款，企业并不会以该笔预付账款已经结转为存货或固定资产就视为其经济利益已经实现，而是会关注该款项所购买的存货的出售或耗用情况、所购买的固定资产的使用情况来判断该笔款项经济利益的实现情况。因此，在分析预付账款经济利益的预期实现方式时，不能与其所购买的资产割裂开来，而是应该取决于其最终形成的资产的经济利益实现的时间及方式。

此外，从为报表使用者理解财务报表所传达的信息来看，正常情况下，为购买长期资产而支付的预付账款不可能在短期内变现，而是会转化为一项非流动资产，企业在未来较长的时期内使用该项非流动资产并从中获利。在这种情况下，如果将预付账款分类为流动资产，则很可能会对报表使用者产生误导，使其对企业的流动性、短期偿债能力等作出错误的评价，进而影响报表使用者的经济决策。

因此，我们认为，为购建固定资产而预付的款项，日常会计核算时在“预付账款”科目反映，在期末编制财务报表时，应分类为非流动资产，列示于其他非流动资产中，并在附注中披露其性质。

公司应注重区分核算科目与报表列报的区别，原则上不管日常核算采用什么科目，在进行报表列报时，都应该按照《企业会计准则第 30 号——财务报表列报》中关于流动性与非流动性的划分原则进行判断，合理确定相关项目在报表中的列报方式。

案例 11 - 02
现金流量的分类

现金流量表反映了企业一定期间现金和现金等价物的流入和流出。根据企业业务活动的性质和现金流量的来源，需要将现金流量分为经营活动、投资活动和筹资活动的现金流量，这有助于财务报表使用者对企业获取现金的能力以及企业的支付能力、偿债能力和周转能力作出评价，预测企业未来的现金流量，并且从现金流量的角度了解企业收益的质量，从而为分析和判断企业的财务前景提供有用信息。

企业会计准则对于现金流量分类进行了规范。实务中，企业在编制现金流量表时，由于某些交易的特殊性质，可能导致不同的企业对其所产生的现金流量的分类存在不同的判断，从而影响企业之间财务信息的可比性，进而影响财务报表使用者对企业作出评价。

一、案例背景

A 公司为上市公司，2×11 年 8 月，A 公司因销售商品取得 6 个月到期的银行承兑汇票1,000万元。为了加快资金回笼，A公司于2×11年12月31日将该票据贴现，取得现金995万元。

问题：A公司在编制2×11年度现金流量表时，因贴现银行承兑汇票而取得的现金995万元应该如何进行分类？

二、会计准则及相关规定

根据《企业会计准则第31号——现金流量表》的有关要求，现金流量表应当分别经营活动、投资活动和筹资活动列报现金流量。其中，投资活动是指企业长期资产的购建和不包括在现金等价物范围内的投资及其处置活动，例如购建长期资产、对外投资、取得投资收益等；筹资活动是指导致企业资本及债务规模和构成发生变化的活动，例如吸收投资、取得借款、偿还债务和分配利润等；经营活动则是指企业投资活动和筹资活动以外的所有交易和事项，例如采购、销售商品、支付工资以及支付各项税费等。

三、案例解析

根据现金流量表准则的有关要求，企业的业务活动按照其性质不同而被分类为经营活动、投资活动和筹资活动，相应的，不同业务活动产生的现金流量也依据其来源不同而被分类为经营活动现金流量、投资活动现金流量和筹资活动现金流量。企业在编制现金流量表时，应当首先根据现金流量表准则给出的原则对于产生该现金流量的业务活动的性质进行区分，进而确定现金流量的分类。

本案例中，企业的应收票据一般是通过销售商品或提供劳务取得的，如果不提前贴现，而是持有至到期再进行承兑，其现金流入通常可认定为与经营活动有关的现金流量。然而，在票据到期之前，对于将其向银行贴现取得现金流量的分类，实务中一直存在不同的观点。

一种观点认为，票据贴现产生的现金流入应当作为筹资活动的现金流量，因为其实质是企业为了提前收回资金而向银行进行融资的行为。特别是在银行承兑汇票附有追索权，且在贴现时由于风险报酬没有转移而不符合终止确认条件的情况下，票据贴现通常会被视为企业以票据质押的方式向银行进行融资，相应取得的现金在资产负债表中会被确认为短期借款。根据《企业会计准则第31号——现金流量表》的有关规定，筹资活动是指导致企业资本及债务规模和构成发生变化的活动，取得借款属于企业的筹资活动，因此应收票据贴现取得的现金流量属于取得借款收到的现金，从而被分类为筹资活动的现金流量，这样的处理方式也能够使现金流量表与资产负债表的处理保持一致。

然而，如果按照上述逻辑将应收票据贴现产生的现金流量归类为筹资活动产生的现金流量，可能会产生两个方面的问题：

1. 和一般的筹资活动不同，该“借款”在“归还”时并不会产生现金流出，而是将短期借款和应收票据相互抵销。

2. 在企业大量使用商业汇票进行结算并贴现的情况下，其经营活动产生的现金流量将相对很少。

由于企业在编制现金流量表时不能对现金流量进行虚拟，因此上述两个问题很可能导致这样一个结果：每个会计期间，企业因销售商品确认的销售收入对应的现金（不考虑贴现息）虽然已经收回，但是在现金流量表中，因销售商品这一最重要的经营活动产生的现金流入却很少，而筹资活动的现金流入却很大，而且该筹资活动现金流入在未来不会有对应的现金流出。在这种情况下，现金流量表所揭示的信息意味着该企业通过经营活动获取的现金流入的能力很差，日常经营所需的资金大部分需要通过筹资来实现，这未必反映了企业经营模式的实质，也会使财务报表使用者在评价企业时产生误解。

基于上述考虑，实务中另一种观点认为，票据贴现产生的现金流入应当作为经营活动的现金流量，因为无论是票据到期收回现金还是向银行贴现而提前收回现金，该现金流量的产生都是缘于企业销售商品的行为。销售商品是企业的经营活动，因此其产生的现金流量也应当分类为经营活动产生的现金流量。

这一列报方式能够避免上述第一种观点所导致的问题，但是也有其自身的弊端。例如，如前所述，在贴现的票据不符合终止确认条件的情况下，因票据贴现取得的现金在资产负债表中会被确认为短期借款。此时，从报表之间相互钩稽的角度来看，如果在现金流量表中将其分类为经营活动产生的现金流量，则意味着把借款取得的现金分类为经营活动，显然与现金流量表的规定不符。另外，在某些情况下，如果企业确实因有融资的需求，而将持有的票据向银行贴现以取得现金，那么将票据贴现产生的现金全部作为经营活动的现金流量似乎也没有反映该交易的经济实质。

综上所述，在应收票据贴现且不符合金融资产终止确认条件的情况下，贴现现金流作为筹资活动流入似乎更符合准则中筹资活动的定义；针对实务中普遍存在的银行承兑票据贴现从经济实质来看，作为经营活动流入似乎更能够反映其经济实质。

【相关案例】

（一）案例背景

A公司为上市公司。2×11年出于资金管理需要，公司将其持有的2,000万元定期存单进行质押，获取短期流动借款2,000万元，借款期限为两个月。借款到期后，相关定期存单依约解除质押。

问题：A公司在编制2×11年度现金流量表时，应如何反映上述定期存单的质押与解除质押业务？

（二）会计准则及相关规定

《企业会计准则第31号——现金流量表》第二条：“现金流量表，是指反映企业在一定会计期间现金和现金等价物流入和流出的报表。现金，是指企业库存现金以及可以随时用于支付的存款。现金等价物，是指企业持有的期限短、流动性强、易于转换为已知金额现金、价值变动风险很小的投资。”

《企业会计准则第31号——现金流量表》指出：“现金流量表应当分别经营活动、投资活动和筹资活动列报现金流量。其中，投资活动是指企业长期资产的购建和不包括在现金等价物范围内的投资及其处置活动，例如购建长期资产、对外投资、取得投资收益等；筹资活动是指导致企业资本及债务规模和构成发生变化的活动，例如吸收投资、取得借款、偿还债务和分配利润等；经营活动则是指企业投资活动和筹资活动以外的所有交易和事项，例如采购、销售商品、支付工资以及支付各项税费等。”

（三）案例解析

首先要对定期存单的性质作出判断。企业持有的定期存款本身是否存在限制、是否能够随时支取将影响对于定期存单是否属于现金和现金等价物的判断。如果定期存单存在上述限制则不应作为现金或现金等价物，在此情况下，无论是定期存单的质押或解除质押并不会引起其性质的变化，从而不会产生现金流量。而对于企业出于支付目的而持有的定期存款，在随时支取不存在限制的情况下，其符合现金及现金等价物的定义。一旦相关定期存款被用于质押，由于不再能够随时用于支付，其性质将发生改变，不再满足被划分为现金及现金等价物的条件。同理，相关定期存款的质押解除将使其重新符合企业会计准则对于现金及现金等价物的定义，其性质的转变将产生现金流量。

另外，在判断相关现金流量的归属时，应根据企业所属行业的特点对相关活动的类型进行判断。如企业属于金融行业，则通过定期存款质押获取短期借款的活动相关现金流量有可能归为经营活动现金流量，而如果企业为一般非金融企业，则上述现金流量更可能被归为筹资活动现金流量。

案例 11 – 03
非经常性损益

2008 年证监会发布了《公开发行证券的公司信息披露规范问答第 1 号——非经常性损益（2008)》（证监会公告［2008］43 号)。修订版的非经常性损益规定，相对于原有关规定，在两个方面作了改进：

1. 非经常性损益定义为“与公司正常经营业务无直接关系，以及虽与正常经营业务相关，但由于其性质特殊和偶发性，影响报表使用人对公司经营业绩和盈利能力作出正常判断的各项交易和事项产生的损益。”与原有定义相比，第一，新定义中措辞更严谨，以“正常经营业务”取代了“主营业务和其他经营业务”，既反映新会计准则下利润表列报要求，也考虑了公司经营业务的多样性；第二，强调了非经常性损益的特点是“性质特殊和偶发性”；第三，强调了非经常性损益的性质，即不应将其作为判断公司经营业绩和盈利能力的考虑因素。

2. 在列举非经常性损益项目时，将原规定中“非经常性损益应包括以下项目”相应修改为“非经常性损益通常包括以下项目”，提高了结合公司情况进行判断的自主权。在具体项目上，修订版的非经常性损益增列了“对外委托贷款取得的损益”等六项非经常性损益项目，补充、完善了“非流动资产处置损益”等八项列举的非经常性损益。

经过一段时间的执行，实务中仍存在非经常性损益认定和披露方面的问题。在认定非经常性损益方面，我们认为，应以非经常性损益的定义为依据，同时关注交易的性质、发生的频率以及对报表使用者决策的影响。第一，应关注交易是否具有“非正常”的性质，即同公司的正常业务不相关；第二，要关注交易的发生频率，即在发生频率上具有偶发性；第三，要考虑非经常性损益的性质，即该项目是否能够作为判断公司持续性经营业绩和盈利能力的考虑因素。

由于非经常性损益的认定，是采用定义和列举并用的方法，在上市公司实际执行过程中，存在重形式轻实质的问题：公司在判断某项目是否属于非经常性损益时，只是简单对照规则中列举的各项目认定，凡是规则中列举的项目，就认定为非经常性损益项目，凡是规则中未列举的项目，就认定为经常性损益项目，而不考虑这些项目的性质、发生频率及其与公司经营业务的关联程度。

一、案例背景

近年来，新上市公司因募集资金产生的利息收入普遍较上市前有较大增长，并且对公司当年利润贡献也较大。公司财务费用利息收入来源有两个途径：一是银行存款，二是资金拆借。创业板严格的监管杜绝了拆借资金的可能性，募集资金存款成为利息收入大涨的主要原因。由于对存量募集资金高风险投资的监管限制，新上市公司纷纷采用定期存款、协定存款和通知存款（以下简称定期存款）等形式予以存放，其目的是在合规前提下，获取尽可能高于活期存款利息的收益。募集资金定期存款利息为一些创业板新公司带来了一笔“外快”收入。

问题：募集资金定期存款利息是否属于非经常性损益?

二、会计准则及相关规定

《公开发行证券的公司信息披露解释性公告第1号——非经常性损益（2008）》（中国证券监督管理委员会公告［2008］43号）规定：

“（一）非经常性损益的定义

非经常性损益是指与公司正常经营业务无直接关系，以及虽与正常经营业务相关，但由于其性质特殊和偶发性，影响报表使用人对公司经营业绩和盈利能力作出正常判断的各项交易和事项产生的损益。

（二）非经常性损益通常包括以下项目

1. 非流动性资产处置损益，包括已计提资产减值准备的冲销部分；

2. 越权审批，或无正式批准文件，或偶发性的税收返还、减免；

3. 计入当期损益的政府补助，但与公司正常经营业务密切相关，符合国家政策规定、按照一定标准定额或定量持续享受的政府补助除外；

4. 计入当期损益的对非金融企业收取的资金占用费；

5. 企业取得子公司、联营企业及合营企业的投资成本小于取得投资时应享有被投资单位可辨认净资产公允价值产生的收益；

6. 非货币性资产交换损益；

7. 委托他人投资或管理资产的损益；

8. 因不可抗力因素，如遭受自然灾害而计提的各项资产减值准备；

9. 债务重组损益；

10. 企业重组费用，如安置职工的支出、整合费用等；

11. 交易价格显失公允的交易产生的超过公允价值部分的损益；

12. 同一控制下企业合并产生的子公司期初至合并日的当期净损益；

13. 与公司正常经营业务无关的或有事项产生的损益；

14. 除同公司正常经营业务相关的有效套期保值业务外，持有交易性金融资产、交易性金融负债产生的公允价值变动损益，以及处置交易性金融资产、交易性金融负债和可供出售金融资产取得的投资收益；

15. 单独进行减值测试的应收款项减值准备转回；

16. 对外委托贷款取得的损益；

17. 采用公允价值模式进行后续计量的投资性房地产公允价值变动产生的损益；

18. 根据税收、会计等法律、法规的要求对当期损益进行一次性调整对当期损益的影响；

19. 受托经营取得的托管费收入；

20. 除上述各项之外的其他营业外收入和支出；

21. 其他符合非经常性损益定义的损益项目。”

三、案例解析

我们认为，非经常性损益的界定，必须考虑其定义中的三个要素，即

“与正常经营业务的相关性”、“性质特殊和偶发性”、“体现公司正常的经营业绩和盈利能力”，同时在结合公司实际情况的基础上，参考列举的项目，综合进行判断。简单地把规则列举的项目认定为非经常性损益，或者把规则中未列举的项目认定为经常性损益都可能存在问题。规则允许并强调公司可以在考虑定义、列举项目和实际情况基础上，把规则中列举项目认定为经常性损益，或者把规则中未列举项目认定为非经常性损益。如果公司把规则中列举项目认定为经常性损益的，应当在附注中披露规则中已列举但未被公司认定为非经常性损益项目的名称、金额及原因。如果公司把规则中未列举的项目认定为非经常性损益的，若金额不重大，应将其计入“其他符合非经常性损益定义的损益项目”列报，若金额重大，则应单列其项目名称和金额；同时，还应在附注中披露该项目名称、金额及原因。

本案例中，单独从募集资金产生定期存款利息的性质来看，的确与上市公司日常经营活动无关，从募集资金利息的发生频率来看，也确实存在偶发性的特点。

但是，上市公司发行股份募集资金，本质上属于一种融资行为，一方面增加上市公司的资产，一方面增加其股本和资本公积。在募集资金投入使用之前，以定期存款的方式产生利息收入，其收益率为定期存款利率；在募集资金被用于募投项目并投产之后，带来项目投资收益。两者只是资产以不同的形态存在从而带来不同的收益。而且，相比之下，定期存款的利率还很可能相对较低。

此外，从净资产收益率、每股收益等指标来看，在上市公司发行股份募集资金之后，作为分母的净资产账面价值与股份数都有所增加，如果将募集资金产生的存款利息收入从分子中扣除，反而会导致不匹配的结果。

综上所述，我们认为，募集资金的利息在使用之前产生的定期存款利息不属于非经常性损益。

【相关案例之一】

项目贷款贴息与科研拨款是否属于经常性损益

（一）案例背景

A 公司为上市公司，该公司于 2×11 年获当地政府项目贷款贴息，该贷款贴息优惠是按照每年核准的贷款总额度，核定 2 个百分点的贴息总额，连续贴息 3 年，年贴息额约 1.16 亿元，该项目于 2×13 年 4 月 7 日终止。根据当地政府的批复意见，项目贷款贴息终止后，A 公司仍将继续享受连续 3 年的贴息。2×13 年，A 公司收到的贷款贴息总额共计约 2,400 万元。A 公司将此贷款贴息认定为经常性损益。

此外，A 公司主营项目为国家重点扶持的产业项目，近年来公司坚持自主创新，每年都承接课题研究项目，并持续享受一定量的政府科研拨款。2×13年度，A 公司从国家有关部委及当地政府等部门获得研发课题拨款共计约 3,600 万元。A 公司将此类科研拨款认定为经常性损益。

问题：A 公司将项目贷款贴息与科研拨款作为经常性损益披露是否合理？

（二）案例解析

对于计入当期损益的政府补助，我们认为，在该补助符合国家政策规定的前提下，如果同时符合以下条件，公司方可将其认定为经常性损益：一是与公司正常经营业务密切相关；二是事先明确按照一定标准定额或定量拨付，补助金额没有前置条件，不存在不确定性，不需要每次审批；三是公司能够持续、定期收到政府拨付补助款，不是偶发性的补贴。

A 公司的项目贷款贴息和科研拨款，与公司正常经营业务无直接关系，也不能反映公司的经营业绩和盈利能力，且贷款贴息需要每年按核准的贷款额度确定，而科研拨款也每年均需重新申请，只有申请成功才能获得相应拨款，因此在发生的金额和可能性上也存在不确定性。

我们认为，A 公司 2×13 年收到的贷款贴息和科研拨款，无法同时满足前述将政府补助认定为经常性损益的条件，A 公司应将其作为非经常性损益。

【相关案例之二】

增值税退税款是否属于非经常性损益

（一）案例背景

A 公司为上市公司，主营业务收入主要来自于电子信息数据软件销售和服务。根据国家税务总局于 2×11 年 10 月印发的《关于软件产品增值税政策的通知》（财税［2011］100 号）的相关规定，经国家有关税务部门审核批准，A 公司享受如下的增值税优惠政策：销售自行开发生产的软件产品按 17% 的法定税率征收增值税后，对增值税实际税负超过 3% 的部分实行即征即退。A 公司已于报告期内收到 2×11 年软件产品增值税退税款 5,000 万元，作为政府补助计入 2×11 年营业外收入，作为经常性损益。

问题：A 公司收到的增值税退税款是否属于非经常性损益？

（二）案例解析

增值税退税是否属于非经常性损益，实务中存在不同的观点。

一种观点认为：在非经常性损益的列举项目中，仅仅排除了“与公司正常经营业务密切相关，符合国家政策规定，按照一定标准定额或定量持续享受的政府补助”，所以这里判断的关键是：（1）增值税退税是否与公司正常经营业务密切相关；（2）是否属于定额定量的政府补助。

增值税退税是否与公司正常经营业务密切相关，这个问题比较明确。由于 A 公司的主营业务就是软件销售，因此与软件销售相关的增值税退税与公司正常经营业务密切相关。

是否属于定额定量的政府补助。参照《企业会计准则讲解（2010）》第十七章［例 17-3］，某企业销售产品先征后返增值税应当在实际收到的时候确认为营业外收入（不属于会计准则中所说的按照固定的定额标准取得的政府补助），因此，增值税退税不属于定额定量的政府补助，从而应该作为非经常性损益。

我们认为，不能机械教条地理解会计准则和证监会公告中的文字，会计准则中强调定额标准是为了确保政府补助金额的可靠性和可收回性，从而才能够符合确认的标准，而非经常性损益判断标准中的定额定量标准更侧重于此项政府补助是否属于国家持续的产业政策扶持，是否具有可持续性。A 公司所收到的增值税退税与其主营业务密切相关、金额可确定（当期已经收到）且能够持续取得，应该能够体现公司正常的经营业绩和盈利能力，因此应属于经常性损益。

【相关案例之三】

汇兑损失是否属于非经常性损益

（一）案例背景

A 公司为上市公司，2×10 年 A 公司为进口设备而发生了日元借款，该日元借款按照期末汇率折算产生汇兑损失400万元。A公司将其作为非经常性损益，理由是汇率变动与公司的经营业务无直接关系。

A公司年报显示，该公司取得的4年期日元借款年利率为4%，而同时取得的4年期人民币借款年利率为5.7%。

问题：A公司上述汇兑损失是否属于非经常性损益？

（二）案例解析

非经常性损益的定义为“与公司正常经营业务无直接关系，以及虽与正常经营业务相关，但由于其性质特殊和偶发性，影响报表使用人对公司经营业绩和盈利能力作出正常判断的各项交易和事项产生的损益。”

A公司因进口设备发生日元借款，属于公司正常经营过程中的固定资产投资和筹资行为，很难界定为与公司正常经营业务没有直接关系。此外，我们知道，汇率波动在理论上主要是由于两个国家的利率差造成的。本案例中，A公司日元借款的年利率明显低于人民币借款，日元借款带来的利息费用也就相应偏低，而汇率波动带来的汇兑损失从理论上和实际结果上都是对日元借款利息在一定程度上的调整，不能将二者剥离开来，简单地因为日元借款汇兑损失的性质特殊就将其作为非经常性损益。

【相关案例之四】

与取得政府补助直接相关的费用是否应计入非经常性损益

（一）案例背景

2×13年1月，A公司受邀参与国家某科研项目，国家因此给予A公司一定补助，金额为100万元，用于补偿其以后发生的相关费用，A公司将这100万元计入递延收益。2×13年，A公司因从事该科研项目的研发活动而发生相关费用120万元，计入当期损益。按照《企业会计准则第16号——政府补助》的相关规定，A公司将相关政府补助从递延收益转入当期损益（营业外收入），并作为非经常性损益项目。A公司参与该科研项目所发生的相关费用仅为该项目的专项支出，如果A公司无须实施该项目，则不会发生上述费用。

问题：A公司因从事上述科研项目的研发活动而发生的相关费用120万元，是否应作为非经常性损益项目？

（二）案例解析

公司在判断某事项是否属于非经常性损益时，不仅需参考《公开发行证券的公司信息披露解释性公告第1号——非经常性损益（2008）》中所列举的示例，还应结合该事项的具体情况，根据非经常性损益的定义作出判断。

据A公司介绍，该科研项目与A公司的日常经营活动无密切关系，其可能形成的研究成果也无法直接应用于A公司的日常经营活动中。

由于A公司所参与的该科研项目与其日常经营活动无密切关系，所发生的相关费用仅为该科研项目的专项支出，如果A公司无须实施该项目，则不会发生上述费用。因此，相关费用符合《公开发行证券的公司信息披露解释性公告第1号——非经常性损益（2008）》中非经常性损益的定义，应作为非经常性损益项目。

此外，由于《公开发行证券的公司信息披露解释性公告第1号——非经常性损益（2008）》中所列举的示例中没有关于上述费用的专门项目，因此，应作为"其他符合非经常性损益定义的损益项目"，并根据相关规定在附注中单独作出说明。

【相关案例之五】

金融资产在持有期间取得的利息或现金股利以及可供出售金融资产所计提的减值损失是否属于非经常性损益

（一）案例背景

随着经济环境的变化，上市公司参与金融证券投资的活动越来越多。证监会2008年发布的《公开发行证券的公司信息披露解释性公告第1号——非经常性损益（2008）》（证监会公告［2008］43号）提出非经常性损益通常包括：

"（十四）除同公司正常经营业务相关的有效套期保值业务外，持有交易性金融资产、交易性金融负债产生的公允价值变动损益，以及处置交易性金融资产、交易性金融负债和可供出售金融资产取得的投资收益。"

问题：交易性金融资产和可供出售金融资产在持有期间取得的利息或现金股利以及可供出售金融资产所计提的减值损失是否作为非经常性损益项目？

（二）案例解析

根据证监会的上述规定，在分析交易性金融资产和可供出售金融资产在持有期间取得的利息或现金股利以及可供出售金融资产所计提的减值损失是否作为非经常性损益项目时，我们认为，应首先根据非经常性损益的定义分析企业持有这些资产是否属于其日常经营活动之一，如果是，还需要分析是否属于偶发性事项。

以商业银行为例，银行是经营货币资金的企业，其业务经营范围受金融法律的监管。根据现行的《中华人民共和国商业银行法》第三条，商业银行可以经营的业务包括吸收公众存款；发放短期、中期和长期贷款；办理国内外结算；买卖政府债券、金融债券等十四类业务。

商业银行投资有价证券的主要目的包括[①]：

1. 业务多元化，降低风险。证券投资为银行分散资产提供了一种选择，以避免银行资产过于集中在贷款上。

2. 获取利润。银行投资有价证券产生的收益包括在证券持有期间获得的利息收入以及证券的增值收入。

3. 保持流动性。有价证券可以克服现金缺乏盈利的弱点，又具有较高的流动性，因此是商业银行进行日常流动性管理的重要工具。

综上分析，对于商业银行而言，其持有交易性金融资产和可供出售金融资产产生的损益一般与其正常经营业务直接相关，且交易性质并不特殊，也不是偶发性事项，一般属于经常性损益。

【相关案例之六】

资金占用费作为营业收入是否属于经常性损益

（一）案例背景

A公司为上市公司，根据A公司自身业务性质和营业执照范围，A公司属于非金融企业。A公司的子公司B的核心业务包含保理业务，即向客户提供一系列的销售融资、应收账款融资等综合金融服务。保理业务收入主要包

① 引自金融业高级管理人员任职资格培训教材——《商业银行经营管理》，中国人民大学出版社出版。

括应收保理款的利息收入，实质上是向客户收取的资金占用费，一般按照融资规模的一定比例收取，因此保理服务费也作为与应收款项直接相关的费用。在B公司的财务报表中，B公司将保理业务收入作为营业收入列报。在A公司的合并财务报表中，A公司认定子公司B的保理业务属于集团日常经营活动的组成部分，也将保理业务收入列报为营业收入。

问题：非金融企业收取资金占用费作为营业收入，是否可以作为经常性损益？

（二）案例解析

在对相关收入是否属于非经常性损益的判断过程中，上市公司自身的企业性质并不是决定性的判断因素，而仍应当从非经常性损益的定义出发，结合相关收入的具体情况进行分析和判断。同时，尽管在非经常性损益的规定中，举例提及“计入当期损益的对非金融企业收取的资金占用费”，但并不意味着资金占用费性质的收入必然属于非经常性损益，公司仍可以依据自身情况做出具体判断。

本案例中，如果保理业务构成A集团子公司B的核心业务，且该业务并非临时性、偶发性，则在A公司合并财务报表中，子公司B从事保理业务取得的收入，可以作为经常性损益列报。

【相关案例之七】

企业集团中关于非经常性损益的判断

（一）案例背景

A公司是一家以生产制造为主业的上市公司。2×16年，A公司向独立第三方非金融企业提供银行委托贷款并按照市场利率收取资金占用费。在个别报表中，A公司将相关资金占用费作为非经常性损益进行了披露。A集团中包括一家持有金融牌照的子公司，可以提供贷款等金融服务，相关利息收入作为经常性损益进行披露。

问题：A公司的资金占用费在合并报表中是否可以作为经常性损益？

（二）案例解析

根据证监会发布的《公开发行证券的公司信息披露解释性公告第1号——非经常性损益》中的定义，非经常性损益是指与公司正常经营业务无直接关系，以及虽然与正常经营业务相关，但由于其性质特殊和偶发性，影响报表使用人对公司经营业绩和盈利能力做出正常判断的各项交易和事项产生的损益。同时，解释性公告第1号结合非经常性损益的定义，对常见的非经常性损益项目进行了列举，其中也包括本案例中对非金融企业收取资金占用费的情况。

企业会计准则要求，在编制合并财务报表时，应当将整个企业集团视为一个会计主体，按照统一的会计政策，反映企业集团整体财务状况、经营成果和现金流量。然而，在进行非经常性损益的判断中，对于企业集团内的损益项目应基于单独公司进行。

本案例中，子公司持有金融牌照从事常规性金融业务，收取的贷款利息等收入与其正常经营业务相关，可以作为经常性损益。从A公司自身业务性质来看，委托贷款业务与公司日常经营业务并无直接关系，应被划分为非经常性损益。在合并报表中，A公司向非金融企业收取的资金占用费并不能因为合并范围内有子公司存在相关经营范围而被重新划分为经常性损益。

【相关案例之八】

股权激励费用是否为非经常性损益

（一）案例背景

A公司为上市公司。2×16年A公司通过并实施了股权激励计划。根据企业会计准则关于股份支付的规定，A公司将当期取得的服务计入成本或费用，在年报披露中，相关费用被披露为非经常性损益。

问题：A公司的股权激励费用确认为非经常性损益是否合理？

（二）案例解析

对于很多实施股权激励的公司而言，从其历史来看，公司并没有推出过类似计划；另外，由于单项股权激励计划涵盖一定期间，未来公司可能也不会频繁推出类似激励计划。由于上述原因，实务中有些公司认为股权激励计划具有一定的偶发性并且性质也具有一定的特殊性，将相关费用确认为非经常性损益。

虽然在支付对价的方式上，股权激励计划是以股权工具或基于股权工具而确定的金额支付，与常见的工资、奖金等职工薪酬的形式存在差异。但是，无论是职工薪酬还是股权激励都仅是为了同一目的而采取的不同形式，根本上还是企业为获取职工服务支付的对价，是与企业人工相关的费用。企业雇佣员工，产生相应人工费用属于企业正常经营所必需的，并不符合非经常性损益的定义。因此，不应因股权激励采取的对价形式而将相关费用作为非经常性损益。

【相关案例之九】

商誉减值是否属于非经常性损益

（一）案例背景

A公司以2×13年6月30日为收购基准日，非同一控制下收购标的公司80%股权，转让款分两期支付，A公司以现金支付了第一期价款，第二期股权转让价款的金额根据未来盈利状况确定的最终交易总金额计算。并购日，公司基于对标的公司未来业绩的预测，确认了第二期股权应付款。由于标的公司2×13年和2×14年利润未达到承诺，第二期股权转让价款无需支付。2×14年年末A公司将第二期股权应付款结转至损益，此外计提了商誉减值准备。

问题：因重组标的业绩未达承诺计提的商誉减值是否属非经常性损益？

（二）案例解析

并购重组实务中，交易标的出售方一般会对交易完成后交易标的在一定期间的利润作出承诺。在标的资产未按预期实现承诺利润时，出售方会以股份或现金方式给予上市公司补偿。由于补偿仅针对并购重组交易完成后的特定期间，正常经营情况下，企业取得业绩补偿款不具有持续性，根据解释性公告第1号的规定应确认为非经常性损益。同时，因并购重组产生的商誉，其减值与企业的其他长期资产（例如固定资产、无形资产等）减值性质相同，属于企业日常经营活动产生，应作为企业的经常性损益。

第十二章
合并财务报表

合并财务报表，是指反映母公司和其全部子公司形成的企业集团整体财务状况、经营成果和现金流量的财务报表。合并财务报表的合并范围应当以控制为基础加以确定。一般情况下，当投资方直接或者间接享有被投资单位半数以上的表决权时，通常表明该投资方能够控制被投资单位，应当将该被投资单位认定为子公司，纳入合并财务报表的合并范围。然而，实务中往往也存在控制权不太明确而需要综合考虑的情况。因此，在具体应用控制标准确定合并范围时，应当着重强调实质重于形式，综合考虑所有相关因素进行判断，例如被投资单位的各个投资者的相对持股情况、投资者之间的相互关系、公司治理结构、各投资者对被投资单位的权利及承担的风险和收益的大小、日常经营管理特点等因素，需要较多的专业判断。此外，合并财务报表编制中关于抵销分录的编制、特殊事项调整、丧失子公司控制权的处理，以及少数股权的列报等，实务中也存在对准则理解的偏差、具体处理不一致的问题。

案例 12 - 01
涉及委托经营管理时合并范围的确定

一、案例背景

A 公司为上市公司。B 公司原为国有企业，当地国资委于 2 × 11 年与 C 公司签订协议，将 B 公司主要房屋、建筑物和机器设备等资产确定为实收资本，注册成立 D 公司并委托 C 公司在授权范围内组织日常生产经营和管理，但 D 公司的相关活动仍需要得到委托方，即当地国资委的批准。C 公司对 D

公司的经营权为期10年，从2×11年11月起开始计算。D公司生产经营产生的利润或亏损，由C公司享有或承担40%，B公司享有或承担60%。B公司投入的注册资本完全由B公司享有，C公司不享有该部分资产的产权。

经有关部门批准，A公司与C公司签订协议，A公司吸收合并C公司。吸收合并后，A公司未对D公司进行投资，但通过C公司与D公司的原协议持有D公司40%的收益权，而D公司的产权仍由B公司及当地国资委管理。

2×14年12月，A公司与当地国资委签订《产权转让合同》，受让D公司全部产权，包括由当地国资委持有的D公司终极产权，以及当地国资委享有的D公司60%收益权和C公司享有的D公司40%收益权。对于D公司账面净资产与A公司投资成本之间的差额，A公司认为：C公司原组织、管理、控制D公司的生产经营，C公司对D公司形成控制。在A公司吸收合并C公司后继承了原C公司享有的对D公司的经营权和40%收益权，因此，A公司对D公司形成控制。A公司可以比照购买子公司其他股东持有的股权的核算原则，将上述差异冲减合并报表的资本公积。

问题：A公司的上述会计处理是否正确？

二、会计准则及相关规定

《企业会计准则第33号——合并财务报表》（2014年修订）第七条对“控制”的定义如下：“控制是指投资方拥有对被投资方的权力，通过参与被投资方的相关活动而享有可变回报，并且有能力运用对被投资方的权力影响其回报金额。”

《企业会计准则第33号——合并财务报表》（2014年修订）第十三条与第十四条进一步对表决权比例超过半数和未超过半数的情形作出了原则性规定：

“第十三条　除非有确凿证据表明其不能主导被投资方相关活动，下列情况，表明投资方对被投资方拥有权力：

（一）投资方持有被投资方半数以上的表决权的。

（二）投资方持有被投资方半数或以下的表决权，但通过与其他表决权持有人之间的协议能够控制半数以上表决权的。

第十四条　投资方持有被投资方半数或以下的表决权，但综合考虑下列事实和情况后，判断投资方持有的表决权足以使其目前有能力主导被投资方相关活动的，视为投资方对被投资方拥有权力：

（一）投资方持有的表决权相对于其他投资方持有的表决权份额的大小，以及其他投资方持有表决权的分散程度。

（二）投资方和其他投资方持有的被投资方的潜在表决权，如可转换公司债券、可执行认股权证等。

（三）其他合同安排产生的权利。

（四）被投资方以往的表决权行使情况等其他相关事实和情况。”

《企业会计准则第 33 号——合并财务报表》（2014 年修订）第十八条、第十九条引入了关于拥有决策权的投资者是委托人还是代理人的判断指引。

“第十八条　投资方在判断是否控制被投资方时，应当确定其自身是以主要责任人还是代理人的身份行使决策权，在其他方拥有决策权的情况下，还需要确定其他方是否以其代理人的身份代为行使决策权。

代理人仅代表主要责任人行使决策权，不控制被投资方。投资方将被投资方相关活动的决策权委托给代理人的，应当将该决策权视为自身直接持有。

第十九条　在确定决策者是否为代理人时，应当综合考虑该决策者与被投资方以及其他投资方之间的关系。

（一）存在单独一方拥有实质性权利可以无条件罢免决策者的，该决策者为代理人。

（二）除（一）以外的情况下，应当综合考虑决策者对被投资方的决策权范围、其他方享有的实质性权利、决策者的薪酬水平、决策者因持有被投资方中的其他权益所承担可变回报的风险等相关因素进行判断。”

目前的国际财务报告准则中对于控制的判断原则与修订后的《企业会计准则第 33 号——合并财务报表》是一致的。已于 2013 年 1 月 1 日起生效的《国际财务报告准则第 10 号——合并财务报表》则对控制关系中的“委托人”和“代理人”给出了详细的指引。《国际财务报告准则第 10 号——合并财务报表》第 B58 段规定：“当行使决策权的投资者（决策者）评估其是否控制被投资单位时，其应当判断自身为委托人还是代理人。投资者也应当判断享有决策权的其他投资方是否为其代理人。代理人是主要代表其他一方或者其他各方（委托人）活动的主体，因此，当代理人行使其决策权力时并不代表该代理人控制被投资单位。有时某委托人的权力可能由其代理人代为行使。某决策者并不仅仅因为其他方能够从其决策中收益而成为代理人。”第 B59 段规定：“某一投资方可能将其对某些特定事项或者所有相关活动的决策权力授权予某代理人。当该投资方评估其是否控制被投资单位时，其应当将授予代理人的所有决策权视同为其自身持有的权力。”

三、案例解析

控制是指投资方拥有对被投资方的权力，通过参与被投资方的相关活动而享有可变回报，并且有能力运用对被投资方的权力影响其回报金额。从这个定义可以看出其核心要素包含以下三个部分：

1. 投资方拥有对被投资方的权力。投资方享有现时权利使其目前有能力主导被投资方的相关活动，而不论其是否实际行使该权利，视为投资方拥有对被投资方的权力。

2. 投资方对被投资方享有可变回报。投资方自被投资方取得的回报可能会随着被投资方业绩而变动的，视为享有可变回报。投资方应当基于合同安排的实质而非回报的法律形式对回报的可变性进行评价。

3. 投资方有能力运用对被投资方的权力影响其回报金额。

关于控制的内容，实务中存在一定的困惑，投资者需要对所有事项都有决定权还是仅仅对部分事项拥有决定权即可判断为存在控制，究竟哪些决策属于“财务和经营政策”的范畴。投资方应当在综合考虑所有相关事实和情况的基础上对是否控制被投资方进行判断。一旦相关事实和情况的变化导致对控制定义所涉及的相关要素发生变化的，投资方应当进行重新评估。相关事实和情况主要包括：（1）被投资方的设立目的；（2）被投资方的相关活动以及如何对相关活动作出决策；（3）投资方享有的权利是否使其目前有能力主导被投资方的相关活动；（4）投资方是否通过参与被投资方的相关活动而享有可变回报；（5）投资方是否有能力运用对被投资方的权力影响其回报金额；（6）投资方与其他方的关系。我们认为，在判断是否存在控制时，应首先判断投资方是否拥有对被投资方的权力，而在判断是否拥有权力时，应当仅考虑与被投资方相关的实质性权利，不考虑保护性权利。所谓实质性权利，是指持有人在对相关活动进行决策时有实际能力行使的可执行权利；而保护性权利，是指仅为了保护权利持有人利益却没有赋予持有人对相关活动决策权的一项权利。若投资方仅享有保护性权利，则投资方不拥有对被投资方的权力。一般来讲，保护性权利是指出于保护全部或部分投资者（尤其是小股东）利益的目的，对于与公司正常经营活动无关，或者因为其金额非常重大、性质非常特殊等原因，会严重影响到公司正常业务的决策，适用更为谨慎的决策程序（例如，需全体股东表决通过等）。下面这些决议内容很可能属于保护性权利：对公司增加或者减少注册资本作出决议；对发行公司债券作出决议；对公司合并、分立、变更公司形式、解散和清算等事项作出决议；修改公司章程，等等。

另外，实质性权利强调的是持有人在对相关活动进行决策时有实际能力行使的可执行权利，而不论其是否实际行使该权利。有的情况下，投资者可能主导被投资方相关活动的决策，但并非直接管理与运营这些相关活动，而将决策的执行委托给管理层或者其他代理人。例如，某些承包经营的安排中，受托方根据委托方确定的相关活动决策，只负责所承包企业的日常经营活动；又如，一些酒店的业主会与酒店管理公司签订合约，将酒店的日常经营活动交给酒店管理公司去经营，业主对酒店的经营方针、规划、年度预算等拥有决策权，业主支付给酒店管理公司的管理费与酒店的经营业绩挂钩。在这些情况下，酒店管理公司很可能是以“代理人”的身份去执行委托人制定的政策。

实务中还需要注意区分持股比例和表决权比例，尤其是在某些企业类型中，表决权比例与持股比例通常是不一致的，例如，有限合伙企业中，经常可以看到这样的情形，普通合伙人的出资比例很低，但普通合伙人是执行合伙人，对合伙企业事务具有控制权；又如，中外合资经营企业中，董事会是最高权力机构，投资者的表决权体现为他们在董事会的席位，有可能与投资者的出资比例不相等。

即使在表决权比例超过半数的情况下，也不能直接判断有控制权，实务中存在这样的情形：投资者在被投资单位的表决权比例超过半数，但是被投资单位的一部分重要财务或经营政策需要 2/3 或者全部表决一致才能通过。这种情形之下，投资者对被投资单位仍然没有控制权。

控制的判断是一个较为复杂的问题，以上分析也不能涵盖所有的方面，但总的来说，都需要紧扣“控制”定义的核心要素，结合被投资单位的法律形式、投资合同、章程、董事会设置等方面综合考虑。

在本案例中，A 公司吸收合并 C 公司后，继承了 C 公司 2×11 年与当地国资委签订协议中约定的相关的权利和义务，即由 A 公司组织 D 公司生产经营、管理控制，A公司按照40%比例享有或承担D公司生产经营产生的利润或亏损。因此，控制权判断的关键在于分析A公司（吸收合并前的C公司）对D公司的经营和管理是以主要责任人身份（Principal）还是代理人（Agent）身份进行。在本案例中，A公司（吸收合并前的C公司）仅仅能在授权范围内组织日常生产经营和管理，重大的财务和经营决策仍需要得到当地国资委的批准，更重要的是国资委可以单独罢免C公司对D公司的经营管理权，可见其经营管理权在实质上仍受到较大的限制和制约，只是承担代理人的角色。

另一方面，根据案例背景，从“当地国资委于2×11年与C公司签订协议”看，“B公司投入的注册资本完全由B公司享有，C公司不享有该部分资产的产权”，“A公司吸收合并C公司后，未对D公司进行投资，仍通过原协议持有D公司40%收益权，而D公司的终极产权由当地国资委管理”。据此，我们认为，A公司实质上也并不享有D公司的财产权和剩余收益权，这部分权益由委托人，即当地国资委享有。

综上所述，就经济实质而言，A公司（吸收合并前的C公司）实际上充当的是受托进行日常经营管理的角色，代表其委托人，即当地国资委对D公司的生产经营进行管理，即A公司并不能控制D公司。

在A公司与当地国资委签订《产权转让合同》，受让D公司全部产权和剩余收益权后，D公司才从此时开始成为A公司的全资子公司，A公司应从此时起将其纳入合并范围，并按照非同一控制下的企业合并进行相关会计处理。

【相关案例之一】

（一）案例背景

为尽快扭亏，A公司2×16年与其控股股东B集团签订托管经营协议，由B集团将其旗下三家盈利的单位托管给A公司经营。托管协议主要条款为：

1. 托管范围：上述三家单位的整体经营权，包括上述三家单位资产、经营、投资、管理等经营活动事项。但未经B集团同意，A公司不得处置标的公司的重大资产。

2. 托管期限：2×16年1月1日至2×18年12月31日。在托管期届满后，双方可协商是否延长，协商一致同意延长的，双方应续签托管经营协议。

3. 损益归属：托管期内，托管资产范围内具体矿产、股权、土地、房产、设备等资产的法律权属关系不发生变化。上述三家单位在经营过程中产生的盈利或亏损均由A公司享受或承担，托管期内A公司进行的大修、改造、改扩建等项目投资形成固定资产的，产权归A公司所有，解除协议时由B集团按法定程序购买该项资产。

4. 托管费用：托管费用采用固定费率，标准为各单位税后利润的5%，按年计算和支付，并且为支持A公司发展，自2×16年起两年内免除A公司的托管费。

问题：A公司是否应将B公司纳入2×16年度合并范围？

（二）案例解析

合并财务报表的合并范围应当以控制为基础予以确定。委托、受托经营业务中，是否将标的公司纳入合并报表范围，应根据《企业会计准则第33号——合并财务报表》关于控制的定义和原则，基于标的公司权力和可变回报相关的所有事实和情况进行判断。一般情况下，除非有明确证据表明控制权确实发生了转移，上市公司不能通过委托或受托经营协议改变合并范围。

本案例中，A公司接受其控股股东B集团委托，受托管理B集团旗下三家单位，A公司是否可将受托标的纳入合并报表范围，应进行如下分析判断：

第一，关于对标的公司是否拥有权力的判断。由于标的公司是持续经营的正常公司，影响该公司可变回报的相关活动一般包括企业的生产经营管理、投资管理、资产的管理与处置等。因此，在判断是否对标的公司拥有权力时，除日常生产经营管理活动相关的权力外，还应当考虑是否拥有主导对公司价值产生重大影响的其他决策事项和权力。

本案例中，委托期限为3年，如延长需A公司与受托方协商一致，表明委托方或双方并无长期保持委托关系的意图，受托方仅能在较短或不确定的期间内对标的公司施加影响；同时也表明A公司并无权限单独决定其受托管理期限，不能自主决定其退出的时点；而且在受托期间未经委托方同意，A公司不得处置标的公司的重大资产，表明其通过资产的优化配置获得可变回报的权利受到限制。综上，并不能认为A公司对标的公司拥有权力。此外，某些委托经营合同中约定合同任何一方可以随时终止委托经营合同，在此情况下也表明受托方并不享有对标的公司的实质性权利。

实务中，还应着重分析A公司是否能从实质上享有对被委托单位相关活动的权力，如是否存在证据表明，其能够自主决定标的公司董事会等类似权力机构成员的任命、关键管理人员的任命以及被投资方的重大交易等重大事项；托管期间，受托单位是否以及如何全面、独立负责标的资产的生产、经营、投资、管理以及处置等经济活动，尤其在委托方为其控股股东的情况下，应评价其享有该类经营管理活动是作为主要责任人还是代理人身份。

第二，关于享有可变回报的分析。标的公司获得的可变回报，不仅包括分享的基于受托经营期间损益分配的回报，还应考虑所分享和承担的公司整体价值变动的报酬和风险。本案例中，委托经营协议虽然约定委托期间标的公司损益的绝大比例由A公司享有或承担，但其并不享有标的公司的整体价值：一方面委托经营期限仅为3年，受托期间的可变回报相对于标的公司整体价值而言可能并不重大；另一方面，在受托退出时点，A公司并不享有受托单位的整体价值变动带来的可变回报，换言之，其并不承担或享有受托单位内在价值或市场价值的变化。

综上所述，A公司并不能因受托经营而拥有主导标的公司相关活动的权力，也不享有标的公司的重大可变回报及其可变动性，不应将受托管理的标的公司纳入其合并财务报表范围。

此外，实务中还应关注委托经营的商业目的和经济实质。如相较于委托方，受托方是否存在对被托管单位的管理或技术上的优势或经验，托管费用定价是否公允等。在该案例中，A公司受托经营并非出于其具有管理或技术上的优势和经验，而是为实现尽快扭亏为盈，其是否能对标的公司具有实质性权利值得关注。该委托经营交易发生在与其控股股东之间，实务中还应根据对该项委托经营的实质判断其是否构成与控股股东之间的一项权益性交易。

【相关案例之二】

（一）案例背景

A公司在2×15年12月30日与C公司签订了《承包经营合同》，将全资子公司B公司的整体经营权承包给C公司。B公司为生产制造型企业。合同主要条款如下：

承包期限：自接管日算起，至当年12月31日及其后连续5个自然年度。合同期满A公司收回B公司经营权。经A公司股东大会通过可以将B公司继续对外承包，承包费用和期限另行商定。

承包费：承包费采用固定费用，按年结算和支付。根据承包经营资产现有整体经营水平、财务状况和未来使用效率和风险等因素，经双方协商，确定自接管日至当年年末12月31日及其后1个自然年度，C公司支付给A公司承包费100万元，第二年承包费200万元，第三年至第五年承包费每年300万元。首笔承包费在接管日起30日内付清，之后的承包费于每个承包年度第一个月内付清。

损益归属：承包期内，承包资产范围内厂房、设备等资产的法律权属关系不发生改变，仍归属B公司。承包期内，B公司在生产经营过程中产生的盈利或亏损均由C公司享有或承担。在承包期结束后，对承包经营期间新增的债权债务关系在A公司收回B公司之后发生的坏账等损失及账外负债由C公司承担，A公司有权向C公司追偿。

合同约定未经A公司书面同意，B公司不得对外担保，不得以B公司名义进行贷款或其他融资，不得处置B公司固定资产，不得签署超过承包期限的长期合同，不得超出经营需要招聘、安置员工。

问题：A公司是否应将其对外委托管理的B公司纳入2×15年度合并范围?

（二）案例解析

合并财务报表的合并范围应当以控制为基础予以确定。委托、受托经营业务中，是否将标的公司纳入合并报表范围，应根据《企业会计准则第33号——合并财务报表》关于控制的定义和原则，基于标的公司权力和可变回报相关的所有事实和情况进行判断。一般情况下，除非有明确证据表明控制权确实发生了转移，上市公司不能通过委托或受托经营协议而改变合并范围。

本案例中，A公司将B公司的整体经营权承包给C公司经营，A公司是否因为该项委托经营而不再将标的公司B公司纳入合并报表范围，应结合委托经营协议条款进行如下分析判断：

第一，关于对标的公司是否拥有权力的判断。在判断是否对标的公司拥有权力时，除日常生产经营管理活动相关的权力外，还应当考虑是否拥有主导对公司价值产生重大影响的其他决策事项和权力。

本案例中，一方面，从委托期限而言，该委托经营的委托期限为5年，表明委托方或双方并无长期保持委托关系的意图，受托方仅能在较短的期间内对标的公司施加影响；同时受托方并不能决定委托经营的期限，是否委托以及在5年委托期限到期后是收回管理还是继续委托其他方经营，由A公司全权决定，换言之，A公司有权决定标的公司的管理模式；另一方面，从受托期间的权利范围而言，由于在受托期间，未经委托方同意，承包期内，承包资产范围内厂房、设备等资产的法律权属关系不发生改变，受托方对标的公司的处置权等权利受到限制；同时未经A公司书面同意，标的公司不得对外担保，不得以标的公司名义进行贷款或其他融资，不得处置标的公司固定资产，不得签署超过承包期限的长期合同，不得超出经营需要招聘、安置员工，表明受托方在重大投资、融资等决策上存在限制，而A公司作为委托方在这些相关活动上具有实质性权利。

第二，关于享有可变回报的分析。从标的公司获得的可变回报，不仅包括分享的基于受托经营期间损益分配的回报，还应考虑所分享和承担的公司整体价值变动的报酬和风险。本案例中，虽然受托方享有承包期内标的公司在生产经营过程中产生的盈利或亏损，但一方面，所托期间的盈亏相对于标的公司的整体回报（如整个剩余寿命期间）而言并不重大；另一方面受托方并不享有除经营盈亏外的其他可变回报，如受托管理结束时该标的公司整体价值变动所可能带来的可变回报（如股权价值增加或减少），而作为委托方的A公司，其享有标的公司除经营期间盈亏外的所有可变回报，也享有标的公司的剩余权益。

第三，关于是否有能力运用对被投资方的权力影响其回报金额的分析。从A公司角度而言，其将标的公司委托给其他方管理本身就是行使对标的公司的经营管理这项相关活动的权力，而且其还享有委托期间标的公司的资产处置、重大融资和投资等其他所有相关活动的权力，而这些权力将直接影响标的公司的整体价值（所有可变回报）。受托方享有的经营期间的盈亏只是A公司将标的公司委托给其经营的可变费用。

综上所述，A公司虽然将B公司委托其他方经营，但并未丧失对B公司的控制权，应继续将其纳入合并范围。此外，实务中还应关注委托经营的商业目的和经济实质。例如，相较于委托方，受托方是否存在对被托管单位的管理或技术上的优势或经验，托管费用定价是否公允等。

【相关案例之三】

外包的业务是否纳入合并报表范围

（一）案例背景

A 公司为上市公司，2×11 年 1 月 A 公司与自然人李某签订承包合同，将子公司 B 公司整体承包给李某，B 公司的核心资产为一条具有独立生产能力的通用设备生产线，且 B 公司现有一套生产线管理体系及稳定的生产管理团队。B 公司生产线主要设备的预计尚可使用寿命为 15 年。承包期 2 年，从 2×11 年 1 月 1 日起至 2×12 年 12 月 31 日止，承包期内每年租金 200 万元，无论 B 公司实际业绩如何，李某均须在承包期内每年支付 200 万元给 A 公司。签订承包合同当日，两年的承包费总额占 B 公司资产的公允价值的比例并不重大。承包期间李某自主经营、自负盈亏、依法纳税，依法独立承担民事、行政与刑事等责任，保护所承包经营资产的安全，对其进行日常维修和保养，并在 2 年承包期限届满时将状态良好的生产线交还给 A 公司。此外，A 公司有权通过 B 公司董事会对李某的经营管理行为进行监督，当李某的承包经营行为影响 B 公司形象或损害 B 公司合法权益时，A 公司有权制止。李某未经 A 公司书面授权，不得将该业务委托给第三方进行经营，李某也不得在未取得 A 公司授权的情况下，擅自动用 B 公司的任何资产或者以 B 公司的名义对外借款。

问题：A 公司合并报表应该如何反映该承包经营事项？

（二）案例解析

本案例中，B 公司的核心资产为一条具有独立生产能力的通用设备生产线，且有一套生产线管理体系及稳定的生产管理团队。具有投入、加工处理过程和产出能力，构成一项业务，A 公司应该分析是否对此项业务存在控制。

根据承包合同的安排，两年的承包期内李某自主经营、自负盈亏。A 公司虽然有权对李某的经营管理行为进行监督，但基本上也仅限于一些保护性的监督，例如，当李某的承包经营行为影响 B 公司形象或损害 B 公司合法权益时，A 公司有权制止。从这些安排上来看，A 公司在两年承包期内的确不控制 B 公司的经营活动，B 公司的经营成果不应该反映在 A 公司合并财务报表中。

然而，B公司业务中的核心资产的剩余使用年限为15年，承包人李某仅仅承包2年，承包期占资产剩余寿命的比例非常小，且未经A公司同意，李某不得将该业务委托给第三方进行经营，也不得擅自动用B公司的任何资产或者以B公司的名义对外借款。李某必须在2年承包期限届满时将状态良好的生产线交还给A公司。这些安排都说明，B公司核心资产增值的潜在收益以及贬值的潜在风险仍然主要归A公司所有。从这个意义上来讲，B公司的核心资产、负债仍然应该反映在A公司的合并财务报表中才能完整地反映A公司整个集团所控制的资源。

综上所述，本交易的经济实质可以看作是A公司在保留对核心资产控制权的前提下，向李某让渡了B公司为期2年的生产经营管理权，并相应收取每年200万元的固定承包费作为对价。因此，A公司合并资产负债表中应该包括B公司的资产和负债，A公司合并利润表与合并现金流量表中则应该只体现固定的承包费收入，不包括B公司自身的经营成果和现金流量。

案例12－02
非营利性组织是否应纳入合并范围

根据企业会计准则的规定，合并财务报表的合并范围应当以控制为基础予以确定。在被投资单位为非营利性组织的情况下，能否纳入合并范围，需要结合具体情况进行判断。

一、案例背景

A公司为信息系统行业的上市公司。2×12年1月，A公司与B高等普通大学（以下简称B大学）根据《中华人民共和国民办教育促进法实施条例》（国务院令第399号）和《独立学院设置与管理办法》（教育部令第26号）等相关法律法规的有关规定，签订合作办学协议，设立大学独立机电学院（以下简称“机电学院”）。机电学院具有法人资格，注册资本为1亿元，其中A公司出资7,000万元，持股70%，B大学以无形资产作价3,000万元出资，持股 30%。机电学院对外招生，其性质为利用非国家财政性经费举办的实施本科学历教育的高等学校。

机电学院最高决策机构是学院董事会，董事会成员共 7 人，其中 A 公司委派 4 名，B 大学委派 3 名，A 公司董事长同时任机电学院的董事长。聘任、解聘院长，修改学院章程，制定学院发展规划，审核学院预算、决算，决定机电学院的分立、合并、终止相关的决议须经全体董事 2/3 以上表决通过。除上述事项以外的其他决议由全体董事过半数表决通过。独立学院在扣除办学成本、预留发展基金以及按照国家有关规定提取其他必需的费用后，出资人可以按出资比例从办学结余中取得合理回报。

问题：A 公司是否应将机电学院纳入合并范围？

二、会计准则及相关规定

《企业会计准则第 33 号——合并财务报表》（2014 年修订）第七条规定：“合并财务报表的合并范围应当以控制为基础予以确定。控制，是指投资方拥有对被投资方的权力，通过参与被投资方的相关活动而享有可变回报，并且有能力运用对被投资方的权力影响其回报金额。”

《国际财务报表准则第 10 号——合并财务报表》第 B57 段规定：“回报的例子包括：（1）股利，被投资单位其他经济利益的分配（例如被投资者发行的债务工具产生的利息）以及投资方对被投资单位的投资的价值变动；（2）因向被投资单位提供服务而得到的补偿、因提供信用支持或流动性支持产生的费用或损失风险、被投资单位清算时的剩余权益、税收回报以及因涉入被投资单位而获得的未来流动性；（3）其他利益相关者无法得到的回报，例如，投资方可以将自身资产与被投资单位的资产一并使用，比如合并运营能力以获得规模经济、节省成本、为稀缺产品提供资源、获得专有知识或限制某些运营或资产，以提高投资者其他资产的价值等”。

三、案例解析

企业会计准则对于“控制”的定义和判断并不拘泥于被投资单位的法律形式。投资方对于被投资单位是否具有控制权还是要回归控制的定义和基本原则来判断，即分析投资方是否具备主导被投资单位相关活动的权力以及是否能够从中获取可变回报。

第一，应分析A公司是否具有对机电学院的财务和经营决策的决定权。本案例中，机电学院的最高权力机构为董事会，董事会成员共7人，其中A公司委派4名，B大学委派3名，A公司董事长同时任机电学院的董事长。聘任、解聘院长，修改学院章程，制定学院发展规划，审核学院预算、决算，决定机电学院的分立、合并、终止相关的决议须经全体董事2/3以上表决通过。因此，A公司首先应分析需全体董事2/3以上通过才有效的事项究竟是与机电学院的财务和经营息息相关的实质性决策事项还是仅为保护性决策事项。在判断控制的时候，应该只考虑实质性参与条款，不考虑保护性条款。

一般来讲，保护性条款是指出于保护全部或部分投资者（尤其是小股东）利益的目的，对于与公司正常经营活动无关，或者因为其金额非常重大、性质非常特殊等原因，会严重影响到公司正常业务的决策，适用更为谨慎的决策程序。通常而言，修改主体的章程，决定主体的分立、合并、终止会严重影响主体的正常经营活动，一般可以理解为保护性条款。

值得进一步分析的是，本案例中，机电学院聘任、解聘院长，制定学院发展规划，审核学院预算、决算也必须经全体董事2/3以上表决才能通过。通常认为，主体的发展规划、预算、决算事项与主体的正常经营活动息息相关，因此与之相关的条款通常会理解为实质性条款。因此，除非A公司和B大学之间存在其他合同安排，使得A公司能够合法合规地独立主导学院的课程设置、师资安排、招生规模、招生要求、收费标准、办学成本等与机电学院的主要经济利益息息相关的正常经营活动，学院院长的职责范围也仅限于根据已确定的经营方针、规划，监督学院日常教学活动，且有确凿证据表明，学院设立之初，投资双方在进行合作协商时，已经就学院在存续期间的整体预算规模、经营规划达成了共识，否则，A公司不能单方面主导机电学院聘任、解聘院长，制定学院发展规划，审核学院预算、决算的事实，将导致A公司对机电学院的控制权存在重大疑虑。

第二，应分析A公司从机电学院获取利益的方式和程度。本案例中，机电学院有两个投资方，机电学院在扣除办学成本、预留发展基金以及按照国家有关规定提取其他必需的费用后，A公司可以按其出资比例从办学结余中取得合理回报。此外，A公司通过投资举办机电学院，还可以为企业发展储备所需要技术开发人才，利用与学院实验室的合作项目，为有效降低研发成本创造有利条件，获取其他利益相关方无法获取的回报。

第三，应该考虑通过股权转让方式退出该项投资的可能，以及转让可能获得收益的情况。

综上所述，本案例中 A 公司是否能将机电学院纳入合并范围不能一概而论，而应紧扣控制定义的核心要素，结合上述要点，分析 A 公司是否具有主导机电学院的相关活动的权力，并通过参与机电学院的相关活动取得可变回报，而且能运用权力改变回报金额。

【相关案例之一】

非营利养老机构是否纳入合并范围

（一）案例背景

A 公司所属行业为电信设备制造行业，主要为运营商提供移动通信网络优化覆盖设备、系统及相关服务。2×11 年度，A 公司独家出资 300 万元，在某市民政局登记，设立了一家居家养老服务中心（以下简称“养老中心”），提供居家家政服务、康复保健、法律维权、日间照料等居家养老服务。该中心的法律形式为民办非企业单位，属于非营利组织。作为非营利组织，养老中心既可以履行企业社会责任，又可以作为一个服务载体，推广 A 公司的老人手机产品，逐步扩大养老服务平台产品的销售规模。

养老中心的法律形式为民办非企业单位，民办非企业单位作为一个民间非营利组织，其不以营利为宗旨和目的，且根据《民办非企业单位登记暂行办法》（民政部令［1999］18 号），民办非企业单位须在其章程或合伙协议中载明该单位的盈利不得分配，解体时财产不得私分。根据养老中心的章程，其经费收入只能用于章程规定的业务，盈余不能进行分红。养老中心自设立以来，基本实现盈亏平衡，A 公司预计养老中心在现有运营规模下，未来收入和费用也会基本持平。

养老中心的最高权力机构为理事会，理事会由 3 名理事构成，其中 A 公司推荐 2 人，业务主管单位推荐 1 人。修改章程、解散、变更形式的决议必须经全体理事 2/3 以上通过方为有效，其他决议经全体理事过半数通过有效。

问题：A 公司是否应将养老中心纳入合并范围？

（二）案例解析

企业会计准则对于“控制”的定义和判断并不拘泥于法律形式。投资方对于被投资单位是否具有控制权还是要回归控制的定义和基本原则来判断，即分析投资方是否具备主导被投资单位相关活动的权力以及是否有能力影响可变回报金额。

第一，应分析A公司是否具有对养老中心的财务和经营决策的决定权。本案例中，养老中心的最高权力机构为理事会，理事会由3名理事构成，其中A公司推荐2人，理事会作出决议必须经全体理事过半数通过，重要事项的决议必须经全体理事2/3以上通过方为有效。因此，A公司首先应分析需全体理事2/3以上通过才有效的事项究竟是与养老中心的财务和经营息息相关的实质性决策事项还是仅为保护性决策事项。一般而言，与被投资单位经营计划、投资方案、年度财务预算方案和决算方案、利润分配方案和弥补亏损方案、内部管理机构的设置、聘任或解聘公司经理及其报酬、公司的基本管理制度相关的事项为实质性决策事项。对修改章程、增加或减少注册资本、发行债券、合并、分立、解散或变更形式等与改变被投资单位的基本性质相关的事项可以理解为保护性决策事项。本案例中，养老中心必须经超过全体理事2/3以上通过才有效的事项涉及修改章程、解散和变更形式，上述事项与养老中心的日常正常经营活动无关，而仅与改变养老中心的现有法律形式等对养老中心而言性质极其特殊的事项相关，属于保护性决策事项。除上述保护性事项外，其他重大决议经全体理事过半数通过即为有效。由于A公司可以推荐3名理事中的2名，因此可以判断A公司享有对养老中心财务和经营政策的决定权。

第二，应分析A公司从养老中心获取利益的方式和程度。就养老中心不能进行利润分配的事项而言，虽然控制的目的是为了获取经济利益，然而，企业会计准则讲解也明确指出，获取经济利益包括增加经济利益、维持经济利益、保护经济利益，或者降低所分担的损失等。因此，被投资单位无法进行利润分配，并非必然代表投资方无法获取经济利益。本案例中，养老中心的唯一的出资方为A公司，不存在其他经济利益相关方。除了履行社会责任外，A公司设立养老中心的经济目的是为了在养老中心推广使用A公司设计的老人手机产品，逐步扩大其养老服务平台产品的销售规模。由于不存在其他利益相关方，A公司实质上通过将自身产品运用于养老中心而从中获取了绝大多数的经济利益。

第三，应该考虑通过股权转让方式退出该项投资的可能，以及转让可能获得收益的情况。

综上所述，A公司享有主导养老中心相关活动的决定权，并能据以从养老中心的经营活动中获取可变回报，应将养老中心纳入合并范围。

【相关案例之二】

非营利性医疗机构是否纳入合并范围

（一）案例背景

A公司于2×14年4月收购了B医院100%的所有者权益，B医院为非营利性医院，非营利性医疗机构盈利只能用于自身发展，不能分红。收购完成后，A公司已将B医院与下属其他医院统筹管理，在业务培训、专家利用、集中采购等方面综合利用整体资源。A公司认为，B医院作为非营利性医院，公司无法对其盈利进行分配，且没有能力运用对B医院的权力影响其回报金额，2×14年未将B医院纳入合并报表。2×15年12月28日A公司与其所控制的一家下属全资医院C医院签署协议，C医院有权对B医院的人事、财务、采购及其他经营管理进行管理决策。A公司因此认定可以将B医院纳入2×15年合并报表范围。

问题：A公司上述会计处理是否符合企业会计准则规定？

（二）案例解析

实务中对非营利性组织是否纳入合并范围的判断，仍以控制为基础确定。控制，是指投资方拥有对被投资方的权力，通过参与被投资方的相关活动而享有可变回报，并且有能力运用对被投资方的权力影响其回报金额。

企业会计准则对于“控制”的定义和判断并不拘泥于被投资单位的法律形式。投资方对于被投资单位是否具有控制权还是要回归控制的定义和基本原则来判断，即分析投资方是否具备主导被投资单位相关活动的权力以及是否能够从中获取可变回报。

第一，应分析上市公司是否具有对非营利性组织的财务和经营等相关活动的决定权。此时，需要考虑非营利性组织的相关活动的构成、最高权力机构及决策机制。

第二，应分析上市公司从非营利性组织获取利益的方式和程度。企业会计准则及相关规定也明确指出，获取可变回报包括：（1）股利，被投资单位其他经济利益的分配以及投资方对被投资单位的投资的价值变动；（2）因向被投资单位提供服务而得到的补偿、因提供信用支持或流动性支持产生的费用或损失风险、被投资单位清算时的剩余权益、税收回报以及因涉入被投资单位而获得的未来流动性；（3）其他利益相关者无法得到的回报，例如投资方可以将自身资产与被投资单位的资产一并使用，合并运营能力以获得规模经济、节省成本、为稀缺产品提供资源、获得专有知识或限制某些运营或资产，以提高投资者其他资产的价值等。因此，被投资单位无法进行利润分配，并不必然代表投资方无法获取经济利益。

第三，应该考虑通过股权等权益转让方式退出该项投资的可能，以及转让可能获得收益的情况。

本案例中 A 公司在与 C 医院签署协议前后，其所拥有的对 B 医院的权力、享有的可变回报等没有发生实质性变化，A 公司在 2×15 年将 B 医院纳入合并范围，原则上在 2×14 年即应予以合并，除非 A 公司能够提供在 2×14 年不构成控制的其他依据。

案例 12－03
上市公司是否将其发起设立的基金纳入合并范围

一、案例背景

A 公司为上市公司，主要从事房地产开发业务。B 公司为国际资深金融机构，在地产基金运作方面有丰富经验，是很多地产类股权投资基金的发起人和基金管理人，与 A 公司无关联关系。2×13 年 2 月，A 公司、B 公司各自出资 3,000 万元共同成立了基金管理公司 C 公司。2×13 年 6 月，A 公司、B 公司、C 公司共同发起设立了股权投资基金 D（有限合伙企业），并面向社会机构投资者募集资金，其中：A 公司、B 公司各自出资 2 亿元，为有限合伙人；C 公司出资 6,000 万元、为普通合伙人；社会机构投资者为有限合伙人。基金 D 的很多机构投资者与 B 公司建立有长期合作关系的，出于对 B

公司投资管理能力的认可而选择基金 D。基金 D 的募集资金总规模为 50 亿元，募集分期进行，首期募集资金为 20 亿元，于 2×13 年 9 月完成募集。2×13 年 10 月，基金 D 使用首期募集资金中的 16 亿元购入 E 公司 50% 的股权，剩余募集资金进行其他股权投资，已经根据合同框架协议支付了部分项目的诚意金，就该等项目基金 D 正在与投资者协商第二期募集资金。此前，E 公司为 A 公司出资成立的全资子公司，专门从事国内 E 地产项目的开发业务。

基金 D 设有投资决策委员会，根据基金章程，投资决策委员会应以所有投资方的最佳利益为出发点进行决策，对基金的所有重大事项拥有广泛的决策权。投资决策委员会的成员由 C 公司任命，由 A 公司、B 公司各委派 2 名代表组成。基金的重大事项，包括但不限于投资项目的选择、投资方案的确定、项目退出方案、收益分配、基金募集等，由投资决策委员会全体委员一致通过有效。此外，普通合伙人负责投资项目推荐以及基金的日常管理和运作，有限合伙人拥有的权力主要是建议权及知情权，其无权罢免普通合伙人。

基金 D 的收益体现为持有 E 公司股权期间获取的股利收入，以及未来选择以处置股权方式退出时取得的投资利得。C 公司按照基金资产总额的 1.5% 收取固定管理费，并在基金收益达到约定水平后，根据基金收益以及合同约定的方法计算并收取费用，该等固定费用以及与基金业绩挂钩的费用与市场类似服务的收费水平相当。

在 A 公司与 B 公司的合作中，A 公司的主要目的不是为旗下地产项目融通资金，而是希望与地产基金运作方面有丰富经验的国际资深金融机构合作，由传统的地产开发业务拓展至基金资产管理业务，将多年的地产开发经验用于资金运营管理中，并获取投资管理收益。B 公司则是希望与在国内地产开发方面有丰富经验的 A 公司合作，运用 B 公司在国际资本市场运作和管理地产基金的能力和经验，筛选并投资中国境内的优质地产项目，并获取投资管理收益。

基于上述 A 公司与 B 公司的合作目的，基金 D 的设立目的是对国内的地产项目进行股权投资。出于对 E 地产项目前景的良好预期，基金 D 选择以首期募集资金对 E 地产项目进行股权投资，同时，基金 D 正在对其他若干项目进行可行性研究，这些项目既包括 A 公司旗下的地产项目，也包括其他地产公司的地产项目，部分项目已经签订框架协议，进入实质性谈判阶段。

E 公司的最高权力机构是董事会。董事会由 5 名董事组成，其中包括董事长在内的 3 名董事由 A 公司委派、包括副董事长在内的 2 名董事由 B 公司委派。E 公司的总经理由 A 公司委派。除下列事项由出席董事会会议的董事一致通过方可作出决议外，其他重大事项均由董事会基于相对多数原则作出决议。

1. 修订公司章程。

2. 批准注册资本的变更。

3. 批准股权的出售、处分、转让或其他退出决定。

4. 批准股东将其持有的全部或部分股权设立质押。

5. 批准公司的合并、分立、清算、解散或终止，批准变更公司的组织形式、经营范围或经营期限。

6. 公司以其自身名义对外提供担保。

7. 批准初始预算及对初始预算的修改，或预算范围以外的开支。

8. 派发股息或其他利润分配。

9. 批准公司签订任何与公司经营范围不符的合同。

10. 批准公司与其董事、投资方或主要管理人员或与该等人士有关联的人士进行任何交易（但在正常经营范围按照公平交易原则进行的商品房销售除外）。

11. 设立任何子公司或购买任何公司股份，或参与或终止参与任何合伙或合资公司。

12. 由董事会一致同意的其他须经所有董事批准事项（该等事项一致通过后即列入需董事会一致同意决议的事项）。

上述第 7 条要求初始预算的批准、修改以及预算范围以外的开支由全体董事一致通过，其目的是对成本控制进行防护性监督。在选择 E 项目作为基金 D 首期募集资金的投资项目时，B 公司已经对 A 公司制定的 E 项目初始预算进行了审阅和评价，B 公司对初始预算的认可是其同意基金 D 对 E 项目进行股权投资的先决条件，该预算是项目开发过程中成本控制的基础。B 公司对于预算的关注主要在成本的控制。在制定初始预算时，A 公司对于各项成本的预测较为谨慎，对于物价上涨、合同变更等可能会导致成本上涨的因素通过不可预见费的形式反映在成本预算中，目前不可预见费占除土地成本外的其他开发成本的比重约为 5%，该比例相较于房地产行业的普遍水平而言，是较为充分和适当的。除非出现较为重大的事项，正常情况下成本支出不会超过初始预算。在出现这类重大情况时，B 公司希望对导致预算变动的原因进行了解，并对需变更的预算金额进行审批。

问题：A 公司是否应将基金 D 及 E 公司纳入合并范围?

二、会计准则及相关规定

《企业会计准则第 33 号——合并财务报表》（2014 年修订）第七条对“控制”的定义如下：“控制，是指投资方拥有对被投资方的权力，通过参与被投资方的相关活动而享有可变回报，并且有能力运用对被投资方的权力影响其回报金额。”

《企业会计准则第 33 号——合并财务报表》（2014 年修订）第十三条规定：“除非有确凿证据表明其不能主导被投资方相关活动，下列情况，表明投资方对被投资方拥有权力：

（一）投资方持有被投资方半数以上的表决权的。

（二）投资方持有被投资方半数或以下的表决权，但通过与其他表决权持有人之间的协议能够控制半数以上表决权的。”

第十四条对表决权比例未超过半数情况下的控制作出了原则性规定：

“投资方持有被投资方半数或以下的表决权，但综合考虑下列事实和情况后，判断投资方持有的表决权足以使其目前有能力主导被投资方相关活动的，视为投资方对被投资方拥有权力：

（一）投资方持有的表决权相对于其他投资方持有的表决权份额的大小，以及其他投资方持有表决权的分散程度。

（二）投资方和其他投资方持有的被投资方的潜在表决权，如可转换公司债券、可执行认股权证等。

（三）其他合同安排产生的权利。

（四）被投资方以往的表决权行使情况等其他相关事实和情况。”

《企业会计准则第 40 号——合营安排》第五条对“共同控制”的定义如下：“共同控制，是指按照相关约定对某项安排所共有的控制，并且该安排的相关活动必须经过分享控制权的参与方一致同意后才能决策。

本准则所称相关活动，是指对某项安排的回报产生重大影响的活动。某项安排的相关活动应当根据具体情况进行判断，通常包括商品或劳务的销售和购买、金融资产的管理、资产的购买和处置、研究与开发活动以及融资活动等。”

三、案例解析

根据企业会计准则对于控制和共同控制的定义，一个企业只有在可以单方面主导被投资单位的相关活动时，才可能拥有被投资单位的控制权；如果任何一方都无法单方面主导被投资单位的相关活动，被投资单位的财务和经营政策需要相关投资方一致同意，则分享控制权的投资方对于被投资单位拥有共同控制。

（一）A 公司对于 D 公司的控制权分析

作为股权投资基金，基金 D 的主要相关活动是投资项目的选择、投资方案的确定、项目的退出决策及方案、基金的募集方案等。根据基金章程，上述事项由投资决策委员会的全体委员一致通过有效。投资决策委员会由普通合伙人 C 公司的两方股东，即 A 公司和 B 公司，分别委派 2 名代表组成，而有限合伙人拥有的权力仅限于建议权和知情权，其无权罢免 C 公司。因此，从基金章程的规定上看，A 公司无法单方面决定基金 D 的财务和经营政策，该等财务和经营政策由 A 公司和 B 公司共同决定，相应 A 公司对基金 D 不拥有控制权，而是与 B 公司共同控制基金 D。

上述分析与认定是基于基金章程的规定，在此之上，我们再从双方的行业背景、双方合作设立基金的目的和意图出发，看一下上述分析与认定是否与交易安排的实质一致，这里我们特别关注的是基金 D 是否存在需要作出实质性决策的投资事项，以及 B 公司是否具备实质参与基金 D 相关决策、与 A 公司分享控制权的意愿和能力。

B 公司为国际知名金融机构，拥有丰富的地产基金投资、管理和运作经验，是很多地产类股权投资基金的发起人和基金管理人。此次与 A 公司合作成立基金管理公司并发起设立基金，B 公司是希望将 A 公司在国内地产开发方面的经验与 B 公司在地产基金管理和运作方面的经验结合起来，共同筛选并投资国内优质地产项目，从而达到拓展国内地产基金业务、获取投资管理收益的目的。

A 公司的主业是国内地产开发，此次与 B 公司合作成立基金管理公司并发起设立基金，其主要目的不是旗下地产项目的资金融通，而是出于拓展地产基金资产管理业务的考虑。作为企业战略规划之一，A 公司希望凭借其在国内地产开发领域的经验和知名度发展地产基金的资产管理业务，而B公司在地产基金投资、管理和运作方面的经验，以及B公司在国际资本市场上与机构投资者建立的长期合作关系等，对于A公司实现上述业务转型有较大的帮助。

正是基于上述合作目的，基金D的设立不是为了A公司的地产项目融通资金，而是为了对国内地产项目进行股权投资，通过对地产项目的投资管理获取收益。从基金D的投资对象上看，基金D的首期募集资金选择A公司旗下的E地产项目作为股权投资对象，是由于A公司和B公司都对该项目的盈利前景有良好预期而共同作出的投资选择，同时基金D也在对其他若干项目（既包括A公司旗下的地产项目，也包括其他地产公司的地产项目）进行可行性研究，而B公司一直积极参与投资项目筛选和评估，并在这过程中与A公司共同决策。

同时，基金D的很多机构投资者与B公司建立有长期的合作关系，该等机构投资者出于对于B公司投资能力的信任而选择投资于基金D。相应的，为了维护市场形象，B公司需要对基金的投资对象进行严格的筛选和把关，以避免投资失败使其失去投资者的信任和良好的市场声誉。

从以上分析可以看出，A公司和B公司的合作目的决定了基金D定位于国内地产项目的股权投资，而不是纯粹为A公司地产项目的融资平台，相应基金D需要在投资项目的选择、投资方案的确定、投资的退出等方面作出实质性决策。B公司参与该交易安排的目的、B公司在地产基金业务中惯常的参与模式以及具备的丰富经验、B公司维护市场形象及投资者关系的需要等都表明，对于基金D的重大财务和经营决策，B公司有参与决策、分享控制权的需求和能力。同时，A公司拓展基金资产管理业务的战略规划、A公司在国内地产开发行业的经验也表明，A公司对于基金D同样有参与决策、分享控制权的要求和能力。相应的，作为参与设立和设计基金D的发起人，A公司和B公司会积极谋求各自对于基金D的决策权，并在相互博弈中形成共同控制基金D的局面。

此外，A公司与B公司在基金D的持有的直接及间接权益相同，两者在基金D中享有的收益及承担的风险相当，这也在一定程度上说明两者在基金D中很可能享有相同的决策权。

综上所述，基金章程关于基金决策机制的规定、双方的行业背景、双方合作的目的和意图等都表明，A公司和B公司共同控制基金D，相应A公司不应将基金D纳入合并范围，A公司对于基金D的投资应作为对合营企业的投资进行会计处理。

值得注意的是，如果事实和情况表明，设立基金D的目的是为A公司的特定地产项目融资，B公司缺乏实质性参与基金决策的能力，B公司的主要作用是带来机构投资者并由此获取收益，则可能会在分析相关的事实和证据后得出不同的结论。

（二）A公司对于E公司的控制权分析

根据企业会计准则给出的控制的定义，判断A公司是否控制E公司，首先要确定A公司是否能够主导E公司的相关活动。

E公司的最高权力机构是董事会，重大事项由董事会作出决定。根据E公司的公司章程，董事会进行决议的事项分为两类：一类是需要出席董事会会议的全体董事一致通过，另一类是出席董事会的董事过半数通过。由于E公司5名董事中的3名由A公司委派，A公司可以单方面决定第二类事项，但对于第一类要求全体董事一致通过的事项，A公司无法单方面决定。因此，问题的关键是对于E公司而言，哪些事项属于重大的相关活动，而这些事项是要求全体董事一致通过，A公司无法单方面决定，还是仅要求半数以上董事通过，A公司可以单方面决定。

E公司是典型的地产开发企业，其正常经营过程中的财务和经营活动主要包括：项目规划设计、项目开发管理、预算制定及执行、现金流管理、融资决策、税收管理、销售策略制定及执行、竣工结算等，相应上述事项相关的决策构成E公司的主要的财务和经营政策。这些事项中，除预算制定及执行在公司章程中作为要全体董事一致通过的事项外，其余事项都可由A公司单方面决定。

E公司的公司章程规定了11项要由全体董事一致通过的事项，其中第1项至第5项、第9项、第11项都是引起企业根本性改变的事项，与对外提供担保相关的第6项、与关联交易相关的第10项是为了防范高风险行为或非公平交易损害基金D的利益。很明显，这些事项都是企业正常经营之外出现的特殊情况，而不是企业正常经营过程中需要作出的财务和经营决策，就该等事项赋予基金D的权利主要是保护性的，其目的不是赋予基金D对于重大财务和经营政策的决定权。因此，A公司不会因为无法单方面决定此类事项而无法控制E公司。

除上述事项外，E公司章程还规定“批准初始预算及对初始预算的修改，或预算范围以外的开支”要由全体董事一致通过。如上分析，预算的制定与执行、成本控制是地产企业主要的财务和经营活动，因此，A公司需要就此进行进一步的分析，以确定其是否可以单方面决定E公司的财务和经营政策。本案例中，E公司原为A公司的全资子公司，A公司与B公司合作发起设立基金D并选择E公司作为基金D的股权投资对象。基金D的投资决策由A公司与B公司共同决定，在筛选、评估项目的过程中，B公司非常重视项目的初始预算，在同意基金D对E公司进行投资之前，B公司已充分审阅并认可项目的初始预算。同时，该初始预算对于各项成本的预测是较为谨慎的，已比较充分和适当地考虑了未来可能出现的导致成本上涨的因素。因此，就E项目而言，正常情况下项目的实际成本支出不会超过初始预算，修改初始预算或发生预算范围以外的开支只有在出现较为重大的特殊情况时才会发生，而这类特殊情况发生时允许基金D知晓并参与预算的调整，更多的是对于基金D权益的保护，是保护性条款，该条款不影响A公司对于E公司重大财务和经营政策的单方面决策权。

同时，公司章程还规定“派发股息或其他利润分配”要由全体董事一致通过。该条款更多的是出于防止A公司单方面决定不公平利润分配或无理由拖延利润分配的时间，同样属于保护性安排。

此外，除直接持有E公司50%股权外，A公司还通过其在基金D以及C公司的投资间接享有E公司的收益并承担E公司的风险。综合该等直接及间接权益，A公司在E公司享有的权益超过50%，是享有收益及承担风险最大的投资者，这与上述A公司有权决定E公司财务和经营政策的判断也是一致的。

综合以上分析可以看出，尽管E公司的公司章程规定一系列事项要由全体董事一致通过，A公司无法单方面决定此类事项，但这些事项并非E公司正常经营过程中的财务和经营政策，该安排的目的主要是保护非控股股东的权益，而不是分享对重大财务和经营政策的决策权。对于其他事项，由于A公司在董事会中的席位超过半数，A公司可以单方面作出决定。因此，一方面，对于E公司的财务和经营政策，A公司可以单方面作出决定，而不必征得其他方的同意，表明A公司拥有对E公司的权力；另一方面，作为持有E公司50%权益的股东，A公司可以通过股利分配、享有净资产剩余价值等方式从E公司的经营活动中获取可变回报，即A公司能够主导E公司的相关活动，并能据以从E公司的经营活动中获取可变回报，且有能力运用对E

公司的权力影响其回报金额。可见，A 公司拥有 E 公司的控制权，应将 E 公司纳入合并范围。

案例 12－04
有限合伙企业的普通合伙人是否应将有限合伙企业纳入合并范围

一、案例背景

A 公司专门从事投资活动，其作为普通合伙人参与设立一家有限合伙企业，投资比例为 2%，并担任该有限合伙企业的执行事务合伙人。该有限合伙企业的有限合伙人按照分享收益的顺序分为三类：（1）优先级有限合伙人，由较为分散的社会投资者构成，出资比例共计 83%，可以按预期收益率优先获取收益和收回本金；（2）次级有限合伙人，A 公司是唯一的次级有限合伙人，出资比例为 5%，享有的预期收益率高于优先级有限合伙人，但取得收益和收回本金的顺序均次于优先级有限合伙人；（3）劣后级有限合伙人，B 公司为唯一的劣后级有限合伙人，出资比例为 10%，在优先级有限合伙人和次级有限合伙人收回本金及预期收益后，与普通合伙人按照相对出资比例享有剩余财产。

根据有限合伙企业的合伙协议，有限合伙企业的全部资金均以两年期委托贷款的方式投资于一家地产项目公司 C 公司（B 公司的关联方），利息收入及到期收回的本金在按规定支付普通合伙人的管理费（与市场类似服务的收费水平相当）及有限合伙企业的其他费用后，按照规定的比例和顺序分配给合伙人。

普通合伙人负责管理有限合伙企业的日常事务，收回到期的本金和利息并支付给合伙人。有限合伙企业的有限合伙人只在普通合伙人违约的情况下才能将其罢免。当 C 公司不能按合同约定偿还其对有限合伙企业的债务时，根据合伙协议，A 公司应按照有限合伙企业董事会的决策管理违约贷款，向 C 公司追偿以及处置抵押资产。有限合伙企业的董事会由 A 公司与 B 公司委派的董事构成，董事会决议由全体董事一致通过有效。

问题：A 公司是否应将有限合伙企业纳入合并范围？

二、会计准则及相关规定

《企业会计准则第 33 号——合并财务报表》（2014 年修订）第七条对“控制”的定义如下：“控制，是指投资方拥有对被投资方的权力，通过参与被投资方的相关活动而享有可变回报，并且有能力运用对被投资方的权力影响其回报金额。”

《国际财务报告准则第 10 号——合并财务报表》第 6 段及第 7 段定义了“控制”并明确了拥有控制应具备的条件：

“6. 当投资者承担或有权获得来自因涉入被投资者所产生的可变回报，并且凭借对被投资者的权力有能力影响该回报时，投资者控制被投资者。

7. 因此，当且仅当投资者满足以下条件时，投资者控制被投资者：

（1）拥有对被投资者的权力；

（2）因参与被投资者的活动而承担或有权获得可变回报；

（3）通过对被投资者行使权力有能力影响所得到回报的金额。”

对于拥有控制要具备的条件之一“权力”，《企业会计准则第 33 号——合并财务报表》（2014 年修订）第九条进行了规定：“投资方享有现时权利使其目前有能力主导被投资方的相关活动，而不论其是否实际行使该权利，视为投资方拥有对被投资方的权力。”

《国际财务报告准则第 10 号——合并财务报表》第 10 段以及附录 B 第 9 段也做了类似规定：

“10. 当投资者拥有现时权利，使其目前能够主导相关活动，即对被投资者回报具有重要影响的活动时，投资者对被投资者拥有权力。”

“B9. 为了获得对被投资者的权力，投资者必须拥有赋予其当前能够主导相关活动的现时权利。”

《企业会计准则第 33 号——合并财务报表》应用指南（2014 年修订）和《国际财务报告准则第 10 号——合并财务报表》附录 A 都将“相关活动”定义为“对被投资者回报具有重大影响的活动”。

同时，对于相关活动的界定，《企业会计准则第 33 号——合并财务报表》应用指南（2014 年修订）和《国际财务报表准则第 10 号——合并财务报表》附录 B 第 53 段也给出类似的指引："对于一些被投资者，相关活动仅在特定情况或者特定事件发生时存在。这类被投资者的活动及其回报在设计时就已确定，除非或者直至特定情况或特定事项发生。当这些特定情况或事项发生时，只有对被投资者回报具有重大影响的活动才能被视为相关活动。对于因具有相关活动决策能力而拥有权力的投资者，这些特定情况或事件不需要已经发生。决策的权力依赖于特定情况或特定事件发生这一事实本身不能被视为这些权利是保护性权利。"

三、案例解析

根据企业会计准则对于控制的定义，投资者只有在可以单方面决定被投资单位的财务和经营政策时，才可能拥有被投资单位的控制权。因此，在判断投资方是否控制被投资单位时，首先要确定被投资单位的相关活动。所谓相关活动，是指对被投资方的回报产生重大影响的活动。被投资方的相关活动应当根据具体情况进行判断，通常包括商品或劳务的销售和购买、金融资产的管理、资产的购买和处置、研究与开发活动以及融资活动等。准则对于控制的定义给出了系统、全面的指引。

根据准则的规定，一方控制另一方，条件之一是要拥有对于被投资方的权力，而权力是主导被投资方相关活动的现时权利，即为了获得对被投资者的权力，投资者必须拥有现时权利，使其能够主导被投资方的相关活动。相关活动，是对被投资者回报具有重大影响的活动。因此，A 公司控制有限合伙企业的必要条件之一是 A 公司可以主导有限合伙企业的相关活动。

本案例中，有限合伙企业的活动包括两类：一类是日常活动，包括对委托贷款收取利息及本金，按照合伙协议约定的时间、比例和顺序向合伙人进行分配，以及有限合伙企业的其他日常事务；另一类是在特定事项发生时的活动，即在委托贷款违约不能偿还时管理违约贷款，向 C 公司追偿以及处置抵押资产。

根据合伙协议，A 公司作为普通合伙人，能够主导有限合伙企业的日常活动；在委托贷款出现违约时，管理违约贷款的相关决策由有限合伙企业的董事会全体董事一致通过作出决定，而有限合伙企业的董事会由 A 公司与 B 公司委派的董事构成，因此，A 公司无法主导贷款违约后管理违约贷款的活动。

准则将相关活动定义为“对被投资者回报具有重大影响的活动”。本案例中，有限合伙企业的日常活动主要是收取利息和本金并按照合伙协议的规定向合伙人进行分配，这类活动是有限合伙企业按照合同规定“自动导航”状态下的活动，已经由合同事先确定和主导，对于有限合伙企业的回报没有重大影响。一旦委托贷款出现违约，如何管理违约贷款，如何向债务人追偿，以及如何处置抵押资产，将直接关系到有限合伙企业能否收回债权以及在多大程度上收回债权，从而对有限合伙企业的回报有重大影响。

与日常活动时时存在不同，管理违约贷款的活动只有在贷款违约这一特定事件发生时才存在，但这并不影响此活动成为有限合伙企业的相关活动。应用指南中明确指出，对于活动及其回报在设计时就已确定的被投资者，相关活动仅在特定情况或者特定事件发生时才存在。

综合以上分析，贷款违约后管理违约贷款的活动是有限合伙企业的相关活动，而A公司无法主导该活动。因此，A公司不具有对有限合伙企业的权力，不满足控制的必要条件，相应A公司无法控制有限合伙企业。

值得注意的是，如果事实和情况表明A公司能够主导有限合伙企业的相关活动，则需要进一步分析A公司是否满足控制的其他条件，以确定A公司是否控制有限合伙企业。A公司通过管理费、作为次级有限合伙人获取的收益、作为普通合伙人获取的收益而享有有限合伙企业的可变回报，因此，应进一步分析A公司有无能力运用对有限合伙企业的权力影响其回报。这里应把上述途径享有的可变回报结合起来，考虑A公司享有的回报的规模和变动性，分析A公司是代表其自身行使权力，还是作为其他合伙人的代理人、代表其他合伙人行使权力。在分析A公司享有的回报的规模和变动性时，应结合违约可能性、抵押品情况、A公司在有限合伙企业分享回报的顺序，测算有限合伙企业预期可以实现的回报，以及该回报中由A公司享有的绝对比例；并考虑有限合伙企业回报变动时，A公司享有的回报随之变动的程度，以及在不同回报情况下A公司享有回报的绝对比例。

【相关案例】

（一）案例背景

A公司为上市公司。2×11年A公司成立了B和C两家子公司。B公司为普通合伙人、C公司及众多其他投资者为有限合伙人，以合伙制形式共同发起设立一家股权投资基金合伙企业 D，其中 B 出资 0.1 亿元，C 出资 0.9 亿元，众多其他有限合伙人合计出资 3 亿元。D 基金的章程及合伙协议中规定 B 公司作为执行事务合伙人，拥有对 D 基金所有投资、资产处置、分配及其他相关事务完全、独占及排他的管理决策权力。B 公司的决策应以所有合伙人的利益最大化为原则，但是无论 B 公司作出何种决策，有限合伙人均无权撤销 B 公司的管理决策权。D 基金存续期为 3 年，期满后所有合伙人分别按照原始出资额收回出资；对投资项目取得的全部投资收益，扣除管理费、托管费、交易费用、组织费用、运营费用及其他运营成本后进行分配。分配办法为：平均年收益率在 12% 以内的部分，所有合伙人按实际出资权益比例分配收益；年平均收益率超过 12% 的部分，60% 由普通合伙人享有，40% 由有限合伙人按实际出资比例分配。若发生亏损，有限合伙人按其出资比例分担；超出基金总认缴出资额的亏损由普通合伙人承担。

问题：B 公司是否应该将 D 基金纳入合并范围？

（二）案例解析

本案例中，B 公司在 D 基金中的实际出资比例虽然仅为 2.5%，然而，B 公司拥有对 D 基金完全、独占及排他的管理决策权力，且其他投资方也无权撤销此管理决策权，B 公司完全掌控了 D 基金的经营和财务政策。此外，D 基金的年平均收益率超过 12% 的部分，B 公司可以独享其中的 60%，若发生亏损，B 公司也需要独自承担超出基金总认缴额的部分，由此可见，B 公司承担的风险和享有的利益也因 D 基金最终实际经营成果的波动而发生较大的变化，且很大程度上承担和享有 D 基金大部分的风险和报酬，并不仅限于按 2.5% 的出资比例份额。因此，B 公司应该将 D 基金纳入合并范围。

案例 12-05
结构化主体纳入合并范围的判断

结构化主体，是指在确定其控制方时没有将表决权或类似权利作为决定因素而设计的主体。随着所有权和经营组织形式的多样化，上市公司参与合伙企业、信托计划、资产管理计划、资产支持证券、基金、理财产品等结构化主体的投资、发起设立或管理也日益普遍和多样化。根据合并报表准则，对于发起设立、管理或投资的结构化主体，上市公司均应以控制为基础判断是否应将其纳入合并范围。

一、案例背景

A公司为一家建筑施工企业，B公司为一家资产管理公司，A与B共同出资成立有限合伙企业，双方出资比例分别为20%和80%；合伙企业无固定经营期限；A为合伙企业的普通合伙人及执行事务合伙人，B公司为有限合伙人。

合伙协议约定，合伙企业拟投资项目为A公司及其子公司所负责建设的项目；普通合伙人根据投资决策委员会制定的战略投资方向进行项目筛选，执行项目调查、选择、谈判等工作；合伙企业设立投资决策委员会，由5名委员组成，普通合伙人提名4名，有限合伙人提名1名。相关决议需投资决策委员会2/3以上委员同意通过。合伙企业主要以贷款形式参与经投资决策委员会确定的项目，贷款的期限、利率和其他条件均由A公司确定。

执行事务合伙人根据合伙企业实际收益情况，按实缴出资比例制定中期或年度收益分配方案，提交投资决策委员会审议通过后执行；在合伙企业清算时，将在支付所有费用偿付所有负债后，剩余的资产将按实缴出资比例向全体合伙人分配。

问题：上述A公司持有合伙企业少数等比例份额情况下，是否应将该合伙企业纳入合并范围？

二、会计准则及相关规定

《企业会计准则第33号——合并财务报表》（2014年修订）第七条规定："合并财务报表的合并范围应当以控制为基础予以确定。控制，是指投资方拥有对被投资方的权力，通过参与被投资方的相关活动而享有可变回报，并且有能力运用对被投资方的权力影响其回报金额。"

《企业会计准则第33号——合并财务报表》（2014年修订）第八条规定："投资方应当在综合考虑所有相关事实和情况的基础上对是否控制被投资方进行判断。一旦相关事实和情况的变化导致对控制定义所涉及的相关要素发生变化的，投资方应当进行重新评估。相关事实和情况主要包括：

（一）被投资方的设立目的。

（二）被投资方的相关活动以及如何对相关活动作出决策。

（三）投资方享有的权利是否使其目前有能力主导被投资方的相关活动。

（四）投资方是否通过参与被投资方的相关活动而享有可变回报。

（五）投资方是否有能力运用对被投资方的权力影响其回报金额。

（六）投资方与其他方的关系。”

《企业会计准则第 33 号——合并财务报表》应用指南（2014 年修订）中指出：“其他可变回报的例子包括：……3. 其他利益持有方无法得到的回报。例如，投资方将自身资产与被投资方的资产一并使用，以实现规模经济，达到节约成本、为稀缺产品提供资源、获得专有技术或限制某些运营或资产，从而提高投资方其他资产的价值。”

三、案例解析

本案例中，A 公司仅持有合伙企业 20% 的股权，其是否拥有合伙企业的控制权，应结合相关事实和情况分析如下：

第一，合伙企业设立目的是为 A 公司及其子公司的工程施工项目提供资金。从设立目的而言，A 公司更有动机也更有能力主导合伙企业的相关活动，该因素在判断控制的各环节都应予以考虑。

第二，合伙企业的相关活动包括投资项目的筛选与决策、所投资项目的管理。投资项目的筛选将直接影响未来投资回报；在确定投资项目后，以何种方式投资建设项目、对投资项目的管理方式及模式以及所投资项目的利润分配方式等都将在很大程度上影响合伙企业的可变回报。

第三，对于投资项目的筛选与决策由投资决策委员会决策，公司占有 2/3 以上的表决权，在该活动上拥有实质性权利；所投项目的管理由执行事务合伙人（即上市公司）代表合伙企业行使，且所投项目都是公司及其下属子公司承建的项目，公司在所投项目管理上也拥有实质性权利，即上市公司拥有对合伙企业所有主要相关活动的实质性权利。

第四，对于享有的可变回报，合并财务报表准则应用指南中指出，因参与被投资方的相关活动而享有的可变回报，应包括其他可变回报，如“其他利益持有方无法得到的回报。例如，投资方将自身资产与被投资方的资产一并使用，以实现规模经济，达到节约成本、为稀缺产品提供资源、获得专有技术或限制某些运营或资产，从而提高投资方其他资产的价值”。

结合上文分析，A 公司设立和参与该合伙企业的可变回报，一是通过持有 20% 的权益份额享有合伙企业的利润分配；二是其他可变回报，包括规模经济和成本节约带来的回报（如 A 公司可以根据需要，灵活地、最优化地以最低资金成本运用于其工程项目建设之中，通过资源优化配置节约成本）、通过管理合伙企业所投资项目以及影响其收益分配而获得可变回报（如可以通过对投资项目的筛选、合伙企业所投资项目的工程投入及建设成本的控制以及所投资项目收益在合伙企业和上市公司其他单位之间的分配比例等获得可变回报）等，因此尽管根据持股比例享有合伙企业利润分配较低，但其从该合伙企业所获得其他回报却是非常明显的。

第五，与其他方的关系，资产管理公司作为有限合伙人，只享有投资决策委员会的一个席位，且投资决策委员会的相关决议需投资决策委员会 2/3 以上委员同意即可通过，可见其他方并不能在投资决策委员会上阻止 A 公司的主导权力。

综上，除非存在其他明确的相反证据，A 公司对合伙企业构成控制，应将其纳入其合并范围。

【相关案例之一】

（一）案例背景

2×14 年，A 公司与 B 股权投资管理合伙企业合资设立 C 并购基金（法律形式为有限合伙企业），存续期 5 年。根据双方签订的框架协议，该并购基金设立目的主要是作为 A 公司产业并购整合的平台，以股权形式投资于 A 公司产业链中上下游的公司。A 公司作为 C 基金的唯一劣后级有限合伙人（LP）出资 50%，B 合伙企业作为普通合伙人（GP）出资 0.01%，剩余部分由双方共同募集。

该基金设立投资委员会，其中 GP 和 A 公司分别委派 2 名委员，项目的投资与退出决策均由投资委员会作出，必须经 3 名以上委员的同意方可通过，A 公司拥有一票否决权。GP 委派的代表人选需由 A 公司同意。

GP 每年向合伙企业按项目投资额的 1% 收取管理费。在每个项目退出时（每个项目的合伙人份额占比根据并购基金合伙人份额占比确定），并购基金对其可分配收益按如下顺序进行分配：（1）支付给 GP 的固定管理费及其他相关税费；（2）GP 和优先级 LP 本金；（3）GP 和优先级 LP 按固定收益率计算的投资收益；（4）劣后级 LP 投资本金；（5）上述之外剩余金额在 GP 和劣后级 LP 之间按 20% 和 80% 比例分配。

此外，根据协议，对于所有投资项目在基金管理下运营满 3 年后或基金到期清算前半年，GP 有权选择要求 A 公司受让基金持有的该投资项目的全部或部分股权，受让价格应保证本金加上固定收益率。

问题：A 公司是否应将该并购基金纳入合并范围？

（二）案例解析

主导结构化主体相关活动的依据通常是合同安排或其他安排，在实务中存在多种形式，投资方作为有限合伙人还是普通合伙人参与结构化主体对于其是否“控制”并不是决定性因素。公司应根据被投资单位的管理和投资的决策机制等判断是否拥有权力，如果投资方拥有项目管理等活动的决策权或主导被投资单位经营方向的权力，并享有被投资单位重大可变回报及其可变动性，应将被投资单位纳入合并范围。

本案例中，A 公司作为并购基金的唯一劣后级有限合伙人，是否需要合并该并购基金，应根据准则相关规定结合相关事实和情况从以下方面予以分析：

第一，首先 A 公司设立该并购基金的目的是作为 A 上市公司产业并购整合平台，投资于其产业链中上下游的公司。同时，A 上市公司在该并购基金设立时的安排，包括认购全部劣后级份额、承担劣后偿付的风险以及将以固定金额回购并购基金所投资股权的承诺，显示出 A 公司承担了重大的回报可变性，表明其有动机获取对并购基金的权力。

第二，确定并购基金的相关活动是投资项目的选择、管理及退出。根据相关协议，并购基金筹集基金在投资方向范围内选择投资项目，对投资项目进行经营管理，并确定适当的退出方式。无论投资项目的选择、投资项目的经营管理还是投资项目的退出，都会直接影响并购基金的投资回报，因此影响并购基金可变回报的相关活动包括投资项目的选择、管理与退出等。

根据相关协议，项目的投资与退出决策均由投资与退出决策委员会做出，必须经 3 名以上委员的同意方可通过，虽然公司仅占半数表决权，但普通合伙人所委派的代表人需由 A 公司同意，且 A 公司对于投资委员会的代表具有一票否决权，从而实际上间接控制投资委员会。

第三，投资方是否通过参与被投资方的相关活动而享有可变回报，且有能力运用对被投资方的权力影响其回报金额。

从投资收益分配顺序而言，A 公司作为劣后级有限合伙人，其本金的收回和浮动收益的分配顺序均在普通合伙人和优先级有限合伙人的本金和固定投资收益分配之后，相当于其以投资本金为限为普通合伙人和优先级有限合伙人的本金及收益的收回提供担保，同时其享有 80% 的超额收益；此外，其承诺在特定情形下按本金加上固定收益率回购普通合伙人拥有的被投资项目的股权，表明 A 公司承担了该并购基金绝大部分的风险和报酬波动，从可变回报的量级和可变动性而言都是重大的，且其可通过投资委员会的权利和项目管理等方面权利，带来可变回报。

此外，《企业会计准则第 33 号——合并财务报表》应用指南中指出因参与被投资方的相关活动而享有的可变回报，应包括其他可变回报，如“其他利益持有方无法得到的回报。例如，投资方将自身资产与被投资方的资产一并使用，以实现规模经济，达到节约成本、为稀缺产品提供资源、获得专有技术或限制某些运营或资产，从而提高投资方其他资产的价值。”A 公司通过并购基金，以股权形式投资于 A 公司产业链中上下游的公司，能获得协同效应、规模经济等其他投资方无法得到的其他可变回报。

第四，关于与其他方的关系，普通合伙人虽然为执行事务合伙人，并在投资委员会中派有代表，但其决策权比较有限，其获得的投资回报为 1% 的固定管理费和 20% 的超额业绩报酬，且普通合伙人有权选择要求 A 公司以本金加上固定收益率受让基金持有的该投资项目的全部或部分股权，从可变回报的量级和变动性相对 A 公司而言都不重大。

基于上述分析，A 上市公司虽为合伙企业的有限合伙人，但除非存在其他明确的相反证据，其很可能对该并购基金构成控制，应将其纳入合并范围。

【相关案例之二】

（一）案例背景

A 公司参与 B 公司发起设立的产业基金，产业基金首期规模为 30 亿元，A 公司作为唯一劣后级有限合伙人，认购其中的 10 亿元劣后基金份额，其承担产业基金的损失以其本金为限。执行事务合伙人为B公司。根据产业基金的募集说明书，该产业基金投资标的为设立一家贸易公司，并向该贸易公司提供股东借款，以便贸易公司开展业务。贸易公司实行董事会领导下的总经理负责制，董事会由5名董事组成，均由产业基金委派。其中，2名应由B公司指定，3名应由A公司指定。贸易公司的经营、财务等相关活动的决策均由董事会作出。董事会议事机制为过半数表决通过。贸易公司的总经理人员由A公司推荐，董事会通过任免。

问题：A公司是否应将该产业基金纳入合并范围？

（二）案例解析

主导结构化主体相关活动的依据通常是合同安排或其他安排，在实务中存在多种形式，投资方作为有限合伙人还是普通合伙人参与结构化主体对于其是否控制并不是决定性因素。公司应根据被投资单位的管理和投资的决策机制等判断是否拥有权力，如果投资方拥有项目管理等活动的决策权或主导被投资单位经营方向的权力，并享有被投资单位重大可变回报及其可变动性，应将被投资单位纳入合并范围。

本案例中，A公司作为产业基金的劣后级有限合伙人，是否需要合并该并购基金，应根据准则规定结合相关事实和情况从以下方面予以分析：

第一，首先A公司参与发起设立该产业基金，从该产业基金设计安排来看，产业基金的主要目的是设立一家贸易公司，A公司负责产业基金设立的贸易公司的管理及运营，且A公司认购了该产业基金的全部劣后级份额、承担劣后偿付的风险，这表明其更有动机也更有能力主导产业基金的相关活动，该点在判断控制的各环节均应予以考虑。

第二，产业基金投资标的为设立一家贸易公司，产业基金为该贸易公司提供股东借款，其相关活动包括对贸易公司的经营管理以及对贸易公司违约风险的管理。

第三，产业基金投资的该贸易公司实行董事会领导下的总经理负责制，A公司在5个董事席位中占据3席，且贸易公司的管理及运营全权委托给A公司指定的公司，因此A公司很可能拥有主导产业基金投资和经营方向的权力，同时当贸易公司的股东借款发生违约时，对于股东借款回收管理的权力。

第四，A公司作为产业基金唯一劣后级，其将享有重大可变回报，且与其他投资方相比承担了更大的回报变动性。其拥有的对贸易公司管理及运营以及对贷款信用风险管理的权力，将影响其可变回报。

综上所述，A公司很可能拥有对产业基金的控制权，应将其纳入合并范围。

【相关案例之三】

（一）案例背景

B信托公司受托管理一项信托计划，期限为10年，信托财产将主要投资于上市公司股票质押贷款。该信托计划资金分为优先级信托资金和次级信托资金。信托计划存续期内，受托人有权设立优先级信托受益权开放期，但优先级信托资金和与该时点信托计划实际存续的次级信托资金的比例不超过9:1。由于基础资产是有较好的质押物增信的债务投资，整体风险波动导致本金亏损达到10%以上的可能性较小。优先级受益人在申购信托单位时将设有预期年化收益率，享有预期信托收益和信托资金的优先分配权；次级份额不设固定收益率，用于吸收来自信用/利率风险的初始损失以保护优先级投资者，并且获取所有剩余回报；B信托公司收取0.7%的固定信托管理费。

A证券公司认购B信托计划100%的次级信托单位。全体委托人指定A证券公司为信托计划的委托人代表，和受托人B信托公司共同对信托计划的投资进行决策并对投资项目进行管理。A证券公司和B信托公司对项目的共同管理，通过双方签署《合作协议》来约定。根据《合作协议》：投资管理执行小组由6名委员组成，其中A证券公司和B信托公司各委派3名。根据投资管理的执行条款，所有类型的投资决策都需要双方的委员同意才可执行。根据合同条款，由A证券公司负责推荐投资项目，B信托公司对A证券公司所推荐的项目所涉合法合规性、风险控制与保障措施是否达到信托计划要求进行审查，审查不符合条件的，有权决定不予立项；由A证券公司制定每期优先级信托单位发行安排，方案包括信托计划优先级信托单位的预期存续期限、预期收益率、期限错配比例等要素，但方案需由双方投资经理签字或加盖业务授权章确定后实施。

问题：在上述享有共同管理权的情况下，A证券公司是否应合并B信托计划？

（二）会计准则及相关规定

《企业会计准则第33号——合并财务报表》（2014修订）第十一条规

定："投资方在判断是否拥有对被投资方的权力时，应当仅考虑与被投资方相关的实质性权利，包括自身所享有的实质性权利以及其他方所享有的实质性权利。实质性权利，是指持有人在对相关活动进行决策时有实际能力行使的可执行权利。判断一项权利是否为实质性权利，应当综合考虑所有相关因素，包括权利持有人行使该项权利是否存在财务、价格、条款、机制、信息、运营、法律法规等方面的障碍；当权利由多方持有或者行权需要多方同意时，是否存在实际可行的机制使得这些权利持有人在其愿意的情况下能够一致行权；权利持有人能否从行权中获利等。某些情况下，其他方享有的实质性权利有可能会阻止投资方对被投资方的控制。这种实质性权利既包括提出议案以供决策的主动性权利，也包括对已提出议案作出决策的被动性权利。"

《企业会计准则第 33 号——合并财务报表》（2014 修订）第十二条规定："仅享有保护性权利的投资方不拥有对被投资方的权力。保护性权利，是指仅为了保护权利持有人利益却没有赋予持有人对相关活动决策权的一项权利。保护性权利通常只能在被投资方发生根本性改变或某些例外情况发生时才能够行使，它既没有赋予其持有人对被投资方拥有权力，也不能阻止其他方对被投资方拥有权力。"

（三）案例解析

本案例中，A 证券公司与 B 信托公司共同管理信托计划，A 证券公司是否应合并该信托计划，实务界可能存在两种观点：

一种观点认为不合并。其理由为：尽管 A 证券公司持有信托计划的 100% 的劣后级权益，承担了信托计划收益的绝大部分"可变动性"，但由于：A 证券公司与 B 信托公司是共同管理信托计划，且双方在决策机构中各占 50% 的席位，所有的投资决策和融资决策，均需要双方共同同意才可执行，A 证券公司不拥有控制三要素中的权力；虽然 B 信托公司仅享有固定的管理费，但其管理费也将随着信托规模的扩大而增加，其因管理信托计划，也存在相应的声誉风险，其存在动力行使投资和融资决策权使信托计划收益最大化。因此认为，A 证券公司不拥有绝对的权力，不构成控制。

另一种观点认为应合并。理由为：作为 100% 的劣后级权益人，A 证券公司承担了信托计划的绝大部分"可变动性"，同时，B 信托公司仅从该信托计划中获得与市场水平相当的固定的信托管理费。从信托产品的设计来看，对可变回报影响最大的相关活动为投资决策以及筹资决策（优先级信托单位发行安排)。从投资决策上而言，A 证券公司负责推荐投资项目，而 B 信托公司仅在其所涉及的合法合规性、风险控制与保障措施是否达到要求而进行审查，该权利并非实质性权利；从融资决策上而言，A 证券公司制定相应发行安排，包括与可变回报相关的期限、收益、错配等关键要素的设定，而 B 信托公司仅执行程序性审查盖章流程，不拥有融资决策的实质性权利。因此认为，A 证券公司对 B 信托计划拥有实质性权利，并通过权利可获得重大部分可变回报，应合并信托计划。

上述案例的关键是，要结合实务来判断 B 信托公司对项目所涉合法合规性、风险控制与保障措施等的审查是否为一项实质性权利，如果只是根据法律法规要求或相关协议中已经明确约定的要求和条件进行程序性审批（如并未违反法律法规或协议中约定要求和条件就没有理由不予审批通过），则表明 B 信托公司的权利并非实质性权利，其仅作为代理人身份行使决策权，A 证券公司应合并该信托计划。

案例 12 - 06
控制时点的判断

一、案例背景

2×14 年 A 公司与 B 公司等战略投资者共同投资设立 C 公司。A 公司以其闲置生产线出资，股权占比为 50%；B 公司及其他投资者以货币出资，股权占比分别为 38% 和 12%。根据 A 公司与 B 公司以及其他投资者签订的《合作投资经营协议》，B 公司对 C 公司进行内部承包经营，由其享有并承担 C 公司的全部经营损益，A 公司及其他投资方收取固定回报。由于 C 公司正常生产经营、业务开展须以取得安全生产许可证为前提，协议同时约定 A 公司全权负责申请办理生产许可证相关事宜，如因 A 公司或政策原因未能取得生产许可证导致不能实现合作投资经营协议的目的时，所有前期费用均由 A 公司承担，其他方通过清算或者根据原始出资额将股权转让予 A 公司。

C 公司章程约定，C 公司权力机构为董事会，董事会由 5 人组成，其中

A 公司委派 3 人。董事会审议事项采取 4/5（含）多数通过来决定，但与取得安全生产许可证相关的一切事宜由 A 公司委派的董事独立决策，无需取得其他董事同意。C 公司的经营管理层主要由作为承包经营方的股东 B 公司委派，包括总经理、财务总监等。

最终，C 公司安全生产准入问题未能得到解决，合作投资经营的目的无法实现，投资各方同意对 C 公司进行清算解散。2×15 年 7 月 31 日，B 公司及其他战略投资者将其持有的 C 公司股权转让给 A 公司。股权转让完成后，A 公司持有 C 公司 100% 股权。A 公司自 2×15 年 8 月 1 日起将 C 公司纳入合并范围，在此之前将对 C 公司的投资作为可供出售金融资产进行核算。

问题：A 公司将 C 公司纳入合并报表范围的时点是否合理？

二、会计准则及相关规定

《企业会计准则第 33 号——合并财务报表》（2014 年修订）第七条规定："合并财务报表的合并范围应当以控制为基础予以确定。控制，是指投资方拥有对被投资方的权利，通过参与被投资方的相关活动而享有可变回报，并且有能力运用对被投资方的权利影响其回报金额。本准则所称相关活动，是指对被投资方的回报产生重大影响的活动。被投资方的相关活动应当根据具体情况进行判断，通常包括商品或劳务的销售和购买、金融资产的管理、资产的购买和处置、研究与开发活动以及融资活动等。"

《企业会计准则第 33 号——合并财务报表》（2014 年修订）第八条规定："投资方应当在综合考虑所有相关事实和情况的基础上对是否控制被投资方进行判断。一旦相关事实和情况的变化导致对控制定义所要求的相关要素发生变化的，投资方应当进行重新评估。相关事实和情况主要包括：（一）被投资方的设立目的。（二）被投资方的相关活动以及如何对相关活动做出决策。（三）投资方享有的权利是否使其目前有能力主导被投资方的相关活动。（四）投资方是否通过参与被投资方的相关活动而享有可变回报。（五）投资方是否有能力运用对被投资方的权利影响其回报金额。（六）投资方与其他方的关系。"

三、案例解析

企业在其完整的生命周期内存在不同的发展阶段。发起设立、正常运营、经营模式转变直至破产清算，当企业处于这些不同的阶段时，其相关活动可能存在重大的区别。因此，投资企业对被投资企业是否存在控制的判断并非一成不变，而是可能随着被投资企业处于不同的发展阶段、涉及不同的相关活动而不同。正因如此，企业会计准则要求投资方一旦发现相关事实和情况的变化导致对控制定义所涉及的相关要素发生变化时，需要进行重新评估。被投资方的相关活动以及如何对相关活动做出决策这一因素也被作为相关事实和情况变化的具体举例在准则正文中予以明确。

本案例中，C公司的正常生产经营、业务开展须以取得安全生产许可证为前提，取得该许可证是一项实质性而非简单行政性的活动。因此，C公司至少存在两个发展阶段，即获取安全生产许可证前的前期筹建阶段和获取安全生产许可证后的正常生产经营阶段。2×14年，C公司尚处于设立初期，安全生产许可证尚未取得，其筹建阶段的主要相关活动即为安全生产许可证的申请办理活动。按照协议约定，该活动由A公司全权负责，这表明A公司在前期筹建阶段对C公司拥有权力。同时，协议约定如因A公司或政策原因不能取得生产许可证导致不能实现合作投资经营协议目的，所有前期费用由A公司承担，这一约定则表明A公司承担了前期筹建阶段全部的可变回报与风险。基于上述情况可以得出结论，A公司在C公司的前期筹建阶段一直对其具有控制，应自设立之日起就将其纳入合并财务报表的合并范围。

本案例中，如果最终C公司正常取得安全生产许可证，进入由B公司对C公司内部承包经营的正常生产经营阶段，则应关注委托经营的商业目的和经济实质，结合承包经营协议关于承包经营期限、重大投资、融资等决策上存在重大限制具体约定、受托经营期间损益分配的回报，公司整体价值变动的报酬和风险的分享和承担等各项约定，就相关方对C公司相关活动的权利、享有可变回报以及是否有能力运用对被投资方的权力影响其回报金额进行综合分析，对C公司的实际控制方另行判断。

案例 12 - 07
清算阶段的子公司是否纳入合并报表范围

一、案例背景

2×11 年 2 月，上市公司 B 公司与其他自然人股东出资设立子公司 A 公司，B 公司持有 A 公司 60% 的股份，具有控制权，2×11 年度将其纳入合并报表范围。2×12 年 12 月，B 公司由于内部业务整合，决定对 A 公司进行清算。2×13 年 1 月，A 公司通过股东会决议成立清算组，清算组由各股东组成。截至 2×13 年 12 月 31 日清算尚未完成，B 公司未将 A 公司纳入 2×12 年、2×13 年合并报表范围（假设 A 公司 2×12 年和 2×13 年期末净资产均大于零）。

问题：B 公司是否应将 A 公司纳入 2×12 年、2×13 年合并报表范围？

二、会计准则及相关规定

《企业会计准则第 33 号——合并财务报表》（2014 年修订）第七条规定："合并财务报表的合并范围应当以控制为基础予以确定。控制，是指投资方拥有对被投资方的权力，通过参与被投资方的相关活动而享有可变回报，并且有能力运用对被投资方的权力影响其回报金额。

本准则所称相关活动，是指对被投资方的回报产生重大影响的活动。被投资方的相关活动应当根据具体情况进行判断，通常包括商品或劳务的销售和购买、金融资产的管理、资产的购买和处置、研究与开发活动以及融资活动等。"

《企业会计准则第 33 号——合并财务报表》（2014 年修订）第十三条规定："除非有确凿证据表明其不能主导被投资方相关活动，下列情况，表明投资方对被投资方拥有权力：

（一）投资方持有被投资方半数以上的表决权的。

（二）投资方持有被投资方半数或以下的表决权，但通过与其他表决权持有人之间的协议能够控制半数以上表决权的。”

《企业会计准则第33号——合并财务报表》（2014年修订）第十七条规定：“投资方自被投资方取得的回报可能会随着被投资方业绩而变动的，视为享有可变回报。投资方应当基于合同安排的实质而非回报的法律形式对回报的可变性进行评价。”

《企业会计准则第33号——合并财务报表》应用指南（2014年修订）指出，“其他可变回报的例子包括：

1. 股利、被投资方经济利益的其他分配（例如，被投资方发行的债务工具产生的利息）、投资方对被投资方投资的价值变动。

2. 因向被投资方的资产或负债提供服务而得到的报酬、因提供信用支持或流动性支持收取的费用或承担的损失、被投资方清算时在其剩余净资产中所享有的权益、税务利益，以及因涉入被投资方而获得的未来流动性。

3. 其他利益持有方无法得到的回报。例如，投资方将自身资产与被投资方的资产一并使用，以实现规模经济，达到节约成本、为稀缺产品提供资源、获得专有技术或限制某些运营或资产，从而提高投资方其他资产的价值。

投资方的可变回报通常体现为从被投资方获取股利。受法律法规的限制，投资方有时无法通过分配被投资方利润或盈余的形式获得回报，例如，当被投资方的法律形式为信托机构时，其盈利可能不是以股利形式分配给投资者。此时，需要根据具体情况，以投资方的投资目的为出发点，综合分析投资方是否获得除股利以外的其他可变回报，被投资方不能进行利润分配并不必然代表投资方不能获取可变回报。”

《公司法》第一百八十条规定：“公司因下列原因解散：（一）公司章程规定的营业期限届满或者公司章程规定的其他解散事由出现；（二）股东会或者股东大会决议解散；（三）因公司合并或者分立需要解散；（四）依法被吊销营业执照、责令关闭或者被撤销；（五）人民法院依照本法第一百八十三条的规定予以解散。”

《公司法》第一百八十三条规定：“公司因本法第一百八十一条第（一）项、第（二）项、第（四）项、第（五）项规定而解散的，应当在解散事由出现之日起十五日内成立清算组，开始清算。有限责任公司的清算组由股东组成……”

《公司法》第一百八十四条规定："清算组在清算期间行使下列职权：（一）清理公司财产，分别编制资产负债表和财产清单；（二）通知、公告债权人；（三）处理与清算有关的公司未了结的业务；（四）清缴所欠税款以及清算过程中产生的税款；（五）清理债权、债务；（六）处理公司清偿债务后的剩余财产；（七）代表公司参与民事诉讼活动。"

《公司法》第一百八十六条规定："清算组在清理公司财产、编制资产负债表和财产清单后，应当制定清算方案，并报股东会、股东大会或者人民法院确认……清算期间，公司存续，但不得开展与清算无关的经营活动……"

《公司法》第一百八十七条规定："清算组在清理公司财产、编制资产负债表和财产清单后，发现公司财产不足清偿债务的，应当依法向人民法院申请宣告破产。

公司经人民法院裁定宣告破产后，清算组应当将清算事务移交给人民法院。"

《公司法》第一百八十八条规定："公司清算结束后，清算组应当制作清算报告，报股东会、股东大会或者人民法院确认，并报送公司登记机关，申请注销公司登记，公告公司终止。"

《破产法》第二十二条规定："管理人由人民法院指定。"

《破产法》第二十四条规定："管理人可以由有关部门、机构的人员组成的清算组或者依法设立的律师事务所、会计师事务所、破产清算事务所等社会中介机构担任。有下列情形之一的，不得担任管理人……（三）与本案例有利害关系；……"

《破产法》第二十五条规定："管理人履行下列职责：（一）接管债务人的财产、印章和账簿、文书等资料；（二）调查债务人财产状况，制作财产状况报告；（三）决定债务人的内部管理事务；（四）决定债务人的日常开支和其他必要开支；（五）在第一次债权人会议召开之前，决定继续或者停止债务人的营业；（六）管理和处分债务人的财产；（七）代表债务人参加诉讼、仲裁或者其他法律程序；（八）提议召开债权人会议；（九）人民法院认为管理人应当履行的其他职责。"

《破产法》第五十九条规定："依法申报债权的债权人为债权人会议的成员，有权参加债权人会议，享有表决权。"

《破产法》第六十一条规定："债权人会议行使下列职权：（一）核查债权；

（二）申请人民法院更换管理人，审查管理人的费用和报酬；（三）监督管理人；（四）选任和更换债权人委员会成员；（五）决定继续或者停止债务人的营业；（六）通过重整计划；（七）通过和解协议；（八）通过债务人财产的管理方案；（九）通过破产财产的变价方案；（十）通过破产财产的分配方案；（十一）人民法院认为应当由债权人会议行使的其他职权。”

三、案例解析

根据《企业会计准则第 33 号——合并财务报表》（2014 年修订）第七条规定：“合并财务报表的合并范围应当以控制为基础予以确定。控制，是指投资方拥有对被投资方的权力，通过参与被投资方的相关活动而享有可变回报，并且有能力运用对被投资方的权力影响其回报金额”。处于清算阶段的子公司是否纳入合并报表，判断原则相同，仍以控制为基础予以确定。

由于处于清算阶段的公司其相关活动具有特殊性，不同于正常经营公司的相关活动，应根据具体情况进行判断。根据《公司法》第一百八十三条及第一百八十四条等相关规定，处于清算阶段的公司其相关活动主要是清理公司财产、清算未了结的业务、清缴所欠税款、清理债权和债务及剩余财产的分配等。

本案例中 A 公司通过股东会决议成立清算组，属于主动清算，以下结合《公司法》对主动清算的相关法律程序来具体分析 B 公司对 A 公司的控制基础是否发生变化。

1. A 公司在清算阶段，B 公司是否拥有对 A 公司的权力。

本案例中，A 公司经股东大会批准成立清算组，尽管 A 公司在清算阶段由成立的清算组全面负责清算事宜，但 B 公司仍拥有对 A 公司的权力，理由如下：第一，清算组由各股东组成，B 公司作为 A 公司的控股股东，持有 A 公司 60% 的股权比例，B 公司在清算组成员中占绝大多数比例，对清算过程中资产处置及债权债务的清理具有决定权。第二，清算组编制的清算方案最终需要股东大会批准，B 公司作为控股股东具有对清算方案决策的控制权。

2. 在 A 公司清算阶段，B 公司是否参与了 A 公司的相关活动而享用可变回报。

《企业会计准则第 33 号——合并财务报表》应用指南（2014 年修订）

指出“其他可变回报的例子包括：……（2）被投资方清算时在其剩余净资产中所享有的权益……”。在A公司清算阶段，B公司通过清算组直接参与了A公司的相关活动，例如清理公司财产、清算未了结的业务、清缴所欠税款、清理债权和债务等相关活动，及通过股东大会对清算方案进行决策，通过相关活动直接影响B公司能从清算中取回的剩余净资产而享有的可变回报。

3. 在A公司清算阶段，B公司是否有能力运用对A公司的权力影响其回报金额。

在A公司清算阶段，B公司主要获取清算剩余权益的最大化，剩余权益多少取决于清算资产的变卖及负债的清偿，B公司能够通过对A公司的实质性权利来主导清算组的清算情况及通过股东大会决定具体清算方案，都足以说明B公司有能力运用对A公司的权力影响其回报金额。

因此，在本案例中，B公司应将A公司纳入其合并报表范围。

此外，讨论另一种情形，假如A公司成立的清算组在清理公司财产、编制资产负债表和财产清单后，发现A公司财产不足清偿债务后，A公司依法向人民法院申请宣告破产。经人民法院裁定宣告破产，清算组应当将清算事务移交给人民法院，此时A公司由主动清算转入破产清算。在破产清算情况下，B公司是否仍具有对A公司的控制权？根据《破产法》相关规定，公司进入破产清算后，由人民法院指定管理人负责清算日常事宜，管理人由有关部门、机构的人员组成的清算组或社会中介机构担任，与本案例有利害关系的人员不得担任管理人，管理人有管理和处分债务人的财产等权利，管理人受债权人监督。债权人会议行使的职权包括讨论债务人财产的管理方案、破产财产的变价方案及破产财产的分配方案。因此，进入破产程序后，A公司的相关活动由人民法院指定的管理人和债权人参与，债权人会议对剩余财产的变现及负债的清偿方案具有最终决定权，当债权人会议表决无法达成一致意见时由人民法院裁定。这种情形下B公司没有权力参与A公司与清算相关的事宜，无权参与A公司的相关活动并获取可变回报，因此B公司已失去了对A公司的控制。

综上所述，合并财务报表的合并范围应当以控制为基础加以确定。在主动清算的情况下，如果母公司对进入清算阶段的子公司仍实施控制，则仍应将其纳入合并财务报表的合并范围；在破产清算的情况下，母公司对进入清算阶段的子公司已失去了控制，则不应将其纳入合并报表范围。需要注意的是，对于进入清算阶段的子公司，其个别财务报表不能以持续经营为基础编制。

案例 12－08
过渡期损益安排是否影响合并范围判断

一、案例背景

A 公司 2×15 年 11 月与外部独立第三方 C 公司签订协议，将其持有的 B 公司 100% 股权转让 C 公司，该交易截至 2×15 年 11 月 30 日经双方股东大会通过。其中，股权转让协议存在如下约定："根据资产评估报告，截至 2×14 年 12 月 31 日（'评估基准日'）B 公司的评估值为 500 万元。双方一致同意，B 公司股权的转让对价为 500 万元；同时，双方一致同意，评估基准日至工商过户备案手续完成日之间 B 公司实现的盈亏（'过渡期损益'）均归 C 公司所有。"

2×15 年 12 月 31 日，上述交易已获得监管机构等所有必要的批准；除上述过渡期损益尚未结算外，其他股权交易相关款项已全部结算；B 公司已向 C 公司签发出资证明，并相应修改公司章程和股东名册，C 公司已更换 B 公司董事会成员以及相应管理层人员。2×16 年 1 月 4 日，该交易双方最终办理完成工商过户备案手续。

根据股权转让协议，B 公司 2×15 年全年的损益（即"过渡期损益"）均归属于 C 公司。A 公司认为，根据协议条款，A 公司无权享有 B 公司 2×15 年的盈亏，即其从 2×15 年 1 月 1 日起就已不再控制 B 公司，因此未将其纳入其 2×15 年合并财务报表范围。

问题：基于上述过渡期损益安排，A 公司 2×15 年不再将 B 公司纳入合并财务报表范围是否恰当？

二、会计准则及相关规定

《企业会计准则第 20 号——企业合并》第十条规定：“购买日，是指购买方实际取得对被购买方控制权的日期。”

《企业会计准则第 20 号——企业合并》应用指南进一步规定：“同时满足下列条件的，通常可认为实现了控制权的转移：

（一）企业合并合同或协议已获股东大会等通过。

（二）企业合并事项需要经过国家有关主管部门审批的，已获得批准。

（三）参与合并各方已办理了必要的财产权转移手续。

（四）合并方或购买方已支付了合并价款的大部分（一般应超过 50%），并且有能力、有计划支付剩余款项。

（五）合并方或购买方实际上已经控制了被合并方或被购买方的财务和经营政策，并享有相应的利益、承担相应的风险。”

《企业会计准则第 33 号——合并财务报表》（2014 年修订）第七条规定：“合并财务报表的合并范围应当以控制为基础予以确定。控制，是指投资方拥有对被投资方的权力，通过参与被投资方的相关活动而享有可变回报，并且有能力运用对被投资方的权力影响其回报金额。”

三、案例解析

根据《企业会计准则第 33 号——合并财务报表》（2014 年修订），合并财务报表的合并范围应当以控制为基础予以确定。控制，是指投资方拥有对被投资方的权力，通过参与被投资方的相关活动而享有可变回报，并且有能力运用对被投资方的权力影响其回报金额。

在处置子公司股权交易中，是否以及何时不再将被处置子公司纳入合并报表范围，关键在于判断其是否失去对子公司的控制权，也即“处置日”的判断。企业会计准则中未对“处置日”的判断作出明确规定，企业会计准则应用指南对企业合并中控制权的转移提供了若干判断标准，这些标准同样适用于股权处置日的判断。本案例中，截至 2×15 年 12 月 31 日，该项交易已获得股东大会及相应监管机构等所有必要的批准；该股权转让交易大部分款项已支付；B 公司已向新股东 C 公司签发出资证明，并相应修改公司章程和股东名册，即已办理完成相应的财产交割手续；C公司已相应更换B公司董事会成员和管理人员，表明C公司截至2×15年12月31日才具有主导B公司的财务和经营政策等相关活动的权力以及相应享有可变回报。如合同中无其他特殊约定，结合企业会计准则应用指南对企业合并中控制权转移判断的几个条件，认定2×15年12月31日A公司已丧失对B公司的控制权，即处置日为2×15年12月31日是合理的。

股权转让协议中所约定的基准日，一般是买卖双方谈判定价的过程中，为了确定目标公司的股权价值而定的评估基准日；或者是为了界定买卖双方的权利义务（如利润分配的归属）而设定的基准日，其属于买卖双方自行约定的一个日期，与控制权是否发生转移并不存在必然的联系。而并购双方关于评估基准日至股权转让完成日之间损益（即“过渡期损益”）的归属约定一般为双方对于交易定价的一项调整，并不必然影响并购双方对标的资产的控制权。本案例中，评估基准日（即2×14年12月31日），A公司尚未与C公司签订转让B公司的协议，也尚未获得相应的股东大会及监管批准，该时点A公司并未丧失对B公司的控制权。

同时，从控制的定义角度分析，在2×15年12月31日之前，A公司对于B公司仍然具有控制：

第一，A公司持有B公司100%股份，仍然为B公司登记在册的股东，除非合同中有其他明确权利义务的规定，对B公司的财务和经营等相关活动的决策具有100%的表决权，拥有对B公司的权力。

第二，虽然根据股权转让协议中过渡期损益安排，A公司将不再享有B公司2×15年度的损益，但其仍享有B公司净资产剩余权益及退出价格等可变回报。合并准则中所指可变回报，并非仅指被投资单位短期内的利得或损失，对于计划处置的子公司而言，退出时点的交易价格应为其可变回报的主要来源。

第三，A公司有能力运用对B公司的权力影响B公司的净资产剩余权益及其退出价格。公平市场环境下理性并购交易中的交易对价，一般为交易双方基于目标公司当前经营发展状况、净资产价值、持续经营价值、协同效应等综合因素确定的。本案例中，虽然交易价格依据评估基准日评估价值确定，但双方所达成的交易价格（包括过渡期损益的归属约定）必定是在考虑了交易时点B公司的经营情况、净资产价值及发展前景等因素后确定的，而这些因素直至股权交易完成之前，均为A公司有权力参与并有能力影响的。例如，假设协议达成日之前，A 公司大量变卖或转移 B 公司核心资产，或者改变 B 公司的经营范围或经营策略等，必然会影响与 C 公司交易达成或者交易价格的确定；而对于协议达成之日至最终交易完成日之间，理性的购买方也会要求在股权转让协议书中约定相应的保护性条款，以防止出售方对目标公司不作为或任意不善的作为等，但该等保护性条款不影响 A 公司在实际交割前能主导 B 公司财务和经营决策等相关活动的实质性权利。换言之，在评估基准日至交易完成日之间，A 公司拥有对 B 公司的权力，且有能力运用对被投资方的权力影响其回报金额。

综上所述，2×15 年度，A 公司仍然可通过参与 B 公司的各项经营管理活动享有可变回报，并且有能力运用对 B 公司的权力影响其回报金额，其仍应将 B 公司纳入合并报表范围。

值得注意的是，对于过渡期间损益的归属，可能会影响转让方的处置收益，对购买方而言则可能会影响其合并对价及相应商誉的确认金额。例如，本案例中，处置价格不随过渡期的损益波动而调整，为固定价格的股权处置交易，B 公司在基准日至处置日期间的生产经营活动很可能导致处置日的净资产账面价值与基准日账面价值存在差异，此时，A 公司的处置损益的计算应基于处置日而非基准日的账面价值确定。同理，C 公司在购买日的合并对价为固定价格，然而，B 公司可辨认资产、负债在购买日的公允价值与基准日的账面价值也可能存在差异，从而导致商誉的计算结果有所不同。

案例 12－09
持股比例低于 50%但通过协议取得多数表决权时合并报表范围

一、案例背景

上市公司 A 的业务主要为生产与零售。2×10 年，经相关行业监管部门批准之后，A 公司对某金融企业 B 公司增资 1 亿元，从而获得 B 公司 20%的股权及表决权。2×12 年 1 月 1 日，B 公司另外三家股东以授权委托书的形式分别将其持有的B公司15%、9%和16%的股权所对应的经营表决权授权给A公司行使，授权期限至2×15年12月31日止。因此，A公司有权在B公司的股东大会上行使代表60%股权的表决权。在B公司每次召开股东大会就有关事项进行表决前，A公司会与其他三家授权单位事先召开协商会议，研究讨论相关议题，就有关事项形成一致意见后由A公司在B公司的股东大会上行使表决权。

问题：A公司在编制合并财务报表时，是否应将B公司纳入合并范围？

二、会计准则及相关规定

《企业会计准则第33号——合并财务报表》（2014年修订）第七条规定："合并财务报表的合并范围应当以控制为基础予以确定。控制，是指投资方拥有对被投资方的权力，通过参与被投资方的相关活动而享有可变回报，并且有能力运用对被投资方的权力影响其回报金额。"

《企业会计准则第33号——合并财务报表》（2014年修订）第十三条、第十四条对表决权比例未超过半数情况下的控制作出了原则性规定：

"第十三条　除非有确凿证据表明其不能主导被投资方相关活动，下列情况，表明投资方对被投资方拥有权力：

（一）投资方持有被投资方半数以上的表决权的。

（二）投资方持有被投资方半数或以下的表决权，但通过与其他表决权持有人之间的协议能够控制半数以上表决权的。

第十四条　投资方持有被投资方半数或以下的表决权，但综合考虑下列事实和情况后，判断投资方持有的表决权足以使其目前有能力主导被投资方相关活动的，视为投资方对被投资方拥有权力：

（一）投资方持有的表决权相对于其他投资方持有的表决权份额的大小，以及其他投资方持有表决权的分散程度。

（二）投资方和其他投资方持有的被投资方的潜在表决权，如可转换公司债券、可执行认股权证等。

（三）其他合同安排产生的权利。

（四）被投资方以往的表决权行使情况等其他相关事实和情况。"

《企业会计准则第33号——合并财务报表》（2014年修订）第十八条、第十九条进一步规定了投资方是以主要责任人还是以代理人行使决策权：

“第十八条 投资方在判断是否控制被投资方时，应当确定其自身是以主要责任人还是代理人的身份行使决策权，在其他方拥有决策权的情况下，还需要确定其他方是否以其代理人的身份代为行使决策权。

代理人仅代表主要责任人行使决策权，不控制被投资方。投资方将被投资方相关活动的决策权委托给代理人的，应当将该决策权视为自身直接持有。

第十九条 在确定决策者是否为代理人时，应当综合考虑该决策者与被投资方以及其他投资方之间的关系。

（一）存在单独一方拥有实质性权利可以无条件罢免决策者的，该决策者为代理人。

（二）除（一）以外的情况下，应当综合考虑决策者对被投资方的决策权范围、其他方享有的实质性权利、决策者的薪酬水平、决策者因持有被投资方中的其他权益所承担可变回报的风险等相关因素进行判断。”

《企业会计准则第 40 号——合营安排》第五条对“共同控制”的定义如下：“共同控制，是指按照相关约定对某项安排所共有的控制，并且该安排的相关活动必须经过分享控制权的参与方一致同意后才能决策。

本准则所称相关活动，是指对某项安排的回报产生重大影响的活动。某项安排的相关活动应当根据具体情况进行判断，通常包括商品或劳务的销售和购买、金融资产的管理、资产的购买和处置、研究与开发活动以及融资活动等。”

《国际财务报告准则第 10 号——合并财务报表》第 18 段规定：“拥有决策权的投资方应确定自己是委托人还是代理人。”

《国际财务报告准则第 10 号——合并财务报表》应用指南第 58 段规定：“当具有决策权的投资方（决策者）对自身是否控制被投资方进行评估时，应确定自身是委托人还是代理人。投资方也应确定其他具有决策权的主体是委托人还是代理人。代理人主要是代表其他方（委托人）行动并服务于其他方利益，因此在代理人行使决策权时，并不控制被投资方……。”

三、案例解析

根据企业会计准则对于控制和共同控制的定义，一个企业只有在可以单方面主导被投资单位的相关活动时，才可能拥有被投资单位的控制权；如果任何一方都无法单方面主导被投资单位的相关活动，被投资单位的财务和经营政策需要相关投资方一致同意，则分享控制权的投资方对于被投资单位拥有共同控制。

本案例中，A 公司持有 B 公司 20% 的股权及表决权，其持有的表决权比例低于 50%，但是，根据 B 公司与另外三家股东所签署的授权委托书，A 公司在 B 公司的股东大会上可以行使的表决权比例为 60%，是否即属于会计准则中所指的“通过与被投资单位其他投资者之间的协议，拥有被投资单位半数以上的表决权”?

第一，需要关注其他股东将表决权授权给 A 公司行使的商业合理性。例如，A 公司是否为 B 公司所从事行业的行业专家，具有其他股东缺乏的行业经验。

第二，需要结合授权委托书的相关条款及其法律含义，分析 A 公司是否仅作为其他股东的代理人，代理行使其他股东的意志，而非自主运用所获得的表决权。一种可能的情况是，另外三家股东放弃他们所拥有的表决权，交由 A 公司代为行使，A 公司完全可以根据自己的意愿和情况来行使全部的表决权；另一种可能的情况是，另外三家股东并没有放弃表决权，只是授权 A 公司作为其代理人，在股东大会上代为行使表决权。两种情形下，我们很可能会得出不同的判断结果，前一种情况下，A 公司很可能已经拥有另外三家股东合计 40% 的表决权从而符合会计准则上这一项控制判断条件，而后一种情况下，A 公司很可能只是代表其他三个股东在股东大会上投票，并不拥有这 40% 的表决权，从而不能据此判断 A 公司能够控制 B 公司。

值得注意的是，如果根据授权委托书的相关条款，A 公司已经拥有另外三家股东合计 40% 的表决权，我们仍然需要关注这样一个事实，在 B 公司每次召开股东大会就有关事项进行表决前，A 公司会与其他三家授权单位事先召开协商会议，研究讨论相关议题，就有关事项形成一致意见。如果这样的协商会议仅仅是为了维护各方的友好合作关系，各方共同出谋划策，为了大家的利益最大化而进行研究与讨论，在出现争议的情况下，A 公司仍然有最终的决定权，或者 A 公司有权自行决定是否召开协商会议，那么 A 公司仍然有控制。然而，如果根据其他的协议和安排，A 公司必须在每次股东大会之前与其他三家股东进行协商，任何实质性事项的决策都需要大家一致同意，或者至少需要其他三家股东中的一家同意，这种情况下，A 公司实质上仍然不拥有另外三家股东的表决权，不能据此判断为 A 公司能够控制 B

公司。

【相关案例】

（一）案例背景

A公司为上市公司，2×12年12月与B公司共同投资设立C公司。C公司为中外合资经营企业，其中A公司持股比例为51%，B公司持股比例为49%。C公司于2×12年12月开始正式运营，其董事会由7名成员组成，其中A公司派出4名董事，B公司派出3名董事。A公司在2×12年年报、2×13年一季报、2×13年半年报和2×13年三季报中均将C公司纳入合并范围。

2×13年年报中，A公司将C公司认定为共同控制企业，并将其核算方法由成本法改为权益法，A公司说明的主要理由为：

1. C公司的年度工作计划须由董事会一致表决通过，A公司认为，其在重要经营决策方面无法控制C公司；

2. 合营合同与公司章程规定特定事项须由董事会一致表决通过，如C公司超过500万元的购买、转让、出售、出租或以其他方式处置任何固定资产、不动产以及其他设备；签订、实质性修改、解除或终止任何重大合同以及年度计划。

A公司认为，合并范围变更事项属会计估计变更，不影响公司2×13年年度合并财务报表中归属于母公司股东的净利润和归属母公司股东的权益。会计师事务所对上述事项也出具了书面说明，认为该事项属于会计估计，在相关重大方面符合《企业会计准则》的有关规定。

问题：A公司在编制2×13年合并财务报表时，将合并范围变更视为会计估计变更进行处理是否正确？

（二）案例解析

本案例中，A公司于2×13年变更其合并范围的依据是合营合同、公司章程及其约定，如某些特定事项及年度工作计划等须董事会一致表决通过等。然而，A公司在编制2×12年年报和2×13年一季报、半年报、三季报时，这些条款就已经存在。在此类条款未发生修订的情况下，A公司据此判断是否对C公司具有控制权时，前后不应当出现判断差异，相应地，A公司合并范围也不应出现变更。A公司上述调整既不属于会计政策变更也不属于会计估计变更的范围。该案例关键的判断在于，根据合营合同、公司章程的约定，A 公司对 C 公司是否具有控制权。

第一，在案例背景资料中提及，“合同价值超过 500 万元的购买、转让、出售、出租、处置固定资产的事项须由董事会一致表决通过”。据此，我们认为，首先应当分析该条款为有实质性意义的条款还是保护性条款。如果就 C 公司的日常经营性质而言，固定资产的购置、租售事项并非小概率事件时，则很可能将此条款认定为有实质性意义的条款而非保护性条款。此外，还应当分析，相对 C 公司的实际经营规模而言，500 万元的界限是否远远低于其正常的生产经营规模。如果远低于实际经营规模，应当可以将其判断为是一项有实质性意义的条款而非保护性条款。

第二，我们也注意到在案例背景资料中提及“签订、实质性修改、解除或终止任何重大合同以及年度计划须由董事会一致表决通过”。该条规定也在很大程度上表明 A 公司对 C 公司的重大经营政策没有控制权。

如果结合上述两点的分析，A 公司对 C 公司始终不具有控制权而仅能实施共同控制的情况下，C 公司为 A 公司的合营企业，不能纳入 A 公司的合并范围，A 公司自始至终都应当将 C 公司作为合营企业核算。A 公司在 2 × 12 年年报和 2 × 13 年一季报、半年报、三季报连续四个会计期间把 C 公司纳入合并范围，从 2 × 13 年起不把 C 公司纳入合并范围的处理方式并不符合企业会计准则的相关规定。因此，A 公司在编制 2 × 13 年合并财务报表时，将合并范围作为会计估计变更处理是不合理的，应当将在此前把 C 公司纳入合并范围事项作为会计差错更正处理。

案例 12 - 10
合并抵销调整

为了客观、真实地反映企业集团的整体财务状况和经营成果，合并财务报表需要在个别财务报表的基础上抵销内部交易的影响。企业会计准则讲解对各类内部交易的抵销调整有所列举，但抵销调整并不是一成不变的，实务中需要结合交易的经济实质加以考虑。

例如，期末存货中包含的未实现内部销售利润，在合并层面应予以抵销，待真正实现时再进行确认，而不同的实现方式，会直接影响合并抵销调整的后续计量。若通过对集团外第三方销售予以实现，包含在存货余额中的上期未实现利润结转计入了本期营业成本，因此后续抵销时，借记“期初未分配利润”，贷记“营业成本”；若通过内部使用予以实现，如被管理部门领用，包含在存货余额中的上期未实现利润随存货一起转入本期管理费用，因此后续抵销时，借记“期初未分配利润”，贷记“管理费用”；但实务操作中，还可能通过处置子公司或其他更为复杂的方式予以实现，在这些情况下则需要更多的专业判断。

一、案例背景

A公司为上市公司，B公司为其全资子公司。B公司在2×13年6月对C公司进行股权投资，交易结束后，B公司持有C公司51%股权。A公司在2×13年度7~12月销售产品给C公司，C公司将该产品用做主要生产设备并已于2×13年投入使用。2×13年度A公司通过上述交易实现销售收入约为19,000万元，结转销售成本约为13,000万元，实现销售毛利约6,000万元。A公司在编制2×13年度合并财务报表时已将上述内部购销交易予以抵销。假设本案例无须考虑设备折旧和所得税的相关影响。

B公司于2×14年3月将持有C公司的48%股权对外转让给E公司和F公司（E公司和F公司为非关联方），B公司在转让后仅持有C公司3%股权（假设A公司及B公司并未于2×13年度与E公司和F公司达成任何股权转让的约定）。从2×14年1月1日起至B公司出售C公司股权时止，A公司与C公司之间未发生内部交易。A公司认为，在编制2×14年一季度财务报告时，对A公司与C公司之间2×13年的内部购销交易，有两种会计处理方法：

方法一：全额抵销A公司与C公司之间的内部购销交易，会计处理为：

借：期初未分配利润　　6,000

　　主营业务成本　　13,000

　　贷：主营业务收入　　19,000

方法二：抵销A公司与C公司内部购销交易产生的毛利，会计处理为：

借：期初未分配利润　　6,000

　　贷：主营业务收入　　6,000

（以上分录不包含与该项交易相关的所有抵销分录）

问题：在编制 2×14 年一季度财务报告时，A 公司对 2×13 年上述内部销售毛利应如何调整？

二、会计准则及相关规定

《企业会计准则第 33 号——合并财务报表》（2014 年修订）第三十条规定："合并资产负债表应当以母公司和子公司的资产负债表为基础，在抵销母公司与子公司、子公司相互之间发生的内部交易对合并资产负债表的影响后，由母公司合并编制"。

《企业会计准则第 33 号——合并财务报表》（2014 年修订）的应用指南指出："对于内部存货交易的抵销，在连续编制合并财务报表的情况下，首先必须将上期抵销的存货价值中包含的未实现内部销售损益对本期期初未分配利润的影响予以抵销，调整本期期初未分配利润的金额然后再对本期内部购进存货进行抵销处理，其具体抵销处理程序和方法如下：（1）将上期抵销的存货价值中包含的未实现内部销售损益对本期期初未分配利润的影响进行抵销。即按照上期内部购进存货价值中包含的未实现内部销售损益的金额，借记'未分配利润——年初'项目，贷记'营业成本'项目"。

《企业会计准则第 33 号——合并财务报表》（2014 年修订）的应用指南指出："连续编制合并财务报表时内部交易形成的固定资产的抵销处理在以后会计期间，该内部交易形成的固定资产仍然以原价在购买企业的个别资产负债表中列示，因此必须将原价中包含的未实现内部销售损益的金额予以抵销；相应地销售企业以前会计期间由于该内部交易所实现的销售利润，形成销售当期的净利润的一部分并结转到以后会计期间，在其个别所有者权益变动表中列示。因此必须将期初未分配利润中包含的该未实现内部销售损益予以抵销，以调整期初未分配利润的金额。将内部交易形成的固定资产原价中包含的未实现内部销售损益抵销，并调整期初未分配利润。即按照原价中包含的未实现内部销售损益的金额，借记'未分配利润——年初'项目，贷记'固定资产——原价'项目"。

三、案例解析

企业会计准则并未具体涉及子公司在连续的会计期间内进入和退出合并

范围情况下的前期内部交易抵销问题，但是准则对于内部交易抵销的基本原则是很明确的。因此，实务中一则应当根据交易的经济实质，并结合基本会计原则如一贯、可比等原则进行判断处理；二则对于频繁变更合并范围，尤其是对同一子公司连续几个会计期间出入合并范围内的情况予以重点关注。

例如，母公司向子公司销售存货，对于期末存货中包含的未实现内部销售利润，在合并层面应予以抵销。下一会计期间，由于母公司将该子公司出售给集团外第三方，在这种情况下，子公司不再纳入合并范围，子公司账上的存货作为子公司净资产的一部分被出售给集团外第三方，原集团内未实现利润在当期转成了已实现利润。可以理解为，存货作为子公司净资产的一部分，一起结转入处置子公司的投资收益中，抵减了本期的投资收益。因此，未实现的利润应通过“投资收益”科目进行抵销，借记“期初未分配利润”，贷记“投资收益”。

本案例中，A公司在编制2×13年合并报表时，将B公司和C公司纳入合并范围，发生在A公司与C公司之间的内部购销交易，经过抵销处理后，相当于从存货项目结转至固定资产项目。2×14年3月，B公司把C公司股权转让给非关联的E公司、F公司后，只保留了3%的股权，B公司不再控制C公司，C公司不再纳入A公司的合并范围。此外，A公司对于C公司剩余的3%股权，应当按照其在丧失控制权日的公允价值进行重新计量。处置股权（即C公司48%的股权）取得的对价与剩余股权（即C公司3%的股权）公允价值之和，减去按原持股比例计算应享有C公司自购买日（即2×13年7月）开始持续计算的净资产份额之间的差额，计入丧失控制权当期（即2×14年）的投资收益。与C公司股权投资相关的其他综合收益，转为2×14年的当期投资收益。A公司在编制2×14年一季度合并报表时，在合并利润表中，A公司和C公司2×13年内部购销交易中未实现毛利6,000万元，在B公司转让C公司股权并丧失对其控制权后，在经济实质上可视作A公司将净资产销售给合并主体之外的其他主体，原集团内未实现毛利在当期转成了已实现利润。方法一的思路将交易视同为A公司在2×14年销售商品，方法二的思路则视同为A公司在2×14年出售固定资产，均与交易的经济实质，即出售股权导致丧失控制权但仍保持部分投资不甚相符。

我们认为，A公司应在编制2×14年一季度合并报表时，将以前会计期间因内部交易产生的未实现利润确认为当期投资收益，同时调减期初未分配利润。

【相关案例】

(一) 案例背景

A 公司持有子公司 B 公司 60% 的股权。2×15 年 8 月 31 日 A 公司将所持 B 公司的所有股权转让给 A 公司控股股东，转让后 A 公司不再持有 B 公司的股权。以前年度 B 公司为 A 公司提供建造公路的工程服务，双方结算价款 10 亿元，B 公司提供建造公路的工程服务成本 8 亿元，截至 2×15 年 8 月 31 日，A 公司账面上与 B 公司相关的固定资产——公路的累计折旧 1 亿元。A 公司个别财务报表与 B 公司相关的“固定资产——公路”账面价值为 9 亿元，即“固定资产——公路”原值 10 亿元减去“累计折旧——公路”1 亿元；合并报表层面与该交易相关的内部未实现利润 1.8 亿元，即 A 公司个别财务报表与 B 公司相关的“固定资产——公路”账面价值 9 亿元与按照 B 公司提供建造的服务成本 8 亿元为基础计算的合并报表层面应体现的“固定资产——公路”账面价值 7.2 亿元之间的差额。2×15 年转让 B 公司后，A 公司将该内部未实现利润一次性确认投资收益 1.8 亿元。

问题：子公司 B 处置后，A 公司原逆流交易形成的内部未实现利润是否应在合并报表层面一次转入投资收益？

(二) 案例解析

现有企业会计准则并未具体涉及子公司在连续的会计期间内进入和退出合并范围情况下前期内部交易抵销问题，但是，企业会计准则对于内部交易抵销的基本原则是明确的。例如，母公司向子公司销售固定资产，对于期末固定资产中包含的内部交易未实现损益都应在合并报表层面予以抵销，下一个会计年度，由于母公司将该子公司出售给集团外第三方，这种情况下，子公司不再纳入合并范围，子公司账上的固定资产作为子公司净资产的一部分被出售给集团第三方，原集团内未实现的利润在当期转化为已实现利润。

实务中，在顺销交易情形下，可以理解为子公司账面由于内部交易形成的资产作为构成业务的子公司的净资产的一部分，一起结转到处置子公司的投资收益中，抵减了本期投资收益，因此在合并抵销中，未实现利润应通过“投资收益”科目进行抵销，借记“期初未分配利润”，贷记“投资收益”；在逆销交易情形下，虽然子公司账面资产不包含内部交易形成的资产，不影响处置子公司投资收益，但因逆销交易使得母公司账面资产中含有未实现内部利润，这部分未实现内部利润通过资产折旧或销售将在后续期间减少母公司的损益，从股权处置的经济实质来看，该部分未实现的内部利润在当期转成了已实现利润，在逆销交易下前期未实现的内部利润也应通过“投资收益”科目进行抵销，一次性计入股权处置当期的“投资收益”。因此，不管是顺销交易还是逆销交易，前期未实现的内部利润在子公司处置后，都应在处置当期通过“投资收益”科目，计入处置子公司当期的投资收益。

本案例中，A公司应在处置B公司后，将以前年度（含2×15年度）B公司为A公司提供建造公路的工程服务形成的未实现利润1.8亿元一次性确认为投资收益。即处置日在合并报表层面调增“固定资产——公路”原值2亿元，“累计折旧——公路”0.2亿元，并相应确认投资收益1.8亿元。

案例12－11
特殊调整事项

合并财务报表，是指反映母公司和其全部子公司形成的企业集团整体财务状况、经营成果和现金流量的财务报表。与个别财务报表相比，合并财务报表反映的是由母公司和其全部子公司组成的会计主体。一般情况下，合并财务报表以纳入合并范围的企业个别财务报表为基础，根据其他有关资料，抵销母公司与子公司、子公司相互之间发生的内部交易对合并财务报表的影响。然而，随着我国市场经济的快速发展和各类型经济交易的日趋复杂化、多元化，仅仅机械地考虑抵销母公司与子公司、子公司相互之间发生的内部交易，可能并不能反映合并主体的各类经济交易的实质。例如BOT项目由子公司承揽，但因其无建设资质，建造活动均由上市公司本部承建，项目公司根据支付的进度款确认在建工程，项目完工后在建工程转入无形资产，上市公司本部按照建造合同确认收入和成本，通过常规的抵销分录将使得上市公司集团收入和成本完全抵销，难以真实、全面反映企业集团整体从事BOT项目对财务状况、经营成果和现金流量的影响，需要从企业集团合并财务报表的角度对这类交易予以调整。

BOT项目会计确认与计量模式导致的合并报表特殊调整事项

一、案例背景

A公司为上市公司，以建设经营移交方式（BOT）参与公共基础设施建设业务。为了方便及高效地对不同的工程建设项目进行核算考核，A公司成立专门的项目公司管理各个不同的工程，以项目公司为主体与政府及其有关部门签署BOT合同，并由项目公司负责工程实施跟踪管理及建成后的运营。合同约定项目公司在有关基础设施建成后，从事经营的一定期间内有权利向公众收取费用，但收费金额不确定。项目公司又与其母公司A公司签订了委托建造合同，委托A公司负责该项目的建造工作。

在项目公司层面，由于其将项目建造全部发包，未提供实际建造服务，故根据企业会计准则有关BOT会计处理的相关规定，未确认建造收入，而是按照建造过程中支付的工程价款确认了无形资产。

在A公司个别报表层面，其与子公司项目公司的委托建造交易实质符合建造合同确认原则，A公司按建造合同准则确认收入。

期末在A公司合并报表层面因母公司的建造收入系对应子公司确认的，根据合并报表编制原理在汇总母子公司个别报表核算结果后需对内部交易进行合并抵销，从而在合并报表层面冲销母公司的建造收入成本，内部未实现利润冲减了子公司确认的无形资产。最终，期末合并报表上将不体现建造合同的收入，无形资产亦为实际发生的建造成本。

问题：上述A公司合并报表的抵销结果是否合理？

二、会计准则及相关规定

《企业会计准则第33号——合并财务报表》（2014年修订）第二条："合并财务报表，是指反映母公司和其全部子公司形成的企业集团整体财务状况、经营成果和现金流量的财务报表。”这说明，合并财务报表是反映企业集团整体情况的。

接下来，《企业会计准则第33号——合并财务报表》（2014年修订）第三章合并程序分别对合并报表的编制原则，合并资产负债表、合并利润表、合并现金流量表与合并所有者权益变动表的编制过程作出了规定：“第二十六条　母公司应当以自身和其子公司的财务报表为基础，根据其他有关资料，编制合并财务报表。

母公司编制合并财务报表，应当将整个企业集团视为一个会计主体，依据相关企业会计准则的确认、计量和列报要求，按照统一的会计政策，反映企业集团整体财务状况、经营成果和现金流量。

（一）合并母公司与子公司的资产、负债、所有者权益、收入、费用和现金流等项目。

（二）抵销母公司对子公司的长期股权投资与母公司在子公司所有者权益中所享有的份额。

（三）抵销母公司与子公司、子公司相互之间发生的内部交易的影响。内部交易表明相关资产发生减值损失的，应当全额确认该部分损失。

（四）站在企业集团角度对特殊交易事项予以调整。

第二十七条　母公司应当统一子公司所采用的会计政策，使子公司采用的会计政策与母公司保持一致。

第二十八条　母公司应当统一子公司的会计期间，使子公司的会计期间与母公司保持一致。

第三十条　合并资产负债表应当以母公司和子公司的资产负债表为基础，在抵销母公司与子公司、子公司相互之间发生的内部交易对合并资产负债表的影响后，由母公司合并编制。

第三十四条　合并利润表应当以母公司和子公司的利润表为基础，在抵销母公司与子公司、子公司相互之间发生的内部交易对合并利润表的影响后，由母公司合并编制。

第四十条　合并现金流量表应当以母公司和子公司的现金流量表为基础，在抵销母公司与子公司、子公司相互之间发生的内部交易对合并现金流量表的影响后，由母公司合并编制。

第四十五条　合并所有者权益变动表应当以母公司和子公司的所有者权益变动表为基础，在抵销母公司与子公司、子公司相互之间发生的内部交易对合并所有者权益变动表的影响后，由母公司合并编制。”

《企业会计准则第33号——合并财务报表》（2014年修订）第四章特殊交易的会计处理第五十二条：“对于本章未列举的交易或者事项，如果站在企业集团合并财务报表角度的确认和计量结果与其所属的母公司或子公司的个别财务报表层面的确认和计量结果不一致的，则在编制合并财务报表时，也应当按照本准则第二十六条第二款第（四）项的规定，对其确认和计量的结果予以相应调整。”

《企业会计准则第33号——合并财务报表》应用指南（2014年修订）指出：“在编制合并财务报表时，对于母公司与子公司、子公司相互之间发生的经济业务，应当视为同一会计主体的内部业务处理，对合并财务报表的财务状况、经营成果和现金流量不产生影响。另外，对于某些特殊交易，如果站在企业集团角度的确认和计量与个别财务报表角度的确认和计量不同，还需要站在企业集团角度就同一交易或事项予以调整。”

《企业会计准则讲解（2010）》第一章第二节“企业基本会计准则”及其相关规定也指出，会计主体，是指企业会计确认、计量和报告的空间范围。为了向财务报告使用者反映企业财务状况、经营成果和现金流量，提供与其决策有用的信息，会计核算和财务报告的编制应当反映特定对象的经济活动，才能实现财务报告的目标。……明确界定会计主体是开展会计确认、计量和报告工作的重要前提。首先，明确会计主体，才能划定会计所要处理的各项交易或事项的范围。……会计工作中通常所讲的资产、负债的确认，收入的实现，费用的发生等，都是针对特定会计主体而言的。

三、案例解析

个别财务报表是以单个企业为会计主体进行会计核算的结果，它从母公司本身或从子公司本身的角度对自身的财务状况、经营成果和现金流量进行反映。对于内部交易，从发生内部交易的企业来看，发生交易的各方都在其个别财务报表中进行了反映，因此资产、负债、收入、费用、现金流量等在合并财务报表中简单加总后的金额中必然包含有重复计算的因素。作为反映企业集团整体情况的合并财务报表，必须将这些重复计算的因素予以扣除，对这些重复的因素进行抵销处理。

实务中，企业一般都根据准则所规定的上述合并抵销过程来编制合并财务报表，但考虑到合并财务报表是反映企业整体情况的报表，还应该结合基本准则的相关规定，考虑企业整体作为一个会计主体所需要进行的调整事项。实务中，财务人员都比较习惯于基于各个单一的会计主体进行账务处理，在编制合并财务报表的时候再对内部交易进行抵销，缺乏企业集团整体是一个会计主体的概念。在一些特殊交易中，例如，母公司与多家子公司间相互发包、共同开展 BOT 业务，或者一些集团内股权架构的重组等，对于重复因素的抵销并非简单的抵销债权债务以及收入成本，而要以合并整体作为一个会计主体的眼光来重新审视该笔交易的处理方式，并以此为依据调整合并报表确认和计量的结果。

本案例中，A 公司合并报表的抵销结果并不合理。在合并报表层面，以合并整体作为一个会计主体而言，该交易的实质为 A 公司及其子公司构成的企业集团与政府签订 BOT 合同，集团整体具备建造资质并实际提供了建造服务，并未将基础设施建造发包给集团外的其他方。因此，在集团对外部第三方实际提供了建造服务的情况下，A 公司合并报表内应当确认对第三方的建造合同的收入、成本和相应的利润。A 公司合并报表的最终结果应体现为：集团按照 BOT 合同约定以及建造合同准则确认建造合同收入并同时确认无形资产，按 A 公司自身实际发生的建造支出确认合同成本。

【相关案例之一】

（一）案例背景

A 公司为上市公司，B 公司是其子公司。B 公司下属 5 家子公司（以下简称“5 家子公司”）系 2×08 年通过非同一控制下企业合并获得，A 公司于购买日合并报表中确认 B 公司下属的 5 家子公司的商誉合计约 1,600 万元。A 公司于 2×11 年通过非同一控制下企业合并收购 C 公司形成商誉约 1,300 万元。

B 公司于 2×12 年 6 月将持有 5 家子公司股权全部转让给 A 公司的另一子公司 D 公司，转让价格以 B 公司个别报表账面投资成本加上 5 家子公司 2×08 年至 2×12 年的净利润来确定。由于 B 公司和 D 公司均为 A 公司的子公司，因此，该项交易为同一控制下企业合并。

B 公司将与 5 家子公司相关的商誉也一并转销。

D 公司按照《企业会计准则第 2 号——长期股权投资》（2014 年修订）

对于同一控制下企业合并的相关规定，对5家子公司的长期股权投资进行初始确认，对于支付对价和初始确认投资成本之间的差额，按照会计准则的相关要求将其计入所有者权益。

经过上述两项会计处理，A公司2×12年年度合并资产负债表中仅反映A公司收购C公司形成的商誉约1,300万元。

问题：A公司2×12年年度合并资产负债表中的会计处理是否合理？

（二）案例解析

鉴于B公司和D公司同为A公司的子公司，从A公司合并报表来看，B公司和D公司虽然进行了同一控制下企业合并，使5家子公司的实际控制人从B公司变更为D公司，但从A公司合并报表主体（即把所有纳入合并范围的会计主体看成一个形式上单独的主体）的角度，是由B公司控制5家子公司还是由D公司控制5家子公司没有区别。合并报表层面，该项企业合并交易属于内部交易，与之相关的资产、负债在合并前后都在合并范围之内。

因此，不论该项交易发生与否，都不会改变这5家子公司在2×08年通过非同一控制下企业合并进入A公司合并范围，并由此在A公司合并资产负债表上形成商誉这个处理结果。

值得注意的是，如果这5家子公司不是B公司的全资子公司，B公司和D公司不是A公司的全资子公司，在这种情况下，公司还应该按照《企业会计准则解释第2号》的相关规定进行会计处理。

另外，需要注意的是，由于是同一控制下企业合并，在D公司的合并报表中，视同5家子公司于参与合并各方在最终控制方开始实施控制时即已并入D公司，并重述了比较数据，而B公司也将5家子公司合并至处置日，因此需要特殊的合并抵销分录去抵销这部分重复计算。

【相关案例之二】

（一）案例背景

A公司为上市公司，其子公司B公司拟在某经济技术开发区扩建厂房。A公司于2×12年1月向银行取得1亿元流动资金借款，借款年利率为6%，同时，A公司与B公司签订借款协议，借款本金1亿元，A公司按照年利率6%收取利息。B公司随后开始厂房的建设和机器设备的采购。2×12年12月31日，B公司在建工程余额为8,000万元，除A公司借款之外，B公司未承担其他带息债务。

B公司在其单体财务报表中，判断在建厂房为符合资本化的资产，按照相关规定计算利息资本化金额240万元，B公司当期支付给A公司的利息总计为600万元，因此未资本化的利息360万元计入当期财务费用。

A公司在编制合并财务报表的时候，认为A公司与B公司之间存在1亿元的内部债权债务，需要全额抵销，由此产生的A公司的600万元利息收入与B公司的600万元利息支出也应该全额抵销。抵销之后，合并报表中B公司的在建厂房账面价值中不存在资本化利息。

问题：A公司上述处理方法是否恰当？

（二）案例解析

本案例中，A公司合并报表的抵销结果并不合理。我们认为，编制合并报表并不是简单地将母公司和子公司各自的报表相加并抵销内部交易的机械过程。合并报表是以合并整体作为一个会计主体，因此应该站在这个会计主体的角度来对交易进行判断，并以此为依据确定合并报表确认和计量的结果。

本案例中，合并报表层面既有符合借款费用资本化条件的资产（B公司的在建厂房），又有一般借款（A公司的银行借款），而且B公司在建厂房也的确占用了一般借款，完全符合《企业会计准则第17号——借款费用》所规定的借款费用资本化条件，应该按照一般借款费用资本化的计算公式计算借款费用资本化金额，将其作为合并报表编制过程中的特殊调整分录。

【相关案例之三】

单方进项税的合并抵销问题

（一）案例背景

A公司是一家从事家禽饲养的企业，其增值税属于免税项目。A公司的全资子公司B公司是从事肉类屠宰加工的企业，其增值税属于应税项目。A公司将自养家禽销售给子公司B公司时，A公司全额计入销售收入。子公司B公司将采购对价的13%计提进项税，将剩余87%计入采购成本。

假设这些内部交易的自产家禽在A公司账面的内部销售成本为800万元，内部交易价格为1,000万元，A公司销售自产的家禽按规定免征增值税；B 公司在购入后，按现行的增值税相关规定可以扣除 13% 进项税额，因此原材料的入账价值为 870 万元（1,000 万元 - 130 万元）。

截至本年度末，B 公司尚未将购自 A 公司的该批原材料或者使用该批原材料加工的产品对企业集团以外实现销售。

问题：对于内部交易中产生的单方计提的增值税金额，在合并报表的内部交易抵销中应当如何进行会计处理？

（二）会计准则及相关规定

《中华人民共和国增值税暂行条例》第八条规定："纳税人购进货物或者接受应税劳务（以下简称购进货物或者应税劳务）支付或者负担的增值税额，为进项税额。下列进项税额准予从销项税额中抵扣：

……

（3）购进农产品，除取得增值税专用发票或者海关进口增值税专用缴款书外，按照农产品收购发票或者销售发票上注明的农产品买价和 13% [①]的扣除率计算的进项税额。进项税额计算公式：

进项税额 = 买价 × 扣除率

（4）购进或者销售货物以及在生产经营过程中支付运输费用的，按照运输费用结算单据上注明的运输费用金额和 7% 的扣除率计算的进项税额。进项税额计算公式：

进项税额 = 运输费用金额 × 扣除率

准予抵扣的项目和扣除率的调整，由国务院决定。"

《中华人民共和国增值税暂行条例》第十五条规定："下列项目免征增值税：

（1）农业生产者销售的自产农产品；

（2）避孕药品和用具；

（3）古旧图书；

（4）直接用于科学研究、科学试验和教学的进口仪器、设备；

（5）外国政府、国际组织无偿援助的进口物资和设备；

（6）由残疾人的组织直接进口供残疾人专用的物品；

（7）销售的自己使用过的物品。

除前款规定外，增值税的免税、减税项目由国务院规定。任何地区、部

---

① 根据《关于简并增值税税率有关政策的通知》（财税［2017］37 号），自 2017 年 7 月 1 日起，农产品的扣除率调整为 11%，但营业税改征增值税试点期间，纳税人购进用于生产销售或委托受托加工 17% 税率货物的农产品维持原扣除力度不变。由于案例发生时间较早，因此采用原税率进行说明。

门均不得规定免税、减税项目。”

（三）案例解析

根据税法相关规定，农业生产者销售的自产农产品免征增值税，而采购方购进农产品，可以按照农产品收购发票或者销售发票上注明的买价和13%的扣除率计算进项税额。因此，在销售方为免税农业生产者，购买方为普通征税企业时，交易双方确认的增值税额并不对称。销售方免税农业生产者应将销售对价全额确认为营业收入，无需确认应交增值税；而购买方作为普通征税企业，应将购入农产品支付对价的13%计提进项增值税额，未来可进行抵扣，剩余87%确认为购入农产品的采购成本。在销售方与购买方属于合并报表范围内的两方时，产生的单方进项税如何在合并报表层面进行处理？

即：本案例中，在合并报表层面编制抵销分录，冲减A公司营业收入1,000万元，营业成本800万元，冲减B公司存货成本70万元（870万元－800万元）时，对B公司单方进项税“应交税费－应交增值税（进项税额）”130万元应如何处理？

第一，税项是法定事项，在集团内部农产品转移时，进项税抵扣的权利已经成立，并不需要等到加工后的农产品对外销售时才实现，原则上不应抵销；

第二，站在合并财务报表层面，A公司、B公司之间的交易是合并报表范围内的内部交易，在B公司将购自A公司的原材料或者使用该原材料加工的产品对第三方出售之前，不应对合并财务报表损益产生影响，该进项税额最终经济利益流入将随着B公司后续加工后的农产品或者购买的原材料出售给第三方时逐步实现；

第三，该进项税额实质上减少了B公司加工后的农产品或者购买的原材料成本。假设交易发生在A公司与第三方之间，该采购行为产生的可抵扣进项税将减少第三方的存货成本；同理，在本案例中，尽管交易发生在合并报表范围内A公司、B公司之间，但实质上减少了A公司、B公司所在集团出售给第三方时的存货成本。

因此，应在合并财务报表中确认为一项递延收益，并随着后续加工后的农产品或者购买的原材料出售给第三方时冲减营业成本，确认损益。

针对该存货内部交易，在B公司个别报表层面，应根据税法规定增加“应交税费——应交增值税（进行税额）”130万元，减少存货成本130万元；在A公司合并财务报表层面，应编制调整分录，增加“递延收益”130万元，同时调整存货成本130万元。在以后会计期间，加工的农产品或购买的原材料出售给第三方时，冲减“递延收益”的同时，冲减“营业成本”。

【相关案例之四】

集团内转让土地使用权缴纳土地增值税的列报

（一）案例背景

2×14年，母公司P将其持有的一块土地以评估值作价转让给其子公司S，并由S负责房地产项目的开发建设，集团层面计划2×16年出售相关房地产项目（例如商品房）。假设2×14年P公司向S公司转让该土地时，土地账面价值为1,000万元，转让价格为1,500万元，P公司按照税法规定需缴纳的土地增值税为150万元。

此交易完成后，P公司个别报表中确认营业收入1,500万元，营业成本1,000万元，转出存货1,000万元；同时，确认税金及附加、应交税费——应交土地增值税150万元。S公司根据土地转让价款确认存货1,500万元。

问题：P公司合并财务报表层面，内部交易涉及的土地增值税应如何处理？

（二）会计准则及相关规定

《中华人民共和国土地增值税暂行条例》第三条规定：“土地增值税按照纳税人转让房地产所取得的增值额和本条例第七条规定的税率计算征收。”

《中华人民共和国土地增值税暂行条例》第七条规定：“土地增值税实行四级超率累进税率：

增值额未超过扣除项目金额50%的部分，税率为30%。

增值额超过扣除项目金额50%、未超过扣除项目金额100%的部分，税率为40%。

增值额超过扣除项目金额100%、未超过扣除项目金额200%的部分，税率为50%。

增值额超过扣除项目金额200%的部分，税率为60%。”

（三）案例解析

根据《中华人民共和国土地增值税暂行条例》，对于纳税人转让房地产所取得的增值额应按照规定比例缴纳土地增值税。当集团内部发生此类交易时，对于转让方转让房地产产生的土地增值及相关土地增值税如何处理？

本案例中，在合并报表层面编制抵销分录，冲减P公司营业收入1,500万元，营业成本1,000万元，冲减S公司存货成本500万元（1,500万元－1,000万元）时，对P公司土地转让产生的土地增值税税金及附加应如何处理？

根据《企业会计准则第33号——合并财务报表》（2014年修订）第二十六（四）条，企业在编制合并财务报表时，应“站在企业集团角度对特殊交易事项予以调整”。

土地增值税是按照纳税人转让房地产所取得的增值额和对应税率计算缴纳的，土地增值税的确认应与房地产增值的实现相对应，因此，在个别报表层面，应在转让房地产取得增值额的当期确认为损益。但是，在合并财务报表中，集团内部转让当期，由于内部交易未实现损益已被抵销，集团层面没有实现该增值，因而合并利润表中没有反映该土地的增值利得。相应地，P公司缴纳的土地增值税也不应确认为当期损益，应在合并资产负债表中将其作为一项资产列示；待房地产从该集团出售给第三方，在集团合并利润表中实现增值时，再将已缴纳的土地增值税转入损益。

案例12－12
处置子公司股权丧失控制权时对剩余股权的会计处理

在某些股权交易中，原股东处置了目标公司的部分股权后失去对目标公司的控制，而保留剩余股权。此时涉及如何判断控制权的转移、投资收益的确认和计量、剩余股权的公允价值如何取得以及剩余股权如何进行会计处理等问题。这种情况下，上述问题的判断，需要结合准则的规定、目标公司的章程等法律文件的变化，交易前后目标公司实际经营活动控制权的变动，交易价格和公允价值的确定方式等多方面的因素综合考虑。

一、案例背景

2×14年12月，上市公司A将其控股子公司B公司25%的股权作价2.5亿元处置给C集团。交易前，A公司持有B公司55%的股份，在B公司董事会中占有3个席位（董事会由5名成员组成），能控制B公司的财务和经营决策并将 B 公司纳入合并范围。该笔转让完成后，A 公司持有 B 公司 30% 的股份，在董事会中占有 2 个席位（在完成本次交易后，公司章程修订为董事会由 7 名成员组成），不再控制 B 公司，仅对其有重大影响。A 公司与 C 集团不存在关联关系。

A 公司和 C 集团为完成上述交易，聘请评估机构 D 以 2×14 年 6 月 30 日为评估基准日对 B 公司的净资产进行了评估。评估机构 D 的评估报告显示，按照资产基础法计算的 B 公司净资产评估值为 7 亿元，按照收益法计算的净资产评估值为 9 亿元，最终评估结论选取收益法评估值，即 B 公司的股东权益市场价值评估值为 9 亿元。

问题：

（1）上述交易中，报告主体 A 如何进行会计处理？

（2）如何对 B 公司股权的公允价值进行计量？

二、会计准则及相关规定

《企业会计准则第 2 号——长期股权投资》（2014 年修订）第十五条规定："……投资方因处置部分权益性投资等原因丧失了对被投资单位的控制的，在编制个别财务报表时，处置后的剩余股权能够对被投资单位实施共同控制或施加重大影响的，应当改按权益法核算，并对该剩余股权视同自取得时即采用权益法核算进行调整；处置后的剩余股权不能对被投资单位实施共同控制或施加重大影响的，应当改按《企业会计准则第 22 号——金融工具确认和计量》的有关规定进行会计处理，其在丧失控制之日的公允价值与账面价值间的差额计入当期损益。在编制合并财务报表时，应当按照《企业会计准则第 33 号——合并财务报表》的有关规定进行会计处理。"

《企业会计准则第 33 号——合并财务报表》（2014 年修订）第五十条规定："企业因处置部分股权投资等原因丧失了对被投资方的控制权的，在编制合并财务报表时，对于剩余股权，应当按照其在丧失控制权日的公允价值进行重新计量。处置股权取得的对价与剩余股权公允价值之和，减去按原持股比例计算应享有原有子公司自购买日或合并日开始持续计算的净资产的份额之间的差额，计入丧失控制权当期的投资收益，同时冲减商誉。与原有子公司股权投资相关的其他综合收益等，应当在丧失控制权时转为当期投资收益。"

《企业会计准则讲解（2010）》第一章"基本准则"指出："在引入公允

价值过程中，我国充分考虑了国际财务报告准则中公允价值应用的三个级次，即：第一，资产或负债等存在活跃市场的，活跃市场中的报价应当用于确定其公允价值；第二，不存在活跃市场的，参考熟悉情况并自愿交易的各方最近进行的市场交易中使用的价格或参照实质上相同或相似的其他资产或负债等的市场价格确定其公允价值；第三，不存在活跃市场，且不满足上述两个条件的，应当采用估值技术等确定公允价值”。

《企业会计准则第39号——公允价值计量》第十八条规定：“企业以公允价值计量相关资产或负债，应当采用在当前情况下适用并且有足够可利用数据和其他信息支持的估值技术。企业使用估值技术的目的，是为了估计在计量日当前市场条件下，市场参与者在有序交易中出售一项资产或者转移一项负债的价格。企业以公允价值计量相关资产或负债，使用的估值技术主要包括市场法、收益法和成本法。企业应当使用与其中一种或多种估值技术相一致的方法计量公允价值。企业使用多种估值技术计量公允价值的，应当考虑各估值结果的合理性，选取在当前情况下最能代表公允价值的金额作为公允价值。市场法，是利用相同或类似的资产、负债或资产和负债组合的价格以及其他相关市场交易信息进行估值的技术。收益法，是将未来金额转换成单一现值的估值技术。成本法，是反映当前要求重置相关资产服务能力所需金额（通常指现行重置成本）的估值技术。”第二十二条规定：“企业采用估值技术计量公允价值时，应当选择与市场参与者在相关资产或负债的交易中所考虑的资产或负债特征相一致的输入值，包括流动性折溢价、控制权溢价或少数股东权益折价等，但不包括与本准则第七条规定的计量单元不一致的折溢价。企业不应当考虑因其大量持有相关资产或负债所产生的折价或溢价。该折价或溢价反映了市场正常日交易量低于企业在当前市场出售或转让其持有的相关资产或负债数量时，市场参与者对该资产或负债报价的调整。”第二十四条规定：“企业应当将公允价值计量所使用的输入值划分为三个层次，并首先使用第一层次输入值，其次使用第二层次输入值，最后使用第三层次输入值。第一层次输入值是在计量日能够取得的相同资产或负债在活跃市场上未经调整的报价。活跃市场，是指相关资产或负债的交易量和交易频率足以持续提供定价信息的市场。第二层次输入值是除第一层次输入值外相关资产或负债直接或间接可观察的输入值。第三层次输入值是相关资产或负债的不可观察输入值。公允价值计量结果所属的层次，由对公允价值计量整体而言具有重要意义的输入值所属的最低层次决定。企业应当在考虑相关资产或负债特征的基础上判断所使用的输入值是否重要。公允价值计量结果所属的层次，取决于估值技术的输入值，而不是估值技术本身。”

《〈国际财务报告准则第 3 号——企业合并〉附录二——应用指南》第 45 段指出：“购买方在被购买方中的权益和被购买方非控制性权益的每股公允价值可能不同。主要的差异很可能是因为购买方在被购买方中权益份额的每股公允价值包含了控制溢价，或相反地，非控制性权益每股公允价值包含缺乏控制权的折价（也称作少数折价）。”

三、案例解析

（一）A 公司对持有的 B 公司剩余股权的会计处理

在本案例中，A 公司持有的对 B 公司的长期股权投资，符合《企业会计准则第 33 号》规定的“处置部分股权投资等原因丧失了对被投资方的控制权”的情形。因此，A 公司应当根据《企业会计准则第 33 号》的要求，在丧失控制权日，合并财务报表中按照公允价值对剩余股权进行重新计量。处置股权取得的对价 2.5 亿元与剩余股权公允价值之和，减去按原持股比例（55%）计算应享有原有子公司自购买日开始持续计算的净资产的份额之间的差额，计入 2×14 年当期的投资收益，同时冲减商誉。

（二）如何对 B 公司剩余股权的公允价值进行计量

在本案例中，B 公司剩余股权的公允价值，可能存在三个参考值：资产基础法下的 B 公司的净资产评估值 7 亿元、收益法下的 B 公司净资产评估值 9 亿元、B 公司 25% 的股权处置给 C 公司的实际交易价格 2.5 亿元。如果评估价值和实际成交价格存在较大差异，公司对剩余股权的公允价值进行计量时，应当考虑交易价格是否为熟悉情况的交易双方自愿进行交易的结果、交易价格是否反映了控制权溢价的价值、交易双方是否存在关联方关系、交易是否为偶发交易等因素，从而判断以实际交易价格作为剩余股权公允价值的参考是否恰当。从本案例来看，A 公司在交易前拥有对 B 公司的控制权，交易后仅对 B 公司拥有重大影响。A 公司在处置 25% 股权的价格中是否包含了对失去控制权溢价的考虑，也是该交易价格能否作为剩余股权公允价值计量依据的考虑因素之一。在考虑上述因素后，A 公司应当按照企业会计准则中关于公允价值计量的三个层次的要求，选择恰当的参考值，作为 B 公司剩余股权公允价值计量的依据。

综上所述，A 公司在完成上述交易后，失去对 B 公司的控制，但仍在 B 公司的董事会中占有两个席位，从而在 A 公司的合并财务报表中应以公允价值反映对 B 公司的长期股权投资。对于公允价值的计量，A 公司应当根据企业会计准则对于公允价值三个层次的要求，考虑本案例中，可能作为公允价值参考的三个数值之间的差异原因，交易价格作为公允价值参考的可靠性等多个因素后，合理选择最恰当的数值作为公允价值计量的结果。

案例 12－13
丧失非全资子公司控制权时如何计算投资收益

在部分处置对子公司投资并丧失控制权的情况下，投资收益通常包括两部分：来自处置投资的收益和来自剩余长期股权投资重新计量的收益。

一、案例背景

A 公司是一家生产经营家居用品的上市公司，2×11 年 2 月 1 日以现金 3,000 万元从第三方购入 B 公司 75% 的股权，取得了对 B 公司的控制。B 公司主营酒店用品的销售，购买日 B 公司可辨认净资产的公允价值为 4,000 万元，本次购买未产生商誉。因业务发展需要，A 公司于 2×14 年 1 月 1 日将 B 公司 40% 的股权以 4,400 万元转让给三位自然人，转让股权的定价基础是处置日按照收益法评估的 B 公司公允价值 1.1 亿元。自此，A 公司丧失了对 B 公司的控制权，不再合并 B 公司，并将剩余的 B 公司 35% 的股权按照权益法进行核算。处置日：

1. A 公司所持有的剩余 B 公司 35% 的股权的公允价值为 3,850 万元。

2. B 公司各项资产、负债在 A 公司合并财务报表中的账面价值为 4,260 万元，即按照 2×11 年 2 月 1 日购买日的公允价值 4,000 万元为基础持续计算至该处置日的金额。

3. B 公司各项资产、负债在其自身财务报表中的账面价值为 3,500 万元，不考虑所得税影响。

问题：A 公司在其合并财务报表中如何计算本次股权出售所产生的投资

损益？

二、会计准则及相关规定

《企业会计准则第 2 号——长期股权投资》（2014 年修订）第十五条规定：“……投资方因处置部分权益性投资等原因丧失了对被投资单位的控制的，在编制个别财务报表时，处置后的剩余股权能够对被投资单位实施共同控制或施加重大影响的，应当改按权益法核算，并对该剩余股权视同自取得时即采用权益法核算进行调整；处置后的剩余股权不能对被投资单位实施共同控制或施加重大影响的，应当改按《企业会计准则第 22 号——金融工具确认和计量》的有关规定进行会计处理，其在丧失控制之日的公允价值与账面价值间的差额计入当期损益。在编制合并财务报表时，应当按照《企业会计准则第 33 号——合并财务报表》的有关规定进行会计处理。”

《企业会计准则第 33 号——合并财务报表》（2014 年修订）第五十条规定：“企业因处置部分股权投资等原因丧失了对被投资方的控制权的，在编制合并财务报表时，对于剩余股权，应当按照其在丧失控制权日的公允价值进行重新计量。处置股权取得的对价与剩余股权公允价值之和，减去按原持股比例计算应享有原有子公司自购买日或合并日开始持续计算的净资产的份额之间的差额，计入丧失控制权当期的投资收益，同时冲减商誉。与原有子公司股权投资相关的其他综合收益等，应当在丧失控制权时转为当期投资收益。”

三、案例解析

本案例中计入 A 公司合并利润表的投资收益计算如下：

	万元
处置股权取得的对价	4,400
剩余股权在处置日的公允价值	3,850
减：按原持股比例计算应享有原公司自购买日开始持续计算的可辨认净资产的份额（注释 1）	(3,195)
出售 40% 股权的处置收益和剩余 35% 股权按照公允价值重新计量产生的收益	5,055

注释1：本案例中按照《企业会计准则第33号——合并财务报表》（2014年修订）第五十条规定的按原持股比例计算应享有原子公司自购买日开始持续计算的可辨认净资产（以下简称“原子公司自购买日开始持续计算的净资产”）的份额的理解中，原子公司自购买日开始持续计算的净资产既不是指B公司自身财务报表中各项资产、负债在处置日的账面价值3,500万元，也不是指处置日按照收益法评估的B公司的公允价值1.1亿元，而是指B公司各项资产、负债在A公司合并财务报表中以2×11年2月1日购买日的公允价值4,000万元为基础持续计算至2×14年1月1日处置日的账面价值4,260万元，乘以原持股比例75%计算出可辨认净资产的份额3,195万元（4,260×75%）。因为非同一控制下的企业合并的会计处理原则是将被购买方（本案例中的B公司）各项可辨认资产和负债按照其在购买日（本案例中2×11年2月1日）的公允价值重新计量后反映在购买方（本案例中的A公司）的合并财务报表中，并以此作为该等资产、负债在合并财务报表中进行后续计量的基础。因此当A公司丧失控制权，在其合并财务报表中终止确认B公司各项资产和负债时，应当一贯性地沿用B公司各项资产和负债在合并财务报表中自购买日起持续计算至处置日的账面价值。

案例12－14
子公司以其未分配利润转增资本时母公司的账务处理

根据企业会计准则的相关规定，在母公司个别报表中对于子公司的长期股权投资采用成本法核算。一般情况下，只有当子公司向母公司实际分红时，才涉及投资收益的确认，而当子公司以未分配利润转增资本时，母公司如何进行会计处理，特别是能否确认投资收益，需要结合具体情况进行判断。

一、案例背景

B公司为A公司的控股子公司，A公司持股70%，对B公司实施控制。B公司的其他股东为C公司和D公司，C公司、D公司分别对B公司持股

15%。A公司、C公司、D公司之间不存在关联方关系。根据B公司的章程，B公司以未分配利润转增资本需全体股东一致表决通过。2×13年3月，B公司股东大会决议通过B公司以截至2×12年12月31日的经审计未分配利润1,000万元直接转增实收资本，股东不附带现金选择权。B公司法律顾问就此事项的法律合规性出具了法律意见。

问题：A公司就上述事项应当如何进行会计处理？

二、会计准则及相关规定

《企业会计准则第2号——长期股权投资》（2014年修订）第七条规定："投资方能够对被投资单位实施控制的长期股权投资应当采用成本法核算。"第八条规定："采用成本法核算的长期股权投资应当按照初始投资成本计价。追加或收回投资应当调整长期股权投资的成本。被投资单位宣告分派的现金股利或利润，确认为当期投资收益。"

《企业会计准则解释第3号》规定：

"采用成本法核算的长期股权投资，投资企业取得被投资单位宣告发放的现金股利或利润，应当如何进行会计处理？

答：采用成本法核算的长期股权投资，除取得投资时实际支付的价款或对价中包含的已宣告但尚未发放的现金股利或利润外，投资企业应当按照享有被投资单位宣告发放的现金股利或利润确认投资收益，不再划分是否属于投资前和投资后被投资单位实现的净利润。"

《企业会计准则第2号——长期股权投资》（2014年修订）的应用指南指出："投资方持有的对子公司投资应当采用成本法核算，……要求投资方对子公司的长期股权投资采用成本法核算，主要是为了避免在子公司实际宣告发放现金股利或利润之前，母公司垫付资金发放现金股利或利润等情况，解决了原来权益法下投资收益不能足额收回导致超分配问题。"

"本准则规定，对合营企业和联营企业投资应当采用权益法核算。……被投资方分派股票股利的，投资方不作账务处理，但应于除权日注明所增加的股数，以反映股份的变化情况。"

《国际财务报告准则第27号——单独财务报表》第12条规定："对于子公司、合营企业与联营企业的股利，主体应在取得收取股利的权力时在单独财务报表中将其确认为损益"。

三、案例解析

企业会计准则规定，投资企业对能够对被投资单位实施控制的长期股权投资应采用成本法核算。采用成本法核算的长期股权投资应当按照初始投资成本计价。追加或收回投资应当调整长期股权投资的成本。被投资单位宣告分派的现金股利或利润，确认为当期投资收益。

一般而言，成本法的会计核算都较为直观。然而，当子公司未实际分配现金股利或利润，而是用未分配利润直接转增股本/实收资本时，实务中则存在两种不同的解读。

观点一认为，母公司个别报表不进行会计处理。持该观点者认为，准则要求企业对子公司的长期股权投资在母公司个别财务报表中采用成本法核算，其初衷本身就是为了避免在子公司实际宣告发放现金股利或利润之前，母公司垫付资金发放现金股利或利润等情况，解决了原来权益法下投资收益不能足额收回导致超分配问题。当子公司用未分配利润直接转增股本时，子公司并未实际向母公司发放现金股利或利润，母公司进行会计处理不符合准则关于成本法核算的初衷。

观点二认为，母公司的个别报表应当调整其对子公司的长期股权投资的投资成本，同时确认投资收益。持该观点者认为，子公司采用未分配利润转增资本可以理解为子公司先向母公司分配现金股利或利润，然后母公司立刻将收取的现金股利或利润对子公司进行增资。

上述两种观点争议的焦点在于是否可以虚拟现金流。我们认为，在不存在现金选择权的前提下，子公司未分配利润转增资本，与资本公积转增股本的实质一致，仅为其自身权益结构的重分类。既然仅仅是权益结构的重分类，则母公司的长期股权投资不应发生变动，也不应确认相关的投资收益。

本案例中，B 公司股东大会决议通过 B 公司以截至 2×12 年 12 月 31 日的经审计未分配利润 1,000 万元直接转增实收资本，且股东不附带现金选择权。因此，A 公司不应确认投资收益。

如果本案例中，B 公司无条件提供了等值的现金选择权供投资方选择且一旦投资方作出选择则子公司无权拒绝现金分配，则实质上相当于 B 公司已经向投资方宣告利润分配。在这种情况下，观点二的处理方式将更反映交易的实质。

案例 12-15
非全资子公司分立为两家公司后仅控制其中一家公司

分立是指一家公司分拆成两家或两家以上的公司，在集团公司主导的公司分立过程中，上市公司相关资产负债可能发生变化，影响合并财务报表的会计处理。

一、案例背景

上市公司 A 公司有一家子公司 B 公司，A 公司持有 B 公司 80% 的股权，B 公司另外 20% 的股权由 A 公司的控股股东 P 公司持有。B 公司有两部分业务，分别是 B1 业务和 B2 业务。2×14 年 12 月，B 公司将 B1 业务与 B2 业务分立为 B1 和 B2 两家公司，分立后，基于 B1 公司和 B2 公司净资产的公允价值，A 公司持有 B1 公司 100% 的股权，P 公司持有 B2 公司 100% 的股权，双方均无须支付补价。分立日的净资产情况如表 12-1 所示。

表 12-1

单位：万元

项目	B1 公司	B2 公司	合计
分立日净资产账面价值	7,000	1,000	8,000
分立日净资产公允价值	8,000	2,000	10,000

分立前，A 公司合并财务报表中包括了 B 公司净资产 8,000 万元，其中归属于母公司普通股股东权益为 6,400 万元，少数股东权益为 1,600 万元。

问题：A 公司合并财务报表中，对此次分立应该如何进行会计处理？

二、会计准则及相关规定

《企业会计准则第 7 号——非货币性资产交换》第三条规定：“非货币性资产交换同时满足下列条件的，应当以公允价值和应支付的相关税费作为换入资产的成本，公允价值与换出资产账面价值的差额计入当期损益：

（一）该项交换具有商业实质；（二）换入资产或换出资产的公允价值能够可靠地计量。换入资产和换出资产公允价值均能够可靠计量的，应当以换出资产的公允价值作为确定换入资产成本的基础，但有确凿证据表明换入资产的公允价值更加可靠的除外。”

《企业会计准则第33号——合并财务报表》（2014年修订）第四十七条规定：“母公司购买子公司少数股东拥有的子公司股权，在合并财务报表中，因购买少数股权新取得的长期股权投资与按照新增持股比例计算应享有子公司自购买日（或合并日）开始持续计算的净资产份额之间的差额，应当调整所有者权益资本公积（资本溢价或股本溢价），资本公积不足冲减的，调整留存收益。”

国际财务报告准则解释委员会在2013年9月的会议中，讨论了关于以非货币性资产作为对价购买子公司少数股权时所支付对价的公允价值与其账面价值的差额应该计入损益还是权益的问题。解释委员会认为IAS27的第31段只规范了所支付对价的公允价值与少数股权的账面价值之间的差额要计入权益，而所支付对价的公允价值与其账面价值差额的会计处理应该遵循该项资产本身终止确认的原则，一般情况下，一项资产终止确认产生的利得或损失应该计入当期损益。

三、案例解析

交易前，A公司持有子公司B公司80%的股权，这意味着A公司控制着B1和B2两项业务并且享有其80%的权益。交易后，A公司仍然控制B1业务，且享有的权益比例上升为100%，相应的，A公司失去对B2业务的控制且不再持有任何B2业务的权益。因此，本次交易可以理解为，A公司以其持有的B2业务（B2公司）的80%股权换取了B1业务（B1公司）20%的股权。就B1业务（公司）而言，A公司属于购买子公司的少数股权，应按照权益性交易进行会计处理；就B2业务（公司）而言，A公司是处置子公司并丧失控制权，应确认处置损益。

本次交易的特殊之处在于，A公司处置B2业务所收到的对价，即是其购买B1业务20%股权所支付的对价。该对价应该如何计量，是基于公允价值还是基于账面价值？

A公司以其持有的B2业务（B2公司）的80%股权（即换出资产）换

取了 B1 业务（B1 公司）20% 的股权（即换入资产），如果 B1 业务与 B2 业务实质上为两项不同的业务，且其他背景资料支持认定，本次交易属于有商业实质的非货币性资产交换，应该以换出资产的公允价值作为换入资产成本的基础。假设 B2 公司股权的公允价值与其净资产的公允价值近似，即案例背景中所列举的 2,000 万元，不考虑税费等其他影响，A 公司处置 B2 公司股权应该确认的处置损益 = 2,000 × 80% − 1,000 × 80% = 800 万元；A 公司购买 B1 公司 20% 的股权视为购买少数股东持有的权益进行会计处理，应该相应调减资本公积的金额 = 2,000 × 80% − 7,000 × 20% = 200 万元。上述会计处理与国际财务报告准则解释委员会的意见是一致的。

案例 12－16
未实现收益的抵销问题

在确认权益法核算下由联营或合营企业投资产生的收益时，需要考虑母公司以及纳入合并范围的子公司与联营或合营企业间的交易，并按照持股比例对其未实现损益进行抵销，该抵销对合并报表和母公司个别报表均有影响。

一、案例背景

A 公司为上市公司，A 公司持有 B 公司 100% 的股权，B 公司为 A 公司的全资子公司。A 公司持有 C 公司 20% 的股权，对 C 公司有重大影响。2 × 12 年 3 月，B 公司和 C 公司出资新设 D 公司，其中 B 公司以房屋和机器设备出资，持股 60% 并控制 D 公司。C 公司以 3 亿元现金和存货出资，持股 40%。D 公司进行利润分配及清算时，B 公司、C 公司按其持股比例分享净利润和剩余净资产。B 公司用于出资的房屋和机器设备不构成业务，相关资产的原账面价值为 5.5 亿元，评估值为 6 亿元，评估增值 5,000 万元。C 公司用于出资的存货不构成业务，相关资产的原账面价值为 8,000 万元，评估值为 1 亿元，评估增值 2,000 万元。假设 D 公司 2 × 12 年年度实现净利润 5,000 万元，C 公司 2 × 12 年年度实现净利润 8,000 万元（不包括对 D 公司的投资收益）。

上述A、B、C、D四家公司的股权关系如图12－1所示。

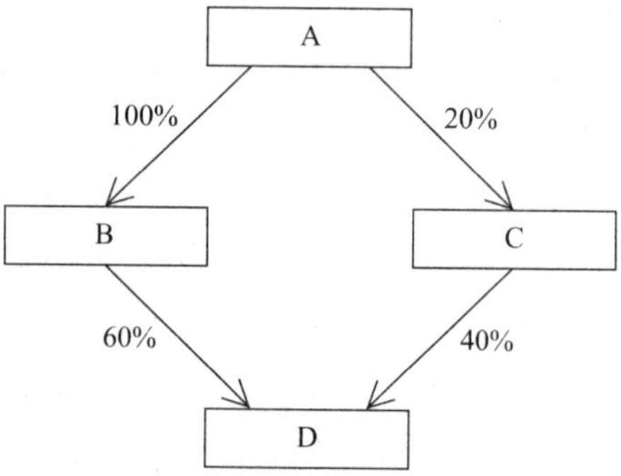

图12－1　四家公司股权关系图

问题：

（1）B、C公司以实物出资新设公司，在其个别财务报表中应如何进行会计处理？

（2）A公司合并财务报表中应如何进行会计处理？（假定不考虑所得税、资产折旧或摊销的影响）

二、会计准则及相关规定

《企业会计准则第2号——长期股权投资》（2014年修订）第六条规定："除企业合并形成的长期股权投资以外，其他方式取得的长期股权投资，应当按照下列规定确定其初始投资成本，……（三）通过非货币性资产交换取得的长期股权投资，其初始投资成本应当按照《企业会计准则第7号——非货币性资产交换》的有关规定确定。"

《企业会计准则第2号——长期股权投资》（2014年修订）第十三条规定："投资方计算确认应享有或应分担被投资单位的净损益时，与联营企业、合营企业之间发生的未实现内部交易损益按照应享有的比例计算归属于投资方的部分，应当予以抵销，在此基础上确认投资损益。投资方与被投资单位发生的未实现内部交易损失，按照《企业会计准则第8号——资产减值》等的有关规定属于资产减值损失的，应当全额确认。"

《企业会计准则第2号——长期股权投资》（2014年修订）的应用指南中指出："投资方与其联营企业和合营企业之间的未实现内部交易损益抵销

与投资方与子公司之间的未实现内部交易损益抵销有所不同，母子公司之间的未实现内部交易损益在合并财务报表中是全额抵销的（无论是全资子公司还是非全资子公司），而投资方与其联营企业和合营企业之间的未实现内部交易损益抵销仅仅是投资方（或是纳入投资方合并财务报表范围的子公司）享有联营企业或合营企业的权益份额。应当注意的是，投资方与联营、合营企业之间发生投出或出售资产的交易，该资产构成业务的，应当按照《企业会计准则第 20 号——企业合并》、《企业会计准则第 33 号——合并财务报表》的有关规定进行会计处理。……投出或出售的资产不构成业务的，应当分别顺流交易和逆流交易进行会计处理。顺流交易是指投资方向其联营企业或合营企业投出或出售资产，逆流交易是指联营企业或合营企业向投资方出售资产。未实现内部交易损益体现在投资方或其联营企业、合营企业持有的资产账面价值中的，在计算确认投资损益时应予抵销。”

《企业会计准则第 7 号——非货币性资产交换》第三条规定：“非货币性资产交换同时满足下列条件的，应当以公允价值和应支付的相关税费作为换入资产的成本，公允价值与换出资产账面价值的差额计入当期损益：

（一）该项交换具有商业实质；

（二）换入资产或换出资产的公允价值能够可靠地计量。

换入资产和换出资产公允价值均能够可靠计量的，应当以换出资产的公允价值作为确定换入资产成本的基础，但有确凿证据表明换入资产的公允价值更加可靠的除外。”

《企业会计准则第 7 号——非货币性资产交换》第四条规定：“满足下列条件之一的非货币性资产交换具有商业实质：

（一）换入资产的未来现金流量在风险、时间和金额方面与换出资产显著不同。

（二）换入资产与换出资产的预计未来现金流量现值不同，且其差额与换入资产和换出资产的公允价值相比是重大的。”

《企业会计准则第 7 号——非货币性资产交换》应用指南规定：“四、……换出资产公允价值与其账面价值的差额，应当分别不同情况处理：换出资产为存货的，应当作为销售处理，按照《企业会计准则第 14 号——收入》以其公允价值确认收入，同时结转相应的成本。换出资产为固定资产、无形资产的，换出资产公允价值与其账面价值的差额，计入营业外收入或营业外支出。”

三、案例解析

（一）B公司个别财务报表的会计处理分析

本案例中，B公司以不构成业务的房屋和机器设备出资，换取D公司的长期股权投资，在B公司的个别报表中属于非货币性资产交换交易。根据企业会计准则的相关规定，通过非货币性资产交换取得的长期股权投资，应区分交易是否具备商业实质分别进行会计处理，对于具备商业实质且换入资产或换出资产的公允价值能够可靠地计量的交换，应以公允价值和应支付的相关税费作为长期股权投资的初始成本，公允价值与换出资产账面价值的差额计入当期损益。而对于不具备商业实质的交易交换，则应以换出资产的原账面价值作为长期股权投资的初始投资成本。

因此，首先应就该交易是否具备商业实质进行分析。本案例中，B公司与C公司合资组建非全资子公司，其中B公司投入房屋和机器设备，C公司投入现金和存货。由于引入了其他股东投入的资源，且未来相关资产运营管理的决策不仅仅只受B公司一方影响，换入资产产生的未来现金流量在风险、金额和时间方面与换出资产存在较大的差异，因此该交易具备商业实质。假设B公司用于出资的相关资产的评估值能够代表其公允价值，则B公司应确认的长期股权投资的初始投资成本为6亿元，公允价值与原账面价值之间的差异5,000万元确认为当期损益。

（二）C公司个别财务报表的会计处理分析

本案例中，C公司同时以现金和不构成业务的存货出资，换取D公司的长期股权投资，即获取长期股权投资的对价为现金和存货。在换出存货的公允价值能够可靠计量的前提下，C公司以支付现金和投出存货的公允价值合计4亿元确认长期股权投资的初始投资，投出存货作为销售处理，以公允价值确认营业收入1亿元，同时结转相应的营业成本8,000万元。

值得注意的是，由于C公司对D公司具有重大影响，因此C公司对D公司的长期股权投资应采用权益法进行核算。根据企业会计准则的有关规定，C公司向D公司投入存货的交易属于顺流交易，在该批存货实现向第三方的销售之前，C公司在计算对D公司的投资收益时，应按40%的持股比例抵销存货出资的未实现利润2,000万元，即调减800万元的投资收益（2,000万×40%），并相应调整对D公司的长期股权投资账面价值。也就是说，C公司当期实际确认对D公司的投资收益为1,200万元（5,000万×40%－800万）。

（三）A公司合并财务报表的会计处理分析

B公司是A公司的全资子公司，D公司是B公司的控股子公司，因此，A公司通过B公司间接控制了D公司。以A公司作为会计主体，其合并财务报表的范围包括A、B、D三家公司。根据企业会计准则的相关规定，母公司与子公司、子公司相互之间发生的其他内部交易对合并利润表的影响应当抵销并相应调整相关资产成本。B公司向D公司投出的房屋和机器设备，在A公司合并财务报表中不应存在资产价值量的变动，即B公司个别财务报表中因以资产出资而确认的利润应全额抵销，同时将房屋和机器设备调整为以B公司原账面价值为基础计算的价值。

A公司对C公司具有重大影响，应采用权益法进行核算。C公司包括对D公司的投资收益在内的净利润为9,200万元（8,000万＋1,200万）。值得注意的是，A公司不能简单以C公司个别财务报表确认的9,200万元的净利润和20%的持股比例确认投资收益，也应考虑未实现利润的抵销问题。虽然C公司未直接向A公司出售存货，但向A公司纳入合并范围的D公司投出存货，根据企业会计准则的有关规定，投资企业对于纳入其合并范围的子公司与其联营企业之间发生的内部交易，也应当同样考虑未实现利润的抵销问题，在此基础上确认投资损益。即在该批存货实现向A公司合并范围外第三方的销售之前，A公司计算对C公司的投资收益时，应按20%的持股比例抵销未实现利润240万元（1,200万×20%），并相应调整对C公司的长期股权投资账面价值。也就是说，A公司当期实际确认的对C公司的投资收益为1,600万元（9,200万×20%－240万）。

案例12－17
以非货币性资产增资并购交易中涉及资产评估增值的会计处理

一、案例背景

2×13年4月，A上市公司采用货币出资和房产出资相结合的方式增资并购了B公司（假设A公司用于出资的货币和房产不构成业务），其中货币出资为5,759.82万元，房产出资为2,540.18万元（房产原账面价值为1,062.41万元，评估值为2,540.18万元），增资后A公司持有B公司58.68%的股权。A公司与B公司在交易前为非关联方，属于非同一控制下的企业合并。购买日A公司个别报表将房产评估值与账面价值的差异确认为营业外收入，B公司个别报表按照评估价值对房产进行初始计量。A公司2×13年的合并报表中，未对房产增值的收益和房产评估增值进行抵销（假设不考虑税费问题）。

问题：A公司和B公司的上述会计处理是否符合企业会计准则的规定？

二、会计准则及相关规定

《企业会计准则第2号——长期股权投资》（2014年修订）第五条规定："企业合并形成的长期股权投资，应当按照下列规定确定其初始投资成本：……（二）非同一控制下的企业合并，购买方在购买日应当按照《企业会计准则第20号——企业合并》的有关规定确定的合并成本作为长期股权投资的初始投资成本。"

《企业会计准则第20号——企业合并》第十二条规定："购买方在购买日对作为企业合并对价付出的资产应当按照公允价值计量，公允价值与账面价值的差额计入当期损益。"

《企业会计准则讲解（2010）》指出："以非货币性资产作为合并对价的，其合并成本为所支付对价的公允价值，该公允价值与作为合并对价的非货币性资产账面价值的差额，作为资产的处置损益。"

《企业会计准则讲解（2010）》合并财务报表中指出："四、报告期内增减子公司的处理、企业以非货币性资产出资设立子公司或对子公司增资，在编制合并财务报表时，需要将该非货币资产调整恢复至原账面价值，并在此基础上持续编制合并财务报表。"

《企业会计准则第20号——企业合并》第十七条规定："企业合并形成母子公司关系的，母公司应当编制购买日的合并资产负债表，因企业合并取得的被购买方各项可辨认资产、负债及或有负债应当以公允价值列示。"

《企业会计准则第4号——固定资产》第十一条规定："投资者投入固定资产的成本，应当按照投资合同或协议约定的价值确定，但合同或协议约定价值不公允的除外。”

《公司法》第二十七条规定：“股东可以用货币出资，也可以用实物、知识产权、土地使用权等可以用货币估价并可以依法转让的非货币财产作价出资；但是，法律、行政法规规定不得作为出资的财产除外。对作为出资的非货币财产应当评估作价，核实财产，不得高估或者低估作价。法律、行政法规对评估作价有规定的，从其规定。”

三、案例解析

本案例中A公司以货币资金和房产方式对B公司进行增资并购，取得了B公司58.68%的股权，属于非同一控制下企业合并。根据《企业会计准则第20号——企业合并》第十二条的规定，购买日A公司在其个别报表上作为合并对价付出的房产应当按照公允价值计量，并按照处置固定资产进行会计处理，房产的公允价值与账面价值的差额确认为当期营业外收入。B公司个别报表则按照股东以货币性资产和非货币性资产增资进行会计处理，并根据《企业会计准则第4号——固定资产》及《公司法》相关规定，按照投资者投入固定资产的成本作为初始计量，本案例中B公司房产的初始计量金额应为A公司与B公司合同约定价值（即房产的评估值）计量。

在购买日编制合并财务报表时，A公司应参照《企业会计准则讲解(2010)》中以非货币性资产出资设立子公司的规定进行处理，“企业以非货币性资产出资设立子公司或对子公司增资，在编制合并财务报表时，需要将该非货币资产调整恢复至原账面价值，并在此基础上持续编制合并财务报表”。从合并主体来看，A公司该房产只是在集团内资产的流转，并未对集团外第三方出售，因此在合并财务报表中房产应以A公司原账面价值反映，不存在处置收益，即抵销房产评估增值的影响，同时抵销房产增值收益。而《企业会计准则第20号——企业合并》第十七条规定：“企业合并形成母子公司关系的，母公司应当编制购买日的合并资产负债表，因企业合并取得的被购买方各项可辨认资产、负债及或有负债应当以公允价值列示。”那么A公司合并财务报表中房产以原值反映是否与《企业会计准则第20号——企业合并》第十七条的规定相矛盾？我们认为并不矛盾，因为该房产属于A公司合并支付的对价而不属于A公司合并取得的被购买方B公司的可辨认资产，在合并报表中无须按公允价值列示。

综上所述，本案例中A公司、B公司个别报表的处理是合理的，但A公司在合并报表中应对房产增值产生的收益和房产评估增值部分进行抵销。

案例12－18
同一控制下吸收合并比较报表的编制问题

一、案例背景

D公司无任何子公司，仅编制个别财务报表，2×15年7月同一控制下吸收合并丁公司，期末编制财务报表时，吸收合并的丁公司占合并后主体的比重较大。

问题：D公司无需编制合并报表，是否需要追溯个别报表的比较报表数据？

二、会计准则及相关规定

《企业会计准则讲解（2010）》第二十一章中指出："同一控制下的吸收合并中，合并方在合并当期期末比较报表的编制应区别不同的情况，如果合并方在合并当期期末，仅需要编制个别财务报表、不需要编制合并财务报表的，合并方在编制前期比较报表时，无须对以前期间已经编制的比较报表进行调整；如果合并方在合并当期期末需要编制合并财务报表的，在编制前期比较合并财务报表时，应将吸收合并取得的被合并方前期有关财务状况、经营成果及现金流量等并入合并方前期合并财务报表。前期比较报表的具体编制原则比照同一控制下控股合并比较报表的编制。"

三、案例解析

根据《企业会计准则讲解（2010）》第二十一章的指引，如果合并方在吸收合并当期期末，不存在被其控制的子公司，仅需要编制个别财务报表、不需要编制合并财务报表的情况下，合并方在编制前期比较报表时，无须对以前期间已经编制的比较报表进行调整，即因同一控制下吸收合并确认了合并中取得的被合并方的资产和负债后，不应当因该项同一控制下吸收合并追溯调整前期个别报表。

与同一控制下控股合并不同的是，虽然控股合并的情况下，合并方也不追溯调整个别报表，但必须追溯调整合并报表。因此，在吸收合并的情况下合并方在该项合并前后的财务信息不完全可比。考虑到吸收合并交易在目前的会计准则和上市公司信息披露规定下并未做出相应的披露规定，如果交易前后对财务报表影响较大将影响投资者理解财务报表，建议在附注中披露被合并公司的前期财务信息。

第十三章 其　他

案例 13－01 区分资本化支出与费用化支出

2006 年 4 月，国务院办公厅转发了财政部等部门《关于推动中国动漫产业发展的若干意见》，提出了推动中国动漫产业发展的一系列政策措施。许多企业据此调整了发展战略和计划。一些上市公司也涉足动漫产业。有的公司主要通过动漫作品的创意、制作、出版和销售来赚取利润；有的公司制作动漫作品主要是为了推广和宣传公司的实体产品；也有的公司在完成动漫作品的制作和版权销售后继续专注于该动漫作品的衍生产品开发和销售（如服装、玩具、文具）。在动漫作品的创意和制作过程中所发生的支出，应当作为营销费用计入当期损益还是应当资本化计入动漫作品的成本，是近几年引起争议的话题。

一、案例背景

A 公司为上市公司，以生产销售玩具为主营业务。为促进玩具销售，A 公司投资拍摄动漫影视作品。在获得《国产电视动画片发行许可证》，并在省版权局进行版权登记拥有版权之后，A 公司将影视作品制作支出确认为存货；将为播放影视作品支付给电视台的播出、广告等费用计入当期销售费用；销售动漫玩具产品时，每月按动漫玩具实现的销售收入占预计总销量收入（动漫玩具未来 3 年预计收入）的比例对影视剧投资支出金额进行摊销，确认为营业成本。

问题：A 公司的上述会计处理是否正确？

二、会计准则及相关规定

《企业会计准则讲解（2010）》对于企业发生的广告营销相关费用的会计处理作出了明确规定，企业采购用于广告营销活动的特定商品，向客户预付货款未取得商品时，应作为预付账款进行会计处理，待取得相关商品时计入当期损益（销售费用）。企业取得广告营销性质的服务比照该原则进行处理。

2011年3月3日，证监会发布了《上市公司执行企业会计准则监管问题解答》（2011年第1期，总第5期），针对企业发生的投资动漫影视作品的支出的会计处理作出了明确规定：公司投资动漫影视作品的支出，其会计处理应根据影视作品的制作目的和盈利模式确定。如公司投资动漫影视作品的主要目的是推广相关动漫玩具形象，促进其销售，实质上是一种广告营销手段，有关动漫影视作品的制作支出应比照广告费用支出处理；如影视作品的制作目的是为通过版权销售获取经济利益流入，且在实质上具有作为影视产品独立盈利的能力，则公司可参照《电影企业会计核算办法》（财会［2004］19号）的相关规定，对影视作品的投资支出进行资本化处理。

上述处理原则与美国财务会计准则的相关指引基本一致。美国会计准则汇编ASC 926对电影行业作出了特别指引：从事电影制作和发行的企业应将影片的制作支出计入“影片成本”科目，并从影片推出之日起，将影片成本按计划收入比例法与“最终营业收入”配比，进行摊销。但是，企业必须根据其主营业务和制作影片的目的来决定ASC 926是否适用。ASC 926只适用于电影企业，且影片制作的目的为独立盈利。否则，相关费用应视为广告费用，按照美国会计准则汇编ASC 720－35进行处理。根据ASC 720－35，广告创意、剧本、演员和拍摄等费用都属于广告费用，应在广告第一次播出时计入当期损益。

三、案例解析

企业发生的支出应当资本化为一项资产（即资本化）还是应当计入当期损益（即费用化），判断的依据在于该项支出是否符合资产的定义以及资产的确认条件。《企业会计准则——基本准则》中定义资产为“企业过去的交易或事项所形成的、由企业拥有或控制的、预期会给企业带来经济利益的支出”，在同时满足“与该资源有关的经济利益很可能流入企业，该资源的成本或者价值能够可靠计量的情况下”确认资产。一项支出是否符合资产的定义以及资产的确认条件不仅取决于支出的性质，也取决于交易的目的。

以企业发生的动漫影视作品投资支出为例，影视作品投资支出应根据影视作品的制作目的和盈利模式确定会计处理方式。对于从事影视作品制作的电影企业，如果其制作影视作品的目的是通过销售影视作品著作权、发行权和放映权等获取盈利，且在实质上具有作为影视产品独立盈利的能力，则其发生的影视作品制作支出将在企业销售著作权、发行权和放映权时给企业带来经济利益，符合资产的定义和确认条件，因此企业可以参考财政部《电影企业会计核算办法》（财会［2004］19号）规定，对影视作品制作支出资本化。根据《电影企业会计核算办法》，电影企业影视作品制作支出应在“生产成本”科目中进行归集，制作完成并已取得许可证作品的生产成本结转至“库存商品”科目，并在实现作品销售收入时结转为销售成本。对于一次性卖断全部著作权的影视作品，在取得卖断价款时，应将其全部实际成本一次性结转销售成本。

若其投资拍摄影视作品的目的是推销产品，促进相关产品的销售，则应视为一种营销手段，由于其未来给企业带来经济利益的可能性和金额有很大不确定性，不符合资产的确认条件，因此应当比照广告费用支出进行会计处理。根据《企业会计准则讲解（2010）》，广告费应当在发生时计入当期损益。

A公司以生产销售玩具为主营业务，投资拍摄动漫影视作品的目的是为了促进动漫玩具销售，不是为了通过销售动漫影视作品著作权、发行权、放映权盈利，且A公司一直的盈利模式中不包括通过销售版权获取盈利。因此，A公司的动漫影视作品拍摄支出应比照广告费用处理。即A公司应将影视作品制作支出、为播放影视作品支付给电视台的播出和广告等费用计入当期销售费用，不应将影视作品制作支出确认为存货并在之后的期间摊销。

案例 13 - 02
辞退福利的会计处理

一、案例背景

A 公司由于经营环境持续低迷，近年来主营业务连续巨额亏损。2×11 年 4 月，A 公司开始研究酝酿富余人员分流安置措施。经反复研讨，2×11 年制定了《减员分流工作方案》，在 B 分公司中拟定与 4,000 名员工解除劳动关系，在 C 分公司中拟定以员工自愿方式辞退其生产车间的员工并将最终留下的生产车间员工分流至 A 公司的其他生产车间，该减员分流方案亦经 A 公司（包括 B 分公司和 C 分公司）职工代表大会通过。A 公司制定了详细的减员分流方案细则，主要内容包括：（1）在 1 年内完成对员工解除劳动合同并向解聘人员发放补偿款；（2）补偿款的标准为：按照当地社会平均工资标准并参考拟解聘员工服务于 A 公司的年限和拟解聘员工在其工作期间曾经为 A 公司作出的贡献按照标准系数计算，且补偿款不低于按照劳动合同法规定的最低补偿款；（3）统计拟解聘人员所在部门、职位和每个部门的人数。之后 A 公司将减员分流方案及方案细则在 B 分公司和 C 分公司以张贴公告等形式公示。B 分公司负责减员分流工作的人员和各部门领导与拟解聘员工代表就解聘问题和补偿款问题多次进行了沟通。C 分公司的部分员工亦已向负责减员分流工作的人员表示接受解聘的安排并就解聘问题和解聘补偿问题多次进行了沟通。董事会审议通过《关于计提辞退员工福利费的议案》。在 2×11 年年底前 B 分公司已按照方案协商解聘了富余员工 200 余人。A 公司在 2×11 年度根据（1）B 分公司预计偿付金额；（2）C 分公司预计接受裁减建议的员工数量和每一职位的辞退补偿标准来计提员工辞退福利费共计 6,000 万元。

2×12 年市场形势发生变化，特别是下半年外围经营环境持续恶化。B 分公司在减员分流计划中尚未完成解聘和补偿工作的部分员工提出由于市场形势发生重大变化需要在原解聘方案条件不变的基础上增加补偿金额的要求，B 分公司负责减员分流工作的人员和各部门领导与拟解聘员工代表就解聘问题和补偿款问题多次进行了沟通并达成了共识。C 分公司更多的员工向负责减员分流工作的人员表示接受解聘的安排，负责减员分流工作的人员和各部门领导与分流减员计划中自愿接受减员安排的员工经过多次沟通后对解聘时间和补偿款金额亦达成了共识。A 公司董事会审议通过了《关于确认 2×12 年辞退福利费的议案》。2×12 年年度 A 公司根据：（1）B 分公司减员分流计划中的员工在 2×12 年增加的补偿金额；（2）C 分公司与自愿接受减员安排的员工达成共识后的补偿金额两项共计提员工辞退福利费 7,000 万元。

问题：如何确认和计量辞退福利？

二、会计准则及相关规定

《企业会计准则第 9 号——职工薪酬》（2014 年修订）第二条规定："辞退福利，是指企业在职工劳动合同到期之前解除与职工的劳动关系，或者为鼓励职工自愿接受裁减而给予职工的补偿。"第二十条规定："企业向职工提供辞退福利的，应当在下列两者孰早日确认辞退福利产生的职工薪酬负债，并计入当期损益：

1. 企业不能单方面撤回因解除劳动关系计划或裁减建议所提供的辞退福利时。

2. 企业确认与涉及支付辞退福利的重组相关的成本或费用时。"

《企业会计准则第 9 号——职工薪酬》（2014 年修订）的应用指南规定："企业应当按照辞退计划条款的规定，合理预计并确认辞退福利产生的职工薪酬负债，并具体考虑下列情况。

1. 对于职工没有选择权的辞退计划，企业应当根据计划条款规定拟解除劳动关系的职工数量、每一职位的辞退补偿等确认职工薪酬负债。

2. 对于自愿接受裁减建议的辞退计划，由于接受裁减的职工数量不确定，企业应当根据《企业会计准则第 13 号——或有事项》规定，预计将会接受裁减建议的职工数量，根据预计的职工数量和每一职位的辞退补偿等确认职工薪酬负债……。"

《国际会计准则第 19 号——职工薪酬》第 166～167 段规定：

"166. 对于企业为鼓励职工自愿接受裁减而提出给予补偿的建议而形成

的应付辞退福利费，企业被视为不能撤回裁减建议的时点是下列两者中较早的时点：

（a）当职工接受裁减建议；

（b）当限制情况（例如法律、监管或合同要求或者其他限制情况）发生时，该限制情况是指与影响企业撤回裁减建议的能力有关的情况。也就是说裁减建议达成的时点是当该限制情况在裁减建议期间出现的时点。

167. 对于企业决定解除与职工的劳动关系而形成的应付辞退福利费，同时满足下列条件的，在企业已经与受影响的职工沟通后，企业即被视为不能撤回解除劳动关系计划：

（a）为完成该解除劳动计划所执行的工作表明，该计划不太可能会发生重大变更；

（b）该计划规定拟解除劳动关系的职工数量，他们的工作类别或职位以及所在地（但该计划不需要明确每个拟解除劳动关系的职工）和拟解除劳动关系的完成时间；

（c）该计划设定充分详细的信息使得职工能确定由于解除劳动关系而收到的相应补偿类型和金额。”

三、案例解析

辞退福利是指企业在职工劳动合同到期之前解除与职工的劳动关系，或者为鼓励职工自愿接受裁减而提出给予补偿的建议。在本案例中，B 分公司的减员分流属于在职工劳动合同到期前，不论职工本人是否愿意，企业决定解除与职工的劳动关系而给予的补偿；C 分公司的减员分流属于职工劳动合同到期前，为鼓励职工自愿接受裁减而给予的补偿，职工有权选择继续在职或接受补偿离职，B 分公司和 C 分公司的减员分流事项都符合辞退福利的范围。我们需要按照企业会计准则的规定分析在 2×11 年度、2×12 年度该辞退福利是否在会计上符合确认条件。

在 2×11 年 A 公司制定了减员方案和方案细则，方案和方案细则中明确了在 1 年内完成解聘工作、补偿款计算标准、拟解聘人员的部门、职位、数量等。其中 B 分公司还与拟辞退的员工代表就解聘事项和补偿款进行了沟通，并按照解聘方案在年底前完成了对部分拟解聘人员的解聘工作；C 分公司的部分员工亦已向负责减员分流工作的人员表示接受解聘的安排并就解聘问题和解聘补偿问题多次进行了沟通。该方案亦经职工代表大会和董事会批准。同时该减员计划已在B分公司和C分公司进行了公示，因此A公司不能单方面撤回解除劳动计划。在2×11年符合辞退福利确认条件，应当根据辞退计划条款规定的拟解除劳动关系的职工数量、每一职位的辞退补偿标准等计提应付职工薪酬。

B分公司于2×11年已经根据辞退计划条款规定的拟解除劳动关系的员工数量、每一职位的辞退补偿标准等，计提应付职工薪酬。虽然在2×12年下半年由于市场形势发生进一步变化，B分公司的解聘计划中的部分员工在与B分公司沟通后辞退补偿金额增加了，但是增加补偿金事项发生在2×12年下半年，对于2×11年财务报表不会产生影响，因此新增的补偿款应当计入2×12年的辞退福利费用。

案例13－03
预提奖励基金的会计处理

一、案例背景

A公司制定了《奖励基金管理办法》和《奖励基金运用方案》，相关文件已经由公司董事会和股东大会审议通过。根据奖励基金的管理办法，公司每年度会根据业绩达标情况决定是否预提奖励基金并确定预提比例。根据奖励基金的运用方案，公司将以每5年为一个周期，运用该周期内预提的奖励基金通过设立指定受益对象的专项金融产品（例如信托计划、证券投资基金等金融产品）在二级市场购买公司股票。周期结束后，公司将根据奖励对象所承担的岗位职责、任职期限、绩效表现、业绩贡献等综合指标确定参与本周期奖励方案的人员名单、分配系数、所持份额等情况。分配方案报经董事会审议批准后，奖励对象将被授予专项金融产品的份额。

同时，奖励基金的运用方案显示，奖励对象为年龄不超过法定退休年龄的在职人员，同时要求部分奖励对象于周期的最后3年在公司履职，但并不局限于计提奖励基金当年已在公司工作的员工。

问题：A 公司将奖励基金在预提年度确认为应付职工薪酬是否符合企业会计准则规定？

二、会计准则及相关规定

《企业会计准则——基本准则》第二十三条规定：“负债是指企业过去的交易或者事项形成的、预期会导致经济利益流出企业的现时义务。”

《企业会计准则第 9 号——职工薪酬》第二条规定：“职工薪酬是指企业为获得职工提供的服务或解除劳动关系而给予的各种形式的报酬或补偿。”

《企业会计准则第 9 号——职工薪酬》第五条规定：“企业应当在职工为其提供服务的会计期间，将实际发生的短期薪酬确认为负债，并计入当期损益，其他会计准则要求或允许计入资本成本的除外。”

《企业会计准则第 9 号——职工薪酬》第九条规定：“利润分享计划同时满足下列条件的，企业应当确认相关的应付职工薪酬：

（一）企业因过去事项导致现在具有支付职工薪酬的法定义务或推定义务；

（二）因利润分享计划所产生的应付职工薪酬义务金额能够可靠估计。属于下列三种情形之一的，视为义务金额能够可靠估计：

1. 在财务报告批准报出之前企业已确定应支付的薪酬金额。

2. 该短期利润分享计划的正式条款中包括确定薪酬金额的方式。

3. 过去的惯例为企业确定推定义务金额提供了明显证据。”

《企业会计准则第 9 号——职工薪酬》第十条规定：“职工只有在企业工作一段特定期间才能分享利润的，企业在计量利润分享计划产生的应付职工薪酬时，应当反映职工因离职而无法享受利润分享计划福利的可能性。如果企业在职工为其提供相关服务的年度报告期间结束后十二个月内，不需要全部支付利润分享计划产生的应付职工薪酬，该利润分享计划应当适用本准则其他长期职工福利的有关规定。

《企业会计准则第 9 号——职工薪酬》应用指南指出：“在职工为企业提供服务的会计期间，企业应根据职工提供服务的受益对象，将应确认的职工薪酬计入相关资产成本或当期损益”，同时确认为应付职工薪酬，但解除劳动关系补偿除外。”

《国际会计准则第 19 号——雇员福利》第 19 段规定：“当且仅当出现下

述情形时，主体才应对利润分享和奖金的预期费用进行确认：（1）作为过去事项的结果，主体现在负有作出这类支付的法定或推定义务；以及（2）可以对义务作出可靠的估计。当且仅当主体除了支付以外，没有其他现实选择时，才存在一项现时义务。”

三、案例解析

对于预提奖励基金的会计处理，关键在于应当符合权责发生制原则，即职工提供的服务与相关金额的确认相配比。如果员工已经在相应期间提供了服务，确定金额的奖励基金被用于作为相应服务的对价支付，企业因此而产生的现时支付义务可以满足负债的确认条件。因此，按照奖励基金的设立目的不同可以分为以下两种情况：第一种情况，如果公司将预提奖励基金作为奖励员工在过去已经为公司提供的服务的报酬，承担不可撤销的支付义务，则其符合负债的定义，应当计入应付职工薪酬；第二种情况，如果公司预提奖励基金是为获得员工在未来期间的服务而拟支付的成本，不能对应到具体员工且相关服务并未实际提供，不能将所提取的金额确认相关负债。

在本案例中，A 公司的《奖励基金运用方案》以 5 年为一个周期，部分有资格参与奖励基金分配的人员仅需在周期的最后 3 年在公司履职。这意味着最终被授予奖励基金的员工可能在计提奖励基金的当年并未在公司工作提供服务，所预提的奖励基金所指向的服务并非员工已经提供的服务，因此将相应奖励基金作为当期费用或成本、确认应付职工薪酬显然是不恰当的。同时，虽然奖励基金在提取时考虑了提取年度的公司业绩达标情况，但是奖励基金的分配取决于周期结束后对于整个周期的考核结果，并且如何进行分配以及具体的分配比例仍需经过董事会的批准。在此情况下，预提奖励基金实际是用于获得员工未来年度的服务而非已提供服务的成本。在奖励基金的预提时点，相关金额未明确对应到相应员工，未构成公司的现实义务。因此，基于上述具体情况，不应简单按照计提奖励基金的时点将其确认为应付职工薪酬。

另外，在本案例中，A 公司应当考虑是否需要合并该专项金融产品。A 公司如果合并该专项金融产品，考虑到公司授予职工的是专项金融产品的份额，该安排有可能构成股份支付，A 公司则需要进一步考虑授予日以及等待期的确定。

案例 13－04
提货权的会计处理

一、案例背景

××省储备粮管理有限公司根据《关于下达 2×14 年第一批省级储备粮轮出销售计划的通知》将储备粮进行公开竞拍，出卖人为××省储备粮管理有限公司，发货单位为××省级储备粮承储库（以下简称“承储库”），买受人为承储库以外具有粮油经营许可资格的粮食经营者，交易市场指××粮食交易市场股份有限公司（以下简称“交易市场”）。

竞价销售成交后，买受人、出卖人及承储库三方签订《2×14 年××省级储备粮竞价销售合同》，重要合同条款如下：

1. 交易标的包括承储库名称、品种、数量、等级、生产年限、形态；供买受人参考的水分、杂质质量指标及合同执行期起止时间等。

2. 买受人必须于合同生效之日起 5 个工作日内将货款汇入交易市场指定的银行账户，买受人将粮款汇到交易市场指定账户后，要及时到交易市场开具出库通知单。买受人凭此通知单、原三方合同到承储库办理出库。

3. 在竞价完成后 2 个月内买受人必须完成提货和出库手续，粮食出库前买受人与承储库共同确认质量，无异议要当场签署《质量验收确认单》。

4. 合同执行完毕，双方验收无争议的，当场签署《货物交接协议书》。出卖人按成交价和《货物交接协议书》的结算数量，及时向买受人开具粮款增值税发票。

5. 出卖人（承储库）未按合同规定的时间、质量、品种、数量交货，视为出卖人（承储库）违约，合同终止，承储库承担其违约责任。

A 公司是具有从事粮食经营资质的贸易公司，可以向持有出库通知单的单位购买出库通知单。A 公司取得的出库通知单可能直接来源于买受人，也可能来源于多次转手后的转售单位，A 公司向前手单位付款购买出库通知单，然后根据取得的出库通知单确认存货。A 公司可以凭出库通知单自行提货或是再将出库通知单转售给下家，在转售的情况下向下家开具发票确认销售收入（包括原取得出库通知单的成本及公司赚取的差价），同时结转销售成本。

假设A公司与前手和后手都签署相应转售合同，转售合同附件包含原三方合同原件及出库通知单，转售合同规定买受人的权利和义务相应转移给后手，如因出卖人（承储库）未按合同规定的时间、质量、品种、数量交货，均与前手无关。A公司在合同签订日已收到后手全部预收款。

问题：

（1）A公司所持有的出库通知单代表公司具有提货权，能否据此确认存货？

（2）A公司对外转售出库通知单，能否按全额确认收入并结转销售成本？

二、会计准则及相关规定

《企业会计准则第1号——存货》第三条规定："存货，是指企业在日常活动中持有以备出售的产成品或商品、处在生产过程中的在产品、在生产过程或提供劳务过程中耗用的材料和物料等。"

《企业会计准则第1号——存货》第四条规定："存货同时满足下列条件的，才能予以确认：（一）与该存货有关的经济利益很可能流入企业；（二）该存货的成本能够可靠地计量。"

《企业会计准则讲解（2010）》指出："某些情况下，转移商品的所有权凭证或交付实物后，商品所有权上的主要风险和报酬随之转移，企业只保留商品所有权上的次要风险和报酬，如交款提货方式销售商品、视同买断方式委托代销商品等。这种情形下，应当视同商品所有权上的所有风险和报酬已经转移给购货方。"

根据《企业会计准则第14号——收入》的有关规定："收入是指企业在日常活动（即企业为完成其经营目标所从事的经常性活动以及与之相关的活动）中形成的、会导致所有者权益增加的、与所有者投入资本无关的经济利益的总流入，包括销售商品收入、提供劳务收入和让渡资产使用权收入。企业代第三方收取的款项，应当作为负债处理，不应当确认为收入。"

《企业会计准则第14号——收入》（2017年修订）第三十四条规定：

"企业应当根据其在向客户转让商品前是否拥有对该商品的控制权，来判断其从事交易时的身份是主要责任人还是代理人。企业在向客户转让商品前能够控制该商品的，该企业为主要责任人，应当按照已收或应收对价总额确认收入；否则，该企业为代理人，应当按照预期有权收取的佣金或手续费的金额确认收入，该金额应当按照已收或应收对价总额扣除应支付给其他相关方的价款后的净额，或者按照既定的佣金金额或比例等确定。

企业向客户转让商品前能够控制该商品的情形包括：(一) 企业自第三方取得商品或其他资产控制权后，再转让给客户。(二) 企业能够主导第三方代表本企业向客户提供服务。(三) 企业自第三方取得商品控制权后，通过提供重大的服务将该商品与其他商品整合成某组合产出转让给客户。

在具体判断向客户转让商品前是否拥有对该商品的控制权时，企业不应仅局限于合同的法律形式，而应当综合考虑所有相关事实和情况，这些事实和情况包括：(一) 企业承担向客户转让商品的主要责任。(二) 企业在转让商品之前或之后承担了该商品的存货风险。(三) 企业有权自主决定所交易商品的价格。(四) 其他相关事实和情况。"

三、案例解析

(一) 权属问题

本案例中承储库依据 A 公司持有的出库通知单、原三方合同能办理实物出库手续，即"认单不认人"，从法律上看该出库通知单能作为物权凭证，A 公司持有的出库通知单代表具有取得货物的权利即提货权。尽管出库通知单上的接收单位为参与竞拍的企业而非 A 公司，但 A 公司也能提供后续的转售合同，从某种程度上来说也是一种背书转让的记录。从出卖方来看，开具出库通知单的前提是收到全额货款，实际上销售的主要风险和报酬已转移，剩下的义务只是交割而已，至于交付的具体对象是谁，并不影响其销售的实现。

(二) 存货的确认

如果 A 公司持有该出库通知单的目的是为了持有以备出售，或者进行再加工后再出售，当取得出库通知单后实物尚未交付时，A 公司对货物没有控制权，应先在"预付账款"中核算，待提货并验收后（即实物交付后），再从"预付账款"转入"存货"。

(三) 收入的确认

对于 A 公司将《出库通知单》转售的行为，需要根据出售方是否作为代理人对收入按总额确认还是净额确认进行判断，即中间人是否通过委托人安排提供商品或服务而赚取酬金或佣金。如果A公司是作为代理人参与交易，则按净额确认收入；如该交易属于自主行为（即A公司在交易过程中要承担向下家转让出库通知单的主要责任、出库通知单丢失、毁损等风险，以及有权确认商品价格等），则按全额确认收入。

案例13-05
企业委托第三方进行研发支付的预付款项的会计处理

一、案例背景

A公司是一家从事药品生产和销售的上市公司，主要采用产学研相结合的研发模式进行药品的研究与开发，通过与高校、研究所合作的方式，依靠科研机构的研发力量共同进行产品创新。2×14年2月，A公司与B研究所签订了×药品的委托开发协议，主要约定条款如下：

1. ×药品的研发分为两个阶段，第一阶段为临床前研究，第二阶段为临床研究。预计临床前×药品的研发周期为4.5年，投资金额为1.5亿元。

2. 合同生效后，委托方A公司预付款项6,000万元用于前期的研究开发，其余款项在临床前研究的不同阶段，根据研究进度和研究成果分次支付。

3. 对于开发过程中的技术风险，如在开发过程中遇到难以克服的技术障碍，导致开发失败，则委托方A公司仍需支付约定金额的开发费。

4. 对于开发过程中的经济风险，如在开发过程中遇到无法合理预见的情况，导致开发周期明显延长，开发支出明显超出原先的预算金额或导致项目丧失商业价值时，追加的研发成本由委托方A公司承担。

5. 关于研发成果的产权和经济利益的归属，相关知识产权由委托方A公司申请并享有，受托方B研究所仅就其提供的研发劳务获取报酬，不享有研发成果的所有权和使用权；受托方B研究所就该研发项目可取得的报酬与研发成果的未来商业价值无关。

2×14 年 3 月，根据合同要求，A 公司向 B 研究所支付了首期研究开发费 6,000 万元，A 公司将其作为预付款项，截至 2×15 年 12 月 31 日，由于×药品仍处于前期研发阶段，A 公司仍其作为预付款项在财务报表中列示。

问题：A 公司委托第三方研发的预付款项应如何进行会计处理？

二、会计准则及相关规定

《企业会计准则第 6 号——无形资产》规定："第六条　企业无形项目的支出，除下列情形外，均应于发生时计入当期损益：

（一）符合本准则规定的确认条件、构成无形资产成本的部分；

（二）非同一控制下企业合并中取得的、不能单独确认为无形资产、构成购买日确认的商誉的部分。

第七条　企业内部研究开发项目的支出，应当区分研究阶段支出与开发阶段支出。研究是指为获取并理解新的科学或技术知识而进行的独创性的有计划调查。开发是指在进行商业性生产或使用前，将研究成果或其他知识应用于某项计划或设计，以生产出新的或具有实质性改进的材料、装置、产品等。

第八条　企业内部研究开发项目研究阶段的支出，应当于发生时计入当期损益。

第九条　企业内部研究开发项目开发阶段的支出，同时满足下列条件的，才能确认为无形资产：

（一）完成该无形资产以使其能够使用或出售在技术上具有可行性；

（二）具有完成该无形资产并使用或出售的意图；

（三）无形资产产生经济利益的方式，包括能够证明运用该无形资产生产的产品存在市场或无形资产自身存在市场，无形资产将在内部使用的，应当证明其有用性；

（四）有足够的技术、财务资源和其他资源支持，以完成该无形资产的开发，并有能力使用或出售该无形资产；

（五）归属于该无形资产开发阶段的支出能够可靠地计量。"

《企业会计准则第 6 号——无形资产》规定："第十二条　无形资产应当按照成本进行初始计量。外购无形资产的成本，包括购买价款、相关税费以及直接归属于使该项资产达到预定用途所发生的其他支出。购买无形资产的价款超过正常信用条件延期支付，实质上具有融资性质的，无形资产的成本以购买价款的现值为基础确定。实际支付的价款与购买价款的现值之间的差额，除按照《企业会计准则第 17 号——借款费用》应予资本化的以外，应当在信用期间内计入当期损益。

第十三条　自行开发的无形资产，其成本包括自满足本准则第四条和第九条规定后至达到预定用途前所发生的支出总额，但是对于以前期间已经费用化的支出不再调整。”

《企业会计准则第 6 号——无形资产》应用指南规定：

“二、研究阶段与开发阶段

本准则将研究开发项目区分为研究阶段与开发阶段。企业应当根据研究与开发的实际情况加以判断。

（一）研究阶段

研究阶段是探索性的，为进一步开发活动进行资料及相关方面的准备，已进行的研究活动将来是否会转入开发、开发后是否会形成无形资产等均具有较大的不确定性。

比如，意在获取知识而进行的活动，研究成果或其他知识的应用研究、评价和最终选择，材料、设备、产品、工序、系统或服务替代品的研究，新的或经改进的材料、设备、产品、工序、系统或服务的可能替代品的配制、设计、评价和最终选择等，均属于研究活动。

（二）开发阶段

相对于研究阶段而言，开发阶段应当是已完成研究阶段的工作，在很大程度上具备了形成一项新产品或新技术的基本条件。比如，生产前或使用前的原型和模型的设计、建造和测试，不具有商业性生产经济规模的试生产设施的设计、建造和运营等，均属于开发活动。

三、开发支出的资本化

根据本准则第八条和第九条规定，企业内部研究开发项目研究阶段的支出，应当于发生时计入当期损益；开发阶段的支出，同时满足下列条件的，才能确认为无形资产：

（一）完成该无形资产以使其能够使用或出售在技术上具有可行性。

判断无形资产的开发在技术上是否具有可行性，应当以目前阶段的成果为基础，并提供相关证据和材料，证明企业进行开发所需的技术条件等已经具备，不存在技术上的障碍或其他不确定性。比如，企业已经完成了全部计划、设计和测试活动，这些活动是使资产能够达到设计规划书中的功能、特征和技术所必需的活动，或经过专家鉴定等。

（二）具有完成该无形资产并使用或出售的意图。

企业能够说明其开发无形资产的目的。

（三）无形资产产生经济利益的方式。

无形资产是否能够为企业带来经济利益，应当对运用该无形资产生产产品的市场情况进行可靠预计，以证明所生产的产品存在市场并能够带来经济利益，或能够证明市场上存在对该无形资产的需求。

（四）有足够的技术、财务资源和其他资源支持，以完成该无形资产的开发，并有能力使用或出售该无形资产。

企业能够证明可以取得无形资产开发所需的技术、财务和其他资源，以及获得这些资源的相关计划。企业自有资金不足以提供支持的，应能够证明存在外部其他方面的资金支持，如银行等金融机构声明愿意为该无形资产的开发提供所需资金等。

（五）归属于该无形资产开发阶段的支出能够可靠地计量。

企业对研究开发的支出应当单独核算，比如，直接发生的研发人员工资、材料费，以及相关设备折旧费等。同时从事多项研究开发活动的，所发生的支出应当按照合理的标准在各项研究开发活动之间进行分配；无法合理分配的，应当计入当期损益。”

《企业内部控制应用指引第13号——业务外包》规定：“第十三条 企业应当做好与承包方的对接工作，加强与承包方的沟通与协调，及时搜集相关信息，发现和解决外包业务日常管理中存在的问题。

第十四条 企业应当根据国家统一的会计准则制度，加强对外包业务的核算与监督，做好业务外包费用结算工作。”

三、案例解析

无形资产的取得方式多种多样，企业将无形资产的研究开发活动外包给其他方时，首先应当判断该交易的经济实质相当于公司自主研发，还是外购技术。

如为外购技术，则根据《企业会计准则第6号——无形资产》第十二条，按照成本对无形资产进行初始计量。

如为自主研发，则按《企业会计准则第6号——无形资产》第七条和《企业会计准则第6号——无形资产》应用指南第二条的规定，判断该支出属于研究阶段支出还是开发阶段支出，对于开发阶段的支出，再依据《企业会计准则第6号——无形资产》第九条和《企业会计准则第6号——无形资产》应用指南第三条规定的五项条件判断是否已经符合开发支出资本化条件。

在判断委托第三方进行研发的经济实质是自主研发还是外购技术，应考虑研发过程中相关风险和报酬的承担情况，以及研发完成后研发成果的归属。本案例中：

1. 在开发过程中遇到难以克服的技术障碍，导致开发失败，委托方A公司仍应支付约定金额的开发费，A公司承担了技术风险。

2. 在开发过程中遇到无法合理预见的情况，导致开发周期明显延长，开发支出明显超出原先的预算金额或导致项目丧失商业价值时，追加的研发成本由委托方A公司承担，A公司承担了开发过程中的经济风险。

3. 相关知识产权由委托方A公司申请并享有，受托方B研究所仅就其提供的研发劳务获取报酬，不享有研发成果的所有权和使用权；受托方B研究所就该研发项目可取得的报酬与研发成果的未来商业价值无关，研发成果的产权和经济利益归属于A公司。

因此，A公司承担了研发过程中相关风险和报酬并享有研发成果及研发成果产生的未来商业价值，A公司实质上为研发劳务外包的自主开发。

其次，由于该委托研发实质上是A公司的自主研发，A公司应按照《企业会计准则第6号——无形资产》自行研发无形资产的规定进行会计处理。A公司应关注X药品研发项目在整个委托期间的进展，了解预付研发费用在研发过程中的实际耗用情况，取得相关依据，按照《企业会计准则第6号——无形资产》第七条和《企业会计准则第6号——无形资产》应用指南第二条，根据研发项目的内容、目的、过往经验等区分研究阶段与开发阶段，判断是否满足研发费用的资本化条件。对于满足资本化条件的开发阶段的支出确认为无形资产，其他研发支出于发生时计入当期损益。

对于预付的研发费用应根据研发项目进展区分尚未使用部分与已使用部分，对于已使用部分根据准则要求，区分费用化支出与资本化支出，据此确定相应计入当期损益与开发支出的金额。将预付款项长期挂账不能如实地在财务报表中反映自行研发无形资产的进展。

实务中企业应根据《企业内部控制应用指引第 13 号——业务外包》的相关规定完善和加强内部控制，一方面加强与受托方的沟通与协调，及时搜集相关信息；另一方面，加强核算与监督，负责研发项目执行和管理的业务技术部门与财务部门应紧密配合、加强沟通，完善预付资金的使用管理，确保财务部门及时了解研发项目进展，根据企业会计准则进行有效的会计核算。

案例 13 - 06
对已计提未使用安全生产费是否计提递延所得税资产的判断

一、案例背景

A 上市公司是一家煤矿企业，按照《企业安全生产费用提取和使用管理办法》（财企［2012］16 号）计提与使用安全生产费。2 × 14 年 12 月 31 日，根据《关于煤矿企业维简费和高危行业企业安全生产费用企业所得税税前扣除问题的公告》（国家税务总局公告［2011］26 号），“企业不得在税前扣除按照有关规定预提的维简费和安全生产费用”，A 上市公司认为对于已计提未使用的安全生产费，其账面价值与计税基础不同，存在可抵扣暂时性差异，据此计提了递延所得税资产。

问题：A 公司的上述会计处理是否符合企业会计准则规定？

二、会计准则及相关规定

《企业会计准则解释 3 号》规定：“高危行业企业按照国家规定提取的安全生产费，应当计入相关产品的成本或当期损益，同时记入‘4301 专项储备’科目。

企业使用提取的安全生产费时，属于费用性支出的，直接冲减专项储备。企业使用提取的安全生产费形成固定资产的，应当通过‘在建工程’

科目归集所发生的支出，待安全项目完工达到预定可使用状态时确认为固定资产；同时，按照形成固定资产的成本冲减专项储备，并确认相同金额的累计折旧。该固定资产在以后期间不再计提折旧。

‘专项储备’科目期末余额在资产负债表所有者权益项下‘减：库存股’和‘盈余公积’之间增设‘专项储备’项目反映。

企业提取的维简费和其他具有类似性质的费用，比照上述规定处理。

本解释发布前未按上述规定处理的，应当进行追溯调整。”

《企业会计准则第 18 号——所得税》规定：“第四条　企业在取得资产、负债时，应当确定其计税基础。资产、负债的账面价值与其计税基础存在差异的，应当按照本准则规定确认所产生的递延所得税资产或递延所得税负债。

第五条　资产的计税基础，是指企业收回资产账面价值过程中，计算应纳税所得额时按照税法规定可以自应税经济利益中抵扣的金额。

第六条　负债的计税基础，是指负债的账面价值减去未来期间计算应纳税所得额时按照税法规定可予抵扣的金额。

第七条　暂时性差异，是指资产或负债的账面价值与其计税基础之间的差额；未作为资产和负债确认的项目，按照税法规定可以确定其计税基础的，该计税基础与其账面价值之间的差额也属于暂时性差异。按照暂时性差异对未来期间应税金额的影响，分为应纳税暂时性差异和可抵扣暂时性差异。

第八条　应纳税暂时性差异，是指在确定未来收回资产或清偿负债期间的应纳税所得额时，将导致产生应税金额的暂时性差异。

第九条　可抵扣暂时性差异，是指在确定未来收回资产或清偿负债期间的应纳税所得额时，将导致产生可抵扣金额的暂时性差异。

第十条　企业应当将当期和以前期间应交未交的所得税确认为负债，将已支付的所得税超过应支付的部分确认为资产。存在应纳税暂时性差异或可抵扣暂时性差异的，应当按照本准则规定确认递延所得税负债或递延所得税资产。

第十三条　企业应当以很可能取得用来抵扣可抵扣暂时性差异的应纳税所得额为限，确认由可抵扣暂时性差异产生的递延所得税资产。”

《上市公司执行企业会计准则监管问题解答》（2013 年第 1 期，总第 8 期）规定：“按照企业会计准则及相关规定，已计提但尚未使用的安全生产费不涉及资产负债的账面价值与计税基础之间的暂时性差异，不应确认递延所得税。因安全生产费的计提和使用产生的会计利润与应纳税所得额之间的差异，比照永久性差异进行会计处理。”

《关于煤矿企业维简费和高危行业企业安全生产费用企业所得税税前扣除问题的公告》（国家税务总局公告［2011］26号，以下简称《安全生产费税前扣除问题公告》）规定：“煤矿企业实际发生的维简费支出和高危行业企业实际发生的安全生产费用支出，属于收益性支出的，可直接作为当期费用在税前扣除；属于资本性支出的，应计入有关资产成本，并按企业所得税法规定计提折旧或摊销费用在税前扣除。企业按照有关规定预提的维简费和安全生产费用，不得在税前扣除。”

三、案例解析

根据《企业会计准则解释第3号》，高危行业企业按照国家规定提取的安全生产费，应当计入相关产品的成本或当期损益，同时记入“专项储备”，“专项储备”属于所有者权益类项目。企业使用提取的安全生产费时，属于费用性支出的，直接冲减专项储备；企业使用提取的安全生产费形成固定资产的，通过“在建工程”科目归集所发生的支出，待安全项目完工达到预定可使用状态时确认为固定资产；同时，按照形成固定资产的成本冲减专项储备，并确认相同金额的累计折旧。该固定资产在以后期间不再计提折旧。《企业会计准则解释第3号》之所以规定将专项储备作为所有者权益项目而非负债项目，原因在于专项储备不符合《企业会计准则——基本准则》负债的定义及其确认条件。根据《企业会计准则——基本准则》，负债是企业过去的交易或者事项形成的、预期会导致经济利益流出企业的现时义务。但专项储备在计提时，尚无明确的支付计划，尚不存在“预期会导致经济利益流出企业的现时义务”，故不确认为负债。

同时，根据《企业会计准则第18号——所得税》，确认递延所得税资产或递延所得税负债的前提是资产、负债的账面价值和计税基础之间存在暂时性差异。对于递延所得税资产，还应基于谨慎性原则，以很可能取得用来抵扣可抵扣暂时性差异的应纳税所得额为限确认递延所得税资产。

就专项储备而言，根据《企业会计准则解释第3号》计提安全生产费时，企业并未与外部发生交易，未产生资产、负债，也未导致所有者权益金额的增加与减少。已计提尚未使用的安全生产费作为“专项储备”在所有者权益中列示，并非企业的负债，因此，尽管《安全生产费税前扣除问题公告》只允许将实际发生的安全生产费支出在税前扣除，而非会计上的计提金额，税务处理和会计处理之间存在差异，但由于专项储备会计处理特殊，一方面影响损益和应纳税所得额，另一方面影响权益，应按照《上市公司执行企业会计准则监管问题解答》（2013 年第 1 期，总第 8 期）的相关规定，不确认递延所得税。

案例 13－07
持有待售资产的确认和计量

一、案例背景

A 公司于 2×15 年 12 月 16 日作出董事会决议，拟将其与控股子公司共同持有的 B 公司 100% 股权转让，并拟于 2×16 年 1 月初召开股东大会审议该事项。交易各方已就该事项签订协议，并约定协议经双方有权机关批准后生效。2×15 年报合并财务报表中，A 公司将持有的 B 公司股权重分类至“持有待售资产”。

问题：公司将上述股权划分为持有待售资产是否符合企业会计准则的规定？

二、会计准则及相关规定

《企业会计准则第 30 号——财务报表列报》（2014 修订）第四十二条规定：“同时满足下列条件的企业组成部分（或非流动资产，下同）应当确认为持有待售：该组成部分必须在其当前状况下仅根据出售此类组成部分的惯常条款即可立即出售；企业已经就处置该组成部分作出决议，如按规定需得到股东批准的，应当已经取得股东大会或相应权力机构的批准；企业已经与受让方签订了不可撤销的转让协议；该项转让将在一年内完成。”

《企业会计准则第 30 号——财务报表列报》应用指南（2014）规定："本准则规定，同时满足下列条件的企业组成部分（或非流动资产）应当确认为持有待售：①该组成部分必须在其当前状况下仅根据出售此类组成部分的通常和惯用条款即可立即出售；②企业已经就处置该组成部分作出决议，如按规定需得到股东批准的，应当已经取得股东大会或相应权力机构的批准；③企业已经与受让方签订了不可撤销的转让协议；④该项转让将在一年内完成。其中：上述条件①强调，被划分为持有待售的企业组成部分必须是在当前状态下可立即出售，因此企业应当具有在当前状态下出售该资产或处置的意图和能力，而出售此类组成部分的通常和惯用条款不应当包括出售方所提出的条件；上述条件②至④强调，被划分为持有待售的企业组成部分其出售必须是极可能发生的，实务中需要结合具体情况进行判断。"

《企业会计准则第 42 号——持有待售的非流动资产、处置组和终止经营》规定："第六条 非流动资产或处置组划分为持有待售类别，应当同时满足下列条件：

（一）在当前状况下，仅根据出售（或具有商业实质的非货币性资产交换，下同）此类资产或处置组的惯常条款，即可立即出售；

（二）出售极可能发生，即企业已经就一项出售计划作出决议且获得确定的购买承诺，预计出售将在一年内完成。如果该出售计划需要得到股东或者监管部门批准，应当已经取得批准。

确定的购买承诺，是企业间签订的约束性购买协议，该协议通常具有法律强制执行力，包含交易价格、时间和足够严厉的违约惩罚等所有重要条款，使协议出现重大调整或者撤销的可能性极小。"

《企业会计准则第29号——资产负债表日后事项》第二条规定："资产负债表日后事项，是指资产负债表日至财务报告批准报出日之间发生的有利或不利事项。财务报告批准报出日，是指董事会或类似机构批准财务报告报出的日期。资产负债表日后事项包括资产负债表日后调整事项和资产负债表日后非调整事项。资产负债表日后调整事项，是指对资产负债表日已经存在的情况提供了新的或进一步证据的事项。资产负债表日后非调整事项，是指表明资产负债表日后发生的情况的事项。"

三、案例解析

根据企业会计准则，企业非流动资产或处置组确认为持有待售需同时满足下列条件：（1）该组成部分必须在其当前状况下仅根据出售此类组成部分的惯常条款即可立即出售。（2）企业已经就处置该组成部分作出决议，如按规定需得到股东批准的，应当已经取得股东大会或相应权力机构的批准。（3）企业已经与受让方签订了不可撤销的转让协议。（4）该项转让将在一年内完成。其中（1）强调，被划分为持有待售的企业组成部分必须是在当前状态下可立即出售；（2）至（4）强调，被划分为持有待售的企业组成部分其出售必须是极可能发生的。

实务中，判断非流动资产或处置组是否应划分为持有待售时需要结合具体情况进行判断。本案例中，2×15 年年报资产负债表日，A 公司已就处置 B 公司作出了董事会决议，交易双方也已就该事项签订了协议，但股东大会尚未审议。划分为持有待售的条件之一是对处置该组成部分作出决议，如需得到股东批准，应当取得股东大会或相应权力机构的批准。因此，本案例中，如果根据公司章程等规定，一项股权转让交易需经过股东大会批准，且根据相关转让协议，双方股东大会或类似权力机构批准为该协议生效的前提条件的，则拟转让的 B 公司股权资产在未经股东大会等权力机构批准前，不满足划分为持有待售的条件，不能列报为持有待售资产。有关批准发生于报告年度资产负债表日后事项期间的，A 公司不能因该批准调整相关资产在报告年度资产负债表日的列报方式。股东大会作为公司的决策程序之一，其审议结果将可能直接改变交易或事项的状态，因其为资产负债表日后新发生事项，根据《企业会计准则第 29 号——资产负债表日后事项》，应为资产负债表日后非调整事项。

后　记

本书由中国证监会会计部负责撰写。新企业会计准则体系执行后，中国证监会会计部工作人员对上市公司历年来的年报分析、日常监管工作中遇到的会计问题进行整理研究，编写了一系列案例并汇编成书，旨在对涉及上市公司会计处理的重要领域提供指导，希望本书的出版对实务界有所助益。本书编写组成员如下：

编写组组长：

贾文勤　中国证监会首席会计师兼会计部主任

编写组成员：

焦晓宁　中国证监会会计部副主任

邱昱芳　中国证监会会计部综合处处长

夏文贤　中国证监会会计部制度处副处长

崔磊磊　中国证监会会计部制度处

李美姗　中国证监会会计部制度处

李　迪　中国证监会会计部制度处

参与本书编写的人员还有刘俊铖、王倩、肖进明、关世琪，业界专家夏自李、宫颖、殷雅坤、武彦生、申晓颖、蒋玉芳、孙仲妮、沈洁、唐昆、王仁平、杨绯、符文娟、马骏、沈颖玲、林燕、谢力、韩健、刘航、程江、陈捷、徐娟、邱一林、陈芳等也为本书的编写作了贡献，在此一并感谢！

中国证监会会计部

2017 年 11 月